上海华信石油集团有限公司
CEFC SHANGHAI PETROLEUM GROUP CO., LTD.

2014

上海
商务年鉴

SHANGHAI COMMERCE YEARBOOK

《上海商务年鉴》编纂委员会　编

上海锦绣文章出版社

2013年10月15日，中共上海市委书记韩正在市委贵宾厅会见香港嘉里集团主席郭鹤年

2013年10月24日，上海市市长杨雄在兴国宾馆会见来沪出席中国－东盟贸易投资政策说明会的东盟国家经贸部长代表团一行

2013年6月6日，上海市副市长周波在“汇智聚流—上海投资促进年度颁奖暨上海投资联席会议第三次会员大会”上讲话

2013年5月15日，上海市商务委主任尚玉英应邀出席美中贸易全国委员会成立四十周年庆祝活动，并发表题为“创新驱动、转型发展，加快构建上海具有国际竞争力的现代产业体系”的主旨演讲

2013年11月7日，上海市商务委副主任盖国平（右二）赴嘉定区调研秋粮收购工作

2013年5月14日，上海市商务委副主任顾军在市商务委贵宾室会见巴基斯坦驻华大使馆经济公使穆罕默德•萨利姆（Muhammad Salim）

2013年7月31日，上海市商务委党组成员、纪检组组长胡文君(右二)与上海市商务委主任尚玉英到上海市商务教育培训中心开展群众路线调研工作

2013年5月9日，上海市商务委副主任吴星宝（前右二）赴虹口区调研食品追溯系统建设与早餐工程推进工作。图为考察梧州菜市场

2013年12月5日，上海市商务委副主任钟晓敏在市商务委贵宾室会见哈萨克斯坦共和国地区发展部地区间合作和经济区划司副司长朱曼巴耶夫（Zhumanbayev Erasyl）一行

2014年5月29日，上海市商务委副主任申卫华（左二）前往上海出入境检验检疫局商讨贸检合作等工作事

2013年9月29日，上海市商务委秘书长俞建明(中)陪同商务部部长高虎城参观中国(上海)自由贸易试验区

2014年5月27日，上海市商务委副主任刘敏（前左二）带队赴静安区调研商务诚信建设工作。图为在雷允上药城调研

2013年2月20日，上海市商务委巡视员顾嘉禾（左一）赴上汽集团调研现代服务业综合试点项目

2013年7月1日，上海市商务委副巡视员桑琦出席华东师范大学发展中国家教育硕士项目毕业典礼暨学位授予仪式

2013年9月29日，中国（上海）自由贸易试验区挂牌仪式在外高桥举行

2013年12月3日，以“中国（上海）自由贸易试验区背景下，平台经济引领贸易创新”为主题的2013虹桥贸易论坛在上海世贸商城举行

2013年2月4日，由上海市商务委、上海市政府外事办和上海市贸促会联合举办的“2013年新春招待会”在浦东香格里拉大酒店举行。各国驻沪领事机构官员、跨国公司地区总部代表、知名外商投资企业代表等300余人出席

2013年7月9日，上海市商务委领导赴戴尔(中国)有限公司上海办事处调研

2013年7月19日，全球最大的3E级超大型集装箱船——“马士基•迈克凯尼•穆勒”号从上海洋山深水港开始首航。这再次证明上海港具有全球最好的靠泊条件和装卸能力，也进一步扩大了世界第一大港的国际影响力

2013年11月30日，“自贸区大环境下租赁转型与发展战略研讨会”在上海召开，全国第一家融资租赁公共服务平台——“上海租赁行业综合信息服务与交易平台”同时启动。图为启动仪式现场

2013年7月25日，上海市商务委、上海市外资企业协会联合召开上海外商投资说明会暨2012年度上海外资百强企业发布会。市政府领导致辞并为外资百强企业代表授牌

2013年9月18日，第二十三批跨国公司地区总部颁证仪式在兴国宾馆举行。市政府领导为2012年认定的38家跨国公司地区总部颁发认定证书

2013年10月31日，“2013中国国际语言服务业大会”在上海举行。大会以“语言服务与文化贸易”为主题，旨在探讨语言服务作为一项基础性服务如何更好地推动我国对外贸易，特别是对外文化贸易的发展，以提升我国的文化影响力和国际形象

2013年10月17日，第五届上海国际减灾应急与安全博览会在上海世博展览馆开幕。展会吸引了来自加拿大、日本、德国等国家200多家减灾产品生产商携数千件减灾安防新品亮相

2013年11月1—3日，“2013中国（上海）国际网络购物交易会”在上海世贸商城举行。大会以“展示交易、对接洽谈、经验分享、线下体验”为核心，构建ESSC（电商-供应商-消费者-服务商）的商业流通新模式

2013年5月30日，商务部流通业发展司司长向欣在沪召开部分物流企业座谈会，东方国际、陆交中心、市物流协会等相关单位参加会议，并围绕如何推动专业化、规模化第三方物流发展、实现资源共享等提出各自的建议

2013年8月7日，上海市商务委领导带着“连续高温，如何保障主副食品供应、确保价格稳定”等问题，走访杨浦区平凉街道霍山菜市场，深入了解主副食品的供应情况与经营户的经营情况，倾听居民与经营户的诉求和建议

早餐工程连续建设3年，2013年通过验收，取得“群众得实惠、企业得发展、政府得民心”的实效，提升了市民生活的便利程度。图为市民在早餐供应点前排队买早餐

2013年7月,苏浙沪的2000多家好德、可的便利店，开始正式成为苏浙沪18个城市的淘宝用户收取快递货品的实体服务站，从而加快便利店从商品销售型向生活服务型转型的步伐

2013年10月，光明食品集团和新疆生产建设兵团在上海展览中心联合举办2013光明·兵团食品节。来自新疆的无核白葡萄、哈密瓜、香梨在食品节展示

2013年11月6日，由上海市商务委员会、虹口区人民政府共同主办的第九届（2013）上海酒节在上海世博展览馆开幕。本届酒节的主题为“世界的酒，酒的世界——中外真酿，乐享美好生活”

2013年上海水产集团广大干部员工团结一心，攻坚克难，加快推进“产业外扩、产品回国”战略，使远洋捕鱼获大丰收。图为金枪鱼捕鱼轮返航

2013年，在第114届广交会上，东方国际上海外经贸公司的展位前洽谈贸易者络绎不绝

2014年4月，捷豹路虎大中华区总裁高博在2014北京国际汽车展览会上宣布成立捷豹路虎中国青少年梦想基金，在三年内投入5000万元，通过对体育运动、道路安全教育、成长计划、社会关爱活动等项目的推广和支持，帮助年轻人、尤其是贫困地区青少年，实现他们的梦想

2014年4月13—16日，第24届中国国际自行车展览会在上海新国际博览中心举行

上海与世界各国和地区经济贸易关系示意图

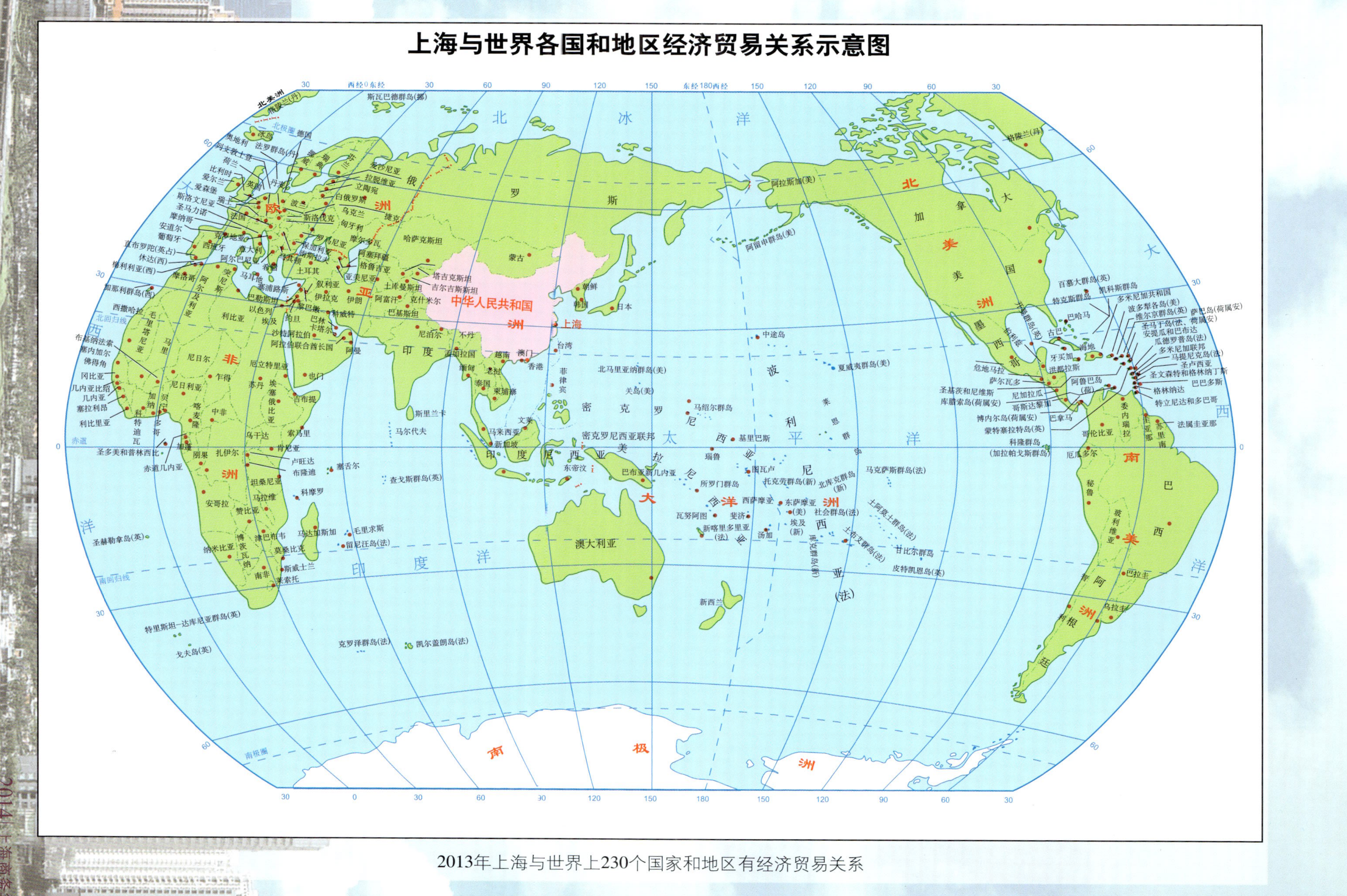

2013年上海与世界上230个国家和地区有经济贸易关系

上海商贸国内市场发展布局图

上海商贸国内市场至2013年已有28个商业网点

《上海商务年鉴》理事会

常务理事单位

（排名不分先后）

光明食品(集团)有限公司
上海市国际贸易促进委员会
东方国际(集团)有限公司
东方国际集团上海市对外贸易有限公司
上海丝绸集团股份有限公司
东方国际集团上海利泰进出口有限公司
东方国际集团上海家纺有限公司
东方国际集团上海市纺织品进出口有限公司
东浩兰生集团上海市对外服务有限公司
中国(上海)自由贸易试验区管理委员会
上海市漕河泾新兴技术开发区发展总公司
上海化学工业区管理委员会
上海金桥经济技术开发区管理委员会
上海市莘庄工业区管理委员会
上海华信石油集团有限公司
捷豹路虎汽车贸易（上海）有限公司
上海大众汽车有限公司
恩智浦半导体（上海）有限公司
普洛斯投资管理(中国)有限公司
罗氏诊断产品(上海)有限公司
上海协升展览有限公司

《上海商务年鉴》理事会

理事单位

（排名不分先后）

《上海商务年鉴》编纂委员会

《上海商务年鉴》编辑部

《上海商务年鉴》
特约撰稿人、特约摄影和图片搜集人

（以姓氏笔画为序）

上海市商务委员会及所属事业单位

马山姗　王　静　毛慧红　凤　奕　吉　燕　刘佳雯　李坦楼　李　莺
李继林　吴星贤　沈　艺　沈未来　沈若愚　汤　超　杨　珞　杨　晓
杨　曜　陈宇先　陈　昊　陈　虹　庞春和　张景佳　张　赟　胡清颀
俞　瑾　夏勇征　黄莎莎　黄俊恺　陶文卿　郭笑捷　曹　茵　龚维刚
彭　勃　童培幸　濮磊华　戴桂麟

区县

王　娟　王海荣　刘　琛　冯　斐　应筱恬　李玮纲　汪　懿　吴培民
陈　彪　陈耀琳　季舒琳　张亦易　倪卫榕　徐卫民　徐　君　唐佩兴
曹济南　鲍　亮

自贸试验区与开发区

王　永　任　朕　陈建苏　高　翔　徐圆圆　诸　良

集团企业

朱　平　吕庆荣　徐　斌　黄　茜　葛隽珺

著名企业

王　静　王　慷　王　林　龙　健　朱　昱　孙玉宇　李　琳　李保健
宋　佳　何　娜　金国忠　禹　忠　张　英　苑　瑞　赵　勇　黄柏兴
蔚树峰　潘　宇　戴　霞

图片、资料工作人员

刘　锐　孙祎敏　朱　霖　吴雯竹　徐彦雯

编辑说明

一、《上海商务年鉴》(以下简称《年鉴》)是一部大型的上海商贸专业工具书,由上海市商务委员会负责组织编纂。其主要任务是全面收集上海每一年的商贸发展情况及资料信息,并编辑整理,汇集成册。

二、《年鉴》的前身为《上海对外经济贸易年鉴》,创刊于1995年,每年编纂出版1卷,已出版14卷。由于机构调整,内外贸合一需要,2009年起更名为《上海商务年鉴》,至今已出版五卷。《上海商务年鉴(2014)》是其第六卷,主要记载2013年上海内贸,外贸,利用外资,对外经济合作,服务贸易,技术贸易,商务体制改革等方面的发展情况,重点反映上海商贸企业改革及经营情况。

三、《年鉴》主要采用记叙文体及图表并茂形式,全面记述和真实反映上海商贸情况。其编纂体例在突出上海商贸地方特色的前提下,力求同国家商务部主办的《中国商务年鉴》相衔接,与海内外编辑的经济类年鉴接轨。

四、《年鉴》设置的编目,随着上海每一年商贸的发展有增有减。本卷年鉴设综合、企业、自贸试验区与开发区、专栏、区县商务、专集、大事记、统计和商贸便览9大编,"自贸试验区与开发区"和"专栏"作为两大重要板块,作了较大调整。随着中国(上海)自由贸易试验区的成立,"自贸试验区与开发区"板块重点介绍中国(上海)自由贸易试验区和外高桥保税区、洋山保税港区、浦东机场综合保税区的运转情况。"专栏"板块则在继续保留"国内外有影响的展览会"、"企业与企业家"这两个栏目基础上,今年新增了"社区商业"和"商业'创、转'典范"栏目,充分反映上海商业新的特色以及商贸系统在"创新驱动、转型发展"中出现的新成果和新经验。全书约100万字,收集图照200余幅。

(一) 综合。总体介绍上海商务发展情况。

1. 特载。精选市、委领导有关上海商务的讲话,共2篇。

2. 总述。约请上海市商务委员会综合处撰写的关于2013年上海商务发展综合情况,1篇。

3. 专文。由上海市商务委有关处室及商务委有关直属单位撰写的专题文章,共23篇。

(二) 企业。收录上海内外贸集团、公司发展情况。

1. 集团企业。介绍上海一些代表性的以国内贸易、对外经济贸易为主业的集团的机制转换及贸易发展情况,共5篇。

2. 外贸企业。介绍上海市对外贸易有影响的外贸企业,共8篇。

3. 外资企业。介绍上海市知名的外资企业,共4篇。

4. 外经企业。介绍上海市对外经济合作主要的“走出去”企业,共2篇。

5. 服务与展览企业。介绍对上海市物流与展览行业有贡献的企业。共6篇。

(三) 自贸试验区与开发区。其中介绍上海地区的国家级、市级开发区经营发展情况共9篇。另外,园区重大项目共8篇。

(四) 专栏。设有企业与企业家、国内外有影响的展览会、社区商业、商业“创、转”典范和“老字号”与知名企业5个专栏。

1. 企业与企业家。介绍为上海经济发展做出贡献的知名企业和自强创新的优秀企业家,共4篇。

2. 国内外有影响的展览会。介绍上海市内外贸最具规模,且有重大影响的展事,共8篇。

3. 社区商业。介绍以社区居民为服务对象,集居民生活所需的购物、服务和文化娱乐一站式消费为目标的大型商业综合服务体,共9篇。

4. 商业“创、转”典范。介绍近一两年来上海商贸系统涌现的“创新驱动、转型发展”的先进范例,共5篇。

5. “老字号”与知名企业。介绍“老字号”、知名企业等内外贸企业,共127家。

(五) 区县商务。介绍上海市17个区县的商务发展情况。

(六) 专集。收录上海市商务委员会组织机构及领导人,商贸法规,协会。

1. 上海市商务委员会组织机构。介绍委领导成员、各处室及其负责人,以及委直属单位,共2篇。

2. 商贸法律法规。收录国家及上海市商贸法律和法规文件名录,共2篇。

3. 协会。选登内外贸行业协会,共15家。

(七) 大事记。2013年上海商务工作大事记,共143条。

(八) 统计。

1. 对外贸易往来国家(地区)贸易情况分析。共16篇。

2. 内外贸统计表。收录上海市2013年度国内贸易、对外贸易、利用外资、对外经济合作、技术贸易等主要统计资料,共35类。

(九) 商贸便览。收录上海—中国—世界有关商务数据比较资料,共13类。

五、本卷年鉴有关编目中的数据,由于统计口径不同、方法不一,如有差异,均以统计编中的数据为准。另外有些资料及数据来自网上及相关报纸和杂志,仅供读者参考。

六、本卷年鉴在编纂过程中,得到各撰稿单位及有关人员的大力支持,在此谨表谢意,并请海内外读者对不足之处提出批评。联系地址:上海市四川中路49号209室,邮政编码:200002,电话(021)63218539,传真(021)63519389。

《上海商务年鉴》编辑部

2014年5月

上海商务年鉴(2014)

总 目 录

分编目录

第一编　综　合

第二编 企业

第三编　自贸试验区与开发区

第四编　专栏

第五编　区县商务

第六编 专集

第七编 大事记

第八编 统计

第九编 商贸便览

综　　合

特载 · 总述

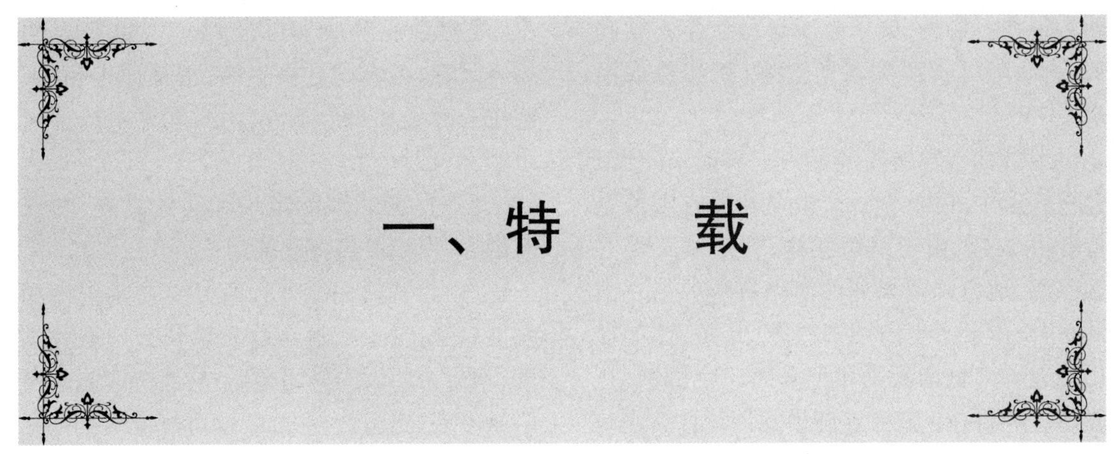

一、特　载

在全市商务工作会议上的讲话

（摘录，未经本人审阅）

上海市副市长　周　波

（2014 年 1 月 16 日）

今天，我们在这里召开 2014 年上海市商务工作会议。刚才，尚玉英同志总结了 2013 年全市商务工作情况，并对 2014 年工作进行了部署，我都赞同。4 家单位的交流发言各有特色，听了很受启发。有关单位围绕商业转型升级以及“走出去”工作，提出针对性很强的建议，希望会后商务委会同有关部门认真研究。

在刚刚过去的 2013 年，在市委、市政府的坚强领导下，在各方面尤其是在座各部门、各单位的积极支持配合下，全市商务系统取得了可喜成绩。在此，我代表市政府，向大家所作出的贡献和努力表示衷心感谢！下面，我就做好 2014 年全市商务工作讲两点意见。

一、准确定位、把握大势，增强工作责任感和紧迫感

2014 年，商务工作既面临很多挑战，也存在不少机遇。

（一）紧紧抓住各项机遇，通过改革提高资源配置效率，激发经济发展活力

上海最大的机遇，就是党中央、国务院允许我们“先行先试”建设自贸试验区。目前，我国已经到了转型发展的关键阶段，不改革、不创新就没有出路。上海更是如此。从这个意义上讲，建设自贸试验区，通过开放倒逼改革，是上海千载难逢的机遇。

上海面临的第二个机遇，就是十八届三中全会作出的“全面深化改革”的决定。十八届三中全会的主要精神，就是让市场在配置资源中发挥决定性作用，同时更好发挥政府的作用。要通过改革向市场要资源、要动力。要认真学习十八届三中全会精神以及中央经济工作会议精神，特别注重增强改革创新意识。

十八届三中全会的重点，是解决市场与政府关系的问题。什么是市场经济？就是效率优先，兼顾公平。在上海，政府配置资源的

能力很强。可是，如果政府自身运作不够高效，就会降低资源配置的效率，就会造成浪费。

经济社会发展需要活力。目前，在全市经济构成中，民企、外资、央企和地方国资企业各占1/4。由于组织架构、管理模式等方面原因，地方国资企业的活力有所欠缺。因此，这次出台了上海国资改革20条，比如提出要完善中长期激励相配套的约束机制、在支持企业科技创新和经营模式创新方面明确"三个视同于"、对国资企业实施分类监管等。这些操作性较强的体制机制创新，将提升国资企业活力，并有望增强整个经济社会发展的动力。希望商务委认真学习国资改革20条，借鉴兄弟部门推动改革创新的经验做法。

（二）转换思路，拓展视野，不断增强"六个力"

现在，新业态、新模式都是跨界、混业发展。由于我们的服务对象发生了重大变化，传统的政府工作方法已难以为继。希望商务系统的同志们主动转换思路，加强学习，拓宽视野，跳出商务看商务。

要开展跨界研究。及时了解和掌握新技术、新业态、新模式、新载体、新知识（以下简称"五新"）的发展动向。如果对移动支付、可穿戴设备等"五新"事物知之甚少，就没法适应商务工作新的需要。

要着力解决"六个力"的问题。一是活力问题。在政府体系里，不少同志习惯于按部就班或完成任务，活力不足。二是压力问题。现在，各部门主要领导和分管领导的压力很大；有工作指标的同志有压力，没有工作指标的同志往往没有压力。三是动力问题。有些同志觉得，干好干坏一个样，工作缺乏动力。四是定力问题。面对困难时，一定要增强定力，做到坚韧不拔。对工作中发现的问题，要主动牵头各部门共同解决。五是能力问题。要主动学习金融、产业等方面的关键知识。改进服务方式，提升服务效果，帮助企业解决实际问题。六是合力问题。现在，各部门开展工作，都是你中有我、我中有你。如果形不成合力，就办不成任何事情。

（三）密切跟踪市场和企业发展，加强系统思考，找准自身职能定位

作为经济职能部门，商务委要紧跟市场发展趋势，真正了解企业在想什么。据我了解，本市一些大的集团企业，与经济职能部门联系不多、不紧。一方面，这可能说明企业发展得很好，不需要找政府解决问题。另一方面，这可能是因为政府宣传服务不到位，企业觉得找政府没用。

政府究竟要做什么？就是做企业做不了的事情。政府与企业之间、各级政府之间，要有清晰明确的分工，不能重复做同样的事情。在新兴领域和跨界领域，商务委要加强研究，认真学习产业、金融等方面的关键知识，这样才能和兄弟部门拥有共同的语言。

与外省市相比，在上海开展的试点工作太多，这在一定程度上分散了政府的资源和精力。在有些改革领域，外省市已经走在了上海的前面。所以，我们要增强责任感和紧迫感，找准职能定位。要认真思考几个问题：我们要干什么？市场需要我们干什么？企业需要我们干什么？在新的发展形势下我们能做什么？我们有什么？我们缺什么？把这些问题想明白了，工作就好做了。否则，只会事倍功半。

二、聚焦重点、攻坚克难，不断形成商务发展新优势

刚才，尚玉英同志提出"六提速、六提质"，说得很全面，我都赞同。希望商务委做好这些工作。在这里，我再强调几项商务重点工作。

（一）加强学习，提升对经济发展的分析判断能力，不断研究和解决新问题

首先，要认真学习十八届三中全会精神、

中央经济工作会议精神、十届市委五中全会精神和即将召开的上海“两会”精神，着力把握国家和全市发展的战略和方向。其次，要大量学习新知识，这是创新服务的基础。第三，要不断学习新技术。“五新”的基础是新技术。再好的新想法，没有新技术支撑也实现不了。比如，如果没有大数据技术，就不可能做到精准营销。第四，要学习新生事物。政府部门特别是市级部门距市场有一定距离。面对新生事物，我们首先不要去否定它，而要先去了解它、学习它，然后推动其顺利成长，从而实现新的发展。最后，要不断研究新问题。我们开展学习研究的最终目的，就是要解决问题。今年，希望商务委借鉴国资委开展国资改革课题研究的经验做法，围绕重点工作做几个课题。当然，开展课题研究，不仅要形成工作思路，还要提出能够落地的实施细则和配套政策措施，这样才算完成了课题。

（二）围绕“五新”和质量结构效益这两个关键环节，不断增强工作合力，敢于突破、不断创新

上海的市场规模不小，但与外省市相比，创新并不多。这种现象，跟政府对待新生事物的态度有一定关系。我们一般是先规划后发展，好一点的是边规范边发展。有些时候，新生事物被扼杀在了萌芽状态。什么叫先行先试？就是允许试错，不行再来。“五新”肯定会对我们现有的规章制度形成冲击。对此，一定要有开放的心态。

商务委要更加大胆地工作。要通过具体的案例形成突破，不要讲空洞的概念。如果发现了问题，首先要去解决问题，或是发动各部门一起解决问题。不要计较问题出在哪个领域，也不要计较功劳的大小。工作中一旦发现了问题，要更加积极主动，会同各部门共同解决问题，针对一个个具体的问题形成突破。比如，对跨界经营、跨省经营的职责认定等问题，要形成突破。

对尚玉英同志在报告里提出的各项工作，请各部门共同推进。而且，要做到项目化推进，明确各项工作的时间节点和责任，这是“规定动作”。同时，希望商务委积极改革创新，拿出一些“自选动作”，促成工作突破。别的部门已经在做的工作，可以参与进去；别的部门没有做的工作，要赶紧去做。现在，二、三产业融合是大势所趋。什么叫现代服务业？什么叫传统服务业？使用现代信息技术、运用现代管理理念的服务业，就是现代服务业。不要把自己束缚在一个小圈子里。要能够发现问题，更重要的是要去解决问题。

在推动电子商务发展、开展跨境电商试点等领域，商务委要与其他部门、单位加强协作，实现信息共享。可以把信息共享给企业，当然商业机密除外。刚才，尚玉英同志提到要推动流通产业转型升级，讲得很好。但是，有些新兴业态，比如O2O等，在国外其实已经很成熟了。现在，各区县发展楼宇经济的积极性很高，造成商务楼宇供应过多。在这方面，商务委要发挥更大的作用，要与规土部门加强合作。至少要研究出台指导性的文件，也可以探索采取“负面清单”管理模式。

（三）做好顶层设计和流程再造，加强信息共享互通，切实转变政府职能

转变政府职能已经说了很多年。首先，对市场自身能够解决的，政府要完全放手。区县能够审批的，市级部门也要放手。要做到不审批、少审批。但是，也不能从一个极端走到另一个极端。对于该管的事情，政府必须管起来。什么都不管，就是失职。

要运用信息化手段再造政府流程。市政府非常重视这件事情，并已在请有关部门开展专题调研。现在，一份文件仅在政府里走流程就需要花一两个月的时间。所以，必须再造流程，用信息化手段相互制约、相互提醒，以便各部门抓住问题的关键推进工作。在新的流程里，领导交代一件任务后，过一段时间系统就会主动提醒领导和各有关部门。流程再造的关键是高效、管用，不用很复杂。

要借鉴国际经验，更好发挥行业协会的作用。一方面，可以通过购买服务的方式，把一部分具体事务交由行业协会承担。同时，对行业协会也要逐步放手。商务委可以选择几个基础较好的行业协会，试点进行改革。同时，还要加大事业单位改革力度，这也是转变政府职能的重要内容。

要打破条块分割，加强部门间合作。现在，对自己分管的各个部门，我采取赛马机制。比如，经信委和科委都管战略性新兴产业，我就设立一个个专项，请两个部门各自拿出工作方案进行 PK，并请专家和企业审议。如果一个部门工作方案的优势特别明显，那就请该部门负责这个专项；如果两个方案差不多，那就两个部门共同推进这个专项。市级机关人手有限，各个行业又飞速发展，所以没有哪一个部门靠单打独斗就能完成所有任务。一定要加强部门间合作，在这个领域可能是商务委牵头、别的部门配合，在那个领域可能是别的部门牵头、商务委配合。

（四）以市场需求为导向，以服务民生为目标，实现激发市场活力与保障民生有机结合

有时，大家会认为一些商务工作比较传统，比如菜市场、批发市场等。由于涉及市民基本需求，这些市场很稳定，受经济周期影响不大。但是，在涉及市民基本需求的领域，新业态、新模式正在不断涌现。比如，市政府这几年一直在推医联工程，也投了不少钱，今年还获得了国家科技进步二等奖。可是，最近北京的企业家也在投资建设医联网。目前，是让医院和患者为网络数据库提供案例，病人可以通过网络平台了解有关医疗信息；以后，将探索让三级医院的医生通过网络平台为病人提供服务。我看，这种模式代表的发展方向很好，顺应了大家对健康不断增长的需求。所以，商务委也要加强研究新业态、新模式，从中发现新的商机。

在做好保障工作、发展生活性服务业的时候，商务委要做好监管工作，规范市场秩序。但是，马路菜场、路边早点摊等，确实满足了部分市民的需求。希望商务委好好研究，学习借鉴台北发展夜市的做法。如果无法在全市推开，可以做好规划，先在个别区县开展试点，并提供配套资金。十八届三中全会强调，要变社会管理为社会治理。我们要善于发现新的商机，学会发动全社会的力量，进一步激发市场活力，推动商务事业更好发展。

（五）对标国际一流标准，打造国际化、法治化、市场化的营商环境，提升城市软实力

上海发展商务事业，在商业配套、人才等方面都具有一定优势。但整个城市的软实力仍有待提升。希望商务委加大工作力度，继续营造国际化、法治化、市场化的商务环境。

首先，要对标国际一流标准。以新加坡和中国香港为标准，在法治等领域积极完善上海的商务环境。商务委要把这个问题作为今年的重点研究课题。

第二，要形成工作合力，重点完善联席会议工作机制。每年各有关部门聚在一起开一次会，那不叫联席会议，而叫年会。联席会议的牵头部门，要认真履行联席会议办公室的各项职责，掌握各成员单位的需求，及时提供有关政策信息，尽早形成会议文件并送达各成员单位。要形成制度化的工作安排，明确全年工作任务及推进时间表。要实现信息的互联共通，让各成员单位相互了解各项工作进度。要增强服务意识，帮助其他成员单位解决工作难题，这样才能形成合力解决商务委面临的工作问题。

第三，要加强队伍建设，着力培养人才。现在，商务工作任务很重，市级机关又要缩编，干部队伍素质比以往任何时候都更加重要。要加大工作力度，实现人员有序流动。一个同志长期在一个岗位工作，就会形成惰性，工作思路也会受限。要加强与一线、企业和区县的干部双向交流，通过干部队伍调整提高工作的实效性和针对性。要改革用人机制，增强开放性和市场化。要破除论资排辈，提倡需求导向、项目导向。可以考虑对不注重创新、没评过优秀的干部，不予提拔；对没有交流轮岗、不具备专业和综合处室工作经历的干部，也不予提拔。要建立能进能出的用人机制，给干部增加压力，为商务事业发展增添动力。

2014 年，全市商务工作任务重、压力大，肩负着在全国“先行先试”的光荣使命。我相信，在各位同志的辛勤努力下，我们一定不会辜负全市人民的厚望，一定能够完成市委、市政府交付的重任。

改革创新　行稳致远 全力构筑上海商务发展新优势

——在全市商务工作会议上的报告（摘录）

市商务委党组书记、主任　尚玉英

（2014年1月16日）

各位领导，同志们：

下面，我代表上海市商务委员会，向大会作工作报告。

一、2013年全市商务工作回顾

刚刚过去的2013年，面对严峻复杂的外部经济环境和艰巨繁重的自身转型发展任务，在市委、市政府领导下，全市各级商务部门全面贯彻落实党的十八大及十八届三中全会精神，牢牢把握稳中求进的工作总基调，紧紧围绕创新驱动、转型发展，以建设中国（上海）自由贸易试验区和提升上海国际贸易中心功能为主线，全力推进稳增长、调结构、促发展、惠民生各项工作，商务运行保持了“总体平稳、结构优化、稳中提质”的良好态势，为全市经济社会发展作出了积极贡献。

一方面，主要商务指标稳中有进、稳中向好，总体符合预期、好于预期。一是消费增速逐步回升，全年商品销售总额达到6.05万亿元，比上年增长12.5%，呈逐季回升态势；社会消费品零售额8019亿元，比上年增长8.6%，高于年初预定指标。二是外贸增长由负转正，全年本市货物贸易进出口4414.3亿美元，比上年增长1.1%，企稳回升态势明显。三是利用外资持续增长，全年外商直接投资实际到位金额167.8亿美元，比上年增长10.5%，其中服务业实到外资占比超过八成。四是“走出去”快速发展，全年对外直接投资43.05亿美元，比上年增长32.8%，对外承包工程新签合同额连续第六年超过100亿美元。

另一方面，商务领域创新驱动、转型升级的积极效应更趋显现，结构趋于优化。一是新兴业态销售增长快于传统业态，消费结构更趋优化，全年电子商务交易额突破1万亿元，比上年增长35%，其中网络购物（B2C/C2C）交易额比上年增长74.5%；健康、养老、文化、旅游、体育等新兴生活性服务业快速发展。二是服务贸易、一般贸易增长快于货物贸易、加工贸易，外贸结构更趋优化。预计全年服务贸易比上年增长18%左右，总量继续位居全国前列，占全市进出口总额的比重达到27%左右；一般贸易比上年增长9.5%，快于加工贸易16.4个百分点，在全市货物贸易中的占比超过45%。三是跨国公司总部机构进一步集聚，外资结构更趋优化。全年新增跨国公司地区总部42家、外商投资性公司18家、外资研发中心15家，累计分别达到445家、283家和366家。

一年来，我们按照“一个中心（上海国际贸易中心）、两个扩大（扩大开放、扩大消费）”的基本工作思路，扎实开展各项工作，较好地完成了年度预定的目标任务。

（一）突出大市场，国际贸易中心建设进一步深化

成功争取中国（上海）自由贸易试验区

落地，这是部市合作的重大成果，也是国际贸易中心建设的重大进展。全力以赴、主动作为，就负面清单管理模式、外资审批制度改革、境外投资管理改革、服务业扩大开放、贸易便利化措施等开展政策梳理和研究，在自贸试验区成功实施以准入前国民待遇加负面清单为代表的投资管理模式。

扎实推动重大功能性项目建设，国家会展项目主体工程全面开工，北面场馆实现结构封顶，周边配套稳步推进；首届中国（上海）国际技术进出口交易会成功举办，31 个国家和地区的近千家知名科技企业与技术交易服务机构参展，累计达成交易或意向项目 183 项；25 个现代服务业集聚区总面积超过 2800 万平方米，年度税收亿元楼宇 127 栋。

深入实施国家现代服务业综合试点，累计支持综合试点项目 105 个，投入财政资金 5 亿元，拉动社会资本投入 125 亿元。以陆交中心"全社会物流资源配置平台"，农工商连锁网点"网订店取（或店送）"，易贸、上海钢联大宗商品信息资讯服务等为代表的一批新模式、新业态蓬勃发展。根据上海经验编制的《城市共同配送指引》与《商贸功能区指引》在全国推广。

（二）立足大流通，消费对经济增长的拉动力进一步增强

完善消费政策环境，发布《关于深化流通体制改革加快流通产业发展的实施意见》以及《上海市加快流通产业发展的重点工作及分工（2013－2015 年）》，为搞活流通、扩大消费创造良好条件。优化商业网点布局，重点加快中心城区商业及传统商圈调整与升级，完善大型居住社区商业配套，促进社区商业、市郊商业发展。

创新营销促销模式，突出线上线下联动、会商旅文结合，统筹办好市、区"岁末迎新"、"消费促进月"等活动，2013 年"上海购物节"实现营业收入 272.67 亿元，比上年增长 10.2%。全年商业实现税收 2165 亿元，比上年增长 8.4%，占全市第三产业税收的 36%；在第三产业税收百强企业中，商业企业有 29 家。

加快发展电子商务。启动战略性新兴产业电子商务与新型贸易现代化专项，嘉定工业园区、唐镇等国家级、市级电子商务示范园区集聚效应更加显现，亿贝、1 号店、易迅等跻身全国网络零售企业前 10 强，百联电商、东方钢铁、携程等获评国家电子商务示范企业。推进跨境电子商务试点，制定完成"规范征税、快速通关"一般进口、"分送集报"一般出口、"集进分送"保税进口等三种模式的试点方案，"跨境通"平台正式上线运行。

继续提高会展业国际化程度，全年累计举办各类展会 793 个，总展览面积 1200 余万平方米，其中国际展会 271 个，展览面积 870 万平方米，在全市总量中的占比达到 72.5%。

（三）促进大开放，开放型经济水平进一步提高

转变外贸发展方式，深化无纸化通关、两单一审、担保验放等试点，加大对企业海外参展、建设国际营销网络、中小外贸企业融资担保、出口信用保险等政策支持，扩大自主研发与自主品牌产品出口。

提升发展服务贸易，巩固提高运输、旅游、计算机和信息服务等优势产业，稳步扩大专业服务、文化创意等领域交易规模，积极培育技术贸易、中医药贸易等新的增长点。

提高利用外资综合效益，积极引导外资参与"四个中心"和新型产业体系建设，美国默沙东公司地区总部、英国石油公司地区总部、通用磨坊研发中心、壳牌研发中心、赢创工业集团研发中心、康宁中国研发中心等相继落沪。拓展利用外资新领域，文化、卫生领域吸引外资取得新进展，美国"梦工厂"设立上海东方梦工厂文化传播有限公司和上海东方梦工厂影视技术公司，美国医院管理集团设立上海卫展医院管理公司。上海 2013 年第三产业税收和工业税收百强企业榜单中，外资企业分别占 50 席和 67 席，纳税额分别占到上榜企业纳税总额的45.6%和32%。

加快“走出去”步伐，探索建立对外投资合作服务联盟，强化重点项目跟踪服务机制，促成上海万科、复星医药、涛石能源、绿地集团等一批对外投资大项目。民营企业对外投资活跃，分别占全年境外投资主体和金额的72%和37%，较上一年度分别提高9个和7个百分点。

（四）保障大民生，商务惠民工作进一步夯实

全面完成2013年度市政府实事项目，在5家批发市场、5家加工企业、13家配送中心、225家大卖场、600家标准化菜市场建设粮食追溯系统。在23家配送中心、223家大卖场、470家标准化菜市场建设水产追溯系统。完成80家标准化大众早餐门店、4家主食加工配送中心建设。

有效保障全市市场供应。明确市场布局、标准和功能，凸现大市场、大流通和公益性。加强市场监测调控和预警，积极推进各类产销对接和农商对接、农超对接，深化主副食品市外基地建设，支持外省市优质农产品进上海。

切实维护市场秩序，持续开展打击侵犯知识产权和制售假冒伪劣专项行动，规范“零供关系”、单用途商业预付卡发卡企业备案等工作，大力推进商务诚信建设，开通“上海商务诚信网”，商业商务发展软环境得到提升。

此外，积极妥善应对人感染H7N9禽流感等突发事件，修订完善《上海市活禽交易管理办法》；针对群众反映强烈的突出问题，牵头开展本市家电维修专项整治行动，在商务委门户网站公布正规维修企业名录；认真及时办理“12345”市民热线相关事项。

（五）着眼大服务，政府职能转变与作风建设进一步加强

加快职能转变和行政审批制度改革，坚决落实“简政放权”各项要求。政府能不审批的坚决不批，能下放事项坚决下放，将审批事项由56项缩减至35项，精简率37.5%。

认真开展党的群众路线教育实践活动，严格落实中央“八项规定”和市委各项要求，努力查找商务系统“四风”存在的“虚功多、真功少”，“虚招多、实招少”，“索求多、付出少”，“讲究多、节俭少”等15个方面的突出问题。制定整改落实方案，明确7个方面、30项整改事项和6大类、30项制度建设。

着力推动干部队伍等自身建设，坚持党管干部。为信念坚定、为民务实、敢于担当、清正廉洁的干部创造岗位成才的良好环境。坚持以能力建设为核心，切实增强干部队伍“服务基层、服务企业、服务群众”的能力。坚持党风廉政“一把手”总负责，认真贯彻民主集中制原则和“三重一大”集体决策制度，深入推进反腐倡廉建设与惩防体系建设。

我们也清醒地认识到，商务工作仍面临不少问题和挑战，比如，国际贸易中心功能有待进一步突破，开放型经济能级有待进一步提升，现代市场体系建设有待进一步完善，商务创新转型的步伐有待进一步加快。这都需要在今后工作中加以重视和解决。

二、2014年全市商务工作主要任务

2014年是贯彻落实党的十八大和十八届三中全会精神的重要一年，是全面推进中国（上海）自由贸易试验区建设和上海国际贸易中心功能提升的关键一年。综合判断今年商务发展形势，我们面临不少有利条件和积极因素，但困难和挑战也不容低估。从国际看，世界经济将继续缓慢复苏，全球投资贸易有望转向恢复性增长，跨国公司开展跨国投资能力和意愿增强，预计全球跨国直接投资2014年将回升至1.6万亿美元。但仍存很多不确定、不稳定因素，美国逐步退出量化宽松政策，欧债危机深层次影响尚未完全消除，新兴经济体通胀压力上升，全球大宗商品价格可能震荡回落。从国内看，在外部经济发展环境趋于改善、宏观调控政策效应逐步

显现以及新一轮改革红利逐步释放的情况下，2014 年全国经济将继续稳中向好。但也稳中有忧、稳中有险，我国仍处于增长速度换挡期、结构调整阵痛期和前期政策消化期三期叠加的阶段，经济发展仍面临多重制约，突出表现为外需总体不足和内需预期不稳，特别是出口、投资、消费“三驾马车”中消费拉动作用仍显疲软，传统产业产能过剩和新兴产业支撑不足，结构调整难度加大和经济内生动力不足，稳增长、调结构压力较大。从上海看，自贸试验区建设为上海加快形成与国际投资贸易规则相衔接的制度体系提供了难得的机遇，对外贸易将延续近几年服务贸易快于货物贸易、进口快于出口、加工贸易向高端延伸的格局。利用外资质量、结构和效益明显提升，以跨国公司地区总部为代表的功能性机构集聚。上海对外直接投资保持全国前列，对外投资能力不断增强。但同时，国际贸易规则与方式正在发生重大变化，国际产业竞争与合作的态势也在发生重大变化，以及国内其他地区快速发展，都对上海开放型经济建设提出新的要求。

2014 年，全市商务工作的总体思路是：全面贯彻落实党的十八大及十八届三中全会、中央经济工作会议、十届市委五次全会精神，坚持稳中求进、改革创新，坚持创新驱动发展、经济转型升级，坚持问题导向、需求导向，以中国(上海)自由贸易试验区建设为契机，着力构建开放型经济新体制，着力完善现代市场体系，更加注重提质增效、行稳致远，聚焦关键、坚定前行，努力实现“六提速、六提质”，打造国际贸易中心“升级版”。

主要预期指标是：商品销售总额增长 10% 左右，社会消费品零售总额增长 8% 左右；电子商务交易额增长 25% 左右；货物贸易在保持增长的基础上进一步优化结构，服务贸易进出口增长 15% 左右；利用外资增长 10% 左右，新增跨国公司地区总部 45 家；对外直接投资增长 20% 左右，新签对外承包工程合同额 100 亿美元左右。

全年重点推进 12 项任务：

（一）国际贸易中心建设提速

按照三中全会全面深化改革的要求，坚持以“市场”为核心，加强贸易功能、贸易要素、贸易主体、贸易政策和贸易环境建设，激发各类市场主体活力，促进各类要素自由流动，使市场在资源配置中起决定性作用，使上海成为我国从贸易大国走向贸易强国过程中的重要节点城市。

稳步实施国际贸易中心条例，深化部市合作框架，加强委办合作与责任分工，进一步完善多层次国际贸易中心共建体系。

全力推进自贸试验区改革创新。按照全市分工，商务部门牵头的是 13 项，重点包括：研究制订新版负面清单，推进服务业和一般制造业领域进一步对外开放。进一步深化外商投资管理体制改革，促进境外投资便利化。拓展贸易功能，发展新型贸易，推进全球维修检测基地建设，促进服务外包等服务贸易，以及跨境电子商务、融资租赁、大宗商品交易发展，争取“汽车平行进口”政策试点。按照可复制、可推广要求，探索将“负面清单管理模式”以一定方式复制到区外，发挥好自贸试验区的“溢出效应”。

加快集聚一批贸易型总部。发挥各类总部政策的辐射和叠加效应，加快集聚一批具有采购、分拨、营销、结算、物流、品牌培育等功能的贸易主体，提升贸易功能。

（二）商业转型升级提速

围绕商圈转型、企业转型和业态转型，实施商业“转型提速、竞争力提升”计划，增强商业对经济社会发展的贡献度。加快传统商圈功能转型与结构调整，推动商圈多样化发展，建设生态化、智能化、服务化的现代商圈。支持商业企业加快技术改造，提高现代信息技术运用水平，推动商业向数字化、网络化转变。促进传统商业与电子商务互联互融，发展主题消费、体验消费、定制消费、无店铺消费，以及买手制、体验式、期间概念、自贸区概念、全渠道营销等各类新型商业方式，总结推广 O2O 等线上线下互动模式，推动零售商业由“渠道时代”走向“平台时代”。

（三）新业态、新模式培育提速

要在稳定传统商业商务领域增长的同时，聚焦与投资、贸易、流通相关的各类新技术、新业态、新模式，加快培育新的增长点。

平台经济是一种新的商业模式，商务部门要大力推进全市平台经济发展，围绕钢铁、有色金属、化工、石油天然气等国内需求较大、上海也有优势的行业和领域，在自贸试验区建设一批整合资源、集成服务、辐射全国、连通国际的大宗商品交易和资源配置平台，积极打造万亿级平台，促进“贸易倍增”。

要进一步深化电子商务政策机制创新，拓展电子发票试点，提升电子商务扶持资金、统计监测、行业标准、电子合同、物流仓储、人才建设、诚信体系等配套服务能力。支持企业创新发展，重点聚焦大数据应用、移动互联网、互联网金融等新技术、新业态和新领域，引进和培育一批创新型电子商务企业、尤其是龙头企业。重点支持大宗商品、网络购物、跨境贸易、旅游、生活服务、农产品、药品以及社区、商圈等领域和行业电子商务发展。

要进一步完善跨境贸易电子商务服务平台，优化商品进出境报关、检验检疫、结汇、退税和统计等环节的监管和服务，深化“一般货物进境、行邮税出区”的进口模式和“快件出口、集中退税”的出口模式，逐步扩大跨境电子商务进出口规模。

（四）企业“走出去”提速

抓住三中全会和自贸试验区重大政策机遇，进一步确立企业及个人对外投资的主体地位，引导企业用好“两个市场、两种资源”，参与国际产业链、价值链和供应链的整合，推进对外投资便利化，提高企业的国际化经营能力和上海的国际影响力。

积极构建培育本土跨国公司政策体系，逐项制订配套措施，助力国有企业国际化。促进民营经济总部集聚政策，打造民营企业走出去“桥头堡”。制订上海版“企业跨国经营行为准则”，引导“走出去”企业向国际通行的跨国公司行为准则靠拢。

进一步简化对外投资审批手续、创新对外投资方式，逐步推广以备案制为主的管理模式，引导和鼓励企业通过国际并购、股权投资等多种形式，抢占产业制高点、技术创新源，获取重要战略资源和科技研发力量。

提升“走出去”服务联盟的功能和作用，搭建并完善政府部门、对外投资合作企业、外国驻沪机构、专业服务机构、行业商协会等共同促进“走出去”的国际化、组团式服务体系。

（五）外贸结构优化提速

落实国家和本市促进外贸稳增长、调结构政策措施，切实稳定进出口增速，进一步推动外贸总体结构，以及货物贸易、服务贸易自身结构优化和转型升级。

优化传统外贸结构，重在增强核心竞争力：加强产业与贸易联动，聚焦民用航空、海洋工程装备、新能源、高端装备等战略性新兴产业和先进制造业，提升出口竞争能力。加强进口与出口联动，积极开拓新兴市场，优化关检合作和区域通关合作机制，发挥专业贸易平台辐射效应，提升上海口岸进口集散功能，做大做强进口贸易。加快加工贸易转型升级，支持出口加工区向综合保税区转型。

优化服务贸易结构，重在提高服务出口能力：巩固运输、旅游等传统优势领域，拓展专业服务、文化、中医药、教育、高新技术等新兴领域，提升“上海服务”品牌影响力。发展技术贸易和服务外包，举办好第二届国际技术进出口交易会，提升高附加值、知识密集型的流程设计和研发外包比例。

优化贸易发展环境。落实贸易便利化各项改革创新政策和措施，深化上海口岸“一次申报、一次查验、一次通关”等改革试点，推动实施“通报通放”、“快检快放”、“即查即放”等通关模式，探索施行“国际贸易单一窗口”。依托自贸试验区金融开放优势，加强对离岸贸易等新型贸易方式的研究，加快突破外汇、税收等政策瓶颈制约，扩大上海离岸贸易规模。

（六）“会商旅文”联动发展提速

发挥会展业的带动作用，大力推动会展、商业、旅游、文化等产业间实现信息互联、资源互用、渠道共享，促进协同发展，建立各部门间的战略合作机制和统一联动发展促进政策。

提升会展产业整体竞争力，逐步形成以市场为主体，优秀展览集聚、市场竞争充分、产业健康发展的整体格局。推动国家会展项目建设与招展、办展同步进行，年内投入试运行。

会同市旅游、文广等部门，制订“联动发展计划”，整合相关信息，加大宣传力度。按季或半年度汇总当期展会展览、商业营销活动、文化演出信息、大型体育赛事、景点及旅游线路等各类信息，定期发布“本市消费指南”，形成叠加效应。

（七）市场体系建设提质

加强顶层设计，按照“统一开放、竞争有序”的目标，培育和发展以商品市场、生产要素市场、专业性服务市场等为重点的现代市场体系。

进一步贯彻国家与本市有关贸易流通体制改革的文件精神，创新市场发展方式，加快培育市场主体、健全市场功能、优化市场结构，进一步完善大宗商品、消费品和食用农产品等市场空间布局，提升金融、物流、信息等服务，打造国际性或区域性的商品交易中心和市场。

充分发挥现代物流对贸易流通的重要支撑作用，推行现代流通方式，促进商品和服务的高效流转。加强物流科学规划，完善本市“5+4+3”（5个重点物流园区、4个专业物流基地、3级城市配送网络）的大物流格局。积极发展以高端物流为主的多层次物流服务体系，加快第三方物流及平台型物流发展，提升物流业标准化、信息化、组织化程度。

深化食用农产品批发和零售市场体系建设。落实公益性要求，整合食用农产品批发市场资源，支持重点批发市场升级改造。总结推广产销对接、市外基地、平价菜专柜等有效模式和经验，保障全市主副食品市场供应和价格基本稳定。出台食用农产品安全信息追溯管理办法，整合各类追溯系统建设，推动追溯信息以二维码等形式应用。

加强市场运行监测分析，深入开展商务诚信体系建设，清除市场壁垒，打击侵权假冒行为，整顿规范市场秩序，提高资源配置效率和公平性，进一步创造充分竞争、公平竞争的市场环境，增强市场公平度和透明度。

（八）生活性服务业发展提质

以满足高端需求、保障基本需求、促进消费增长为目标，进一步完善国际化大都市服务功能，建设“美好生活、宜居上海”。

抓紧出台《上海市生活性服务业发展指导意见》，以产业化、市场化、信息化和品牌化推进为抓手，着力建设布局合理、层次清晰、主体发达、功能完善、管理规范、高效便捷的生活性服务业产业体系，逐步提高生活性服务业增加值占全市服务业增加值的比重。

做深做实重点工程。推动商贸服务，健康服务，养老服务，家庭服务，文化、旅游、体育以及基本生活服务等重点领域发展，实施服务业重点发展工程，推进“早餐”、“家政”、“家电维修”等民生工程，按时保质保量完成好年度市政府实事项目，让老百姓切实感受到生活的便利。同时，促进规范提升，强化生活性服务业行业管理，探索建立统计指标和监测体系。

（九）利用外资提质

打造招商引资工作平台、外资企业综合服务平台和跨地区合作协调平台，进一步提升上海利用外资综合效益，促进引资、引技、引智有机结合，提高参与国际经济竞争与合作、参与全球价值链整合的能力。

完善外商投资环境。推进外资管理制度创新，施行“告知承诺＋格式化审批”的准入管理方式。梳理各类准入限制条件，争取国家各部委支持，进一步扩大对外开放。整合全市招商资源，完善市级层面和市、区两级招商引资联动与统筹机制，制订全市招商引资工作指导意见。借助文化、旅游、体育等多种渠道，广泛宣传推介上海贸易投资环境与整体形象。推动嘉定、康桥等符合条件的开发区升级为国家级经济技术开发区。

聚焦研发、投资、结算等核心功能，不断完善跨国公司地区总部、投资性公司和研发中心的支持政策，促进营运中心、结算中心、数据中心等外资功能性机构落沪，推动现有跨国公司地区总部能级提升，积极打造亚太总部城市。

进一步扩大服务业开放，鼓励外商投资金融、航运、物流、现代商贸、信息服务、文化创意、旅游、会展等重点服务业，以及专业服务、高技术服务、医疗保健、教育培训、家庭服务等新兴服务业，支持外商投资新一代信息技术、高端装备制造、生物医药、新能源、新材料、节能环保、新能源汽车等战略性新兴产业。

（十）转变政府职能提质

坚持"两高、两少、两尊重"和"负面清单"的"底线思维"，精简行政审批项目，加强行业管理，助推全市"小而强政府、活而强市场、大而强社会"建设。

根据全市统一部署，扎实、逐项推进落实商务领域职能转变和审批改革方案，最大限度减少审批事项，充分发挥市场、社会和中介组织的作用，确保企业的投资主体地位。

进一步树立服务意识，借鉴自贸试验区准入前国民待遇加负面清单模式，强化事中事后监管，加强营商环境建设，逐步释放市场活力，更多运用市场化、社会化、信息化的监管方式，以高水平管理体现高效率服务。

（十一）干部队伍建设提质

以能力建设为重点，抓学习调研、抓创新突破、抓推进落实、抓改革推动，引导干部树立敢担当的责任意识，发扬敢创新的进取精神，提升善突破的本领，进一步增强大局观，不断拓宽国际视野。

加强学习型机关、学习型组织建设，养成主动学习、善于学习的良好习惯。坚持学以致用，在干中学、学中干，把学到的知识充分运用到实际工作中，做到"身在兵位、胸为帅谋"。

要牢固树立创新意识，更多地运用创新的办法、开放的办法来做好工作。突出问题导向，着眼于解决问题、破解难题来进行创新，牢牢抓住制约商务发展的瓶颈和难点，以发现问题为始，以解决问题为终。

强化推进落实能力，既要有抓铁留痕、踏石留印的韧劲，一抓到底、常抓不懈，严格按时间节点抓落实、抓推进；也要能干加巧干，善于协同、善于合作，打破传统方法、路径的束缚，找到新办法、新理念、新思路。

（十二）群众路线教育实践活动整改落实和建章立制提质

坚决贯彻落实中央和市委关于群众路线教育实践活动整改落实的各项要求，狠抓整改事项和制度落实，重在作风建设、权力制约，重在真管、真用，确保实效、不走过场。

凡是中央和市委已经确定的各类事项和制度，必须严格执行、不能含糊。对市商务委明确的30项整改事项、30项制度建设和5项专项整治行动，要逐一细化分解，逐项完善配套办法，确保可执行、可监督、可问责。

整改事项和制度建设内容、进度、办法等要向社会全面公开，让社会监督，让群众监督。探索推进权力运行流程公开，规范权力运作程序和环节，强化对权力运行的制约和监督。

强调纪律约束，重点在作息时间、服务态度、工作效率、工作质量等方面，治懒、治庸、治散，实现作风建设的制度化、规范化、长效化。尤其要将"12345"市民热线作为商务系统政风行风的直接体现，进一步完善工作机制，提高办理质量。

同志们，蓝图已经绘就，工作重在落实。让我们在市委市政府的领导下，进一步解放思想、开拓奋进，迎难克坚、敢闯敢试，为完成全年各项目标任务、助推全市经济社会发展而努力奋斗！

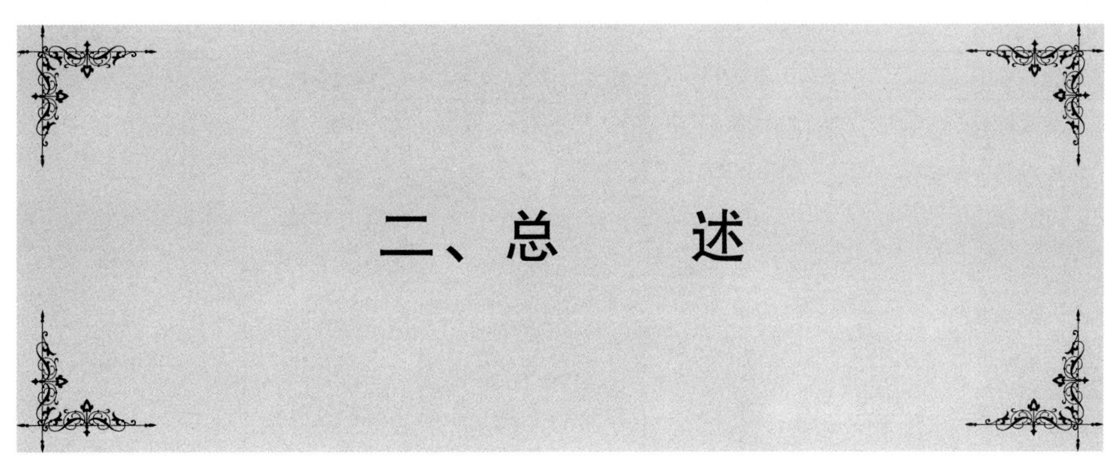

二、总　述

（一）综　述

总体平稳　稳中有进
不断完善现代商务市场建设
——2013 年上海市商务经济运行情况

一、流通规模保持增长，消费增速逐步回升

（一）流通和消费增速保持增长

2013 年上海实现商品销售总额 6.05 万亿元，比上年增长 12.5%，实现“三个保持”：保持 2003 年以来连续 11 年两位数增长势头，成为全市主要产业经济指标中唯一的两位数增长指标；保持 1993 年以来流通规模大于工业生产规模之势；保持流通规模大于出口贸易之势。全年实现社会消费品零售总额 8019.01 亿元，比上年增长 8.6%。其中：网上商店实现商品零售额 465.38 亿元，比上年增长 52.4%。

2013 年社会消费品零售总额情况表

金额单位：亿元

项　目		2013 年 12 月	比上年同期（±%）	1—12 月	比上年同期（±%）
社会消费品零售总额		—	—	8019.05	8.6
限额以上消费品零售额		554.93	3.4	5885.89	6.4
行业	批发零售贸易业	513.57	3.8	5401.29	6.9
	住宿餐饮业	41.36	-2.9	484.60	1.0
经济类型	国　有	35.90	-4.9	377.92	-0.5
	集　体	2.88	-8.3	31.64	-15.5
	民　营	109.97	-9.7	1168.68	-4.1

（续表）

项　目		2013年12月	比上年同期(±%)	1—12月	比上年同期(±%)
经济类型	股份有限公司	48.61	-0.2	528.19	5.9
	港澳台商投资	83.66	6.2	851.93	5.5
	外商投资	101.30	17.8	1017.16	10.6
	其　他	172.61	7.0	1910.37	13.9
商品类别	吃的商品	114.77	3.3	1320.68	3.6
	穿的商品	91.45	3.8	764.10	4.5
	用的商品	307.67	4.2	3334.41	8.3
	烧的商品	41.04	-3.8	466.70	3.7

（二）各类消费增长总体平稳

从行业看，全年限额以上批发和零售业企业实现零售额5885.89亿元，比上年增长6.4%；限额以上住宿和餐饮业企业实现零售额484.60亿元，比上年增长1.0%。从商品类别看，用的商品增速最快，全年实现限额以上零售额3334.41亿元，比上年增长8.3%；吃的商品零售额1320.68亿元，增长3.6%；穿的商品零售额764.10亿元，增长4.5%；烧的商品零售额466.70亿元，增长3.7%。从具体商品看，通讯器材等增速领先，金银珠宝类商品增幅达41%，超过第二位通讯器材类6个百分点。

限额以上消费品零售额分行业占比示意图

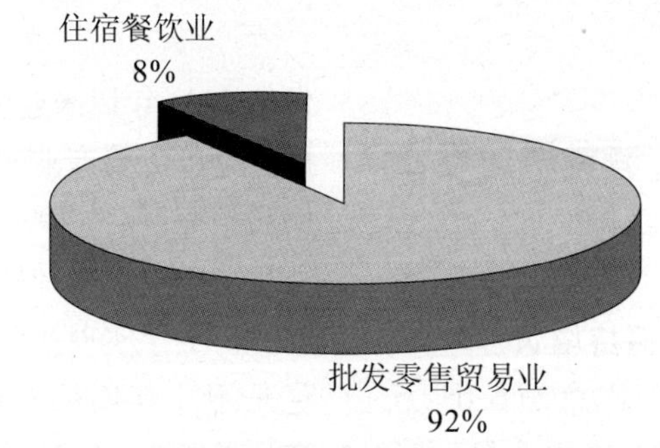

限额以上消费品零售额分类别占比示意图

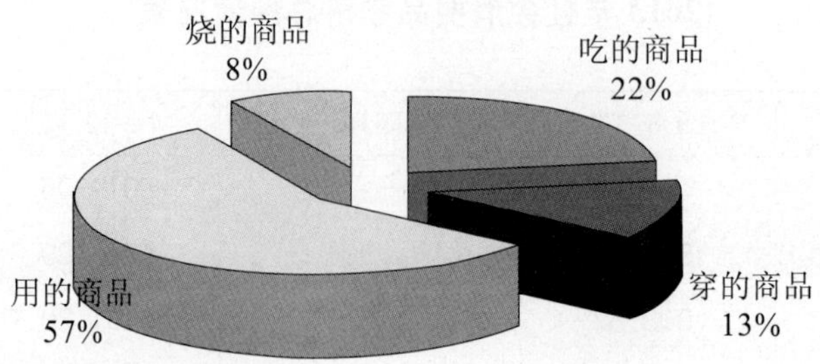

（三）新兴业态新兴商圈表现抢眼

从业态看，无店铺销售高速增长，比上年增长32.3%。另据上海市商业信息中心对各大零售业态主要样本企业的监测，全年便利店、购物中心分别比上年增长12.7%、7.5%，专业专卖店、标准超市、百货商厦、大型综合超市则分别增长9.3%、2.1%、-0.3%、0.9%。从商圈看，区级商圈零售额增速高于市级商圈7.4个百分点，金山新城、奉贤南桥等增速均超过20%；市级商圈仅有五角场、中环（真北）增长超过10%。

主要商圈零售额增长情况表

市级商圈	区县	比上年（±%）	区级商圈	区县	比上年（±%）
南京东路	黄浦	1.8	大　　宁	闸北	1.8
南京西路	静安	-3.3	南方商城	闵行	0.6
淮海中路	黄浦	-8.1	长　　寿	普陀	-4.2
四川北路	虹口	2.1	曹 家 渡	—	9.7
豫园商城	黄浦	4.3	金　　桥	浦东	8.8
徐 家 汇	徐汇	-3.3	松江新城	松江	14.1
不 夜 城	闸北	-8.5	莘庄新城	闵行	12.5
张 扬 路	浦东	8.4	奉贤南桥	奉贤	42.5
五 角 场	杨浦	16.2	金山新城	金山	34.1
中山公园	长宁	5.6	青浦桥梓湾	青浦	13.3
虹　　桥	长宁	-5.5	—	—	—
中环（真北）	普陀	13.8	—	—	—
市级商圈平均增速	—	2.6	区级商圈平均增速	—	10.0

主要零售业态增长情况表

业　　态	比上年（±%）	业　　态	比上年（±%）
百 货 店	-0.3	便 利 店	12.7
购物中心	7.5	专业专卖店	9.3
大 卖 场	0.9	无 店 铺	32.3
标准超市	2.1	—	—

（四）郊区零售额、增速、贡献率超过中心区

全年17个区县和其中8个郊区县分别实现零售额7830.95亿元、3303.43亿元，规模创下历史新高，分别比上年增长9.8%、14.3%。一是区县零售额可比增速高于全市生产总值，全市年生产总值（GDP）可比增长7.7%，区县零售额剔除商品零售物价指数，可比增长9.6%，增速超过生产总值1.9个百分点。二是郊区县零售额高于中心城区。随着市政交通建设和人口快速导入郊区，郊区商旅文娱、住宿餐饮结合的商业建设加快，推动郊区零售额快速增长。全年8个郊区县（不含浦东新区）零售额超过8个中心区零售额280.86亿元，超幅达9.3%。三是浦东新区和郊区县零售额占比、贡献率领先。全年中心区、郊区县和浦东新区的零售额分别占全市区县零售总额38.6%、42.2%、

19.2%，郊区县占比高于中心区3.6个百分点；中心区、郊区县和浦东新区对全市区县零售额的贡献率分别为18.5%、59.4%、22.1%，拉动区县零售额增长1.8个、5.8个、2.2个百分点，郊区县、浦东新区的贡献率分别超过中心区40.9个、3.6个百分点。

2013年各区县社会消费品零售总额增长情况表

区　县	金额(亿元)	比上年(±%)	占全市区县(%)
区县合计	7830.95	9.8	100.0
浦东新区	1504.95	11.5	19.2
黄浦区	693.62	1.4	8.9
徐汇区	468.33	7.6	6.0
长宁区	272.96	7.3	3.5
静安区	240.79	3.0	3.1
普陀区	496.68	3.0	6.3
闸北区	258.34	7.5	3.3
虹口区	260.24	3.2	3.3
杨浦区	331.60	6.6	4.2
闵行区	600.78	6.0	7.7
宝山区	519.29	12.8	6.6
嘉定区	564.44	31.3	7.2
金山区	325.26	12.8	4.2
松江区	426.27	11.1	5.4
青浦区	416.10	16.3	5.3
奉贤区	375.91	12.1	4.8
崇明县	75.38	16.5	1.0

（五）商业投资保持“三个领先”

一是商业投资突破450亿元，增速、贡献率领先全市。全年上海商业固定资产投资总额完成456.02亿元，比上年增长16.1%。增速超过全社会固定资产投资增幅(7.5%)8.6个百分点，全年净增投资63.24亿元，对全社会固定资产投资增长的贡献率为16%。显示世博会后，商业地产及基础设施投资继续看好，增速攀升，投资扩大。二是商业营业用房投资增速领先全市。全年上海商业固定资产投资总额中，商业营业用房投资额完成370.03亿元，比上年增长26%，增速超过房地产开发投资总额增速(18.4%)7.6个百分点。商业营业用房投资额净增76.36亿元，对全市房地产开发投资总额增长的贡献率达到17.4%，居上海房地产开发投资类别第一。三是外商、港澳台商投资增长领先。全年商业固定资产投资总额中，外商港澳台商投资“一枝独秀”，完成15.38亿元，比上年增长91.8%。

2013 年商业固定资产投资情况表

类　别		合　计	批发业	零售业	餐饮业	住宿业	房地产商业设施(万平方米)
当年完成	完成投资额(亿元)	456.02	5.18	46.75	4.79	29.27	370.03
	比上年(±%)	16.10	-40.50	-12.50	-39.50	0.30	26.00
施工项目数	施工项目数	125	25	62	10	28	—
	比上年(±%)	-11.30	4.20	-7.50	-41.20	-15.20	—
施工面积	房屋面积	1675.78	6.82	92.45	22.02	53.77	1500.72
	比上年(±%)	1.40	-68.90	-11.70	4.50	-3.30	3.50
新开工面积	房屋面积	314.07	2.72	19.29	5.17	11.93	274.96
	比上年(±%)	-30.30	-68.40	-70.40	63.60	38.70	-24.70
竣工面积	房屋面积	269.96	1.21	6.25	9.05	—	253.45
	比上年(±%)	44.10	317.20	19.00	186.40	—	42.70

二、对外贸易由负转正,外贸结构更趋优化

(一) 贸易规模小幅增长

2013 年,上海进出口总额达到 4414.3 亿美元,比上年增长 1.1%,占全国的 10.6%。其中,出口 2042.4 亿美元,比上年下降 1.2%;进口 2371.9 亿美元,比上年增长 3.1%。下半年,受益于国家和上海稳定外贸增长的有关利好政策和措施,市场信心不断向好,一改上半年逐季下跌的态势,出现明显筑底企稳迹象。其中,一季度货物贸易进出口同比下降 1.2%,二季度下降 6%,三季度增长 3.4%,四季度增长 8.1%。

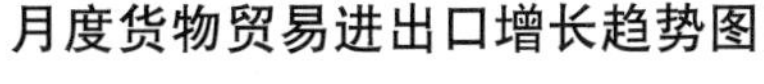
月度货物贸易进出口增长趋势图

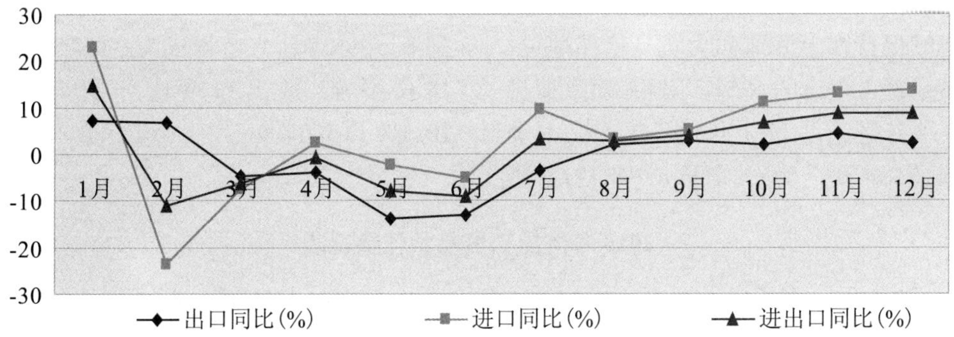

(二) 贸易结构持续优化

贸易方式上,一般贸易增长较快,全年实现进出口 2016.6 亿美元,比上年增长 9.5%,快于加工贸易 16.4 个百分点,在全市货物贸易中的占比达到 45.7%,比上年提高 3.3 个百分点;加工贸易进出口 1292.1 亿美元,比上年下降 6.9%,占全市的 29.3%,较上年下降 2.5 个百分点。贸易主体中,民营企业表现活跃,全年实现进出口 709.5 亿美元,比上年增长 10.9%,分别快于国有企业、外资企业 19.7 和 11.3 个百分点,在全市货物贸易中的占比达 16.1%,比上年提高 1.5 个百分点。

2013 年各区县进出口情况表

金额单位:亿美元

区　县	进出口	比上年(±%)	占比(%)	出　口	比上年(±%)	占比(%)	进　口	比上年(±%)	占比(%)
浦东新区	2464.5	4.4	55.8	950.9	2.1	46.6	1513.6	5.9	63.8
黄浦区	97.1	-2.1	2.2	33.6	-2.1	1.6	63.6	-2.0	2.7
徐汇区	95.0	3.0	2.2	43.5	2.3	2.1	51.5	3.6	2.2
长宁区	93.8	-3.5	2.1	39.0	-3.9	1.9	54.8	-3.2	2.3
静安区	48.0	-2.1	1.1	17.2	-1.7	0.8	30.8	-2.3	1.3
普陀区	38.8	-8.6	0.9	18.5	8.9	0.9	20.3	-20.3	0.9
闸北区	22.2	29.6	0.5	9.7	1.8	0.5	12.6	64.2	0.5
虹口区	54.8	20.0	1.2	20.2	-5.0	1.0	34.6	41.7	1.5
杨浦区	17.6	17.7	0.4	9.5	4.0	0.5	8.0	39.5	0.3
闵行区	335.2	-2.8	7.6	214.1	-3.3	10.5	121.2	-1.8	5.1
宝山区	123.7	-7.8	2.8	46.3	-3.2	2.3	77.4	-10.4	3.3
嘉定区	209.5	6.9	4.8	98.9	-5.4	4.8	110.6	20.8	4.7
奉贤区	110.6	1.8	2.5	70.4	3.4	3.5	40.2	-0.7	1.7
松江区	490.5	-12.5	11.1	358.0	-8.8	17.5	132.5	-21.4	5.6
金山区	87.4	6.6	2.0	41.5	3.0	2.0	45.9	10.1	1.9
青浦区	120.6	2.5	2.7	68.1	1.2	3.3	52.5	4.2	2.2
崇明县	4.9	2.5	0.1	3.2	-1.8	0.2	1.7	11.4	0.1

(三)贸易市场更加多元

2013 年对外贸易中,欧盟、美国、日本、东盟继续保持在上海前四大贸易伙伴地位,合计贸易额占全市的 62%。其中,对欧盟进出口 914.4 亿美元,比上年增长 1.5%;对美国进出口 734.0 亿美元,增长 4.6%;对日本进出口 550.8 亿美元,下降 3.9%;对东盟进出口 539.3 亿美元,下降 5.4%。非洲、澳大利亚、中东等新兴市场成为上海市外贸新的增长亮点,进出口增速分别为 14.4%、10.1% 和 5.6%。

2013 年进出口贸易伙伴情况表

金额单位:亿美元

主要出口贸易伙伴				主要进口贸易伙伴			
国家或地区	出口金额	比上年(±%)	占比(%)	国家或地区	进口金额	比上年(±%)	占比(%)
美　国	506.50	1.0	24.8	欧　盟	553.73	8.4	23.3
欧　盟	360.67	-7.5	17.7	#德　国	208.61	8.5	8.8
#荷　兰	84.95	5.5	4.2	东　盟	325.25	-9.9	13.7
德　国	67.09	-28.9	3.3	#马来西亚	137.67	-13.3	5.8
日　本	249.09	-0.2	12.2	日　本	301.73	-6.7	12.7

（续表）

主要出口贸易伙伴				主要进口贸易伙伴			
国家或地区	出口金额	比上年（±%）	占比（%）	国家或地区	进口金额	比上年（±%）	占比（%）
东　　盟	214.02	2.3	10.5	美　　国	227.48	13.6	9.6
#新 加 坡	70.45	2.7	3.5	韩　　国	176.90	1.0	7.5
马来西亚	41.94	15.0	2.1	中国台湾	162.26	11.7	6.8
中国香港	167.70	5.0	8.2	瑞　　士	84.79	107.4	3.6
韩　　国	62.10	-10.6	3.0	澳大利亚	84.31	17.9	3.6
澳大利亚	58.22	0.4	2.9	俄 罗 斯	15.91	-20.6	0.7
中国台湾	57.91	1.6	2.8	拉　　美	126.72	-15.5	5.3
俄 罗 斯	29.90	-8.4	1.5	#智　　利	39.67	-27.4	1.7
拉　　美	100.98	-5.2	4.9	中　　东	43.97	5.7	1.9
中　　东	75.12	5.5	3.7	非　　洲	34.88	17.0	1.5
非　　洲	45.85	13.6	2.2	#南　　非	15.89	31.3	0.7

注:"#"表示"其中"。

（四）服务贸易保持较快增长

2013 年上海实现服务贸易进出口总额 1725.4 亿美元，比上年增长 23.5%，增速高于全国 8.8 个百分点，在全国服务贸易总额中的比重达到 32.0%，继续位居全国首位。其中，咨询、电影和音像服务、计算机和信息服务、专有权利使用费和特许费等高附加值服务进出口增幅分别达到 28.4%、38.2%、21.8% 和 20.3%。这些高附加值服务贸易的快速增长推动了科技的进步和创新，提升了贸易竞争力。

2013 年进出口贸易构成情况表

金额单位：亿美元

项目		出口额	比上年（±%）	占比（%）	进口额	比上年（±%）	占比（%）
总值		2042.44	-1.2	100.0	2371.89	3.1	100.0
企业性质	国有企业	297.99	-8.3	14.6	413.82	-9.2	17.4
	集体企业	16.16	0.9	0.8	20.20	3.6	0.9
	民营企业	360.31	6.1	17.6	349.14	16.2	14.7
	外资企业	1367.75	-1.4	67.0	1519.15	0.5	64.0
贸易方式	一般贸易	817.25	3.5	40.0	1199.30	14.0	50.6
	加工贸易	943.80	-7.0	46.2	348.27	-6.4	14.7
	其他贸易	281.39	6.8	13.8	824.32	-5.8	34.8
商品大类	机电产品	1404.13	-2.0	68.7	1242.16	-1.5	52.4
	高新技术产品	881.56	-2.3	43.2	781.27	-4.2	32.9
	纺织服装	199.95	0.5	9.8	54.88	13.3	2.3
	农产品	17.05	3.5	0.8	90.37	14.5	3.8

三、利用外资持续增长，外贸结构更趋优化

2013年，上海积极适应经济全球化的新形势，不断优化引进外资结构，不断拓展对外开放深度，不断完善国际化、法制化的营商环境，全年利用外资稳中有进，质量和水平进一步提高。

（一）规模再创历史新高

2013年上海实际利用外资167.8亿美元，比上年增长10.5%，增幅预计高出全国水平5.2个百分点，连续14年实现增长；合同外资249.36亿美元，比上年增长11.6%，连续3年超过200亿美元，并再创年度引资规模新高。

截至2013年底，上海累计引进外资项目7.2万个，合同外资2425.01亿美元，实际吸收外资1509.93亿美元，占全国累计吸收实到外资的比重超过10%。

（二）产业结构不断优化

服务业利用外资稳步增长，全年实际利用外资135.67亿美元，比上年增长7.0%，服务业占全市实到外资总额的80.9%。服务经济为主的引资结构不断优化，商贸业、租赁和商务服务业、物流服务业呈现较快增长态势，实到外资比上年分别增29.4%、23.3%和37.6%，占全市实到外资的比重较上年度分别提高了2.7、2.2和0.5个百分点。由于2013上半年新设外资房地产大项目较少，房地产业实到外资同比下降18.4%，随着港资新鸿基拍得徐家汇中心等项目的资金陆续到位，预计2014年房地产业实到外资会有所增长。金融服务业是近两年外资发展较快的领域，全年新设项目105个，比上年增长近五成，受2012年远东国际租赁实到外资4.8亿美元影响，2013年金融服务业实到外资同比微降0.3%。

2013年服务业利用外资分产业情况表

产　　业	实际利用外资（亿美元）	比上年（±%）	占比（%）
服务业	135.67	7.0	80.9
#商贸业	31.08	29.4	18.5
租赁和商务服务业	35.58	23.3	21.2
物流服务业	4.93	37.6	2.9
房地产业	38.48	-18.4	22.9
金融服务业	8.23	-0.3	4.9

制造业实到外资31.84亿美元，比上年增长29.8%。民用航空、高端装备、电子信息、新材料等战略性新兴产业发展加快，氰特工程材料（上海）有限公司实到外资3155万美元，从事商用飞机材料的制造；新引进易欧司光电技术（上海）有限公司从事3D打印材料技术的研发、英华达电子新增3D打印机研发制造业务；新设康宁（上海）光学材料有限公司，从事光纤预制棒的研发生产；赢创化学增加为境外关联公司的提供研发和工业改进外包服务。

（三）对外开放进一步扩大

服务业吸引外资领域不断延伸和突破，金融服务业开放位列全国前列。商业保理试点效应明显，共批准新设外资商业保理企业17家，注册资本达2.71亿美元，合同外资1.91亿美元；融资租赁行业加快发展，全年新引进外资融资租赁企业89家，累计吸引外资融资租赁企业219家，设立36个外商投资融资租赁公司SPV项目；股权投资、创业投

资、保险经纪、货币兑换、第三方支付等新兴金融服务领域的外国投资日趋活跃，引进上海浦东新区亚联财小额贷款有限公司（上海首家外资小额贷款公司）、上海张江艾西益外币兑换有限公司、奥氏（上海）海外投资基金管理有限公司。互联网销售、电子商务等贸易新业态发展迅速，全年新批准121家企业增加网上销售业务。文化产业、社会服务业利用外资实现新突破，引进东方梦工厂、佳士得拍卖、卫展医院管理、金卫医保信息管理等项目。

（四）外资管理改革不断深化

中国（上海）自由贸易试验区挂牌以来，截至2013年底新设外资企业239家，90%的企业属负面清单外通过备案设立。6个服务业领域的开放措施基本落地，推动自贸试验区引资结构不断调整，除原保税区优势产业商贸和物流外，专业服务、金融、文化领域的外商投资快速增长，占比分别达到27.6%、2.8%、1.6%。25个国家和地区选择到自贸区内新设企业，其中香港特区投资最多，占比为44%，其次为美国、中国台湾、日本、加拿大、新加坡。

（五）利用外资方式不断拓展

外商投资渠道进一步拓宽，全年跨境人民币直接出资31亿美元，占全市合同外资的比重升至近13%。“引进来”和“走出去”相结合，全年新批外商投资企业对外直接投资项目49个，投资总额5.1亿美元，比上年增长近六成，占上海企业走出去对外投资额的12%。BP公司在上海投资的碧科清洁能源技术有限公司再投资1亿元人民币到美国，开展能源技术领域的研发；三林万业（上海）企业管理有限公司赴新加坡设立股权投资企业；上海日立电器公司在意大利设立欧洲技术服务中心。“引进来”和“走出去”的联动发展，推动上海利用国际国内两个市场、两种资源，在更大范围、更广领域、更高层次上参与国际经济技术合作和竞争。

（六）投资来源地结构多元化

2013年实到外资主要来自亚洲，占全市实到外资的比重接近70%，实到外资金额116.47亿美元，比上年增长12.9%；欧洲实到外资11.81亿美元，比上年下降26.5%，占比为7%；美国实到外资12.64亿美元，比上年增长80%，占比为7.5%。

2013年外商直接投资前10位资金来源地情况表

金额单位：亿美元

排名	国别（地区）	实到外资金额	比上年（±%）	占比（%）
实例外资总额		167.80	10.5	100.0
1	中国香港	83.52	22.0	49.8
2	日　本	16.61	-8.3	9.9
3	新加坡	12.74	30.6	7.6
4	美　国	12.64	80.0	7.5
5	毛里求斯	4.73	-4.9	2.8
6	维尔京群岛	3.79	-44.1	2.3
7	德　国	3.09	22.3	1.8
8	开曼群岛	2.72	-35.2	1.6
9	法　国	2.25	-20.9	1.3
10	荷　兰	2.24	-37.2	1.3

截至2013年底，在上海投资的国家和地区已达157个。从主要资金来源地看，2013年香港特区在沪投资实到外资比上年增长22%，由于近期香港投资大项目集中获批，2014年来自香港的实到外资仍有望继续保持增长；日本投资实到外资下降8.3%、合同外资下降38.7%，受中日关系紧张、日本海外投资更多地流向东南亚国家等因素影响，预计日本在沪新增投资可能继续减少；欧洲国家中，德国投资增长，法国、荷兰下降，分化日益明显；2013年美国在沪实到外资大幅增长80%，主要得益于前两年批准的迪士尼、中航通用电气民用航电系统等大项目资金集中到位，2013年美国投资合同外资下降了32.7%，受此影响2014年实到外资可能会有所回落；自由港中，维尔京群岛、毛里求斯、开曼群岛、萨摩亚等地的对沪投资都呈现出下降趋势，考虑到全球范围内自由港投资总体呈现上升趋势，预计2014年可能会出现恢复性反弹。

四、“走出去”快速发展，跨国经营能力增强

2013年上海境外投资保持稳定增长态势，全年共核准对外直接投资项目(新设、并购、增资项目)347个，核准对外直接投资总额430570.9万美元，比上年增长32.75%，其中，核准中方投资额362387万美元，比上年增长21.96%。全年上海新签对外承包工程合同额达108.1亿美元，比上年增长4.9%；完成营业额达到80.69亿美元，比上年增长18.5%。

(一) 境外投资呈现多元化发展

从投资主体来看，境外投资项目以民营企业为主力军，但国有企业占据投资额的半壁江山。在347个项目中，民营企业占249家，占境内投资主体数量的71.76%，投资金额占36.7%；国有企业49家，投资金额占51.45%；外资企业49家，投资金额占11.85%。从项目地区来看，以亚洲为主，投资额占比与上年基本持平。上海企业对亚洲投资总量为323924.1万美元，占对外投资总额75%；其次对北美洲投资总量为41864.9万美元，占9.7%；对南美洲(含避税地)投资总量为30873.7万美元，占比7.2%。从行业分布来看，投资数量仍以批发与零售业为主要投资方向。从企业投资的境外趋势来看，企业主要投资方向按投资项目数量降序排列依次为：批发与零售业(123个)、商务服

2002—2012年部分年份对外直接投资示意图

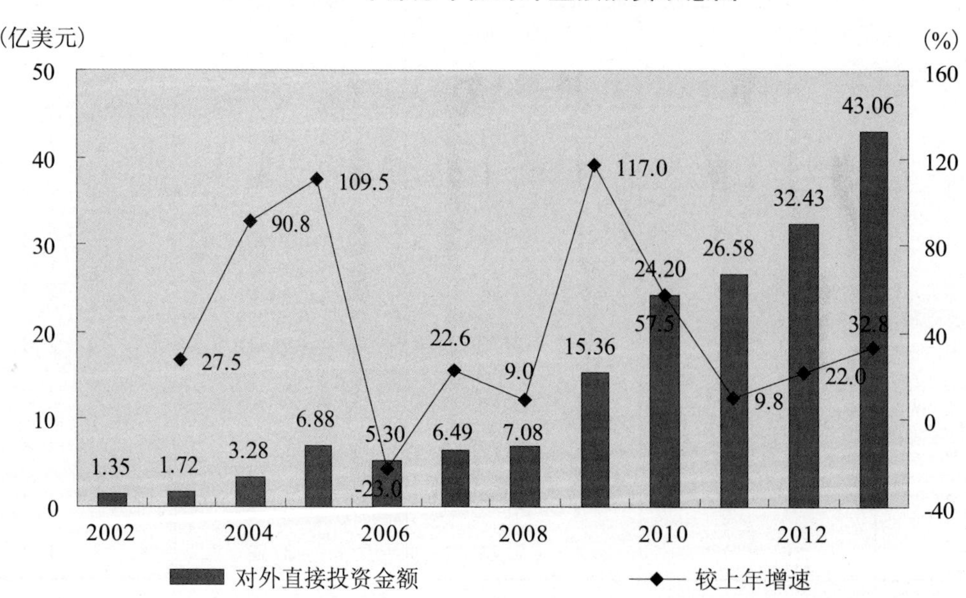

务业(115个)、计算机服务和软件业(38个)、制造业(22个),上述4个行业的投资数量占投资总量的86%,是上海对外直接投资的主要行业分布。投资金额仍以商务服务业为主要投资行业。从企业投资额的境外行业来看,全年房地产业行业投资额占35.6%,商务服务业的投资额占33.5%,制造业占10.6%,批发零售业占6.3%,信息传输、计算机服务和软件业占3.7%,科学研究、技术服务和地质勘查业占1.7%。

2013年对外直接投资情况表

金额单位:亿美元

项目		金额	比上年(±%)	占比(%)
对外直接投资总额		43.1	32.8	100.0
中方投资额		36.2	22.0	—
企业性质	国有企业	22.2	—	51.5
	民营企业	15.8	—	36.7
	外资企业	5.1	—	11.8
投资地区	亚洲	32.4	—	75.2
	欧洲	1.1	—	2.5
	北美洲	4.2	—	9.7
	南美洲	3.1	—	7.2
	非洲	0.3	—	0.6
投资行业	房地产业	15.3	—	35.6
	商务服务业	14.4	—	33.5
	制造业	4.6	—	10.6
	批发零售业	2.7	—	6.3

(二)对外承包工程结构进一步优化

2013年,上海对外承包工程新签项目主要集中在技术含量较高的制造加工设施建设业和电力工程建设业,合同额分别为36.3亿美元和24.8亿美元,占全市总额的34%和23.3%。制造加工设施建设业和电力工程建设业等行业已成为上海对外承包工程企业“走出去”的亮点和具有比较优势的行业。对外承包工程市场分布集中在亚、非等地区,2013年亚洲地区合同额为53.7亿美元,占全市总额的49.7%;非洲地区合同额为28亿美元,占26%;其他地区合同额为26.4亿美元,占24.3%。大型、特大型承包工程项目成为主流,新签对外承包工程项目合同额超5000万美元的大型、特大型项目有44个,合同额为80.8亿美元,占全市总额的74.7%。国有企业积极参与境外承包工程项目,新签境外承包工程项目合同额为89.7亿美元,占全市总额的82.9%。

2013 年对外承包工程情况表

金额单位:亿美元

项　目		金　额	比上年(±%)	占比(%)
新签对外承包工程合同额		108.16	4.9	100.0
企业性质	国有企业	89.67	13.3	82.9
	民营及外资企业	18.49	-23.0	17.1
业务地区	亚　洲	53.77	19.7	49.7
	欧　洲	9.50	-55.6	8.8
	北美洲	3.17	-64.7	2.9
	南美洲	13.32	-15.1	12.3
	非　洲	28.09	153.1	26.0
分布行业	制造加工设施建设	36.30	6.3	33.6
	电力工程建设	24.85	134.5	23.0
	工业建设	12.38	—	11.4
	石油化工	10.96	-63.4	10.1
完成对外承包工程营业额		80.69	18.5	—

(三)对外劳务合作稳步推进

2013 年上海对外劳务合作新签劳务人员合同工资总额为 32048 万美元,劳务人员实际收入总额为 10322 万美元;派出各类劳务人员 18032 人次(其中境外工程承包项目项下派出劳务人员 4337 人),比上年下降 15.1%;期末在外人数为 25135 人(其中境外工程承包项目项下期末在外人数为 7284 人),比上年下降 14.4%。

(市商务委综合处)

（二）专文（市商务委处室）

商业发展　市场繁荣

——为上海经济增长作出新贡献

一、商业增加值规模扩大，增速加快

2013 年，上海各级商业主管部门和商贸企业积极应对严峻复杂的经济形势，扭转了首季住宿餐饮业增加值下降局面，商业增加值规模扩大、增速加快，为上海经济发展和国际贸易中心建设作出了新贡献。

（一）商业增加值实现规模新突破、增速“双超越”

据上海市统计局核算：2013 年，全市及第二、三产业增加值分别完成 21602.12 亿元、8027.77 亿元、13445.07 亿元，分别可比增长 7.7%、6.1%、8.8%，增速分别提高 0.2 个、3 个、3.5 个百分点。

1. *商业增加值首次突破 3800 亿元*。全市生产总值中，商业（包括批发零售业、住宿餐饮业，下同）完成增加值 3847.44 亿元，在复杂严峻的经济形势下仍然取得良好成绩，创下历史新高。

2. *商业增加值增速实现“双超越”*。全年商业增加值可比增长 6.7%。商业增加值增速超过上年增速（5%）1.7 个百分点，超过第二产业增加值增速 0.6 个百分点。

3. *商业增加值增速呈现“前低后高”*。受多种因素影响，首季上海商业增加值可比增长仅 4.5%，增速同比（12.2%）下跌 7.7 个百分点。随着全球经济逐步回暖，商品流通和消费需求扩大，加上商务部门和商贸企业的积极努力，商业增加值规模、增速从二季度起逐步回升，下半年比上半年增速提高 1 个百分点。

2013 年上海商业增加值分季度完成情况表

金额单位：亿元

指　　标	一季度	二季度	上半年	三季度	四季度	下半年	全　年
商业增加值	905.26	1018.43	1923.69	872.22	1051.53	1923.75	3847.44
可比增长（%）	4.5	9.1	6.2	6.2	8.0	7.2	6.7
#批发零售业	842.22	908.53	1750.75	821.28	961.07	1782.35	3533.10
可比增长（%）	4.9	10.4	6.8	6.2	8.5	7.4	7.1
#住宿餐饮业	63.04	109.90	172.94	50.94	90.46	141.40	314.34
可比增长（%）	-0.7	1.0	0.5	6.5	3.6	4.6	2.3

（二）商业增加值净增额、占比、贡献率出现“三回落”

一是商业增加值净增额回落。全年上海商业增加值比上年净增241.29亿元，绝对值比上年减少105.80亿元。二是商业增加值占全市的比重回落，为17.8%，与上年（18%）相比，减少0.2个百分点。三是商业对全市经济增长的贡献率回落，为15.6%，与上年（24.7%）相比，回落9.1个百分点。

（三）主力行业增加值实现“双增长”

全年上海批发零售业、住宿餐饮业分别实现增加值3533.10亿元、314.34亿元，可比增长7.1%、2.3%。其中：批发零售业保持第三产业行业增加值规模第一。下半年住宿餐饮业增加值增加，扭转了首季增速（－0.7%）回落的格局。

2013年上海商业增加值增长情况表

金额单位：亿元

行业名称	增加值（亿元）	可比增长（±%）	占比（%）	贡献率（%）	拉动增长百分点（个）
上海市生产总值	21602.12	7.7	100.0	100.0	7.7
其中：第一产业	129.28	-2.9	0.6	—	—
第二产业	8027.77	6.1	37.2	29.9	2.3
第三产业	13445.07	8.8	62.2	70.4	5.4
其中：金融业	2823.29	13.7	13.1	22.0	1.7
房地产业	1343.77	11.3	6.2	8.8	0.7
交运仓储邮政业	935.06	1.0	5.0	0.6	0.05
信息服务软件业	1036.62	12.8	16.5	7.6	0.6
其中：商业	3847.44	6.7	5.0	15.6	1.2
#批发零售业	3533.10	7.1	11.5	15.1	1.2
#住宿餐饮业	314.34	2.3	2.6	0.5	0.04

二、区县商业对经济增长贡献增加

2013年，上海各区县商务部门积极应对严峻复杂的经济形势，努力抓好网点规划、结构调整、外资利用、流通扩大、市场繁荣、民生关注，不断提升商业对区域经济增长的贡献率。

（一）商业成为推动区域第三产业发展的先导行业

1．区县商业增加值规模、增速实现“一突破三超越”。全年17个区县实现商业增加值首次突破3300亿元（3391.74亿元），可比增长9.8%，增速超过全市生产总值（7.7%）、全市商业增加值（6.7%）、区县生产总值（7.4%）增速2.1个、3.1个、2.4个百分点。其中：浦东新区、郊区商业增加值可比增长11.6%、11.3%，增速分别高于全市区县生产总值增速1.8个、1.5个百分点，中心区商业增加值增速（7.9%）低于区县生产总值增速1.9个百分点。

2．区县商业增加值占比实现“双提升”。2013年，区县商业增加值分别占全市商业增加值、区县生产总值增加值的88.2%、15.9%，比上年（85.6%、15.7%）分别提高2.6个、0.2个百分点。其中：浦东新区、中心城区、郊区商业增加值占区县商业增加值的比重分别为32%、43.8%、24.1%，占区县第三产业增加值的比重分别为8.3%、11.4%、6.3%。

3. 商业增加值贡献率呈现"三领先"。一是区县商业增加值保持对区县生产总值和第三产业增加值增长的贡献率全市领先地位,达到19.1%、25.5%,在三次产业各个行业中保持贡献率第一。二是中心城区商业增加值对中心区生产总值增长的贡献率全市领先,达到20.4%,分别高于浦东新区、郊区县(19.7%、16.8%)0.7个、3.6个百分点。三是郊区县商业增加值对郊区县第三产业增加值增长的贡献率全市领先,达到32.5%,分别高于浦东新区、中心区(21.5%、26.2%)11个、6.3个百分点。

2013年上海区县商业增加值完成情况表

金额单位:亿元

区域名称	区县生产总值	可比增长(±%)	#三产增加值	可比增长(±%)	#商业增加值	可比增长(±%)	商业占比(%)		商业贡献率(%)	
							区县	三产	区县	三产
区县合计	21278.69	8.1	13046.59	10.1	3391.74	9.8	15.9	26.0	19.1	25.5
其中:浦东新区	6448.68	9.7	4155.01	14.4	1086.95	11.6	16.9	26.2	19.7	21.5
中心城区	7390.71	7.8	5917.43	7.5	1486.59	7.9	20.1	25.1	20.4	26.2
郊区县	7439.30	7.1	2974.15	9.4	818.20	11.3	11.0	27.5	16.8	32.5

(二)区县商业成为促进全市商业发展的主力军

1. 区县商业支柱作用突出,增加值增速、贡献率实现"双超"。2013年,全市商业增加值完成3847.44亿元,可比增长6.7%,其中:区县商业增加值占88.2%,可比增长9.8%,区县商业增速超过全市商业增加值增速3.1个百分点;区县商业对区县生产总值增长的贡献率为19.1%,超过全市商业贡献率(15.6%)3.5个百分点。

2. 区县商业各具特色,分类排名呈现"五个居前"。从增加值规模看,浦东新区、中心城区居前。除远郊的奉贤区(72.92亿元)、金山区(66.23亿元)、崇明县(24.59亿元)外,其他各区商业增加值全部超过100亿元。其中:浦东新区首次突破1000亿元(1086.95亿元),保持全市区县商业增加值规模第一,中心城区、郊区分别平均实现每区商业增加值183.54亿元、102.28亿元。中心城区中,黄浦、徐汇区分别以359.19亿元、243.35亿元领先;闵行、嘉定区分别以151.63亿元、144.96亿元保持郊区商业增加值规模领先。

从增速看,浦东新区、郊区县商业居前。浦东新区、郊区县商业增加值分别可比增长11.6%、11.3%,高于中心城区增速(8.1%)3.5个、3.2个百分点。郊区有5个区商业增加值实现两位数增长,嘉定区增速(18.3%)实现全市各区县和郊区县商业增加值增速"双第一"。奉贤、崇明、金山、松江4个区县分别以14.5%、14.3%、12.3%、10.9%的增速居前。普陀、徐汇、长宁3个区以增速(13.2%、11.3%、10.8%)在中心城区各区商业增加值增速中领先。

从对区域贡献率看,中心区商业居前。浦东新区、中心城区、郊区商业对所在区域经济增长的贡献率分别实现19.7%、20.4%、16.8%,中心区商业贡献率高于浦东新区、郊区县0.7个、3.6个百分点。全市有5个区县商业增加值对所在区域生产总值增长的贡献率超过30%,分别是崇明县(66.2%)、宝山区(33.6%)、奉贤区(30.8%)、长宁区(30.4%)、虹口区(30.2%)。另外有9个区商业增加值对区域生产总值增长的贡献率超过两位数,分别是徐汇区(29.4%)、松江区(28.9%)、普陀区(21.8%)、黄浦区(20.2%)、静安区(16.7%)、青浦区(16.4%)、闵行区(14.7%)、闸北区(12.7%)、嘉定区(12.5%)。

从对三产贡献率看，郊区商业居前。一是由于郊区县第三产业增加值规模分别低于浦东新区和中心区28.4%、49.7%，商业增加值在郊区县中比重较大(27.5%)，因此郊区县商业增加值对郊区县第三产业经济增长的贡献率领先全市。二是2013年，浦东新区、中心城区、郊区商业对所在区域第三产业经济增长的贡献率分别为21.5%、26.2%、32.5%，郊区商业贡献率高于浦东新区、中心城区11个、6.3个百分点。三是17个区县商业增加值对所在区域第三产业增加值增长的贡献率均实现两位数。其中：第一梯队是松江、嘉定、金山、普陀4个区，分别以48.6%、42.4%、41.5%、41.4%的贡献率名列前茅，第二梯队是徐汇、奉贤、虹口3个区，贡献率为37.8%、37.1%、34.8%；第三梯队是长宁、宝山、崇明、青浦、闵行、黄浦、浦东新区7个区县，贡献率为29.3%、26.8%、24.5%、22.8%、22.5%、21.7%、21.5%；第四梯队是静安、闸北、杨浦3个区，贡献率为16.7%、15.9%、11.9%。

从人均增加值看，中心城区居前。根据2012年末上海常住人口计算(2013年常住人口分区县数据未公布)，全市商业和区县人均商业增加值分别为1.62万元、1.42万元，其中：浦东新区、中心城区、郊区县人均商业增加值分别为2.06万元、2.10万元、0.71万元，中心城区人均商业增加值高于浦东新区、郊区县。静安、黄浦、长宁、徐汇、浦东新区、普陀6个区超过区县平均人均商业增加值，嘉定、青浦、金山、松江4个区超过郊区平均人均商业增加值。

(三) 批发零售业规模扩大，住宿餐饮业增速回升

2013年，区县批发零售业、住宿餐饮业分别实现增加值3077.90亿元、313.84亿元，可比增长10.9%、0.7%，占全市批发零售业、住宿餐饮业增加值的87.1%、99.8%，占区县商业增加值的90.7%、9.3%。

1. 加快布局、结构调整，批发零售业增加值规模扩大。有11个区批发零售业增加值超过100亿元。浦东新区、中心区、郊区县分别实现1023.62亿元、1295.29亿元、758.99亿元。黄浦、徐汇、普陀、长宁、静安、杨浦6个区均超过100亿元，领先于中心城区；嘉定、闵行、宝山、松江4个区均超过110亿元，保持郊区批发零售业增加值规模领先。

2. 发展总部经济、吸引消费，批发零售业增加值增速提升。浦东新区、中心城区、郊区批发零售业增加值增速分别实现12.3%、9.1%、12.1%，浦东新区、郊区增速高于中心区3.2个、3个百分点。另外有9个区批发零售业增加值实现两位数增长，嘉定、崇明、奉贤、普陀、金山、徐汇、长宁、松江、闵行区增速保持在19%—10.7%之间，表现为中心城区增速减缓(仅3个区两位数增长)，郊区增速加快(仅2个区一位数增长)。

3. 加快转型升级、服务社区，促进住宿餐饮业恢复增长。2013年，受宏观经济增速走低、消费市场疲软、商品物价上涨、外来游客减少、公款消费限制、食品安全事件频发等影响，全市区县住宿餐饮业增加值可比增长仅0.7%，与上半年相比，增速回升1.6个百分点，增速下降的区县由10个减少为5个。浦东新区、中心区、郊区县分别实现住宿餐饮业增加值63.33亿元、191.30亿元、59.21亿元，可比增长0.7%、0.5%、1.5%。徐汇、普陀、闸北、长宁、静安5个中心区和嘉定、青浦、闵行、宝山、奉贤5个郊区实现了同比增长。

三、商业税收突破2000亿元，成为上海首要税源

2013年，上海商业积极应对严峻复杂的经济形势，努力扩大流通规模、繁荣消费市场，扭转了第一季度商业税收下降局面，保持了上海税收首要税源的地位。根据上海市税务局统计，主要特点如下：

(一) 商业税收规模、净增额、增速实现

“一突破三高于”

1. 商业税收规模突破2000亿元。全年商业税收总额(国、地税收全口径,包括批发零售业、住宿餐饮业)完成2165.32亿元,比上年增长8.4%。

2. 商业税收净增额高于第二产业。全年商业税收净增168.30亿元,比上年增长31.1%,绝对值高于第二产业。

3. 商业税收增速实现“两高”。商业税收增速高于全市和第二产业税收增速3.5个、10.4个百分点,高于上年商业税收增速(6.9%)1.5个百分点。

2013年上海商业税收情况表

金额单位:亿元

指　标	税收实绩		贡献率(±%)		比上年(±%)		占比(%)		拉动增长百分点(个)
	2013年	2012年	净增额	贡献率	2013年	2012年	2013年	2012年	
上海市税收总值	10922.01	10409.00	513.01	100.0	4.9	8.5	100.0	100.0	4.9
第二产业	4911.48	5009.82	-98.34	—	-2.0	8.0	45.0	48.1	—
#工业	4581.75	4684.64	-102.89	—	-2.2	7.7	41.9	45.0	—
第三产业	6009.25	5397.95	611.30	119.2	11.3	8.9	55.0	51.9	5.8
#交运仓储邮政业	295.69	219.80	75.89	14.8	34.5	-1.7	2.7	2.1	0.7
信息服务业	179.15	164.99	14.16	2.8	8.6	12.5	1.6	1.6	0.1
金融业	1127.67	1003.05	124.62	24.3	12.4	1.6	10.3	9.6	1.2
房地产业	1070.12	925.43	144.69	28.2	15.6	26.9	9.8	8.9	1.4
#商业小计	2165.32	1997.02	168.30	32.8	8.4	6.9	19.8	19.2	1.6
#批发和零售业	2094.83	1922.71	172.12	33.6	9.0	6.6	19.2	18.5	1.6
住宿和餐饮业	70.49	74.31	-3.82	—	-5.1	13.1	0.7	0.7	—

(二) 商业税收占比、贡献率全市领先

2013年,上海商业税收占全市的比重达五分之一,比上年提升0.6个百分点;由于第二产业税收出现下降,推动商业税收对全市和第三产业税收增长的贡献率分别为32.8%、54.1%,比上年(15.8%、29.1%)分别提升17个、25个百分点,即全市和第三产业新增税收总量中,商业税收分别贡献了三分之一、一半以上。

(三) 两大行业税收呈现“一增一减”

1. 批发零售业保持税收规模全市行业第一。全年上海批发零售业实现税收2094.83亿元,比上年增长9%,与上年(6.6%)相比,增速提升2.4个百分点。其中:批发业、零售业税收分别实现1823.70亿元、271.14亿元,比上年增长10.1%、1.7%,增速比上年(6.6%、6.7%)提高3.5个、减少5个百分点。批发零售业税收规模保持全市三次产业行业第一,远远超出第二、三产业的税收大户——石油加工业、汽车制造业、烟草制造业,超出第三产业的金融业、房地产业、交通运输仓储和邮政业、信息传输计算机服务软件业。

2. 住宿、餐饮业税收增速增减互见。在公款消费受到制约的情况下,全年上海住宿和餐饮业税收实现70.49亿元,比上年下降5.1%,与上年(13.1%)相比,增速回落18.2个百分点。其中:住宿业完成税收26.33亿元,比上年下降14.5%,增速比上年(23.7%)回落9.2个百分点;餐饮业税收实现44.16亿元,比上年增长1.5%,与上年(6.7%)相比,增速回落5.2个百分点。

3. 批发贸易推动流通发展、市场繁荣。在上海批发零售业中,批发业、零售业税收分别占比87.1%、12.9%,批发业税收规模、增速、占比、贡献率均高于零售业，批发业的快速发展体现了现代化商品流通和国际贸易中心的建设成果。

4. 批发零售业各类税收总体增长。全年上海批发零售业增值税比上年增长12%，增收82.80亿元，其中：批发业、零售业分别增收70亿元、12.80亿元。批发零售业企业所得税比上年增长16.9%，增收63亿元，其中：批发业增收70.90亿元，主要是部分电子产品贸易和汽车贸易企业延续良好的销售态势，企业效益稳步提高。零售业因企业销售回落，利润明显下滑，所得税减收7.90亿元。

四、市场繁荣，销售稳步增长

2013年，上海商业积极采取措施，应对复杂、严峻的国内外经济形势和各种不利因素等影响，促进了市场销售平稳增长。

（一）商品流通规模扩大，批发、零售增速加快

1. 流通规模创下历史新高。2013年全市实现商品销售总额60496.05亿元，比上年增长12.5%。表现为：

一是商品流通规模实现"一突破两大于"。"一突破"：商品销售总额突破6万亿元，成为全市产业经济中唯一的，规模最大的经济指标。"两大于"：商品销售总额自2008年起连续6年大于工业总产值（2013年工业总产值为33899.38亿元），2013年首次大于上海关区进出口总额（8121.37亿美元）。

二是商品流通增速呈现"前低后高"。商品销售总额10年来首次出现季度低速增长。受多种因素影响，一季度上海实现商品销售总额13976.71亿元，比上年增长仅8.1%，增速比上年（24.7%）深度下跌16.6个百分点，从2003年以来连续10年的两位数快速增长转入平稳增长期；商品销售总额增速从二季度起明显回升。全年增速虽然比上年（16.8%）回落4.3个百分点，但随着全球经济逐步回暖，工业生产、出口和消费需求增加，商品销售总额增速从第二季度起逐步加快，第四季度增速达到16.5%，分别比一、二、三季度增速（8.1%、12.1%、14.4%）提高8.4个、4.4个、2.1个百分点；下半年月度销售保持两位数增长。其中：11月份增速达到14.3%，创下全年单月新高，首次超过去年同期增速（12.7%）1.6个百分点，环比提高2.2个百分点。

三是商品销售总额增速居全市经济指标之首。全年上海15个主要经济指标中，有3个指标（工业产品销售率－0.9%、上海市出口总额－1.2%、外商直接投资合同项目－7.5%）同比下降，有9个指标一位数增长，仅3个指标（商品销售总额+12.5%、外商直接投资实际到位金额+10.5%、外商直接投资合同金额+10.3%）两位数增长。

2013年上海限额以上商品销售额完成情况表

金额单位：亿元

指　标	1月	2月	3月	4月	5月	6月	上半年
限上商品销售额	4431.17	3852.51	4118.93	4246.57	4230.05	4149.01	24958.51
2013年比上年增长（±%）	9.70	6.50	3.10	6.10	8.20	7.50	8.60
2012年比上年增长（±%）	21.70	28.60	33.00	18.90	23.90	21.20	24.80
指　标	7月	8月	9月	10月	11月	12月	全　年
限上商品销售额	4217.21	4376.56	4641.30	4436.78	4614.69	4808.59	51879.67
2013年比上年增长（±%）	10.40	11.00	10.30	12.10	14.30	12.20	10.40
2012年比上年增长（±%）	16.10	18.80	16.60	12.70	12.70	14.60	19.70

2. 批发增速加快，零售增速超过同期。全年限额以上商品销售额中，批发销售和零售额分别比上年增长10.7%、8.4%。从同比看，批发销售增速回落10.6个百分点，但与上半年相比，回落速度已经减缓，零售增速已经超过上年同期；与首季相比，批发、零售额增速（6.7%、6.8%）分别提高4个、1.6个百分点；下半年批发销售已连续6个月恢复两位数增长。从贡献率看，批发销售和零售额分别达到91.9%、8.1%，拉动限额以上商品销售额增长9.6个、0.4个百分点。从新型交易模式看，全年实现电子商务交易额10560亿元，比上年增长35.1%，其中：B2B交易占81.7%。

2013年上海限额以上商品销售额增长情况表

类　别	绝对值（亿元）	比上年（±%）		增速（±%）	占比（%）	新增金额（亿元）	贡献率（%）
		2013年	2012年				
限上商品销售额	51879.67	10.4	19.7	−9.3	100.0	6497.82	100.0
#批发额	46532.96	10.7	21.3	−10.6	89.7	5968.46	91.9
零售额	5346.71	8.4	7.9	0.5	10.3	529.36	8.1

3. 三大类商品销售保持增势，同比回落速度减缓。一是商品销售总体增长。全年限额以上商品销售额中，农副产品、生产资料、工业消费品的销售额分别比上年增长4%、8.1%、13.7%，受宏观经济增速走低、消费市场疲软、零售物价指数回落、公款消费限制等影响，上半年三大类商品销售增速下滑明显，下半年随着商品出口、工业生产和消费回升，占比50.8%的生产资料销售增速同比（7.8%）率先回升0.3个百分点，占比45.5%的工业消费品销售增速同比（36.5%）回落22.8个百分点；占比3.7%的粮油、食品类销售增速同比（12.7%）回落8.7个百分点。

二是工业消费品贡献领先。全年限额以上商品销售额中，农副产品、生产资料、工业消费品对商品销售额增长的贡献率分别为1.5%、40.3%、58.2%，显示消费市场逐步回暖。

2013年上海限额以上商品销售分类增长情况表

类　别	销售额（亿元）		比上年（±%）		增速（±%）	占比（%）	新增额（亿元）	贡献率（%）
	2013年	2012年	2013年	2012年				
限上商品销售额	51879.67	46977.49	10.4	19.0	−8.6	100.0	4902.18	100.0
#生产资料	26332.31	24357.02	8.1	7.8	0.3	50.8	1975.29	40.3
工业消费品	23617.44	20764.16	13.7	36.5	−22.8	45.5	2853.28	58.2
农副产品	1929.92	1856.31	4.0	12.7	−8.7	3.7	73.61	1.5

三是物价上涨制约农副产品销售。全年限额以上商品销售额中，农副产品销售额增速最低，庞大的常住人口消费需求（2013年为2415.15万人、比上年增长2.9%），却被连年上涨的食品物价所约束，全年居民食品消费物价指数上涨4.4%，超过食品销售增速0.4个百分点。16种主副食品大类中，仅食用油价格下降2.1%，其他15种价格上涨，涨幅居前是蔬菜、液体乳及乳制品（均为上涨8.1%），以及干鲜瓜果（上涨7.3%）。由于物价上涨，全年蔬菜的商品销售额比上年下降38.6%。

4. 生产资料商品增速低于工业消费品，金银珠宝增速第一。全年限额以上25类商品销售额中，有19类商品(批发+零售)实现比上年增长，增长面为76%。

一是农副产品5类商品销售“一降五升”。蔬菜销售比上年下降38.6%，肉禽蛋、水产品、粮油、干鲜果品类销售比上年分别增长16.2%、13.4%、11%、11%。

二是生产资料8类商品销售“两降六升”。其中：木材及制品、棉麻类销售比上年分别下降2.8%、39.8%。

三是工业消费品16类商品销售“四降十二升”。其中：书报杂志、五金电料、建材装潢、电子出版物及音像制品类销售比上年分别下降0.5%、2.4%、2.9%、29.3%。

四是销售两位数增长消费类居多。金银珠宝(43.6%)、通讯器材(26.1%)、汽车(22.8%)、家具(15%)、日用品(10.8%)；生产资料中，化工材料及制品(25.9%)、种子饲料(18.8%)、煤炭及制品(15.9%)。

5. 实际完成增速低于计划目标。商品销售总额全年计划应完成6.20万亿元，比上年增长15%。全年商品销售总额完成6.05万亿元，比上年增长12.5%，与计划目标相差0.15万亿元、增速相差2.5个百分点。

6. 上海限额以上商品销售额、增速超过北京。全年北京市限额以上商品销售额完成49267.40亿元，比上年增长8.7%；上海限额以上商品销售额完成60496.05亿元，比上年增长12.5%。上海绝对值高于北京22.8%(11228.65亿元)，上海增速高于北京3.8个百分点。

(二) 消费规模稳步增加，消费增速波动上升

1. 零售额规模、增速实现“双超双增”。一是全市实现社会消费品零售总额突破8000亿元(8019.05亿元)，创下历史新高，超过上年零售额635.03亿元，超过计划目标(7980亿元)39.05亿元。

二是社会消费品零售总额比上年增长8.6%，高于计划目标增速(8%)0.6个百分点，名义增速同比回落0.4个百分点；剔除商品零售价格指数100.2，实际增长8.4%。

从零售规模看，全年第四季度零售规模最大，实现社会消费品零售总额2123.46亿元，同比增长8.3%，分别比一、二、三季度环比增加10.6%(203.59亿元)、7.9%(156.16亿元)、5.8%(115.64亿元)。

从零售增速看，虽然一季度零售增速同比回落明显，但随着消费信心逐渐恢复，市场需求增加，第三、四季度均比首季增速(7.2%)提高0.6个、1.1个百分点。由于高温天气、中秋节错期和公款消费减少等影响，第三季度分别比二季度和上年同期增速(10.9%、8.5%)回落3.1个、0.7个百分点。

从限额以上单月零售看，一是月度零售规模扩大乏力，仅1、9、11、12月份零售额突破510亿元以上。二是全年月度增速基本平稳，呈现“前低、中高、后落”态势。受多种因素影响，1~3月份零售增速小幅增长，4月份全市商业集中营销，实现两位数增长，其余各月增速均为一位数，7、8月份的百年不遇高温，中秋节错期和国庆前后公款消费明显减少，使9、10月份零售额同比仅增长4%、4.2%，12月份加大公款消费约束，零售额增速跌至3.3%，创下今年单月增速新低。

2013年上海限额以上消费品零售额完成情况表

金额单位：亿元

指　标	1月	2月	3月	4月	5月	6月	上半年
限上零售额	561.02	454.31	457.77	475.37	472.04	464.45	2893.38
2013年比上年增长(±%)	4.40	6.00	4.70	10.00	8.70	6.00	7.50
2012年比上年增长(±%)	23.20	3.20	10.10	10.30	10.10	8.00	8.30

（续表）

指　　标	7月	8月	9月	10月	11月	12月	全　年
限上零售额	467.03	471.40	517.06	487.65	511.78	554.93	5885.89
2013 年比上年增长(±%)	6.20	6.10	4.00	4.20	5.40	3.30	6.40
2012 年比上年增长(±%)	9.00	11.10	6.90	6.30	9.00	6.00	7.50

2. 消费规模、增速保持“两个高于”。2013 年，在拉动经济增长的“三驾马车”中，消费（社会消费品零售总额）规模高于投资（全社会固定资产投资总额）2371.26 亿元，消费增速分别高于出口（-1.2%）、投资（7.5%）增速 9.8 个、1.1 个百分点。

2013 年上海消费、投资、出口指标对比情况表

类　　别	单　　位	绝对值	比上年(±%)		增速(±%)
			2013 年	2012 年	
社会消费品零售总额	亿元	8019.05	8.6	9.0	-0.4
全社会固定资产投资总额	亿元	5647.79	7.5	3.7	3.8
出口总额	亿美元	2042.44	-1.2	-1.4	-0.2

3. 北京零售额增速回落速度大于上海。全年北京社会消费品零售额完成 8375.12 亿元，比上年增长 8.7%，比上年（13%）回落 4.3 个百分点；上海社会消费品零售总额完成 8019.05 亿元，比上年增长 8.6%，增速比上年仅回落 0.4 个百分点。

（三）各类消费总体保持增长，住宿餐饮业营收增速回升

1. 从经济类型看，非公、混合经济仍为销售主力。一是各类商业升降互见。全年国有、集体商业实现零售额 409.56 亿元，比上年下降 1.6%；非公、混合经济商业实现零售额 5476.33 亿元，比上年增长 8.7%，占限额以上零售额比重为 93%。

二是非公混合经济商业贡献率领先。全年新增零售额 436.60 亿元，对全市限额以上企业零售额增长的贡献率达到 101.5%。

三是港澳台、外商投资商业发展加快。实现零售额 1869.09 亿元，比上年增长 10.2%，占全市限上零售额的 31.8%，贡献率为 40.1%。

2. 从商品用途看，吃、穿、用、烧商品销售保持增长。全年 4 大类商品分别实现零售额 1320.68 亿元、764.10 亿元、3334.41 亿元、466.70 亿元，分别比上年增长 3.6%、4.5%、8.3%、3.7%，对全市限上零售额增长的贡献率达到 22.4%、13%、56.7%、7.9%。

3. 从行业销售看，批发零售业增速加快，住宿餐饮业攀升。全年批发零售业实现零售额 5401.29 亿元，占比为 91.8%，比上年增长 6.9%；受外来消费和公款消费减少、食品安全事件等影响，住宿餐饮业完成营收 484.60 亿元，占比为 8.2%，比上年增长 1%。

2013 年上海限额以上零售额分类增长情况表

类　　别	绝对值（亿元）	比上年(±%)		增速（±%）	占比（%）	新增金额（亿元）	贡献率（%）
		2013 年	2012 年				
限上零售额	5885.89	6.4	7.5	-1.1	100.0	430.00	100.0
一、国有集体	409.56	-1.6	8.3	-9.9	7.0	-6.60	—

（续表）

类　别	绝对值（亿元）	比上年（±%）		增速（±%）	占比（%）	新增金额（亿元）	贡献率（%）
		2013 年	2012 年				
非公混合	5476.33	8.7	8.1	0.6	93.0	436.60	101.5
#港澳台、外商	1869.09	10.2	10.4	-0.2	31.8	172.38	40.1
二、批发零售业	5401.29	6.9	7.9	-1.0	91.8	423.57	91.8
住宿餐饮业	484.60	1.0	3.4	-2.4	8.2	6.43	8.2
三、吃	1320.68	3.6	3.7	-0.1	22.4	50.42	22.4
穿	764.10	4.5	13.3	-8.8	13.0	39.66	13.0
用	3334.41	8.3	8.0	0.3	56.7	322.70	75.2
烧	466.70	3.7	6.2	-2.5	7.9	17.22	4.5

4. 从消费大类看，玩具、黄金珠宝、汽车、家电等销售看好。一是零售大类增长面达70%。2013 年，在商品换季、节庆、婚庆和孕婴童消费，以及住房消费拉动家电等需求增加、金价回落等因素推动下，在 20 个零售商品大类中，有 14 类销售增长，增长面为70%。

二是居民消费类零售好于生产经营类。儿童玩具、金银珠宝、通讯器材、洗涤用品、家电和音像器材、化妆品、家具类零售额分别比上年增长 61.2%、41%、35.2%、27%、13%、11.8%、8.9%；煤炭及其制品、五金电料、机电产品及设备、书报杂志、文化办公用品、体育娱乐用品类零售额分别比上年下降 31%、16%、11.4%、4.2%、1.3%、0.6%。

三是汽车零售增速减缓。全年实现汽车零售额 1364.67 亿元，比上年增长 6.1%，占全市限额以上企业零售额的 25.3%。由于新闻媒体揭露进口车暴利问题，消费者购车速度减缓，8、9 月份汽车销售分别同比仅增长 1%、1.1%，10、11 月份有所恢复，同比分别增长 4.5%、3.1%，12 月份增速又下滑至 1.9%。

5. 从零售业态看，网上商店销售领先增长。一是网上商店销售旺盛。全市网络商店全年实现零售额 465.38 亿元，比上年增长 52.4%。其中七八月份高温季节，市民外出减少，网购增加，网络商店零售额同比分别增长 62.5%、49.4%。

二是购物中心、百货商厦保持增势。全年百联集团下属购物中心、百货商厦分别实现销售 160.53 亿元、186.85 亿元，比上年增长 18.5%、4.3%。据上海市商业信息中心监测，全市年营业收入前 20 家购物中心、百货商厦分别销售比上年增长 6.8%、0.3%，营业收入增长面为 75%、60%。购物中心年营业收入前五位的分别是恒隆广场（38 亿元）、百联中环购物广场（36.60 亿元）、港汇恒隆广场（35.50 亿元）、万达广场五角场店（34.40 亿元）、百联南方购物中心（32.10 亿元）。百货商厦年营业收入前五位的分别是第一八佰伴（47.50 亿元）、新世界城（36.80 亿元）、久光百货（22.70 亿元）、第一百货商店（18.60 亿元）、东方商厦旗舰店（15.10 亿元）。

三是超市业态营收、网点“三增一降”。据上海连锁经营协会统计，会员单位全年超市业态实现市内销售 667.32 亿元，比上年增长 2.1%。其中，便利店、大型综合超市、折扣店销售比上年分别增长 10%、3.2%、2.9%，标准超市销售比上年下降 4.8%。2013 年末实有市内超市业态的网点 8320 个，比上年下降 2.7%。其中，大型综合超市、折扣店、标准超市网点比上年增长

4.02%、3.98%、0.7%，便利店网点比上年下降5.6%。

四是专业专卖业态营收“八增四降”。全年上海连锁经营协会会员单位中，专业专卖店业态实现销售618.88亿元，比上年增长5.7%。其中：咖啡、建材、医药、书报、加油站、西点、家电、眼镜店8类销售比上年分别增长79.3%、18.1%、9.3%、6.8%、6%、5.7%、4.4%、1%；通讯器材、服饰、正餐、快餐店销售分别比上年下降15.2%、13.6%、8.2%、0.4%。

6. 从主要商圈看：区级、郊区商圈零售额增速高于市级商圈。据上海市商业信息中心监测，全年22个商圈抽样企业零售额比上年增长4.8%。其中，区级和郊区商圈零售额增速分别超过市级商圈2.2个、8.1个百分点。

市级商圈零售额增长面为58.3%。12个市级商圈零售额比上年增长3.7%。其中，五角场、中环（真北）、新上海商业城、中山公园、豫园商城、四川北路、南京东路7个商圈零售额分别比上年增长16.2%、13.8%、8.4%、5.6%、4.3%、2.1%、1.8%；南京西路、淮海中路、徐家汇、虹桥、不夜城5个商圈销售均有不同程度下降。

区级商圈零售额增长面为80%。5个区级商圈零售额比上年增长5.9%。其中除长寿商圈销售下降4.2%外，其它商圈均为增势，曹家渡、浦东金桥、闸北大宁、闵行南方商城商圈销售分别比上年增长9.7%、8.8%、1.8%、0.6%。

郊区商圈零售额增长面为100%。5个郊区商圈零售额比上年增长11.8%。各个商圈均为两位数增长，奉贤区南桥、金山新城、松江新城、青浦区桥梓湾、闵行区莘庄新城商圈，零售额分别比上年增长42.5%、34.1%、14.1%、13.3%、12.5%。

7. 从重点交易市场看：生产资料、工业消费品市场交易额增速高于农产品市场。据上海市商业信息中心监测，全年生产资料、工业消费品市场抽样企业交易额比上年增长3.5%、3.4%。其中，有色金属、二手车、家具市场交易额分别比上年增长8.6%、6.5%、0.9%；家电通讯、化工、建材装饰、服装纺织、钢材市场交易额分别比上年下降12.6%、10.2%、8.4%、2.8%、2.3%；农产品市场交易额比上年下降0.3%，其中农贸、粮油、果品市场交易额分别比上年增长4.6%、4.2%、2.5%，水产品市场交易额比上年下降11.8%。

8. 从重点餐饮企业看：西式餐饮保持增长，宾馆餐饮、快餐、中式餐饮营业收入下降。据上海市商业信息中心监测，全年西式餐饮营收比上年增长1.8%，宾馆餐饮、快餐、中式餐饮营业收入分别比上年下降11.3%、6.5%、5.5%。

五、2013年郊区零售额、增速、贡献率超过中心区

2013年，上海区县商务部门积极应对国内外经济严峻形势，抓住节庆商机，举办上海购物节、岁末营销等一系列主题活动，努力扩大消费；抓住商业网点布局规划修编契机，推动商业业态、经营和品牌的结构调整，提高区县商业集聚度和功能配套水平；抓住市区人口转移契机，加快建设社区、郊区新城和大型居住区等商业配套设施，引进中华老字号企业和优质品牌资源，促进区县商业繁荣、消费便捷。全年郊区商业零售额规模、增速贡献率等指标超过中心区。

（一）区县零售额实现“两个首次三个高于”

1. 区县和郊区县零售额首次分别突破7800亿元、3300亿元。据市统计局统计，全年17个区县和其中8个郊区县分别实现零售额7830.95亿元、3303.43亿元，规模创下历史新高，比上年分别增长9.8%、14.3%；但因受国内外经济走势下滑影响，增速比上年减少2.6个百分点。浦东新区零售规模保

持全市第一。

2. 区县零售额可比增速高于全市生产总值。2013年全市生产总值(GDP)可比增长7.7%,区县零售额剔除商品零售物价指数,可比增长9.6%,增速超过生产总值1.9个百分点。其中:郊区县商务部门高度重视城镇商业的快速发展,有力地促进中心区人口转移、产业转型、居民就业和消费便利化,推进郊区城镇化发展、工业产品销售、人民生活质量提高,郊区县零售额的可比增速达到14.2%,高于全市生产总值增速6.5个百分点。

3. 郊区县零售额高于中心城区。随着市政交通建设和经济发展,市区人口大规模迁移近郊,郊区人口高于中心区人口达426万人;郊区商旅文娱、住宿餐饮结合的商业建设加快,一批购物中心、网络购物公司纷纷落户新城,推动郊区零售额快速增长。全年8个郊区县(不含浦东新区)零售额超过8个中心区零售额280.86亿元、9.3%。

4. 中心区人均零售额高于郊区县。中心区商务部门积极应对市区人口迁移,外来消费减少,结婚对数下降等不利因素,努力加快商业布局和结构调整,增添商旅文娱、住宿餐饮结合的商业设施,建设信息化智慧商圈,适应潮汐式客流变化和中青年消费群体需求;加快社区商业发展,推动便民消费,保持了人均零售额规模高于郊区县格局。全年8个中心区(不含浦东新区)实现人均零售额4.31万元,超过郊区县0.97万元。

(二) 区县商业销售呈现"三个领先"

1. 浦东新区和郊区县零售额规模、增速领先。全年中心区、郊区县和浦东新区分别实现零售额3022.57亿元、3303.43亿元、1504.95亿元,比上年分别增长4.5%、14.3%、11.5%,郊区县和浦东新区分别领先中心区零售增速9.8个、7个百分点。

从零售规模看,全市有8个区超过400亿元,占区县总数的47.1%。中心区中,黄浦、普陀、徐汇区分列前三名,郊区县中,闵行、宝山、嘉定、松江、青浦区的零售额规模居前。除崇明县外,各区县零售额均超过240亿元。

从平均零售额看,全市17个区平均为460.64亿元。其中,中心区每区平均为377.82亿元,郊区县为412.93亿元,郊区县平均零售额规模超过中心区35.11亿元。

从零售增速看,全市有8个区县实现两位数增长。其中,中心区零售额增速均为一位数增长;不少电子商务公司落户嘉定区,推动嘉定区零售额增速达31.3%,居全市区县增速第一;崇明、青浦、宝山、金山、奉贤、浦东新区、松江的零售额增速为全市领先。

2. 浦东新区和郊区县零售额占比、贡献率领先。全年中心区、郊区县和浦东新区的零售额分别占全市区县零售总额38.6%、42.2%、19.2%,郊区县占比高于中心区3.6个百分点;中心区、郊区县和浦东新区对全市区县零售额的贡献率分别为18.5%、59.4%、22.1%,拉动区县零售额增长1.8个、5.8个、2.2个百分点,郊区县、浦东新区的贡献率分别超过中心区40.9个、3.6个百分点。

3. 社区、郊区购物中心和百货商厦零售额增速领先。全年社区商业中,百联集团旗下的永安珠宝、徐汇商业广场、中环购物中心、又一城购物中心、虹口购物中心、西郊购物中心的销售比上年分别增长32%、25.7%、19.2%、12.9%、11.1%、9.1%。郊区县中,百联集团的东郊购物中心、南桥购物中心、金山购物中心销售比上年分别增长5倍、46.2%、42.4%。东方商厦西郊店、金山店、奉贤店、嘉定店、青浦店销售比上年分别增长30.7%、27.3%、24.2%、14.2%、11.4%;百联奥特莱斯品牌直销广场、第一百货松江店销售比上年分别增长15.7%、11.6%。

(三) 区县人均零售额突破3.34万元。

按照2012年上海常住人口2347.46万

人计算,全市人均零售额为3.42万元,17个区县的人均零售额为3.34万元。其中,中心区、郊区和浦东新区人均零售额分别为4.31万元、2.93万元、2.91万元。拥有著名商业街和商圈的黄浦区、静安区、徐汇区人均零售额全市领先,分别为10.19万元、9.88万元、4.28万元。

六、商贸、餐饮类刷卡消费持续增长

(一)上海刷卡消费持续、高速增长

1. *刷卡消费规模扩大。*据中国银联上海分公司统计,2013年,全市银行卡刷卡消费突破1.30万亿元(13707.50亿元),比上年增长42.1%,增速比上年(52.2%)回落10.1百分点;刷卡笔数突破5.6亿笔(56615.50万笔),比上年增长19.3%,增速比上年(15.3%)提高4个百分点。剔除房产刷卡消费,消费额比上年增长40.6%。

2. *刷卡消费结构变化。*全市银行卡刷卡消费总额分类占比中,房产、服务类刷卡消费占比分别比上年上升0.7个、0.6个百分点,商贸、餐饮类刷卡消费占比比上年回落4.9个百分点。

3. *刷卡消费占比提高。*全年上海零售、餐饮类刷卡消费总额实现4736.40亿元,占全市社会消费品零售总额(8019.01亿元)的59.1%,占比比上年(48.6%)提高10.5个百分点。

4. *刷卡消费快捷便民。*上海商业与银行、银联公司联手,17万台POS刷卡机遍布城乡,覆盖所有区县、商业服务业的主力业态,方便了市民和国内外游客消费。同时,抓住节庆商机,扩大银联购物卡消费群体,开展刷卡营销活动,直接带动商贸、餐饮和服务消费增长。

2013年上海刷卡消费金额结构情况表

金额单位:亿元,笔数:万笔

指　标	2013年刷卡金额	比上年(±%)		占比(%)	2013年净增额	贡献率(%)	2013年刷卡笔数	比上年(±%)
		2013年	2012年					
服务消费	1481.60	27.0	25.2	10.8	31.50	0.7	4543.90	40.9
房产消费	2179.90	50.7	20.6	15.9	733.10	18.6	129.10	8.5
商贸餐饮合计	8852.70	43.1	69.5	64.6	2666.32	64.2	48745.60	17.0
商品消费	8549.10	44.9	73.1	62.4	2647.47	63.8	41571.90	15.4
餐饮消费	303.60	6.6	16.9	2.2	18.85	0.4	7173.70	27.6
刷卡消费总计	13707.50	42.1	52.2	100.0	4059.77	100.0	56615.50	19.3
▲剔除房产	11527.60	40.6	59.7	84.1	3326.67	81.9	56486.40	19.6

(二)商贸、餐饮类刷卡规模扩大,贡献增加

1. *商贸、餐饮类成为刷卡消费主力。*商贸、餐饮类刷卡消费总额突破8800亿元,刷卡4.87亿笔,分别比上年增长43.1%、17%,超过服务类刷卡金额增速16.1个百分点;占全部刷卡消费总额、笔数的64.2%、86.1%,对全市刷卡消费总额、笔数增长的贡献率为64.2%、77.4%,拉动全市刷卡消费总额、笔数增长27个、14.9个百分点。

2. *批发、零售类刷卡消费"六增一降"。*家电、批发、超市、加油、百货服饰、珠宝的刷卡消费金额分别比上年增长104.6%、58.5%、37.5%、33.8%、12.5%、0.3%;汽车销售的刷卡金额比上年下降2.7%。合计实现零售刷卡消费额4432.80亿元,比上年增长34.2%,零售、批发分别占全市刷卡消费总额的32.4%、30%。

3. 餐饮类刷卡消费笔数增加。受国际旅游入境人数下降、公款消费减少、消费物价上涨、公共卫生和食品安全事件等影响，餐饮类刷卡消费仅303.60亿元、比上年增长6.6%，增速比上年（16.9%）回落10.3个百分点。但由于餐饮业及时调整经营结构，适应大众消费，使得刷卡笔数快速上升，全年餐饮刷卡7173.70万笔，比上年增长27.6%，增速比上年（15.2%）提升12.4个百分点。

（三）商品、餐饮、服务类刷卡消费客单价升降互见。

2013年，由于商品更新换代、价格上涨、需求增加等因素，上海商品类的客单价（客人每笔刷卡消费平均金额）分别为商品批发3.06万元、百货862元、金银珠宝3426元、超市602元，比上年分别增长28.6%、10.9%、17.6%、16.4%；受高端餐饮消费减少、油价调整和家电营销等影响，餐饮492元、成品油498元、家电2487元的客单价比上年分别下降13.4%、12%、0.5%；由于公款消费减少，服务类的客单价分别为机票4292元、旅游2114元、宾馆住宿1054元比上年分别减少4.7%、54%、8.3%；娱乐1227元比上年增长9.7%。

（四）12月份各类刷卡消费保持总体增长

1. 批发、餐饮、服务类刷卡消费实现同比、环比“双上升”。12月份，上海批发、餐饮、服务类分别实现刷卡消费425.20亿元、26.70亿元、179.20亿元，同比分别增长41.5%、0.8%、20.3%，比11月份环比增长15.9%、5.4%、40.4%。

2. 商品零售类刷卡消费同比“五增一减”。家电、超市、百货及服饰、珠宝、加油类刷卡消费额比上年分别增长88%、30.9%、3.7%、11.7%、42.7%，汽车类刷卡消费额比上年下降18.8%。随着年末消费高潮到来，六类商品刷卡消费额环比全面增长，家电、超市、汽车、百货及服饰、珠宝、加油类刷卡消费额分别环比增长21.5%、20.8%、12.7%、12.6%、6.9%、0.1%。

3. 服务类刷卡消费呈现同比“一增三减”。受居民家庭收入增势回落、公款消费限制、外来消费减少等影响，除宾馆住宿刷卡额比上年增长1%外，旅行售票、航空售票、娱乐消费刷卡额比上年分别下降83.6%、57.7%、43.5%。

七、商业实到外资快速增长

2013年，在国内外严峻的经济环境下，上海商业利用外资三大指标出现“一增两减”（商业引进外资合同项目、金额减少，实际到位金额增加），行业占比仍然领先全市，继续发挥了三大产业中利用外资首要行业的主导作用。

（一）商业利用外资三项指标有增有减

1. 商业引进外资合同项目稳居全市行业数量第一。全年商业利用外资合同项目完成1992项，规模高于第二产业12.8倍，比上年减少11.3%，增速比上年（-6.8%）回落4.5个百分点。商业项目分别占全市和第三产业利用外资合同项目的53.3%、55.5%，依然保持合同项目占比“双过半”格局。

2. 商业利用合同外资金额增速回落明显。全年商业利用合同外资实现45.11亿美元，比上年减少12.6%，增速比上年（19.6%）回落32.2个百分点。商业利用合同外资金额超过第二产业88.4%。

3. 批发零售业外资实际到位金额快速增长。2013年，批发零售业外资实际到位金额31.08亿美元，规模相当于第二产业外资实际到位金额，比上年增长29.3%，增速比上年（13.8%）提高15.5个百分点。增速分别快于全市和第二、三产业引进外资实际到位金额增速18.8个、0.3个、22.3个百分点。

2013 年上海商业利用外资情况表

行业名称	合同项目（个）	比上年（±%）	占比（%）	合同金额（亿美元）	比上年（±%）	占比（%）	实到外资（亿美元）	比上年（±%）	占比（%）
全市引进外资	3740	-7.5	100.0	246.30	10.3	100.0	167.80	10.5	100.0
其中：第二产业	144	-34.8	3.9	23.95	-33.2	9.7	32.10	29.0	19.1
第三产业	3591	-5.9	96.0	222.02	18.6	87.3	135.67	7.0	80.9
其中：商业	1992	-11.3	53.3	45.11	-12.6	23.5	—	—	—
批发零售业	1861	-11.7	49.8	42.50	-8.9	22.2	31.08	29.3	18.5
住宿餐饮业	131	-4.4	3.5	2.61	-47.6	1.3	—	—	—

（二）批发零售业对全市和第三产业实到外资贡献突出

2013 年上海批发零售业实到外资比上年净增 7.04 亿美元，对全市和第三产业实到外资增长的贡献率为 44.2%、79.3%。2013 年首次实现 7、8、11、12 四个月，批发零售业对全市实到外资贡献率超过 50%。

2013 年批发零售业实到外资分月对全市贡献情况表

金额单位：亿美元

行业名称	7 月	同比（±%）	贡献率（%）	8 月	同比（±%）	贡献率（%）	11 月	同比（±%）	贡献率（%）	12 月	同比（±%）	贡献率（%）
全市实到外资	16.77	1.0	100.0	17.35	8.0	100.0	10.29	11.0	100.0	8.89	15.0	100.0
#批发零售业	3.99	23.4	347.1	3.54	25.8	56.6	2.10	150.0	77.5	2.50	43.9	65.5

（三）两大行业引进外资各有升降

1. *批发零售业依然是全市利用外资主力行业。*2013 年，批发零售业的利用外资合同项目分别占全市和第三产业合同外资项目的 49.8%、51.8%；合同金额增速呈现上下半年“前高后低”态势，全年比上年下降 11.7%；批发零售业实到外资占全市和第三产业比重达到 18.5%、22.9%，比上年（15.8%、19%）分别提高 2.7 个、3.9 个百分点。

2. *住宿餐饮业合同项目、金额出现“双下降”。*2013 年，上海住宿餐饮业引进外资合同项目 131 个，比上年下降 4.4%，增速比上年（+5.4%）回落 9.8 个百分点；引进外资合同金额 2.61 亿美元，比上年下降 47.6%，增速比上年（216.9%）回落 264.5 个百分点。

八、商业投资保持“三个领先”

（一）商业投资保持“三个领先”

1. *商业投资突破 450 亿元，增速、贡献率领先全市。*全年上海商业固定资产投资总额完成 456.02 亿元，比上年增长 16.1%；增速超过全社会固定资产投资增幅（7.5%）8.6 个百分点；全年净增投资 63.24 亿元，对全社会固定资产投资增长的贡献率为 16%。显示世博会后，商业地产及基础设施投资继续看好，增速攀升，投资扩大。

2. *商业营业用房投资增速领先全市。*全年上海商业固定资产投资总额中，商业营业用房投资额完成 370.03 亿元，比上年增长 26%，增速超过房地产开发投资总额增速（18.4%）7.6 个百分点；商业营业用房投资额净增76.36亿元,对全市房地产开发投资总额增长的贡献率达到17.4%,居上海房地产开发投资类别第一。

3. 外商、港澳台商投资增长领先。全年商业固定资产投资总额中,外商、港澳台商投资"一枝独秀",完成15.38亿元,比上年增长91.8%;股份制经济、国有经济、私营经济的商业投资同比下降。

商业固定资产投资分类对比表

金额单位:亿元

指　标	投资额	比上年(±%)	净增额	贡献率(%)
一、全社会固定资产投资总额	5647.79	7.5	394.03	100.0
其中:商业固定资产投资额	456.02	16.1	63.24	16.0
其中:批发零售业	51.93	-16.6	—	—
住宿餐饮业	34.06	-8.2	—	—
其中:商业营业用房投资额	370.03	26.0	76.36	17.4
其中:国有经济	16.79	-23.3	—	—
私营经济	27.75	-17.1	—	—
股份制经济	18.71	-28.1	—	—
外商、港澳台经济	15.38	91.8	7.36	1.9
二、房地产开发投资额	2819.59	18.4	438.18	111.2

(二)施工建设呈现"两增两减"

全年商业施工项目数量减少,大型设施建设增多:商业施工项目125个,比上年减少11.3%;新开工面积314.07万平方米,比上年减少30.3%;施工面积1675.78万平方米,比上年增长1.4%;竣工面积269.96万平方米,比上年增长44.1%,其中房地产商业设施竣工面积比上年增长42.7%。

(三)行业投资建设"一增三减"

全年上海商业固定资产投资中,住宿业投资比上年增长0.3%,批发业、零售业、餐饮业投资同比分别下降40.5%、39.5%、12.5%。但四个商业行业投资建设各有亮点,一是零售业投资呈现"三多":施工项目最多(62个),施工面积最多(92.45万平方米),新开工面积最多(19.29万平方米);二是批发业竣工房屋面积增长最快(比上年增长317.2%);三是餐饮业施工面积、新开工面积和竣工面积增速"三快",指标增速领先其他行业(分别比上年增长4.5%、63.6%、1.86倍);四是住宿业新开工面积快速增长(比上年增长38.7%)。

(市商务委商贸行业管理处)

上海外贸筑底企稳　止跌回升

2013年，面对外部需求不振与成本上升叠加双重影响的国内外错综复杂环境，上海对外贸易认真落实国家和市委、市政府关于促进外贸增长、调节外贸结构的决策部署，坚持以推进上海市国际贸易中心建设为中心，以中国（上海）自由贸易试验区建设为契机，以促进外贸发展转型升级为重点，扎实做好各项工作，全年外贸发展稳中有进。根据海关统计数据，2013年，上海市外贸全年实现进出口总额4414.3亿美元，比上年增长1.1%，位列全国第三位。其中出口2042.4亿美元，比上年下降1.2%；进口2371.9亿美元，比上年增长3.1%。主要呈现出以下六个方面特点：

一、进出口运行增速波动明显

2013年上半年，上海进出口低位运行，一季度下降1.2%，二季度下降6%。特别是一季度单月进出口呈现出明显的波动起伏态势，1月份进出口总额364.3亿美元，同比增长14.7%；受春节放假因素影响，2月份进出口总额285.3亿美元，呈现两位数负增长，同比下降10.9%；3月份进出口总额362.4亿美元，同比下降6.2%，降幅收窄。下半年，受益于国家稳定外贸增长有关政策利好，企业市场信心不断向好，止住逐季下跌态势，出现明显筑底企稳迹象，三季度增长3.4%，四季度增长8.1%。

2012—2013年月度进出口增长率示意图

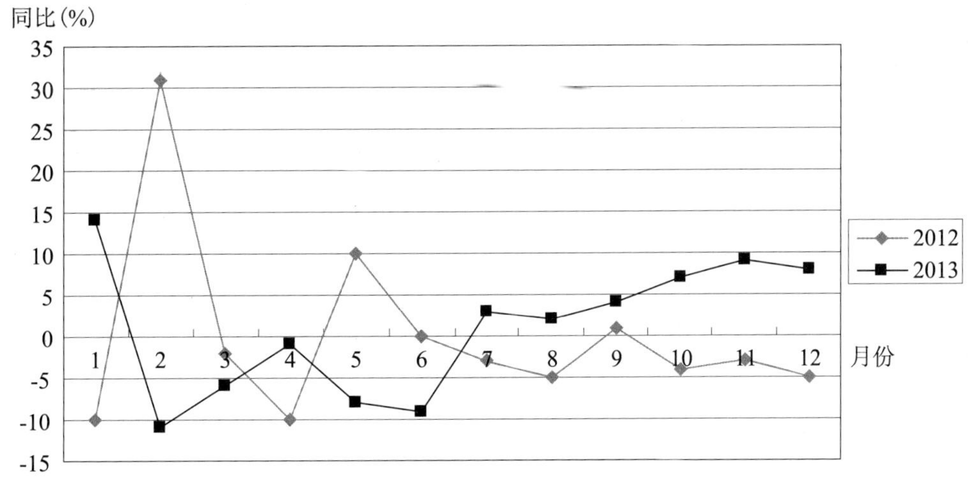

二、商品结构进一步得到调整

2013年，机电产品和高新技术产品分别实现进出口额2646.3亿美元和1662.8亿美元，虽分别下降1.76%和下降3.2%，但仍分别占全市进出口总额的60.0%和37.7%。劳动密集型产品出口保持相对稳定，消费品进口增长较快。全年纺织品、服装等劳动密集型产品出口约200亿美元，比上年增长0.5%，占出口总值比重为9.8%。进口汽车（包括整套散件）25.9万台，比上年增长41.1%；进口医药品2.8万吨，进口额59.6亿美元，比上年增长27.6%、22.6%。

上海市前10位进口商品情况表

商品名称	进口额（万美元）	比上年（±%）
集成电路	3459881.66	-7.51
汽车（包括整套散件）	1167672.57	27.64
未锻造的铜及铜材	1117882.02	-20.57
铁矿砂及其精矿	597460.55	-8.48
医药品	595496.36	22.60
计量检测分析自控仪器及器具	586365.92	8.17
自动数据处理设备及其部件	583368.82	-38.72
初级形状的塑料	505259.97	2.25
通断保护电路装置及零件	431271.33	2.03
飞　机	414280.45	24.43

上海市前10位出口商品情况表

商品名称	出口额（万美元）	比上年（±%）
自动数据处理设备及其部件	4265868.46	-9.16
服装及衣着附件	1363248.65	0.03
集成电路	1269259.30	14.27
电话机	838732.03	13.32
纺织纱线、织物及制品	636275.61	1.45
船　舶	424360.91	-10.03
自动数据处理设备的零件	358433.64	4.95
汽车零件	355091.91	0.80
机械提升搬运装卸设备及零件	341727.22	19.96
通断保护电路装置及零件	329377.97	8.08

三、一般贸易占比明显增加

2013年，上海市一般贸易进出口2016.6亿美元，增长9.5%，占全市进出口总额的45.7%，比重持续增加。同期，市特殊监管区域物流货物出口228.2亿美元，比上年大幅增长11.8%。同时，受土地、人力、生活等成本上升和外省市相关政策的影响，2013年上海一些劳动密集型产品订单甚至企业加速向外转移，加工贸易持续明显下降。2013年全市加工贸易进出口1292.1亿美元，比上年下降6.9%，占全市比重进一步降至29.3%。

2004—2013 年上海一般贸易和加工贸易年出口额占比变化趋势图

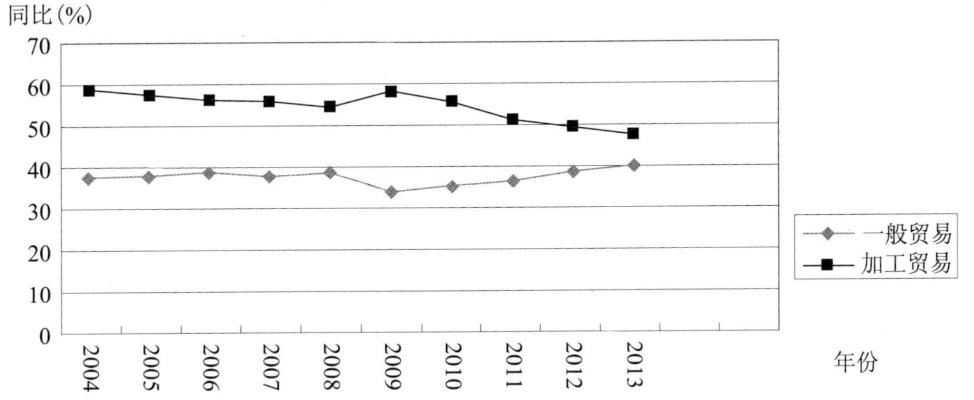

四、民营企业逆市快速增长

2013 年面对外部市场萎靡不振和内部成本不断攀升的不利状况，上海市民营企业通过国外品牌收购、国际营销网络整合、新兴市场开拓等途径，逆市实现快速增长，全年进出口 709.5 亿美元，比上年增长 10.9%，占全市进出口总值比重提升至 16.1%，对全市当年进出口增量贡献 148.94%。其中出口和进口分别比上年增长 6.15% 和 16.24%，分别快于全市 7.4 和 13.1 个百分点。同期，外资企业进出口 2886.9 亿美元，比上年下降 0.4%，占全市进出口总额比重下降至 65.4%；国有企业进出口 711.8 亿美元，比上年下降 8.8%，占全市比重下降至 16.1%。

五、进出口市场更加趋于多元

2013 年，中东地区、非洲等新兴市场成为上海市外贸新的增长亮点，中东地区和非洲分别增长 5.6% 和 14.4%。澳大利亚也实现了全年 10.1% 的较大幅度增长。在日本市场因其自身产业转移和中日关系紧张等因素，对日本进出口额持续下降。而对香港特区、美国、欧盟等主要市场进出口均实现了正增长，其中香港 174.94 亿美元，增长 4.0%；美国 734 亿美元，增长 4.6%；欧盟 915.8 亿美元，增长 1.6%；传统市场份额整体保持了稳定。欧盟、美国和日本为上海前三大贸易伙伴，贸易额占市外贸总额约五成。

2013 年不同类型企业贸易额占比示意图

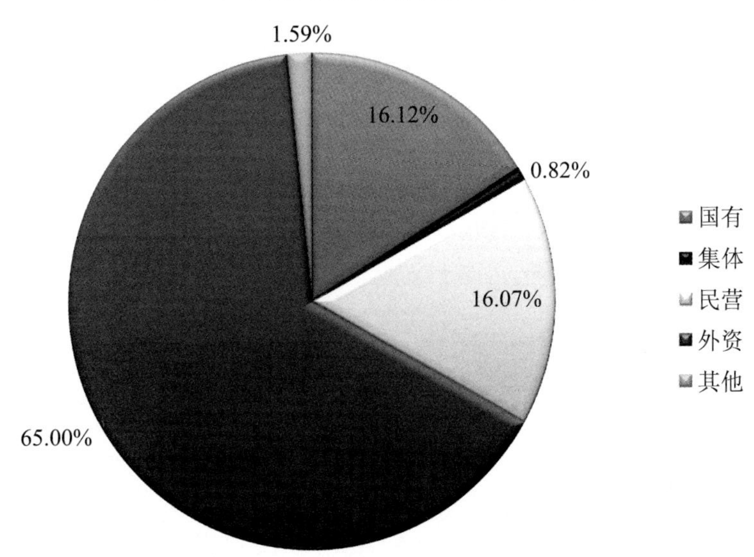

六、进口拉动作用更加突出

2013 年,上海进口总额 2371.9 亿美元,多于出口总额 329.5 亿美元;比上年增长 3.1%,高于全市出口增速 4.3 个百分点。特别是下半年的 7 月份开始,进口单月实现连续 6 个月正增长,其中第四季度进口同比增长高达 14.4%,高于第四季度全市进出口增速 6.3 个百分点,成为拉动本市外贸增长的主要作用。

(市商务委外贸发展处)

上海利用外资提速提质成效显现

2013年,上海积极适应经济全球化的新形势,不断优化引进外资结构,不断拓展对外开放深度,不断完善国际化、法制化的营商环境,全年利用外资稳中有进,质量和水平进一步提高。

一、规模再创历史新高

2013年,上海实际利用外资167.8亿美元,比上年增长10.5%,增幅高出全国水平5.2个百分点,连续14年实现增长;合同外资249.36亿美元,比上年增长11.6%,连续3年超过200亿美元,并再创年度引资规模新高。

截至2013年底,上海累计利用外资项目7.2万个,合同外资2425.01亿美元,实际利用外资1509.93亿美元,占全国累计吸收实到外资的比重超过10%。

二、产业结构不断优化

服务业利用外资稳步增长,全年实际利用外资135.67亿美元,比上年增长7.0%,占全市实到外资的比重超过80%。服务经济为主的引资结构不断优化,商贸业、租赁和商务服务业、物流服务业呈现较快增长态势,实到外资比上年分别增29.4%、23.3%和37.6%,增幅较上年度分别提高2.7、2.2和0.5个百分点。由于2013上半年新设外资房地产大项目较少,房地产业实到外资比上年下降18.4%,随着港资新鸿基拍得徐家汇中心等项目的资金陆续到位,预计2014年房地产业实到外资会有所增长。金融服务业是近两年外资发展较快的领域,全年新设项目105个,比上年增长近五成,受2012年远东国际租赁实到外资4.8亿美元影响,2013年金融服务业实到外资比上年微降0.3%。

2013年上海服务业利用外资分产业情况表

按产业分	实际利用外资(亿美元)	比上年(±%)	占比(%)
服务业	135.67	7.0	80.9
#商贸业	31.08	29.4	18.5
租赁和商务服务业	35.58	23.3	21.2
物流服务业	4.93	37.6	2.9
房地产业	38.48	−18.4	22.9
金融服务业	8.23	−0.3	4.9

制造业实到外资31.84亿美元,比上年增长29.8%。民用航空、高端装备、电子信息、新材料等战略性新兴产业加快发展,如氰特工程材料(上海)有限公司从事商用飞机

材料的制造,3155 万美元外资到位。此外还有新引进易欧司光电技术(上海)有限公司从事 3D 打印材料技术的研发,英华达电子新增 3D 打印机研发制造业务,新设康宁(上海)光学材料有限公司从事光纤预制棒的研发生产,赢创化学增加为境外关联公司的提供研发和工业改进外包服务。

三、总部经济集聚发展

2013 年,新认定跨国公司地区总部 42 家,其中,百威英博、英特奈国际纸业、杰尼亚等 11 家公司认定为亚太区总部;新增投资性公司 18 家、研发中心 15 家。截至 2013 年底,累计落户上海的跨国公司地区总部、投资性公司、研发中心分别达到 445 家、283 家、366 家,上海成为中国大陆投资性公司和跨国公司地区总部最集中的城市。

2006—2013 年上海总部经济发展情况表

年份	投资性公司(家)	地区总部(家)	研发中心(家)
累计	283	445	366
2006	20	30	26
2007	15	30	34
2008	13	40	30
2009	13	36	30
2010	22	45	15
2011	27	48	15
2012	25	50	17
2013	18	42	15

四、对外开放进一步扩大

服务业吸引外资领域不断延伸和突破。金融服务业开放位列全国前列,商业保理试点取得积极成效,试点一年多来,批准新设外资商业保理企业 17 家,注册资本 2.71 亿美元,合同外资 1.91 亿美元;融资租赁行业加快发展,全年新引进外资融资租赁企业 89 家,累计吸引外资融资租赁企业 219 家,设立 36 个外商投资融资租赁公司 SPV 项目;股权投资、创业投资、保险经纪、货币兑换、第三方支付等新兴金融服务领域的外国投资日趋活跃,引进上海浦东新区亚联财小额贷款有限公司(上海首家外资小额贷款公司)、上海张江艾西益外币兑换有限公司、奥氏(上海)海外投资基金管理有限公司。互联网销售、电子商务等贸易新业态发展迅速,全年新批准 121 家企业增加网上销售业务;文化产业、社会服务业利用外资实现新突破,引进东方梦工厂、佳士得拍卖、卫展医院管理、金卫医保信息管理等项目。

五、外资管理改革不断深化

中国(上海)自由贸易试验区挂牌 3 个月以来,新设外资企业 239 家,90% 的企业属负面清单外通过备案设立。6 个服务业领域的开放措施基本落地,推动自贸试验区引资结构不断调整,除原保税区优势产业商贸和物流外,专业服务、金融、文化领域的外商投资快速增长,占比分别达到 27.6%、2.8%、1.6%。25 个国家和地区选择到自贸区内新设企业,其中香港特区投资最多,占比为

44%，其次为美国、中国台湾、日本、加拿大、新加坡。

六、利用外资方式不断拓展

外商投资渠道进一步拓宽，全年跨境人民币直接出资31亿美元，占全市合同外资的比重升至近13%。“引进来”和“走出去”相结合，全年新批外商投资企业对外直接投资项目49个，投资总额5.1亿美元，比上年增长近六成，占上海企业走出去对外投资额的12%。BP公司在上海投资的碧科清洁能源技术有限公司再投资1亿元人民币到美国，开展能源技术领域的研发；三林万业（上海）企业管理有限公司赴新加坡设立股权投资企业；上海日立电器公司在意大利设立欧洲技术服务中心。“引进来”和“走出去”的联动发展，推动上海利用国际国内两个市场、两种资源，在更大范围、更广领域、更高层次上参与国际经济技术合作和竞争。

七、投资来源地结构多元化

2013年，实到外资主要来自亚洲，占全市实到外资的比重接近70%，达116.47亿美元，比上年增长12.9%；来自欧洲的实到外资11.81亿美元，比上年下降26.5%，占比为7%；来自美国的实到外资12.64亿美元，比上年增长80%，占比为7.5%。

2013年上海外商直接投资前10位资金来源地情况表

排名	国别（地区）	实到外资金额（亿美元）	比上年（±%）	占比（%）
1	中国香港	83.52	22.0	49.8
2	日　本	16.61	-8.3	9.9
3	新加坡	12.74	30.6	7.6
4	美　国	12.64	80.0	7.5
5	毛里求斯	4.73	-4.9	2.8
6	维尔京群岛	3.79	-44.1	2.3
7	德　国	3.09	22.3	1.8
8	开曼群岛	2.72	-35.2	1.6
9	法　国	2.25	-20.9	1.3
10	荷　兰	2.24	-37.2	1.3

截至2013年底，在上海投资的国家和地区已达157个。从主要资金来源地看，2013年香港特别行政区在沪投资实到外资比上年增长22%，由于近期香港投资大项目集中获批，2014年来自香港的实到外资仍有望继续保持增长；日本投资实到外资下降8.3%、合同外资下降38.7%，受中日关系紧张、日本海外投资更多地流向东南亚国家等因素影响，预计日本在沪新增投资可能继续减少；欧洲国家中，德国投资增长、法国、荷兰下降，分化日益明显；2013年美国在沪实到外资大幅增长80%，主要得益于前两年批准的迪士尼、中航通用电气民用航电系统等大项目资金集中到位，2013年美国投资合同外资下降了32.7%，受此影响2014年实到外资可能会有所回落；自由港中，维尔京群岛、毛里求斯、开曼群岛、萨摩亚等地的对沪投资都呈现下降趋势，考虑到全球范围内自由港投资总体呈现上升趋势，预计2014年可能会出现恢复性反弹。

八、外商投资企业效益良好

根据纳入可比口径的17635家外商投资企业运营情况监测结果，2013年，外商投资企业主营业务收入比上年增长12.6%、利润增长13.5%、纳税增长10.3%。其中，金融服务业营业收入增长19.2%、商贸业销售收入增长18.8%、租赁和商务服务业营业收入增长12.7%、制造业企业营业收入增长5.2%。

（市商务委外商投资促进处）

跨国公司总部经济保持强劲发展势头

2013年上海进一步完善跨国公司地区总部政策,市商务委与市财政局联合制定发布《上海市鼓励跨国公司地区总部发展专项资金使用和管理办法》,进一步细化了资金扶持的条件要求以及操作办法。在相关政策的鼓励下,2013年上海跨国公司地区总部继续保持良好的发展势头,全年共认定跨国公司地区总部42家,批准设立外商投资性公司18家,研发中心15家。截至2013年年底,落户上海的跨国公司地区总部达到445家,共批准设立外商投资性公司283家,批准研发中心366家,上海已成为中国大陆吸引跨国公司总部经济类企业最多的城市。

上海总部经济发展特点是:

一、从投资来源地看,以美、欧、日企业为主

2013年设立的地区总部中,欧洲企业14家、美国企业8家、日本企业8家,合计占当年总部企业的71.4%;从全部地区总部看,美国企业139家,占31.23%;欧洲企业115家,占25.8%;日本企业101家,占22.7%;台港澳企业39家,占8.76%。

二、从行业分布看,以制造业企业为主,服务业比重逐年提高

2013年认定的总部企业中制造业领域28家,占66%;服务业领域14家,占34%。从全部地区总部看,制造业企业总部338家,占76%,服务业企业总部107家,占24%。

三、从落户区域看,以浦东新区和中心城区为主

截至2013年,浦东新区累计吸引跨国公司地区总部210家,占全市总数的47.2%。在浦西,跨国公司地区总部大多注册在徐汇、长宁、黄浦、静安等中心城区,设在中心城区的总部企业累计达176家,占全市比例接近40%。

四、总部企业规模扩大、能级提升,转移集聚效应明显

随着上海投资环境改善和总部政策的完善,近年来越来越多的跨国公司不断提升其地区总部的能级,升级为国家级总部或亚太区总部,或在上海设立事业部全球总部。2013年百威英博投资公司等7家公司升级为亚太区总部,欧喜(中国)投资公司等5家公司被商务部认定为国家级跨国公司地区总部。

截至2013年底,在上海设立亚太区总部的企业达15家。德尔福公司将派克电气系统事业部的全球总部也设在上海。

五、研发中心发展势头良好

上海市积极落实国家关于鼓励外商投资研发中心的各项政策,2012年有36家企业通过复审享受采购设备税收政策,2013年新增5家企业通过享受采购设备税收政策认

定。上海外资研发中心项目主要集中在化工、汽车及零部件、医药以及信息技术领域。截至2013年底，这4个领域累计占比达71.58%；投资方主要来源于美国、日本、欧洲和中国香港，合计占比达72.95%；独立法人的研发中心222家，占比61%；外资研发中心主要集中于浦东新区，有191家，占比达52%，其中张江有130家。

（市商务委外国投资管理处）

完善服务促进体系　助推企业良性发展 上海对外投资与经济合作再创新高

一、概况

（一）对外直接投资总额创历史新高

2013 年，上海全年共核准对外直接投资项目（新设、并购、增资项目）347 个，核准对外直接投资总额 43.1 亿美元，比上年增长 32.75%；核准中方投资额 36.2 亿美元，比上年增长 21.96%。

对外投资主要特点是，对外投资质量和水平明显提高，结构不断优化，在投资目的地、投资方式、投资主体、投资领域等方面发生重要变化。从对外投资目的地看，上海企业对美国、澳大利亚、德国、日本、英国、法国、加拿大、中国香港等 8 个发达经济体投资额占比达 82.8%；从投资方式看，通过并购和增资方式的对外投资额占比达 71.1%；从对外投资主体看，非公企业对外投资额占比达 48.6%；从对外投资领域看，对房地产业、商务服务业、批发零售业、信息服务业等服务业投资额占比达 80.5%。

（二）对外承包工程合同额连续六年超百亿美元

2013 年，上海企业新签对外承包工程合同额达 108.1 亿美元，比上年增长 4.9%，连续第六年超过 100 亿美元，名列全国各省市第二位；完成营业额达 80.69 亿美元，比上年增长 18.5%，名列全国各省市第三位。

对外承包工程的主要特点：一是对外承包工程项目产业结构进一步优化调整，技术含量较高的制造加工设施建设业和电力工程建设业新签合同额占比分别为 34% 和 23.3%，成为上海对外承包工程具有比较优势的行业。二是对外承包工程企业新签项目主要集中在亚洲和非洲地区，亚洲地区合同额占总额的 49.7%，非洲地区合同额占总额的 26%。三是新签大型、特大型承包工程项目成为主流，合同额超 5000 万美元的大型、特大型项目有 44 个，占全市合同总额的 74.7%。四是国有企业积极参与境外承包工程项目，新签境外承包工程项目合同额占全市总额的 82.9%。

（三）对外劳务合作平稳有序发展

2013 年，上海对外劳务合作新签劳务人员合同工资总额为 32048 万美元，劳务人员实际收入总额为 10322 万美元；派出各类劳务人员 18032 人次，职业拓展至厨师、空乘、邮轮服务员、IT 技术人员等中高端专业技术领域；期末在外人数为 25135 人。

（四）援外工作对“走出去”带动效应明显

2013 年，上海共开办援外培训班 31 个，培训学员 513 名；援外成套建设项目 9 个，金额 31.6 亿元；物资援助项目 15 个，金额 5071 万元。一批企业通过援外积累人脉，树立形象，推动在受援国的市场开拓进程，推动企业加快“走出去”步伐。

二、积极推进对外投资合作体制改革

（一）境外投资体制改革率先在自贸区实施

抓住上海自贸试验区建设的难得机遇，

上海市商务委全力推动境外投资备案制在自贸区率先落地，制订出台《中国(上海)自由贸易试验区境外投资开办企业备案管理办法》。国家商务部给予上海自贸区对外投资备案的权限从中方投资额1亿美元提高到无上限。自贸区备案实行"一口受理、网上办理、限时办结"，大大方便企业境外投资，激发了市场主体活力。

(二) 培育本土跨国公司政策取得新突破

按照上海市委、市政府总体部署，上海市商务委牵头负责国资国企改革调研课题中"培育本土跨国公司"分课题任务。经过深入调研，多次与各部门沟通协调，牵头8个相关部门制定出台《关于进一步加快培育上海国有跨国公司的实施意见》。并在建立境外项目后评价机制、健全"走出去"动态监测体系、完善"走出去"考核办法、建立跨国经营和管理人才培养和激励机制等方面取得新突破。

(三) 专题调研对外承包工程转型求升级

为鼓励上海对外承包工程企业适应国际工程市场发展趋势，将境外承包工程与对外投资有机结合，开展以BOT(建设－经营－转让)、PPP(公私合营)等方式承接国际承包工程的探索。上海市商务委牵头开展"对外工程企业创新和转变境外项目承包模式"课题研究，对于政府支持企业转变境外工程承包模式进行深入研究，为相关政策的设计提供了参考依据。

三、完善对外投资合作服务促进体系

(一) 成立上海对外投资合作专业服务联盟

为进一步发挥上海国际化服务机构集聚优势，创新政府对外投资服务促进体制，上海市商务委牵头组建上海对外投资合作专业服务联盟，通过整合在沪知名的国际贸易投资促进机构、国际投资咨询企业、会计师事务所、律师事务所，以及人力资源、金融、保险、投资基金、境外安全救援等机构，为"走出去"企业提供组团式服务。第一批10业务板块共26家国际化服务机构已正式加盟。

(二) 开办"走出去"中高级人才培训班

为突破企业跨国经营人才短缺的瓶颈，上海市商务委会同上海市干部教育中心共同举办"上海市跨国经营中高级人才培训班"，积极组织上海"走出去"企业的中高级管理人员参加培训班。课程围绕跨国并购实务、税务、法务和风险防范、境内外融资安排、境外文化融合、境外安全防范、投资合作政策等专题，突出案例教学与理论学习相结合，受到学员一致好评。

四、主动服务企业，助推企业良性发展

(一) 完善重点项目跟踪服务机制

上海市商务委积极实行重点对外投资合作项目跟踪服务机制，在项目审批、融资、保险、政策支持等各方面积极协调服务，推动项目实施。例如，推进绿地集团首个对外投资项目韩国济州岛房地产项目落地，帮助其联系多家已在韩国投资兴业的上海公司和机构，为绿地集团介绍当地的政策环境以及投资经营方面的经验，防范投资和建设的风险；帮助建工集团承接援外建设项目，并通过与有关部门协调，习近平主席访问特立尼达和多巴哥期间，和特多总理比塞萨尔一起为上海建工集团承建的库瓦儿童医院项目开工奠基；帮助浦发机械工业股份公司联系国开行、中信保等金融机构，为其柬埔寨炼油厂项目成功解决融资问题创造条件，并协调商务部，将该项目涉及中外四方19.6亿美元融资框架协议的签署安排在李克强总理和洪森首相共同见证的仪式之中。

(二) 想企业所需，争取国家政策支持

三年来，上海共从国家第一批大型成套设备出口融资保险专项资金("421"专项)中获得境外承包项目买方信贷近39.9亿美元，占全国额度的近十分之一，带动国产设备材料出口金额达到35亿美元，支持和保障就业

人数11.7万人。在外贸出口形势面临严峻挑战的新形势下，2013年中，国务院又批准上海第二批200亿美元试点政策。市商务委会同中信保上海分公司立即成立工作小组，全力推动，已获13.6亿美元的项目买方信贷，有力地支持了上海的境外工程承包项目。

（三）妥善解决对外劳务合作备用金问题，减轻企业压力

国务院出台《对外劳务合作管理条例》明确规定，对外劳务合作经营企业必须缴纳300万元劳务风险处置备用金，对此，上海企业表示压力很大。市商务委在主动走访调研多家企业的基础上，征询商务部意见和建议，会同相关银行研究讨论制定《对外劳务合作风险处置备用金托管协议》，在既不违反商务部关于备用金的规定，不违反相关法律法规的前提下，又按照财务管理的要求，尽可能减少企业的利息成本，为企业提供良好的经营环境。

五、筑牢防线确保境外企业项目安全

（一）连续两年保持境外安全事故“零发生率”

2013年，上海市商务委牵头会同市安监局、市外办、市发改委、市建交委、市国资委等六部委先后两次开展境外中资企业安全大检查，对全市的境外中资企业、境外工程承包项目和对外援助项目进行了安全大检查。通过动员发动、自查整改、督促检查等各企业查找问题、消除隐患、完善措施，确保境外企业项目安全。

（二）加强预防措施，防患于未然

不断加强境外安全风险防范机制建设，主动开展境外安全风险防范教育培训和经验分享，加大境内检查和境外巡查工作力度，按照预防先于救援的理念，着重提高企业风险防范能力建设，防患于未然。在各部门的全力配合和“走出去”企业的共同努力下，采取多项切实措施强化上海境外项目外派人员的风险防范，确保上海“走出去”领域的一方平安，充分显现了上海“走出去”安全工作的综合成效。

（三）加大从业人员培训力度，提高责任意识

会同行业协会开展从业人员培训，宣讲新政策，分析新形势，解决新问题。上海市商务委邀请商务部承包商会、检疫专业人员、行业专家等专题授课，提高企业从业人员境外安全风险防范能力和水平，进一步提高外经企业的从业人员素质，提高责任意识、危机意识和应急处置能力。

（市商务委对外经济合作处）

上海服务贸易继续保持两位数增长

一、发展概况

2013年,上海服务贸易继续保持平稳增长的势头。全年服务贸易进出口总额1725.4亿美元,比上年增长23.5%。其中,出口595.4亿美元,比上年增长26.6%;进口1130.0亿美元,比上年增长21.9%。全市服务贸易总额占全国服务贸易进出口总额的比重达到32.0%,占同期上海对外贸易总额的比重提高到28.1%,对上海开放型经济的贡献程度进一步加强。

2013年上海的服务贸易总体呈现出"基础好、发展快、规模大、结构全"的良好态势。主要有三个特点:一是增长速度快、全国占比高。服务贸易增速超过货物贸易增速,占全国服务贸易比重超过30%,规模位居全国首位。二是优势领域多、发展潜力大。在运输、旅游等传统服务贸易领域,上海保持总量领先;在咨询、广告宣传、计算机和信息技术、金融保险和商业服务等新兴、高附加值服务贸易领域,规模居于全国前列。三是模式创新化、业态多样化。服务外包作为实现跨国服务交易的重要创新模式已日益受到各国的重视和关注。2013年,上海离岸服务外包合同金额达到66.18亿美元,比上年增长27.32%;离岸执行金额达到43.79亿美元,比上年增长20.73%。上海服务外包正逐步形成以提供解决方案和高端研发业务为主的服务外包结构。此外,上海还鼓励发展大宗商品交易智能服务、移动网络应用方案研发、云计算和大数据的平台服务等一系列前沿业态,推动服务贸易向创新化、高端化和多样化方向发展。

二、主要工作

2013年,为加快服务贸易发展,上海市服务贸易发展联席会议成员单位形成合力,在编制指导目录、搭建公共服务平台、落实促进政策、培育重点领域、优化便利化环境、提升品牌形象和集聚贸易人才等七个方面开展了一系列卓有成效的工作。

(一)加强引导,编制"上海服务贸易促进指导目录"

根据《上海市推进国际贸易中心建设条例》的要求,市商务委结合上海服务贸易和服务外包"十二五"发展规划,听取市委宣传部、市发改委、市城乡建设和管理委、市文广局、市卫生计生委、市旅游局、市新闻出版局以及市交通委等相关联席会议成员单位的意见,并征求各相关协会、各领域企业和专家的意见,在此基础上,形成服务贸易发展指导目录的初步框架。

(二)搭建平台,完善服务贸易公共服务功能

在部市合作的框架内,上海积极搭建服务贸易公共服务平台。上海服务外包交易促进中心加快研发在线交易平台,为接包方和发包方提供线上线下的项目撮合服务,提高接发包效率,降低企业的交易成本。上海文化贸易语言服务基地依托上海外国语大学和中国对外翻译出版有限公司,在提供语言服务的同时,加强职业培训和数据平台功能,为

翻译知识产权问题提供法律咨询和维权服务。作为全国第一个中医药服务贸易专业服务平台，上海中医药国际服务贸易促进平台以公共服务平台方式，集中上海国际合作的优质资源和渠道，提高中医药服务贸易专业化运作能力。在第二届京交会上海主题日的活动中，国家商务部和上海市领导共同为上述三个平台揭牌。

（三）落实政策，打造服务贸易政策体系

在落实资金支持政策方面：组织企业申报商务部文化出口、软件贴息和服务外包资金；在市级层面会同市发改委和市财政局优化服务贸易专项资金和服务外包专项资金使用结构，在中高级人才培训、获取国际认证、翻译费用、海外设点、参加境外展会以及招收实习生等方面给予资金支持，发挥财政资金“四两拨千斤”的作用，引导企业加大在人才培养、海外市场开拓和提升服务标准等方面的投入。在落实税收优惠政策方面：依托“税贸合作”机制，联合市税务局做好离岸服务外包合同的备案管理和业务确认工作，支持服务外包企业按规定享受离岸服务外包业务免征增值税的政策；联合市科委累计认定300家技术先进型企业，经认定的企业享受企业所得税15%的税率。在加大金融支持力度方面：联合央行上海总部认定10家服务贸易和服务外包最佳伙伴银行，就金融需求、外汇波动等议题举办多次银企对接会，为企业融资设立便捷的通道。

（四）聚焦重点，培育服务贸易市场主体

大力支持重点领域发展。一是继续推进运输等传统服务贸易优势领域发展，开展“营改增”后国际货代企业税负情况调查，并形成“关于‘营改增’实施以来上海国际货代企业有关情况的报告”。二是优先发展软件和信息技术服务、文化服务、专业服务、中医药服务等新兴知识密集型领域。在软件出口方面，帮助软件贸易企业开拓国际市场，组织企业参加高德纳（Gartner）峰会等有影响力的国际会议；在文化贸易方面，组织企业申报国家文化出口重点企业和重点项目，共35家企业和10个项目获得审核通过，并联合市委宣传部修订《上海文化产品和服务进出口统计报表制度》；在专业服务方面，联合市司法局召开上海专业服务贸易单位工作会议，研究进一步加强行业规范和培育本土品牌；在中医药服务方面，联合市卫生计生委、市中医药办联合制定发布《上海市中医药服务贸易发展规划纲要（2014—2018年）》，加强对行业发展的宏观指导。三是重点关注医疗、教育、创意设计等基于信息技术逐渐实现跨国服务交易的潜力领域，做好相关领域潜力企业的跟踪、调研工作。四是通过行业协会，发布每年度的“上海服务贸易优势和潜力企业（百强）名单”，着力推进重点区域发展。联合市发改委、市经信委，推动服务外包示范区、专业园区和软件出口园区发展，出台《上海市服务外包示范区综合评价管理办法》，鼓励各区域错位发展，优势互补，打造各具特色的服务贸易集聚区。提升重点企业的国际竞争力。通过在服务贸易各领域内建立重点企业认定和联系机制，如联合国际货代协会认定国际物流（货代）重点企业，联合市经信委认定市软件出口重点企业，联合市财政局、市司法局认定专业服务贸易重点单位，联合市中医药办认定中医药服务贸易试点单位等，并给予服务贸易和服务外包重点企业资金支持和贸易便利化等政策倾斜，研究制订各具特色的重点企业推介策略和国际市场拓展方案，帮助企业做大做强。

（五）着眼需求，优化服务贸易便利化环境

在打造服务贸易城市竞争力方面，上海正逐步从以财税政策驱动向以优化环境的战略转变，在各部门的合力推动下，根据企业的需求导向和问题导向，出台了多项服务贸易便利化举措。在外汇管理方面，联合外管局上海市分局为服务外包重点企业提供“外汇业务绿色通道”，并鼓励企业进行人民币跨境贸易结算的试点，将服务贸易和服务外包重点企业确定为人民币经常项目简化业务流程的试点对象。在检验检疫方面，联合市卫生计生委、上海检验检疫局设立“张江快速检验绿色通道”，简化张江高科技园区进口生物材料检验检疫审批手续，并依托自贸区框架进一步扩大试点范围。在人员出入境方面，联合市公安局出入境管理局出台服务贸易企业外籍高管的签证和居留便利政策。在知识产权方面，联合市知识产权局落实《关于加强本市服务外包产业知识产权工作的若干意见》，加强知识产权保护的宣传和培训工作，培育良好的接发包环境。此外，联合上海海关在海关保税监管、联合市人力资源和社会保障局在特殊工时制度等方面落实便利化举措。

（六）加强宣传，提升服务贸易品牌形象

举办和参加一系列服务贸易促进活动。联合市经信委举办第十一届上海软件贸易发展论坛，搭建企业推介、宣传和交流平台；组织企业参加京交会、大连软交会、深圳文博会、杭州服博会、慕尼黑物流展等海内外的重要展会，宣传和提升上海服务贸易的品牌形象。编制发布《上海服务外包优势和潜力企业名录》及《上海服务贸易企业成功案例选编》，集中推介上海服务外包、国际货代、软件出口、文化贸易等重点领域的优势和潜力企业，提升企业在海内外的知名度。举办服务贸易系列讲座，邀请政府官员、专家学者和资深从业人士进行行业发展分析、政策解读和前瞻性研究的宣讲，并指导上海国际服务贸易行业协会编制《服务贸易百问》等宣传册，不断加强服务贸易的宣传和知识普及工作。

（七）集聚人才，形成服务贸易人才高地

近年来，通过认定一批服务外包“培训基地”和“实训基地”，来缩短大学毕业生到企业工作的适应期；通过国家和地方服务外包人才培训资金，来增强外包企业吸纳大学生就业的能力；通过联合市教委推进校企合作，召开高校与服务贸易企业的对接会；加强与服务外包培训机构的联动，建设服务外包人才培训中心等平台；不断完善“政府引导、机构主导、企业支持”的三级培训网络。此外，联合相关部门，积极引进一批具有国际背景、熟悉业务、具备全球战略眼光的海外人才，在全市逐步形成大学生为主体、中高端人才为骨干，海外高层次人才和本地创业型人才为引领的服务人才结构。

三、2014 年工作思路

（一）围绕“自贸试验区”建设，加快培育服务贸易市场主体。（二）围绕贸易中心立法条例，抓紧出台服务贸易促进指导目录。（三）围绕落实部市合作项目，努力建好（文化贸易语言服务、中医药服务贸易、公共服务）三个服务贸易促进平台。（四）围绕产业贸易联动，开展服务贸易行业运行分析工作。（五）围绕工作机制完善，形成各委办、各区县经验共享、共同发展的局面。（六）围绕优化企业发展环境，深化服务贸易便利化政策。（七）围绕聚焦重点领域发展，加大对服务贸易关键环节的支持力度。（八）围绕拓展海外市场业务，积极组织服务贸易各类推介促进活动。（九）围绕优化人才培养模式，努力探索服务贸易校企项目合作。（十）围绕政策宣传研究，做好服务贸易创新发展研究课题。

（市商务委国际服务贸易处）

上海以服务经济为主的产业结构初显轮廓

2013年,面对错综复杂的外部形势和自身深化转型的压力,上海经济运行总体平稳有序,结构调整稳中有进,改革创新取得突破,社会民生持续改善。2013年,上海市生产总值达到21602.12亿元,按可比价格计算,比上年增长7.7%。其中第三产业增加值占上海市生产总值的比重达到62.2%,比上年提高1.8个百分点,显示第三产业对经济增长的贡献持续递增,以服务经济为主的产业结构初显轮廓。

一、经济转型升级成效日趋显现

上海经济转型升级成效表现在经济发展结构进一步优化。从产业结构看,三产比重进一步提升。2013年,上海第三产业增加值13445.07亿元,比上年增长8.8%,增幅比全市GDP高出1.1个百分点。第三产业增加值占全市生产总值的比重达到62.2%,比上年提高1.8个百分点;从需求结构看,内需增长继续领先出口。社会消费品零售总额、商品销售总额及全社会固定资产投资总额比上年分别增长8.6%、12.5%和7.5%,外贸出口则下降1.2%。显示内需增速显著高于外需,消费增速明显高于投资,经济增长由内需、尤其是消费拉动的特征日益凸现。

二、服务业重点产业持续健康发展

在复杂多变的经济形势下,作为支柱产业的商贸业起着经济稳定器的作用。全年批发和零售业增加值达3533.1亿元,比上年增长7.1%。实现商品销售总额6.05万亿元,比上年增长达到12.5%,其中批发销售额5.33万亿元,增长12.9%。社会消费品零售总额达8019.05亿元,比上年增长8.6%。

金融业贡献度持续加大,是服务业增加值的又一增长极。全年增加值2823.29亿元,比上年增长13.7%,也是连续实现两位数增长。从各类金融市场(不含外汇市场)来看,交易总额达到588.87万亿元,比上年增长20.9%;其中上海证券交易所总成交金额86.51万亿元,增长58%;上海期货交易所总成交金额120.83万亿元,增长35.5%。中国金融期货交易所总成交金额141.01万亿元,增长85.9%;上海黄金交易所总成交金额5.22万亿元,增长48%。

新兴服务业发展态势良好。战略性新兴产业、电子商务、信息服务业、文化创意产业等加快增长。全市战略性新兴产业增加值2997.5亿元,比上年增长7%。其中,服务业增加值1486.36亿元,增幅达10.3%,明显高于制造业4%的增幅。信息产业增加值2216.09亿元,比上年增长10.8%,其中信息服务业增加值1387.88亿元,增长15.1%。而电子商务的高速增长更是令人刮目相看,全年交易额为10560亿元,比上年增长35.1%,首次达到万亿元级。其中,B2B交易额8632亿元,同比增长28.6%;B2C交易额1928亿元,同比增长74.5%。显示电子商务业已成为上海服务业新的支柱产业之一。

三、服务业对外开放力度加大

2013年，上海第三产业利用外资实际到位金额135.67亿美元，增长7%，占全市实际利用外资的比重达到80.9%。截至年末，在上海投资的国家和地区达157个。年内新增跨国公司地区总部42家，其中亚太区总部11家；投资性公司18家；外资研发中心15家。至此，在上海落户的跨国公司地区总部达到445家，投资性公司283家，外资研发中心366家。在引进来的同时，上海走出去步伐不减，全年新批对外投资项目347项，比上年增长39.4%；投资总额43.1亿美元，增长32.8%。签订对外承包工程合同金额108.16亿美元，比上年增长4.9%；实际完成营业额80.69亿美元，增长18.5%；派出人员4337人次，增长24.7%。至年末，上海对外承包工程和劳务合作涉及的国家和地区达178个。

四、四个中心建设取得新进展，城市服务功能持续提升

（一）国际金融中心建设取得新突破

1. 金融机构进一步集聚。全年新增各类金融单位116家，至年末，全市各类金融单位达到1240家，其中，在沪经营性外资金融单位数达到215家。

2. 金融市场规模继续提升。2013年，金融市场（不含外汇市场）交易总额达到588.87万亿元，比上年增长20.9%。

3. 金融创新步伐加快。年内国债期货、沥青期货、黄金交易基金等一系列金融产品的成功推出，推进了上海金融市场国际化步伐，金融中心的国际影响力不断提升。互联网金融通过互联网、移动互联网等工具，使传统金融业务具备透明度更强、参与度更高、协作性更好、中间成本更低、操作上更便捷等一系列特征，并且越来越在融通资金、资金供需双方的匹配等方面深入传统金融业务的核心，成为传统金融业创新和升级的催化剂。

（二）国际贸易中心建设加快推进

2013年，《上海市推进国际贸易中心建设条例》正式施行，跨境贸易电子商务试点率先开展。国内贸易以互联网为依托的新兴贸易模式迅速发展，电子商务交易额达到创纪录的10560亿元，比上年增长35.1%。上海关区全年进出口总额达8121.37亿美元，占全国的比重为19.5%，企稳回升态势明显。上海市服务贸易进出口总额达到1725.4亿美元，比上年增长23.5%。

（三）国际航运中心能级持续提升

2013年，上海现代航运服务业实现营业收入6321.85亿元，比上年增长2.9%。启运港退税、期货保税仓单质押融资等试点顺利推进，浦东国际机场货邮中转集拼试点启动实施。上海港口货物吞吐量达到7.76亿吨，比上年增长5.5%；集装箱吞吐量3361.68万国际标准箱，继续保持全球第一。货物运输结构优化，集装箱水水中转比例为45.4%，比上年提高2.6个百分点；国际中转比例为7%，提高1.5个百分点。邮轮经济加快发展，全年上海港邮轮旅客吞吐量75.66万人次，增长1.2倍。上海浦东、虹桥两大国际机场全年共起降航班61.51万架次，增长3.1%；进出港旅客达到8279.18万人次，增长5.2%。

五、自贸试验区建设全面启动，溢出效应初步显现

中国（上海）自由贸易试验区自2013年9月29日挂牌以来，进展顺利。随着外资准入制度的负面清单管理、境外投资备案管理、工商登记注册资本认缴制以及海关和检验检疫联动监管等一系列投资贸易便利化措施的出台，使自贸试验区建设前期效应初步显现。截至2013年末，自贸试验区新设立企业3633户。其中内资企业3405户，注册资本

685.86 亿元；外商投资企业 228 户，注册资本 9.8 亿美元。从具体行业来看，自贸区效应对融资租赁等行业的影响力更为显著，截至 2013 年底，区内累计引进 60 家融资租赁公司和 184 家 SPV 项目公司，注册资本超过 106 亿元。其中，自贸区挂牌成立后引进的融资租赁公司 25 家（占累计总数的 41.7%），SPV 项目公司 34 家（占累计总数的 18.5%）。

（市商务委服务业发展处）

发挥政策效应　提升运营效率
上海物流业对经济发展贡献度不断提高

2013年，上海通过财政部、商务部开展的国家现代服务综合试点等举措，发挥政策效应，鼓励企业集成应用信息技术，建设创新性、示范性、引领性物流项目，降低物流成本、提升运营效率。现代物流对经济社会发展的贡献度不断提升，对城市转型、产业融合、民生服务的促进作用也愈发显现。全年，上海货运总量达9.15亿吨，港口货物吞吐量7.76亿吨，集装箱吞吐量3361.68万标准箱。

一、围绕口岸物流，提升通关效能与便利

上海高效便捷的口岸物流既是现代物流发展的内在需求，也是上海国际竞争力与服务“长三角”、服务全国的重要体现。上海口岸每年货物贸易进出口约占全国的四分之一。

（一）通关效能

自2005年起，上海便在集成贸易、通关、物流、支付等功能的“大通关”平台基础上，升级建设“上海电子口岸平台”，进一步丰富通关物流服务应用。目前，平台已覆盖上海口岸全部海港、空港的进出口物流及通关业务，以及保税加工、保税物流等全部海关特殊监管区域的物流及通关业务，通关全程全部实现无纸化和电子化，通关时间由原来的“天”缩短到“小时”，再由“小时”缩短到“秒”，服务企业超过10万家，年均处理单证230余万份。

（二）信息共享

借助信息化技术应用，平台订舱、集装箱管理、船舶定位、船舶装卸与进出门动态等业务已拓展至“长三角”、长江流域以及沿海主要港口和口岸，通过实施“车联网”、“船联网”等联合运输体系，为监管单位和企业提供便利化的物流服务，可降低进出口企业物流成本20%—30%，上海口岸的枢纽与集疏运功能也借此得到新的提升。

（三）标准输出

除上海外，平台特殊区域监管与物流服务信息化系统经中央监管部门批准，已在武汉、新疆、长春、银川、曹妃甸等地应用。同时该平台还是全国唯一的关税电子支付平台，覆盖全国全部42个海关关区。2013年平台支付交易额1.14万亿元，占关税支付总额67%。

（四）业务创新

依托自贸试验区建设，平台积极探索和实施跨境电子商务试点，创新优化保税仓储、海关监管与纳税、检验检疫监管等环节服务，确保跨境电子商务物流安全通行。

二、围绕产业物流，促进产业升级与城市转型

上海正在形成以服务经济为主的产业结构。物流业是一个复合型很强的产业，与制造业、商贸业等密不可分。随着近年来上海制造业逐步转型升级，首先，物流业正呈现出一种与制造业紧密融合的态势，跟着“走”、跟着“变”。比如，钢铁、化工等传统重化工业逐渐向上海市外转移，与之配套的专业性、

行业性物流也开始在全国布局，跟着“走出去”，华冶钢铁、天原化工物流便是其中的佼佼者，通过建设服务全国的物流加工配送中心，业务经营规模大幅提高。在装备制造领域，上海电气借助供应链等技术，对制造流程进行再造，物流方案也随之进行改变、优化，企业经营成本大大降低。

其次，更明显的趋势是，通过供应链的集成与嵌入，产业链上下游之间实现跨行业端到端的信息对接，下游末端需求直接反应于上游生产环节。与前者相比，这已不再是简单的物流外包或第三方物流，而是行业间“无缝服务”。比如，宝钢集团“上海钢铁交易中心”将钢材在线交易与物流服务相结合，为国内90%的汽车制造商提供可视化的汽车用钢管控服务，每卖出一辆整车，便有相应的用钢消耗与库存显示与预警，从而实现汽车制造“低库存、高协同、快响应”的管理，企业生产进度编制由“月”改为“周”，备料库存量减少三分之二。上汽安吉汽车物流依托自身市场优势，建立起覆盖全国的8个中心枢纽、12个一般枢纽、15个生产基地的汽车供应链物流网络平台，整车物流业务占全国的三分之一；在公司平台控制室里，每一批汽车从原材料采购，到生产制造、产品销售，再到在途运输、客户验收等均实现可视化跟踪管理，从源头上有效支持了汽车产业链各环节业务整合与协同。

第三，物流与商业、贸易的融合也更加深入。国药集团“赛飞”智慧供应链物流服务平台覆盖全国6个物流枢纽、40个省级物流中心、60个地市级配送中心、225个县级配送站，与国内医药供应商、分销商、终端（医院、药店等）医药流通平台实现联网，从而减少20%的医药流通库存，提高20%的订单效率，主要盈利模式也将由“进销差价”逐步转向物流等“增值服务”。

三、围绕城市共同配送，服务和保障民生

上海是一座特大型消费城市。特别是近年来城市人口不断扩大，商务成本日益高企，道路、土地等资源要素更趋紧张，与老百姓衣食住行密切相关的城市配送物流，始终面临通行难、停车难、资源集约节约利用率不高等难点。为此，上海聚焦快速消费品、食品、药品等领域，构建了“高效、便捷、绿色、安全”的城市共同配送体系。

（一）解决网购配送难题，凸显取（送）货便利

农工商超市整合连锁商业配送中心、连锁网点、车辆和人员，通过系统集成，搭建城市共同配送“网订店取（送货）”平台，使3000多家农工商超市和便利店开通网购配送自提或送货业务；2013年6月起与天猫商城合作，消费者可在天猫商城购物后选择自提商品服务，待商品到达门店，再凭平台短信，告知取货密码，5天内可到相应网点取货，现每日业务稳定在5000单左右，在实现便捷的同时也给予消费者多样化的取（送）货选择。

（二）配送全程可追溯，保障城市运行安全

都市菜园上游与市内外20万亩种植基地对接，下游与800多家超市、标准化菜场、社区直供点对接，实现年35万吨蔬菜的集中配送与可追溯。上海医药冷链监管信息平台与全市29家医院实现应用数据对接，每年配送一类疫苗300万支，支持全市超过65%的区县接种点，有效保障用药安全。

（三）共用社会资源，促进绿色环保

借助上海城市公共配送服务平台，合理规划和使用城市道路资源，以配送龙头企业为基础，对现有货源市场和配送服务资源进行整合，增强城市配送运力和网点资源的集成和有效利用，避免同行恶意竞争及“低价低质”。搭建托盘社会化共用平台，在松江、徐汇、宝山、嘉定等4个区建立托盘营运中心，实现托盘集中管理、统一购置、市场化租赁和就近取送，提高物流运作效率近5倍，平均节约托盘使用成本18%。

四、围绕区域物流，推动“长三角”地区一体化

“长三角”地区产业关联性高、物流联动性强，加快“长三角”发展也是国家重大战略。

（一）“长三角”联动发展

5月6日，召开2013长三角地区现代物流联动发展大会。来自苏浙沪物流牵头部门、行业协会、物流企业和高校研究机构的代表300余人参加了会议。会议以“聚焦最后一公里”为主题，共同探讨破解城市配送物流的难题。苏宁云商集团、阿里巴巴集团和上海1号店等全国著名电子商务企业代表在会上分别就电子商务的最新发展、电子商务对物流配送的依存度、创新物流运作模式支持电子商务发展、惠及社会经济和居民生活等作主旨演讲，带来电子商务企业的新思考、新观点、新运作。来自苏浙沪的冷链、快消品等物流配送企业、超市卖场、商务楼物业、城市交警管理部门、高校物流管理的教授专家等20余名代表围绕主题，从诊断与沟通、剖析与思考、对策与探索三个方面进行交流。

（二）开展市场共建

上海陆上货运交易中心（“56135”平台），针对国内存在的物流资源大量“空置、闲置、空放、分散”现象，积极探索以互联网为载体，以物流服务为核心，通过在线撮合、竞价、担保等交易服务方式，解决物流信息不对称和社会物流成本高的问题。平台每天发布100多万条服务信息，集聚10万多家物流企业，其中80%以上是外省市企业，有效实现了“长三角”和长江流域乃至全国的物流企业区域联动，平台上企业物流平均成本降到8%以下。

（三）服务小微企业

探索搭建“物流汇”公共服务平台，将国内4万多家中小微物流企业“聚沙成塔”，为平台会员企业提供物流软件、油品采购、资金结算等47项服务，切实帮助中小微物流企业实现管理创新、成本降低、能级提升。2013年，平台累计降低中小微物流企业运营成本2727.3万元。

（四）推动协同管理

包括：建设诚信联盟，对区域内的物流企业进行诚信资质互认；落实安全联控，对区域内的危险品运输车辆，进行无间断GPS定位与监控；制订共同标准，对区域内药品配送流程建立统一标准等。由此，“长三角”物流品牌的竞争力和辐射力得到进一步增强。

（市商务委市场体系建设处）

推进大宗商品市场建设　健全市场服务功能

根据商务部《国内贸易发展“十二五”规划》，以及《上海建设国际贸易中心“十二五”规划》，结合国家现代服务业综合试点，市商务委积极推动上海大宗商品市场创新发展，不断健全市场服务功能，力争打造国际性或区域性国际商品交易中心和市场。

一、发展现状与趋势

“十二五“以来，上海大宗商品国内贸易规模已达4万亿元，每年保持两位数增长，占全市商品销售总额80%，占全国生产资料销售总额的8%；电子商务B2B大宗商品交易总额8400亿元，占全市电子商务交易总额84%。

从市场形态看，正从有形市场建设向有形与无形市场并重建设转变。现代科技促进了上海大宗商品市场上线下协同发展，有效降低流通成本，提高资源配置效率。

从市场功能看，正从传统市场形态建设向现代市场功能建设转变。大宗商品市场不断延伸服务链，价格发现、规则制定、增值服务等方面的功能逐步增强。

从市场辐射力看，正从市域市场向区域市场、全国市场、国际市场转变。钢材交易价格成为国内钢铁行业风向标，并引起国际市场关注；有色金属现货交易规模全国领先；白银现货交易价格已成为国内相关行业的定价基准。

从市场制度建设看，正从非规范式发展向规范化、制度化发展转变。结合国家清理整顿各类交易场所，大宗商品市场逐步回归现货市场，确保市场规范、有序、健康发展。

二、主要工作

（一）编制发展规划

为推进上海国际贸易中心建设，加快构建现代市场体系，市商务委印发《关于“十二五”上海加快商品市场体系建设的指导意见》，明确要打造10个以上千亿规模具有国际或区域性的商品交易中心和市场，形成与国际贸易中心地位相匹配的“万商云集、万亿能级”的商品市场格局。

（二）引导市场转型

按照国务院《关于清理整顿各类交易场所切实防范金融风险的决定》要求，深入推进上海中远期市场清理整顿工作，引导大宗商品中远期交易市场有序回归现货市场。列入清理整顿范围的11家企业中7家已经完全停止中远期交易，4家转型并获国家有关部门验收合格。

（三）培育示范项目

发挥国家现代服务业综合试点政策优势，加快培育宝钢集团“上海钢铁交易中心”、百联集团“上海有色金属交易中心”、易贸化工交易平台、上海钢联“大宗商品信息中心”等项目。通过搭建全国性、行业性的交易服务平台，增强市场综合服务能力，提高流通效率，更好地服务长三角、服务全国。

（四）营造发展环境

一是会同市金融办、上海银监局推动建设“银行业动产质押信息服务平台”，发布“仓储企业动产质押融资管理标准”，切实规范市场发展;二是会同市统计局联合上海钢联"大宗商品信息中心",编制发布上海大宗商品现货交易价格指数、景气指数、风险指数;三是会同市社团局支持易贸集团等企业成立"上海大宗商品市场发展促进会",发挥中介组织作用,加强行业自律,推动市场健康发展。

三、阶段性成效显现

2013 年,上海大宗商品市场普遍采用电子交易方式,并逐步呈现服务高端化、二三产融合发展态势,具有可视化、网络化、智能化的特征,有效提升了市场服务能级。

(一) 重要大宗商品定价话语权不断提升

上海钢联"MY STEEL"咨询平台编制钢铁价格指数已覆盖钢铁全产业链,螺纹钢现货指数成为芝加哥商品交易所钢材期货衍生品交易清算和到期交割基准价;列入国家统计局大数据开发战略合作单位。"易贸"咨询平台编制提供的我国能源化工领域的现货指数,被国际上认定为我国能源化工领域签订对外贸易合同的基准价。

(二) 多元化定价机制影响力不断增强

上海石油交易所推出液化天然气(LNG)和液化石油气(LPG)现货竞买交易机制,得到国家能源局高度认可,成为我国天然气迎峰度夏、度冬时期的市场调控平台。上海有色金属交易中心集聚国内行业龙头企业,并建立期货市场与现货市场价格联动的定价机制,现货升贴水价格成为市场风向标,2013 年交易规模近 6000 亿元。上海钢铁交易中心为中小企业提供服务的"宝时达"平台,为大客户提供服务的"VSS"平台,打破了多年来由钢厂主导定价的模式,以市场为核心的定价机制逐步形成,运营半年来,成交量突破 100 万吨。

(三) 物流、金融、信息等配套服务功能不断拓展

陆交中心物流资源交易平台集成社会物流资源,为国内大宗商品市场提供在线物流服务,有效降低企业物流成本达 10% 以上,2013 年平台服务收入突破 3 亿元。建行、工行等金融机构积极提供贸易供应链融资、结算等便利服务。第一财经等媒体规划建设经贸信息港,为大宗商品市场搭建信息发布平台。

(市商务委市场体系建设处)

上海食用农产品市场供应
量足 价稳 安全

按照市委市政府“稳定完善大流通、大市场保障体系，全力保持食用农产品供应充足、价格总水平基本稳定”的总体要求，市商务委紧紧围绕全市重点工作目标，把握大局、突出重点，稳步推进各项工作取得新进展。

一、食用农产品市场供应总体平稳

（一）保障市场运行，确保重大节日供应平稳

市商务委利用上海已建立主副食品流通信息系统，加强对全市主副食品市场价格、交易量的监控，及时跟踪市场变动情况，采取措施应对价格波动。积极组织全市批发市场、生鲜超市、标准化菜市场组织货源，发布市场信息，吸引外省市主副食品货源入沪交易。7－8月，上海遭遇百年难遇的极端高温天气，造成市场绿叶菜涨幅较大，就及时启动蔬菜供应应急预案，江桥等主要批发市场免除外省市蔬菜运销户进场交易费，有效地增加市场供应量，稳定了绿叶菜市场价格。

（二）加快推进食用农产品现代流通体系建设

年初，市商务委出台《上海市食用农产品批发和零售市场发展规划（2013—2020）》，提出用5－7年时间，规划建设15个食用农产品批发市场，其中包括2个中心批发市场、1个粮食专业批发市场、2个水产专业批发市场、10个区域批发市场，1500个标准化菜市场。构建广覆盖、低成本、高效率的“中心批发市场—区域批发市场、专业批发市场、标准化菜市场”三级食用农产品批发和零售体系。推进商务部“三绿工程”、“城市便民菜场建设项目”的建设，扶持加工配送中心、回购回租菜市场、新建改造菜市场、社区生鲜超市和社区连锁菜店的建设改造实施企业。加快标准化菜市场的新建和二次改造建设，全年标准化菜市场二次改造完成100家，新建标准化菜市场34家。

二、流通领域食品安全管理有序可控

（一）全力做好粮食、水产食品追溯体系建设

按照年初制定的工作目标，逐步推进粮食、水产食品追溯体系建设。全年完成在5家批发市场建设粮食追溯系统，在5家加工企业建设粮食追溯系统，在13家配送中心建设粮食追溯系统，在225家大卖场建设粮食追溯系统，在600家标准化菜市场建设粮食追溯系统；在23家配送中心建设水产追溯系统，在223家大卖场建设水产追溯系统，在470家标准化菜市场建设水产追溯系统。督促各区县商务部门建立健全追溯系统运维机制，落实运维资金，保障追溯系统正常运行。通过市、区商务委共同努力，追溯系统的数据上报率、打单率明显上升。推进中山、江杨蔬菜批发市场电子化结算模式，实现农产品批发流通模式上的跨越。在经过充分调研的基础上，形成《上海市食用农产品安全信息追溯管理办法》（草稿）报送市政府法制办。根

据《商务部办公厅关于印送肉类蔬菜流通追溯体系第一批试点城市考核验收意见的通知》，通过商务部对上海肉类蔬菜流通追溯体系考核验收。

（二）扎实做好禽流感防控工作

为做好防控人感染禽流感工作，市商务委出台《上海市活禽交易管理办法》和《活禽市场交易规范》，并会同有关部门逐步恢复活禽批发和零售交易点。各区县根据市政府确定的活禽零售交易点标准和数量，认真研究落实方案。在全市16个区县的119家定点活禽零售交易点正式挂牌营业，并在"上海市商务委员会主页"和"上海食用农产品流通安全信息网"上向社会公示。市商务委会同市农委、市工商局、市食药监局、市质监局等有关部门抽查了部分区县定点活禽零售交易点，督促相关区县加强日常管理。还组织2家定点活禽批发市场、19家试点定点零售交易点和相关区县商务主管部门共计48人进行培训，以后将视进展情况分批开展培训。制订《关于本市有条件恢复活禽交易专项工作分值考核实施方案》，下发各区县商务部门贯彻执行。发布上海实行季节性暂停活禽交易公告，并规定从2014年起，每年农历正月初一至公历4月30日全市暂停活禽交易实施季节性暂停活禽交易措施。

（三）加强食品安全和生猪屠宰管理工作

市商务委坚持督促屠宰企业落实食品安全主体责任，严格执行生猪进场查验、生猪来源和生猪产品流向登记、肉品品质检验、产品召回、无害化处理等肉品质量安全制度。针对全市生猪定点屠宰资格审核清理的结果，与相关区县进一步落实相关企业整改措施，及取消定点资格企业的后续工作。加强对生产加工源头的准入管理，积极推进生猪产品产销对接制度。至年底，全国已有14个省市的129家肉类加工企业，与上海有关企业签订肉类产销协议。此处，还经市政府专题会议研究审定，发布《关于本市商品羊实施定点屠宰的工作意见》。

三、食用农产品行业管理取得新的进展

（一）完善粮油肉蛋等重要商品储备制度

推进粮食市外生产储备基地建设，积极落实东北、江苏等粮食基地项目建设，稳定主产区夏、秋粮源。市商务委会同市发改委、市财政局等有关部门协商粮食流通新机制，推动完善粮食流通体制和机制建设，加强规范管理。上半年推动出台《上海市地方储备粮轮换细则》，为下一步完善地方储备粮流通新机制的跨出重要的一步。同时，做好市级重要商品储备财政补贴审核工作。

（二）切实做好清真食品市场供应工作

市商务委一是及时调整区域规划布局，推进全市110家清真副食品基本供应点的规划建设，切实保障全市清真副食品市场正常运行。二是提高全市50家清真餐馆基本供应点的整体清真服务水平，对现有的具有餐饮从业资质，经营清真食品的餐饮店，加大规范管理力度，督促和帮助其尽快提高清真食品的供应能力。三是加快全市标准化菜市场中的清真食品供应专柜规划布局，依靠社会各方面的力量，开展多种形式的教育培训，提升清真副食品行业的整体的服务质量。

（三）推进食用农产品冷链建设

市商务委重视加强水产品、中式半成品、豆制品等基础设施建设，完善农产品产、加、销的包装化、规格化和低温保鲜设施及手段，使物流配送更加经济、便捷和提高效率。鼓励社会多元投资，试行与国开行合作，支持重要领域规模化企业的物流做大做强。促进农产品物流配送便利化，促进超市卖场开通绿色通道，加快城市配送专用车发展，鼓励第三方低温物流和企业专业物流参与农产品物流。督促冷链物流企业严格执行《食品冷链物流技术管理规范》、《道路货物运输冷藏车辆技术规范》、《城市配送物流车营运技术规范》等地方和行业标准，提高城市冷链物流

服务水准。

（四）推进食用农产品合作交流工作

市商务委先后组织2批次全市大型超市、批发市场等流通企业共计40余家企业，参加浙江农商对接大会和长三角地区农超对接大会，参加与山东乐陵、福建泉州开展农产品产销对接工作；参加与黑龙江和湖北省在沪举办大型农产品展示展销活动，形成了上海与鄂、黑商务部门"扩大内需、拉动消费"的合作机制；与湖南省商务厅签订《商务战略合作框架协议》和《关于建立粮食产业全面合作关系协议书》，组织上海良友、百联、蔬菜、农中心批发市场、果品和联华、农工商超市及茶叶协会等主要食品生产、加工、流通近20家企业，赴湖南实地考察，推进沪湘两地农产品的购销合作、品牌营销和展示展销等各方面的工作，并于国庆前后组织世纪联华、良友便利门店开展"湘品入户"展示展销活动。

（五）加快茧丝绸产业发展

市商务委组织开展"2012年度支持茧丝绸发展项目"建设工作。上海丝绸集团股份有限公司等企业申报的5个项目已建设完成，并完成验收工作。项目的建设有利于丝绸产品文化特质的推广、传播和弘扬，有利于上海丝绸产品升级和自主品牌发展，有利于开拓国内外时尚市场。

（六）加强酒类流通行业管理

结合上海酒类流通的实际，研究加强依法对全市酒类市场监管。积极做好落户虹口的部市合作项目"酒类功能服务区"建设的协调服务工作。探索上海酒类流通安全信息追溯建。逐步建立本市酒类流通的基础数据网络。

（市商务委市场运行调控处）

坚持高压严打与防范并举　维护良好市场秩序

2013年，上海市打击侵权假冒工作领导小组办公室，立足主动服务上海“创新驱动、转型发展”战略和推进“四个中心”建设大局，深入开展打击侵权假冒工作，坚持高压严打与防范并举，为维护地区良好的知识产权环境、为亚太地区知识产权中心城市和中国（上海）自贸区建设做出了贡献。

按照全国打击侵权假冒工作领导小组的部署要求，开展一系列专项整治行动，严肃查处侵犯知识产权案件，加强对知识产权保护的宣传报道，持续形成了打击侵犯知识产权行为的高压态势，知识产权保护水平明显提升。

一、加强领导，组织严密，打假工作有力推进

2013年4月，上海市副市长周波主持召开会议，部署打击侵权假冒工作。要求围绕“力争使上海成为全国知识产权保护最好、打击侵犯知识产权和制售假冒伪劣商品行为最有力的地区之一”的总体目标，将打击侵权假冒工作作为落实党的十八大提出的“实施创新驱动发展战略”，加快转变经济发展方式，激发城市创新活力，保护创新者利益，加强国际合作，营造鼓励创新的良好氛围的重要工作来抓，主动融入中央关于全面深化改革重大战略决策之中。

会后，公安、农委、工商、质监、税务、文化执法、海关、检验检疫等各成员单位加强对打假工作的领导，以与人民群众日常消费密切相关的食品、药品、农资等重要商品为重点，开展专项整治，严厉查处侵犯知识产权和制售假冒伪劣商品的大案要案。市公安机关以打击开路、以打击促建、打防并举，有效遏制了侵权售假违法犯罪活动。海关、检验检疫等部门在确保通关效率的前提下，有力打击了假冒、盗版产品在进出境渠道的流通，保障口岸安全；黄浦、宝山、杨浦、松江等区政府调整打假领导小组机构，进一步完善部门协作配合工作机制。

二、突出重点，强化措施，专项整治行动成效明显

2013年，全市共组织开展517次专项整治，出动人员5.6万人次，立侵权假冒案件8110件，涉案金额8650万元。办结7456件，涉案金额22985万元，移送司法机关案件144件，涉案金额6470万元。确保重点整治地区、高危领域、重点产品的侵犯知识产权和制售假冒伪劣商品的违法违规行为得到有力查处。

（一）开展食品掺假专项整治

对全市3000多家与肉类制品有关的火锅店等餐饮单位进行了全面清查。检查发现，部分餐饮单位存在肉品原料采购控制、索证索票不符合管理要求以及不能提供肉品检疫合格证明等违法违规行为。对180余家餐饮单位实施行政处罚，向150余家餐饮单位发出责令整改通知书，对抽检发现购用掺假羊肉制品的餐饮单位采取停业整顿措施。

（二）开展生产销售伪劣农资专项整治

结合郊区实际，开展打击生产销售伪劣

农药、化肥、种子专项整治活动。

（三）开展生产、流通领域专项整治

针对商标代理机构以虚假宣传方式招揽商标代理业务的情况，集中查处一批违法商标代理机构，共查处罚没款金额10万元以上的商标侵权违法大要案件50件。对流通领域儿童用品、小家电、建材、消防产品、服装鞋类、自行车、手机等32类1928个批次商品进行质量监测，监测经营主体566家，查处流通领域商品质量案件269件。通过强化生产许可证和3C强制性认证获证产品的证后监管力度，查获伪造产地服装和蚕丝被、不合格冬装、伪造产地的皮具和服饰产品等多起大要案，捣毁各类制假售假窝点139个。

（四）开展盗版音像制品市场整治

对音像市场整治通过周密部署，强化了音像制品市场监管。全年抽查音像门店4510家次，开具责令整改书83件，立案225件；重点推进版权执法，查办计算机软件版权案件23件；检查互联网出版网站668家次，立案查处互联网出版类案件44件。全年共通过检查各类场所立案处罚445起，收缴盗版音像制品208万余张（盘），图书报刊10.2万本（册），罚没款291万元；查获地下批发非法音像制品窝点58起，收缴非法音像制品56万余张（盘）。

（五）开展打击收售假药、假药械专项整治

对治疗肿瘤、糖尿病、冠心病、高血压、性功能障碍等药品的监测和监管，联合公安机关破案7起，抓获犯罪嫌疑人13名，缴获各类假药5000余粒，涉案金额1000余万元。捣毁两个收售药品团伙，抓获犯罪嫌疑人22名，查获药品426种共计47017盒（瓶），涉案案值千余万元。年内，制售假药专项整治中刑拘28人，涉案案值近2500万元。

三、两法衔接，重拳出击，保持打假高压态势

充分发挥司法与行政的整体合力，实现优势互补，形成知识产权的全方位保护架构。行政执法与刑事司法紧密衔接，把打击锋芒直指制售假冒伪劣名牌产品、高新技术产品等阻碍科技创新的犯罪，全力捣毁一批制假售假窝点，铲除一批犯罪产业链条，抓获并审判一批犯罪分子。两法衔接从健全各种制度入手，进一步完善案件移送、受理、反馈、监督等工作机制，提升了打击合力。

（一）完善工作制度，夯实工作基础

市打击侵权假冒办公室印发《两法衔接工作制度》，组织业务培训，加强基础建设。积极协调区县强化"两法衔接"工作，对区县信息共享平台建设进行排摸，要求提高案件的录入率，保持行政执法与刑事司法互联、互通，平台高效运行。

（二）加大行政执法力度，积极提供案源

各行政执法部门将打击目标牢牢锁定危及群众生命财产安全和损害身体健康的突出违法行为，积极向司法机关提供案源，开展联合执法，截至2013年11月，各级行政执法部门共移送涉嫌犯罪案件672件。

（三）强化刑事司法打击，打出威严气势

公安机关破获市场经济犯罪案件1175件，移送起诉800人，涉案金额2亿元；立各类假冒伪劣犯罪案件3000余起，破案2500余起，抓获4000余人。打击对象将危害严重、损失巨大、影响恶劣及跨地区、跨国境的大要案件作为主攻方向，强化三级挂牌督办、专案联合侦查、诸警联动作战，先后破获各类部督案件70起，获公安部领导批示表扬3次、贺电15次。

（四）加强"两法"有效衔接，取得明显成效

2013年，检察机关共批捕市场经济犯罪案件629起，涉案人员928人，审查起诉案件1072起，涉案人员1784人。针对2013年新刑事诉讼法实施以及打击危害食品安全犯罪的司法解释颁布等情况，检察机关加强对全市重大、有影响的制售假冒伪劣商品犯罪案件的督办、指导和协调。先后对10余

起高检院督办的案件听取汇报，进行个案指导，并对办案质量和时间节点提出要求。对审查起诉环节的案件依法快审快诉，按照督办案件要求及时上报市院；法院机关加强对文化创意产业、战略性新兴产业、现代信息技术产业等领域的假冒商标、傍名牌、侵犯商业秘密权等不正当竞争行为的审判力度。年内，受理一审侵权假冒罪刑事案件148件241人，结案159件224人，当期生效判决178件228人。

四、打防并举，整建结合，构建长效管理机制

根据国务院有关打击侵权假冒工作要坚持标本兼治，推进长效机制建设的要求，结合上海市实际，注重打防并举，不断完善了长效管理机制。

（一）“教育引导”持续有力

监管部门积极引导市场经营者诚信经营，努力推进市场转型，多部门联合制发创建标准，指导市场主办单位开展“诚信经营户”创建活动，发挥先进典型的示范带动作用。闸北工商部门引导市场主办单位和经营户通过创立自主商标、取得授权经营、引进生产企业或老字号企业、改变经营商品品种等方式，逐渐转变经营模式，不断挤压售假违法分子的生存空间，推动市场转型发展，其中七浦路市场群中市场主办单位和经营户累计成功注册商标132件，2013年注册自有商标39件；市商务委围绕“确保商品质量、提升服务品质、坚持诚信经营、树立商业品牌”四项重点任务，开展12个行业，8万家企业参加的商务诚信试点工作，发布诚信指数，引导市场经营者诚信经营；虹口区动员骨干餐饮企业到菜市场开早点店，利用“正规军”打压“游击队”制售低劣早点，受到市民欢迎；知识产权局开展“销售真牌真品，保护知识产权”承诺活动，2013年承诺活动参与单位239家，比上年增长8.6%。

（二）“两法衔接”常态化运作

市农委、工商、食药监、质监等行政执法部门与司法机关磋商对接，围绕基础信息共享、情报线索互通、联合打击整治等方面建立起协作机制10余项。依托机制共享基础信息数百万条，开展联合执法300余次，清查重点场所部位700余处，从行政执法部门获取线索80余条、破案30余起，抓获犯罪嫌疑人130余人，司法机关向行政执法部门移送线索70余条。

（三）“警企共赢”趋向制度化

公安机关与外商投资企业品牌保护委员会调研论证，签署专业协作机制。与安利、强生、可口可乐、上海大众等10多家知名企业围绕数据真伪样本库、专业技术支持、假冒形势分析等签订协作机制，寻求专业支持，大力推进“打假溯源机制”建设，还与通用电气、微软、苹果等10余家知名企业整合资源，发挥打假优势。

（四）国际执法协作有实质性进展

4月，市公安经侦部门依托与上海海关、上海食药监局的协作机制，从点滴线索入手循线深挖，层层追踪，查明一个以伊朗籍人为首，利用境外网站招揽客户、电子邮件联系上下家、国际汇款公司收取赃款、物流公司发送假药的犯罪团伙。同年5月，在国家公安部统一部署下，中美警方对“4.8”跨境集群战役实施中美两地同步收网，一举抓获犯罪嫌疑人8名，其中美方逮捕1人，彻底摧毁该产销网络辐射亚美欧三大洲，涉及美国、英国等30余个国家的“4.8”跨境制售假药案，涉案金额高达2.27亿余元，打响了国际合作打假的第一枪，初步建立上海国际执法协作机制。

五、舆情研判，扩大宣传，提升知识产权保护效果

上海逐步树立对保护市场知识产权环境“宣传也是战斗力”的思想，把宣传发动作为“打假”行动的一项重要内容，加强舆情研判，

扩大宣传，为打击侵权假冒工作奠定基础。

（一）开展舆情研判，共筑侵权风险防控合力

各成员单位重视打假信息的分析研究，对各种网络舆情等进行科学预测分析，公安、海关、检验检疫、工商、质监、农委等部门重点加强对行业性、地域性的风险线索开展舆情研判，布控查缉，提高打击侵权行为的精准度，初步建立舆情预警机制。公安侦经总队建立舆情研判平台，海关出台《关于进一步加强长三角地区海关知识产权保护案件信息交换工作的意见》，检验检疫局细化落实口岸 CCC 分类管理工作机制，共筑侵权风险防控合力。海关利用舆情研判机制，查获安徽一地区出口侵权遥控器案 7 起，移送 3 起，查获侵权遥控器 17 万个。

（二）警媒互动推进社会宣传

公安机关通过“媒体记者微信联络群”等多种手段机制，与央视、上海市新闻媒体记者及时互通信息、共享资源。针对涉警舆情，积极联合媒体优势资源，抢占先机、主动应对，及时开展相应解释、疏导工作，稳妥处置，进一步健全完善经侦新闻发布机制。

（三）利用新闻媒体资源扩大对外宣传

4 月，上海海关接受新华社、中央电视台、上海电视台和东方卫视记者联合采访，介绍知识产权保护工作有关措施和取得的成效，宣传海关知识产权保护工作，引导社会公众共同参与监督。浦东新区开展应对美国 337 知识产权调查的支持和资助工作，以及国内外贸企业的海外维权工作，举办企业海外维权培训，逐步建立知识产权维权工作机制。

（市商务委市场秩序管理处）

上海机电产品进出口占全市外贸总额六成

2013年上海机电产品进出口额2718.25亿美元，比上年下降1.25%，仍占全市进出口总额的61.6%。其中，出口1434.47亿美元，比上年下降1.42%，占全市出口额的70.23%；进口1283.78亿美元，比上年下降1.06%，占全市进口额的54.12%。

2013年，上海高新技术产品进出口额为1679.54亿美元，比上年下降3.21%，占上海进出口总额的38.05%。其中出口额887.13亿美元，比上年下降2.15%，占全市出口额的43.44%；进口792.4亿美元，比上年下降3.9%，占全市进口额的33.41%。

2013年上海加工贸易进出口额为1292.07亿美元，比上年下降6.87%，约占全市进出口总额的29.27%。其中，出口943.8亿美元，比上年下降7.04%，占全市出口额的46.21%；进口348.27亿美元，比上年下降6.41%，占全市进口额的14.68%。

上海机电产品进出口的主要特点：

1. 外资企业仍是上海机电出口的主要企业主体。外资企业机电出口1145.44亿美元，比上年下降2.13%，占全市机电出口的79.85%；民营企业机电出口154.27亿美元，比上年增长9.06%，国有企业机电出口127.86亿美元，比上年下降6.56%。

2. 机电产品中一般贸易出口增长较快，增速高于全市机电产品出口增速。上海机电产品一般贸易出口390.43亿美元，比上年增长5.87%，超过全市机电产品出口增速6个百分点。加工贸易方式出口仍为机电产品出口的主要贸易方式，累计出口848.16亿美元，占机电产品出口总额的59.13%。

3. 上海机电产品出口对主要传统市场出口增速有所放缓。美国、中国香港、日本、东盟是上海机电产品出口主要市场。上海对美国机电出口399.83亿美元，比上年下降0.28%；对香港特区出口141.25亿美元，比上年增长7.1%；对日本出口142.9亿美元，比上年增长1.07%；对东盟出口143.52亿美元，比上年增长0.31%。

而对主要新兴市场出口则出现分化，其中对印度、俄罗斯出口25.39亿美元和17.93亿美元，比上年分别下降26.31%和19.36%；对巴西、南非出口21.51亿美元和5.84亿美元，比上年分别增长7.58%和4.48%。

4. 自动数据处理设备及其部件和船舶这两大类产品出口下降是拉动上海机电出口下降的最主要产品。上海机电产品出口前5位的产品出口额占全市机电产品出口比重的51%，分别是自动数据处理设备及部件、集成电路、电话机、船舶、自动数据处理设备的零件，这些产品出口变化对全市机电产品出口影响较大。自动数据处理设备及其部件是机电产品出口排名第一位的产品，全年出口426.59亿美元，比上年下降9.16%，是拉动全市机电出口下降的最大产品。排名第四位的船舶出口42.44亿美元，比上年下降了10.03%。

5. 上海机电产品进口比上年呈现下降态势。上海的外资、民营和国有企业的机电产品进口分别为1031.25亿美元、121.02亿美元和116.85亿美元。外资企业和国有企业机电进口比上年分别下降0.56%，

19.62%，而民营企业机电进口比上年则大幅增长，增幅为19.96%。

集成电路、汽车（包括整车散件）和计量检测分析自控仪器及器具是上海进口前三位的机电产品，分别进口345.99亿美元、116.82亿美元和67.62亿美元，比上年分别增长－7.51%、27.71%和8.87%。

（市商务委机电和科技产业处）

进一步推进商务法制建设

一、商务法制工作

（一）行政审批制度改革

市商务委对上海市委、市政府重点课题中有关商务委行政审批制度改革部分进行调研，并形成上报《关于行政审批制度改革的情况报告》和相关“补充报告”。在取消、下放、整合、转移行政审批事项的同时，探索对保留审批事项的审批流程进行优化再造。根据改革方案，与市审改办签署确认书，对拟取消及调整的行政审批事项进行了确认。

（二）展览业立法修订工作

经过争取，《上海市展览业管理办法》修订被列为2013年度市政府正式立法项目。对此，市商务委成立上海市会展业发展综合课题调研暨立法修订工作组，先后分赴展览企业、展馆场所、行业协会等单位开展调研，听取有关方面对修订的意见和建议。市政府副秘书长徐逸波、市人大副主任郑惠强先后召开专题会听取市商务委修订进展情况的汇报。

（三）落实全年立法任务

2013年，市商务委围绕全市商务中心工作，开展各项立法及规范性文件的制定或修订工作。其中规章立法2件、规范性文件3件，具体是:《上海市活禽交易管理办法》、《上海市食用农产品安全信息追溯管理办法》、《上海服务外包示范区综合评价管理办法》、《上海服务外包人才培训/实训基地认定管理办法》、《上海市贸易型总部认定办法》。还围绕《上海市酒类商品产销管理条例》立法修订起草调研报告。

（四）协助自贸试验区法制建设

市商务委牵头完成在试验区内协助国家开展经营者集中反垄断工作机制的制度安排，并参与《中国（上海）自由贸易试验区管理办法》制定起草。

（五）行政复议、行政诉讼

2013年，市商务委先后处理行政复议1件、行政诉讼5件，均取得了较好的应诉效果。

（六）处理国家和地方立法意见征询

根据市政府法制办来函，市商务委先后就《中华人民共和国食品安全法（修订草案送审稿）》、《市人大常委会五年立法规划（2013—2017年）》、《上海市促进改革创新决定》、《上海市碳排放交易管理办法》、《上海市鼓励新能源汽车推广应用实施暂行办法》、《上海市促进生活垃圾分类减量办法》等法律、法规及规章，研究形成修改意见后反馈。

（七）法制服务工作

1. 行政执法服务。开展酒类专卖行政执法权研讨，并在此基础上开展《上海市商务委行政执法手册》的编撰工作。

2. 文本审核及法律咨询服务。市商务委对有关合同文本或规范性文件进行法律合规性审查，并提出相关修改意见。

二、进出口公平贸易工作

（一）进出口贸易摩擦应对

2013年，涉及上海的出口贸易救济调查新立案件53起，涉案金额4亿美元，案件发起涉及18个国家和地区,涉案企业近300家。另外,在美国新发起的“337”调查中有4起案件涉及上海企业。在应对案件方面,市商务委主要做了以下三方面工作:

1. 统筹推进贸易摩擦案件应对。光伏产品是当前欧美对华重点立案领域,欧盟光伏“双反”案也是“入世”以来上海涉案金额最高的贸易摩擦案件,调查当年涉案金额达10亿欧元。案件发生以后,市商务委多次赴上海晶澳、上海超日等主要光伏生产企业开展调研,指导企业开展应诉工作,并协调商务部、机电商会及上海新能源行业协会,反映企业诉求。根据12月5日欧盟公布的最终结果,上海共有16家企业进入价格承诺名单,基本涵盖全市所有应诉企业,取得了较理想的结果。

在2013年新发案件中,发展中国家对我发起调查案件明显增加,对此市商务委多次召开应诉协调会。特别是在印度对华U盘反倾销案中,根据涉案企业的需求,协助其联系中国驻印度经商处,帮助其争取市场经济地位。

除欧盟光伏案等外,2013年上海共有18家企业在7起贸易摩擦案件中获得了较理想的终裁结果。其中,上海恒逸聚酯纤维有限公司在巴基斯坦涤纶短纤维反倾销案中,以无损害结案;宝山钢铁股份有限公司在欧盟有机涂层钢板反倾销案中获得的反倾销税率为0;赛德家庭用品(上海)有限公司在欧盟成卷铝箔反倾销案中,获得了14.2%的最低税率。

2. 梳理上海补贴政策。在涉及对上海有关补贴政策的案件或质疑时,市商务委先后在美国硬木装饰胶合板、欧盟光伏产品、太阳能玻璃等反补贴案以及美方对中国补贴政策质疑应对中,组织协调市有关政府部门填答问卷,开展反补贴应诉及问卷回复工作。其中,在美方对我国补贴政策质疑应对中,市商委根据市领导的指示精神,协调本市政府部门,对质疑政策进行了梳理。

3. 推进知识产权海外维权。在2013年美国新发起的一项针对手机输入法的“337调查”中,上海汉翔信息技术有限公司被列为强制应诉企业,其“触宝”手机输入法被控侵犯了申诉方美国钮昂斯公司的5项专利共123项权利要求。一旦侵权事实成立,美方将对该企业发出永久排除令和禁止令,彻底阻断其在美国的市场。对此,市商务委多次赴企业就涉案产品知识产权问题开展调研,和企业共同研究应对策略,经各方努力,该案最终以申诉方撤诉而取得胜利,并被商务部作为首例软件产品知识产权完胜案例予以收集。

市商务委还积极开展知识产权国际交流和工作调研。承办第12次中欧知识产权工作组会议,这是该会议第一次在地方召开;开展我国知识产权保护情况调研,形成15000多字的调研成果。

(二) 有效推进行业标准化工作

2013年,市商务委继续组织相关行业协会开展标准制修订、标准化专项资金项目和技术性贸易措施专项项目标准化项目的申请工作,并协调市质量技术监督局,报送并正式启动“上海市商务行政事务中心商务行政事务服务标准化试点”。起草完成上海电子商务标准化三年行动计划。

(三) 开展经营者集中反垄断审查工作

市商务委依据《反垄断法》配合商务部就经营者集中反垄断审查征求相关方面意见,并就有关经营者集中申报开展实地调研,就有关附条件执行案件审查召集上海集成电路行业企业开座谈会。同时,还开展了《反垄断法》的宣传培训。

(四) 开展产业调查工作

在进口案件救济调查上,市商务委加强与企业的协调联系,开展上海市2012年度贸易救济涉案企业情况调查,并形成产业竞争力年度报告;配合商务部产业损害调查局开展丙酮反倾销案效果跟踪调研及双酚A反倾销措施期终复审产业损害调查实地核查。

（五）地方世贸工作

2013年，市商务委配合商务部启动《国别贸易投资环境报告2014》的编写工作；结合上海2012年度地方世界贸易组织的具体工作，完成《中国世界贸易组织年鉴（2013）》地方卷上海部分的编撰工作。

（市商务委公平贸易处）

规范管理 强化服务 扎实推进上海商务财务管理工作

2013年，市商务委财务工作以规范管理、强化服务为指导思想，紧紧围绕上海商务重点工作，在各有关方面大力支持和积极配合下，开拓进取，较好完成了全年各项工作任务。

一、简化行政审批流程，推进各项改革工作

（一）下放“中小企业国际市场开拓资金”审批权限

按照《国务院机构改革和职能转变方案》的精神，根据市委市政府的统一安排和部署，从有利于上海国际贸易中心建设和商务事业发展出发，从便利企业申报和优化政策服务与指导来考虑，市商务委将“中小企业国际市场开拓资金”的审批权限下放至区县商务主管部门，以减少审批环节，进一步完善网上申报流程，充分发挥区县商务主管部门贴近企业、贴近市场的优势，实行就近管理。在减少对微观企业不必要干预的同时，力求提升行政效能，加强和改善宏观管理。

（二）参与自贸区财税政策研究

梳理原有财税政策，学习借鉴前海、东疆保税港区现行政策，市商务委会同相关部门积极向国家争取自贸区减税免税政策，得到国家有关部委高度重视。

（三）推进“营改增”扩围工作

“营改增”政策扩围后，上海企业普遍反映税负相应加重，市商务委深入了解企业实际情况，并与试点政策进行对比研究，会同相关部门向国税总局专题调研工作组反映政策需做调整和完善，并提出相关建议，基本上得到国税总局采纳，从而解决了大部分企业的问题，有力推进了“营改增”扩围工作。

（四）落实委机关公车改革

会同相关方面制定市商务委公务车改革方案，协调市财政局落实公务车改革资金。通过公开竞标方式选取浦发银行车改卡，并集中为机关人员办理车改卡，在短时间内完成市商务委公车改革工作，被列入市级机关第一批车改单位。

（五）推进事业单位绩效工资改革

组织市商务委属事业单位绩效工资申报、审核，参与拟定《上海市商务委所属事业单位绩效工资实施方案》，协调相关部门，推进事业单位绩效工资改革工作。

二、完善专项资金管理，促进商务事业健康发展

（一）整合外贸发展资金，保障对外贸易健康发展

为促进上海对外贸易健康、稳定、可持续发展，有效发挥财政资金的引导和带动作用，出台了《上海市对外贸易发展专项资金使用和管理办法》，聚焦对外贸易发展中的重点领域和关键环节，以进一步推动全市进出口稳定增长，加快转变外贸发展方式，提高对外贸易的质量和水平。

（二）完善中小外贸企业融资担保平台建设，有效缓解外贸企业融资难问题

市商务委积极推进担保机构积极开展中

小外贸企业融资担保业务，丰富业务产品，最大程度降低融资成本。并支持担保机构探索开展大中型外贸综合服务平台所服务小型生产型出口企业的融资担保业务，充分发挥再担保机制，有效提高其他融资担保机构参与开展中小外贸企业融资担保业务的积极性，进一步扩大中小外贸企业融资担保政策覆盖面。截至2013年年底，两家担保公司为上海超过160家中小外贸企业提供融资担保额近7亿元，企业年度综合融资成本控制在9%以下。

（三）开展财政资金绩效评价工作，提高财政资金使用效益

市商务委从加强预算绩效管理的实际需要出发，根据有关规定，组织开展出口信用保险保费扶持政策绩效评价工作，通过科学合理的方法，客观公正地评价财政资金使用的经济性、效率性和效益性，以进一步改善财政资金管理、优化资源配置以及提高公共服务水平的提供。

（四）进一步推进跨境人民币结算，完善出口货物贸易人民币结算管理

市商务委帮助企业更深入了解跨境人民币政策，在对外贸易中，推动跨境人民币业务更好更快发展。截至2013年10月底，上海已有超过16000家企业开展跨境人民币结算业务，开展业务量累计超过14000亿元。

（五）协调加快出口退税进度，解决基层企业困难

市商务委为企业协调税务部门，解决东方外贸、东方家纺等重点企业出口退税工作碰到的困难和问题，支持企业积极开展进出口业务。

三、强化财务管理，提升专业服务质量和水平

（一）加快专项资金执行，保障扶持政策落地

2013年，商务部下达上海内、外贸资金以及商务发展专项资金合计超过30项，业务部门克服预算确定时间晚、资金拨付时间紧等困难，严格按照相关规定的要求，按时完成各项资金的执行。

（二）做好财务管理工作，保障机关工作开展

据保守统计，2013年，市商务委经财务审核的各类报销凭证和大、小专项资金申请使用材料等不下6000份。在认真做好这些日常审核报销业务的同时，还落实了机关办公搬迁等费用，保障搬迁工作有序开展；协调落实了首届上交会预算资金，解决其后顾之忧。经过努力，截至年末，市商务委经市级财政安排的各类预算项目全部圆满完成，并荣获全市部门决算工作第二名。

（三）配合完成各项监督检查

2013年，市商务委配合国务院办公厅巡查组、审计署检查组、商务部内审组、市财政局监督检查局等，完成对“三公经费”、部门预算资金、专项资金等合计超过20项的专项监督检查。

（市商务委财务处）

聚焦中心　服务大局
搭建涉外商务“大平台”

2013 年，上海商务外事紧紧围绕国家商务工作的新形势和新要求，加快上海“四个中心”建设的主线，服从全市商务重点工作要求和部署，进一步发挥涉外商务窗口和桥梁作用，不断提升服务保障水平，拓展商务外事工作外延，圆满完成了预期目标和上级交办的各项任务。

一、提升商务外事水平，促进重大项目加快落实

2013 年，根据市委贯彻落实中央关于改进工作作风八项规定的有关精神和要求，市商务委及时面向全市各部门修改制定《市商务委关于进一步做好市领导参加商务外事活动报批和安排工作的通知》，进一步规范全市商务外事活动报批流程，有力保障和配合了市、委各级领导的商务外事活动。2013 年，共上报并实际安排市领导出席商务外事活动 159 批 168 人次。其中，市委书记、市长共计 45 批次；上报并实际安排委领导出席外事活动 348 批 391 人。

通过安排市领导会见，借助高层推动重大项目落地。如银仁集团作为国内首家民营企业收购比利时金融联合集团（KBC）旗下的子公司比利时钻石银行（ADB），上海电气战胜韩国行业竞争者赢得与意大利战略基金公司的双边合作项目，诺华生物医学研究中心在浦东设立其全球第三大研发中心等。

围绕第一届中国（上海）国际技术进出口交易会（简称“上交会”）和中国（上海）自由贸易试验园区（简称“自贸区”）这两项中央部署在上海的国家战略及重点工作，市商务委从筹备到实施阶段，围绕上述主题成功安排了市领导、委领导出席相关外事会见和重要活动。成功筹划举办了隆重的上交会欢迎酒会，共有中宾 200 余人、外宾 150 余人出席，还围绕上交会成功安排市领导、委领导与国际组织、跨国企业代表、外国使领馆代表的外事会见，极大提升了上交会的影响力和实际效果，为上交会的项目对接及签约成功起到了促进作用。

为助力自贸区设立前后的相关工作，市商务委多次组织市领导、委领导与国际组织、跨国企业代表、外国使领馆代表会谈；为有兴趣的在沪外国经贸机构进行有针对性、有重点的政策辅导和宣传，为外商投资企业提供好的政策咨询服务；市商务委主任尚玉英应邀出席美中贸易全国委员会成立四十周年庆祝活动并发表主旨演讲，就自贸区等重要话题与美资企业进行了深入交流，美方反响热烈，为进一步合作打下坚实基础；市商务委副主任顾军出席欧盟商会董事会及各工作小组负责人会议，就外方感兴趣的自贸区话题与欧洲企业代表进行座谈交流；市商务委领导和自贸区领导与上海日本商工俱乐部、日中经济协会上海代表处成功举办上海自贸区政策解读会，为现场 70 家日资企业、近 20 家日本各地区驻沪机构作政策解读。

二、深化外联机制，搭建国际交流大平台

2013 年，市商务委继续发挥商务外事内

外联络、协调服务的作用，一方面，了解相关政策环境、市场情况和项目信息，实现信息共享，做好对领导和相关单位的商务外事服务保障工作；另一方面，深化与各国驻沪总领馆与其商务部门、驻沪贸易投资促进机构的联系和沟通，建设对外广泛辐射、重点加强的涉外经贸网络，通过各种形式的互动交流，在宣传上海的投资环境和招商重点的同时，也积极为各国各地区的招商引资和投资需求牵线搭桥，努力促成“引进来”、“走出去”的更好结合。

2013 年，完成日常商务外事电子档案数据库的及时更新，在商务委 OA 网发布 39 期电子版《外事动态》（总计第四卷第 252 期）；帮助处理市领导、委领导外方来函共计 60 批次；处理上海市四套班子领导、驻沪总领事馆等提出的涉及近 70 个国别的商务信息征询函和交涉照会等超过 200 批次。

为对领导提供商务外事信息及涉外商务信息的共享和推送工作进一步改进和完善，市商务委建立起新的有载体、分流程、跨部门的信息共享机制。全年共完成领导信息共享单近 20 批次，推送商业咨询函、照会、有价值的商业信息若干。相关外事信息跟踪处理结果均已向外方及时反馈，得到外方函件和电话形式的回复和感谢，取得了较为理想的效果。

2013 年，市商务委成功策划和组织实施了 2013 年度“上海新春招待会”、“上海商务情况通报会”、“商务委领馆答谢活动”等重大活动。从而使市商务委与各国驻沪领事机构官员、跨国公司地区总部代表、知名外商投资企业代表、外国驻沪经贸投资促进机构代表和上海有关委办局、各行业协会、各区县商务委保持不间断的合作交流关系。

此外，市商务委还成功参与、组织并保障了以下全市性重大涉外商务活动：第十六届国际商业论坛、上海外商投资政策推介会暨 2012 年度外资百强企业发布会、中日韩自贸区第二轮谈判会议、第十二届中国（上海）国际跨国采购大会、第 23 批跨国公司地区总部颁证仪式、外商投资企业座谈会、第十一届上海软件贸易发展论坛、第五届上海国际减灾应急与安全博览会、中国 – 东盟贸易投资政策说明会、2013 中国国际语言服务业大会、第二届中国国际石油贸易大会、2013 年中国进口论坛和中国（上海）自由贸易试验区英中研讨会。

作为对口协调部门，积极推动落实上海参与《中国省与美国加州贸易投资联合工作组》相关工作，按照商务部要求，市商务委对该工作组提供的信息，定期整理并向 OA 网发布电子版《美国经贸信息参考》共 47 期（总第 70 期），为本系统相关单位更好开展涉美经贸工作提供服务。市商务委副主任顾军代表上海分别于 2013 年 4 月和 5 月参加在北京举行的“中国省与美国加州贸易投资合作联合工作组谅解备忘录”签字仪式和“对美经贸工作座谈会”。12 月 23 日，市商务委安排并保障市政府副秘书长徐逸波出席在商务部举行的《中国市与美国芝加哥市贸易投资合作联合工作组谅解备忘录》签字仪式和会谈。上海作为芝加哥的姐妹城市与其他 7 个中国城市一起首批正式加入上述工作组。

三、抵制“四风”，做好商务外事接待工作

群众路线教育实践活动开展以来，市商务委在外事接待工作中严格执行相关规定，按照外事礼仪要求，努力争取在严格控制预算的情况下，圆满完成了商务外事接待工作。

2013 年国外来访官方代表团数量锐减，仅接待 5 批 57 人次的外国高级别政府商务代表团。其中，副总理级代表团 2 个（三名副总理级官员），正部级代表团 3 个。10 月底到访的东盟国家经贸部长代表团由东盟副秘书长林康宪带队，团组成员均为东盟国家经贸部门主要负责人。市商务委成功报请周

波副市长出席中国－东盟贸易投资政策说明会，并帮助安排市长杨雄会见代表团一行。这对于扩大自贸区在东盟国家的影响，推动中国、上海与东盟进一步深化经济合作，促进区域融合，建立宽领域、深层次、高水平、全方位的合作框架做出积极贡献。

12 月底，成功接待到访的卢森堡大公储夫妇与卢森堡副首相代表团一行。除安排市长杨雄与代表团的外事会见外，还协调并帮助安排代表团一行赴周边江浙两省参加无锡市、杭州市的官方活动，以及双边贸易配对活动及商贸投资合作备忘录签署仪式。代表团回国后，卢森堡驻沪总领馆、大公储夫妇与副首相分别专程发函感谢市商务委热情、周密的接待工作。

四、加强服务意识，做好外国人入境签证和在沪居留工作

对外事务方面，2013 年共办理入境签证邀请函 33529 批，37830 人；外国人 2－5 年在沪居留共受理审核 3328 人；共受理办结外国非企业经济组织常驻代表机构 86 批次；据统计，驻沪代表机构在数量上继北京之后位列全国第二位。

为顺应上海经贸发展新形势，推动服务贸易便利化，市商务委努力为重点企业外籍高层次管理人员提供签证和居留便利。2013 年初，外事处会同相关单位召开协调会，针对服务贸易便利化重点联系企业外籍高层次管理人员在沪工作居留提供签证居留便利达成了一致意见。为经认定的服务贸易便利化重点联系企业管理人员开始办理 2－5 年长期居留许可。同时，将上述企业名录列入 2－5 年长期居留同意函审核系统中，统一管理，单独统计，使这项工作开展顺利。

五、贯彻新精神，完善因公出国审批管理工作

2013 年，依据中央相关文件精神，本着务实、高效、精简、节约的原则，结合市商务委的工作重点和实际工作安排，制定年度出访计划，并在实际执行过程中逐案审核审批，严格实行总量控制。商务系统全年共报（审）批委机关党政人员出访团组实际成行 53 批次 95 人次，基本控制在年初上报的计划之内。

市商务委结合群众路线教育实践活动，围绕因公出国管理和服务工作开展了专项整治，充分认识商务外事工作的目的，是服务好商务委的中心工作和重点任务，进一步制定和完善商务委系统内部的审批管理办法。

（市商务委外事处）

电子商务不断创新　网络购物高速发展

一、发展概况

2013年，上海市电子商务交易额达10560亿元，比上年增长35.1%，首次达到万亿元级。其中，B2B交易额8632亿元，比上年增长28.6%；B2C交易额1928亿元，比上年增长74.5%。万亿元级的市场规模勾勒出上海市电子商务发展的新脉络，电子商务各领域的新模式、新业态不断涌现："跨境通"平台在自贸试验区内运行，创新便捷、规范的保税进口和"直邮中国"的跨境电商零售模式推动内外贸的融合；上海钢铁交易中心成立，推动钢铁生产性服务业进入平台化、网络化阶段，进一步加快制造业的转型步伐；1号店、易迅、大众点评等不断创新移动电商模式，移动终端用户数和销售额快速增长，新一轮电商技术和模式创新也已进入高潮；百联整合集团内便利店网点、农工商联合天猫开展"网订店取"经营模式，徐家汇商城搭建O2O平台，联合商圈众多商城共同"触网"，加速推动商贸转型升级。从总体看，上海电子商务整体规模和发展速度仍处于全国领先省市行列。主要呈现五大特点：

（一）B2B交易优势明显

B2B交易占到全市电子商务交易额的85%左右，成为上海电子商务发展的最明显特点。随着制造业服务化进程加快，制造业B2B成为电子商务应用的最大行业，其中，钢铁、有色、化工、汽车等大宗商品电商平台贡献度高。比如，上海钢铁综合服务业基地，以宝钢为龙头，集聚一批加工、销售、咨询等全国钢铁服务企业，钢铁电商交易占全国60%以上。2013年5月上海钢铁交易中心成立，标志着钢铁生产性服务业进入高端化、平台化和网络化时期。

（二）网络购物高速发展

以1号店、齐家网、易迅等为代表的新兴电商企业蓬勃发展，2013年增长均超过70%。传统商贸业转型步伐开始加快，百联集团、光明集团、锦江集团等积极发展网上销售业务；麦德龙、大润发等外资大型连锁超市也开始进军电子商务。除自营平台和第三方平台模式外，混合型平台模式，比如，O2O（线上线下结合模式）、C2B（消费定制模式）和B2B2C（跨境电商模式）业务等不断涌现。2013年网络购物交易中商品类交易1083亿元，比上年增长81.7%。

（三）电商服务业创新不断

上海电子商务在服务业领域的应用越来越广，增长快、创新度高。在生活性服务方面，一批面向旅游、餐饮、娱乐、信息消费的全国知名电子商务企业迅速成长。比如，餐饮业的大众点评，旅游业的"携程""驴妈妈"、"悠哉网"，外贸代理业的春宇，交通运输业的陆交中心，资讯服务业的艾瑞和万得等，为上海现代服务业的发展增添了新活力。

（四）第三方支付全国领先

2013年，上海获央行颁发的非金融机构支付业务许可证的企业有54家，占全国近四分之一。10月，上海又有8家第三方支付企业获首批跨境支付牌照（全国17家）。这些电子支付企业经营特色明显，在金融支付与产业链支付、海关税费支付等方面处于行业领先地位，有效促进了上海贸易与金融的协调发展。

（五）移动电子商务市场规模不断增大

国务院于2013年8月出台关于促进信息消费扩大内需的若干意见，上海市移动电子商务市场规模也不断扩大，各电商企业大力发展移动电子商务。2013年，大众点评移动端浏览量占网站总浏览量（网站及移动端）比重超过75%，移动终端用户数超9000万。1号店移动终端用户数超1000万，占其总用户数的17.5%，移动端的发展与2012年相比激增13－14倍。2013年8月，易迅移动端接入微信支付，至8月底，易迅微信支付订单量累计已超过30000单，其中手机端订单量接近6成，客单价超过150元。

二、主要工作

在推进电子商务发展过程中，上海市充分发挥全市电子商务发展联席会议协调机制作用，着力在营造环境、促进应用、规范发展上下功夫，开展的工作主要聚焦在五方面：

（一）完善机制和政策保障

推动建立上海电子商务发展联席会议制度，由市领导牵头，成员单位包括市发改委、经信委等20个部门，联席会议办公室设在市商务委。联席会议加强规划设计，发布《上海市电子商务发展"十二五"规划》，制定《上海创建国家电子商务示范城市实施方案》。推动出台《战略性新兴产业发展专项资金电子商务和新型贸易现代化专项工程实施管理细则》、《电子商务示范园区创建工作指导意见》、《支付机构支付业务监督管理暂行办法》等一系列相关配套政策。

（二）实施电子商务示范工程

2013年，上海已形成国家和地方"两级示范"，示范城市、示范园区（基地）和示范企业"三个层面"的示范工程体系。拥有浦东唐镇等7个国家和市级示范基地，东方钢铁、百联电商等35家国家和市级示范企业。其中嘉定电子商务产业园、浦东唐镇电子商务创新港被评为国家级电子商务示范基地，1号店、携程、钢联等7家重点企业被评为国家电子商务示范企业。依托示范园区、示范企业的创建工作以及战新专项工程、现代服务业综合试点等扶持政策，重点支持有实力或有潜力的电商企业做大规模、做强功能；积极帮助电子商务企业解决发展中的实际问题；同时，引进知名电商企业地区性总部和子公司、结合自贸区相关政策吸引大型企业在沪设立全球或区域性电子商务总部等，努力打造电商云集的局面。

（三）大力推动电子商务的创新应用。

2013年，上海电子商务不断进行技术和模式创新，拓展应用领域，取得了几方面的突破：一是跨境电子商务。与发改委、海关、检验检疫、外管、税务等相关部门建立跨境电子商务协调推进机制，在全市范围内探索形成了跨境电子商务一般进出口监管体制和服务程序，同时，结合自由贸易试验区建设的进展，推动有关试点平台落地和业务拓展。二是移动电子商务。支持大众点评、1号店、携程等重点企业在已有基础和优势上加快移动电子商务发展。三是农产品电子商务。联合市农委，支持菜管家、1号店等发展生鲜电商；搭建平台，促进马陆葡萄、南汇蜜桃等上海特色农产品网上销售。四是推动大型国有企业发展电子商务。支持东方国际收购服装电商企业，推进内外贸融合发展；支持百联集团加大对百联E城电商平台的投入，做强电商板块等。

（四）不断提高物流配送水平

积极解决物流配送服务与电子商务发展不适应的问题，结合上海现代服务业综合试点推进连锁商业的门店加快向快递业开放，解决城市末端配送物流设施不足、城市配送运力整合等瓶颈问题。2013年上半年天猫商城与农工商合作，实现"网订店取"，打造"全天候邮局"。同时，依照相关政策法规，对投递、签收环节的信息管理和行为进行规范,探索建立快递准时率通报机制和旺季电商配送保障机制,促进快递资源的整合和服务水平的提高。

(五)积极推动诚信体系建设

针对网络购物纠纷较多、网络交易诚信缺失的问题,市商务委与市工商局、市通管局、市消保委等相关职能部门,建立了以"加快电子商务诚信建设,加强消费者权益保护"为目标的联动保障机制,每季度召开会议,协调解决电子商务健康发展过程中的难点问题,进一步规范网络购物秩序。同时,支持行业协会建立"电子商务第三方信用服务示范平台",年底前已实现与号百电子商务平台和东方钢铁电子商务平台的互联。支持浦东电子商务协会建设"浦东新区网购纠纷协调服务平台",消费者在涉及浦东企业消费纠纷可先向公共服务平台进行投诉,如不满意再向消保委投诉。此外,积极发挥电子商务示范企业和园区的诚信示范作用,建立电子商务企业诚信联盟,至年底已有40多家电子商务重点企业参加,净化网络购物环境。

(六)加强政府管理制度和管理模式创新

积极推动电子发票应用试点,市商务委与市发改委、市税务局组建专项工作小组,研究制定上海电子商务企业试行电子发票实施方案,并选定京东商城华东总部、1号店、易迅网、东方购物为首批试点企业,在全部商品品类开具出面向全国个人消费者第一批电子发票。市商务委不断加强对全市电子商务的统计监测,在全国率先建立全口径电子商务统计制度,已有近500家规模以上的企业纳入统计样本,每月对电子商务的交易情况进行统计分析,准确、全面反映全市电子商务的发展现状。电子商务标准建设方面,市商务委会同市质监局,研究制定电子商务标准框架体系和电子商务标准研制三年规划,从平台标准的角度规范购物平台的监管,制定《电子商务服务平台入驻商户管理规范》,将于2014年发布。注重电子商务人才培养和引进,将"电子商务师"项目纳入全市基础人才培训系列目录;支持电子商务园区建设电商人才实训基地;对电子商务人才基本建成人才居住证、居住证转办常住户口、直接落户的电商人才引进体系。

三、电商企业简介

(一)携程

携程旅行网创立于1999年。总部设在上海,在北京、广州、深圳、成都、杭州、厦门、青岛、南京、武汉、沈阳、三亚、南通等16个城市设立分支机构,有员工16000余人。携程旅行网以互联网和传统旅游业相结合的运营模式,向6000万会员提供全方位的商务与休闲旅行服务。携程旅行网自2003年12月NASDQ上市以来,连年保持持续增长势头。2012年,全年实现营业收入41.59亿元,净利润7.14亿元,全年纳税2.9亿元。

(二)大众点评

大众点评于2003年4月成立于上海,是中国领先的本地生活消费平台,也是全球最早建立的独立第三方消费点评网站(早于Yelp)。网站为网友提供餐饮、购物、休闲娱乐及生活服务等领域的商户信息、消费优惠以及发布消费评价的互动平台;也为中小商户提供一站式精准营销解决方案,包括电子优惠券、关键词推广、团购等。截至2014年第一季度,大众点评月活跃用户数超过1亿,点评数量超过3300万条,收录的商户数量超过1000万家,覆盖全国2300多个城市。在生活资讯这个垂直领域,大众点评可以被认为是中国本地生活消费的领军企业。

(三)1号店

纽海信息技术(上海)有限公司于2007年11月29日注册于上海市张江高科园区,公司主营的1号店网上超市(www.yhd.com)是直接面向消费者进行网上销售的B2C电子商务网站。销售商品范围涵盖食品饮料、进口食品、美容护理、母婴玩具、厨卫清洁、数码电器、家居运动、服装鞋帽、营养保健等多种品类。截至2013年12月，1号店已拥有5700万网站注册用户和1500万手机注册用户，日均独立访客量达到2000万人。1号店2011年销售额为27亿元，2012年达65亿元，2013年突破百亿实现了115.4亿元的销售业绩。经过5年运营，1号店的销售规模日益扩大，商品种类日趋丰富，已成长为行业领先的B2C电子商务网站。

（四）齐家

齐家网自2005年成立以来，从上海总部拓展至全国，分布在上海、杭州、长沙、合肥、南京、武汉、无锡、宁波、济南、深圳、天津、成都、沈阳、大连、重庆、苏州、北京、哈尔滨、青岛、昆明、昆山、扬州、西安、南通、湖州、惠州、常州、广州等34座城市。齐家拥有超过400万会员和超过36000个供应商（涉及建材、装修、家居三大领域）。2010年平台交易额62亿元，2011年平台交易额超过115亿元，2012年平台交易额为202亿元，2013年平台交易额达到401亿元，每年以100%左右的速度增长。截至2013年5月，齐家网员工人数为1126人。齐家在模式创新、服务能力、技术应用等方面不断取得突破。

凭借长期在装修建材家居领域电子商务运营中积累的丰富经验，在“O2O”模式的基础上，独创性地提出“O2O2O”模式，即线上到线下再回到线上。齐家网让互联网成为线下交易的前台。并在各大城市开设装修、建材、家居服务中心，打造O2O2O模式建材家居平台的落脚点，并使服务中心是最贴近消费者以用户为中心的零售终端体验店。

（五）东方钢铁

东方钢铁电子商务有限公司作为宝钢下属专业提供B2B电子商务服务的互联网企业，基于深耕钢铁行业多年所形成的平台能力和服务经验，依托现有业务规模和用户资源影响力，定位于面向钢铁及相关行业，以电子交易为核心服务，成为最具竞争力的B2B电子商务专业服务商。东方钢铁建设并运营采购、销售、交易、数据交换及基础服务五大平台，以网点运营中心、物流服务中心、资讯服务中心、电子商务研究中心、数据服务中心等共享服务为支撑，一方面为宝钢提供专属电子商务解决方案，另一方面不断进行社会化拓展，通过钢铁交易中心、互联网金融服务、工业品交易市场等服务更广泛的企业用户。

东方钢铁通过交易、销售、采购三大业务模块，交易规模不断刷新纪录。2011年东方钢铁电子商务交易额达2005亿元，创历史最好水平，在同行业市场处于领先地位，在上海市电子商务交易企业中处于龙头地位，连续5年以上市场占有率及市场排名情况都是名列前茅。2013年实现电子商务交易额1604亿元。同时为几万家供应商及客户通过东方钢铁电子商务获取服务，生成电子单据436万份，有效地支撑了降本增效与绿色商务。

（六）春宇

上海春宇供应链管理有限公司（以下简称“春宇”）成立于2004年，隶属于上海春宇集团，以供应链服务为核心，总部位于上海，在美国、欧洲和香港等地设有全资子公司，并在南京设立研发中心，在全球拥有400多名员工。公司业务覆盖信息技术、物流、金融、电子商务、大宗交易和整合供应链服务等领域，客户遍及60多个国家和地区。

春宇经过多年的积累，已拥有64800余家商家数据库，其中国内商家有34700家，为业务的开展打下了良好的基础。2012年正式上线的快贸通平台于当年即为300余家中小企业提供服务，处理订单数达1000余个，实现年销售额5亿元，交易额50亿元。2013年随着Tradx云平台的上线，签约客户数有望增至5000家，订单数将增至2万个，年销售额及交易额也将成倍增长。

（七）唐镇电子商务创新港

唐镇电子商务创新港是以电子商务公共与集成服务平台为核心，推动模式、政策和技术创新的电子商务服务业集聚区，已经在金融服务、物流服务、技术服务等方面初步形成一定的产业体系。唐镇创新港重点引进和扶持创新性的电子商务企业,吸引电子商务产业链条上的龙头企业快速积聚,公共服务平台一期的“有你 www. uniec. cn”综合服务平台、浦东网购纠纷协调服务平台和电子商务展示中心都已投入运营,为电子商务企业营造良好的网上交易环境和健康的电子商务生态圈。

(八) 嘉定电子商务产业园

嘉定电子商务产业园(以下简称“园区”)成立于2007年,它立足上海嘉定工业区,地处上海西北部,位于沪宁发展轴上,雄踞长三角15个城市群的中心地带,紧密连接江苏省和上海市区。园区总规划面积3000亩,设有电子商务孵化中心、电子商务人才培训实践基地、国家电子商务示范基地工商指导站等,通过打造优质的软硬件投资环境,为企业提供包括管理、信息、金融、人才、工商、税务等全方位的优质服务。随着一批知名电子商务企业的落户,目前电子商务产业已形成一定的集聚效应,京东商城华东总部、凡客诚品、百度在线、国美在线、苏宁易购、新蛋等近千家电子商务及相关行业企业已经入驻。2012年,嘉定电子商务产业园的销售额达到了210.3亿元,产出利税达4.93亿元。嘉定电子商务产业园先后获“上海嘉定电子商务产业园”和“上海市电子商务示范园区”称号,2012年5月,园区被商务部评为首批“国家电子商务示范基地”。

(市商务委电子商务处)

（三）专文（市贸促会及委直属单位）

求真务实，扎实开展国际经贸领域的对外合作交流

2013年，上海市贸促会面对复杂严峻的国际国内经济形势，围绕服务国家外交外贸战略和上海创新驱动、转型发展要求，服务上海加快推进“四个率先”，加速建设“四个中心”大局，创新服务方式，增强工作实效，扎实开展国际经贸领域的对外合作交流，上海市贸促工作跃上新台阶。

一、国际联络围绕大局，卓有成效地开展贸促工作，提升贸促工作发展质量

市贸促会国际联络工作注重全面准确把握国际形势发展变化的新趋势、新特点，及时了解我国外交外贸工作的新战略、新要求，在外事接待中正确贯彻我国外交和外贸政策，积极促进上海与世界各国、各地区之间经贸关系的发展。认真接待每个来访团组，保证经贸活动质量，为企业打造参与国际合作的交流平台。全年共接待及参与接待国外团组计60批次509人次。其中接待重要访问团组12个（外国省部长以上官员带队），包括国宾团组有秘鲁总统、希腊总理、巴基斯坦总理和毛里求斯副总理等，省部级及其他重要团组包括加拿大安大略省省长、美国密歇根州州长和弗吉尼亚州州长、新西兰达尼丁市市长、英中贸易委员会新老主席、美中贸易委员会总裁等。同时举办国际经贸论坛和会议11场次，共有1890人次参会，包括加拿大安大略省经贸交流会、美国弗吉尼亚州商务午餐会、中国－秘鲁经贸投资论坛等。

二、国际展览着力资源整合，做大做强优质品牌展

市贸促会圆满成功地举办第15届上海国际汽车工业展览会。本届车展无论在展出规模、展出质量还是展商数量上，都创下了历史新高。车展以“创新·美好生活”为主题，吸引了来自18个国家和地区2000家中外汽车厂商，展出整车1300辆，全球首发车111辆，展出规模超过28万平方米。启用上海新国际博览中心全部17个室内展馆以及室外临时展馆，共接待观众81.3万人次，2718家中外媒体10493名记者竞相报道了车展盛况。同期，还举办了以“汇聚正能量，推动合作创新”为主题的第三届上海国际车展高峰论坛。

面对激烈的市场竞争，市贸促会展览板块不断创新和转变发展理念和方式，主动走出去寻求战略合作，拓展新的业务领域。全年共实施出展项目76个，完成出展面积1.68万平方米。除巴黎面料展和拉斯维加斯汽车零配件展等传统品牌和优势项目外，还着力培育和打造新品牌、新项目。全年新增规模以上代理出展项目4个，年度累计规模以上项目首次突破10个。首个在越南举办的海外自办展项目中国两轮车展，通过整合资源，巧借外力，大大提升了展会的展出水

平和影响力。展会总面积达到2000平方米，展位数达到80个，企业特装率达到90%以上，参展商后续参展意愿反馈率较往届大幅提升。此外，市贸促会与中国染料行业协会自主主办的第三届亚洲染料巡展（印尼）获得圆满成功，展出面积达4000多平方米，共有80多家中国企业和40多家海外展商参加展会，展会经济效益创历届之最，

三、认真做好法律服务工作，为上海建设国际贸易中心营造良好的商贸环境

2013年4月11日，市贸促会隆重举行上海国际经济贸易仲裁委员会（上海国际仲裁中心）揭牌典礼暨新闻发布会。上海贸仲在推进仲裁国际化和建设区域性国际商事仲裁中心方面进行有益探索并取得了显著成效，仲裁业务呈现出专业化、高端化、国际化的特点和良好的发展态势。上海贸仲的仲裁员名册由625名仲裁员组成，其中外籍及港澳台仲裁员199名，约占三分之一，分别来自39个国家和地区，仲裁员的国际化程度位居全国仲裁机构之首。10月，伴随着中国（上海）自由贸易试验区的建立，上海贸仲率先在自贸区内揭牌成立仲裁院，将为区内当事人提供"零距离"的仲裁咨询、立案、开庭审理等仲裁法律服务，为创新自贸试验区多元化争议解决机制做出积极探索，并努力将自贸区仲裁院建成区域性国际商事仲裁中心。

一年来，市贸促会积极拓展法律服务工作领域，为兄弟省市贸促会、商会会员单位、外国驻沪领馆及社会企业、个人提供各类法律咨询服务近200多项，接受各界各类法律咨询181起，担任22家单位的法律顾问，在汽车展、婚纱展等重大展会上提供驻会法律服务。组织境内企业培训3次，受训人数达180余人。中国贸促会上海调解中心规范办案流程和管理机制，调解涉外经贸纠纷案件5起，涉案总值1000万元。

2013年，市贸促会积极应对外贸、外需不振带来的挑战，化解商检等政府部门减免签证费给该会出证认证业务带来的冲击，着力推进国际商事证明书、领事认证业务的拓展工作，加强优惠原产地业务和ATA业务的宣传推广工作。共签发原产地证书134000份，出具国际商事证明书33000份，出具ATA单证册1196份，录入进口ATA单证册4000多份，代办出口贸易文件使、领馆认证27868份；新增加申请原产地证注册单位660家；对850位业务人员进行了出证认证业务培训。

四、围绕"服务政府、服务企业、服务基层"的总体要求，积极做好会员企业服务工作

2013年，市贸促会（国际商会）在加强对会员企业信息分类梳理的基础上，落实企业联系人制度，主动走访了解企业经营现状，听取会员企业对上海国际商会工作的意见和建议，针对企业提出的需求，尽所能协助解决。同时，从多样性、连续性、专业性等方面丰富会员活动内容，提升会员活动层次和水平。力争做到每月有沙龙活动，每季度有培训讲座，贴近企业实际需求开展各类有针对性的促进经贸服务活动。先后举办"外经贸促进政策暨中小企业国际市场开拓资金实际操作讲解"、"中小企业创新投融资产品"、"中小企业授信及自贸区内金融服务"等专题沙龙活动10场，会员企业有530人次出席。

（上海市贸促会）

守住管好“天下粮仓” 确保上海粮食安全

2013年,全市粮食系统广大干部职工按照“守住管好‘天下粮仓’,做好‘广积粮、积好粮、好积粮’三篇文章”的总要求,以“抓粮源、保供应、稳粮价”为中心,加强调控,强化监管,全力确保上海粮食安全,各项重点工作取得新的成效。

一、有效组织粮源,夯实粮食安全保障基础

(一) 深化粮源基地建设和发展

2013年,市粮食局进一步加大产销合作力度,做强做优粮源基地合作企业,提高企业掌控粮源和经营运作能力。良友集团、光明米业等企业建设的8个粮源基地,充分发挥作用,年调运粮食约45万吨,其中虎林基地调运27.6万吨。同时,积极督促有关粮食企业落实购销协议,协调调运东北粮食12.63万吨,有效保障了上海粮食供给。

(二) 抓好本地粮源收购

2013年,上海收购工作难度较大,特别是秋粮收购期间,多元主体入市收购意愿不强,粮源集中流向国有粮食企业。为防止出现农民卖粮难,国有粮食企业克服困难,做到价格不降、应收尽收,充分发挥市场主导作用,维护收购市场稳定,保护了种粮农民利益。据统计,全市国有粮食企业共收购粮食31.34万吨,比上年增加4%。

2013年4月3日,国家粮食局副局长徐鸣(左一)
视察世纪联华虹口店粮食应急保障供应情况,市粮食局副局长夏伯锦(左二)陪同

二、加强宏观调控，确保粮食市场基本稳定

（一）提升储备运行效能

进一步完善储备轮换机制，启动实施《上海市市级储备粮轮换实施细则》，在储备粮轮出竞价销售的基础上，首次推行轮入竞价采购，市场机制作用更加显现。据统计，竞价销售的市级储备粮占轮出计划80.5%，竞价采购数量占轮入计划16.6%，储备库存保持动态平衡、常储常新，较好发挥了调节供应和稳定粮价的作用。有关区县切实加强区（县）级储备粮管理，积极开展竞价销售，为保障地区粮食稳定供应发挥了积极作用。

（二）提高保供稳价能力

通过指导经营企业组织粮油货源，安排好市场投放，加强粮油市场监测预警，深化流通统计和数据分析，搞好全市粮油供需平衡调查，完善新形势下粮食应急保障体系，落实帮困粮油供应，推进“副补”一门式发放，确保了全市粮油市场货源充裕，供应稳定，价格平稳。同时，优化军供粮源统筹和质量管理，保障了驻沪部队粮食需求。

三、启动“粮安工程”，提升粮食收储和供应保障能力

（一）编制建设规划初步框架

根据国家粮食局部署，市粮食局研究编制了初步的《上海“粮安工程”建设规划框架（2013—2020）》。重点规划建设粮源保障、市场流通、政策调控、仓储设施、质量安全和节粮减损等“六大体系”，为打造上海“粮安工程”奠定基础。

（二）重点项目取得阶段性成果

根据先行启动实施有关项目的安排，重点推进良友新港物流基地内外配套建设，并结合物流园区功能运行，规划建成了上海粮食中心批发市场，并经国家粮食局审定成为重点联系粮食批发市场。在市、区财力支持下，良友新港新建16万吨筒仓主体结构已经完成，郛桥粮库改建散粮仓已完成2/3进度；金山区粮食储备库项目完成一期工程，二期也已开工建设；松江区横山粮库迁建项目基本完成。加强粮食质量卫生检验监测能力建设，协调落实地方配套资金，结合中央投资，推进设施改造和检测仪器更新升级，拓展了

2013年11月28日，市商务委副主任、市粮食局局长盖国平（右二）赴良友集团调研粮食流通基础设施建设情况

卫生指标检测范围,提升了检验监测能力。

四、加强科技创新,提高粮食流通现代化水平

(一) 积极推进粮食科技发展

鼓励粮食科研机构和粮食企业围绕产业发展需求,积极开展创新研究和技术服务。有关粮食企业加强低温和气调储粮技术应用,松江区在新建粮库中推广应用充氮保管技术,绿色储粮水平进一步提高。深入开展爱粮节粮反对浪费的活动,积极推广应用新技术、新工艺,推进爱粮节粮宣传教育基地建设,促进了粮食减损降耗。

(二) 深入推进粮食信息化建设和应用

完善"上海粮食网"、"长三角粮食网"建设,较好发挥了粮食政务信息平台和区域粮食信息交流平台作用。投入使用"副补"业务管理信息系统,提高了"副补"发放效率和管理水平;升级改造并运行粮食批发(零售)市场监测预警预报子系统,提高了监测预警能力;推进地方储备粮管理、原粮(储备粮)质量监测、粮食流通数据分析子系统建设,为服务粮食宏观调控和流通管理提供技术支撑。

五、推进依法管粮,维护粮食流通正常秩序

(一) 强化监督检查和质量监管

市粮食局组织开展了一年一度的粮油库存检查,市、区县粮食部门和有关单位按时完成企业自查、区县普查和市级复查。经查,上海粮油库存数量真实,账实相符,储存安全,质量良好。还加强上海收购粮食、政策性用粮和加工企业原粮质量卫生的监督检查,按季度开展上海流通领域粮食质量卫生调查,全年抽检各类粮油样品,总体状况良好。

(二) 严抓行业安全生产管理

按照国务院、市政府和国家粮食局有关部署和要求,市粮食局组织开展上海粮食行业"百日"安全生产大检查,并深化"打非治违"专项行动,全面排查、整治安全生产隐患437件,明确企业主体责任,督促整改落实。注重完善安全生产应急预案,加强应急值守,促进粮食生产安全。

六、加快管理创新,促进粮食行政管理简政增效

(一) 深化粮食法制建设

根据国家有关部门的要求,加强对上海完善和落实粮食安全省长负责制的前期调研,探索研究有关具体措施、建议。组织开展上海贯彻落实粮食行业"十二五"规划纲要中期评估。深入推进上海粮食普法依法治理,认真开展粮食依法行政示范创建工作,加强粮食行政执法培训,深化粮食法制宣传教育,组织《粮食流通管理条例》周年宣传、食品安全宣传、粮食安全"六进"等活动,提高了粮食法制水平。

(二) 深入开展职能转变和行政审批制度改革调研

面向全市粮食系统广泛征求转变职能意见,集中梳理"三定"主要职责履行情况,查找履职难点以及与其他部门职责交叉情况,明确职责"强化、弱化、转化"事项,并开展深化行政审批制度改革专题调研,研究制定部门简政放权和批后监管工作方案,促进减政增效。

一年来,上海粮食系统认真贯彻中央八项规定和廉政准则等各项规定,在党风廉政建设、人才和干部队伍建设等方面都取得了新的成绩。市粮食局还深入开展了党的群众路线教育实践活动,聚焦"四风",整改提高,为粮食流通工作提供了坚强保障。

(上海市粮食局)

服务商务事业发展　教育培训在务实中前行

2013年,是全面贯彻党的十八大精神、不断深化改革的一年,也是扎实开展群众路线教育实践活动、切实转变作风的一年。对于培训中心而言,是党委领导班子和主要领导调整更替后继往开来的起步之年,也是新的党委领导班子努力突破瓶颈谋求创新转型的开局之年。培训中心党委认真学习领会中央和上海市有关精神,按照市商务委党组部署要求,紧紧围绕服务商务事业发展,认真履行教育培训各项职能。在传统外经贸培训业务萎缩、商业人才培训项目减少、商务官员援外培训政策变化、与商学院合作学历教育规模下降等不利情况下,以深入开展党的群众路线教育实践活动为契机,着力抓好各项培训业务,较好地履行了上级赋予的主要职能。

一、着眼国家政治经济外交大局,在周密实施中增强援外培训效果

作为被商务部认定的4个国际商务官员研修基地之一,在2013年国家援外培训预算经费采取项目预算和计划人数"双控制"的情况下,培训中心党委着眼国家政治经济外交大局思考筹划,科学设计方案,加强服务管理,控制经费支出,严密组织实施,不断提高援外培训质量。全年,共承办9期国际商务官员研修班,其中多边班6期、双边班3期(按照语种分类,英语班5期、阿拉伯语班2

2013年缅甸铁路工程技术和运营管理研修班在沪举行开班仪式

期、葡萄牙语班2期),参训学员共157人,来自亚洲、非洲等50个国家和地区,主要集中在亚洲和非洲。培训内容涉及城市规划与建设、路网建设规划与城市交通、铁路技术与运营管理、金融开放与金融风险控制等,圆满完成商务部下达的培训任务,获商务部援外司、商务部研修学院和各国参训学员的肯定。

二、着眼服务上海商务事业发展,在主动作为中拓宽商务培训渠道

作为市商务委的直属事业单位,如何积极发挥委属培训机构作用,着眼服务上海商务事业发展,组织开展各类社会急需的培训,是中心党委考虑和推进的重点工作之一。一年来,培训中心在维护传统内外贸培训项目的同时,重视与委有关处室的沟通对接,加强与各行业协会的联系,坚持主动作为、拓宽培训渠道,在围绕市商务委中心工作开展培训、服务商务事业发展上迈出可喜的一步。

(一) 对接重点工作,服务商务事业发展

发挥自身特色,围绕上海国际贸易中心建设、上海自贸区建设献力。承办了委人事处《市商务委系统新进公务员培训班》、委贸易发展处《出口企业加强质量控制》、委公平贸易处《反垄断培训》、《会展业企业商标注册培训》,与委公平贸易处合办《中国(上海)自由贸易区政策实施及对进出口公平贸易影响》培训班等,围绕着上海商务委员会工作职能、上海商务事业的发展积极发挥作用。

(二) 挖掘培训资源,服务行业领域发展

充分利用自身行业背景和教育培训特色,加强传统培训项目建设,积极"走出去",在培训空间的拓展上下功夫。2013年,在继续开展空运危险品、商务师、外贸单证、外销员、报关班、FIATA、实用英语、会计继续教育等培训项目的基础上,为进出口商会举办的企业培训班提供方便。经过多年争取,与上海出入境检验检疫协会合作进行全国报检员资格考试。2013年,各类培训班共培训4116人次。

上海市营业员、电子收银员等各类岗位培训项目是经原上海市商业委员会核准的岗位资格培训项目,目前采用的是通过签订培训项目合作协议书的形式授权其他单位进行培训,由培训中心统一管理,提供或指定统一的教材、试卷,颁发资格证书。2013年,培训中心授权24家单位开展培训项目,共培训营业员、电子收银员、区酒类零售、市酒类批发人员等各类上岗人数23399人次。

(三) 确保及时高效,做好各类考试工作

组织完成2013年度商务系列、货代、外贸业务员、国际商务单证员考试的报名和现场确认等共1050人次,以及考试1464人次。组织各类紧缺人才证书考试共计15场、467人次。完成2013年全国FIATA考试报名等工作,共考试3场次、15人次。完成会计继续教育1734人次。发放商务系列、货代、紧缺人才等合格证书1225本,完成商务系列、货代继续教育800人次。

三、着眼培养商务领域专业人才,在精心施教中提高学历教育质量

培训中心与上海商学院合作开展高职学历教育,已经有10多年历史。现有物流(货代)、报关、商务英语、外贸单证等四个专业的全日制大专学历教育。近几年,学生规模数量逐年下降,中心面临着投入和产出、收益和风险等现实压力。2013年上半年高职在校生693人,7月份毕业346人,9月份新入学193人,现有在校生533人(个别学生退学、当兵)。在合作模式没有调整变更的情况下,中心坚持从为社会培养商务领域专业人才的高度抓好学历教育,继续投入大量人力、物力和财力,严格规范管理,精心组织施教,提高教学质量。院区学生在2013年上海市单证竞赛中获团体一等奖1个、二等奖3个的好成绩。2013年上海市计算机一级考证的通过率达到95%。学生就业势头良好,院区应届毕业生就业签约率87.86%,同比

增长 13.8%；就业率 96.24%，同比增长 2.6%。

经批准成立的上海开放大学外经贸分校，现有国际商务（外贸单证方向）、艺术设计（摄影方向）两个专业的大专学历教育。目前，电大分校共有6个在校班，在校生不足100人。下一步，培训中心将根据单位发展规划，出台新的工作办法，开展商学院国权路院区高职学生接读开大专升本工作，探索培训+学历教育的招生新模式。

上海市商务教育培训中心
（上海市商业人才开发服务中心）

强化监管　推进立法
稳步推进上海酒类市场安全、可靠、有序建设

2013 年，上海市酒类专卖管理局（简称：市酒局）认真开展党的群众路线教育实践活动，以服务民生为宗旨，以创新管理模式为目标，依法行政，围绕深化行政审批改革、强化酒类市场监管、推进立法修订等工作，稳步推进酒类市场的安全、可靠、有序建设。

一、完善酒类管理长效机制，提升酒类市场监管效能

（一）进一步巩固酒类流通市场常态检查

市酒局联合区（县）酒局坚持开展专项整治和日常检查工作，对全市卖场、超市、餐饮、交易市场、夜总会、烟杂店等酒类经销企业进行检查走访，查获各类假冒伪劣产品、无证经营、无随附单等案件，接待受理消费者投诉举报案件，投诉举报完结率 100%。

（二）探索运用新的酒类流通市场检查模式

市酒局组织协调各区（县）酒局开展“飞行检查”，即由市酒局指定受检企业，在事先不通知受检企业的情况下进行突击检查。“飞行检查”对上海酒类市场违规企业起到了一定的震慑作用。

（三）逐步推进名优酒空瓶回收长效管理

通过逐家检查、走访，督促连锁餐饮与知名企业做好名优酒空瓶回收管理工作，使餐饮企业名优酒空瓶回收销毁制度落到实处，进一步降低制售假冒酒类商品发生率，促进餐饮企业酒类经营管理良性发展和安全运行。

（四）继续加强商超便利店的管理工作

为了切实维护消费者的合法权益，进一步规范全市酒类经营单位的经营行为，市酒局强化商超便利店走访工作，并对商超加盟店开展专项整治工作，查获数家知名商品超市销售假冒酒行为并进行行政处罚，此次专项检查对强化酒类商品安全监管起到了推动作用。

（五）有效发挥与兄弟部门协同监管的能力

市酒局加强与交警部门、区（县）酒局对进沪道口的联合执法检查，并将铁路、航空、港口等渠道也纳入监管范畴。市酒局领导亲自带队对多个进沪道口进行调研，对道口管理工作进行认真的研讨和分析，有针对性地进行周密安排和部署。同时，为进一步打击和防范酒类商品流通领域侵犯知识产权违法犯罪活动，市酒局于 2013 年 6 月就信息共享、执法协作、会商交流、培训宣传、联络机制、保密规定等工作与上海市公安局经济犯罪侦查总队签订《打防涉假酒类犯罪合作协议》。此外，市酒局会同公安、工商等有关执法部门联合执法。

（六）加大内部信息化建设，提升信息化管理水平

市酒局初步完成上海市酒类商品流通市场监管信息服务平台系统的建设，并于 11 月 19 日投入试运行。该平台的建立不仅完善了市、区两级、企业、公众的信息服务和管理功能。更重要是提高了政务信息透明度、公众信息畅通度，提高了办事的质量和效率，提高了各级部门间的业务协同能力。使市酒局政府职能角色从监管型逐步向服务型转变。

二、完善酒类质量管控体系，保障酒类商品安全

（一）做好酒类流通商品质量监测

市酒局根据本市酒类商品流通市场消费特点，科学合理地制定年度、月度抽样计划。明确市酒局以连锁超市、卖场为主，区（县）酒局以农贸市场、批发企业为主。结合大型电商的经营情况，对市场关注度高的热点商品、投诉举报的商品、民众知晓度低的商品作为重点抽检对象。

（二）做好酒类商品信息的采集工作

市酒局联合区（县）酒局根据各大连锁超市、卖场信息联络员提供的酒类商品信息，现场回访核实，进行电子录入和统计，并对相关酒类经销商信息进行梳理，为促进酒类流通领域追溯系统建设提供支持。

（三）建立酒类商品质量安全突发事件应急预案

为积极有效地应对可能发生的酒类商品质量安全突发事件，迅速、有序、高效地组织应急处置工作，最大限度减少事故给消费者身体健康和生命安全带来的危害，市酒局建立了相应的应急预案。预案明确应急事件发生时应采取的有效措施、执法手段，落实部门责任人制度，并与具有法定资质的酒类检测部门建立联络机制。同时，为及时防控抽检结果为不合格的商品有可能带来的负面影响，根据《条例》与《办法》的规定，市酒局与各区（县）酒局初步达成后处理工作的指导意见，根据理化指标、卫生指标不合格程度给出相应的处理意见。

三、深化行政审批制度改革，加强全过程监管力度

（一）推进行政审批标准化制度

根据市审改办的工作要求，在开展行政审

市酒类专卖管理局局长邓福顺（右）、副局长居新平等前往欧尚超市中原店，就酒类商品追溯渠道拓展及食品追溯相关落实情况进行调研

批工作标准化建设中,结合行政许可的实际,基本完成了《行政审批业务手册》和《行政审批办事指南》的编制工作。为2014年全市许可证延续工作提供了统一、规范的工作流程。

(二) 加强全过程监管力度

在行政审批工作重心从事前审批转移至事后监管的趋势下,市酒局继续以信息系统建设为依托,开发以《全过程管理办法》核心制度为依据的BS信息系统监管模块,设置许可受理、监督检查、信息收集、结果反馈等功能,实现了市、区(县)酒局监管信息互通。

(三) 推进酒类溯源体系建设

为落实酒类商品追溯系统建设工作,由上海市商务委员会、上海市出入境检验检疫局、上海市综合保税区管理委员会三方签订合作协议,由市酒局积极推进酒类追溯系统建设,采用现代信息技术,共同建设整合贸易、物流管理信息,建立"来源可查、去向可追、责任可究"的进口酒类管理系统,以进一步推进上海酒类行业的信息化和标准化建设工作,达到遏制假冒伪劣酒类商品流通,保障消费者安全之目的。

四、加强酒类专业队伍建设,提升酒类执法人员素质

(一) 组织系统内部执法人员的业务培训

5－7月,市酒局对全市酒类系统的执法人员进行了10余次酒类商品真假鉴别知识培训。通过培训、指导,提高了酒类执法人员的业务能力。同时,为进一步提高全市酒类专卖系统突发事件的应对能力,市酒局于6月组织开展应急处置案例演练。各区(县)酒局执法人员积极参与,认真演练,取得了较好的成绩。

(二) 组织横向部门执法人员的业务培训

为进一步加强道口监管工作及提高交警对酒类商品真假的鉴别技能,市酒局于5－9月期间分别在金山区和嘉定区开展3次道口管理工作研讨会,并分别对金山区、松江区道口的交警及安保人员进行了酒类真假知识培训。

五、积极推进酒类立法工作,完善酒类法律保障机制

为贯彻执行《上海市行政审批告知承诺办法》,进一步做好简政放权工作,优化酒类商品批发、零售许可证的管理,最大程度解决目前酒类行政审批中遇到的一系列问题,市酒局与上海行政法制研究所合作开展"上海市酒类专卖行政审批和监督检查规范"课题研究,形成《上海市酒类商品经营许可告知承诺办法》。市酒局多次组织各部门相关人员、区(县)酒局以及有关酒类经营企业对草案进行讨论,为该规范性文件的最终出台和实施做好基础工作。

(上海市酒类专卖管理局)

上海钻石市场实现恢复性增长

2013 年，随着我国国内钻石消费市场逐步回暖、企业库存减少以及深圳等地海关加大打击走私的力度，通过上海钻石交易所进口成品钻开始回升。全年通过上海钻交所一般贸易进口成品钻石 17.05 亿美元，较上年增长 7.8%，海关代征进口环节增值税 4.20 亿元，较上年增长 4.4%。

2013 年上海钻交所钻石进出口及交易金额为 43.27 亿美元，较上年增长 11.9%，好于年初的预期，实现了恢复性增长。

2013 年上海钻石市场有以下几大亮点：

一、上海钻石交易所会员数量继续增长

上海钻石交易联合管理办公室 2013 年批准新设外商投资钻石进出口企业 9 家，变更 37 家，累计发展钻交所外资会员企业 238 家，具备钻石进出口经营权并正常开展经营活动的外资钻石进出口企业增至 141 家。截至 2013 年底，上海钻交所原始会员和新发展会员企业累计 364 家，承担了全国几万家钻石饰品零售门店销售钻石的进口任务，满足了国内市场多样化的需求，也成为国家对进口成品钻石税收应收尽收的有力保证。

自 2000 年 10 月上海钻交所成立至 2013 年底，上海钻交所累计实现钻石交易金额总计 215.71 亿美元，累计上缴进口环节增值税 28.36 亿元。

2013 年 10 月 30 日，上海钻石交易联合管理办公室副主任李牧、上海钻石交易所副总裁袁文瑶会见俄罗斯钻石交易所主席、World Diamond Mark 品牌主席 Alex Popov

二、加快特殊监管围网建设

上海海关驻钻交所办事处加快电子围网建设进程，积极推进钻交所海关特殊监管区域信息管理系统覆盖运行，以信息化手段缩短审批时间、优先受理盘库。2013年新增上线会员企业19家，累计上线会员企业达到88家。随着信息管理系统新功能模块投入运行，实现海关对钻交所会员企业库存总量监控，有力提升了海关监管效能，有效应对报关单数量大幅上升的局面。2013年通过上海钻交所海关一般贸易进口毛钻金额增长近9倍，钻交所会员间钻石保税交易1.5亿美元，比上年增长27.1%。

上海检验检疫局驻钻交所办事处严格执行金伯利进程证书制度，防止包括布鲁塞尔机场被窃钻石在内的非正规毛钻通过上海口岸流入中国。2013年全年受理毛钻进出口报检233批，货物金额7911万美元。

三、中国钻石交易中心越来越受到世界关注

中国国内钻石消费市场持续增长，位于浦东陆家嘴地区的中国钻石交易中心作为中国大陆唯一合法的一般贸易钻石进出口平台受到全世界的关注。10月28日，金伯利进程主席威利尔·恩拉珀大使在国家质检总局国际司、通关司、中国金伯利秘书处、上海检验检疫局有关领导陪同下访问中国钻石交易中心；10月30日，俄罗斯钻石交易所主席、World Diamond Mark品牌主席Alex Popov来访中国钻石交易中心。上海钻石办主持工作的副主任李牧接待来访的钻石界贵宾，介绍了中国钻石行业发展近况。

四、国际钻石巨头首次在上海钻交所进行毛钻投标会

为扭转上海钻交所交易品种单一的局面，上海钻交所与包括津巴布韦、南非、俄罗斯、加拿大在内的毛坯钻石供应国进行接触，鼓励国内有实力的企业参与毛钻开采。2012年12月首批中资企业在津巴布韦钻石矿开采的毛钻进入上海钻交所。

2013年5月，在商务部大力支持下，上海钻交所与世界毛钻供应量第一的俄罗斯阿尔洛萨股份公司签署有关毛钻供应的战略合作协议。2013年7月，阿尔洛萨股份公司在上海钻交所内举办了首场针对钻交所会员的钻石投标会，实现零的突破。

五、钻石文化继续得到普及

在前两年成功举办两届上海钻石文化节和大学生设计创意大赛的基础上，2013年上海钻石文化节和2013中国上海钻石首饰创意设计大赛（学生组）的活动根据八项规定要求，尽可能简化形式注重实效。钻石文化节和大学生创意设计大赛取消了开闭幕式和酒会。12月9日，设计创意大赛颁奖活动场地从原来的五星级宾馆转移到南外滩老码头改造的建筑内进行。市商务委、中国宝玉石行业协会、中国青少年发展服务中心、全国青年创业指导办公室、上海人才服务行业协会等支持方领导出席典礼。设计创意大赛参加范围从上海市扩大到全国范围，共有来自上海、北京、广州、深圳、南京、武汉等地16所院校200多名大学生参赛，最终从近300幅作品中选出28名学生的30幅作品入围，作品总体水平明显提高。

（上海钻石交易联合管理办公室）

创新思路、转型发展　促进上海电子商务发展

上海市电子商务促进中心(联合国贸易网络上海中心)(以下简称“中心”)是经上海市人民政府批准,在原上海对外经济贸易计算中心、联合国贸易网络上海中心基础上组建而成立的上海市人民政府商务委员会直属事业单位。

2013 年,中心继续以促进电子商务发展为主线,以信息服务和技术服务为主要业务内容,进一步加快职能转变和创新工作思路,聚焦年初制定的各项重点工作,确保了全年各项目标任务扎实推进和圆满完成。

一、抓重点平台建设

(一) 中国(上海)国际贸易中心平台改版完成

为了更好地满足用户对经贸信息的需求,2013 年基于平台一期公共信息服务的建设工作,对中国(上海)国际贸易中心平台做了全面的改版和完善。根据平台各频道的内容重点,以及信息获取、搜集的不同渠道,对平台各级栏目做了全面梳理、细化工作。整个平台的栏目数由最初的 30 个,增加到 153 个;对相关数据信息进一步补充,拓宽信息面,拓宽信息来源渠道,同时,增强与第三方的信息合作,加大、加深信息合作交流,提升了平台信息的权威性和全面性。

(二) 新版上海外国投资促进平台圆满上线

作为上海市外资工作网上办事的主要渠道,上海市外国投资促进平台(以下简称“投

上海电子商务促进中心参加在日内瓦举行的“世界贸易网点联盟第十四届年会”

促平台”）引领、推动着上海招商引资的发展。2013年，为了顺应上海外商投资领域的最新发展，配合上海“引进来，走出去”的发展需要，中心完成了投促平台新版上线工作。新版的投促平台栏目覆盖面更广、浏览操作也更便捷。

（三）世界贸易网点联盟门户、电子商务服务平台稳定运营

为了加强与世界贸易网点联盟的的沟通合作，中心专门成立国际联络部处理联盟相关事务。WTPF门户网站及其子网站Global Market（全球市场）保持稳定运营，为全球87个国家107个网点及中小企业提供贸易交易服务。除了平台的日常运营，为配合“京交会”分销板块，2013年上半年还完成“贸易网点服务贸易信息交流与协作平台”的技术开发。

（四）其他重点平台

为了进一步推进电子商务的发展，2013年完成和开发建设一系列重点平台：在市商务委指导下，和相关处室共同完成了上海市会展业信息公共服务平台、商务信息公开综合服务平台；开发建设上海市电子商务促进平台；新建了上海市废旧物资回收利用管理平台、上海钻石企业信息管理平台等。

二、努力完成全市重点工作

（一）全市电子商务统计工作跃上新台阶

2013年是中心承担全市电子商务统计工作的第二年，在《上海电子商务统计报表制度》（2012年－2013年统计报表）的基础上，中心配合市商务委会同市统计局等部门修订完成了《上海电子商务统计报表制度（2013－2015年）》。根据新修订的《上海电子商务统计报表制度》的报表要求，对原有的网上系统功能作进一步完善调整。

同时，积极寻找电商企业信息源，不断增加统计企业；与各区县合作对电子商务企业进行统计工作培训，和嘉定、宝山、虹口、普陀等区商务委联合举办了电子商务统计学习班。截至年底抽样企业已达513家，较上年318家抽样企业增长61.3%。

2013年，中心按时完成月报、季报统计，并撰写了《2012年上海市电子商务行业分析报告》、《上半年上海市电子商务发展情况》、《前三季度上海电子商务运行情况报告》等电子商务统计报告，上报商务部、上海市商务委等部门。

2013年，在市商务委支持下，中心聘请行业内专家共同编写出版了《2012上海市电子商务发展报告》。

（二）上海市政府公共信息资源公开工作进入常态化运行

作为一个加快整合内部资源，实现政府服务水平提升的契机，“政府信息资源向公众开放试点工作”得到了市商务委领导的高度重视。中心配合市商务委完成主要信息系统资源目录编写工作是2013年该项工作的重点内容，为了保证编目工作按市府相关部门制定的时间节点顺利完成，在年初就根据实际工作量及完成难易程度制定编目工作推进计划，并严格按照计划时间节点开展有关工作。至2013年底，按照市委、市经信委布置的时间节点、工作要求，顺利完成对商务委及下属单位17个信息系统资源目录编写，编写目录表328个，涉及资源条目近3000条。所有编目信息全部通过商务委相关处室和事业单位的审核并上报市级平台。

三、坚持服务企业、服务社会、服务政府

2013年中心坚持服务企业、服务社会、服务政府，努力转型、创新活力，在充分利用信息服务和技术服务优势的前提下，为社会、企业、政府提供各项服务。如企业ERP系统，企事业单位门户网站开发、迁移，数据维护等。

同时，编辑出版《电子商务动态》、《投资促进平台快讯》、《经贸决策参考》等各类内部刊物，为相关政府部门及企事业单位提供

及时、有效的信息服务。

四、积极组织、参加各项重大活动

2013 年，中心积极举办参加各类活动。围绕电商发展和人才培养的主题，举办 2013 上海电子商务企业经理人论坛；常年开展电子商务企业家俱乐部活动；联合承办 2013 上海市大学生网络商务创新应用大赛、第 2 届上海大学生电子商务大赛、第 6 届全国大学生“三创”赛上海赛区总决赛，推动与促进电商人才快速成长；推进电子商务新技术的应用，参加 2013 国际减灾展，组织新技术“声维码”实施应用；加强与世界贸易联盟的合作，参加第 2 届中国（北京）服务贸易交易会分销板块国际合作（WTPF）专题；参加第十四届世界贸易网点联盟年会，负责联盟网站宣传和培训；承办虹桥贸易论坛，负责大会现场服务工作。

五、开展电子商务与国际贸易相关课题研究工作

中心根据上海“四个中心”建设的规划、上海自贸区建设的目标以及上海市商务委的工作要求，以国际贸易便利化、供应链、电子商务的发展等内容为主线，积极开展重点课题的研究，以国际贸易、电子商务的发展等内容为主线，完成了中国国际贸易便利化和标准化的现状与发展趋势研究、跨境电子商务的推动与促进研究、内外贸供应链中的电子商务的促进研究等课题。

六、努力加强与第三方的合作，共同推进电子商务发展

2013 年，中心充分挖掘内部和社会资源，着力与第三方合作，有效地推动了中心电子商务工作多层次、多方位的展开。

中心充分利用现有资源，建立上海市电子商务合作区，引进第三方，共同推进电子商务的发展。相继建立了上海理工大学国际贸易（上海市专业学位）研究生实践基地、上海市电子商务培训服务中心、WTPF 全球技术支持中心等。中心与上海市测绘院合作共同打造以立体地图为基础的国际贸易中心平台二期地理信息合作；与上海网程通讯有限公司合作建设网上会展平台；与美国 ZULU 公

上海电子商务促进中心在“第五届上海国际减灾与安全博览会”上推进“声维码”新技术的实施应用

司合作开发应用最新高科技技术成果的声维码技术应用；与上海商业咨询服务中心合作“上海市商业网点”信息库等。

为了深化产学研合作机制，中心与上海理工大学合作设立“上海理工大学国际商务联合国贸易网络中心实践基地”，共同为研究生提供大型外贸电子商务平台的技术研发等科研或工程项目实习。

为推进上海电子商务产业发展助一臂之力，中心与上海艾克斯网络传播有限公司（淘宝大学）合作，推广网商职业经理人培训课程。中心辖下的培训中心2013年度培训电商企业200多家，合计培训电商从业人员500多人次。全年开发并实施了10门精品课程的培训，为电子商务企业的运营负责人与高管提供全面、系统的知识体系和与时俱进的课程内容，快速提升企业电商运营操盘人员的电子商务实战技能。

在市商务委与青浦区签署的合作协议的框架下，共同建设中国（上海）国际贸易中心平台西虹桥功能区。

上海市电子商务促进中心
（联合国贸易网络上海中心）

发展规模稳步增长 发展态势健康有序

——上海市会展行业巡礼

2013 年,在党的"十八大"精神指引下,上海的会展业发展规模稳步增长,发展态势健康有序。年内,受到国内外经济环境影响,上海市展览业展览项目数量有所减少,规模增速有所放缓,但是展览总展出规模仍保持全国会展城市之首,国际展览会的国际化、专业化、市场化、品牌化特征继续凸显。

随着中国博览会会展综合体的建设,以及其他几个场馆的改扩建,展览业"硬件"日臻完善,展览市场格局面临巨大变化;同时,《展览业管理办法(修订)》已经进入反复征求意见阶段,展览业公共服务平台,管理、鼓励政策等都在紧锣密鼓地论证过程中,上海城市会展环境将日趋优化,为到 2015 年上海基本建成国际会展中心城市的目标奠定了扎实的基础。

一、会展规模不断增长

(一)展会规模年增长 8.3%

2013 年在上海举办的展览会项目数量为 798 个,比上年减少 8 个;展出总面积 1200.8 万平方米,比上年增长 8.3%。其中:

1. 举办国际展览会项目 247 个,比上年减少 14 个;展出面积 874.5 万平方米,比上年增长 7.57%;国际展览会平均单项面积达到 3.54 万平方米。

2. 举办国内展览会项目 551 个,比上年增加 6 个;展出面积 326.3 万平方米,比上年增长 10.10%;国内展览会平均单项面积为 0.59 万平方米。根据"十二五"会展业发展规划,到 2015 年上海展览会总规模达到 1500 万平方米计算,"十二五"末后两年,即 2014、2015 年,上海的展览规模每年递增速度必须达到 12% 以上。

2013 年上海展览会举办情况表

类别		2012 年	2013 年	比上年(±%)
展览会项目数(个)		806	798	-1.1
展出面积(万平方米)		1109.3	1200.8	8.3
其中	国际展数量(个)	261	247	-5.8
	国际展展出面积(万平方米)	812.9	874.5	7.8
	国内展数量(个)	545	551	1.1
	国内展展出面积(万平方米)	296.4	326.3	10.1

3. 博华、国展等 23 家会展企业年办展面积在 10 万平方米以上。

2013 年在上海举办展览会总规模超过 10 万平方米的主办单位排名表

企业名称	项目数量(个)	室内规模(万平方米)
合 计	77	529.8
上海博华国际展览有限公司	4	66.5
上海市国际展览有限公司	8	53.9
上海现代国际展览有限公司	10	42.7
法兰克福展览(上海)有限公司	6	42.2
中国国际贸易促进委员会纺织行业分会	3	38.0
上海万耀企龙展览有限公司	9	34.0
汉诺威米兰展览(上海)有限公司	3	24.7
上海环球展览有限公司	1	21.7
上海国际展览中心有限公司	5	19.0
上海博万会展有限公司	4	16.8
亿百媒会展(上海)有限公司	3	16.7
上海外经贸商务展览有限公司	6	16.2
中国五金制品协会	1	14.1
上海纺织技术服务展览中心	2	14.1
上海世博(集团)有限公司	1	13.8
上海科学技术开发交流中心	1	13.8
华汉国际会议展览(上海)有限公司	3	13.6
慕尼黑展览(上海)有限公司	2	13.0
上海协升展览有限公司	1	11.5
上海百文会展有限公司	1	11.5
励展华百展览(北京)有限公司	1	11.5
亚太区皮革展有限公司	1	10.4
中国缝制机械协会	1	10.4

(二) 展会继续向规模化发展

通过对 2013 年举办的 247 个国际展览会项目分析,展览会项目继续向规模化发展。如:3 万平方米以上的展会项目达到 85 个,比上年增加 8 个,增长 10.4%;展出总面积 684 万平方米,比上年增长 13.3%。其中 3—5 万平方米的 35 个,比上年增加 5 个;5—10 万平方米的 26 个,与上年持平;10—20 万平方米的 17 个,比上年增加 3 个;20 万平方米以上的 7 个,与上年持平。

2013 年上海 3 万平方米以上展览会项目情况分析表

规模(平方米)	项目数量(个)			项目规模(万平方米)		
	2012 年	2013 年	比上年(±%)	2012 年	2013 年	比上年(±%)
合　计	77	85	10.4	603.4	683.8	13.3
20 万以上(含)	7	7	—	140	140	—
10(含)—20 万	14	17	21.4	169.4	213.9	26.3
5(含)—10 万	26	26	—	177.9	193.5	8.8
3(含)—5 万	30	35	16.7	116.1	136.3	17.4

(三) 国际展会的国际化、市场化、专业化、品牌化特征凸显

1. 2013 年上海国际展览会境外参展面积占比为 26%,国际化程度比 2012 年提升 0.7 个百分点。

2. 2013 年国际展览会项目市场化运作率达到 97%,比 2012 年提高 1 个百分点。

3. 2013 年上海国际展览会项目的专业化程度达到 92%,比 2012 年提升 2 个百分点。

4. 品牌展、优秀展经复评确认项目 53 个,年展出总面积达 340 万平方米,占国际展览会总规模的 40%左右。

(四) 本土企业办展能力进一步增强

2013 年上海共举办 1 万平方米以上展览会项目 218 个,总展出面积 917 万平方米。其中在本土注册的会展企业办展 155 个,占比 71.1%;办展面积 631.6 万平方米,占比 68.9%,比上年增长 2.46 个百分点。由此可见,本土企业办展能力较上年进一步提升。

二、企业服务质量不断提升

(一) 自主办展企业的项目主题演绎和活动内容不断深化

百文会展公司的国际美容展年年创新,其开幕式与客户联谊活动相结合,整个活动就像一个奥斯卡颁奖盛典;协升公司的国际自行车展连续多年对展台进行评定,提升展会质量,增强了企业参展信心;海事学会举办的海事展,通过展商与专业观众有效配对服务,展览场面热烈,成果显著,提高了参展企业参展的积极性。其它如国际展览公司的汽车展,博华展览公司的家具展,现代国际展览公司的广印展,法兰克福展览公司的汽配展,环球展览公司的建筑展、东浩集团的中国国际工业博览会等,在主题演绎、活动创意等方面都有新的创意和提升。

博华、国展、现代国际、法兰克福、贸促会纺织分会、万耀企龙、汉诺威、环球等 8 家公司的总展出项目的总面积占全市国际展览会总规模的三分之一以上。

(二) 展示企业工程创意、创新水平不断提升

1. 原创设计能力进一步提升。风语筑、龙展、复旦上科、上美、笔克、点意空间、汇展、亿品等展示企业个性化风格的设计创意为中国的博物馆、展示厅建设作出了贡献。

2. 高科技表现手段增添了光辉。现代国际、汇展、笔克、形家等展示企业为上海展览会高科技的表现赢得了声誉。

3. 绿色环保展具、材料的运用。灵通集团为上海乃至全国推进绿色会展,推广节能、环保展具作出了巨大努力。

4. 进军迪士尼。形家、汇展、创信、点意空间、协合、笔克、乃村等展示企业已成为上海迪士尼乐园第一批服务供应商。

5. 走向国际。点意空间已成功承接 2015 意大利米兰世博会中国企业联合馆的建设任务。

（三）场馆综合服务水平进一步提升

场馆的服务质量，直接关系到上海展览的形象，这已成为会展业的共识。2011年在对新博、展览中心、光大、国展中心、世贸等5家场馆进行综合服务能力测评试点的基础上，今年又扩展到了世博展览馆、世博会展中心、浦东展览馆、东亚、汽车会展中心等10家场馆。

（四）物流、信息平台、移动网络等配套服务更完善

上海国际展览运输公司、欣越物流、罗杰斯展运公司、保昌货运公司等的展会物流业务从场内扩至场外，开始与国际接轨。澳龙信息科技（上海）有限公司、上海奋泰国际贸易有限公司等不仅应用到门禁系统，发展到利用互联网技术、电子商务进行招展招商、展商与客商的配对等方面。华丽达视听设备服务有限公司的业务从一般的设备提供，延伸到录影棚、视听系统的专业化服务。

三、城市的会展环境进一步优化

截至2013年底，上海已有主要展览场馆13个，可供展览面积55万平方米（其中室内45万平方米），到2014年底中博会会展综合体建成后，上海将有超过100万平方米的场馆可供使用（其中室内超过80万平方米），浦东、浦西形成“东西联动、错位竞争、优势互补”的会展业发展格局。届时，上海将成为全球场馆规模总量最大的城市。

截至2013年上海主要展览场馆规模表

场馆名称	室内面积（平方米）	场馆名称	室内面积（平方米）
室内合计	454019	世博会展中心	18500
新国际博览中心	199700	跨国采购会展中心	15000
世博展览馆	81000	国际展览中心	12000
光大展览中心	31400	浦东展览馆	9000
汽车会展中心	30000	农业展览馆	7600
展览中心	21743	东亚展览馆	4500
世贸商城	20850	上海国际会议中心	2726

四、协会积极发挥助推行业发展的作用

（一）积极探索社会组织承接政府职能转移

1. 积极反映会展行业和协会发展中的问题。协会派员积极参加国务院、中组部、国家民政部以及市委组织部、市商务委、市社工委、市社团局等部门召开的关于“社会组织建设和政府职能转变”系列课题调研座谈会。并将会展行业发展情况、当前存在的问题如实地在会上作了汇报，希望相关领导和部门支持行业发展，关心协会工作。

2. 积极反映企业诉求、不断向政府建言，推进上海会展业健康有序发展。当有关企业反映赴境外办展无法得到增值税发票的情况，协会及时提供资料，国家税务部门在考虑会展业实际情况后，于2013年9月增发了《营业税改征增值税跨境应税服务增值税免税管理办法（试行）》，解决了会展企业走出国门的一道难题。为此，上海国际服务贸易（集团）有限公司特致谢协会，感谢协会急企业所急，为企业排忧解难。

2013年8月1日，营改增税收工作在全国12个城市推开后，原有的地方措施全部取

消，上海会展业又回到了2012年初的情况，企业的税负又重新增加。为此，协会与中国会展经济研究会及北京、广州等12个试点城市，向全国两会提交了提案，希望将会展业比照代理行业继续实行“六大抵扣”政策或将会展业的增值税比对文化创意产业3%的税率执行，此项提案得到了国家商务部重视，目前商务部与国税总局正在专题研究。

3. 会展行业协会承接政府职能转变的第一个项目:《会展管理》系列专业技术水平认证。上海市职业能力考试院于2013年4月，将“会展管理”系列专业技术水平认证交给上海市会展行业协会主管，负责组织实施。5月，协会开办第一期高级展示设计师的培训和认证，通过考试、论文答辩，有30名学员获得了协会颁发的高级展示设计师证书。8月24日，业内有55名同志参加2013年度上海市《会展管理(中级)》专业技术水平认证考试。11月24日，包括长三角地区的102名业内人士参加《会展管理(高级)》专业技术水平认证考试，其中45名同志获得了上海市《会展管理(中级)》专业技术水平认证证书。

根据行业人才培养需要，经上海市职业能力考试院同意，“展示设计”、“会展活动策划”专业也纳入“会展管理”系列专业技术水平认证。

(二) 积极参与上海“设计之都”活动周

2013上海会展论坛纳入上海“设计之都”活动周。以“创意·设计·品牌——推进美丽上海建设”为主题的2013上海会展论坛与上海“设计之都”活动周同期举行。国内外业界同仁共300余人参加论坛。论坛开幕式上，还举行了2012—2013年度原创展示设计作品大赛、第一届上海市大学生展示创意设计大赛颁奖活动。“设计之都”活动周组委会特为本届论坛的成功举办颁发了荣誉证书。

(三) 推进校企合作

2012年底，国家教育部将会展经济与管理专业由原来的目录外专业，调整列入目录为旅游管理类专业。从此，会展经济与管理专业成为国家教育部本科专业目录，这表明会展经济与管理专业地位的提升。为此会展协会积极参与了教育部高校本科会展经济与管理专业教学质量国家标准的制订。协会与以张敏教授领衔的上海大学上海会展经济研究院合作，研制了多个会展经济发展课题。在业内企业资质认定、国际展览会项目评估、人才培训、政府项目招标等业务活动中，协会充分发挥高校资源，取得了较好的效果。

(四) 规范行业，促进会展市场健康发展

在规范行业，促进会展市场健康发展方面，2013年协会的主要工作有：

1. 积极参与展览业管理办法修订；

2. 启动《展览经营与服务规范》系列地方标准的制订；

3. 全面开展上海主要展馆综合服务水平评估；

4. 继续开展国际展览会项目、展示工程企业资质的初评、复评工作；

5. 按进度推进《上海会展行业主体信用体系》项目的建设。

(上海市会展行业协会)

第二编

企　　业

2014

上海商务年鉴

集团企业·外贸企业
外资企业·外经企业
服务与展览企业

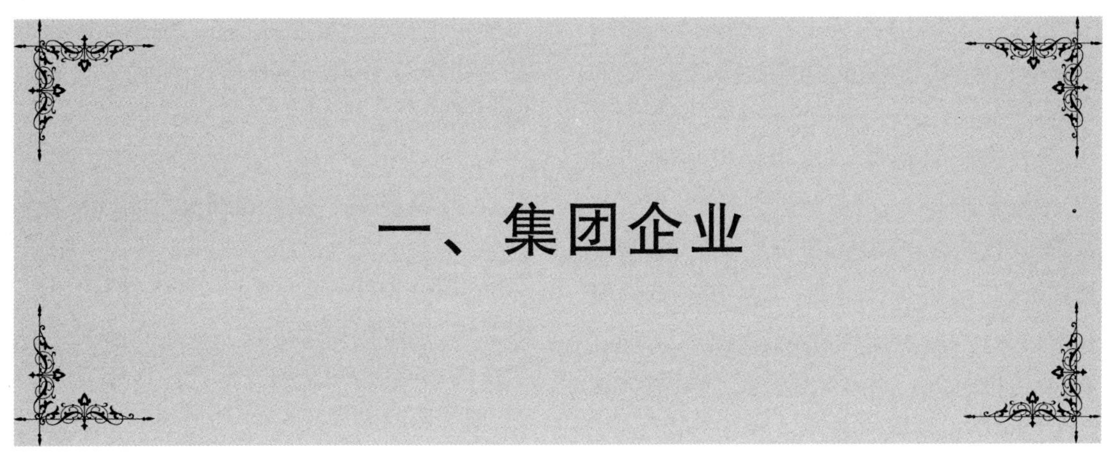

一、集团企业

百联集团有限公司

百联集团于2003年4月24日成立，为国有独资公司，注册资金10亿元。经营范围为国内贸易、生产资料、现代物流、商业房地产开发等。拥有遍布全国25个省市5000余家营业网点，涵盖商贸流通领域现有的各种业态，如百货、标准超市、大卖场、便利店、购物中心、品牌折扣店、专业专卖店、大宗生产资料贸易和物流等。拥有一批享誉国内的知名企业，如第一百货商店、永安百货、东方商厦、第一八佰伴等百货商店；百联南方、西郊、

百联大厦

中环、又一城等购物中心;以及百联奥特莱斯品牌折扣店、联华超市、华联超市,第一医药等企业。

2013年,百联集团以科学发展观为指导,围绕年初提出的"深化创新转型、提升经营质量、优化发展结构、整合资源配置、加强精细管理"经济工作要求,以提高经营质量和效益为中心,全面深化创新驱动、转型发展,全力推进2013年12项重点工作,总体保持了持续平稳发展的态势。集团全年实现销售规模2538亿元,实现营业收入1644亿元,超额完成年初确定的任务目标。

一、聚焦市场,经营业绩稳中有升

2013年百联面临前所未有的经营压力,尽管上半年整体营业收入仍有两位数增长,但经济效益出现下滑。集团领导班子高度重视,多次深入基层调研,到经营一线现场办公,强调要把提高质量和效益放在首位,根据市场变化及时调整应对。各二级公司广泛动员干部职工,积极采取稳增长措施,取得了一定的成效。

联华基地直采农产品受欢迎

二、聚焦发展,全国战略稳步推进

按照"发展一批,建设一批,储备一批"的要求,集团积极推进核心业态在重点区域的市场布局。2013年共计开业大型网点7家,增加商业面积超过17万平方米。百联无锡奥特莱斯于6月29日正式开业,4个月实现销售1.3亿元。世博源商业广场,世纪大都会,崇明、川沙购物中心,南京奥特莱斯等项目都在按计划积极推进。

三、聚焦主业,清理盘活实现突破

在集团相关公司、部门以及清理中心的积极努力下,清理整合工作取得明显成效。全年共完成企业清理24户,其中注销15户、破产6户、股权转让3户,超额完成了国资委下达的整合任务。顺利完成江杨南路、杨树浦路等10余处房地产的处置工作,盘活资金达8.08亿元。集团还启动企业资产状况专项调查工作,进一步厘清集团系统的资产状况,为下一步分类管理和处置打下基础。

四、聚焦内控,确保集团安全运行

集团启动内控管理体系建设工作,加强预算绩效审计和整改工作的力度,严格控制代理采购等垫资性业务,要求有序收缩该业务规模。相关企业强化应收账款和商品赊销管理工作,及时回收应收款项。通过加强库存管理,根据市场供需与价格变化,及时优化库存结构,在市场波动较大情况下有效控制了经营风险。

光明食品(集团)有限公司

一、概述

光明食品(集团)有限公司(简称光明食品集团)是一家以食品产业链为核心的综合性食品产业集团。2013年,集团按照“发展、转型、管控、协同”的工作主基调,聚焦主业,更加注重发展质量和效益,持续推进商业模式转型和创新,强化内部管控和产业协同,企业规模和经济效益稳步增长。全年实现营业总收入1062亿元,比上年增长17.2%;主营业务收入1046.6亿元,比上年增长17.59%;利润总额40.95亿元,比上年增长13.27%;归属于母公司的净利润19.6亿元,比上年增长16.77%。年末,集团有员工6.62万人,从业人员9.79万人;总资产1391亿元,净资产383亿元。在2013年中国企业500强中,光明食品集团排列第95位。

二、经营举措

(一)围绕战略目标,大力发展核心主业

集团围绕实现第三轮三年(2013—2015年)战略目标,聚焦发展核心主业,提升整体实力。2013年核心业务、主营业务收入883亿元,比上年增长16%,占集团营业总收入84.8%。1.乳业。聚焦重点产品,莫斯利安常温酸奶销售收入32亿元,比上年实现翻

2013年7月11日,中共中央政治局委员、上海市委书记韩正(前排左二),在集团领导陪同下考察上海益民食品一厂

番；总投资14亿元的光明乳业华东中心工厂竣工投产。2. 糖业。发挥全国市场布局网络优势，全年食糖销量260万吨，比上年增长11%，继续保持行业领先地位。3. 酒业。加快推进多酒种战略，石库门黄酒企业建立院士专家工作站，全兴酒厂"和润型"白酒技术被认定为国际领先水平。4. 综合食品制造业。上海梅林股份公司新增肉食品销售网点243家达到1544家，"申森"牌猪肉销售收入比上年增长24.6%，大白兔奶糖新厂建成并投产。5. 品牌代理业。南浦食品公司扩大进口食品品牌销售，捷强连锁公司加大战略合作拓展新兴通路渠道业务。6. 连锁零售业。农工商超市调整门店布局，加大商品直采基地建设；深化网上商城、96896热线电话和实体门店"三位一体"的商业模式转型；第一食品公司加大生鲜农副产品销售，开设"光明现代农业馆"。7. 现代农业。"五三计划"目标基本完成，全年粮食销售168.6万吨，生猪上市101.8万头，奶牛饲料销售148.8万吨，蔬菜销售52.9万吨，稻麦种子销售12.4万吨。8. 商业房地产业。农工商房地产集团获得2013中国房地产开发企业50强第33位、稳健经营10强第3位。9. 现代物流业。西虹桥冷链物流园5万吨冷库项目开工建设，海博物流与全球最大的物流公司之一DHL公司开展合作和业务协同。

（二）持续深化转型，提升企业核心竞争力

光明食品集团以提升核心竞争力为重点，持续深化以品牌、科技、网络、资源"四位一体"为要素的商业模式转型，提升企业经营质量。

1. 抓好品牌建设。3月28日，上海鲜花港第九届郁金香花展在光明食品集团东海农场开幕，从荷兰等地新引进70多个郁金香品种，每年花季的游客突破20万人次。年内，举办2013光明食品节、吉买盛光明食品推广周活动，组织参加新春农副产品大联展、上海轻工展、中华老字号展、中国国际农交会等展会，提升光明食品集团品牌的整体形象。拓展市场网络建设。5月30日，集团旗下

2013年12月12日，上海市人大常委会主任殷一璀（前排中）在集团党委书记、董事长吕永杰（前排左一）陪同下，考察上海西郊国际农产品交易中心

"爱森优选"21家门店、"都市菜园"3家专柜推出光明冷鲜鸡。6月29日,由光明食品集团投资控股、位于青浦区华新镇的上海西郊国际农产品交易中心正式开业。

2. 推进企业转型和科技创新。全年新增两家企业创新机构,光明乳业建设的乳业生物技术国家重点实验室8月8日通过验收,光明云南石斛生物科技开发有限公司建立省级技术中心。全年实施新产品开发、技术创新、科技兴农、技术改造项目227项,其中食品和农业项目占82%。获得各类专利或者其他知识产权授权73件。光明乳业"特定消费人群乳制品的功能强化策略及其应用关键技术"获得上海市科技进步二等奖。光明米业集团跃进基地麦子高产万亩示范方,荣获2013年度上海市麦子高产创建一等奖,平均亩产568.47公斤。

(三) 强化内部管控,保障经济健康发展

1月,集团开展以"强化信用管理、提升管控水平"为主题的加强管理警示教育月活动,4月,开展以"开展风险评估,加强诚信管理"为主题的食品安全警示月活动,加强集团系统信用管理和食品安全管理。年内,推进资金集中管控体系建设,有效控制财务风险。结合农业财政项目审计整改,制定实施《农业专项资金建设项目管理办法》。

(四) 深化内部协同,发挥产业联动优势

2013年集团食品包装内部协同业务收入1.2亿元,比上年增长100%;物流产业内部协同业务收入2000万元,比上年增长122%。国际化业务协同有所突破,在集团4家海外企业中,新西兰新莱特、法国DIVA、英国维多麦3家企业产品已在国内上市,全年实现销售收入1.6亿元。集团内部生产基地与流通渠道企业协同取得进展,第一食品与光明米业等企业对接建立大米、蔬菜、水产品直采基地;都市生活公司探索与光明乳业"随心订"送奶上门业务实施联动,在部分网点开展送菜上门业务,日销售额约1万元。

(五) 强化资产经营和资本运作

7月23日,光明乳业新莱特公司在新西兰证券交易所正式上市挂牌交易,共募集资金7500万新西兰元,折合人民币约3.68亿元,将用于追加乳铁蛋白生产设备、婴儿奶粉混合罐装线、实验室、黄油工厂和干燥塔等。完成金枫酒业再融资的证监会审批手续,融资规模约

2013年10月,集团总裁曹树民(前排左一)考察2013光明食品节光明食品展位

5.8亿元。完成上海农场、川东农场资产注入光明食品集团工作。推进企业改制,清理退出企业22家,盘活变现房地产存量4.2亿元。

(六) 加强投资管理和对外并购

光明食品集团全年实际启动投资项目102项,占计划投资项目的88%。全年完成了收购上海联豪食品有限公司60%股权,收购上海牧仙神牛食品发展有限公司60%股权,收购上海农信电子商务有限公司51%股权,收购广西田林富民糖业资产等4个并购项目。

(七) 加强干部职工队伍建设和绩效管理

年内,集团与18家子公司全部签订新三年(2013—2015年)发展目标责任书和2013年绩效考核协议书,契约化绩效管理制度实现了全覆盖。集团共充实调整子公司领导班子以及集团总部高级经理以上人员共87人,占集团党委所管干部的34.5%。集团举办精英班、中青班、国际班等,有307人次参加培训。举办人力资源和维多麦经营管理两个专场培训,共251人参加培训。全年引进各类人才3504人。

(八) 改善民生工作,保持企业和谐稳定

推进市郊农场旧住房综合改造和域外农场社区建设。市郊农场一期1564套易地重建房已有1124套完成配售工作。二期1000套易地重建房已陆续开工建设,累计投入资金5亿元。全年域外农场社区新建职工住房和社区文化中心等项目共计投入资金13248万元。加大签订和履行集体合同、工资集体协商的力度,推动企业职工工资正常增长。开展帮困送温暖工作,全年集团系统共发放慰问款物2100万元,比上年增加16%。

三、经营实绩

1. 集团系统经济发展总体良好。如表:

项目名称	单位	数值	比上年(±%)
实现营业总收入	亿元	1062.13	17.20
其中:主营业务收入	亿元	1046.64	17.59
利润总额	亿元	40.95	13.27
归属于母公司的净利润	亿元	19.61	16.77

2. 农业生产及销售健康发展。如表:

项目名称	单位	数值	比上年(±%)
农业总产值	亿元	48.00	18.00
种植业和养殖业的产值比	—	1:1.65	—
粮食总产量	万吨	33.26	5.60
蔬菜播种面积	公顷	4655.00	—
蔬菜(包括食用菌)产量	万吨	20.53	9.20
造林面积	公顷	112.00	—
奶牛存栏数	头	58960	9.30
生奶总产量	万吨	27.58	14.56
成乳牛平均单产	公斤	9417.00	6.00
生猪饲养量	万头	111.00	29.00

(续表)

项 目 名 称	单位	数值	比上年(±%)
生猪出栏	万头	63.70	31.80
肉禽上市	万只	108	-7.40
禽蛋产量	吨	5684.00	62.00
淡水品总产	吨	38365.00	7.10

3. 食品加工业保持增长。如表:

项 目 名 称	单位	数值	比上年(±%)
工业总产值	亿元	250.0	14.0
工业销售产值	亿元	246.0	15.0
产品销售率	%	98.3	—
出口拨交额	亿元	8.7	-1.2
大米加工	吨	113369.0	13.0
成品糖	吨	840102.0	10.6
糖 果	吨	20128.0	5.6
乳制品	吨	992447.0	7.8
罐 头	吨	60453.0	13.7
味 精	吨	21972.0	25.3
蜂蜜营养制品	吨	14132.0	15.6
黄 酒	千升	95129.0	8.3
软饮料	吨	422004.0	-9.2
冷冻饮品	吨	21268.0	2.9

4. 商贸连锁业持续发展。如表:

项 目 名 称	单位	数值	比上年(±%)
批发零售业网点	个	4238	6.1
营业收入	亿元	743.9	9.1
农工商超市	家	488	—
好德便利店	家	854	—
五缘折扣店	家	451	—
可的便利店	家	842	—
农工商超市集团销售收入	亿元	149.9	—
光明便利店	家	165	—
销售收入	亿元	4.0	—
海博出租车辆	辆	11767	—

（续表）

项 目 名 称	单位	数值	比上年(±%)
其中大中型车	辆	588	—
营业收入	亿元	10.2	14.6
房地产开发施工面积	万平方米	426.8	67.4
销售面积	万平方米	125.6	224.5
销售额	亿元	114.3	290.1

四、发展趋向

（一）总体思路

2014 年，集团按照“改革、发展、转型、管控、协同”的工作主基调，着力聚焦核心主业和重点产品，打造大产业，形成大品牌；着力推进商业模式转型，增强企业核心竞争力；着力强化内部产业整合和资本运作，提高资产证券化率；着力推进内部业务协同，提高集团发展整体合力；着力完善内部管控体系，建立风险防范机制；着力保障和改善民生，保障企业和谐稳定发展。

（二）主要任务和措施

聚焦主业，进一步做强做大核心业务；深化商业模式转型，进一步提升企业核心竞争力；以实现融资为重点，进一步推进资本运作；抓好“投资”和“并购”，进一步提升发展后劲；加强人力资源建设，为企业又好又快发展提供智力支持；优化和完善内部管理，健全全面风险管理体系；进一步深化集团内部业务协同工作，形成产业发展合力；重视改善民生，进一步构建和谐企业。

上海水产(集团)总公司

一、概况

上海水产(集团)总公司是由上海市国资委全资控股,开发利用国际渔业资源,以远洋渔业生产及水产品精深加工为主营业务的国有跨国经营集团公司。下属有30多家全资、控股和参股企业,总资产36.44亿元,年综合销售额74亿元。集团拥有80余艘在太平洋、印度洋和大西洋海域生产的大型远洋拖网加工船、金枪鱼围网船、金枪鱼延绳钓船、大型鱿钓船和过洋作业渔轮。在海外10多个国家或地区投资建立合资合作企业或代表处,形成了外向型经济格局。曾获得上海市政府颁发的“走出去”贡献奖和“走出去”企业领头羊光荣称号,是上海市跨国经营20强企业之一。2005年已通过ISO9001:2000质量管理体系认证。集团正以国家海洋战略为指导,提高企业核心竞争力,努力打造国际先进的远洋渔业集团。

2013年是集团实施“十二五”规划和新三年行动计划承上启下的关键一年。在市政府、市国资委的关心支持下,集团广大干部员工团结一心,攻坚克难,加快推进“产业外扩、产品回国”战略,推进远洋渔业持续发展和产业链建设,努力扩大海外生产,着力拓展国内市场,持续整改经营管理薄弱环节,经济运行呈现总体趋稳、稳中有升的良好态势。

水产集团围网船作业场景

二、经营管理

（一）以提高产量为目标，认真抓好远洋渔业的生产经营

集团所属开创公司金枪鱼围网船队海陆联动，灵活协调东西渔场，有效调控作业天数，用金枪鱼捕捞量的增长带动公司效益的持续提高，2013 年捕捞产量突破 6 万吨大关，比上年增加 4500 吨，完成全年计划产量的 108%；大拖船队去年生产变数较大，2013 年传统的竹荚鱼渔场仍没有起色，法罗、格陵兰、俄罗斯等渔场产量均未达预期目标，全年共捕捞 27665 吨，比上年减少 7050 吨。金优公司阿根廷线内鱿钓船队牢牢抓住渔汛生产的有利时机，再创生产新高，鱿鱼年总产实现 10521 吨，比上年增加 6106 吨，完成全年计划的 276.87%；公海鱿钓船队，连续三个月产量名列国内同类型渔轮前茅，全年捕获鱿鱼 5092 吨，完成年度指标 115.73%，比上年增加 1461 吨；超低温船队实现产量 1773 吨，完成年度计划的 71.47%；冷海水船队实现产量 1010 吨，完成全年计划的 67.3%。蒂尔公司摩洛哥项目坚持“条线分工，集中管理”的经营模式，积极创新发展思路，全年实现产量 3177 吨，比上年增加 1487 吨，创近 10 年最好成绩；毛塔项目在节能降耗方面狠下功夫，积极完善有效的生产激励机制，全年捕捞产量 3800 吨，比上年减少 150 吨，但仍积极完成了 405 万美元的转汇目标。

（二）以促进远洋渔业可持续发展为动力，加快船舶建造、更新与产业链建设

2013 年集团投入造船资金 6.52 亿元，共安排船舶建造 14 艘，其中有 2012 年度延续建造的 8 艘。截至 2013 年末，已建成交付 7 艘。3 艘双甲板拖网船已经赴西非投产，2 艘专业鱿钓船于 2014 年 1 月 8 日从上海出航奔赴阿根廷渔场，1 艘金枪鱼围网船金汇 18 号，也于 1 月 17 日建成交付。新开工的 6 艘，已完成设计招标、能源评价施工招标等相关工作，具备 2014 年上半年开工建造条件。

2013 年集团稳步推进发展项目。成功投资收购摩洛哥 PEVAP 渔业公司新项目，竞拍了 4 艘双甲板拖网船（含许可证）、1 座冷库设施；对南美境外公司收购工作的总裁提案，已经集团董事会审议批准，相关工作已有序展开；开创公司与三海公司成立合资加工厂筹备工作组，积极进行项目可行性分析和合资加工厂选址考察；收购北美牡丹虾捕捞企业等发展项目，也正在进行实地考察和尽职调查工作。

（三）以扩大销售为抓手，进一步扩大海外项目优势转向国内市场优势的实施成果

一是国内市场规模不断扩大。2013 年龙门营销中心实现营业收入 4700 万元，比上年增长 4.45%，实现利润 190 万元，比上年增长 11.76%；水锦洋实现销售收入 2980 万元，完成年度预算目标的 106.4%；东方国际水产中心的市场影响力不断增强，被《上海市食用农产品批发和零售市场发展规划》列为两个专业水产品批发市场之一。

二是产品回国继续加快。全年集团远洋渔业共实现各类产品回运 4.1 万吨，比上年增长 20%，占渔捞生产总量 11.33 万吨的 36.2%。

三是营销模式和产品开发取得新突破。“1 号上海水产馆”上线亮相，首次实现生鲜产品网络销售，水锦洋“天猫”旗舰店也于 11 月正式上线。同时，积极拓展中智关爱通、家乐福等销售平台和渠道，与普天、正广和、邮政等电子商务合作正加速推进。至 2013 年底，龙门和水锦洋两大品牌已拥有产品单品百余种，产品组合礼包 30 多套。“水锦洋超低温金枪鱼系列产品”和“水锦洋海鲜礼盒系列”分别再度荣获“最受消费者欢迎产品”奖和“上海市名优食品”称号。

四是整合集团产品资源，积极参展挖掘潜力市场。集团先后组织参加 2013 年迎春大联展、购物节“水产精品展”、第十四届“中食展”、第十届中国—东盟博览会（南宁）以

水产集团渔轮在南极捕捞磷虾

及2013“上海渔博会”等水产及相关专业展会,取得了较好的参展效果。

(四)以贯彻落实审计整改和“教实活动”成果为突破口,查错纠弊,即知即改,全面提高集团经济运行质量与效益

2013年,集团高度重视国资审计揭示的问题,认真落实国资委关于审计整改的意见和要求,责任到位,分类督办,力争源头堵漏。在“照镜子、正衣冠、洗洗澡、治治病”的群众路线教育实践活动中,各单位、部门针对查找出来的问题,进一步加强管理,提升决策水平和执行效率。开创公司一手抓当期效益稳增长,一手抓长远发展可持续,全年实现主营业务收入8.1亿元,与上年基本持平,实现利润1.3亿元,完成年预算的104%;金优公司积极转变经营理念,主动调整经营策略,实现销售收入3.25亿元,比上年增加2000万元,实现利润2500万元,连续五年实现经济效益的增长;蒂尔公司群策群力创新渔捞生产管理,实现产值3426万美元,转汇585万美元,实现利润3000万元;龙门营销在全力抓好节供海鲜礼包销售的同时,常态化销售有了新的突破;水锦洋公司加快产品开发,完成了电商平台、实体门店等渠道建设;华利公司抓内控、强管理、挖潜力,盘活增值国有资产,提前完成1700吨金枪鱼围网船建造,实现销售1.48亿元;信融公司积极加强物业安全管理,努力提高租赁收入,做好股权托管,加大主辅分离和资产管理力度,较好地完成集团考核指标;军工路投资公司在加强股东间沟通合作,推进股本结构调整等方面做了较有成效的工作,圆满完成集团下达的资产占用费收缴指标;东方市场积极抓好门面租赁、冷藏经营和停车收费等业务,节能减排,降本增效,实现经营收入7788万元,上缴资产占用费3500万元,创市场建立以来新高;船员公司积极拓宽船员招录、培训渠道,全年招收新船员343人,使用外籍船员39人,初考出证率95%,较好的满足了生产单位的用工需求;养殖公司抓好自营生产,实现水产养殖的回升向好,全年业务收入257万元,超额完成集团指标任务;渔业公司、劳服公司积极围绕集团年初指标和工作任务,加强内控、安全和资金预算管理,较好地实现各自所承担的保障、维稳和经济工作目标,费用开支基本控制在预算范围内;科管学校以创建特色示范校为抓手,多元发展,不断深化校企合作内涵。

集团注重加强内控制度建设,加强经营性风险化解和财务风险预警工作,提高了预算管理、资产管理和资金管理的科学性与安全性。修订、完善并通过集团重大管理项目分级权限流程、集团资金管理、集团投资管理办法等管理制度,提高了投资行为的严谨性和规范操作,为形成投资项目"资源、资产、资本、资金"的良性循环提供了制度保障。

集团以构建安全生产经营管理为目标,着力强化安全管理体系的保障性。建立安全生产考核机制,加大执行操作规程的监督检查力度,健全应对各种突发情况的紧急措施和各级安全生产预案。年内完成了东方市场、华利公司和渔业公司三家企业的安全生产标准化达标。

集团各管理部门认真履职尽责,内强管理,外争政策。2013 年顺利落实了上年度国家造船补贴剩余部分的申请到位,地方建设财力配套资金也已全部到位;积极推进并成功实现集团融资业务创新,确保集团资金链良性运转,银行借款利率比基准下浮 10%,降低了融资成本,同时加强了境外企业的财务管理和审计整改工作;积极跟踪、协调年度渔业生产和销售计划的落实,督促实施安全生产、产品回国及品牌推广、商标申报、能源、物价补贴和集约采购管理等工作,《大洋性渔业信息决策服务关键技术研究与示范》等科研项目获市有关部门的科技创新支持资金与课题经费;申请到位农业部燃油补贴、商务部国家"走出去"专项补贴;人力资源管理方面,积极推进集团远洋渔业人才规划和职业导航工作,加大干部培养和调配力度,劳动力配置逐步形成管理与服务并重模式,员工考核管理和薪酬分配也得到一定的完善。

一年来,集团总裁班子通过 14 次总裁办公(专题)会和 24 次现场办公会,对各企业主要经济指标完成进度进行动态分析,及时总结集团经济运行中的经验教训,帮助各单位、部门齐心协力推进生产经营的健康运行,促进了集团全年各项经济工作任务的完成。

三、发展趋向

2014 年集团经济工作的总体要求是:深入学习党的十八届三中全会、中央经济工作

上海水产(集团)总公司 2014 年工作会议

会议精神,贯彻落实中共上海市委关于深化国资改革促进企业发展的意见,以提高远洋捕捞产量和国内销售规模为重点,以提升经营管理的质量和效益为中心,加大开拓创新的力度,全面推进集团"十二五"规划和三年行动计划的实施,实现集团经济持续稳定健康发展。

(一) 深化改革,推进发展,全面提升集团核心竞争力。

(二) 抓好渔捞生产经营,加快船舶更新建造,推进远洋渔业产业链建设。

(三) 坚持"产品回国"战略,做强、做大国内水产品销售规模。

(四) 巩固"教实活动"成果,提高集团经济运行质量与管理水平。

(五) 创新和完善用人激励约束机制,为集团转型发展提供人才支撑。

东方国际(集团)有限公司

董事长
吕勇明

一、概述

2013年,面对世界经济发展动力不足、国外市场需求疲软、各类成本不断攀升、人民币大幅升值等严峻外部环境,东方国际(集团)有限公司(以下称"集团")努力稳定出口、扩大进口、促进内销,有序运作资产、推进投资、优化管控,保证了集团经营规模和效益的稳健增长,主要经济指标达到甚至超出预算目标,转型发展取得新的成果,各项管理工作得到进一步加强。

2013年,集团实现主营业务收入195.27亿元,较上年189.75亿元增加5.52亿元,增幅2.9%。利润总额4.06亿元,归属于母公司的净利润人民币2.60亿元。截至2013年底,集团总资产129.41亿元,净资产69.70亿元,其中归属于母公司净资产57.36亿元,净资产收益率4.72%。

二、主要举措

(一)全力稳增长,保出口、扩进口

在外需不足低迷市场环境下,集团千方百计稳定出口,采取多种措施开发新客户、新产品,开拓新市场。集团与国内制药企业、国外分销商合作,已有11个品种、22个规格的成

集团总裁唐小杰等视察孟加拉国内衣生产基地

药获得上市许可,年出口额近千万美元。同时,集团在知名网站上建立企业档案以宣传产品扩大规模;与工厂合作开拓以实现建材产品出口的较快增长;尝试开发儿童家纺用品等。

集团先后出台一系列大宗商品进口和消费品、奢侈品进口的激励办法;努力扩大医疗设备和配套产品进口,积极做好大宗商品和其它设备的进口;将进口消费品和日用品作为重点发展的进口业务。

(二)持续推进海外生产基地建设

由于国内生产成本日益上升,国际贸易壁垒日趋严重,国外一些出口订单已逐渐流向生产成本更低、贸易环境宽松的南亚与东南亚国家。集团鼓励子公司在业内主动率先“走出去”建设海外生产基地,抢占成本低点,目前已有多家子公司前往柬埔寨、孟加拉国实地考察。集团在孟加拉国所设工厂自3月正式投产以来,年累计生产167万件,金额达300万美元,同时带动原辅料出口225万美元,该项目为集团实施“走出去”战略起到了积极的示范作用。

(三)投资并购进入电商领域

集团作为市国资系统三家大型传统商贸企业电子商务应用的试点单位之一,通过多渠道、多途径、多方式“试水”电子商务新模式,有关电商项目齐头并进,全面覆盖进出口贸易、国内贸易、现代物流的主业范围,并均已取得重要进展。

一是集团完成对国内知名男装电商品牌玛萨玛索的投资并购,成为第一大股东,并对其实施有效管控和大力支持。二是集团以海运电子订舱平台为基础,研究推进该平台发展成为一站式、O2O模式的综合物流公共服务平台。三是集团以跨境电商为重点突破方向,与作为上海口岸进出口通关领域的应用信息系统开发商和信息增值服务平台供应商达成了投资参股意向。集团积极参与中国(上海)自由贸易试验区的运作,成为自贸区跨境电商平台“跨境通”的合作方,在上海自贸区开园当日完成了首单测试,成为入驻“跨境通”的重要商家之一。四是集团正在评估与考察参股以销售国外奢侈品为主的电商平台的可行性;还与eBay网等海外著名电商平台开展合作,尝试跨境出口,扩大自主品牌商品出口业务。

(四)多措并举促进内贸业务发展

集团把内贸发展作为重点工作之一,

集团参展2013中国(上海)国际网络购物交易会

2013年是集团内贸发展较快的一年。集团努力促进内贸发展,建立内贸联席会议制度,加强各公司间相互交流、资源共享;研究制订内贸三年发展规划;出台一系列鼓励措施,推动各公司内贸业务进入快速发展的轨道。各相关公司在资金投入、人员配置、薪酬考核、产品设计等方面加强了体系建设,使内贸发展迈出了坚实一步。

集团加强统一协调和指导,推动与兄弟集团的战略合作,开拓自主品牌内贸销售渠道。4月成功开设了SUNFLOWER、DEBED333、TRAFFIC等品牌的内贸专卖店,作为集团各公司经营内销的试验店;KOOL品牌入驻百联青浦奥特莱斯广场和百联金山店。集团还组织参加网交会、喀交会、外贸精品博览会、楼宇特卖会等展销会促进自主品牌产品内销。2013年,集团系统自主品牌内贸营业额达到1797万元(不含玛萨玛索品牌),比上年增长51.26%。当年新开8家实体店,2家线上店。

(五)推进物流、服务贸易业务转型升级

集团综合物流项目取得新的突破,在巩固提高原有综合物流项目的基础上,又新拓展了施耐德、爱立信等世界500强企业的生产性物流业务,并新开发了上海外经集团、海立电气集团等海外工程物流项目。培育洋山保税新业务,改变单一的业务结构,通过竞标获得美国公司的进口保税仓储开发业务。在会展物流业务方面,集团从为一个东盟展发展到为七个展会提供进出口清关、运输、仓储、回运等一揽子解决方案。物流基地建设也得到较快发展,新贸海检验检疫平台建设一期投入运行,成为目前上海商检指定的唯一检验检疫综合查验场站,为进口分拨新业务及延伸服务业务带来新的发展空间,去年法检查验月均票数3000票左右,法检查验收入达730多万元。

集团不断推动物贸联动的发展,在奢侈品、酒类、恒天然乳业等进口方面,集团开展合作、制定了物流方案。集团在为进口商做好进口的同时,还提供商品进口后全程物流仓储配送的一揽子服务整合方案,受到客户的好评。集团还将物贸联动项目延伸到海外代理、仓储、保税等服务项目。

2013年,集团与上海建材集团签订了战略合作框架协议,双方主要从土地资源综合利用、生产性服务外包、内外贸服务、国际性会展等方面加强具体业务的对接与合作。

集团董事长吕勇明出席东盟建材家居博览会开幕式

(六)鼓励业务发展,加强业务协调指导和风险管控

2013年,集团密切跟踪贸易进度,不断推出鼓励业务发展的政策措施。出资1200万元发展基金支持各公司开展供应链建设、参加国内外知名展会、投保出口信用保险、鼓励绿色环保低碳产品出口、扶持内贸发展、提升物流功能等,调动各公司广大业务人员创新开拓的积极性。加强与海关、商检、中信保等贸易相关部门的战略合作和彼此间的沟通联系,创造更方便、快捷、高效的贸易便利条件,为保证货物更顺畅地进出口通关提供支持。集团还与商务部、市商务委、进出口商会等有关部门保持沟通,努力解决贸易中遇到的急事难题。

三、对外贸易

2013年,集团进出口总额36.51亿美元,比上年微降0.63%。

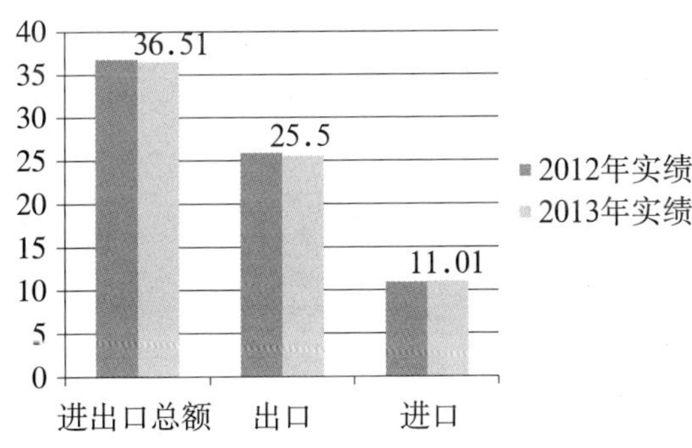

(一)出口贸易

2013年,集团出口总额25.5亿美元。集团出口三大支柱产品中,纺织服装全年出口167227万美元,比上年下降2.12%;轻工产品出口39521万美元,比上年下降9.69%;机电产品出口38964万美元,比上年增长9.85%。集团深度开拓新兴、潜力市场见成效,部分弥补了传统市场的下滑,全年对东盟、非洲、俄罗斯等新兴市场分别实现了17.57%、17.01%、5.83%的增长,对欧美日传统市场的占比则从62.6%下调到59.33%。

(二)进口贸易

2013年,集团进口总额11.01亿美元,比上年微增0.11%。主要进口商品包括:不锈钢无缝锅炉钢管、彩色超声波诊断仪、监护仪、钢铁热轧条、金属卤化物灯、X射线断层检测仪等。主要进口来源地包括:日本、德国、美国等。

四、服务贸易

(一)海运进出口实现增长,超额完成预算

2013年,集团全年海运进出口箱量达到626177标准箱,比上年增长2.36%;空运进出口货量达到113977吨,比上年增长0.86%。

2013年进出口物流情况表

类　别	单　位	2013年实绩	比上年(±%)	完成年计划(%)
海运进出口箱量	标准箱	626177	2.36	125.24
空运进出口货量	吨	113977	0.86	99.11

(二)旅游等业务有升有降

2013年,集团旅游营业额为58684万元,比上年增长7.79%;执行国外展77个,营业额为8606万元,比上年下降5.18%;商务咨询等其他收入295万元,比上年增长4.24%。

五、发展趋向

2014年世界经济虽有回暖,但复苏态势不稳,随着我国积极外贸政策的成效进一步凸显以及部分发达国家经济企稳复苏,贸易效率、国外需求或将有所提高，贸易预期或将有所改善，上海自贸区建设也将对外贸发展产生积极影响。集团外贸、物流主业发展虽有困难，但更有希望；集团业务创新转型虽有很多挑战，但也有更多机遇。集团将顺势而为，抢抓机遇，打造主业“升级版”。

（一）总体工作要求

2014 年，按照“转型、发展、改革、提升”的总方针，集团将牢牢把握稳中求进的总基调，加快转型升级，培育竞争新优势，统筹兼顾好贸易、物流、资产、投资四大板块，集中资源、资金、资产和人才，聚焦重点项目，推进重点工作，促进集团总体经济规模、质量、结构和效益协调发展。

（二）主要工作打算

2014 年，集团根据总体工作要求及工作方针，着力推进 10 个方面重点工作：保持进出口业务稳定增长；继续“走出去”拓展海外生产基地；加快自主品牌与内贸平台的建设；继续推进物贸一体化联动项目的发展；加快物流仓储基地项目的建设；并购海外品牌与营销网络；打造以电子商务为核心的第三主业板块；加强资产整合经营和资金集中管理；优化集团总部行政管理工作，提高服务保障水平；解放思想，改革创新，保持稳中有进。

上海华信石油集团有限公司

一、集团概况

上海华信石油集团有限公司(简称上海华信石油,英文缩写 CEFC Shanghai)是中国华信控股的股份制企业,主营能源资源开发、储备、生产、贸易和相关技术与金融服务。集团成立于2003年,总部设在上海明天广场大厦,有各类专业人才7000余人,并拥有国内、新加坡和加拿大等数家上市企业。2013年集团营业收入超1000亿元,被评为“中国十大最具影响力企业”、“中国十大慈善企业”,是中国500强企业、上海民营企业100强第2名。

集团以拓展海外资源为战略,开展国际合作与投资,通过技术研发及自主勘探能力,参与中东、中亚等地区油气资源的投资与开发。为落实党的十八届三中全会确定的混合所有制经济发展,集团积极与中石油、中国华电、中化国际、华润等央企合作,共同拓展海外资源。在海南洋浦建设1200万立方米石油储备基地,在上海自贸区、青岛保税港区、日照港等重要港区建设石油、天然气储备基地,在华南、华东、华北、东北等沿海、沿江地区建设石化储备基地,在拉美、欧美、东南亚等地区的港口建设中转站和商业储备。与中东、中亚多个国家石油公司结成战略合作伙伴关系,签订原油、天然气长期合同,还将在海南洋浦、上海自贸区筹建石化、天然气交易中心,建立价格指数,争取行业话语权。

集团总部——明天广场大厦

集团通过自身经营,利润的积累和资本金的不断增加,同时利用金融杠杆,全资收购证券公司,参股海南银行,成为其第二大股东。通过设立财务公司、基金公司和保理公司,申请金融牌照,参股欧洲区域的银行,获取海外资本融资。集团还参股国

集团石化储备基地

内外下游石化炼厂，利用自身上游的优势，向参股的石化加工企业提供原材料采购和来料加工，发展供应链金融业务。收购A股上市公司，利用自身控制的国内外上市公司，进行资本融资，同时集团获得国家信用评级，发行中长期债券及票据，降低融资成本，对海外上游油气资源进行产业并购。

二、公司治理

集团以人为本，秉持“由力而起，由善而终”的为商之道，运用现代化企业的创新制度进行管理，以国家法律为根基，充分发挥商人的契约精神，并起草《中国华信商业基本准则》作为行动纲领，在董事局领导下，实行总经理负责制度，用三种关系商人经济、儒家主义、军事化管理三位一体的创新模式，实行了一企两制的分配方案，和谐、有序、规范地发展，为每个想实现人生价值的华信人，提供发展平台。

集团对内实行“大集体，小核算”的考核机制，形成了干部绩效考核机制和问责机制，与世界著名管理咨询公司罗兰贝格合作，加强自身授权管理、财务管控等内部管理体系，规范系统设置，完善自动化办公系统，并不断升级改造，推进公司业务专注化、人才专业化、资产证券化和管理精细化发展。

集团积极开展党建工作，把党建工作融入企业核心组织体系，发挥党组织的政治引领作用。集团中层以上干部超过50%是共产党员，有效地形成了“党、纪、工、团”整体合力，发挥组织优势，增强企业内在凝聚力。通过华信纪委加强干部监督制约机制，形成多层有效的内部监督，推动了公司的可持续发展。

三、企业文化

企业精神：由力而起，由善而终。

企业核心价值：先成就别人，再成就自己。

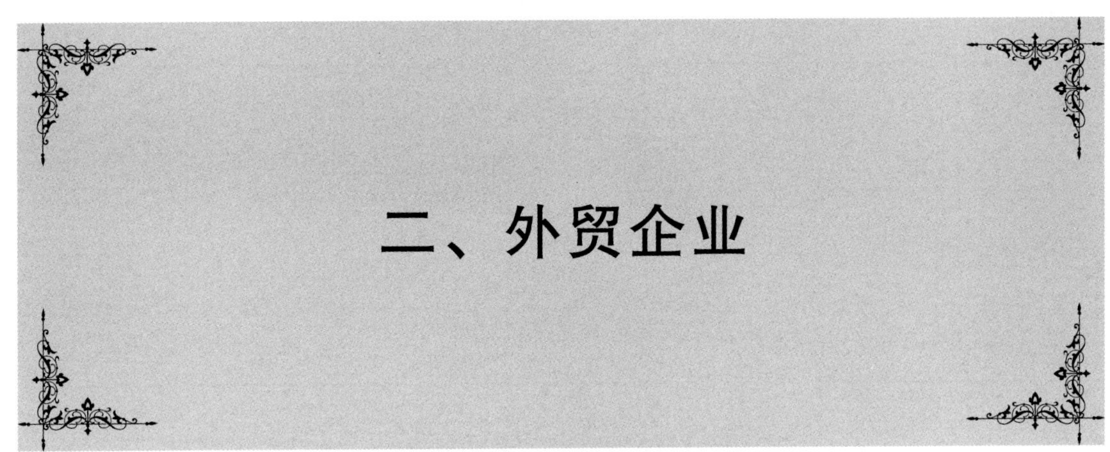

上海丝绸集团股份有限公司

一、概述

董事长
徐伟民

2013年是全面深入贯彻落实十八大精神的开局之年，是实施公司“十二五”规划承前启后的关键一年。世界经济形势依然复杂严峻。外贸业务发展面临的来自成本上涨、订单转移、人民币升值等方面的压力有增无减，原先的价格优势已基本丧失，与其他发展中国家的竞争更加激烈。业务经营风险加剧，盈利能力减弱，寻求竞争优势的升级与创新的压力和动力都进一步增强。同时，2013年，我国零售市场持续低迷，消费增速总体放缓。2013年，全国服装鞋帽、针纺织品零售总额11414亿元，比上年增长11.6%，增幅同比放缓6.4个百分点。大环境的低迷使公司内销和品牌业务的拓展承受了极大压力，同时也凸显出公司品牌在白热化竞争中的实力。

面对2013年严峻复杂的外部形势，公司紧密围绕加快转变贸易发展方式主线，把握稳中求进的工作总基调，大力推进“两个转变”，切实贯彻执行“转型、质量、效益”六字方针，使公司整体仍然保持稳中有升的发展态势。全年公司主营业务收入436906万元，比上年增加14918万元，增幅为3.54%；实现归属于母公司净利润10293万元，比上年增加124万元，增幅为1.22%，圆满完成公司年度经营目标。

二、对外贸易

（一）出口贸易

2013年，公司出口规模达到52060万美元，比上年减少1667万美元，降幅为3.1%。出口的产品主要有棉、麻、丝、毛、化纤等各类梭织、针织服装，以及丝绸、人棉、家纺等各类纺织品。主要销往北美、欧盟和日本等80多个国家和地区。

2013 年出口贸易方式情况表

贸易方式	出口额(万美元)		占比(%)		比上年(±%)
	2013 年	2012 年	2013 年	2012 年	
合　计	52060	53727	100.00	100.00	-3.10
一般贸易	43763	42147	84.10	78.45	3.83
来料加工	2741	3871	5.30	7.20	-29.18
进料加工	5555	7709	10.70	14.35	-27.94

2013 年主要出口商品情况表

商品名称	出口额(万美元)		占比(%)		比上年(±%)
	2013 年	2012 年	2013 年	2012 年	
合　计	52060	53727	100.00	100.00	-3.10
服装服饰	38179	41027	73.3	76.36	-6.9
纺 织 品	11433	10062	22.0	18.73	13.6
其　他	2444	2638	4.7	4.91	-7.4

2013 年出口商品主要输往地情况表

国别(地区)	出口额(万美元)	占比(%)	比上年(±%)
合　计	53727	100.0	-5.03
北　美	16861	32.4	-4.28
欧　盟	13521	26.0	-8.60
日　本	6069	11.7	-13.94
中　东	5318	10.2	1.44
大 洋 州	3027	5.8	3.50
中 南 美	2715	5.2	32.66
非　洲	1412	2.7	58.48
东　盟	1147	2.2	12.15
俄 罗 斯	410	0.8	-35.71
港 澳 台	246	0.4	-56.82
其　他	1333	2.6	4.30

（二）进口贸易

2013 年，公司进口规模达到 2717 万美元，比上年减少 31.63%%。进口商品主要有服装面料、辅料、塑料制品等产品。进口商品主要来自中国台湾、日本、韩国等数十个国家和地区，比上年有所下降。

2013 年春季广交会 LILY 品牌展示厅

（三）货源基地

2013 年，公司向供应商采购金额达到 37.93 亿元，比上年增加 6.2%。合格供应商近 1000 家，除了国内庞大的供应商网络，公司还继续大力拓展海外采购渠道，在越南、柬埔寨等国家进行海外采购，延伸供应链。

2013 年，公司自有生产基地在日益严峻的环境下，经营发展面临更多困难，但是各家工厂都积极拓展思路，充分发挥和挖掘自身潜力，大力调整转型，努力克服不利影响，总体仍然保持了稳定的发展，为公司业务发展提供了有效的支持。

三、品牌运营

2013 年是 LILY 品牌完成战略深化的关键一年，也是继续突飞猛进的一年。品牌收入和效益继续大幅增长，2013 年，LILY 实现销售收入 54182 万元，比上年增加 16026 万元，增幅为 42%；净利润 3541 万元，比上年增加 704 万元，增幅为 24.81%。LILY 品牌已经成为公司整体竞争力的重要体现，充分表明公司内外贸一体化成效日益显现，“两个转变”取得明显进展。为了加快品牌的进一步发展，LILY 品牌在 2013 年开展了大量卓有成效的工作。

一是以品牌定位为导向，大力开展品牌市场传播。为了鲜明突出“商务时装”的品牌定位，LILY 对品牌市场推广策略进行了重新调整。聚焦在 LILY 重点店铺周边的 56 个地铁站进行品牌推广，同时在 6500 个楼宇通过分众传媒配合秋冬季货品销售每天滚动播出 480 次。这些都大大提升了 LILY 品牌商务时装的认知度，为今后进一步构建产品优势和渠道优势进行了铺垫。

二是依托规模效应，继续保持销售较大增长。截至 2013 年底，LILY 全国范围内的门店总数达到 625 家，其中直营店 127 家，代理店 498 家。2013 年新增 185 家，其中直营 35 家，代理 150 家店铺。除了门店数量的增长，LILY 仍保持了可比店铺 10% 的业绩增长。同时，LILY 还大力深化海外市场的拓展，目前海外门店数量也已达到 50 家。

三是以市场导向为依据，完成商品横向整合。根据品牌定位，LILY 对商品进行了梳理，使调整后的商品风格更清晰体现商务时装的特质，更聚焦。同时，横向调整企划、设计、技术、开发和采购等部门的工作模式，使之更协调高效。

四是顺应品牌发展趋势，积极开展基础

建设。为满足品牌扩张和物流增长的需求，LILY在南汇的物流基地经过半年的建设，已顺利投入使用。该仓库的存贮量可达到600万件，可满足近几年物流的需求。

四、发展趋向

2014年是进入“十二五”规划的第四年，对全面完成公司“十二五”发展规划至关重要。2014年中国外贸发展的国内外环境可能略好于2013年，但面临的困难和风险依然较多。从发展趋势看，各种叠加因素仍将对我国出口造成较大压力，弱势增长的态势难以根本性改变，但我国长期以来形成的比较优势仍将推动出口增长。近几年国内服饰行业的发展也将处于关键的变革期，由互联网和移动互联网推动的商业革命，品牌运营体系需要发生与时俱进的变革。这对公司品牌运营进一步发展也是新的挑战。面对2014年的新形势、新挑战，公司将深入贯彻落实科学发展观，紧密围绕加快转变贸易发展方式这条主线，继续把握稳中求进的工作总基调，按照“转型、升级、效益”六字方针，加快业务转型，促进模式升级，提升运营效益，实现稳中有进，确保公司持续、健康和稳定的发展态势。

上海市外高桥国际贸易营运中心有限公司

公司总经理
蒋琪民

一、概述

2013年是上海外高桥国际贸易营运中心有限公司(简称营运中心公司)全面整合后,迈入新的发展时期的开局之年。营运中心公司坚持"凝聚人心、团结奋进,攻坚克难、创新发展",在积极参与自贸试验区建设的过程中,认真落实"联动、转型、管理"三大工作,实现了服务联动进一步深化、转型发展迈出坚实步伐、内部管理水平得到持续提升的年初目标。

2013年,营运中心公司主营业务收入37.4亿元,净利润1.9亿元。在功能开拓方面,完成保税区医疗器械电子报检系统的开发并试运行、完成国际机床园区一期项目3.5万平方米的工程建设并完成实现部分物业的招商工作;选择知名酒类企业试点推广进口酒类防伪追溯系统。同时配合管委会做好亚太营运商计划相关工作。

二、经营实绩和措施

(一) 业务板块深化联动协同发展取得新进展

2013年11月12日,公司总经理蒋琪民出席新加坡——中国商务论坛并作题为"上海自贸区投资环境与运营简介"的主旨演讲

营运中心公司在全面实现各业务板块条线管理的基础上，积极利用公司整体业务和服务资源优势，不断深化横向服务联动，协作招商取得新成果。

1. 营销工作。积极拓宽招商渠道，实现了与20家中介机构的合作，为招商广撒网开辟新途径。不断加大招商联动力度，通过与综合市场进行信息共享，实现了12个项目的成功签约。凭借营销部自身在方案设计和制作上的优势，为业务部门业务招投标工作的顺利实施和成功招商发挥了重要作用。通过业务资源的合理调配、相关部门之间业务关系的平衡协调以及客户投诉及需求问题的及时解决，有效保证了业务协同开展和客户满意度的持续提升。同时，制定相关管理规定，使营销管理工作水平进一步提升、机制进一步完善，进一步保障了以营销为龙头的公司发展战略的实施。

2. 综合市场服务。进一步做精、做深、做细稳商留商工作，完善日常稳商工作制度，并制定稳商人员考核办法，坚持客户走访和稳商例会制度，做好每月交易分析，针对异常情况落实专人负责跟踪。同时，搭建服务平台，为会员企业协调、解决问题，提高了客户依存度。继续推进符合条件的客户申报营运中心、地区总部，充分利用政策稳定重点客户。积极落实“稳中有招”的工作要求，凭借市场自身客户资源，为兄弟业务板块推介全程物流、进出口代理、预归类、咨询等业务项目，通过联动、配合，实现与区各业务板块的联同发展。

3. 进出口贸易服务。为克服经济不景气及纯代理业务毛利下降的困难，在积极引进新客户的同时，深度挖掘老客户需求，以量的增长确保毛利收入的稳定。稳定大客户多措并举，在加大力度提升服务质量的基础上，更加注重通过亚太营运商计划、分拨业务的推广等办法，有效保证了重点大客户的基本稳定。同时，积极开拓全程物流业务，通过服务联动延伸供应链，为仓储物流板块提供业务机会。在业务配套方面，报关报检部门重点通过信息化建设、报关报检联络员制度实施等措施，不断规范、优化操作流程，持续提高工作效率。进出口事务部在完成商品预归类4万多条等部门工作指标的同时，积极参与公司重要项目特别是进口商品直销中心等转型发展项目的拓展。

4. 仓储物流服务。始终将客户服务工作放在首要位置，不断完善各项操作规程和管理制度，注重各个环节的服务质量，努力提高服务水平。将安全作业视为重中之重，坚持“安全第一”的管理理念，落实安全生产措施，及时整改安全生产隐患，有效推进了安全生产和服务质量管理。同时，努力提高信息化、智能化管理水平，实现进出库数据的全面跟踪、实时监控与查询，数据准确性和操作效率得到明显提升。此外，运输部门在注重服务效率提升的同时，严格考核供应商的服务质量和运费成本，加强了成本控制。

5. 咨询服务。紧紧把握自贸试验区设立机遇、抢抓常规咨询业务、积极开拓高端咨询业务。在与兄弟部门合作开展关联交易和同期资料等经常性项目保持稳定的基础上，深化与业务部门的联动，成功完成了沃尔沃、久保田、博泽汽车、杜邦公司等一大批高端咨询业务项目，服务能级得到不断提升。以高端业务拓展及规模化为方向、做“自贸试验区一流的咨询公司”的定位更加明确。大力发展融资租赁业务，全年共完成融资租赁项目92个，实现投资总额2.76亿元。同时努力做好自贸试验区融资租赁服务平台其它各项工作，为自贸试验区进一步发展融资租赁业打下坚实的基础。

6. 专业贸易平台。在夯实功能、完善运作的基础上，积极探索条件成熟的专业贸易平台向商业平台升级转型，实现专业平台发展的新跨越。

(1) 汽车与工程机械平台。有效推进车辆办证业务的改革工作，整合公司办证资源，建立了“大办证”业务体系；开展平行进口汽车试点项目的政策调研,为在区内筹建以平行进口汽车贸易为主营业务的自贸区进口汽车交易中心作好前期准备;有效扩大机械设备"抵押融资"等金融服务的范围,创新建立以金融与贸易相结合的核心增值服务体系。

(2) 医疗器械平台。在继续深化进口药品柔性通关系统以及医疗器械电子报检系统的开发、运行和推进工作基础上,贸易功能创新取得新进展,平台专业仓库成为海关及医疗器械所指定的唯一的第三方监管仓库,实现了检测用医疗器械产品在保税区内企业与检测机构的直接对接;平台与银行合作推出医疗器械产品货物质押融资方案,从而放大客户的医疗器械经销商业务规模,推进业务发展。

(3) 机床平台。通过深入研究进口机床的贸易环节,进一步发展了以机床展示、贸易代理、展品物流、零部件分拨为核心的服务模式:国际机床园3.5万平方米一期项目顺利完成,签约入驻客户总面积达到2.9万平方米左右;进口机床零部件分拨服务已经全面开展,新增3家客户;完善了展品临时进出区操作模式,实现了增值服务收入的大幅度增加;研究和尝试开展机床融资租赁服务,已成功引入3家融资租赁公司入驻机床产业园区。

(4) 进口红酒、化妆品、钟表以及高端消费品平台。这些平台纳入进口商品直销中心,在转型升级、集散地建设上迈出坚实的步伐。其中,新红酒中心已成为自贸试验区设立以来区域内接待各级、各方面视察参观的主要"看点"之一;钟表平台凭借负责中国商业企业管理协会钟表商业企业管理委员会秘书处工作的独特优势,在行业内的影响也在不断扩大。

(二) 转型升级稳步推进取得新成果

转型发展作为公司年度三大主题工作之一,体现在主营业务模式和功能创新、服务能级提升以及专业贸易平台升级的方方面面。其中,进口商品直销中心是公司参与自贸试验区建设、落实"改革创新、转型发展"战略最重要的创新举措,是公司在新的历史时期立足自身现有的客户、业务资源以及区位和功能优势,探索由进出口贸易物流行业向商业转型,引领自贸试验区商业发展制高点的重要部署。

进口商品直销中心采取批发零售店与保税仓库的共同经营,形成前商店后仓库、前交易后配货、前订单后提货、先销售后交税的展示和销售相结合的模式,并正积极争取"跨境电子商务功能"。同时,进口商品直销中心搭建专业的电子商务平台,以实现有形贸易与无形贸易的有机结合、线上线下优势互补。

营运中心系统消费品行业专业贸易平台客户群和三大综合市场、国际贸易业务中相关行业的客户群以及国家馆项目为直销中心提供了优质、稳定进口消费品渠道。其中,俄罗斯、立陶宛、泰国、中国台湾地区馆项目已相继完成签约,澳大利亚馆项目已签订合作意向书,新西兰、美国、欧盟、韩国、西班牙、智利及葡萄牙等7个国家和地区馆项目正在洽谈磋商中。

(三) 内部管理水平得到新提升

全年以内控工作的强化为总要求,通过定岗、定编、定员"三定"工作的实施、信息化建设、ISO质量管理体系导入为主要切入点,进一步规范和完善企业内部管理,提升了管理水平和档次。同时,财务管理作为企业管理中心环节的作用越来越明显,实行了专项财务分析制度,全年召开物流板块、进出口板块和咨询板块三个专项财务分析会,通过对大量的财务数据的搜集、整理和分析,"从财务视角看业务,从业务视角读数据",为相应业务板块的经营发展提供了宝贵意见和建议。

三、发展趋势

2014年公司要继续坚持"改革、创新、发展"的指导思想,紧紧围绕"深化整合、强化管理、提升服务、转型升级”的总体思路,牢记自贸区建设的使命,勇于探索,积极打造新经济模式,继续推进总部经济,进一步深化平台经济,为自贸试验区建设贡献力量。

(一) 以营销为龙头,以服务为支撑,以大平台建设为突破口,确保经营能级实现新提升

以统一管理和协调营销资源为手段,实现信息互通、资源共享,确保公司有限的服务资源实现收益最大化;进一步加大力度拓展功能,加强已落地功能和新服务项目的宣传推介,同时努力开展公司品牌建设和推广。

各业务板块方面,咨询业务以高端业务拓展及其规模化为方向,不断提升咨询服务的能级;综合市场要继续做好稳商、留商工作,并努力实现稳中有招,同时以专业化服务为抓手,积极探索转型发展的方向;国际贸易板块进一步用好用足已落地的功能和便利化措施,并不断探索创新,以优质高效的服务来服务好老客户、争取新客户。仓储物流方面努力提升物流服务的专业化程度,提高仓储物流管理和服务的水平和效益。

平台建设是公司创新发展的重中之重,要努力实现可复制、可推广、可服务、可持续的大平台建设。加快建设进口商品直销中心,启动电子商务平台,落实跨境通服务项目;机床平台打造符合国际标准的机床零部件供应服务链体系,完成机床产业园的二期规划和开工;条件成熟的其它平台抓紧向2.0版升级换代,如汽车平台做好汽车平行进口和零配件分拨项目;医疗器械平台建设自贸区医疗器械专用公共保税仓库,拓展平台服务专业物流服务。

(二) 以增效为目标,以机制为保障,以信息化建设为切入点,确保管理水平迈上新台阶

以ISO质量管理体系贯标工作和内控管理措施的完善为抓手,进一步推动公司运作规范化、制度化和精简增效。结合公司深化整合对业务和客户资源、资产资源、人力资源等的智能化管理要求,建立或完善相关信息平台;同时在投资管理方面,进一步根据公司转型发展的需要、特别是重大项目建设的要求,做好投资计划的调研、协调和实施。

东方国际集团上海市对外贸易有限公司

一、概述

2013 年外贸公司全体员工努力按照年初确定的“稳增长,促转型,求质量,增效益,惠民生,创和谐”的十八字工作方针,突出“稳中求进、稳中有为、稳中提质”的总基调,在大家的努力下,公司业务全年实现平稳健康发展,各项工作也得到了新进展。据海关统计,截至 2013 年年底,外贸公司进出口总额为 8.72 亿美元。其中出口 4.44 亿美元,进口 4.28 亿美元。

二、主要经营举措

(一) 积极稳妥开展大宗商品进口业务

2012 年,公司大宗商品的进口呈现下降趋势,为此 2013 年初,公司就将全年预算任务细化分解到各业务部,努力确保按照时间节点完成预算任务。同时,公司发动大家一方面努力防范和化解风险隐患,对每一笔大宗商品的业务申请都进行全方位的风控分析,查找隐患,另一方面又在风险可控的前提下,寻找一切机会,积极稳妥地开展大宗商品的进口。截至 2013 年 12 月 31 日,公司共报关进口 25099 万美元大宗商品,涉及钢材、化工、塑料、电解铜、矿产品、化纤和农林产品,占公司进口总额的 58.60%。

(二) 继续深挖内潜创新转型项目

2013 年,公司继续大力推进业务的创新发展,继续加强内外贸联动,并抓好新增长点的培育。SKF 轴承、巴塞尔汽车聚丙烯腈、ABB 开关柜和变压器等产品的内贸销售在 2013 年进一步得以发展,这三种业务的销售收入都在 2012 年的基础上明显增长,而且继续保持着发展的潜力。公司在孟加拉国的内衣厂项目进展顺利,为集团“走出去”战略起到了积极的示范和推动作用。公司经过 4 年多细心的市场开拓,已有 11 个品种与 22 个规格的仿制药获得英国药品与保健产品监管局的上市许可,开始步入批量出口,开启了我国仿制药生产与加工产品对英国出口的新局面,为我国成药出口欧盟开创了先例,效益和影响开始凸显。此外,为了进一步参与上海国际贸易中心建设,公司抓住上海自贸区试点的契机,积极参与“跨境通”电子商务平台的联动,探索向电子商务领域拓展。

(三) 强化风险防范,不断完善和细化内控制度

公司根据当前环境、形势变化,对原有业务内控制度加以不断完善和细化。同时针对目前外贸业务中大量出现的票据现象,公司通过易贸易系统,对票据进行电子化处理,设置预警系统,防范财务风险,提高工作效率。此外,为了及时掌握业务部涉及海关、商检等方面的业务风险事项并进行有效处理,公司出台了业务风险事项上报制度。

(四) 加强基础管理,夯实业务根基

面对严峻的外部经济环境,公司积极鼓励各业务部完成预算任务,除了继续执行的业务激励机制外,还调整推出了 2013 年度业绩考核办法,进一步加大了对业务转型发展的政策支持力度,并加重了对主要管理工作的考核比重。同时公司通过在本部实行部务

集团副总裁、公司执行董事周峻(右二)与公司总经理朱继东(右三)视察广交会展位

会议制度,成立 SFTC - YOUNG"青年家园"等活动,进一步加强了公司管理层与部门之间、管理部门与业务部门之间,特别是与一线员工之间的沟通。

此外,公司还加强了安全大检查和隐患排查工作,切实将安全工作落实到位。公司在 2013 年通过了上海市安监局指定第三方评审的安全生产标准化审评。

(五) 加强干部队伍建设和人才培养,提升公司软实力

2013 年,公司干部队伍和人才队伍建设继续有力、有序、有效推进。公司组织开展了有规模、有深度的中青年后备干部推荐选拔工作,有 30 名员工列入推荐范围。在民主推荐基础上,公司党委研究确定 10 名中青年后备干部考察人选报集团党委。这 10 名人员将按照集团安排分批参加中青年干部培训。

三、对外贸易

(一) 出口贸易

2013 年,公司出口贸易额为 4.44 亿美元。出口商品主要是化工品、纺织原料及纺织制品、机电设备、金属产品等。据海关统计,按照 2013 年海关 21 类 HS 商品分析,外贸公司的出口商品有八大类超 1000 万美元,其中有四大类超 5000 万美元。

2013 年主要出口商品情况表

商品名称	出口额(万美元)		占比(%)		比上年(±%)
	2013 年	2012 年	2013 年	2012 年	
化学工业及其相关工业的	12428	12462	28.01	27.12	-0.27
纺织原料及纺织制品	9019	8946	20.33	19.47	0.82
机电、音像设备及其零配件	6192	6656	13.96	14.49	-6.97
贱金属及其制品	5048	5117	11.38	11.14	-1.34

2013 年出口商品主要输往地情况表

国别(地区)	出口额(万美元)	占比(%)	国别(地区)	出口额(万美元)	占比(%)
日　本	10748	24.22	东　盟	2729	6.15
欧　盟	7628	17.19	俄罗斯	1883	4.24
美　国	7510	16.93	拉丁美洲	1632	3.68
非　洲	2889	6.51	澳大利亚	1002	2.26

(二) 进口贸易

2013 年,公司进口贸易额为 4.28 亿美元。进口商品主要是金属产品、机电音像设备及其零配件、化工品、塑料(橡胶)及其制品、光学医疗等仪器等。据海关统计,按照 2013 年海关 21 类 HS 商品分析,公司的进口商品有八大类超 1000 万美元,其中有五大类超 3000 万美元。

2013 年主要进口商品情况表

商品名称	进口额(万美元)		占比(%)		比上年(±%)
	2013 年	2012 年	2013 年	2012 年	
贱金属及其制品	13576	11795	31.69	25.65	15.10
机电、音像设备及其零配件	7708	7904	18.00	17.19	-2.48
化学工业及其相关工业的	6918	4831	16.15	10.51	43.20
塑料及其制品;橡胶及其	3572	4039	8.34	8.78	-11.57
光学、医疗等仪器;钟	3487	4066	8.14	8.84	-14.24

2013 年进口商品主要来源地情况表

国别(地区)	进口额(万美元)	占比(%)	国别(地区)	进口额(万美元)	占比(%)
日　本	15657	36.55	韩　国	3610	8.43
欧　盟	10763	25.13	东　盟	2077	4.85
美　国	4576	10.68			

四、发展趋向

2014 年公司深入学习贯彻落实党的十八届三中全会和集团 2014 年工作会议精神,坚持“提质增效,改革创新”的总基调,以改革创新为主线,以提质增效为核心,着力实现主业安全经营与稳步发展,着力推动公司发展转型持续深入,着力通过改革创新提升发展的质量和效益,全面开启公司可持续发展的新征程。

(一) 经营管理

1. 稳定主营业务,提升业务质量。以提高业务发展的质量和效益为核心,精心谋划好主营业务质量的提升工作,积极应对和化解不利影响;紧紧抓住核心主业,抓好重点项目与重要业务的推进,调整和优化产品结构、市场结构和客户结构,缩减粗放型经营模式;不断强化渠道建设、供应链管理、专业化经营等特色化、差异化经营模式,同时要做好抵御

2013 年 8 月 6 日，公司召开年中工作会议，布置下半年工作

行业性、系统性风险的准备。

2. 积极支持大宗商品业务的发展，努力探索大宗商品经营的各种方式。倡导创新转型精神，大力推进大宗商品业务，千方百计抓住各种市场机会，利用一切渠道发掘大宗商品的业务机会，只要政策允许，都要进行尝试和发展。

3. 不断强化创新驱动和转型发展，力求转型发展有新的突破。着力利用公司的传统优势，努力拓展和开发国外知名品牌的内销业务。同时公司鼓励和支持积极探索内贸业务的电子商务，建立公司的电子商务销售网络。

（二）体制改革

从公司业务发展的大局出发，加大改革整合力度，合理有效地整合部门资源，优化调整人员结构。公司将根据实际情况，按照专业化、规模化的要求，结合部门的发展前景和管理水平继续推进部门整合，做到成熟一个，推进一个。

（三）基础管理

进一步健全内控制度，明确和强化职能部门的监控职能。重新修订和完善公司绩效考核办法，继续全面推行管理部门重点工作和创新工作考核，尤其是要提高财务工作对公司业务发展的支撑力度。加快人才培养的力度，进一步优化人才结构，不断提高人员能力和素质，培养一批经营管理人才和专业技术人才。进一步完善公司信息化系统，提升抗风险能力。

东方国际集团上海利泰进出口有限公司

总经理
蒋明明

一、概述

2013 年金融危机阴霾未散，欧债危机仍未解决，世界经济复苏艰难。国内经济增速放缓和调结构深入，各类成本不断攀升与人民币持续升值，导致不少企业资金紧张，劳动密集型中小企业经营普遍困难。面对持续加大的经营压力，公司积极创新经营模式，提升供应链管理服务水平，通过更加集约化、专业化、规模化的经营，提高盈利能力和抗风险能力。

（一）采取多种措施应对困境，确保业务平稳发展

公司继续拓展自营业务，稳定代理业务。公司业务部门调整充实业务团队，在业务过程中更加注重细节问题，加强样品开发收集，加强对原料采购、工厂选择、产品质量、出运等重要环节的监控，以周到细致的服务赢得客户的信任，同时防范和控制可能出现的风险。代理业务方面，以老促新扩大业务，或以延伸供应链方式开拓新的业务领域。公司继续以承担全部或部分费用的方式支持业务部门开展出口信保业务、参加国内外特别是新兴市场相关展会，成效初显，非洲、拉丁美洲等新兴市场业务规模持续增长。

2013 年秋季第 114 届广交会上公司“雪花”品牌摊位

（二）推动企业由传统外贸商向现代贸易服务商转变

年内，公司加大内贸业务开拓，整合设计和内贸团队，先后开出3家主营自有品牌“SUNFLOWER”婴幼儿装的实体店，拓展实体经营渠道。同时，继原先4家网店后，公司又新开通1家网店。通过增加广告投入，加大销售力度，线上销售收入有较大增长。公司尝试对外推广自主品牌产品，内贸部门和公司香港美达飞公司共同努力，推动“SUNFLOWER”内贸产品以“SNOWFLAKES KIDS”品牌在港销售，迈出了公司产品内外结合的新步伐。下属富井工厂与内贸业务整合，探索内贸业务新途径。公司继续鼓励和支持进口，代理进口业务比重明显提高。

（三）加强制度建设与资源配置，完善经营管理

公司坚持风险业务评审制度，发挥民主监督督查小组的作用，对制度执行情况检查中发现的问题，及时予以整改。坚持做好信保投保业务的规范操作。针对预付款增多和行业普遍存在的资金紧张情况，公司进一步加强资金预付、支付管理，盘活用好公司资金，同时进一步开源节流，加强成本核算和控制。公司推进ERP后续工作，基本完成对所有业务部门的覆盖，业务与财务的联通模块、OA及HR系统进入测试阶段。公司综合考虑出口规模、利润等因素，出台新的外销员薪资考核办法；修改完善奖金分配方案，既兼顾公平又突出了对绩效优异部门和人员的奖励。在继续吸纳应届毕业生的同时，公司引进有一定工作经验的社会人才和内贸业务发展需要的平面设计等人才，构建与业务经营和转型发展需要相匹配的人才队伍。

从总体上看，外贸行业高成本低利润的现状仍在持续，公司盈利空间进一步收窄。2013年公司在出口规模和销售收入同比有所增长的情况下，经营利润却有一定幅度下滑。公司全年进出口贸易总额3.77亿美元，比上年增长10.55%。

二、对外贸易

（一）出口贸易

2013年，公司出口总额36531万美元，比上年增长10.27%。其中纺织类商品为公司主营业务，占出口总额的85.71%；非纺织类商品占出口总额的14.29%。

2013年主要商品出口情况表

商品名称	出口额（万美元）		占比（%）		比上年（±%）
	2013年	2012年	2013年	2012年	
年出口总额	36531	33128	100.00	100.00	10.27
针织及钩编服装	22413	19918	61.35	60.12	12.53
非针织及非钩编服装	3864	3853	10.58	11.63	0.29
鞋帽	1958	950	5.36	2.87	106.11
化学纤维短纤	1543	1049	4.22	3.17	47.09
机电设备	1447	1519	3.96	4.59	-4.74
棉花	921	673	2.52	2.03	36.85
化学纤维长丝	843	883	2.31	2.67	-4.53
其他纺织制品	823	634	2.25	1.91	29.81
金属制品	490	463	1.34	1.40	5.83
箱包	411	230	1.13	0.69	78.70
特种机织物	395	240	1.08	0.72	64.58
其他	1423	2716	3.90	8.20	-47.61

2013年公司出口商品主要销往欧盟、美国、日本等109个国家或地区，比上年减少3个。

2013年出口商品主要输往地情况表

国别(地区)	出口额(万美元)	占比(%)	比上年(±%)
年出口总额	36531	100.00	10.27
欧　盟	10980	30.06	-4.08
美　国	8611	23.57	10.88
日　本	4452	12.19	1.90
大洋洲	3474	9.51	32.39
俄罗斯	1680	4.60	46.47
波　兰	1372	3.76	43.36
加拿大	1265	3.46	0.00
非　洲	1249	3.42	86.14
拉丁美洲	1249	3.42	54.77
东　盟	971	2.66	4.18
中　东	646	1.77	46.82
挪　威	479	1.31	28.07
其　他	103	0.28	-92.26

2013年公司出口贸易方式以一般贸易为主，占出口总额的96.03%；来料和进料加工贸易为辅，占总额的3.97%。

（二）进口贸易

2013年，公司进口总额为1177万美元，比上年增加19.98%。进口商品结构与上年相仿，主要为纺织原料及纺织制品、医疗设备、机电设备等。

2013年主要进口商品情况表

商品名称	进口额(万美元)	占比(%)	比上年(±%)
年进口总额	1177	100.00	19.98
纺织原料及纺织制品	790	67.12	9.72
医疗设备	225	19.12	161.63
机电设备	135	11.47	-2.88
其　他	27	2.29	-25.00

2013年公司进口商品主要来自欧盟、日本、韩国、拉丁美洲等38个国家或地区，比上年减少1个。

2013 年进口商品主要来源地情况表

国别(地区)	进口额(万美元)	占比(%)	比上年(±%)
年进口总额	1177	100.00	19.98
日　本	265	22.51	80.27
欧　盟	254	21.58	-23.49
拉丁美洲	141	11.98	147.37
韩　国	36	3.06	-44.62
东　盟	24	2.04	71.43
其　他	457	38.83	24.86

(三) 货源基地和国内营销

2013 年,公司出口商品收购总额为 20.43 亿元,比上年增加 3.29%。在持续高成本状况下,公司多方努力改善供应商现状。海外建厂迈出实质性步伐,完成孟加拉国生产环境实地考察和开设毛衫生产工厂的可行性分析报告;获批准后成立境外办厂领导小组,进入具体实施阶段。进一步支持业务部门和业务人员加强与内地工厂的合作,降低成本,增加产能,增强竞争力。同时推出供应商共享信息平台,通过对已有合格供应商资料筛选和对近年来与公司有过合作经历的生产企业资料的核实等渠道,编制供应商共享信息名录。下属富井、祥虹、众合等生产企业加快转型发展,克服生产成本持续上升、招工难等困难,不断调整经营模式,完善内部管理和激励机制,加大业务外包力度,共计完成产值 8183 万元。

年内,公司内销业务线上线下累计实现销售 121 万元,比上年增长 303.33%。部分业务部门和下属工厂通过外销带动内销,通过境外客户品牌加工内销方式实现销售收入 2484 万元,比上年减少 13.45%。

东方国际集团上海市纺织品进出口有限公司

总经理
龚培德

一、概述

东方国际集团上海市纺织品进出口有限公司成立于1955年7月，是解放以后最早成立的专业外贸公司之一，现坐落于上海市虹口区四平路200号盛泰国际大厦。公司主要经营高、中、低档天然纤维和人造纤维织造的纱、坯布、漂布、色布、印染布、色织布；各类呢绒面料；多品种混纺织物；各类服装和纺织制成品以及其它非纺织商品的进出口贸易。自20世纪80年代以来，公司年进出口总额持续超过2.6亿美元，始终位于上海市最大出口企业排行榜的前列。

2013年是公司全面实施品牌战略和人才战略规划，努力打造企业核心竞争力的起步年。虽然面对极其严峻的国内外经济形势，但公司紧紧围绕集团提出的“转型、发展、改革、提升”八字原则及落实“稳出口、扩进口、促内销、调结构、抓转型、推改革”十八字工作方针，克服人民币加速升值，国内人力成本大幅上涨的不利因素影响，积极采取各项针对措施，充分发挥全体员工的集体智慧和创造力，实现全年出口（海关统计数）29734万美元，比上年上升4.46%。

公司能在2013年取得上述佳绩，主要在于采取了以下几项卓有成效的针对措施：

集团董事长吕勇明（右一）在广交会指导工作

1. 以品牌战略为导向的企业经营战略思想基本确定。2. 以人才战略为抓手的企业核心竞争力打造工作加快实施。3. 以绍兴海神印染厂为核心的货源基地建设顺利推进。4. 积极梳理企业内部经营环境,提升企业综合议价能力。5. 贯彻稳出口工作目标,提升企业市场适应能力。6. 严格执行管理控制程序,提升企业的抗风险能力。7. 积极探索转型发展,提升企业全面发展能力。

二、对外贸易

(一) 出口贸易

2013 年,公司出口总额 29734 万美元,比上年增长 4.46%;出口收汇 29618 万美元,比上年增长 3%。

主要出口商品有化纤布、服装、非纺织类和全棉布四大类。

2013 年主要出口商品情况表

商品名称	出口额(万美元)		占比(%)		比上年(±%)
	2013 年	2012 年	2013 年	2012 年	
年出口总额	29734	28466	100.00	100.00	4.45
化纤布	11738	10057	39.48	35.33	16.71
服　装	6609	8062	22.23	28.32	-18.02
非纺织类	5214	3778	17.54	13.27	38.01
全棉布	4788	4405	16.10	15.47	8.69

出口商品销往 124 个国家和地区,比上年减少 1 个。出口贸易的主要方式为自营出口、代理出口和来进料加工复出口等。

2013 年出口商品主要输往地情况表

国别(地区)	出口额(万美元)	占比(%)	比上年(±%)
年出口总额	29734	100.00	4.45
美　国	6176	20.77	13.89
欧　洲	3183	10.70	-17.54
日　本	2140	7.20	9.97
澳大利亚	1897	6.38	3.49

(二) 进口贸易

2013 年,公司进口总额 312 万美元,比上年下降 36.16%。进口商品主要有纺织品、磨具。公司进口商品来自 8 个国家和地区,比上年减少 2 个。

2013 年主要进口商品情况表

商品名称	进口额(万美元)	占比(%)	比上年(±%)
年进口总额	312	100.00	-36.16
纺织品	170	54.49	-15.84
磨　具	137	43.91	17.09

（三）货源基地

2013 年，公司出口商品货源累计收购 199258 万元，比上年增长 3%。其中上海市收购 54948 万元，比上年下降 14%，占收购总额 28%；向其它省市收购 144310 万元，比上年增长 12%，占收购总额 72%。

公司以绍兴海神制衣有限公司作为商品结构调整和产品升级换代的主要依托和重要的货源基地，将一些技术含量高、整理要求特殊的面料安排在该厂生产，做到了与各子公司全方位业务对接。同时积极开发新的货源基地，将一些低档次的产品加工基地转移到成本优势相对高的北方地区，有效分散了货源风险，避免货源生产基地太集中而引发的种种被动局面。

三、企业建设

（一）经营管理

1. 在充分调研、讨论的基础上，对主营优势商品棉涤纶布制定了《棉涤纶布价格管理条例》，以进一步提高该商品的经营能力，从而为主营业务收入的增加和企业盈利能力的提高打下坚实的基础。

2. 在坚持发展和扩大自营出口业务的同时，想方设法扩大代理业务，坚持两条腿走路的方针，从而使自营和代理业务齐头并进。

3. 对产品结构的调整制定激励措施，以加快原有优势品种的开发力度；并在公司内部实行产品差异化发展战略，以提高产品档次。

4. 积极探索网络接单方式，拓展业务渠道。

5. 积极倡导合理预测，在控制规模、操作有序的原则上开展远期结售汇业务，以加强财务管理，提高经济效益。

6. 通过完善和修改预付款制度，大量使用出口信保这一避险工具以及内部审计，来提升企业的抗风险能力。

7. “TRAFFIC”品牌系列产品成功入驻松江狐狸城，蓝印花布成功入驻东方明珠电视塔，这些尝试为公司积极探索内贸业务的

银河牌棉涤纶被评为上海市名牌

发展方向提供了宝贵的经验和一定的借鉴作用。

（二）体制改革

公司以人才战略为抓手，在2013年加快了用人机制改革的步伐。通过选拔一批后备干部、培训一批青年员工、引进一批专业人才，以“创造条件、提供机会、大胆使用”为新的人才培养体制来挖掘一大批政治思想牢靠、业务素质过硬的业务骨干和管理干部，从而在人力资源上为公司的转型发展提供保障。

（三）客户管理

根据公司体制的特点，为进一步规范企业棉涤纶布的经营秩序，适时推出《国外大客户管理规定》，由总经理办公室和财务部对大客户的出口业务实施ERP实时监控。通过对客户资源的有效管理，明显改善了公司整体的经营环境。

（四）品牌建设

首先实施品牌授权使用制度，对子公司使用公司品牌的长期性和有效性进行合理规划，充分发挥品牌商标在对外接单中的突出作用。二是全面实施《商标标识使用管理规定》，提升出口商品外包装的质量和美观度。三是投入巨资对自主商标进行了清理，并重新备案，同时加强对自主品牌的宣传力度，以全面实施国内外商标知识产权保护。

东方国际集团上海家纺有限公司

总经理
杨国铭

一、概述

2013年,传统市场继续萎缩,外部环境趋紧导致贸易保护主义抬头,劳动力成本、原材料成本和人民币汇率的上升,几大因素对家纺公司的出口业务造成严重影响。对此,公司上下背水一战,在逆境中求生存,基本完成了全年的预算。

(一) 加强沟通,共克时艰

年初,公司出台《关于积极扩大出口的奖励办法》,设定分档奖励标准,鼓励业务部门克服困难,争取多成交、多出运。公司多次召开业务科长、主要外销员座谈会,共同分析形势,倾听一线呼声,解决实际问题。同时,公司增加与客户的交流沟通,分管经理多次与业务经理一起主动拜访客商,加深了解,巩固关系,解决问题,促进业务发展。

(二) 主动调整,以变应变

面对瞬息万变的市场,公司充分发挥主观能动性,稳规模、求增长。针对传统市场需求萎缩现状,公司强调主攻新兴市场,业务部门凭着敏锐的市场嗅觉,捕捉客户需求,及时调整产品,并充分了解客户对产品的要求。2013年新兴市场的出口比上年有一定的增长,在一定程度上弥补了出口缺口。

2013年广交会上海交易团团长、市商务委副主任顾军莅临摊位了解情况

（三）源头抓起，控制风险

公司进一步加强对代理出口委托方的管理，出台《代理出口委托方管理办法》，从源头上控制代理出口风险。要求对于新建立委托代理关系的代理出口业务，部门经理要逐一面谈，对于预计出口超过100万美元或有异常情况的由分管副总经理一同参与洽谈，以加强对委托方实际情况的甄别，防止无真实贸易背景下的代理业务。对于重点工厂，则根据供货量由部门经理或分管经理实地了解，对于出口异常情况，加强监控。

在自营业务方面，公司出台《关于完善自营业务项下已直送码头、存厂货物的货款支付和备品备料合同管理的通知》，在ERP系统中加强了自营业务的货款支付管理。为准确区分自营、代理业务，加强费用管理，扶持自营业务奠定了基础。

（四）转型调整，发展内贸

2013年公司积极借助多种途径开展内贸营销，做到批发零售、线上线下多点开花。在集团的帮助指导下，公司在Foxtown开设了第三家“DEBED 333”品牌专卖店。同时还成立内贸产品开发小组，力求将内贸的品种由床上用品扩展到厨房用品、盥洗用品以及婴幼儿用品。公司还走访集团内部几家内贸工作领先的兄弟公司，学习他们的经验，为今后的发展打开思路。

2013年，公司实现销售收入132730.04万元，比上年减少4.59%；进出口贸易总额23672万美元，比上年增加0.61%。

二、对外贸易

（一）出口贸易

1. 2013年公司出口22818万美元，比上年增加1.08%。

2. 2013年出口商品结构及金额，与上年相比的变化如下表：

2013年主要出口商品情况表

商品名称	出口额(万美元)		占比(%)		比上年(±%)
	2013年	2012年	2013年	2012年	
年出口总额	22818	22575	100.00	100.00	1.08
服　装	6998	5967	30.80	25.70	17.30
床上用品	4453	4573	19.60	19.70	-2.62
餐桌用品	1787	1701	7.87	7.32	5.06
窗　帘	131	98	0.58	0.42	33.67
线　带	135	240	0.59	1.03	-43.75

3. 2013年公司商品出口到世界90多个国家和地区，美国、日本和欧盟仍是公司主要出口目的国。

2013年出口商品主要输往地情况表

国别(地区)	出口额(万美元)	占比(%)	比上年(±%)
年出口总额	22818	100.00	1.08
美　国	7792	34.30	-0.20
欧　盟	3620	15.93	-7.86
日　本	4660	20.51	-8.42

（续表）

国别（地区）	出口额（万美元）	占比（%）	比上年（±%）
大洋洲	2571	11.32	7.57
中南美	781	3.44	-2.86
非洲	165	0.73	-30.67

4. 2013 年公司出口贸易的主要方式为一般贸易，来料加工和进料加工也有一定比例。

（二）进口贸易

1. 2013 年公司进口总额为 854 万美元，比上年减少 10.48%。

2. 2013 年进口商品类别及各类商品占进口总额的比例如下表：

2013 年主要进口商品情况表

商品名称	进口额（万美元）	占比（%）	比上年（±%）
年进口总额	854.00	100.00	-10.48
纺织原料及纺织制品	454.82	55.67	-16.51
运输设备	123.37	15.10	-10.52
化学制品	17.81	2.18	-19.26
杂项	180.15	22.05	-1.69

3. 2013 年进口商品主要来自日本、韩国、东南亚等国家和地区，约占进口总额的 80%左右。

（三）货源基地

2013 年公司出口商品收购额为 160869 万元，其中市内收购 64812 万元，市外收购金额 96057 万元。

上海市对外服务有限公司

一、概述

上海市对外服务有限公司隶属于上海东浩兰生国际服务贸易(集团)有限公司,成立于1984年8月。公司专业向在华外商代表机构、三资企业、国有和民营企业提供人事代理及派遣以及业务流程外包、招聘、薪酬、福利、培训、咨询等一站式人力资源解决方案。

29年来,公司始终专注于中国人力资源服务的专业领域,恪守“专业、严谨、创新、和谐”的企业精神,建立了以客户需求为导向的服务体系、先进的服务模式、领先的技术平台、遍布全国的服务网络、完善的质量管理流程以及专业的服务团队,并获得客户的广泛认可。在华投资的全球500强企业中,已有85%选择上海外服作为人力资源服务合作伙伴。上海外服稳定地处于中国人力资源行业的领先地位。

经过十余年的全国性拓展,公司实现了由“立足上海”到“辐射全国”的转型——在北京、沈阳、大连、天津、青岛、南京、无锡、苏州、昆山、杭州、宁波、厦门、广州、深圳、成都、西安、武汉、福州等18个大中城市设立了区域公司,全国服务网点多达320个。

截至2013年底,公司全国服务客户数超过25000家,服务雇员达到125万人,服务规模继续位居国内市场首位。同时,公司位居“2013上海市百强企业”第20位、“上海服务业企业50强”第10位,获评“上海市服务贸

上海外服举办“知行中国——新法环境下的雇佣策略”研讨会

易重点企业”和“高校毕业生就业见习国家级示范单位”，两个文明建设取得了双丰收。

二、主要工作

2013年，面对经济环境、政策法规和市场竞争的严峻挑战，公司在集团的领导下，按照提升服务效率、效益、效能的总体要求，加快“三化建设”和“外服中国”战略实施，不仅圆满完成了全年各项目标任务，经营业绩再创新高，更在开拓全国重点区域市场、创新服务产品和服务模式、提升人力资源综合服务解决方案能力等方面获得了突破。

2013年，公司党委在集团党委领导下，完成新一届党委的换届改选及新班子调整，深入开展党的群众路线教育实践活动，扎实推进基层党建和外企党建工作，深入实施党工团联动。公司党委再次获市国资委红旗党组织的光荣称号，公司工会被评为上海市总工会发布的“职工之家”，公司党建和企业文化建设取得双丰收。

（一）建设全国一体化的人力资源服务体系

按照“外服中国”战略目标，公司加快建立与全国性人力资源服务相适应的组织架构，优化总部管理机构，完善市场、运营、管理等专业机构的设置，使各项运作更趋专业化、规范化和精简高效。

公司积极整合资源、完善体系、创新产品、开拓渠道、建设团队，开展全国营销一体化建设，全面提升全国市场开拓和营销能力，进一步巩固和扩大了公司在全国人力资源行业领先的市场地位。

公司大力推行南方和北方大区建设，按照总部、大区、服务网点的全国一体化模式，将服务理念、优质产品、高效流程和专业人才源源不断输往各地，带动了全国人力资源服务业的整体性发展，还帮助当地招商引资、促进就业，有力推动了当地经济的发展。

在全国管控建设方面，公司进一步完善以财务管理为核心的管控体系，完善资金管理、预算管理、内控管理和全成本核算，执行统一的基本财务制度、会计核算办法以及会计科目设置，实现更加稳健、系统的全面精细化管理。持续跟踪和优化全国服务供应链管理体系，进一步提升了全国服务内容、服务标准、服务质量一体化水平。

（二）形成领先的人力资源综合解决方案能力

公司以客户需求为导向，推进产品创新和优化。重点落实产品需求管理、产品研发项目管理等核心流程，围绕客户需求建立定期沟通制度，提高了对客户需求的反馈速度。在充分调研、对标国际企业，内外部专家共同研讨的基础上，积累形成行业领先的人力资源综合解决方案能力，实现了公司服务产品由单一传统服务向综合性、专业化人力资源服务解决方案的转型。

在BPO外包市场领域，公司加强以金融行业客户需求为导向的服务设计和能力建设。赢得多家金融机构后台外包项目，进一步加强驻场服务能力，实现了从驻场模式到离场模式的跨越。与国家电网上海电力公司签订业务外包协议，拓展了BPO业务的新领域，推动公司业务转型和创新突破。

在服务运营模式方面，公司通过流程重组、架构优化、技术创新，推进流程的标准化和集约化，推动业务中心销售职能与服务职能的分离，在服务后台形成标准化、集约化、专业化的服务流程，释放公司销售资源，降低运营成本，提升客户体验，推进运营模式创新，进一步提升了人力资源专业服务的规模效应和标准化服务的集约化水平。

（三）实现技术平台和客户体验全面升级

公司持续加大信息化投入，推进信息化建设。公司以客户平台体验和专业人力资源服务信息化需求为出发点，全面落实以“速创、速应、速信”系统为核心的人力资源服务系统功能和技术的持续升级，提升各类专业服务效率和服务质量。

在服务平台方面，公司进一步完善以网络、移动通信技术为平台的服务体系，提升服务水平，实现了包括服务预约、服务跟踪、服务查询等多项功能，初步实现生产端、供应链和客户端三线并举的综合技术解决方案。公司积极维护APP一期平台，开发上线APP二期平台，更新平台界面和栏目，增加了推送、收藏、分享和定位功能，推出外服电子台历，全面提升服务友好性与便捷性。

在客户服务方面，完成呼叫中心系统改造和数据切割，客服热线962002正式升级为全国客服热线4001962002，建立“普通坐席—资深坐席—专家坐席”三级坐席岗位体系，员工投诉和居住证咨询初步实现了一站式声讯服务。推进《全国分包服务商标准化评估管理体系》实施，完成全国所有分包商和区域公司的体系贯标和培训。

在信息安全性方面，公司依据国际标准，系统梳理信息管理流程和风险防范管理体系，通过了ISO9000质量管理体系和ISO27000信息安全体系年度复审，确保服务管理的信息安全性和持续性。

（四）做能突破、有远见、敢担当的企业

为成为中国领先的人力资源服务企业，公司以建设优秀企业文化为目标，强化专业团队和企业文化建设，培育企业和全体员工的社会责任感，树立国际化、专业化的人力资源服务企业品牌。

围绕建设具有国际化视野、专业胜任力人才队伍的目标，公司通过科学调研、统筹安排、系统实施和落实干部和员工职业发展计划、全员培训计划，并持续完善以市场为导向的绩效薪酬体系，密切个人薪酬与绩效的关联度，全面搭建企业人才可持续发展平台。

公司以支持和引领中国人力资源服务行业创新发展和提升行业服务能力已任，积极推进人力资源服务业的产、学、研合作，与北京大学合作出版2012年人力资源服务业白皮书。公司相继在《解放日报》、人民网、东方网等主流媒体上推出了专版系列性报道，集中展现了服务优势和品牌形象。举办“知行中国”全国系列培训、自贸区专题讲座、劳动论坛和最佳职场评选等活动，提升了品牌影响力。

三、发展趋势

2014年是改革年，公司将在东浩兰生集团的领导下，深入学习和领会十八大和十八届三中全会精神，用好国家深化改革、自贸区开放、互联网经济和集团重组红利，立足庞大的客户资源、强大的线下服务能力和30年的品牌积累，以改革的智慧和勇气，坚定推进改革创新、转型发展，整合大数据，构筑大平台，不断提升运营的效率、效益、效能，努力建设成为国内一流、具备国际竞争力的综合人力资源服务商，以优异成绩迎接公司成立30周年！

上海市食品进出口有限公司

总经理
金国忠

一、概述

上海市食品进出口有限公司传承新中国专业食品外贸公司60年的荣誉创业历程，保持着与五大洲100多个国家和地区的贸易往来，形成了一大批进出口商品群。其中出口食品商品主要有活畜禽、水产品、食品制成品、罐头食品等，出口的非食品类商品主要有家具、木材、服装、纺织品、轻工业品等；进口商品主要有冻家禽、酒类、橄榄油、乳制品、塑料粒子、金属器皿等，各类商品齐全。公司拥有“SF”、“长城”、“珍宝”、“梅林”等国内外知名的自主出口品牌，其中“SF”商标连续多年被上海市外经贸委、进出口商会评为“上海出口名牌”。公司连续多年被授予“上海市外贸出口百强企业”称号。2013年，公司完成进出口1.93亿美元，比上年2.04亿美元减少5.39%。其中，出口额0.99亿美元，比上年1.27亿美元减少22.21%；进口额0.94亿美元，比上年0.68亿美元增长38.24%。公司实现营业收入16.13亿元，比上年15.88亿元增长1.57%。

进入上市公司三年来，公司坚持以“创新、转型”为契机，进出口贸易并举，以代理

2013年，上海梅林正广和股份有限公司党委副书记庞毅薇与公司总经理金国忠等领导视察第114届中国进出口商品交易会上海市食品进出口有限公司展位

服务业为基础，夯实利润；践行转型发展做大进口，尤其是食品进口；坚持以盈利为中心，加强内控管理，提高运行质量，努力达到发展新水平。

二、对外贸易

（一）出口贸易

2013 年，受欧、美、日等市场经济复苏缓慢和政治因素影响，出口额大量减少。其中主要是由于公司输美家具业务反倾销应诉失败，其次是活鳗出口日本的业务受阻，以及受欧美国际市场不景气的持续影响，公司代理的纺织品、玩具、文体用品和部分食品类出口也相继大幅度减少。虽然多种商品出口遇冷，但是公司积极开拓新商品、新市场。其中羽绒制品、日用五金及纺织丝绸等商品是 2013 年出口商品的新亮点。

2013 年主要商品出口情况表

商品名称	出口额（万美元）		占比（%）		比上年（±%）
	2013 年	2012 年	2013 年	2012 年	
年出口总额	9908.68	12737.39	100.00	100.00	-22.21
服　　装	1628.33	1976.36	16.43	15.52	-17.61
水洗鸭绒	1381.55	378.00	13.94	2.97	265.49
纺织、丝绸	1081.92	791.92	10.92	6.22	36.62
日用五金	1057.24	824.70	10.67	6.47	28.20
家　　具	1024.58	2429.85	10.34	19.08	-57.83
罐　　头	635.25	421.30	6.41	3.31	50.78
化工产品	470.58	442.86	4.75	3.48	6.26
日用杂品	422.84	419.24	4.27	3.29	0.86
家电设备	394.70	618.49	3.98	4.86	-36.18
木　　材	334.55	469.81	3.38	3.69	-28.79

2013 年公司出口商品销往 100 个国家和地区，与上年持平。

2013 年出口商品主要输往地情况表

国别（地区）	出口额（万美元）	占比（%）
美　　国	2207.86	22.28
中国台湾	1263.99	12.76
日　　本	756.06	7.63
英　　国	630.06	6.36
澳大利亚	572.86	5.78
巴　　西	407.98	4.12
德　　国	361.25	3.65
以 色 列	294.25	2.97
西 班 牙	275.15	2.78
丹　　麦	272.73	2.75

（续表）

国别（地区）	出口额（万美元）	占比（%）
法　国	235.51	2.38
俄罗斯	223.73	2.26
韩　国	212.10	2.14
荷　兰	180.98	1.83

（二）进口贸易

2013 年，食品类商品已成为公司最主要的进口产品，食品类商品大幅增长主要依靠公司各业务部门继续做大做强传统进口食品商品，充分利用副食品、奶制品等商品的公司进口资质和配额优势，不断扩大新业务，增加业务量，使食品类进口商品比往年有了很大增幅。

2013 年主要进口商品情况表

商品名称	进口额（万美元）	占比（%）
副食品（冻家禽、冻猪肉等）	3528.46	37.28
木　材	1838.20	19.42
食品制成品（酒、橄榄油、奶制品、巧克力等）	1735.72	18.34
聚乙烯	1661.28	17.55
橡胶制品	296.53	3.13
箱　包	162.80	1.72
其他商品	241.75	2.55

2013 年，进口商品来自 34 个国家和地区，与上年持平。

2013 年进口商品主要来源地情况表

国别（地区）	进口额（万美元）	占比（%）
智　利	1215	14.29
加拿大	1210	14.24
澳大利亚	1208	14.21
美　国	1172	13.79
沙特阿拉伯	516	6.07

三、发展趋势

2014 年，公司将继续充分利用 60 年来从事外贸食品业务所积累的品牌商誉、专业服务经验及境外商标知名度等优势，无偿提供与业务协作单位在广交会食品展位的商品推广工作；通过协同企业的可出口商品，积极开发公司在国外已注册的各类商标的市场价值，并且由公司根据合作单位的需求提供全方位优质到位的服务产品；积极利用上市公司的各种现有零售终端和通道，引进和开发国外投资合作者；利用现有的资源优势，坚持进出口并举，努力提高公司的盈利能力，从单纯的代理业务模式逐渐向自营业务模式转移，提高毛利率；通过经销商打通电视购物和电商的渠道，努力把公司现有的优质进口食品商品在市场完全铺开。

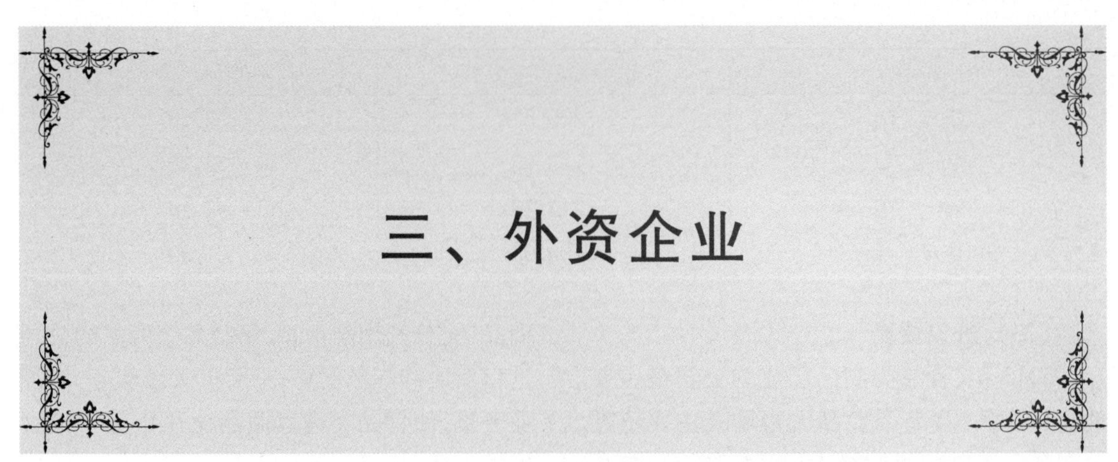

三、外资企业

上海大众汽车有限公司(中外合资)

1983 年 4 月 11 日,中国汽车业悄然迎来划时代的一刻——第一辆桑塔纳轿车在上海安亭组装成功,开始了“一辆车改变一个行业”的传奇历程。上海大众也由此踏上了追求卓越质量的道路。

1985 年 3 月,上海大众汽车有限公司成立。上海大众总部位于上海安亭国际汽车城,截至 2013 年已经形成了以上海安亭为总

1983 年 4 月 11 日,第一辆桑塔纳轿车在上海安亭组装成功

部,辐射南京、仪征、乌鲁木齐、宁波的五大生产基地,包括七个整车生产厂、两个发动机厂和一个技术开发中心。2013 年 11 月 15 日,上海大众第 1000 万辆轿车下线,至此,上海大众成为国内第一家产量突破 1000 万辆的轿车生产企业,再度创下国内乘用车行业的记录。

上海大众致力于提供适应中国顾客需求并符合国际标准的汽车,以安全、优质、节能、环保的产品和卓越的服务,提高消费者的生活品质。上海大众秉承德国大众的严谨态度,并赋予生产线上的每一辆车以世界一流的制造工艺与最先进的生产设备,将"质量领先"的理念和原则贯穿于产品开发、供应商、生产、销售及售后服务的整个业务链;全自动化的冲压生产线和大量机械手臂的运用,使构成汽车零部件的每个金属冲压件均达到精良标准;精确而高效率的激光焊接技术,不仅最大限度保证了整车的车身强度,提升车辆的安全性,同时也使车身焊缝美观,表面光洁;创造性地使用驾驶舱与车身粘结工艺,使驾驶舱与车身更加一体化,在提高整车密封性的同时,也减少了行车过程中的噪音。

除了持续推进保证精益化生产,严苛的质量检验手段也成为卓越产品品质的试金石。300 分钟,2400 多个零部件,上海大众的每一款新车均要接受国际标准的严格"体检"。从头发丝大小的油漆颗粒,到关车门时轻微的异响;从细小零件的测试实验,到整车安全性和舒适性的质量标准把关,上海大众如同外科医生般细致而缜密地推敲着产品的每个组成部分。

在质量领先理念的指引下,上海大众于 2001 年成为中国汽车行业首家也是唯一一家获得全国质量管理奖的企业,并多次荣获"上海市质量金奖"。2012 年 2 月,上海大众获得"上海市市长质量奖",这是上海市质量领域的最高奖项,也是对"质量是上海大众的生命"这一理念的最好诠释。

上海大众汽车的大众品牌产品包括 Santana、Passat、Polo、Touran、Lavida 和 Tiguan 等系列。从企业诞生以来,上海大众不仅引入了各个时期技术最先进、质量最优秀、最有口皆碑的大众品牌车型,而且根据中国道路特点与中国消费者的需求,对相关车型进行了本土化设计与调整。随着本土开发创新能力

上海大众的桑塔纳轿车总装车间

的增强，上海大众的产品也赢得了中国消费者的青睐，各款大众品牌的车型都完美地融入中国本土市场。

2005年上海大众启动了多品牌战略，德商大众汽车集团旗下具有良好成长性的百年斯柯达品牌正式落户上海大众，并于2007年推出首款战略车型。截至2013年，上海大众的斯柯达品牌已经完成了由Superb速派、Yeti野帝、Octavia明锐、Fabia晶锐和Rapid昕锐五大车系组成的产品构架，实现了对国内B级、SUV、A级以及A0级车市的全面覆盖。基于大众、斯柯达两大品牌，上海大众目前拥有十大系列产品，覆盖A0级、A级、B级、SUV等不同细分市场。

上海大众拥有功能完善、具备国际领先水平的技术开发中心及国内第一家为轿车的开发试验而建造的专业试验场。随着Lavida朗逸和New Passat全新帕萨特等车型的推出，上海大众的自主开发水平正逐步显示，相关开发工作逐步纳入大众汽车集团全球开发体系。

经过多年的发展和完善，截至2014年6月，上海大众汽车旗下的大众品牌销售服务网点达到1086(包括所有一二级网点和在建单位)家，全国的地级市网络覆盖率超过80%，在国内市场形成分布最广、布点最密的轿车营销与售后服务网络。2005年起，上海大众的大众品牌推出了国内第一个将营销与售后服务进行业务整合的服务品牌——“Techcare大众关系”，包含了营销、售后服务、汽车金融、二手车置换、附件和车主俱乐部六大模块的内容，提供售前、售中以及售后的全程服务。

在引进斯柯达品牌系列产品的同时，上海大众也将斯柯达品牌国际领先的服务品牌“Human Touch”引入中国，并充分考虑国内消费者本土化需求，为中国消费者提供更具针对性、更专业的营销与售后服务体验。截至2014年6月，上海大众斯柯达已在全国范围内建立了478家营销服务网点。2011年，上海大众斯柯达北京机场客户服务中心正式开业，由此成为国内同级别汽车品牌中第一家在机场开设客户服务中心的汽车品牌，充分展现了这个以服务见长的汽车品牌在汽车服务领域的创新。

本着回报社会、造福社会的理念，上海大

宣传“宝贝安行”公益活动

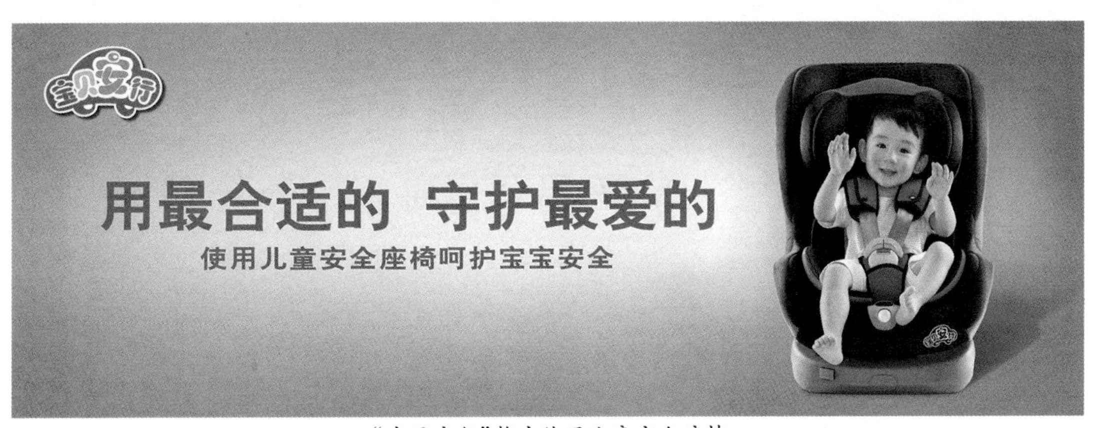

"宝贝安行"推广使用儿童安全座椅

众广泛地参与社会公共事务、科学、教育、文化、卫生及各种社会公益事业。

儿童出行安全是一个关乎每个小家庭和社会大家庭的共同话题。随着社会发展、道路的繁忙,儿童在各类交通事故中的受伤害比例和程度远远高于成年人。如何保护儿童乘车安全,成为近年来社会关注的焦点。

作为国内最早成立的轿车合资企业之一,在为众多家庭车主提供优质安全的产品和服务的同时,上海大众也始终关注儿童健康成长,特别是儿童出行安全。近年来,上海大众通过打造"宝贝安行"公益品牌,成为业界推广儿童安全出行理念、普及使用儿童安全座椅的先行者。并率先跨出守护儿童乘车安全的第一步。2012 年 6 月,上海大众携手多家政府机构联合举办"宝贝安行"公益项目,呼吁全社会关注儿童出行安全。

2013 年上海大众"宝贝安行"行动进一步向推广、示范科学、有效的保护方法方面深入。11 月,上海大众与上海市儿童基金会就儿童安全座椅捐赠项目签署了合作备忘录,通过基金会向社会捐赠 2000 把儿童安全座椅,用于儿童安全座椅的示范和普及。2014 年,上海大众宝贝安行儿童出行安全公益项目推广活动在上海、宁波、南京等全国多个城市陆续展开,通过精心制作的儿童安全座椅宣传手册、宣传展板以及专业培训师的现场讲解,帮助更多的家庭和父母纠正儿童乘车过程中的安全盲区,了解儿童安全座椅的分类和正确使用方法。凭借不断提升的影响力,"宝贝安行"公益项目也获得了各界的认可。在第十一届中国最佳公共关系案例大赛评选中,"宝贝安行"儿童乘车安全公益项目荣膺公益传播类案例金奖。

2014 年是上海大众的 30 周年,同时也是即将迈入"领航! 2015"计划的关键之年。凭借在产能布局、产品研发、市场表现、售后服务、人力资源等各个领域的卓越实践,上海大众不断书写着中德合作的价值典范。而公司对企业公民责任的践行和努力,也为推动企业可持续发展、孕育文明未来画下了最佳注脚。

站在 30 周年的新起点上,上海大众将不断确立行业领先优势,将企业打造成中国产销量最高、最具盈利性、用户满意度最高的汽车企业,同时成为最具吸引力的雇主以及最有社会责任的汽车企业,大步迈向下一个卓越 30 年。

捷豹路虎汽车贸易(上海)有限公司

一、全球战略

2010年7月,捷豹路虎在华成立国家销售公司——捷豹路虎汽车贸易(上海)有限公司。总部设在上海,在北京、广州、成都设有3家区域办公室。捷豹路虎是一家拥有两个顶级品牌的英国汽车制造商。拥有79年品牌历史的捷豹与拥有66年品牌历史的路虎,以其迷人设计、领先科技和非凡性能成为引领现代生活的潮流标志。不断缔造辉煌传奇。时至今日,捷豹路虎已成为英国最大的豪华汽车制造商,在全球拥有17家国家销售公司,产品行销180个国家。

作为英国最大的汽车业雇主,捷豹路虎拥有一支优秀的员工团队,其全球员工数达近29000人。不仅如此,捷豹路虎还通过供应链、经销商网络及其他业务为190000余名员工提供工作机会,并通过公司在全世界近2500家经销商和超过53000名经销商员工组成强大网络为消费者提供卓越产品与优质服务。

捷豹路虎以领先的设计、卓越工程创造力和不懈的技术创新作为企业驱动力,在未来五年将推出40款重要产品。2013/2014财年捷豹路虎投资27.5亿英镑用于该领域,2014/2015财年,投资还将增加到超过35亿英镑。截至2013年底,40款产品中的22款车型已经推出上市。

作为轻量化技术的全球领导者,捷豹路

捷豹路虎高层合影

虎致力于使用轻量化材料来减轻汽车重量、提高燃油经济性。捷豹 XJ、XK 采用铝制一体式车身结构,全新两座敞篷跑车捷豹 F-TYPE 也采用了业界顶尖的全铝车身结构。而作为全球率先采用轻量化全铝承载式车身结构的 SUV,全新一代揽胜和全新一代揽胜运动版均减重达到 420 公斤,油耗和二氧化碳排放量也大幅降低。

二、在华大力投入基础建设

捷豹路虎在中国始终大力投入,积极建设基础设施:位于北京和上海的两个培训学院,每年为超过万名经销商员工提供专业培训;位于广州的第三家培训学院将于 2014 年内投入使用。位于苏州、北京、广州、重庆的 5 家零备件配送中心和位于天津、上海、广州的 3 个港口,则大大提升了物流网络的效率以及服务水准。3 家位于北京、广州、湖州的路虎体验中心,更为消费者提供切身感受品牌体验、全面了解产品的绝佳平台。目前,位于成都的第四家路虎体验中心也正在积极筹建中。未来,捷豹路虎计划在中国建立 7 家路虎体验中心。

捷豹路虎在中国非常重视以“完美平衡”作为企业核心文化对待员工的发展。为员工提供各种层次和阶段的职业发展机会和培训以及完善的绩效评估体制,并鼓励员工在工作和生活中保持平衡。捷豹路虎中国员工总数已达 400 人,其中 85% 是中国人。而且是一个年轻的、具有创新精神的团队,85% 的员工年龄在 40 岁以下。

为了进一步贴近消费者,捷豹路虎始终坚持优化服务质量,不断拓展经销商网络。截至 2014 年 3 月,捷豹路虎在华签约授权经销商数目已达 248 家,其中 144 家已投入运营,覆盖全国 90 多个城市。捷豹路虎致力于与经销商携手比肩,确保为消费者提供全面、独特、卓越的品牌体验。

自在华国家销售公司成立以来,捷豹路虎实现了健康的销量增长。2013 年,中国已跃升为捷豹路虎第一大市场,销量较 2010 年翻了三番,并以两位数的增速继续稳步前行。

三、秉承“客户至上”理念

捷豹路虎始终将客户置于企业运营的首位。在“中国定制”战略的指引下,公司致力于为中国消费者带来最先进的产品。中国消费者的需求和意愿,已经成为捷豹路虎全球产品研发的重要考量标准。为支持该战略的实施,捷豹路虎在上海设立专属研发团队,对中国消费者的喜好和需求进行分析研究,为其全球产品的设计研发传达中国市场的声音。

与此同时,捷豹路虎致力于以高燃油经济性车型回馈中国市场。从 2013 款起,捷豹 XF 和 XJ 都提供了 2.0 升 I4 涡轮增压和 3.0 升机械增压汽油发动机的动力选择,再一次充分展示了捷豹路虎对技术创新的不懈努力以及“中国定制”战略的成功。而路虎揽胜极光和神行者 2 代 2.0 升 Si4 汽油版,同样助力了捷豹路虎在中国市场的稳健发展。采用轻量化全铝承载式车身结构的全新一代揽胜和全新一代揽胜运动版,是全铝承载式车身结构和高燃油效率发动机的完美结合,也备受消费者青睐。

在客户服务方面,捷豹路虎中国的“客户至上”理念是不遗余力的提升客户满意度。拥有全球统一标准的设施,将为其优质的服务提供保证。先进的硬件设施,世界一流的专业培训,确保所有捷豹路虎经销商都能为中国消费者提供全球统一标准的卓越服务。目前,捷豹路虎已为客户提供了优于国家政策的三包服务,进一步提升客户满意度及忠诚度。此外,2014 年 2 月,公司携手中国领先的财产保险公司——中国人保财险,向中国消费者推出延长保修服务。而“售后服务技能大赛”、“服务顾问技能大赛”、“精英技师服务大赛”和“配件技能大赛”,也以

捷豹路虎中国青少年梦想基金正式启动

360 度全方位竞赛机制，为整体提升捷豹路虎品牌体验奠定了坚实的基础。

四、迈向本土化生产

为了更好地满足中国消费者的需求，捷豹路虎与中国奇瑞汽车公司建立合资公司以实现本土化生产。在完成国家的相关审批手续后，奇瑞捷豹路虎合资项目于 2012 年 11 月 18 日在江苏省常熟经济技术开发区举行了合资项目奠基仪式。

合资公司总投资额达 109 亿元人民币，位于常熟经济开发区（CEDZ）的制造工厂正在顺利建设当中，工厂预计于 2014 年末投入运营。合资公司还将投资建设发动机生产基地和研发中心，并将生产捷豹、路虎产品以及全新的、为中国市场量身定制的合资自主品牌车型。

五、社会责任视为企业发展重要部分

捷豹路虎中国在实现可持续发展的同时，始终将企业社会责任视为战略发展的重要部分。2014 年 4 月，捷豹路虎大中华区总裁高博在 2014（第十三届）北京国际汽车展览会上宣布成立捷豹路虎中国青少年梦想基金，在 3 年内投入 5000 万元。

2013 年 9 月，捷豹路虎与苏格兰皇家动物学会合作，在爱丁堡联合举办 2013 大熊猫保护国际研讨会。研讨会荟集了在全球享有盛誉的超过 65 位动物保护专家，共同制定了一份《大熊猫五年学术研究计划》。此外，捷豹路虎还与苏格兰皇家动物学会携手启动了一项教育合作项目，通过在英国中学校园里推广介绍中国文化的教材，以及在爱丁堡动物园内特设“孔子中国课堂”等方式，将中国博大精深的文化及珍贵资源向世界传播。

自 2012 年以来，捷豹路虎与项目发起方上海瑞可碧橄榄球俱乐部展开合作，连续两年鼎力支持“运动小健将”项目在上海的进一步普及。2014 年，“运动小健将”项目将会为上海地区的 14 所小学提供全方位的体育素质教育体验，每周将惠及 3500 名小学生。

2011 年，捷豹路虎将“卓越培训项目”正式引入中国。该项目旨在为中国汽车产业的可持续发展培养高技能人才，并支持职业教育发展。已有累计277名学员从北京、上海、西安的卓越培训项目顺利毕业。预计至2015年,捷豹路虎卓越培训项目将为中国汽车行业贡献不少于500名优秀毕业生。

2010年至2013年间,捷豹路虎通过全球二氧化碳减排补偿计划,在中国资助并支持了23个项目。这些项目投入共计8000万元,为中国成功减少了超过200万吨二氧化碳的排放。

捷豹路虎中国在自身致力于企业社会责任事业的同时,还积极带动相关社会力量,特别是经销商伙伴,共同投身公益领域。2013年9月,捷豹路虎与经销商山西顺驰路捷汽车销售服务有限公司联合向四川雅安地震灾区捐款400万元,用于地震灾区的教育重建工作。此外,捷豹路虎中国的经销商伙伴们还捐助150万元,为150名中国唇腭裂儿童提供免费医疗,并积极响应路虎全球人道主义项目,为乌干达水源净化工程筹集并资助了25%的项目资金,总额约为250万元。

罗氏诊断产品(上海)有限公司

总经理　黄柏兴

自2000年,罗氏诊断在上海成立以来,实现了跨越式的发展。公司在中国共设9个办事处,业务遍布全国60多个城市,在中国的员工人数已经超过1500人,2013年为社会新增就业岗位400余人左右。未来三年,员工数还将以每年20%的速度递增。卓越的人才策略与企业文化,使罗氏诊断连续四年获得由联合调查机构(CRF)颁发的"中国杰出雇主"认证。

作为全球体外诊断的领导者,罗氏诊断致力于开发和提供从疾病的预防、早期发现、诊断、治疗监测和预后评估全过程的医学检测产品及服务。在过去三年内业绩增长均超过30%。凭借傲人业绩,自2006年起,公司连续7年入选"外高桥保税区经济贡献百强企业",今年还被授予"浦东新区经济贡献奖"。

到2015年,中国的体外诊断市场规模将突破300亿元,成为全球第三大市场。基层医院随着新医改的深入为体外诊断行业带来了巨大的增量市场。公司总经理黄柏兴表示,"中国已经成为罗氏诊断全球最重要的战略发展地区之一。我和罗氏诊断中国全体成员将继续致力于把最先进、最新的诊断技术引进中国,并为未来政府改革进程中的每一步提供支持,履行我们对中国发展的长期承诺"。"帮助中国医疗健康事业的发展,提高人民生活质量"。

罗氏诊断立足中国发展战略主要是:

一、推动中国实验室自动化进程,提高检测效率

罗氏诊断看到,近年来随着就医人数的日益增加,中国的大医院普遍面临着门诊量居高不下,临床诊断对检验报告的质量和效率的要求不断增高。罗氏诊断能通过先进的实验室自动化解决方案帮助医院提升实验室的检测能力。经过多年努力,罗氏诊断自动化解决方案已经得到国内众多大型医院的认可。2013年,国内首套整合式自动化解决方案—罗氏诊断全新CCM实验室自动化解决方案在华上市。该方案可以根据实验室的实际情况,量身定制最合适的流水线配置,通过

轨道将样品前处理系统与各工作站分析仪相连接,从样本前处理到得出检测报告的整个过程,都不需要手工操作,并通过实验室 IT 解决方案将各个工作站以及所产生的数据连接和管理,实现整个检验过程的完全自动化,从而大大提高医院检验科的检测效率和结果的准确性,有效地缓解大型医院的就医压力。

罗氏诊断还通过与独立医学实验室建立战略合作关系等策略,推动了独立医学实验室在中国的成长,满足中小型医疗机构对于检测技术日益增长的需求,提升检测行业整体水平。

罗氏诊断的创新也体现在服务模式上。罗氏诊断在中国体外诊断行业中首创了一支专业的客户服务团队,并在上海设立培训中心,由罗氏诊断的工程师为全国各地的客户及经销商提供专业的技术培训、机器安装、定期维护与维修等服务。2013 年,罗氏诊断"客户关爱中心"成立。该中心整合了技术支持、产品维修、保养、产品培训、24 小时服务热线、用户网站等功能,致力于通过与客户的紧密联系,更好地了解并预测中国客户的需求,以实现量身定制的最佳的差异化服务。

二、提升检验医学价值,加强全球学术交流

诊断的价值已不仅体现在对疾病的诊断,还包括疾病预警、筛查、个体化治疗(最佳治疗措施选择)、预后评估以及病情治疗的持续监控。多年来,罗氏诊断致力于以最快的速度把国际领先的诊断技术和产品引进国内,提供全面完整的检测菜单,帮助提升检验医学价值,使中国患者获益。例如孕早期唐氏综合征筛查,能帮助准妈妈在孕早期即发现唐氏综合征胎儿,降低中国唐氏综合征胎儿的出生率;应用于急性心肌梗死早期快速诊断的高敏心肌标志物检测、评估骨质疏松治疗效果的骨转换标志物检测、指导抗生素使用的生物标志物检测和传染性疾病、肿瘤疾病等生物标志物检测,能帮助医生实现对相关疾病的早期诊断、鉴别诊断、治疗监测和预后评估,提高治疗成功率,降低死亡率;指导疾病用药的伴随检测,能及时确认患者是否适合服用对应的药物,获得最佳疗效。

罗氏诊断全新的人乳头瘤病毒(HPV)基因检测的问世对于宫颈癌的筛查产生了重大影响。该产品用于检测导致约 70% 宫颈癌病例的高风险 HPV 病毒株(HPV 16 和 18),帮助临床医生在癌前病变发生前筛选出处于最高风险的女性,并对情况进行相应处理。

罗氏诊断是个体化医疗的领导者,通过药物和伴随诊断的结合,为患者提供最适合、最有效的治疗方案。个体化医疗中的典型案例是罗氏的乳腺癌靶向治疗药物赫赛汀以及配套的 HER2 检测。使用罗氏的全自动化检测平台,通过检测在患者肿瘤中是否存在生长因子 HER2 的过度表达来判断患者能否从赫赛汀治疗中获益,从而制定最安全有效的

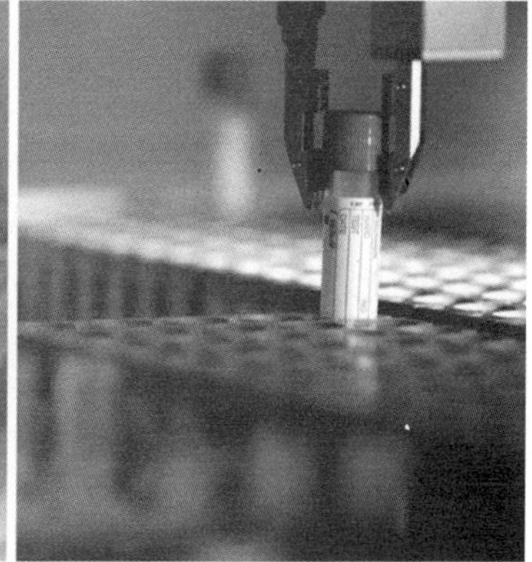

罗氏诊断和它的实验室

治疗方案，延长患者生命。目前，刚刚在华上市的罗氏诊断最新的 VENTANA ALK 免疫组化检测作为一种伴随诊断，可以帮助识别非小细胞肺癌患者是否适合服用辉瑞肿瘤药物克唑替尼，实现个体化治疗，显著提高临床疗效。

根据国家《卫生事业发展“十二五”规划》，到2015 年，血液筛查核酸检测基本覆盖全国。作为核酸检测领域的佼佼者，罗氏诊断近年来也积极推动着这项检测技术在中国的推广。2010 年，罗氏诊断 cobas s 201 试剂获得国家食品药品监督管理总局（CFDA）药品注册证，成为全国第一家获得核酸检测（NAT）注册证的公司。该系统采用荣获诺贝尔奖的聚合酶链式反应（PCR）技术，是一种比目前常规血清学检测更为灵敏的血液检测方法，能更快地识别血液制品是否存在病毒感染，显著缩短病毒“窗口期”，进一步减少输血所引发的疾病传播的可能性。罗氏诊断将继续大力推进核酸检测技术在中国的普及，提高全国各大血站的整体水平，为全面保障中国用血安全贡献力量。

此外，罗氏诊断凭借其全球性的业务网络构建了一个国际学术分享交流平台，推动国内专家与国际学术权威的沟通和探讨，通过分享体外诊断领域最新经验与成果，促进中国诊断技术与国际接轨，从而推动中国体外诊断事业的发展。

三、承诺做中国优秀企业公民

在公司总经理黄柏兴领导下，罗氏诊断不仅专注于中国医疗行业的发展，同时还积极投入中国社会公益事业，以实际行动回报社会，实现对中国的长期承诺。公司员工每年都参与集团总部发起的全球“罗氏儿童义走”活动，为中国及马拉维的贫困儿童捐款，并与启明书社合作，在安徽阜阳南塘小学建立“罗氏诊断儿童文化中心”，帮助中国贫困儿童改善学习环境；2013 年四川雅安地震后，总经理黄柏兴先生第一时间带领公司员工为灾区捐款，并通过“壹基金”将款项交到受灾同胞的手中，帮助他们早日重建家园。

罗氏诊断在不断为中国带来最先进的诊断技术之余，还加大对中国高校、科研人才的扶植，鼓励更多具有学习钻研能力、科研创新能力的高素质人才积极投身于中国的诊断事业，进一步推动中国医疗教育研究事业的发展。作为中国体外诊断领域首个由企业赞助的奖学金，罗氏诊断奖学金已覆盖包括上海交通大学医学院、复旦大学等 15 所国内一流院校。截至 2012 年底，已经为 384 位获奖学生送去了资助和鼓励。罗氏诊断还为这些学校捐助医疗设备，协助教师进行现场教学。2012 年，罗氏诊断成立了“罗氏诊断中国医学及生命科学教育研究基金”，旨在推动中国医学和生命科学教育事业及科研创新力量的提高和发展，共有来自上海交通大学医学院附属瑞金医院、上海交通大学医学院、复旦大学等 8 名科研人员获得资助。总经理黄柏兴还受聘于上海交通大学医学院等五所高校为大学客座教授，亲自为学生们传道授业解惑。

展望未来，中国是罗氏诊断非常重要的市场，罗氏将进一步加大投入，配合中国‘十二五规划’所提出的医疗改革计划，从中国患者的实际需求出发，推动中国健康事业的发展，为提高中国的医疗水平和人们的生活质量做出不懈努力。

普洛斯投资管理(中国)有限公司

一、公司简介

普洛斯是中国、日本及巴西市场领先的现代物流设施提供商。公司业务遍及中国、日本及巴西的63个主要城市,拥有并管理约2340万平方米(约合2.52亿平方英尺)的物流基础设施,形成一个服务于700余家客户的高效物流网络。通过标准设施开发、定制开发、收购与回租等灵活的解决方案,普洛斯致力于为全球最具活力的制造商、零售商和第三方物流公司不断提高供应链效率,达成战略拓展目标。公司已在新加坡证券交易所挂牌上市。

普洛斯的战略定位是创建一流的物流仓储平台,致力于为全球最具活力的制造商、零售商与第三方物流公司提供完整解决方案。普洛斯的战略优势在于绝佳的地理位置选择、完整的物流配送设施网络、国际标准的本土执行、个性化的定制需求和灵活的租赁方案,以及可持续发展的环保理念。

二、以客户需求为导向,建全国性网络

1. 普洛斯全国性的网络与灵活的租赁解决方案,满足了客户的差异化需求。普洛斯拥有遍布中国34个主要枢纽城市的134个普洛斯园区,在不同的市场,其个性化的定制需求和灵活的租赁方案主要有标准物流设施开发、定制开发及收购与回租,均为客户提供网络化的服务平台,并在业务覆盖的各个市场内,形成一个覆盖主要物流枢纽、工业园区和城市配送中心等战略节点的高效物流网络,为客户跨区域的业务拓展、物流运营与管理提供了稳定可靠的平台。

2. 普洛斯的高品质服务和丰富的行业经验可为客户提供附加价值。普洛斯物流园区全国性网络实现供应链上下游资源整合,

普洛斯投资管理(中国)有限公司物流园外景

普洛斯投资管理(中国)有限公司物流园远眺

发挥物流集聚效应,能帮助客户共享相关物流服务,实现成本优化。普洛斯的物流基础设施还可以帮助地方政府整合物流资源,优化物流规划,引入国际领先企业和行业最佳实践方案,进而带动地方经济的成长。

3. 普洛斯拥有高品质的园区规划和行业标杆的设施标准。普洛斯旨在创建全球一流的现代物流设施平台,专业开发及管理高品质的工业及物流基础设施。从物流园区整体开发品质来讲,普洛斯拥有多个专业现代化的示范园区。普洛斯一直担当着技术标准的创新者和实践者,深圳盐田港普洛斯国际物流园是中国首个拥有盘道设计的多层物流中心,大大提高了土地的集约化利用程度。而苏州普洛斯物流园内的阿迪达斯全国配送中心面积超过6万平方米,是目前全国单体面积最大的物流设施,该库区拥有10米净高和双面卸货平台,大大提高客户的进出货配送效率。

普洛斯物流设施合理的园区布局,积极的物业维护,以客为本的氛围,其建筑特征和优势还在于能提升物流设施操作和管理效率;提供安全作业环境;创造良好客户体验。

三、注重可持续性发展

普洛斯在物流园设计和建造中,注重可持续发展,建绿色环保物流设施,在节能、减少碳排放、环境友好等方面都提出了较高的要求。如在绿色仓库建设领域尝试采用包括高反射率屋面、可回收钢材、ALC面板(吸热材料)、自然通风、景观绿化(符合并超越有关标准)、新开发项目使用T5/T8灯具等环保元素。成功实施的案例有:普洛斯北京空港物流园应用高反射率屋面、可回收钢材、吸热加气轻质混凝土(ALC)墙面板;普洛斯上海浦江物流园采用低耗水景观绿化;由普洛斯担任项目咨询管理的耐克太仓配送中心项目获得了LEEDS银奖,是国内首个获得LEEDS认可的绿色环保物流设施。

四、履行承诺,回馈社会

普洛斯承诺:每投资建设1平方米的物业,向普洛斯希望小学基金投入1元钱,用于帮助贫困地区的教育基础设施改进。自2006年以来,普洛斯已在中国广西、宁夏、辽宁、云南和河南5省援建了10所希望小学,超过2600多名儿童获得帮助。对于每一个希望小学项目,普洛斯会监督校舍及相关设施建设,为孩子们提供一个更好的学习环境。

普洛斯始终致力于履行对社会的承诺,坚持回馈社会的信念,在业务所及之地留下积极的可持续的社会投入。普洛斯希望凭借其在中国广泛的网络和良好的商誉,搭建一个综合性的企业社会责任平台,与相关方面慈善机构和客户形成合作伙伴关系,结合各方专业资源,共同履行企业公民的社会责任,创造更大的社会价值。

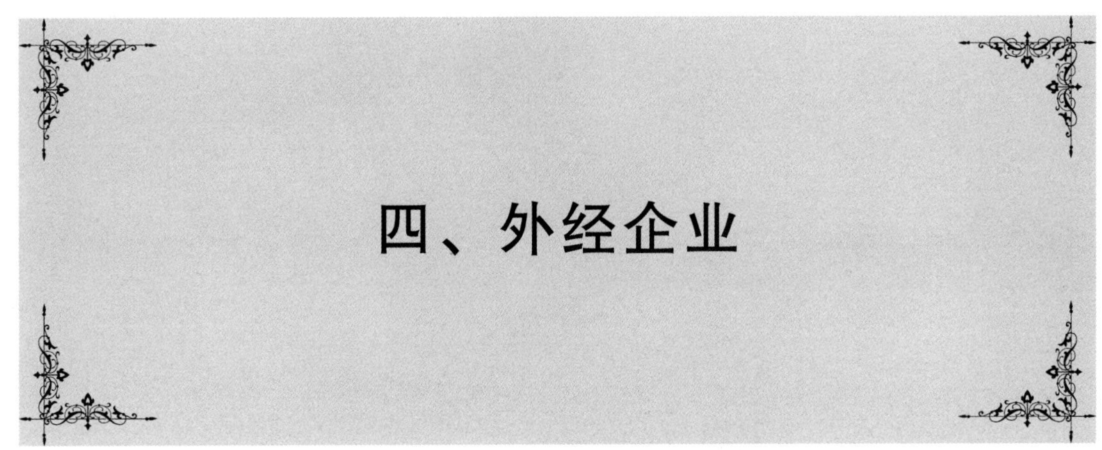

四、外经企业

上海建工集团股份有限公司

党委书记、董事长
徐　征

上海建工2013年综合营业额和新签合同额均超过1400亿元，在全球250家最大承包商中名列第十三位。

一、对外工程承包

2013年，上海建工境外共有32个在建项目，分布在亚(15)、非(6)、美(7)、欧(2)、大洋(2)五大洲共21个国家和地区，全年对外工程承包完成营业额55068万美元，新签合同额107015万美元。

(一) 境外工程实施总体受控

柬埔寨市场创同期在建和新开工项目数量新高，共计“两桥五路”7个项目。214公路项目中的上丁湄公河特大桥总长1731米，是上海建工在境外承建的最大规模水上大桥；连接首都金边与最大旅游城市暹粒的6号公路总长248公里，刷新集团在境外单个道路项目的长度记录；59号公路和61号公路顺利竣工通车。

坦桑尼亚节能环保住宅项目合同金额3亿美元，建筑面积逾40万平方米，分布在达累斯萨拉姆、多多马、坦噶等多个省。该项目实施区域广泛，是集团首个采用流水化滚动施工的境外房建项目。7月，达累斯萨拉姆地块正式开工，其他地块也陆续开工，至年底共完成15%工程量。该项目建成将极大改善当地军人的住宿条件。

年内其他主要新开工项目还有：柬埔寨5号公路、印尼万隆高速公路、援尼泊尔内环路改造、驻马拉维经商处馆舍、特多儿童医院、特多体育中心等。2013年，援加蓬体育场项目荣获境外工程鲁班奖，马拉维国际会议中心项目荣获境外工程国家优质工程奖。

(二) 区域市场建设持续推进

加勒比区域市场迎来重要战略机遇期。6月1日，国家主席习近平访问特立尼达和多巴哥，出席上海建工承建的特多儿童医院项目开工典礼，多家境内外媒体报道显著提升了集团在特立尼达和多巴哥、乃至整个加勒比地区的品牌形象。多米尼克大学城新建

2013年6月1日，中国国家主席习近平与特多总理比塞萨尔一同参加上海建工承建的特多儿童医院项目开工典礼

校区正式启用，国宾馆项目进入收尾阶段；主亚那万豪酒店项目结构封顶。

厄立特里亚市场已从单个项目、单一业态，朝多元化、深度化方向发展。2012年9月成功收购厄立特里亚金矿后，项目直接带动1亿美元的工程、贸易项目，间接带动4亿美元的工程、贸易项目；在建项目1.8亿美元，已累计完工项目1.6亿美元。厄立特里亚政府与上海外经建立战略合作伙伴关系，为集团在该国家市场的发展奠定了坚实的基础。

（三）项目类型结构不断优化

增强道路、桥梁等市政工程的建设能力，培育业务增长极。集团先后实施柬埔寨国家公路、印尼高速公路、尼泊尔加德满都内环路改造等项目，市政道路类项目逐步发展成为继民用建筑项目后的主要项目类型，当年新签合同额占全年签约总额半数以上。

重点开发国际电力工程，打造新的核心竞争力。土耳其卡德米尔发电厂项目从项目策划、设计、采购到运营，实施全过程精心化管理，调试一次成功，8月竣工移交，实现经济、人才、管理的综合效益。印尼燃煤电站、秘鲁电站等项目有序推进，在人才培养、体系建设、项目开发等方面不断积累经验，提升电站领域的总承包总集成能力。

组建成立"上海建工海外工程研究院"，重点研究国际工程所在国设计规范、设计标准，探索适应当地的施工组织设计、工艺工法，并推广BIM、ERP等信息化技术在国际项目中的应用。

2013年对外工程承包主要市场情况表

国别（地区）		新签合同额		完成营业额	
		金额（万美元）	占比（%）	金额（万美元）	占比（%）
合　计		79758	100.0	44019	100.0
亚洲	柬埔寨	24880	31.2	13062	29.7
	新加坡	—	—	2398	5.4

（续表）

国别（地区）		新签合同额		完成营业额	
		金额（万美元）	占比（%）	金额（万美元）	占比（%）
亚洲	伊朗	—	—	3756	8.5
	中国澳门	7107	8.9	3551	8.1
	尼泊尔	4730	5.9	418	0.9
	越南	26	—	26	0.1
	印度尼西亚	8543	10.7	1302	3.0
非洲	坦桑尼亚	—	—	4285	9.7
	赞比亚	444	0.6	3588	8.2
	塞内加尔	2687	3.4	17	0.1
	几内亚	—	—	570	1.3
	马拉维	468	0.6	267	0.6
	安哥拉	37	0.1	11	—
	厄立特里亚	3859	4.8	—	—
	尼日利亚	889	1.1	—	—
北美洲	美国	—	—	2703	6.1
	多米尼克	—	—	557	1.3
	牙买加	127	0.2	59	0.1
	特立尼达和多巴哥	25794	32.3	2829	6.4
南美洲	圭亚那		—	1531	3.5
欧洲	俄罗斯联邦	—	—	1514	3.4
	比利时	86	0.1	52	0.1
大洋洲	库克群岛	81	0.1	16	0.1
	东萨摩亚	—	—	1507	3.4

二、对外投资

上海建工全资子公司上海建工美国公司投资7000万美元，与美国富顿集团合作开发位于纽约市皇后区的富顿二号（上海建工广场）房地产项目，双方各占50%股份。该地块占地13800平方米，将建设成为一个集酒店、娱乐、餐饮、休闲、住宅及社区服务设施为一体的综合商业广场。

三、对外劳务合作

2013年，上海建工共外派劳务人员1846人，年末在外人员2904人，年末雇佣境外人员2408人。外派人员主要分布在16个国家和地区。

2013年外派劳务人员情况表

国别(地区)		外派劳务人员		年末在外人员	
		人数	占比(%)	人数	占比(%)
合　计		1289	100.0	3130	100.0
1	柬埔寨	502	38.9	1085	34.7
2	尼泊尔	57	4.4	57	1.8
3	新加坡	—	—	112	3.6
4	中国香港	—	—	9	0.3
5	中国澳门	—	—	71	2.2
6	几内亚	76	5.9	95	3.0
7	马拉维	42	3.3	102	3.3
8	加　蓬	—	—	23	0.7
9	苏　丹	—	—	2	0.1
10	坦桑尼亚	143	11.1	143	4.6
11	赞比亚	22	1.7	282	9.0
12	塞拉利昂	—	—	4	0.1
13	特立尼达和多巴哥	—	—	175	5.6
14	美　国	172	13.3	170	5.4
15	多米尼克	55	4.3	50	1.6
16	安提瓜和巴布达	—	—	1	—
17	圭亚那	59	4.6	112	3.6
18	俄罗斯联邦	—	—	468	15.0
19	东萨摩亚	161	12.5	169	5.4

四、对外贸易

厄立特里亚机械设备采购二期项目顺利完成,共发运各类工程机械和车辆733台。

中国建材国际工程集团有限公司

董事长兼总裁 彭 寿

一、概述

中国建材国际工程集团有限公司(简称“中国建材工程集团”)是有近60年历史的蚌埠玻璃工业设计研究院改制成立的。是全国综合性甲级设计科研单位和国际化工程集团公司,是国家重点高新技术企业。是中国建材股份有限公司的工程技术平台,具有建筑材料行业、轻纺(日用硅酸盐)、建筑工程、新能源工程、环境污染治理专项工程的设计和工程总承包、工程咨询、工程监理等甲级资质及对外经营权,设有联合国工发组织和中国政府合建的中国玻璃发展中心等7个行业性机构,获批建设浮法玻璃新技术国家重点实验室等14个国家和省部级创新平台,通过了ISO9001:2000质量管理体系认证。

中国建材工程集团秉承“诚信、创新,To Be The Best”理念,大力实施集成化、产业化、工程化、国际化战略,大力发展新玻璃、新材料、新能源、新装备产业,产业基地分布国内多个省份,经营网络遍布世界各地。2013年,企业合并业务收入突破100亿元。

从2003年起,中国建材工程集团连续多年跻身全国勘察设计企业、工程项目管理企业和工程总承包企业50强,跻身美国《ENR》杂志所评全球顶级工程设计咨询公司200强,荣获全国“五一”劳动奖状、中央企业先进集体、全国先进基层党组织、全国国有企业创建“四好”班子先进集体、上海市实施“走出去”战略先进企业等多项荣誉。董事长彭寿当选国际玻璃协会主席、全国工程勘察设计大师、中共十七大代表、全国劳动模范。

中国建材工程集团以市场为导向,以产业发展为依托,勇挑行业节能减排和产业升级发展重任,不断推进科技创新,形成以大吨位优质浮法玻璃、玻璃厂烟气脱硫、脱硝、余热发电、全氧燃烧等节能减排技术为重点,以太阳能基板玻璃、非晶硅太阳能电池和信息显示基板等新兴产业技术为导向的核心竞争优势。截至2013年底,共获得国家授权专利500多项,省部级以上科技进步奖60多项,获得各类优秀工程设计、总承包、咨询成果奖

300多项。旗下高新技术企业有14家。开展浮法玻璃工程技术优化集成及关键设备国产化、浮法玻璃高效节能关键技术研究、太阳能超白玻璃技术和装备、玻璃熔窑全氧燃烧、Low-E镀膜玻璃、空心玻璃微珠等重点科技项目攻关。共承担国家科技支撑计划、973计划、863计划7项,其中4项通过验收,"太阳能电池用微铁高透过率玻璃成套技术及产业化开发"项目获2011年度国家科技进步二等奖。已经建成的中国平板玻璃行业第一条全氧燃烧余热发电节能减排示范线也成为发展低碳经济实现可持续发展的样板。针对新兴产业发展形势,集成研发一批核心关键技术。与国内外知名企业合作,共同开发了TFT-LCD液晶玻璃基板、碲化镉薄膜太阳能电池技术;引进专业技术人才和海外研发团队,开发薄膜太阳能电池用TCO导电膜玻璃生产线技术和铜铟镓硒薄膜太阳能电池技术;与大连交通大学合作开发光电材料靶材项目。目前,TCO光电装备已经在国内首条线上成功应用,光电材料靶材的研发与产业化取得新进展;高端掘进装备的研发与生产也不断取得新突破。这些技术的成功开发,为公司的发展奠定了坚实基础。研发平台建设成果丰硕,并已成功申请组建浮法玻璃新技术国家重点实验室、玻璃节能技术国家地方联合工程研究中心、国际级博士后科研工作站、国家玻璃深加工工程技术研究中心、安徽省玻璃新材料工程技术研究中心、安徽省薄膜太阳能电池工程技术研究中心、安徽省浮法玻璃新技术重点实验室、安徽省玻璃节能工程研究中心、安徽省煤矿掘进与运输设备工作技术研究中心等9个省部级以上科研平台。

中国建材工程不断的通过技术研发积累和细致入微的设计优化,形成全套技术成熟、独具特色、性价比极为优越的大吨位优质浮法玻璃、超薄浮法玻璃、微铁太阳光高透过率太阳能玻璃、平拉玻璃、优质瓶罐及器皿玻璃、池窑拉丝玻璃、硅酸钠(泡花碱)玻璃等核心技术;开发出具有完全自主知识产权的满足玻璃各种生产工艺要求的系列关键设备。成功推出可生产0.7mm的超薄浮法玻璃生产线技术、1000-1100t/d低耗能浮法玻璃生产线技术、250-500t/d超白太阳能玻璃生产线技术等一系列促进行业不断进步发展的玻璃新技术。通过与美国TECO、意大利保泰罗等国际知名公司的战略合作,以及向国内外知名企业如日本旭硝子、上海皮尔金顿、南玻、台玻、福耀、信义玻璃等提供设计和工程总承包服务,提高了服务品质和服务能力。

做中国玻璃和建材技术最大集成者和世界一流EPC服务商,是中国建材工程的孜孜追求。公司多年来已完成近2000项平板玻璃及日用玻璃、陶瓷、耐火材料、矿山、水泥、工业与民用建筑项目设计,100多项工程获国家和行业优秀设计奖,总承包建设一大批以南玻浮法玻璃、南玻太阳能玻璃、印尼TG-2玻璃、美国Libbey玻璃器皿、禄思伟耐火材料为代表的产品质量和技术装备达到国际先进水平的工程项目。新一代的玻璃工厂烟气脱硫技术、低温余热发电技术、全氧燃烧技术正在引领着行业节能减排新趋势,在线Low-E玻璃、TFT玻璃、非晶硅TCO基板生产技术和装备开发获得突破性进展。

中国建材工程集团是锐意进取的公司,积极与国外同行求合作,实现经营方式由市场竞争向业态竞合的根本性转变,与国内外同行开展广泛合作。美国TECO,PPG,Guardian,Owen;意大利Bottero;日本Ashahi,TOTO;法国Stein、Saint Gobain;德国Sorg,Grenzebach、比利时Glaverbel,Lhoist;荷兰Philips等著名跨国公司都是中国建材工程集团的良好合作伙伴。如在水泥方面:中国建材工程通过专业攻关和优化技术,形成独具特色、性价比优越的新型干法水泥核心技术;开发出具有自主知识产权的系列设备和关键设备,同时通过与日本三菱公司的合作,进一步提高服务能力。推出1500-10000t/d熟

董事长兼总裁彭寿(前排左7)在阿塞拜疆 Qizildas 5000t/pd 项目施工现场

料新型干法窑外分解水泥技术,完成了国内外100多条水泥生产线的设计和工程总承包项目,50多条装机容量2000－20000kw水泥生产线纯低温余热发电设备安装工程,700多条水泥生产线机电设备安装工程。已完成的项目中有近30项获得国家和部级优秀工程设计奖和优秀工程总承包管理奖。公司拥有10多项获得国际先进水平的水泥专利技术和专有技术。参加国家技术标准规范编制工作10多项。

凯盛水泥以南京凯盛国际工程有限公司、北京凯盛建材强大的技术后援,迅速成长为中国水泥工业工程技术领域的生力军。

二、对外经济贸易

(一) 对外工程承包

2013年中国建材工程集团境外承包工程业务取得长足进步,全年工程总承包新签合同43.47亿元,其中境外工程总承包新签合同额达到26.61亿元;营业收入67.86亿元,其中工程总承包收入31.81亿元;营业利润6.34亿元。2013年公司境外项目占营业总额30%左右。

2013年对外工程承包主要市场合同额和营业额表

分 类	合同额		营业额	
	金额(万美元)	占比(%)	金额(万美元)	占比(%)
总 计	55419	41.07	26237.68	30.52

其中重要合同有:

韩国kcc1200吨浮法线,合同金额1.62亿元,这份合同一举打破发达国家玻璃的垄断局面,让中国从玻璃产能世界第一走向玻璃技术世界第一迈出了坚实的一步。

阿尔及利亚3200吨熟料水泥线,合同金额达到1.83亿美元,折合人民币11.25亿元。2013年12月10日在北京人民大会堂和阿尔及利亚副议长阿里·艾乐·哈迈乐签订这一重大合同。

泰国新能源50wm发电项目,合同金额联合投标25.75亿泰铢,折合人民币5.03亿元,公司承包合同额为2.6亿元。此项目于北京人民大会堂由总理李克强和泰方总理英拉见签。这一新能源项目合同金额体量大,签订级别高,为中建材新能源项目开创市场书写了浓墨重彩的一笔。

还有伊朗600吨浮法线,合同金额3.65亿元。蒙古蒙中水泥2700吨生产线,合同金额5.7亿元等。

（二）对外贸易

2013年,公司进出口贸易总额8542.11万美元,比上年增长2.1%。其中,出口额7433.96万美元,比上年下降4.11%;进口额1108.15万美元,比上年增长87.49%。

2013年进出口贸易主要市场情况表

分 类	出 口		进 口	
	金额(万美元)	占比(%)	金额(万美元)	占比(%)
总 计	7433.96	100.00	1108.15	100.00
东南亚	436.94	5.87	—	—
西 亚	5258.66	70.73	—	—
南 欧	—	—	633.61	57.17
中 欧	—	—	268.72	24.24
其他地区	1738.36	23.40	205.82	18.59

说明:1. 出口西亚871.45万美元,为输往阿塞拜疆水泥生产线。

2. 从南欧进口633.61万美元的商品,为玻璃基板。

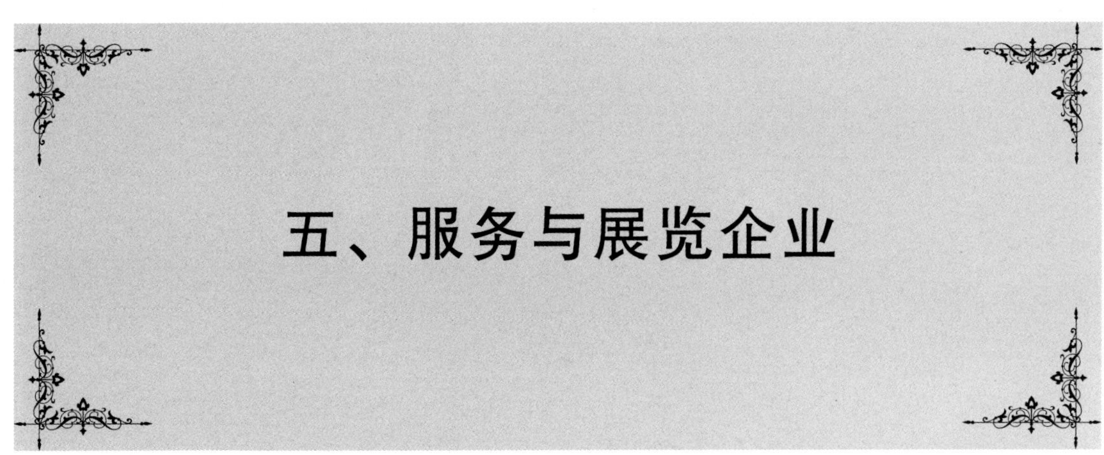

五、服务与展览企业

东方国际物流(集团)有限公司

一、概述

总经理
边　杰

2013 年,是公司全面贯彻落实党的十八大精神的开局之年,也是实施 2012—2014 年战略规划承前启后的关键一年。面对极为错综复杂的国内外形势,公司按照 2013 年“发展、转型、效率”的工作方针,克服全球经济增长缓慢、市场需求疲软、成本上升、利润变薄等诸多不利因素,把群众路线学习教育实践活动和公司的经济工作有机结合,和衷共济,克服障碍,承受压力,取得较好成绩,超额完成了今年主营业务收入及净利润预算任务。

公司围绕年初确定的重点工作,在业务转型、基础设施投入、网络建设、投资管理、信息化建设、人才培养、风险控制、安全生产等方面做了以下工作:

(一) 开发综合物流项目

新开发的有 500 强企业的再包装物流优化项目、库存管理项目、海陆空全套物流服务项目,国内大型企业走出去及进出口一条龙综合物流服务项目,以及联合东方国际集团所属外贸公司共同开发的物贸联动“易融达”服务产品。“易融达”产品是综合物流、外贸和金融三方面资源,为出口商提供物流、外贸代理和融资服务的新型运作模式。

(二) 开展洋山保税业务

搭建保税业务平台,积极培育洋山保税新业务,努力改变洋山单一的业务结构,寻找新的利润增长点。

(三) 拓展会展物流业务

在 2012 开始涉足的展会物流业务基础上,逐步形成标准化的会展物流操作流程,建立起了一支专业化的操作团队,为国内外参展商提供展品的进出口清关、运输、仓储、进出馆搬运、展会现场服务以及展品回运、销毁等一揽子解决方案的运作。

(四) 提升海运订舱平台功能

海运订舱平台升级改造工作顺利开展,

中国物流企业家年会现场

通过系统改造，缩短订舱时间，及时反馈订舱信息，减少人为差错，功能性也有很大程度提升，从而提高服务水平，客户也可通过该系统，及时了解到船公司信息报文的传递要求，减少来回确认环节，提升客户满意度。

（五）加紧物流基地建设

配合商检局在杨行库区内建设检验检疫法检查验场站平台，同时大力发挥杨行进口分拨监管仓库优势，开展各类延伸服务；西北物流园区物流基地正式运作，为客户提供保税仓储物流服务；仓库品牌管理输出模式取得成功，将社会仓库纳入公司体系进行标准化管理；主要物流基地均顺利通过反恐安全认证，公司在货物运输安全环节上取得了相关的国际组织认证，增强了业务拓展能力。

（六）购置船舶并投入运营

根据航运市场逐步复苏的态势，适时购入一艘灵便型多用途散货船，并投入运营扩大业绩，新船也为航运公司加快船队结构调整和今后的转型发展打下了基础。

（七）拓展国内物流分支机构

根据业务发展需要，公司在长江沿线及长江三角洲地区设立了多家分支机构，且发展态势良好。

（八）加强基础管理工作

开展资金集中管理工作，提高资金使用效率；加强预算管理，强化预算监督、分析；加强应收账款管理；开展资产盘点工作专项检查；深入研究“营改增”的推进对业务的影响，逐步解决“营”改“增”工作暴露的问题。

加强内控管理，提高内部审计手段和方法，将内部审计工作重点从传统的财务收支审计向管理审计和内控审计转变。

开展安全生产标准化达标工作。公司本部及所属企业全部达到安全生产标准化二级企业标准。

二、货物运输

从1－12月业务数据来看，公司全年业务走势呈现上升的态势。海运出口量增长，进口量下降。进出口箱量636167标准箱，比上年增长3.99%，其中出口594361标准箱，比上年增长4.35%；进口41806标准箱，比上年下降0.86%。由于空运市场持续低迷，上海空港货邮吞吐量比上年下降，特别是空运出口下降幅度大。全年空运进出口吨数116643吨,比上年增长3.22%,其中出口36459吨,比上年下降22.43%;进口80184吨,比上年增长21.48%。

2013年公司运输方式及运输量情况表

运输方式	运输量(万吨)				集装箱吞吐量(万标准箱)			
	进口	比上年(±%)	出口	比上年(±%)	进口	比上年(±%)	出口	比上年(±%)
海　运	—	—	—	—	4.18	-0.86	59.44	4.35
空　运	8.02	21.48	3.65	-22.43	—	—	—	—

2013年空运及海运运输量示意图

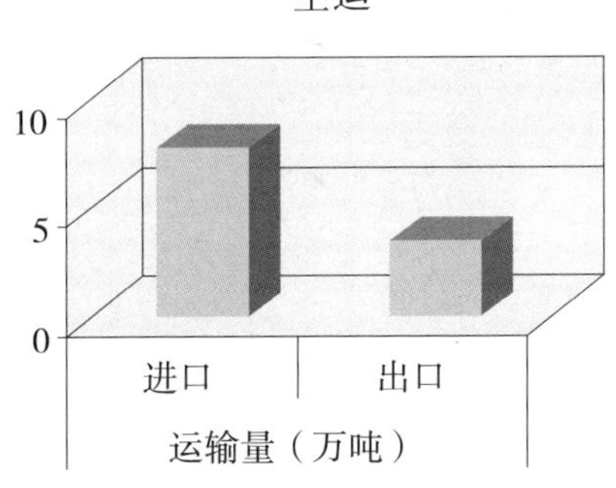

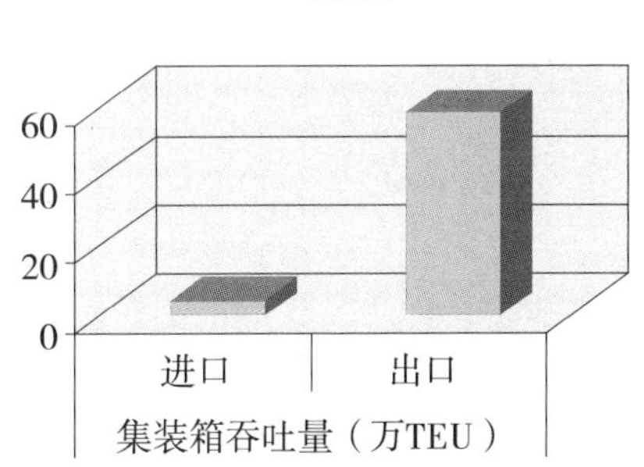

2013年下半年船代业务代理进出口集装箱量大幅度上升,全年代理进出口集装箱167304标准箱,比上年增长39.52%,其中出口82486标准箱,比上年增长57.00%;进口84818标准箱,比上年增加25.90%;代理散杂货32868吨,比上年下降6.56%;代理船舶净吨数306.93万吨,比上年增长16.07%;代理船舶161艘次,比上年增长21.97%;船舶载重吨125865.45,比上年增长71.35%。进口分拨业务13811标准箱,比上年下降6.16%。

三、品牌项目建设

2013年,公司被上海名牌推荐委员会推荐为2012年度上海名牌;在由国际商报、中国国际货运代理协会主办的2012年度货代百强评比中,公司获中国国际货运代理百强第20名、中国国际货运代理空运第27名、中国国际货运代理海运第15名、中国国际货运代理仓储第10名;被中国物流采购联合会评为“2013年中国杰出物流企业”;经上海市企业诚信创建活动组委会、上海市物流协会审核,荣获“上海市五星级诚信创建企业”称号。

四、发展趋势

从物流行业看,竞争日益激烈,市场需求减少,营改增对物流企业造成不少负面影响。但上海自贸区的设立为物流业的发展提供了更加优良的政策环境和广阔的市场基础,为物流企业参与国际竞争搭建了新的发展平台。同时,自贸区的设立对物流业的国际化水平提出了更高要求,也对中国物流业转型升级提出了新的挑战。跨境电子商务发展迅猛,已成为国际贸易的新方式和新手段,建立与其相配套的电子商务物流成为物流业转型发展的新机遇。随着欧洲经济企稳、美国经济复苏趋势明显,全球经济开始走出低谷呈现平稳增长的态势,有可能由此带动海运贸易触底回升,步入缓慢复苏通道,代表干散货航运景气度的BDI指数持续上涨,接近盈亏平衡点，并创下近3年的高点。业界普遍认为，国际航运市场已经走出低谷，步入运力消化阶段，未来主要货种运输市场将呈现稳步调整复苏态势。

从公司内部看，经营质量在逐步提升，航运板块开始盈利，但转型任务依然艰巨，营销力度不足、各项成本费用不断上涨、产能相对过剩、人才缺乏成为企业发展的瓶颈，外部环境的不断变化对企业的发展提出新的更高要求。

面对新形势、新问题，2014年，公司总体工作要求是，全面贯彻落实党的十八大和十八届三中全会精神，稳中求进，改革创新，以质量和效益为中心，以市场为导向，以服务为宗旨，以技术为支撑，加快业务转型，优化资源配置，提升信息化水平，加紧人才培养、创新体制机制，激发企业活力，努力培育和形成公司的核心竞争力，着力打造物流集团“升级版”，全面实现物流集团2012—2014战略发展目标。

上海市国际展览有限公司(SIEC)

总裁
顾春霆

一、概述

上海市国际展览有限公司(SIEC)成立于1984年,是中国国际贸易促进委员会上海市分会的直属企业,是上海成立最早的国有专业从事国际展览的公司,也是上海首家成为全球展览业协会(UFI)正式会员。公司主承办的模具、汽车、染料展是国内较早获得UFI认证的展览项目,婚纱展面积为同类展会全球规模之最。2013年公司成功举办展览项目11个,展览总面积达65万平方米,较2011年增长20%;吸引6400余家中外展商参展,较2011年增长64%;观众总人数115万人,同比2011年增长11.6%。全年共完成大型国际性会议3个,会议代表2200人,继续保持企业经济效益平稳较快增长,实现企业核心竞争力的进一步提升。

二、主要业务

(一) 中国·上海国际婚纱摄影器材展览会暨国际儿童摄影、主题摄影、相册相框展览会引领婚纱摄影行业风向标

2013春、秋两季中国上海国际婚纱展展出总规模达15.8万平方米,继续位列世界规模第一。展品涵盖结婚照成品相册相框、婚

2013中国·上海国际婚纱摄影器材展览会暨国际儿童摄影、主题摄影、相册相框展览会

纱礼服、婚纱摄影主题样片研发、儿童摄影相关用品、婚庆用品及配饰区、彩妆用品、影楼室内实景布置及橱窗空间设计等 9 大展区，来自 49 个国家和地区专业观众到场参观，共计 14 万人，逾 25 万人次。两季婚纱展吸引了来自多个国家和地区的 1170 家厂商参展，其中 85% 以上为多次参展。

（二）中国国际染料工业暨有机颜料、纺织化学品展览会（UFI 认证展览项目）助推行业转型升级

作为全球规模第一的染化行业盛会，第十三届中国国际染料工业暨有机颜料，纺织化学品展览会，以“一目了染，着色未来”为主题，展出面积达 34000 平方米，吸引来自 13 个国家和地区的 600 家中外企业参展，共有来自 52 个国家和地区的专业观众 13884 人（36533 人次）到场参观洽谈。近年来，展会始终关注产业升级、绿色织物等行业发展热点问题。在原有的染料、有机颜料、助剂三足鼎立的展品布局下更新增了数码印刷设备专区，较全面地反映了行业企业自主创新的最新技术和发展。众多新产品，新技术，新理念的不断推出，使 2013 中国国际染料展真正成为行业发展的风向标，企业竞相展示的大舞台。

（三）第十五届上海国际汽车工业展览会（UFI 认证展览项目）更深挖掘汽车产业文化，向世界顶级车展努力迈进

以“创新 · 美好生活”为主题的第十五届上海国际汽车工业展览会吸引了 18 个国家和地区 2000 家中外汽车展商参展；展出规模 30 万平方米；展出整车 1300 辆全球首发车 111 辆，概念车 69 辆，新能源车 91 辆。共接待观众 81.3 万人次；2718 家中外媒体 10493 名记者竞相报道了车展盛况。首次推出的汽车动态演示体验区观者如潮，惊险的特技表演、刺激的越野驾驶，让人眼前一亮。4 月 20 日媒体日当天，四川雅安发生 7.0 级地震，上海车展主办方获悉后当即决定向雅安地震灾区捐款 100 万元人民币，赈灾“正能量”在上海车展传递。上海车展正一步步迈入成熟阶段。关注汽车、关注市场、关注整个汽车工业发展，上海车展在充分显示中国车展自信的同时，将更深挖掘汽车产业文化，向世界顶级车展努力迈进。

（四）第四届中国国际物联网大会暨展览会从“动”、“听”、“展”、“演”等多角度诠释民生物联网新一轮的发展潮流

第四届中国国际物联网大会暨展览会以

2013 第四届中国国际物联网大会暨展览会

"民生物联网,智慧新生活"为主题,内容覆盖物联网前沿技术、智慧城市与社区、智慧农业与食品追溯、智能交通与车联网、移动支付、大数据、智能电网、智慧医疗、智能家居等各行业应用发展。

展会从2010年在业内首次发起举办第一届以"会"为主的国际性会议,发展到如今"展会并举",拥有来自比利时、德国、意大利、荷兰、法国、日本、美国、瑞典和中国等120多家展商参展,展览面积近6000平方米;国内外权威专家和企业代表近40位演讲嘉宾。

(五) DMC2013中国国际模具、制造应用设备及相关工业展览会首次开设"汽车模具与装备专题展"

DMC2013中国国际模具、制造应用设备及相关工业展览会作为久负盛名的工业制造类专业展会,首次以"汽车模具与装备专题展"的形式全面展示汽车模具与汽车装备的紧密关联,吸引了来自德国、瑞士、美国、日本、韩国等13个国家和地区的600多家参展企业,包括韩国展团、台湾展团、刀具展团以及模具产业集聚区展团在内的26个展团同台展出代表当今国际先进水平的高端精密制造装备和成形技术与设备,展品涵盖精密加工与测量,模具、模具制件、工具及材料,冲压设备及塑料机械,CAD/CAM/CAE集成及信息化技术,成形技术与3D增材制造技术等,展出设备共计470台(套),展出的大中型先进设备143台(套),各类模具配件、模具钢3800多件/套,展品价值RMB 2.6亿元,展会现场留购1.16亿元,期货成交额RMB 2.08亿元,中外展商总成交额RMB 3.24亿元。

(六) 上海国际海上风电及风电产业链大会暨展览会助力风电回暖

本届展览主题为"促进风电回暖,助力美丽中国"。国内五大风电开发商悉数到场;全球主流海上风电制造商推出新的亮点包括:华锐的多元化战略;上海电气和西门子将展示合资后的战略新方向;维斯塔斯海上风电在华新举措;金风海上风电的新步伐;明阳风电6MW海上风机献礼20周年;歌美飒制定5MW海上风机中国新规划;苏司兰迎来在华新的华丽转身等。大会议题将涵盖海上风电政策与市场、海上风电技术创新、海上风电运营维护、海上风电案例分析和海上风电投融资等。大会规模500人,有近100位国内外演讲嘉宾在14场专场中发言。

(七) 第十五届中国(上海)国际摄影器材和数码影像展览会吸引尼康、佳能、索尼、富士、东芝首次齐聚为摄影爱好者打造最佳体验互动

作为中国乃至亚太地区最具规模和影响力的数码摄影及影像行业展览会之一,"第十五届中国(上海)国际摄影器材和数码影像展览会吸引了佳能、尼康、富士、东芝、爱普生、柯达、宝丽来、兆成国际、PhotoClam、乐凯、百诺、金贝、金刚、劲捷,聚福德、伟峰、金鹰、长城、南光、富达时、永诺,吉尼佛,耐思得等来自日本、韩国、英国、美国、马来西亚、新加坡、中国、中国香港及中国台湾等多个国家和地区的近200家知名生产企业参展,展出规模17000平方米,吸引了来自42个国家和地区的48000名观众,近78000人次,前来参观及互动体验。

(八) 中国国际染料工业展亚洲地区巡展第三站印尼雅加达展继续秉承"加快我国染料行业转变发展方式和实施走出去发展战略"办展宗旨

经中国国际贸易促进委员会、印度尼西亚贸易和旅游部正式批准,中国驻印尼大使馆同意,由中国染料工业协会、中国印染行业协会和中国贸促会上海市分会主办的第三届亚洲国际染料工业暨有机颜料、纺织化学品展览会于2013年10月24—26日在印尼雅加达国际展览中心成功举办。展出面积4000平方米,标准展位150多个,来自中国、德国、英国、印度、中国台湾和香港特别行政区的80多家中国企业和40多家外商参加了本次展会。展品涉及染料、有机颜料、助剂、印染、化工设备、纺织面料等多个领域,几乎涵盖所有染颜料及相关品种。本届展会吸引了来自32个国家和地区的2880名专业观众到场参观。

（九）公司持续改革发展,7大展会获得上海市会展行业协会品牌称号

2013年,公司被中国国际商会会展委员会评选为2013—2014年度副主席单位,总裁顾春霆当选为商会副主席。由公司主办的汽车展、模具展、婚纱展、染料展、汽车零部件展、海上风电展被上海市会展行业协会评为“上海市国际展览会品牌展”,摄影展被评为“上海市国际展览会优秀展”。

三、展望

2014年是国展公司30周年华诞,面对新的机遇和新的考验,公司将深入贯彻中央经济工作会议“稳中求进、改革创新”的工作总基调,贯彻落实党的十八大精神和十八届二中、三中全会精神,做到战略构建、机制完善、人才培养、项目研发、创新技术、权益保障、正风肃纪“一个不落”。为老一辈风雨铸就的三十年辉煌诚挚献礼,为公司未来新的三十年筑梦启航!

2014年在沪国际展览安排表

日　期	展览会名称	地　点	网　站
2月24日—27日	第二十五届中国·上海国际婚纱摄影器材展览会暨国际儿童摄影、主题摄影、相册相框展览会(春季)	上海世博展览馆	www.chinaweddingexpo.com.cn
2月24日—28日	第八届中国数控机床展览会	上海新国际博览中心	www.ccmtshow.com
4月13日—16日	第二十四届中国国际自行车展览会　2014中国国际电动车及零配件展览会	上海新国际博览中心	www.chinacycle.com.cn
4月16日—18日	第十四届中国国际染料工业暨有机颜料、纺织化学品展览会	上海世博展览馆	www.chinainterdye.com
6月4日—7日	第十五届中国国际模具技术和设备展览会	上海新国际博览中心	www.dmcexpo.com www.diemouldchina.com
6月5日—7日	2014中国上海国际汽车零部件、制造设备及售后服务展览会	上海新国际博览中心	www.autopartschina.org
7月2日—4日	2014上海国际海上风电及风电产业链大会暨展览会 2014上海国际风电服务市场大会暨展览会	上海世贸商城	www.offshorewindchina.com
7月3日—6日	第二十六届中国·上海国际婚纱摄影器材展览会暨国际儿童摄影、主题摄影、相册相框展览会(秋季) 第十六届中国(上海)国际摄影器材和数码影像展览会	上海世博展览馆	www.chinaweddingexpo.com.cn www.interphoto.com.cn
10月28日—29日	第五届中国国际物联网大会暨车联网与智能交通展览会	上海世贸商城	www.iotconference.com www.cvitsexpo.com
11月4日—6日	2014上海国际商用及公务船舶展览会	上海世博展览馆	www.seawork.cn

以上计划仅供参考,信息截止到2014年2月,如有变动恕不另行通知。

上海新国际博览中心(SNIEC)

一、概述

上海新国际博览中心(SNIEC)由上海陆家展览发展有限公司与德国汉诺威展览公司、德国杜塞尔多夫展览公司、德国慕尼黑展览有限公司共同投资建设,是中国第一个合资建造和运营的国际展览中心项目,注册资本为12150万美元。历经12期扩建,SNIEC于2012年2月15日全面落成,共拥有17个单层无柱式展厅,室内展览面积20万平方米,室外展览面积10万平方米。2001年11月2日正式投入运营,此后运营连年快速稳定的增长,每年举办80余场知名展览会,吸引近400万名海内外观众和8万余名国内外展商。作为重大国际展会的平台,SNIEC不仅加强了国内和国际经济贸易往来,同时有效地带动了本地区交通、旅游、商业、港口、餐饮、娱乐等相关产业的发展,为城市经济带来活力和效益,被视为世界最成功的展览中心之一,中外展览企业创造性合作的典范,它为推动上海建设成为世界一流的国际会展中心城市,做出了重要贡献。

二、经营范围

主要产品及服务范围:SNIEC建设、经营上海新国际博览中心;利用博览中心展览场馆主办、合作主办和承办境内外来展;推广展览所需活动;提供与博览中心所举办展览相

2013年5月7日,中国国际食品和饮料展在上海新国际博览中心开幕

关的广告设计、制作，利用自有媒体发布广告；出租展览馆、会议室、办公室及为进场参展商提供展览设备租赁服务；经营商务中心、餐饮、附设商品部等相关配套设施及提供展览咨询等相关服务。

立足服务，持续创新。SNIEC 认为在今天这个持续变化的市场竞争环境中，创新与合作是驱动其不断前行的两个重要成功因素，从而能够不断培植新的竞争力，提升客户服务价值。同时，SNIEC 坚信“顾客的满意和认同是企业长期赢得市场，创造价值的关键”。为了确保“以顾客为中心”经营思想的有效实施，SNIEC 一直十分注重聆听参展商、观众和主办者的声音，坚持周期性的客户满意度市场调查工作，从中不断改善和优化其服务质量。随着展览设施全面扩建告一段落，企业今后发展将以品牌与服务为核心，以进一步强化和提升软实力，致力于为顾客提供最好的价值服务。

三、展览业务

2013 年 SNIEC 展览业务继续保持着稳定的发展态势。展览场地合同销售面积达 583 万平方米，共承接 100 个展览会，吸引 121698 名海内外展商和 4618000 名海内外观众。规模达 50000 平方米以上的大型展览会约占 1/3，其中具有重要影响的展览包括：华东商品交易会建筑材料及贸易博览会、中国国际家具展览会、中国国际工业博览会、五金焊接博览会、中国国际自行车展、中国国际家用纺织品及辅料博览会等展会。展览题材涉及的行业分布广泛，包括汽车、纺织、建材、家具、电子、食品饮料、包装机械、生物制药、轨道交通、美容珠宝、机械工程、印刷、酒店等众多领域。

2002—2013 SNIEC 业务发展情况一览表

年份	展会数量	销售面积(平方米)	展商数量	观众数量
2002	43	887000	17746	1503769
2003	45	1010000	22328	1640540
2004	66	1930000	35965	2358359
2005	67	2330000	46787	2546787
2006	72	2840000	52012	2668824
2007	78	3200000	58478	3086343
2008	80	3860500	67607	2666188
2009	78	3599540	61753	2838170
2010	80	3930000	69993	3096531
2011	94	4800000	81700	4046800
2012	94	5410000	103600	3725312
2013	100	5830000	121698	4618000

东浩兰生集团上海外经贸商务展览有限公司

总经理
孙建安

一、概述

上海外经贸商务展览有限公司是上海东浩兰生国际服务贸易(集团)有限公司旗下的专业展览公司。公司自1993年成立20年来,始终坚持以展览主业为核心,诚信服务、开拓创新,实现了跨越式发展,在上海会展业中建立起自身品牌优势,赢得社会各界包括同行以及客户的高度认可。2013年公司完成展览项目16个,其中政府展7个,来华展5个,出国展4个,展览面积达28.6万平方米。下属进出口公司完成进出口额7067万美元,运输公司完成海运箱量7880个。

二、传统项目稳中求变求新

(一)第23届中国华东进出口商品交易会(华交会)

第23届华交会在外贸形势仍然不容乐观的情况下,再次取得超过预期的效果。本届华交会共吸引来自世界115个国家和地区的20016名境外客商到会洽谈。在中日关系紧张、日本客商数量受到冲击的压力下,公司华交会项目部提前采取各种有效措施,加大招商力度,稳住客商规模,付出了不懈努力,

华交会境外展区吸引众多参观者

最终大会办和参展企业均对公司招商工作给予充分肯定。

公司自营境外馆和联合交易团在项目团队努力下,展位数分别达到221和608个,较上年分别增长4%和10%。境外馆参展国家数量增加为15个,其中新增伊朗、瑞士、荷兰、澳大利亚等国家;韩国取代日本首次成为参展数最多国家,且展台均采用特装,设计新颖,成为境外展区一大亮点。联合交易团不仅完成自身招展任务,还为其他省市消化了98个展位,成为公司今后新的潜力增长点。此外,展会上App的首次使用成为本届华交会一大新增亮点,将科技与展会实现完美结合,进一步提升了展会科技含量,赢得各方好评。

(二) 中国进出口商品交易会(广交会)

2013年第113、114两届广交会上海交易团展位数合计约7000个,总计接待住宿代表3173人。展会中团队成员提供的优质服务以及完善的后勤配套工作,得到参展代表与商务委领导的充分肯定。公司团队成员高效完成上海交易团的各项会务工作,同时不断提高服务水平,为参展代表提供更多的增值服务,进一步巩固了公司作为广交会上海交易团服务供应商的地位。

(三) 中华老字号展

2013中华老字号展以"传承、弘扬、创新、发展"为主题,展会面积达5428平方米,参展企业207家,共吸引观众4.5万人次。展会在第一展厅设立"创新产品展示区",从"衣"、"食"、"用"、"行"四个方面生动展示上海老字号创新产品,形成展会一大亮点。本届展会境外品牌数量更多,产品更丰富,如奥地利水晶饰品、土耳其土特坚果、日本特色酱油和工艺品、韩国泥浆面膜等,普遍获得观众认可,也为今后继续引进海外老字号品牌、增强国际化程度铺垫了基础。

为帮助中华老字号企业走出去,促进老字号产品参与国际市场竞争,2013年公司首次组织11家老字号企业赴中国台湾参加台湾老字号展,推动两地企业互相学习与交流,进一步拓宽了老字号展的发展道路。

(四) 东盟博览会

在新形势、新领导、新要求下,本届东盟博览会公司组织的参展企业更趋专业化,在市商务委领导下的组织工作更加务实、到位,为上海企业进入东盟市场提供了良好平台;此外经过多年的精心打造和培育,2013年上海采购商代表团已成为国内最大采购团,受到组委会表彰。

三、自办展项目实现多项突破

(一) 上海国际宠物犬博览会

宠物犬博览会作为公司重要自办展,也是公司重点打造的品牌展会。第二届犬博会展览面积为1.2万平方米,与上届持平,展位数以及展会收入比上年均翻了三倍以上。本届展会特别开辟世界名犬展示区,成为展会一大亮点。同时展会现场各项活动精彩纷呈,CKU全犬种比赛已经成为国内规格最高的犬赛之一,星宠秀、狗狗运动会、养犬知识讲座等活动大大提高了观众对展会的参与度,展期3天入场观众达41620人次,现场人气十分火爆。

本届犬博会不仅使公司对宠物行业领域有更深的了解,掌握更多的行业资源,同时通过两届的顺利举办成功,打破了同类展的行业垄断,建立起犬博会品牌。

(二) 国际中小企业精品展

国际中小企业精品展是公司2013年与经信委合作的新项目,主要是吸引上海、各省市以及海外的"专、精、特、新"企业参展。该项目时间急、人手紧、难度大,标准展位面积由9平米变为4平米,是一种新的办展形式。但是在公司项目团队努力下,相关部门团结一心、积极应战、自我突破,最终圆满完成任务,得到经信委领导高度评价。并获得了中小企业服务供应商的资质,为今后业务拓展开辟了一个新途径。

（三）外贸企业出口精品展销会

第二届外贸精品展公司继续与进出口商会紧密合作，在各项准备工作上更加细致、周密，服务操作更加规范、流畅，共吸引157家参展商前来参展，到场观众达27000人次。由于本届展会改变了过去出口商品“不开放，不零售”的传统做法，吸引了大量市民观众慕名而来，观众现场购买意愿强烈，销售额较上届大幅提升。通过两届的成功举办，该展会已具有一定的社会知晓度、采购商认可度以及市民美誉度，同时为外贸企业产品走向国内市场搭建了良好平台，更好实现内外贸联动。

四、出展项目更加专业高效

（一）印尼展

2013年印尼展是公司全面接手后的第二届。项目团队在人手紧缺、大环境堪忧情况下，自我加压，积极开拓招展渠道，按时完成招展任务。展会取得圆满成功，展览规模达3000平方米，展位数比第一届接手时增加43%，参展商44家，现场实际成交255万美元、意向成交823万美元。本次展会的成功举办，帮助公司进一步理顺了在印尼办展的各种渠道和合作伙伴关系，为今后办好印尼展打下更扎实基础。

（二）巴西礼品展

巴西礼品展是公司传统出展项目，也是上海市重点出展项目。本届上海展区参展企业仍以老客户为主，由于出展前精心准备、认真调研，展品针对性较以往更强、更具市场竞争力，因此受到买家一致好评和青睐，取得良好展出效果。

（三）巴西食品展

此展为公司与上海市农委的合作项目。此次巴西食品展上海代表团共展出上海20多家企业、50多个品种的农副产品。展会期间上海农业展区吸引全球80多个国家、1万多名观众前来观摩洽谈，累计意向成交金额245万美元。本次展会让参展企业学到了国外农产品的营销理念，为企业发展开拓了新思路。

五、承接政府新项目——中国（上海）国际技术进出口交易会（上交会）

2013年8月，公司接受集团领导下达的重要任务，即代表集团承办又一重大政府项目——上交会。此次承办对商展公司来说既是机遇又是挑战，为此，公司做了以下几项调整与布置：

一是调构架。公司对现有部门设置进行调整。调整后部门设置更加科学合理，在做好原有业务前提下，进一步提高经济效益。

二是做增量。全力做好上交会，使其成为商展核心项目、长线项目、新的盈利来源，进一步提升商展公司办展能力。

三是提供“三个保障”。即做好人员、资金以及资源的全力保障。

在公司项目团队连续几个月的团结协作、奋力拼搏下，招商招展工作均按计划稳步推进，相信2014年上交会在商展公司全体员工的共同努力下一定会达到预期目标。

东浩兰生集团上海现代国际展览有限公司

总经理 张定国

一、概述

上海现代国际展览有限公司是上海东浩兰生国际服务贸易(集团)有限公司下属专业展览企业。全国首家通过ISO9000国际质量体系认证的展览主办企业,上海市会展行业协会副会长单位。拥有中国展览馆协会展示工程一级资质、上海市会展行业第一批展示工程企业一级资质、上海市会展行业第一批主(承)办机构一级资质,并于2004年加入UFI(国际展览业协会)成为其正式会员。

公司主营业务分为展览主办和展览展示两大板块。每年在上海主办10多个专业展览会,为各级政府部门、社会组织主办的展览展示活动提供专业策划、设计和制作"一站式"服务。

2013年,公司紧紧围绕"确保营业额、利润增长"和"实现效率、效能、效益"的总体要求,扎实推进各项主营业务发展,提前超额完成全年经营指标。实现拥有3个UFI认证品牌展会的目标;顺利举办11场自办展;圆满完成中华艺术宫二期展览工程等多个政府展示和商业展示项目。

二、展览主办

(一)品牌展会凸显"三效"成果,UFI认证项目再添一展

2013年公司共完成展览项目11个,展出毛面积达358240平方米,继续占领全市组展单位自办展规模排名榜的前列。其中"广印展"、"建材展"两个UFI认证展会的展出规模再创历史新高。

1. 广印展面积达到200000平方米,共16个场馆,共有来自30多个国家和地区的2005家参展企业,专业观众超过13万人次。三项数据分别较上年增长11%、18%和8.3%;

展览期间,由国家新闻出版广电总局印刷发行司、上海市新闻出版局共同主办,现代公司承办的"上海国际印刷周"再次成功举办,共吸引了422家国内外企业参展。增设国家印刷复制示范企业专区、创意设计展专区等多个互动专区,实际成交项目及成交金额均较上年有较快增长。

“广印展”现场

同时,还成功新增“亚克力及其他板材馆”,设立3D打印专区,取得广泛的市场关注,展出效果良好,是展会的创新之举。

2. 建材展聚焦节能建材领域,区别于沪上一般的建材展会,面积首次达到80000平方米,较上年增长60%,展商数超过1200家。同期举办高端行业峰会,凸显其在节能建材领域的行业领先和权威性。进一步巩固该展作为上海乃至长三角地区规模最大的绿色节能建筑领域专业类展会的地位。

3. 照明技术设备展在面临产业重组的背景下,在展出规模和专业观众数量方面保持稳步,成功获得UFI认证,实现了重大突破。成为公司第三个通过UFI认证的品牌展会,进一步奠定公司在沪上会展业主办机构的领先地位。

(二)成长期展会亮点不断,呈现组展开拓的新气象

1. 成都国际广告展的成功举办对现代公司而言意义重大,是广告展中国战略实施的第一步。本次展会的举办得到成都市博览局的大力支持,规模达到45000平方米,是成都当地规模首屈一指的B2B贸易展。

2. 与东浩会展公司合作的“国庆车展”,展示面积达到20000平方米,参展品牌22家,吸引消费观众50000人次,数家主流媒体竞相报道。该展会也逐步成为沪上黄金周期间休闲娱乐的亮点活动之一。

3. 与集团兄弟单位——工业商展公司合作,共同承接招商招展工作的2013年工博会航空航天展取得成功。“神十”返回舱、“月球车”的展出,吸引了众多观众到场。工博会组委会授予“实物特别荣誉奖”。

凭借在世博会场馆参观人流控制方面运营经验,公司在“神十展区”的参观组织、运营管理工作上措施得当,确保了8万人次的有序参观,其中包括各级领导的参观。

商业展示方面,吸引到中航集团、中国商飞公司、派克宇航等国内外知名企业参展。

4. 利用集团场馆的优势资源,开拓一年三届的“绿色家装与材料博览会”;继续巩固与东浩会展合作举办的“儿童启智展”;生物展、汽车材料展等展会均按计划举办,达到了预期目标。

三、展览展示

展示策划、设计业务、紧抓政府项目，提供优质服务，不断提升公司的口碑形象。

（一）深化中华艺术宫展览工程改造总包项目

2013年接手中华艺术宫二期改造，公司的服务团队在秉承服务质量精益求精的基础上，攻坚克难，如期完工，受到了馆方的高度好评，为公司再次赢得赞誉。

（二）继续做好延续性项目，不断拓展同类项目

继续做好世博会纪念展维保工作；完成韩国丽水世博会专题展览（临展）布展工作；竞标获得市检察院展厅改造工程项目和温州市检察院展厅项目；成功开拓中国花卉博览会主展馆布展规划与设计项目；承接上海市标准化研究院展厅设计施工一体化项目、市食药监局安全宣传周展示项目以及山东莱芜公路局展厅项目。

（三）尝试开拓商业展示领域，增加利润增长点

2013年成功开拓3个商业项目——华交会东浩集团展位布置、外高桥造船厂展厅项目、建材集团20周年布展项目。

四、获得的主要荣誉

公司继2008、2010年两届获奖之后，再度获评“上海名牌服务”；连续第七次蝉联“上海市文明单位”称号（2011—2012年度）；首次荣获“上海市著名商标”称号；再度被上海市总工会授予“工人先锋号”称号；被上海市企业诚信创建活动组委员会及上海市会展行业协会授予“五星级诚信创建企业”；获评“中国会展产业‘金手指奖’最具影响力展览公司”奖；主办的广印展再度获评“上海市国际展览会品牌展”；荣获中国展览馆协会展览工程企业一级资质。

2014年，公司将以党的“十八大”精神为指导，把握好稳中求进的总基调，按照总体目标要求，继续以发展主营业务，增强核心竞争力为重点，全力推动企业自身战略目标的实现。在面对竞争激烈的市场环境时，公司全体同仁将努力有所作为，继续保持经济目标的增长，推进企业改革创新，取得“效率、效益、效能”的协调发展。

上海协升展览有限公司

总经理
霍晓云

一、概述

上海协升展览有限公司(简称“上海协升”)成立于2002年4月,是中国自行车协会领导下的专业展览公司。其前身是中国自行车协会展览办(简称“展览办”)。展览办开始仅有几名员工,1间办公室,1台电脑。10多年来,公司白手起家,把一个仅有展览雏形的中国自行车展打造成国际上最具影响力的品牌展会,至上海协升展览有限公司成立后,公司规模也由几人发展到现在的近30人,在上海市中心地段拥有1400多平方米产权办公场所,并被上海市会展行业协会批准为主承办一级资质会展企业、五星级诚信企业。目前,上海协升展览有限公司不仅是上海贸促会、上海国际商会、上海世界贸易中心等协会的会员单位,也是上海市会展行业协会副会长单位。

上海协升近年来得到了快速发展,旗下除承办每年一届的展览会——中国国际自行车展览会、中国国际电动车及零配件展览会、上海国际户外骑行装备展览会、中国国际摩托车及零部件交易会、中国两轮车国际展览会(越南)外,还设有全资子公司——上海中自文化传播有限公司及控股子公司—海兰基国际展览(北京)有限公司。

中国国际自行车展览会是世界三大自行车展之一

国外观众对新品自行车爱不释手

上海中自文化传播有限公司是上海协升展览有限公司的全资子公司,专业从事自行车行业新闻媒体出版服务,中国国际自行车展览会宣传、推广及现场广告服务。作为中国自行车协会媒体总代理,公司拥有《中国自行车》杂志(月刊)、《中国自行车》骑行风尚杂志(双月刊)、《中国自行车》电动时代杂志(双月刊)及中国自行车协会官网、中国国际自行车展览会官网和在“中国展”展会现场内部交流的展刊《自行车资讯·SHOW DAILY》及“中国展”移动信息平台“CHINA CYCLY APP”,全方位为中国自行车行业提供最专业、最权威的宣传和资讯服务。

海兰基国际展览(北京)有限公司(简称“海兰基”)是上海协升展览有限公司所属的控股子公司,专业从事大型国际自行车展览会、会议、商务考察及相关服务的专业公司。自成立以来,一直以特有的敏锐目光,吸纳国内致力于开拓国际市场的企业参加国际性展览会,因地制宜地为企业提供最新资讯和优质服务,充分利用已有渠道,宣传、吸引全球业界知名企业参加中国国际自行车展览会。历年来,海兰基通过与地方经贸委的紧密合作,组织企业参加俄罗斯国际自行车展、欧洲自行车展、美国拉斯维加斯自行车展等一系列国际知名展(博)览会,为众多的国内自行车企业走向国际市场,提供全方位、多角度、高标准的专业服务,为促进中国自行车企业与世界各国同行间的经济、文化领域的交流合作发挥重要的作用。

每年一届的“中国国际自行车展览会”(简称“中国展 CHINA CYCLE”),自1990年至2013年已连续成功承办23届。经过20多年的努力和不断探索、创新,现已成为世界三大著名自行车品牌展之一的全球自行车业界贸易、交流、资讯的最佳平台。中国国际自行车展览会与同期举办的——中国国际电动车及零配件展览会、上海国际户外骑行装备展览会及中国国际摩托车零部件交易会三展共同构建了能代表国内外自行车行业(及相关产品)发展水平的专业化国际性展览会,一个集展览、交易、设计、资讯、文化、竞赛为一体的全球性多功能综合平台,被全球行业领导者视为两轮车行业的首选商贸平台,成为高品质自行车展的代名词。

“中国展”作为中国自行车行业的伴生

物随着中国和全球自行车业界的发展而快速成长，至2013年展览面积从1.2万平方米扩大到12万平方米，摊位数从最初450余个增加到6200个，参展商从200家增至1300家并吸引了来自108个国家和地区以及全国各地近13万人的采购商、贸易商、业界专业人士及自行车爱好者、普通观众光临第23届中国国际自行车展览会。

10多年来，在市场竞争日益激烈、国际金融危机复苏缓慢的大背景下，上海协升为何能异军突起，把"中国展"办成全球性的自行车品牌展会，国际自行车贸易、交流、资讯的最佳平台，主要缘于上海协升展览有限公司精心的运作和深厚的专业背景，以及十分明确的"国际化、品牌化、市场化"的办展定位。而其中三步至关重要：

一是充分利用上海会展都市和长三角产业优势，在中国自行车协会的领导和支持下将展会定位上海。上海同时居于南方珠江三角洲和北方津京自行车两大产业基地的中部枢纽位置，又具会展行业的优惠政策，这使"中国展"有了成功保证，为"中国展"迅速成长打下坚实基础。

二是强化信息、数据化平台建设。"中国展"多年前就在行业内率先建立起展会信息数据化平台，实现数据化和信息化管理，以确保"中国展"的国际化和品牌化战略实现。在每年展会的整个筹划运作过程中，上海协升从市场调研、展会立项、营销手段、观众组织、会议、活动安排等方方面面的工作内容，到与展馆、运输、搭建、宾馆、餐饮等众多相关单位的洽谈与磨合中，既总结发扬多年办展之成功经验，又借鉴当今国际展览业新理念，围绕"一切以展商为中心"的办展宗旨，尤其强调为参展企业和专业观众提供全面、周到、贴心的优质服务，使展会的各类服务方便、迅速、高效，为每年一届的中国国际自行车展览会的成功举办打下良好基础。

三是不断开拓、完善展会多功能服务内容，搭建好世界最佳自行车交易平台。目前"中国展"已保留的服务项目有：CHINACYCLE创新产品评选、中国国际极限运动单车大师赛、世界品牌自行车试骑活动、CHINACYCLE时尚秀、骑行·演绎生活新时尚自行车摄影大赛及最佳企业展台评选等6大活动，这些活动深得参展商、经销商和观众喜爱，并与展览形成良性互补，从而促成了"中国展"不断成长。

二、2013年是"中国展CHINACYCLE"再创新记录的一年

2011年至2020年是中国国际自行车展览会(CHINA CYCLE)发展历史的新10年，以"低碳出行、骑乐无穷"为主题的第23届中国国际自行车展览会(CHINA CYCLE 2012)于2013年4月13－16日再次亮相于上海浦东新国际博览中心。作为新10年里程中的一环，"中国展"再次向人们展示了全球自行车业界最新的产品、创意和潮流。

追溯历史，1990年，首次亮相江苏省无锡市的中国自行车展仅数百平方米，向全国展示了当年的零部件新品。2000年，已在国际大都会上海立足的中国国际自行车展览会(CHINA CYCLE)以14000平方米的展览面积，向全球展示中国自行车行业的辉煌和成就。2013年，走过23年的中国国际自行车展览会，以12万平米的展览规模，以百多个国家、万千客商的云集，见证了当今中国自行车产业的卓越及世界自行车发展的潮流。

作为行业性的盛会，上海协升站在全球自行车业界的高度为中国自行车行业长远的发展考虑，提倡自主品牌的研发设计和自行车市场的拓展提升，为自行车产品的研发、生产、销售、市场、服务搭建平台，成为中国企业走出去，国外企业引进来的桥梁，全球业界咨询中心，从而使企业之间寻求到差异化并建立准确的市场定位。除了在展示方面尽可能为企业提供便利之外，同时也为企业设身处地的周全考虑，提供更加贴心的服务，组织策

2014 新款锂电池自行车

划丰富多彩的活动，从而为参展企业实现参展目的提供支持。

2013 年上海协升承办的第 23 届中国国际自行车展览会实现了新的突破。新 10 年是创新驱动、转型发展的 10 年，有理由相信，随着科技的进步和文明的发展，中国国际自行车展览会将为中国自行车行业贡献更多能量，并永不落幕！

三、发展趋势

第 24 届中国国际自行车展览会于 2014 年 4 月 13 – 16 日在上海新国际博览中心举办。为满足企业的参展需求，增加 1 万多平方米的展览面积，从而使展览规模达到 13 万平方米，1320 多家中外企业参展，展位数达 6500 多个。为促进两轮车科技创新，CHINACYCLE 2014 将继续开展"创新产品评选"活动，设立自行车创新示范展，并举办各种商贸配对、高层论坛活动，为展商提供更多贸易信息和洽谈机会。展会同期还举办 2014 中国国际极限运动单车大师赛、国际户外骑行装备展览会、凯路仕 2014 CHINACYCLE 时尚秀、捷安特——世界品牌自行车试骑活动及美利达杯—骑行 · 演绎生活新时尚摄影大赛，以进一步提升展会的观赏性、时尚行和互动性，使 CHINACYCLE 真正成为全球自行车业界的贸易平台和时尚看台。第 24 届中国国际自行车展览会再次实现历史性超越，成为全球业界最具规模的自行车展览会。

2015 年，中国国际自行车展览会将移师上海虹桥商务区核心区西部国家会展中心（上海）举办。届时，14 万平米的展览面积，7000 个展位，将更好的满足国内外参展商的需求，并继续提供一流的服务，将第 25 届中国国际自行车展览会办得更好。

第三编

自贸试验区与开发区

中国(上海)自由贸易试验区
开发区·工业区
园区重大项目介绍

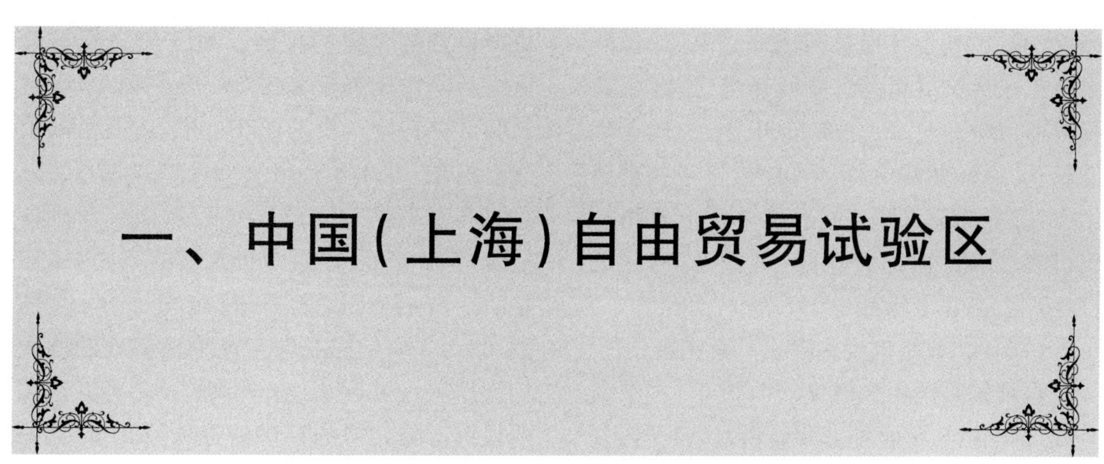

一、中国(上海)自由贸易试验区

自贸试验区

一、概述

在国务院、国家有关部委、市委市政府、区委区政府的领导下,以及市、新区各有关部门、驻区各职能部门和各大开发公司的大力支持下,中国(上海)自由贸易试验区于2013年9月29日正式挂牌启动运作,从国家战略的高度,按照《总体方案》的要求,全面推动制度创新、扩大开放、功能拓展、产业升级等方面的重点工作。

2013年,面对全球经济延续低速增长、我国经济增速放缓、上海经济转型平稳发展的形势,中国(上海)自由贸易试验区紧抓机遇,充分发挥功能创新先行先试优势,在多个领域进行改革突破,不断提升贸易便利化水平,加快产业功能转型升级,充分发挥联动综合效应,促使区域经济继续保持稳中有进、稳中趋好的态势。据统计,2013年自贸试验区投资企业完成经营总收入达到14424.44亿元,比上年增长12.3%。其中以国际贸易、航运物流、技术服务等为主体的第三产业完成经营收入13707.18亿元,比上年增长13.6%,占95.0%,所占比重比上年提高1.1个百分点;以先进制造业为主体的第二产业完成经营收入717.26亿元,占5.0%。这些投资企业实现利润总额559.48亿元,比上年增长20.4%;投资企业年末从业人员28.61万人,比上年增长6.4%。

二、开发建设

2013年,自贸试验区根据所辖区域分处不同发展阶段的实际情况,进一步推进市政设施建设、综合配套建设和生态环境建设,把产业发展与区域功能完善相结合,分别推进各自区域开发建设的投资步伐,共同促进了固定资产投资额保持较大规模。全年自贸试验区共完成固定资产投资额51.03亿元,比上年增长5.4%。

(一)外高桥较快增长,洋山迅猛上升,机场有所下滑

分区域情况来看:外高桥保税区继续推进拓展园区建设和产业投资进程,完成

28.21亿元,比上年增长12.4%;洋山保税港区已扩区封关不断完善区域环境,进区企业投资项目增加较多,完成5.07亿元,比上年增长52.7%;机场综保区不断推进包括仓储用房在内的配套设施建设,但由于上年租赁飞机购进额同比基数较高,有所下滑,完成17.75亿元,比上年减少11.2%。

(二)市政基础设施建设不断完善

自贸试验区各区域发展阶段不一,市政基础设施建设、综合配套建设项目持续推进,综合投资环境不断完善。目前市政基础设施投资额主要体现在部分产业拓展园区以及为提升投资环境而开展的道路、卡口、绿化等配套设施建设项目上。全年完成基础设施投资额3.50亿元,占自贸试验区固定资产投资额6.9%。主要是:微电子园区"1.67平方公里开发项目"完成2.33亿元,占基础设施投资额66.6%;外高桥四条道路工程和两条河道、水系的整治建设工程合计投资额0.87亿元。洋山的陆域围网、卡口等工程合计投资额0.30亿元。

(三)进区企业完成投资额占据主要比重

随着自贸试验区投资环境的日趋完善,进区企业增资扩容、追加投资现象较为踊跃。通过设备购置、改造等更新工作以及进行改扩建厂房、仓库等实体性作业,进区企业固定资产投资额规模较大,全年完成35.09亿元,占自贸试验区固定资产投资额68.8%,是固定资产投资额完成的主要方面。各区域集团下属各开发公司作为园区开发建设主体,继续加快拓展园区综合投资环境的建设进度,推进配套设施建设进程,有效落实、保证产业用房(主要是厂房、仓库)的供应保障,全年完成投资额15.94亿元,占自贸试验区固定资产投资额31.2%。

(四)设备购置和建筑工程完成投资额较大

固定资产投资额从项目性质上来分,设备购置和建筑工程投资额是自贸试验区固定资产投资额完成的主体。2013年自贸试验区设备购置投资额完成26.30亿元,占自贸试验区固定资产投资额51.5%,主要是国银飞机租赁(上海)有限公司飞机购置12.31亿元和安靠封装测试(上海)有限公司设备购置9.58亿元;建筑工程投资额完成19.72亿元,占自贸试验区固定资产投资额38.6%,主要是机场的空港物流基地两块仓储用房项目4.64亿元、外高桥的上海沐远实业投资有限公司的厂房建造项目2.40亿元和洋山的迈科(上海)物流有限公司的洋山分拨中心项目2.33亿元;安装工程和其他费用投资额分别完成0.61亿元和4.40亿元。

(五)新开工施工面积近半

2013年在自贸试验区开展投资建设的企业单位共有30家。施工项目55个,其中新开工项目26个,竣工项目10个。

全年施工房屋建筑面积92.97万平方米,其中新开工面积46.34万平方米,占49.8%。主要施工项目有:外高桥的"物流二期"2个地块项目合计12.52万平方米,"物流园区K6地块多层仓储用地"9.74万平方米,"沐远实业厂房项目"9万平方米;洋山的"迈科分拨中心"10.90万平方米;机场的"空港物流基地仓储用房"2个项目合计11.43万平方米。施工面积超过1万平方米的项目共有24个,占施工项目43.6%。

全年完成竣工房屋建筑面积32.33万平方米,房屋竣工率为34.8%。主要竣工项目有:洋山的"迈科分拨中心"10.90万平方米;外高桥的"国际机床中心一期项目"3.60万平方米、"斯凯孚仓库项目"2.60万平方米等。

三、招商引资

招商引资、稳商育商历来是区域经济转型发展的扎实基础,也是实现可持续发展的重要保证。成立自贸试验区,对于促进贸易和投资便利化,服务领域扩大开放,积极培育新型业态和动能，鼓励企业统筹开展国际国内业务，实现内外贸一体化发展，提升业务能级，有着极为明确的导向作用，充分激发起各方投资热情，特别是在挂牌成立后的第四季度，呈现出"井喷式"投资注册的高潮。据统计，2013 年自贸试验区新增注册企业 4416 家，比上年增长 460.4%。吸引内资企业注册资本 853.62 亿元，比上年增长 14.2 倍；外商投资额 40.96 亿美元，比上年增长 16.7%，合同外资 19.09 亿美元，比上年增长 18.1%。

自贸试验区挂牌后新增注册企业 3614 家，占全年 81.8%。吸引内资企业注册资本 700.91 亿元，占全年 82.1%；外商投资额 20.30 亿美元，占全年 49.6%，合同外资 9.53 亿美元，占全年 49.9%。

2013 年招商引资主要亮点是：

（一）新增投资绝对额大，增资扩容快速增长

在自贸试验区挂牌成立激发投资热情的带动下，改变了近几年增资扩容作为吸引投资额主体的局面。2013 年自贸试验区吸引投资总额 176.46 亿美元，比上年增长 300.9%，其中新增企业投资额 143.47 亿美元，比上年增长 748.7%，占吸引投资总额 81.3%；增资企业 541 家，比上年增长 28.8%，实现增资额 32.99 亿美元，比上年增长 21.7%，占吸引投资总额 18.7%。

自贸试验区挂牌后新增企业投资额 125.08 亿美元，占全年 87.2%；增资企业 88 家，占全年 16.3%，实现增资额 6.48 亿美元，占全年 19.6%。

（二）内、外资企业数量和投资额均实现倍增

内资企业增长迅猛，注册资本倍增。自贸试验区的挂牌，促使内资企业呈现"井喷式"现象，内资企业延续近年来招商引资主体地位。2013 年自贸试验区新增内资企业 4057 家（其中挂牌后 3372 家，占全年 93.3%），比上年增长 550.2%，净增 3433 家，占自贸试验区新增企业绝对额 91.9%、增量 94.6%；吸引内资企业注册资本 853.62 亿元（其中挂牌后 700.91 亿元，占全年 82.1%），比上年增长 14.2 倍，占自贸试验区投资总额 76.8%、增量 95.6%。有 402 家新增或增资内资企业注册资本超过 5000 万元，其中 150 家新增或增资内资企业注册资本超过 1 亿元。

外资企业倍增，投资额较快增长。2013 年试验区新增外资企业 359 家（挂牌后 242 家，占全年 67.4%），比上年增长 118.9%，净增 195 家，占自贸试验区新增企业 8.1%。吸引外商投资额 40.96 亿美元，比上年增长 16.7%，占自贸试验区投资总额 23.2%。其中合同外资 19.09 亿美元，比上年增长 18.1%，占外商投资额 46.6%。有 107 家新增或增资外资企业投资额超过 1000 万美元，其中 7 家新增或增资外资企业投资额超过 1 亿美元。

（三）贸易类和新型服务类企业激增

随着自贸试验区集聚效应的扩大和投资开放领域的逐步放开，以贸易类、服务类、投资类和咨询类企业不断涌入。2013 年新增贸易类企业达到 2893 家，比上年增长 790.2%，吸引投资额 85.07 亿美元，比上年增长 269.6%，分别占自贸试验区新增注册企业数 65.5%、投资额 48.2%；以服务类、投资类和咨询类为主的其他类企业数量"井喷"，达到 1121 家，比上年增长 587.7%，吸引投资额 73.53 亿美元，比上年增长 12.0 倍，分别占自贸试验区企业数 25.4%、投资额 41.7%；物流类 391 家，比上年增长 33.9%，吸引投资额 16.70 亿美元，比上年增长 20.3%，分别占自贸试验区企业数 8.9%、投资额 9.5%；加工类企业 11 家，比上年增长 37.5%，吸引投资额 1.16 亿美元。

其中，自贸试验区挂牌后，新增贸易类企业 2556 家，占全年数 88.4%；其他类企业 930 家（主要是服务、投资类 683 家），占全年 83.0%；物流类企业 128 家，占全年 32.7%。

(四)历年累计吸引投资额接近500亿美元

截至2013年底,自贸试验区累计批准投资企业达到16687家;吸引投资总额接近500亿美元,达到486.77亿美元。其中外商投资额258.13亿美元,合同外资134.78亿美元;内资企业注册资本超过1500亿元,达到1541.32亿元。从企业性质上分析:外资企业8739家,占企业总数52.4%,吸引外商投资额258.13亿美元,占投资总额53.0%,其中合同外资134.78亿美元,占外商投资额52.2%;内资企业7948家,占企业总数47.6%,吸引内资企业注册资本1541.32亿元,占投资总额47.0%。从行业类型上分析:贸易类企业11355家,吸引投资额197.00亿美元,分别占企业总数68.0%、投资总额40.5%;物流类企业2683家,吸引投资额91.74亿美元,分别占企业总数16.1%、投资总额18.8%;其他类企业1804家,吸引投资额143.43亿美元,分别占企业总数10.8%、投资总额29.5%;加工类企业845家,吸引投资额54.60亿美元,分别占企业总数5.1%、投资总额11.2%。从外资重点企业分析:投资额超过1000万美元(含)的外资大型企业累计达到413家,占外资企业总数4.7%,吸引投资额134亿美元,占外商投资额52%。2013年度《财富》500强外资跨国公司中,已有142家在自贸试验区投资268家企业,注册资本累计超过20亿美元。

四、国际贸易

国际贸易是自贸试验区经济发展的核心功能,是政策优势的突出表现,也是促进上海国际贸易建设的重要载体。随着区域贸易转型升级的不断推进,贸易便利化建设的加快进程,各项创新突破功能带动经济规模的持续扩大,高能级贸易主体集聚效应突出,国际贸易保持较大规模。据上海海关统计,2013年自贸试验区所辖区域投资企业完成进出口总额1134.34亿美元,比上年增长0.3%,占全市进出口总额4414.3亿美元的25.7%,在较为严峻的外贸形势下没有出现下滑。自贸试验区挂牌后完成进出口额295.49亿美元,同比增长4.3%,增幅高于全年4.0个百分点。

(一)进口额略有下滑,出口额较快增长

进口额继续保持主体比重,但略有下滑。全年自贸试验区所辖区域完成进口额839.30亿美元,占进出口总额74.0%,比上年减少3.2%,占全市进口额2271.9亿美元的35.4%。自贸试验区挂牌后完成进口额217.12亿美元,同比增长0.8%,增幅高于全年4.0个百分点。出口额持续较快增长。全年自贸试验区所辖区域完成出口额295.03亿美元,比上年增长12.0%,占全市出口额2042.4亿美元的14.4%,所占比重比上年提高1.7个百分点。自贸试验区挂牌后完成出口额78.36亿美元,同比增长14.5%,增幅高于全年2.5个百分点。进出口逆差额仍较大。自贸试验区所辖区域形成的进出口贸易逆差达到544.27亿美元,是2013年全市进出口贸易保持逆差(逆差额329.5亿美元)的重要组成部分。

(二)物流货物有所下降,一般贸易和加工贸易快速增长

自贸试验区继续推进产业转型升级,鼓励企业整合业务功能,深化拓展总部经济功能,但受到大宗金属制品进出口额下滑以及部分重点物流企业业务外迁的影响,物流货物有所下滑,全年完成841.58亿美元,比上年减少5.0%,占“四区”(外高桥保税区、外高桥物流园区、浦东机场保税区、洋山保税港区)进出口额74.2%。一般贸易进出口企业增加较多,持续保持两位数增长,完成199.96亿美元,比上年增长16.4%,占“四区”进出口额17.6%,所占比重比上年提高2.4个百分点。加工贸易进出口额在重点企业推动下较快反弹,完成79.15亿美元,比上年增长16.7%,占“四区”进出口额7.0%,

所占比重比上年提高1.0个百分点。

（三）贸易往来国家和地区超过200个

2013年自贸试验区所辖区域进出口企业与204个国家和地区发生贸易往来，比上年增加9个国家和地区。不仅巩固与发达经济体、传统贸易伙伴的国际贸易规模，同时也更加重视与亚、非、拉等区域的新兴贸易伙伴的国际贸易往来关系。全年"四区"与亚洲国家和地区进出口额规模持续保持主体地位，位居各大洲之首，完成629.78亿美元，但比上年减少3.0%，占"四区"进出口总额55.5%。其中与日本进出口额132.33亿美元，排名国家和地区之首；与欧洲进出口额小幅上升，完成273.96亿美元，比上年增长6.2%，占"四区"进出口总额24.2%，其中与欧盟进出口额224.09亿美元，比上年增长8.5%；与北美洲进出口额124.99亿美元，比上年增长20.8%，占"四区"进出口总额11.0%，其中与美国进出口额119.14亿美元，比上年增长22.5%。全年共有21个国家和地区进出口额超过10亿美元，合计进出口额956.85亿美元，比上年增长2.3%，占"四区"进出口额84.4%。

（四）进出口企业数量增加较多，重点大户持续增加

自贸试验区加快总部经济和新型贸易业态的发展，提升投资企业外贸竞争新优势，不断提升国际贸易能级，促使从事直接进出口业务活动的企业数量增加较多。2013年自贸试验区所辖区域直接开展进出口业务的投资企业达到3571家，比上年增长3.5%，净增121家。其中开展进口业务的企业有3206家，比上年增长2.0%，净增64家；开展出口业务的企业有2419家，比上年增长3.0%，净增70家。超亿元大户持续增加。从重点进出口企业情况来看：进出口额超过1亿美元的达到162家，比上年增长3.8%，净增6家，合计进出口额860.48亿美元，占"四区"进出口额75.9%；进出口额超过10亿美元的企业有19家，比上年增长11.8%，净增2家，合计进出口额478.85亿美元，占"四区"进出口额42.2%。其中丹沙物流（上海）有限公司进出口额尽管出现一定下滑，仍位居"四区"进出口企业榜首，并且连续第二年排名全市进口企业榜首。此外，捷豹路虎汽车贸易（上海）有限公司、英特尔贸易（上海）有限公司、英运物流（上海）有限公司、全球物流（上海）有限公司和安靠封装测试（上海）有限公司共6家企业位列上海市进口企业前十强。

（五）机电产品和高新技术产品所占比重大

根据海关商品的分类标准，在自贸试验区所辖区域的进出口商品结构中，机电产品和高新技术产品由于其价值高，市场需求量大，历来占据"四区"进出口额的主导地位。2013年"四区"机电产品进出口额达到730.09亿美元，比上年增长4.9%，占"四区"进出口总额64.4%；高新技术产品进出口额达到536.85亿美元，比上年增长5.6%，占"四区"进出口总额47.3%。全年有6个HS商品类别进出口额超过50亿美元，合计进出口额1040.02亿美元，占"四区"进出口额91.7%，其中电子产品380.67亿美元、机械设备172.71亿美元、贱金属及其制品133.66亿美元和化工制品111.63亿美元，均已超过100亿美元大关。进口商品结构中：电子产品274.09亿美元，占32.7%；贱金属及其制品112.56亿美元，占13.4%；机电设备97.59亿美元，占15.0%；化工制品、光学医疗仪器、车辆航空器船舶、塑料橡胶制品均超过50亿美元，且均呈现不同程度的增长，分别完成89.47亿美元、74.19亿美元、66.58亿美元和57.70亿美元，比上年分别增长9.5%、15.4%、29.7%和2.9%。这几类超过50亿美元的商品合计进口额772.18亿美元，占"四区"进口额92.0%。出口商品结构中：电子产品106.57亿美元，比上年增长25.5%，占36.1%；机电设备75.13亿美元，比上年增长24.0%，占

25.5%;光学医疗仪器、化工制品、贱金属及其制品均超过20亿美元,分别完成24.72亿美元、22.16亿美元和21.10亿美元。这几类超过20亿美元的商品合计出口额249.68亿美元,占“四区”出口额84.6%。

(六) 空运方式规模超过海运方式

自贸试验区电子产品、精密仪器、高端消费品和食品药品进出口业务居高不下,这些商品普遍具有体积小、时效性强、需求量大等特征,较多采用空运方式来完成进出口业务,全年空运方式进出口额超过海运方式,达到569.11亿美元,比上年增长4.0%,占“四区”进出口额50.2%,所占比重比上年提高1.8个百分点。依托外高桥港和洋山港航运功能的深化拓展,为金属矿产、机械设备、化工原料等大宗商品的进出口业务提供了有利保障,但由于金属矿产类需求出现一定波动,全年海运方式进出口额完成541.60亿美元,比上年减少3.4%,占“四区”进出口额47.7%。此外,其他运输方式(公路、铁路、邮运)进出口额相对较小,完成23.62亿美元,比上年增长5.0%,占“四区”进出口额2.1%。

五、产业经济

(一) 贸易业

贸易业是自贸试验区经济发展的支柱产业,也是经济总量和税收贡献的主要来源。2013年自贸试验区贸易企业继续紧抓国内市场消费需求持续扩大的契机,依托综合服务优势,进一步深化营销模式的整合升级,在重点企业的带动下,充分发挥规模效应和集聚作用,促使贸易业商品销售额持续较快增长,达到12373.36亿元,比上年增长12.5%,净增1375.27亿元。

1. 重点贸易企业充分发挥规模效应和集聚作用。自贸试验区重点贸易企业进一步突出自身营销模式理念,提供优质的商品和服务,不断做大做强销售规模,充分发挥规模效应和集聚作用,同时重点企业数量持续增加,重点企业所占销售额比重得到巩固提升。2013年自贸试验区销售额超过100亿元的贸易企业达到12家,比上年净增2家,合计销售额4110.95亿元,比上年增长24.9%,占自贸试验区商品销售总额33.2%;销售额超过10亿元的贸易企业达到191家,比上年净增15家,合计销售额9118.12亿元,比上年增长19.1%,占自贸试验区商品销售总额73.7%,所占比重比上年提高3.4个百分点。

2. 对国内市场销售发展持续良好。随着我国经济实力和居民购买力的不断提升,自贸试验区贸易企业充分发挥连接国内外两个市场的优势,积极扩大国外优质商品和亟需资源品的销售规模,加大重点商品的营销力度,呈现出国内市场销售发展持续良好的态势,对国内市场的销售份额进一步提升。2013年自贸试验区贸易企业完成国内商品销售额10243.91亿元,比上年增长14.7%,净增1311.82亿元,增幅超过平均水平2.2个百分点,占自贸试验区商品销售总额82.8%,所占比重比上年提高1.6个百分点。国际著名品牌如苹果Iphone、三星手机、捷豹路虎汽车、LG显示器、瑞士名牌手表以及部分高档葡萄酒、化妆品等商品都是通过自贸试验区销售到上海市乃至全国各地。贸易企业完成对外商品销售额2129.45亿元,比上年增长3.1%,占自贸试验区商品销售总额17.2%。

随着国内市场的不断开拓,外资贸易企业加快业务功能整合进程,不断扩大销售规模。据统计,2013年自贸试验区外资贸易企业完成商品销售额11170.62亿元,比上年增长9.8%,净增992.62亿元,占自贸试验区商品销售绝对额90%、增量72%。自贸试验区销售额超过百亿元的12家企业中有10家是外资贸易企业。

洋山大宗商品交易商带动内资贸易企业销售额迅猛增长。自贸试验区内资贸易企业全年完成商品销售额首次突破千亿元,为

1202.74 亿元,比上年增长 46.7%,占自贸试验区商品销售绝对额 10%、增量 28%。

3. 金属类产品贸易业猛增。2013 年,自贸试验区贸易业涉及 9 个行业大类、42 个行业小类,前四大贸易行业的销售额已占保税区 94.9%。在重点行业大类中:机械设备、五金交电及电子产品行业(重点企业如:“苹果电脑”、“三星半导体”等)销售额 6425.55 亿元,比上年增长 9.1%,占自贸试验区商品销售总额 51.9%;矿产品、建材及化工产品行业(重点企业如:“金川迈科”、“埃克森美孚化工”)销售额 3575.46 亿元,比上年增长 20.1%,占 28.9%;纺织、服装及日用品行业(重点企业如:“瑞表”)销售额 848.28 亿元,比上年增长 0.7%,占 6.9%;医药及医疗器材行业(重点企业如:“强生医疗”、“罗氏诊断”)销售额 888.53 亿元,比上年增长 17.8%,占 7.2%。此外,食品、饮料行业、文化、体育用品器材行业以及农畜产品行业规模也均超过 100 亿元。

(二) 航运物流业

航运物流产业是自贸试验区具有竞争优势的主导产业之一。2013 年自贸试验区进一步完善航运物流配套环境的软硬件建设,在贸易便利化水平和联动发展水平不断提升的带动下,洋山和机场航运物流产业发展取得长足的进步,缓解了周边区域分流物流业务以及国际航运物流没有显著好转的不利影响,促使航运物流服务收入快速增长。

1. 2013 年自贸试验区完成航运物流服务收入突破千亿元,达到 1033.47 亿元,比上年增长 21.7%,净增 184.31 亿元。从行业上分析,港口运输业所占比重近六成。自贸试验区港口运输业全年完成收入 597.86 亿元,比上年增长 11.9%,净增 63.72 亿元,占自贸试验区航运物流服务收入绝对额 58%、增量 35%。其中,洋山近 30 家从事水上运输业务的船运企业完成收入 517.52 亿元,比上年增长 2.0%;80 余家港口内陆运输企业完成收入 80.34 亿元,比上年增长 287.4%,净增 59.60 亿元,是港口运输业增长的主体。

2. 2013 年自贸试验区航运服务产业完成收入 430.74 亿元,比上年增长 38.5%,净增 119.73 亿元,占自贸试验区航运物流服务收入绝对额 42%、增量 65%。其中:码头公司、仓储业等业务在内的港口经营与管理业完成收入 225.13 亿元,比上年增长 90.4%,净增 106.91 亿元;专业货物运输代理、航运机械设备租赁、销售等业务在内的航运专业服务业完成收入 202.54 亿元,比上年增长 6.9%,净增 13.09 亿元;培训、航运机械设备检测服务等业务在内的航运教育与科技业完成收入 3.06 亿元,比上年减少 8.4%。

3. 2013 年自贸试验区航运基础产业完成收入 4.87 亿元,由 4 家航运设备制造与维修企业所完成。

(三) 加工制造业

由于产业功能定位和商务成本的制约,自贸试验区在发展加工制造业方面优势不明显,但高端制造业仍是自贸试验区五大产业之一,是自贸试验区经济结构中的重要组成部分。2013 年,自贸试验区继续加快结构调整、促进转型升级,提高先进制造业比重和质量、增强产品研发能力、提升技术应用能力,转向素质提升型为主导的工业增长路径。全年自贸试验区规模以上工业企业完成工业产值 646.16 亿元,比上年减少 9.1%。

“联想电子”是工业产值下降的主要方面。随着智能手机和平板电脑市场的迅速崛起,传统电脑市场受到了较大冲击。自贸试验区的联想(上海)电子科技有限公司面临着产品市场被替代、中低端产品比重较高、部分生产份额转移等问题,在相当程度上影响着企业发展。2013 年“联想电子”生产电脑 744 万台,比上年减少 378 万台,完成产值 266.96 亿元,比上年减少 25.7%(按价格缩减计算口径),降幅比平均水平高 16.6 个百分点,占自贸试验区工业产值 41.3%,比上年下降 8.5 个百分点,是自贸试验区工业产值下降的主要方面。如剔除联想产值波动影响,则自贸试验区工业产值比上年增长7.4%。

先进技术产业占工业经济主体地位。目前,在国家鼓励优先发展的十大高新技术产业化重点领域中,自贸试验区涉及信息技术、新材料、高端设备制造等产业群,部分产业已经成为自贸试验区主导产业。2013年自贸试验区高技术产业产值436.95亿元,比上年减少11.1%,占自贸试验区工业产值67.6%。如剔除联想波动影响,则高技术产业产值比上年增长38.2%。

六、功能配套

(一)着力发展总部经济

为了顺应跨国公司业务功能整合和国际服务业梯度转移的趋势,自贸试验区根据不同业务类型企业需求,积极推出并有效落实强有力的扶持政策,进一步提升贸易便利化水平,助推区内跨国公司向区域性管理或投资总部升级,逐步形成了包括营运中心、地区总部、国际贸易结算中心、亚太营运商等四大种类的总部经济企业。2013年自贸试验区250家总部经济企业(营运中心208家,地区总部34家,国际贸易结算中心50家,亚太营运商20家,部分企业同时兼具多种业态)依托政策优势,加大业务统筹力度,通过进一步叠加订单销售、资金结算、供应链集成、人事管理等更多的经营管理职能,持续提升自身在跨国公司集团内部的地位,逐步成为集团内部在中国区乃至亚太地区区域性管理总部,自贸试验区四大种类总部经济企业经济总量2013年已占自贸试验区经济比重近半,是自贸试验区经济可稳定发展的助推器。全年总部经济企业完成经营收入7129.86亿元,比上年增长9.7%,占自贸试验区企业经营收入49.4%;完成工商税收234.74亿元,比上年增长4.7%,占自贸试验区工商税收49.3%;完成进出口额478.59亿美元,比上年增长17.0%,占自贸试验区所辖区域进出口额42.2%。区域内营运中心企业涵盖了贸易、物流、加工、航运、国际采购、融资租赁、服务贸易等七大类,并形成了多元化、综合性的总部经济体系。截至2013年底,经管委会认定的跨国公司营运中心达到208家,其中2013年新认定10家。这208家营运中心中:贸易型166家,占79.8%;物流型21家,占10.1%;加工型18家,占8.7%;服务贸易型2家,占1.0%;融资租赁型1家,占0.5%。营运中心企业利用政策功能优势,进一步加快推进业务的统筹整合,经济规模不断扩大,规模效应持续提升。2013年这208家共完成经营收入6622.79亿元,比上年增长9.7%,占总部经济企业经营收入92.9%;缴纳工商税收223.57亿元,比上年增长7.7%,占总部经济企业工商税收95.2%;完成进出口额423.29亿美元,比上年增长6.1%,占总部经济企业进出口额88.4%。此外,有34家跨国公司被上海市认定为区域性地区总部,这些地区总部完成经营收入503.56亿元、工商税收19.47亿元和进出口额32.25亿美元,分别占总部经济7.1%、8.3%和6.7%。截至2013年底,国际贸易结算中心外汇管理试点企业已累计增至50家,每家企业均开设"国际贸易结算中心专用外汇账户",全年50家国际贸易结算中心企业完成经营收入1591.03亿元,比上年增长9.7%,占总部经济企业经营收入22.3%;缴纳工商税收31.14亿元,比上年增长3.9%,占总部经济企业工商税收13.3%;完成进出口额50.01亿美元,占总部经济企业进出口额10.4%。2013年20家亚太营运商企业完成经营收入774.07亿元,比上年增长19.9%,占总部经济企业经营收入10.9%;缴纳工商税收19.59亿元,比上年增长12.7%,占总部经济企业经营收入8.3%;完成进出口额33.65亿美元,占总部经济企业进出口额7.0%。

(二)积极发挥保税交易市场平台的桥梁作用

保税交易市场平台积极发挥政府与企业

之间沟通桥梁的作用，在稳定客户、深挖潜力，满足客户需求的同时，以贸易便利化、经营专业化为抓手，积极开拓包括进出口代理、物流供应链、信息化智能化管理、高端咨询等优质高效服务、通过提升专业贸易平台能级扩展进口贸易的机会，不断提升区域贸易便利化水平和企业服务工作的质量。截至2013年底，已经搭建各类保税商品交易市场及服务平台17家，包括综合性市场3家（第一、第二、第三市场）、专业市场（含功能性平台）14家、行业协会2家（医疗器械贸易行业协会、美国机床行业协会）。其中汽车、钟表、医药、酒类、机床、医疗器械、工程机械、化妆品、健康品、文化服务等是目前保税区重点发展的10大专业贸易平台。此外，今年在森兰区域推出国内首个采取“前店后库”运作模式的进口高端消费品保税展示交易平台。国内首个跨境贸易电子商务服务平台“跨境通”已正式上线运行。

截至2013年底，加入保税市场成为会员单位的投资企业累计达到6474家，其中有391家是2013年新加入的会员单位，占6.2%。据统计，2013年保税市场合计完成各类商品交易额1294.82亿美元，比上年增长8.7%，净增103.52亿美元。保税区三大综合市场继续强化综合服务优势，延伸服务环节，帮助会员企业单位扩大进口内销业务规模，促使交易额持续增长，继续巩固主体地位。2013年三大综合市场合计完成各类商品交易额1215.08亿美元，比上年增长9.1%，占保税市场交易总额93.8%，所占比重比上年提高0.3个百分点。各专业功能性市场不断夯实功能，进一步完善各自专业领域服务运作，围绕各自特色商品打造贸易便利化环境，促使商品交易额稳中有升。2013年各功能性市场完成各类商品交易额79.73亿美元，比上年增长2.2%，占保税市场交易总额6.2%。其中钟表市场、危化市场和医药市场分别完成交易额45.27亿美元、17.38亿美元和11.36亿美元，位居专业市场前三甲。文化市场完成交易额1.39亿美元，比上年增长31.9%，增幅位居各市场之首。此外，汽车市场业务规模保持较高水平，全年完成二手车交易量3.01万辆，比上年增长1.3%。

（三）“区港联动”，拓展航运物流功能

2013年自贸试验区继续贯彻“区港联动”，深化拓展航运物流功能，继续推进上海国际航运中心综合试验区建设，带动国际集装箱枢纽港和机场空运港的航运枢纽作用，无论是港区箱量还是各海关口岸的进出口货值均有不同程度的增长。全年外高桥港和洋山港合计完成货物吞吐量2.87亿吨，比上年增长5.4%，占上海港货物吞吐量7.76亿吨的37%；集装箱吞吐量3058.5万标箱，比上年增长3.6%，占上海港集装箱吞吐量3361.7万标箱的91.0%，所占比重比上年提高0.3个百分点，是上海港继续保持世界第一大集装箱港口地位的主要方面。

随着国际集装箱枢纽港和机场空运港的航运枢纽作用的日益体现，上海国际航运中心综合试验区加快建设，三大外贸口岸货物通道功能持续增强，所占上海外贸口岸业务的比重进一步提升。2013年外港海关口岸完成外贸进出口货值3626.95亿美元，比上年增长0.5%；浦东机场口岸完成外贸进出口货值3194.28亿美元，比上年增长4.8%；洋山港区口岸完成外贸进出口货值2777.10亿美元，比上年增长2.1%。三大口岸外贸进出口货值绝对额合计占上海口岸外贸进出口货值89.4%，所占比重比上年提高0.8个百分点。

七、发展效益

随着自贸试验区投资企业经济规模的持续扩大，经济运行质量和产出效益始终处于较高水平，税收收入持续保持两位数增长态势，为国家和地方财力增长贡献突出。据统计，2013年自贸试验区完成工商税收475.77

亿元,比上年增长10.9%,占浦东新区税收2226.28亿元的21.4%,增幅高出新区3.3个百分点,所占比重比上年提高0.7个百分点;占上海市税收8243.2亿元的5.8%,增幅高出全市1.4个百分点,所占比重比上年提高0.1个百分点。全年完成新区级地方财力98.53亿元,占税收总额20.7%。

三大主力税种呈现不同程度增长态势。在企业经营效益持续攀升以及汇算清缴补税金额较大等因素作用下,企业所得税增长快,不仅绝对额超过增值税,成为第一大税种,而且增速位列各主要税种之首,全年达到195.21亿元,比上年增长15.0%,增幅高于平均水平3.1个百分点,占自贸试验区税收41.0%,所占比重比上年提高1.4个百分点。在重点贸易纳税大户营销规模和税收产出持续增长的拉动下,增值税保持两位数增长势头,全年完成190.95亿元,比上年增长10.3%,占自贸试验区税收40.1%。个人所得税持续上升。在从业人员和劳动报酬连年增长的推动下,个人所得税保持持续上升态势,全年完成54.48亿元,比上年增长8.5%,占自贸试验区税收11.5%。这三大税种合计占自贸试验区税收绝对额92.6%,所占比重比上年提高1.0个百分点,占税收增量100%,是自贸试验区税收完成的主体。其他税种中:营业税和消费税均比上年出现一定下滑,分别完成12.83亿元和9.91亿元,比上年减少10.0%和3.8%,分别占自贸试验区税收2.7%和2.1%;印花税完成6.72亿元,比上年增长5.9%,占自贸试验区税收1.4%。

自贸试验区重点纳税大户数量众多,集聚效应十分突出,为促进税收持续增长奠定了良好的基础。2013年,自贸试验区税收超亿元的企业达到72家,比上年增加1家,合计完成税收253.84亿元,占自贸试验区税收53.4%;税收超过1000万元的企业达到623家,比上年增加33家,合计完成税收412.13亿元,占自贸试验区税收86.6%。

同时,自贸试验区国际贸易规模较大,各口岸功能持续发挥作用,进口商品内销尽管受到进口额下滑的一定影响,但仍保持较大规模,促使所辖区域驻区海关征收的税收保持较高水平。据统计,自贸试验区所辖区域各驻区海关部门征收的各类关税和进口环节代征税合计完成937.73亿元,比上年减少5.2%,占上海关区海关部门税收27.0%。其中外高桥保税区海关征税552.71亿元,比上年减少9.0%,洋山海关征税376.89亿元,比上年减少0.2%,机场综保区(驻区)海关办事处征税8.12亿元,比上年增长97.6%。

外高桥保税区

一、概述

2013年,外高桥保税区立足制度突破创新和功能先行先试,努力打造与国际惯例接轨的贸易便利化环境,不断推进产业结构和经济增长方式的转型升级,在自贸试验区挂牌有利契机背景下,强化招商引资工作,提升战略性主导产业的能级聚集,促使区域经济保持良好增长态势,经营规模和产出效益逐年攀升。2013年保税区投资企业经营总收入达到12826.98亿元,比上年增长7.9%;实现利润总额551.82亿元,比上年增长23.8%;缴纳各类税收收入991.88亿元。投资企业资产规模不断扩大,年末资产总额达到6241.6亿元,比上年增长14.0%,其中流动资产5270.3亿元,占资产总额84.4%。投资企业年末从业人员26.15万人,比上年增长4.4%。

二、开发建设

外高桥保税区经过20余年的开发建设,前期的土地开发已经基本结束,园区建设发展较为成熟,市政配套设施建设基本完善,产业布局相对合理。2013年,保税区进一步推进重点工程项目建设,优化区域综合投资环境以及进区企业生产设备的改造更新和自建厂房、仓库的改扩建工程,全年固定资产投资额呈现两位数增长态势,完成28.21亿元,比上年增长12.4%。截至2013年底,保税区已累计完成固定资产投资额491.62亿元,积极有效的财力投入为区域经济的持续产出奠定了良好的基础。

(一)市政基础设施建设不断完善

随着保税区主体园区综合投资环境的渐趋完善,重点市政基础设施建设项目数量较少,重点放在基础设施投资质量上。2013年保税区的市政基础设施投资额主要体现在微电子园区以及少量道路、卡口、绿化等项目上。全年保税区完成基础设施投资额3.20亿元,比上年增长22.6%,占保税区固定资产投资额11.3%。截至年底,保税区累计完成基础设施投资额108.30亿元,占保税区累计完成固定资产投资额22.0%。

(二)开发公司完成投资额快速增长

保税区进区企业纷纷进行扩容投资,通过改扩建厂房、仓库等实体性作业以及设备装置的改造更新换代,促使进区企业固定资产投资额保持较大规模,全年完成17.31亿元,占保税区固定资产投资额61.4%,是保税区固定资产投资额完成的主要方面。集团下属各开发公司继续拓展园区综合环境的完善优化工作,推进配套设施建设的发展进程,有效落实产业用房(厂房、仓库等)的供应保障,投资额快速增长,全年完成10.90亿元,比上年增长38.0%,占保税区固定资产投资额38.6%。截至2013年底,各开发公司累计完成固定资产投资额196.01亿元,占保税区累计完成固定资产投资额39.9%。

(三)设备购置和建筑工程完成投资额较大

固定资产投资额从项目性质上来分,设备购置和建筑工程投资额是保税区固定资产投资额完成的主体。2013 年保税区设备购置投资额完成 13.12 亿元,占保税区固定资产投资额 46.5%;建筑工程投资额完成 12.12 亿元,占保税区固定资产投资额 43.0%;其他费用投资额完成 2.97 亿元。

(四) 施工房屋和竣工房屋建筑面积均有所下滑

2013 年在外高桥保税区开展投资建设的企业单位共有 17 家,比上年净增 4 家;施工项目 40 个,比上年增长净减 5 个;其中新开工项目 14 个,比上年净减 9 个;竣工项目 6 个。全年施工房屋建筑面积 60.29 万平方米,比上年减少 33.2%,其中新开工面积 22.51 万平方米,占 37.3%。施工面积超过 1 万平方米的项目共有 16 个,占施工项目 40.0%。全年完成竣工房屋建筑面积 14.45 万平方米,比上年减少 55.2%,房屋竣工率为 24.0%。截至 2013 年底,外高桥保税区已累计完成竣工房屋建筑面积 871.52 万平方米。

三、招商引资

2013 年在中国(上海)自由贸易试验区挂牌成立契机下,外高桥保税区的招商引资工作呈现爆发性猛增势头,充分显示了功能领域开放和制度改革创新所带给众多投资、创业者的强大吸引力,高能级贸易主体集聚现象不断涌现,保税区再度焕发蓬勃生机。保税区全年新批注册企业 3772 家,比上年增长 808.9%;吸引内资企业注册资本 669.28 亿元,比上年增长 24.2 倍;外商投资额 31.19 亿美元,比上年增长 2.9%,合同外资 14.21 亿美元。

(一) 新增企业出现"井喷",投资额迅猛增长

自贸试验区的挂牌成立,吸引了投资者的加速入驻,投资热情高涨,新增企业成倍增长。2013 年保税区新增企业 3772 家,比上年增长 808.9%。新增企业吸引投资额实现迅猛增长,吸引投资额 122.71 亿美元,比上年增长 11.7 倍。从新增企业构成结构来看,贸易类企业是主体,达到 2719 家,比上年增长 974.7%,占新增企业 72.1%,所占比重比上年提高 11.1 个百分点;物流类企业 87 家,比上年增长 33.8%,占新增企业 2.3%;加工类企业 11 家,比上年增长 37.5%,占新增企业 0.3%;服务、投资和融资租赁等其他类企业达到 955 家,比上年增长 973.3%,占新增企业 25.3%,所占比重比上年提高 3.9 个百分点。

(二) 增资企业略有增长,增资额下降

保税区的跨国企业根据集团内部实际需要,同时迎合保税区政策措施的功能创新和先行先试,转型升级、扩容增资现象仍不断涌现。2013 年保税区增资企业有所增加,共有 310 家,比上年增长 1.3%;全年增资额有所回落,为 14.72 亿美元,比上年减少 40.8%,占保税区投资总额 10.7%。其中,合同外资增资额 5.24 亿美元,占保税区合同外资 36.9%。从增资企业构成来看:贸易类企业增资额仍旧占据主体地位,221 个贸易类增资企业增资额 10.28 亿美元,分别占增资企业和增资额 71.3% 和 69.8%;36 个物流类企业增资额 0.53 亿美元,分别占增资企业和增资额 11.6% 和 3.6%;6 个加工类增资企业增资额 6970 万美元,分别占增资企业和增资额 1.9% 和 4.7%;服务、投资和融资租赁等其他类企业 47 个,增资额 3.21 亿美元,分别占增资企业和增资额 15.2% 和 21.8%。2013 年增资额超过 1000 万美元的外资企业有 28 家,合计增资额 8.65 亿美元,占保税区增资额 58.8%,合同外资增资额 3.46 亿美元,占保税区合同外资增资额 66.0%。其中增资额超 5000 万美元的企业有 5 家,合计增资额 3.89 亿美元。内资企业中,增资额超过 5000 万元的企业有 6 家,合计增资额 14.21 亿元。

(三) 内资投资额倍增,外资投资额实现增长

自贸试验区挂牌成立吸引了内资企业的成批入驻。2013 年保税区吸引内资企业注册资本 669.28 亿元,比上年增长 24.2 倍;新增内资企业 3462 家,比上年增长 11.2 倍,净增 3178 家。新增内资企业中,注册资本超过 5000 万元(含)以上的新增企业达到 348 家,合计注册资本达到 488.74 亿元,占新批内资注册资本 73.0%。保税区投资环境稳步优化,更强化了对外资的吸引力,2013 年保税区新增外资企业 310 家,比上年增长 136.6%,其中外商独资企业 236 家,占外商企业 76.1%。吸引外商投资额 31.19 亿美元,比上年增长 2.9%,占保税区投资额 22.7%,其中外商独资企业 19.95 亿美元,占外商投资额 64.0%。其中,合同外资 14.21 亿美元,比上年减少 2.9%。实际利用外资 6.61 亿美元,比上年增长 27.9%。新增外资企业中,投资额超过 1000 万美元的企业有 53 家,吸引投资额合计达到 17.74 亿美元,占外商投资额 56.9%。

(四) 外资来源地遍布全球

2013 年共有 37 个国家和地区的外商企业在保税区投资发展。从投资额来看,有 4 个国家和地区的投资额超过亿美元,分别是:中国香港 10.37 亿美元(合同外资 5.29 亿美元),美国 2.63 亿美元(合同外资 0.52 亿美元),新加坡 2.27 亿美元(合同外资 1.32 亿美元),维尔京群岛 1.63 亿美元(合同外资 0.41 万美元)。从企业数量来看,中国香港位列第一,达到 131 个,占外资企业 42.3%,另有美国、中国台湾、日本、新加坡、加拿大、澳大利亚和韩国的企业数超过 10 家。从增资企业来看,日本增资额达到 2.82 亿美元,企业为 39 家;超亿美元的还有中国香港 1.42 亿美元(企业 46 家)和美国 1.21 亿美元(企业 12 家)。

截至 2013 年底,外高桥保税区累计批准引进企业达到 15305 家,吸引投资总额达到 383.43 亿美元。其中合同外资累计完成 125.91 亿美元,占外商投资额 53.1%。按内外资企业性质来看:外资企业累计达到 8610 家,占投资企业总数 56.3%,吸引外商投资额 237.11 亿美元,占投资总额 61.8%。其中外商独资企业达到 7798 家,占投资企业总数 51.0%,吸引投资额 198.23 亿美元,占投资总额 51.7%。内资企业达到 6695 家,占投资企业总数 43.7%,吸引注册资本 980.58 亿元,占投资总额 38.2%。

按行业类别来看:贸易类企业占主要比重。按企业数量排名,贸易类企业 11063 家,占投资企业总数 72.3%;物流类企业 1886 家,占投资企业总数 12.3%;加工类企业 845 家,占投资企业总数 5.5%;投资金融服务等其他类企业 1511 家,占投资企业总数 9.9%。按投资额排名来看,贸易类企业投资额 176.43 亿美元,占投资总额 46.0%;物流类企业投资额 41.96 亿美元,占投资总额 11.0%;加工类企业投资额 54.55 亿美元,占投资总额 14.2%;投资金融服务类企业投资额 110.49 亿美元,占投资总额 28.8%。

按投资国别和地区来看:有来自 95 个国家和地区的外资企业来保税区投资。按投资企业进行排名看,位居前五位的分别是中国香港 2188 家、日本 1649 家、美国 910 家、新加坡 504 家和中国台湾 499 家。按投资额排名看,位居前五位的分别是中国香港 63.92 亿美元、美国 32.00 亿美元、日本 31.19 亿美元、新加坡 24.36 亿美元和荷兰 11.45 亿美元。

四、国际贸易

国际贸易是外高桥保税区经济发展的核心功能,也是保税区政策优势和产业融合联动发展的突出表现。一年来,面对全球经济增速放缓、外贸形势趋紧的背景,保税区在政策突破和功能创新等多方面着力,拓展多元化贸易功能,进一步提升贸易便利化程度,进一步加强政策措施对国际贸易发展的促进作用,推动国际贸易增长方式和进出口商品结构等结构性转型升级,发挥对外窗口和对内辐射的作用,为上海国际贸易中心建设做出了积极贡献。据上海海关统计,2013年外高桥保税区投资企业完成进出口总额989.42亿美元,比上年减少2.9%,占全市进出口总额22.4%。实现进出口贸易逆差512.26亿美元,比上年减少12.1%,是上海市国际贸易实现逆差的重要保证。

(一)从事进出口业务的企业数量进一步增加

在较为严峻的外贸环境下,保税区投资企业充分发挥国际贸易结算、亚太营运商等先进贸易模式的优势,加快商品结构和市场重心的调整,顺应国内外市场需求,依托区域贸易便利化环境进一步提升的优势,促使从事进出口贸易业务的企业数量进一步增加。2013年保税区直接开展进出口业务的投资企业达到3459家,比上年增长2.7%,净增91家。其中以一般贸易方式从事进出口业务的企业增加较多,达到2559家,比上年增长6.7%,净增160家,占进出口企业数量74.0%,所占比重比上年提高2.8个百分点;以保税区物流货物方式从事进出口业务的企业数量略有回落,为1888家,比上年减少19家,占进出口企业数量54.6%。从进出口业务来看,进出口企业均小幅增加。其中,直接开展进口业务的企业达到3096家,比上年增长0.9%,净增28家;直接开展出口业务的企业达到2349家,比上年增长2.5%,净增58家。

(二)保税区与世界各国保持紧密经贸往来

2013年外高桥保税区与184个国家和地区发生贸易往来,不仅与欧、美等传统贸易伙伴的进出口额持续攀升,而且与部分发展中国家经贸往来得到巩固与提高。全年与保税区贸易往来超过10亿美元的国家和地区达到19个,这些国家和地区合计完成进出口额883.07亿美元,比上年增长0.2%,增幅超过保税区平均水平3.1个百分点,占保税区进出口总额89.3%。保税区与8个国家和地区进出口额均已超过50亿美元,居前五位的分别是日本127.26亿美元、马来西亚108.88亿美元、美国100.64亿美元、韩国67.09亿美元和英国56.82亿美元。保税区与新兴经济体印度尼西亚、土耳其、南非进出口额不仅均超过亿美元,而且呈现大幅增长态势,分别完成7.35亿美元、1.95亿美元和1.87亿美元,比上年增长55.1%、53.4%和52.8%。

(三)进出口贸易方式结构继续优化

在贸易便利化环境持续提升的背景下,众多跨国公司纷纷在保税区设立具有总部经济性质的各类总部实体,投资企业的运作模式不断创新完善,对国内市场的辐射作用进一步增强,进出口贸易方式继续优化。2013年保税区的进出口贸易结构中:保税区物流货物进出口额仍保持主体地位,完成714.61亿美元,比上年减少7.9%,占保税区进出口总额72.2%。一般贸易进出口额两位数增长,完成192.90亿美元,比上年增长12.8%,占保税区进出口总额19.5%,所占比重比上年提高2.7个百分点。加工贸易进出口额反弹势头较强,完成78.32亿美元,比上年增长15.5%,占保税区进出口总额7.9%,所占比重比上年提高1.2个百分点。

(四)对外贸易有升有降

出口贸易持续攀升。随着保税区加大总部经济的培育力度,提升贸易便利化水平,深化拓展口岸和航运物流优势,众多跨国公司分拨配送功能不断增强,促使出口产品和贸易方式结构优化,出口额保持持续攀升的态势。据统计,2013年保税区完成出口额238.58亿美元,比上年增长9.5%,占全市出口额11.7%,所占比重比上年提高1.2个百分点。

进口额贸易有所回落。随着国内“扩内需、促进口”战略的深入推进,保税区充分发挥“进口货物保税、免税及滞后纳税”的政策优势以及综合服务网络和专业化服务贸易平台的功能优势,在提升贸易便利化环境方面不遗余力，积极克服世界经济增幅放缓所带来的影响，但由于上年增长较快的部分大宗资源类商品市场波动较强，导致进口贸易有所回落，呈现小幅下滑的态势。2013 年保税区完成进口额 750.84 亿美元，比上年减少 6.2%，占全市进口额 31.7%。列全市进口额前 10 位的重点进口企业中有 6 家是保税区企业。

五、产业经济

贸易业是外高桥保税区经济发展的支柱产业，也是经济总量和税收贡献的主要来源。2013 年外高桥保税区贸易企业继续紧抓国内市场消费需求持续扩大的契机，依托综合服务优势，进一步深化营销模式的整合升级，在重点企业的带动下，充分发挥规模效应和集聚作用，促使贸易业商品销售额持续较快增长，达到 11623.26 亿元，比上年增长 8.6%，净增 922.87 亿元。外高桥保税区重点贸易企业充分发挥规模效应和集聚作用，进一步突出自身营销模式理念，提供优质的商品和服务，不断做大做强销售规模，充分发挥规模效应和集聚作用，同时重点企业数量持续增加，重点企业所占销售额比重得到巩固提升。2013 年外高桥保税区销售额超过 100 亿元的贸易企业达到 11 家，比上年净增 1 家，合计销售额 3830.47 亿元，比上年增长 16.3%，占保税区商品销售总额 33.0%；销售额超过 10 亿元的贸易企业达到 176 家，比上年净增 9 家，合计销售额 8385.90 亿元，比上年增长 13.2%，占保税区商品销售总额 72.1%，所占比重比上年提高 2.2 个百分点。排名前 6 家龙头企业合计销售额占保税区商品销售绝对额 28%、增量 54%。随着我国经济实力和居民购买力的不断提升，保税区贸易企业充分发挥连接国内外两个市场的优势，积极扩大国外优质商品和亟需资源品的销售规模，加大重点商品的营销力度，呈现出国内市场销售发展持续良好的态势，对国内市场的销售份额进一步提升。2013 年保税区贸易企业完成国内商品销售额 9519.09 亿元，比上年增长 9.5%，净增 828.70 亿元，增幅超过平均水平 0.9 个百分点，占保税区商品销售总额 81.9%，所占比重比上年提高 0.7 个百分点。国际著名品牌如苹果的 Iphone、三星手机、捷豹路虎汽车、LG 显示器、瑞士名牌手表以及部分高档葡萄酒、化妆品等商品都是通过保税区销售到上海市乃至全国各地。

保税区的部分贸易企业不断开拓国际市场营销渠道，通过自身竞争力提升和跨国公司集团内部分工的转移，继续加快“走出去”步伐，逐步提升国内特色商品出口分拨销售至国外市场的销售份额，促使对国际市场的销售小幅增长。2013 年保税区贸易企业完成对外商品销售额 2104.17 亿元，比上年增长 4.7%，占保税区商品销售额 18.1%。

随着国内市场不断开拓，外资贸易企业加快业务功能整合进程，不断扩大销售规模。2013 年保税区外资贸易企业完成商品销售额 11015.12 亿元，比上年增长 8.7%，净增 883.23 亿元，占保税区商品销售绝对额 95%、增量 96%。保税区销售额超过百亿元的 11 家企业中有 10 家是外资贸易企业。

内资贸易企业的经营业务主要集中在钢铁、医药、化工、汽车零配件等原材料资源商品和部分特色商品上。相对来说重点企业数量和规模与外资贸易企业相比存在较大差距。

2013 年保税区内资贸易企业完成商品销售额 608.14 亿元，比上年增长 7.0%，占保税区商品销售额 5.2%。内资贸易企业超过 10 亿元的有 11 家，合计销售额 416.33 亿元，比上年增长 8.9%，占保税区内资贸易企业销售额 68.5%。

2013 年保税区进一步完善航运物流配套环境的软硬件建设，努力促进贸易便利化水平和联动发展水平不断提升，尽管受到周边区域分流物流业务以及部分第三方物流企业业务转移的不利影响,航运物流服务收入小幅回落,但仍保持一定规模。全年保税区完成航运物流服务收入195.92亿元,比上年减少3.1%。其中,航运服务产业完成收入185.02亿元,比上年减少5.2%,占保税区航运物流服务收入94.4%。主要是包括专业货物运输代理、航运机械设备租赁、销售等业务在内的航运专业服务业完成收入135.15亿元,比上年减少2.7%。包括仓储业务在内的港口经营与管理业完成收入46.81亿元,比上年减少11.4%。包括培训、航运机械设备检测服务等业务在内的航运教育与科技业完成收入3.06亿元,比上年减少8.2%;港口内陆运输业完成收入6.03亿元,比上年增长91.3%,占保税区航运物流服务收入3.1%;航运基础产业完成收入4.87亿元,比上年增长21.7%,由4家航运设备制造与维修企业完成。

受产业功能定位和商务成本的制约,外高桥保税区在发展加工制造业方面优势不明显,但高端制造业仍是自贸试验区五大产业之一,是自贸试验区经济结构中的重要组成部分。2013年,外高桥保税区继续加快结构调整、促进转型升级,提高先进制造业比重和质量、增强产品研发能力、提升技术应用能力,转向素质提升型为主导的工业增长路径。全年外高桥保税区规模以上工业企业完成工业产值646.16亿元,比上年减少9.1%。主要受“联想电子”产值大幅下降的影响。随着智能手机和平板电脑市场的迅速崛起,保税区的联想(上海)电子科技有限公司传统电脑市场受到较大冲击。2013年“联想电子”生产电脑744万台,比上年减少378万台,完成产值266.96亿元,比上年减少25.7%(按价格缩减计算口径),占外高桥保税区工业产值41.3%,比上年下降了8.5个百分点。如剔除联想产值波动影响,则外高桥保税区工业产值比上年增长7.4%。目前,在国家鼓励优先发展的十大高新技术产业化重点领域中,外高桥保税区涉及信息技术、新材料、高端设备制造等产业群,部分产业已经成为外高桥保税区主导产业。2013年外高桥保税区高技术产业产值436.95亿元,比上年减少11.1%,占自贸试验区工业产值67.6%。如剔除联想波动影响,则高技术产业产值比上年增长38.2%。

六、功能配套

保税交易市场积极发挥政府与企业之间沟通桥梁的作用,在稳定客户、深挖潜力、满足需求的同时,以贸易便利化、经营专业化为抓手,积极开拓包括进出口代理、物流供应链、信息化智能化管理、高端咨询等在内的优质服务,通过提升专业平台服务能级开拓国际贸易机会。2013年,外高桥保税区已经搭建各类保税商品交易市场及服务平台17家,包括综合性市场3家(第一、第二、第三市场)、专业市场(含功能性平台)14家、行业协会2家(医疗器械贸易行业协会、美国机床行业协会)。其中汽车、钟表、医药、酒类、机床、医疗器械、工程机械、化妆品、健康品、文化服务等是目前保税区重点发展的专业贸易平台。此外,今年在森兰区域推出国内首个采取“前店后库”运作模式的进口高端消费品保税展示交易平台。国内首个跨境贸易电子商务服务平台“跨境通”已正式上线运行。截至2013年底,加入外高桥保税市场成为会员单位的投资企业累计达到6474家,其中有391家是2013年新加入的会员单位,占6.2%。据统计,2013年外高桥保税市场合计完成各类商品交易额1294.82亿美元,比上年增长8.7%,净增103.52亿美元。

保税区三大综合市场继续强化综合服务优势,延伸服务环节,帮助会员单位扩大进口内销业务规模,促使交易额持续增长,继续保持主体地位。2013年三大综合市场合计完成各类商品交易额1215.08亿美元,比上年增长9.1%,占保税市场交易总额93.8%,所占比重比上年提高0.3个百分点。其中,一市场交易额增长快，完成482.76亿美元，比上年增长15.5%；二市场交易额规模大，达到502.18亿美元，比上年增长5.4%；三市场交易额小幅上升，完成230.14亿美元，比上年增长5.3%。

各专业功能性市场不断提升功能，进一步完善各自专业领域服务运作，围绕各自特色商品打造贸易便利化环境，促使商品交易额稳中有升。2013年各功能性市场完成各类商品交易额79.73亿美元，比上年增长2.2%，占保税市场交易总额6.2%。其中钟表市场、危化市场和医药市场分别完成交易额45.27亿美元、17.38亿美元和11.36亿美元，位居专业市场前三甲。文化市场完成交易额1.39亿美元，比上年增长31.9%，增幅位居各市场之首。此外，汽车市场业务规模保持较高水平，全年完成二手车交易量3.01万辆，比上年增长1.3%。

各专业功能性市场积极探索条件成熟的专业贸易平台向商业平台升级转型，促进贸易功能创新，实现新跨越，形成了前店后库、企业馆和产品馆等各具特色的营运模式，通过贸易服务环节的延伸，打造进口商品直销中心，使得进口供应商和国内消费者在平台上直接对接。包括：汽车与工程机械平台、医药品与医疗器械平台、机床平台、酒类平台、对外文化贸易基地、进口商品直销中心、贸易与金融结合创新业务。

2013年外高桥港区在总体航线资源没有增加的背景下，不断完善自身功能建设，积极挖潜提高服务效率，深化口岸服务功能和区位优势，进一步强化对长江、内河流域的辐射作用，促使港区货物吞吐量和集装箱吞吐量均呈现小幅回升的态势。外高桥港区1－6期共拥有泊位24个，已配备桥吊80台，码头总长度达到5959米，陆域面积达到581万平方米。全年外高桥港区合计停靠各类船舶41041艘次，比上年增长5.9%。其中外籍货轮达到8965艘次，占21.8%；完成货物吞吐量1.52亿吨，比上年增长6.4%，占上海港19.6%；集装箱吞吐量1622.0万标箱，比上年增长5.6%，占上海港48.2%，是上海港集装箱继续稳居世界第一和建设国际航运中心的重要组成部分。

七、发展效益

企业从业人员稳步上升。随着保税区投资企业经营规模的的不断扩大，产业发展的多元化现象日益显现，众多跨国公司加快转型升级进程，对于相关专业人才需求愈发增加，吸引了较多的高素质、复合型人才聚集到保税区就业，也为保税区的可持续发展奠定了良好的人力资源基础。2013年末保税区投资企业从业人员达到26.15万人，比上年增长4.4%，净增1.10万人。从业人员中：中方人员24.98万人，比上年增长5.6%，占保税区从业人员95.5%。

投资企业利润总额较快增长。面对国内外经济形势的机遇和挑战，保税区投资企业不断提升企业综合竞争优势，在区域各项便利化措施、服务机制的扶持下，进一步发挥规模效应和集聚作用，促使企业经营规模的持续扩大，带动效益水平的较快增长。2013年保税区投资企业共实现利润总额551.82亿元，比上年增长23.8%，净增106.07亿元。

随着保税区综合投资环境进一步完善，投资企业规模效应集聚，所产出的经营效益转化为各类税收收入保持较高水平，为国家和地方财力的贡献突出，确保了区域的可持续发展。2013年外高桥保税区共实现各类收入达到1008.94亿元，比上年略减1.7%，其中形成的中央税收831亿元，占82.4%。在保税区企业营销状况持续保持在较好区间，销售规模和经营效益的持续提升以及重点纳税大户的较好表现等因素共同推动下，工商税收继续保持持续增长的态势，全年达到439.17亿元，比上年增长9.3%，占保税区各类税收收入43.5%。但由于进口贸易规模的下滑以及部分进口商品税率的调减等影响，海关税收出现回落现象。2013 年保税区海关税收完成 552.71 亿元，比上年减少 9.0%，占保税区各类税收收入 55.7%，占上海关区海关税收 15.9%。其中，进口环节代征税完成 474.57 亿元，比上年减少 9.0%，占海关税收 85.9%；关税完成 78.14 亿元，比上年减少 9.0%，占海关税收 14.1%。

洋山保税港区

一、概述

洋山保税港区作为中国(上海)自由贸易试验区的重要组成部分,也是上海建设国际航运中心的主要抓手。2013 年,洋山保税港区紧抓自贸试验区挂牌的良机,不断提升物流运作效率,创新物流业务模式,提高区域间联动水平,在新增航运物流企业的有力推动下,区域经济保持较快发展势头。园区投资企业全年完成经营总收入 1794.79 亿元,比上年增长 91.2%;进出口总额 106.08 亿美元,比上年增长 13.9%;税务部门税收 34.87 亿元,比上年增长 26.1%。

二、招商引资

2013 年,洋山保税港区积极扩大自贸试验区政策效应,加快推进航运物流企业、大宗商品交易及融资租赁等功能性项目的招商引资工作,促使新增企业项目和投资额继续保持快速增长。洋山保税港区全年新增注册企业 483 家,比上年增长 63.2%;吸引投资额 32.40 亿美元,比上年增长 288.7%,其中合同外资 3.83 亿美元,比上年增长 244.2%;内资企业注册资本 159.03 亿元,比上年增长 466.5%。

2013 年,洋山保税港区充分发挥“国际航运发展综合试验区”功能优势,全年新增物流类企业达到 294 家,比上年增长 34.2%,占新增企业数比重超过六成,达 60.9%。其中运输及货代类企业 267 家,比上年增长 51.7%。此外,随着大宗商品产业逐步形成规模优势,贸易类企业增长迅速,新增 146 家,比上年增长 151.7%,占新增企业数 30.2%。其他类企业新增 43 家,比上年增长 126.3%,主要是融资租赁企业(15 家)及投资类(12 家)、服务类(11 家)等企业。

内资企业一直是洋山保税港区吸引投资的主体,在企业数量和投资额上与外资相比,均占绝对优势。2013 年洋山保税港区吸引内资企业 446 家,比上年增长 65.2%,占新增企业数 92.3%;吸引内资企业注册资本 159.03 亿元,比上年增长 466.5%,占吸引投资总额 77.9%。全年洋山保税港区吸引外资企业 37 家,比上年增长 42.3%,占新增企业数 7.7%;外商投资额 7.16 亿美元,比上年增长 84.6%,占吸引投资总额 22.1%,其中合同外资 3.83 亿美元,比上年增长 244.2%。

截至 2013 年底,洋山保税港区累计引进注册企业(独立法人单位)1095 家;吸引投资额 94.27 亿美元。从企业性质来看,内资企业 993 家,占投资企业总数 90.7%,吸引内资企业注册资本 512.92 亿元,占累计吸引投资总额 82.3%;外资企业 102 家,占投资企业总数 9.3%,吸引外商投资额 16.65 亿美元,占累计吸引投资总额 17.7%,其中合同外资 6.99 亿美元。从行业类型上看,物流类企业 760 家,占投资企业总数 69.4%,其中运输货代类和仓储类企业分别达到 597 家和 155 家;贸易类企业 243 家,占投资企业总数 22.2%;融资租赁等其他类企业 92 家,占投资企业总数 8.4%。

三、国际贸易

2013 年,在国外经济未有明显复苏、国内经济增速放缓的背景下,洋山保税港区加快建设以铜为主的大宗商品交易平台和面向欧美、亚太的电子产品分拨配送中心,并积极打造进口食品基地和汽车零部件贸易等特色功能,年进出口总额仍呈两位数增长。全年洋山保税港区投资企业完成进出口额 106.08 亿美元,比上年增长 13.9%。其中,进口额 63.47 亿美元,比上年增长 16.3%,占进出口总额 59.8%;出口额 42.61 亿美元,比上年增长 10.5%,占进出口总额 40.2%。

2013 年,洋山保税港区共有 88 家投资企业直接开展进出口业务活动,比上年增加 25 家。其中进出口额超 1 亿美元有 13 家,合计完成进出口额 92.61 亿美元,比上年增长 13.6%,占洋山进出口总额 87.3%。

2013 年,洋山保税港区投资企业共与 159 个国家和地区发生贸易往来,拉丁美洲、亚洲和欧洲是主要贸易往来区域。其中对拉丁美洲完成进出口额 30.17 亿美元,占洋山进出口总额 28.4%;对亚洲进出口额完成 29.79 亿美元,比上年增长 8.5%,占 28.1%;对欧洲的进出口额完成 28.57 亿美元,比上年增长 41.0%,占 26.9%。三者合计完成进出口额 88.53 亿美元,比上年增长 11.2%,占 83.5%。其中,共有 25 个国家和地区进出口额超过 1 亿美元,比上年增加 4 个国家和地区。进出口额位居前五位的国家和地区分别为:智利 22.50 亿美元、美国 7.83 亿美元、俄罗斯 5.83 亿美元、印度 5.50 亿美元和荷兰 4.68 亿美元,合计进出口额 46.34 亿美元,比上年增长 16.2%,占洋山进出口额 43.7%。

洋山保税港区充分发挥区港一体的优势,适合开展对海运方式依赖度较高的以大宗商品为代表的体积大、重量大产品的进出口业务。2013 年以海运方式完成进出口额占绝对比重,达 96.00 亿美元,比上年增长 14.7%,占洋山进出口总额 90.5%;以空运方式进出口额则有所下降,完成 8.14 亿美元,比上年减少 10.5%,占 7.7%,主要涉及体积小、价值量大的电子产品。

洋山保税港区的进出口额也主要由内资企业完成,并且呈现较快增长态势,贸易额比重超过六成,而外资企业进出口额仍保持小幅盘升。2013 年洋山保税港区内资企业完成进出口额 65.62 亿美元,比上年增长 20.3%,占洋山进出口额 61.9%,所占比重比上年提高 3.4 个百分点;外资企业完成进出口额 40.46 亿美元,比上年增长 4.8%,占洋山进出口额 38.1%。

四、产业经济

在招商引资新增企业不断投产和功能创新逐步形成生产力规模的推动下,洋山保税港区航运物流业和大宗商品产业得到较快发展,集聚效应显著突出,推动企业经营规模有了较大突破。2013 年洋山保税港区投资企业完成经营总收入 1570.40 亿元,比上年增长 67.3%。

航运物流业是洋山保税港区经济发展的主引擎。在新增航运物流企业以及部分重点企业业务拓展的助推下,航运物流业发展迅速,航运物流服务收入快速增长。2013 年洋山保税港区完成航运物流服务收入 813.07 亿元,比上年增长 29.8%,占洋山企业收入 51.8%。航运物流服务总收入中,港口运输业完成收入 591.84 亿元,比上年增长 11.5%,净增 60.85 亿元,占洋山航运物流服务收入绝对额 73%、增量 33%。其中,近 30 家从事水上运输业务的船运企业完成收入 517.52 亿元,比上年增长 2.0%;70 余家港口内陆运输企业完成收入 74.32 亿元,比上年增长 215.0%,净增 50.73 亿元,是港口运输业增长的主体。总收入中的航运服务产业完成收入221.24亿元，比上年增长131.7%，净增125.76亿元，占洋山航运物流服务收入绝对额27%、增量67%。其中，港口经营与管理业完成收入178.20亿元，比上年增长172.4%，净增112.78亿元；航运专业服务业完成收入43.04亿元，比上年增长43.2%，净增12.98亿元。

随着大宗商品产业集聚效应的不断凸现，新兴贸易企业数量逐年增多，规模化运作态势愈发显著。2013年洋山保税港区贸易企业商品销售收入取得较大突破，呈现倍增态势，达到748.03亿元，比上年增长152.4%。主要是以金属铜业务为代表的大宗商品交易商业绩突出，合计达到700.43亿元，比上年增长195.8%，占洋山贸易企业销售收入93.6%。排名前14家重点贸易企业销售收入合计占洋山贸易企业销售收入87.0%。

五、发展效益

投资企业业务规模持续扩大，企业数量逐年增加，为社会创造了更多的就业岗位，吸引了众多航运物流类专业人才集聚洋山保税港区。截至2013年末，洋山保税港区投资企业吸引从业人员达到2.37万人，比上年增长34.7%。从业人员超过100人的企业达到46家，比上年净增9家，这37家企业从业人员合计达到1.71万人，占洋山投资企业从业人员72%。从业人员超过500人的企业有10家，合计从业人员占洋山投资企业从业人员37%。

随着洋山保税港区新纳税企业数量的不断增多，2013年洋山保税港区纳税企业达到796家，比上年净增316家，完成工商税收34.87亿元，比上年增长33.8%。

六、口岸功能

洋山深水港1－2期的业务运作主要由上海盛东集装箱码头有限公司负责，包括9个7－10万吨级大型深水集装箱泊位，码头岸线3000米，堆场面积240万平方米；洋山深水港3期的业务主要由上海冠东集装箱码头有限公司负责，包括7个7－15万吨级大型深水集装箱泊位，码头岸线2600米，堆场面积238万平方米。

2013年，在外贸形势波动、国际航运市场未有明显起色的情况下，洋山保税港区努力克服港口发展面临的较大增长压力，积极拓展期货保税交割、国际中转集拼等功能，进一步打造便捷高效的口岸环境，促使口岸中转枢纽功能得到充分发挥，保持集装箱吞吐量稳中有升。2013年洋山保税港区完成集装箱吞吐量1436.5万标箱，比上年增长1.5%，占上海港集装箱量的比重达到42.7%。其中，体现对国内经济腹地辐射服务作用的“水水中转”集装箱量715.0万标箱，比上年增长8.2%，占洋山港箱量49.8%，所占比重比上年提高3.1个百分点；体现对国际市场中转功能的“国际中转”集装箱量158.9万标箱，比上年增长32.2%，占洋山港箱量比重从上年的8.5%提高至11%。此外，2013年洋山港国际干线集装箱进出港8794艘次；国内航行船舶31703艘次，其中内支线集装箱船9492艘次。

洋山港不断完善航运物流软硬件环境建设，努力克服国际市场低迷的不利影响，促使口岸外贸进出口货值呈现小幅回暖的势头。2013年全国各地的投资企业通过洋山外贸口岸完成进出口货值2777.1亿美元，比上年增长2.1%，增幅比上年提高0.7个百分点，占上海口岸外贸进出口货物总值25.9%。其中口岸外贸出口货值1938亿美元，比上年增长2.5%，占上海口岸外贸出口货物总值30.5%；口岸外贸进口货值839.1亿美元，比上年增长1.3%，占上海口岸外贸进口货物总值19.2%。

浦东机场综合保税区

一、概述

2013年,机场综合保税区积极创新和实践“临空功能服务先导区”,不断促进区港一体化发展,全力推进区域功能创新、产业升级与运营环境优化,加快特色产业集聚与培育,区域经济保持较快增长态势。2013年浦东机场综合保税区投资企业完成经营总收入27.06亿元,比上年增长23.9%;进出口总额38.84亿美元,比上年增长105.6%;税务部门税收1.73亿元,比上年增长64.8%。

二、招商引资

在自贸试验区所辖区域中,浦东机场综合保税区成立时间最晚,规划面积最小。机场综保区不断完善配套投资环境建设,加快以国际中转服务、物流增值服务等为主导的临空服务先导产业的发展,把招商引资工作的目标定位于融资租赁项目、亚太分拨项目以及检测维修项目等功能拓展的新兴项目上,特色产业项目不断集聚,取得了一定的成效。2013年浦东机场综合保税区新增注册企业161家,比上年增长109.1%;吸引内资企业注册资本25.31亿元,比上年增长15.0倍;外商投资额2.60亿美元,比上年增长192.8%,其中合同外资1.05亿美元,比上年增长155.8%。

浦东机场综保区积极打造国际一流的航空服务产业集聚区,为企业发展创造了良好的发展机遇,带动了一批重点企业入区发展。2013年浦东机场综合保税区新增外资企业12家,比上年增长71.4%,占新增注册企业数7.5%;外商投资额2.60亿美元,比上年增长192.8%,其中合同外资1.05亿美元,比上年增长155.8%。内资企业达到150家,比上年增长114.3%,占新增注册企业数92.0%;内资企业注册资本25.31亿元,比上年增长15.0倍。

融资租赁是重点支持的新型业态之一。机场综保区正在形成融资租赁、全球维修检测、亚太分拨中心等临空功能服务产业链。2013年新增融资租赁类企业112家,净增66家,比上年增长143.5%,占新增企业总数69.6%,部分融资租赁企业注册设立后就开始营运,规模化、集聚化态势不断显现;贸易类企业28家,比上年增长100.0%,占新增企业总数17.4%;物流类企业10家,比上年增长25.0%,占新增企业总数6.2%;其他类企业11家,比上年增长22.2%,占新增企业总数6.8%。

截至2013年底,浦东机场综合保税区累计批准引进注册企业达到287家,吸引投资总额达到9.07亿美元,其中内资企业注册资本47.83亿元,合同外资1.88亿美元。按企业性质来看:内资企业260家,占新增企业总数90.6%;外资企业27家,占新增企业总数9.4%。按行业分类来看:租赁类企业172家,占新增企业总数59.9%;贸易类企业49家,占新增企业总数17.1%;物流类企业37家,占新增企业总数12.9%;服务等其他类企业29家,占新增企业总数10.1%。

三、国际贸易

2013 年,机场综保区不断优化区域通关软硬件配套环境,在企业数量持续增加以及租赁飞机和电子产品进出口额大幅增长的带动下,进出口额呈现倍增态势。2013 年机场综保区投资企业完成进出口总额 38.84 亿美元,比上年增长 105.6%。其中进口额 24.99 亿美元,比上年增长 108.1%;出口额 13.84 亿美元,比上年增长 101.3%。实现进出口贸易逆差 11.15 亿美元,比上年增长 117.1%。

2013 年机场综保区直接开展进出口业务的投资企业有 26 家,比上年增长 36.8%,净增 7 家。其中以一般贸易方式从事进出口业务的企业有 9 家;以保税区物流货物方式从事进出口业务的企业有 20 家,比上年净增 3 家。从进出口业务来看,机场综保区直接开展进口业务的企业有 25 家,比上年净增 6 家;直接开展出口业务的企业有 15 家,比上年净增 5 家。进出口额超过 1000 万美元的企业有 16 家,比上年增加 3 家,其中有 8 家企业进出口额超美元。这 8 家企业进出口额合计占机场综保区进出口额 88.8%。

2013 年机场综保区投资企业共与世界各地的 90 个国家和地区发生进出口贸易往来,比上年增加 17 个国家和地区。其中与亚洲、欧洲和北美洲等传统贸易伙伴的进出口额持续攀升,均已超过 10 亿美元。对亚洲进出口额 13.88 亿美元,比上年增长 85.1%,占机场综保区进出口总额 35.7%;对欧洲进出口额 12.39 亿美元,比上年增长 123.4%,占 31.9%;对北美洲进出口额 10.71 亿美元,比上年增长 452.4%,占 27.6%。对这三大洲的进出口额合计占机场综保区进出口额的 95.2%。其中共有 8 个国家和地区进出口额超亿美元:分别是:美国 10.67 亿美元、法国 7.97 亿美元、中国香港 5.01 亿美元、新加坡 2.59 亿美元、德国 2.49 亿美元、中国台湾 1.19 亿美元、菲律宾 1.04 亿美元和巴西 1.03 亿美元,合计进出口额 32 亿美元,增长 112.6%,占机场综保区进出口额 82.4%。

从贸易方式上看:投资企业主要利用保税功能开展货物进出口业务,促使物流货物在进出口总额中占主体比重。2013 年机场综合保税区物流货物进出口额完成 24.59 亿美元,比上年增长 30.6%,占机场综保区进出口额 63.3%;租赁贸易兴起,进出口额 8.73 亿美元为净增额;一般贸易进出口额 4.36 亿美元,为净增额。

四、产业经济

2013 年,机场综合保税区投资企业完成经营总收入 27.06 亿元,比上年增长 23.9%。

随着通关运作环境不断完善,物流业务规模保持较高水平业务收入规模较大。全年物流业务的收入 16.24 亿元,占机场综保区企业收入 60.0%。随着越来越多的融资租赁企业已经开展经营活动,逐步形成规模化、集聚化的发展态势,来自融资租赁业务的收入 8.51 亿元,比上年增长 138.2%,占机场综保区企业收入 31.4%。来自贸易企业的销售业务也有拓展,尽管销售收入绝对额较小,但呈现快速增长态势,完成 2.07 亿元,比上年增长 1.30 亿元,比上年增长 59.4%,占机场综保区企业收入 7.6%。

五、发展效益

随着机场综保区运作企业的不断增加,经营规模持续扩大,产出效益逐步提升,工商税收逐年攀升,由于同比基数相对较小,呈现出大幅增长的态势。2013 年机场综保区纳税企业达到 117 家,比上年增长 1.1 倍,净增 61 家,完成工商税收 1.73 亿元,比上年增长 64.8%,净增税额 0.68 亿元。

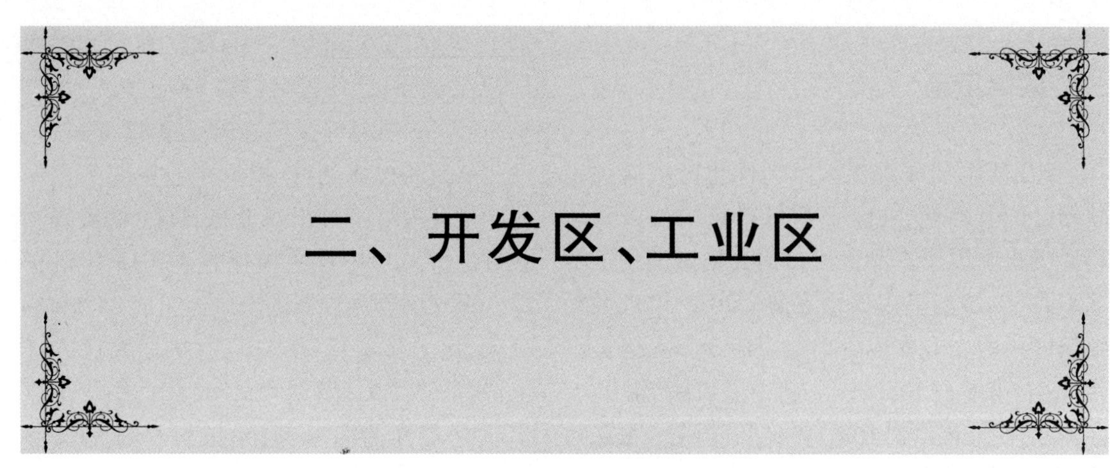

二、开发区、工业区

上海金桥经济技术开发区

管委会主任
朱嘉骏

一、概述

2013年，上海金桥经济技术开发区管委会在各个园区的鼎力配合下，按照浦东新区“4+3”生产力布局的战略部署和发展要求，全力推动开发区“优二进三，转型发展”，取得了经济总量和经济效益同步提高、社会管理和社会文明同步提升的良好成效。

全年金桥开发区（包括南汇工业园区）实现工业总产值2113.68亿元，完成率104.1%；吸引内资注册资本73亿元，完成率104.3%；吸引合同外资5.9亿美元，完成率100%；实到外资3.9亿美元，完成率100%；完成固定资产投资93.50亿元，完成率93.5%；完成税收收入354.7亿元，完成率99.9%；完成地方财政收入41.25亿元，完成率148.2%。金桥园区实现营业收入5284.59亿元。

空港工业区全年完成规模以上工业总产值231.18亿元，其中，川沙经济园区完成79.76亿元，祝桥空港工业园区完成115.13亿元，老港化工工业区完成36.29亿元；利用合同外资16762.7万美元，其中，川沙经济园区完成1429.78万美元，祝桥空港工业园区完成15068.92万美元，老港化工工业区完成264万美元；实到外资12809.89亿美元，其中川沙经济园区完成972.89万美元，祝桥空港工业园完成11573万美元，老港化工工业区完成264万美元；完成内资注册资本11.86亿美元，其中，川沙经济园区完成5.04亿元，祝桥空港工业园区完成3.14亿元，老港化工工业区完成3.68亿元；完成税收收入16.59亿元，其中，川沙经济园区完成5.83亿元，祝桥空港工业园区完成7.63亿元，老港化工工业区完成3.13亿元；完成固定资产投资16.64亿元，其中，川沙经济园区完成5.08亿元，祝桥空港工业园区完成9.72亿元，老港化工工业区完成1.84亿元。

2013 年 7 月 18 日，上海金桥出口加工区正式更名为上海金桥经济技术开发区，图为揭牌仪式现场

二、招商引资

随着全球经济一体化发展日趋明显及国家加速产业结构调整转型，浦东土地价格、生产及劳动力成本的不断攀升，制造业尤其是吸引外资制造业落户的比较优势不断减弱。金桥开发区按照“创新驱动、转型发展”的要求，坚持调整原有的产业形态，加快转型升级步伐，通过进一步推动先进制造业与生产性服务业的融合发展，持续做好开发区投资促进工作，努力把金桥建设成为先进制造业核心功能区、生产性服务业集聚区、战略性新兴产业先行区、生态工业示范区和产城融合创新区，成为高科技、复合型、生态化的新型经济技术开发区。

（一）坚持“优二进三”，推动产业升级转型

大力推进“优二进三”战略。延续开发区支柱产业的传统优势，借助工程院与上科院共同发起的“金桥产业技术创新会议”，为共性技术研发、成果转化和产业引领提供统筹、支撑、服务的创新平台。聚焦战略性新兴产业，着力提升汽车及零部件产业、信息通信产业能级，以新松机器人、卫邦科技等以数字化和智能化制造为引领的智能装备产业项目为重点，以自主创新研发为驱动力，逐步形成新的竞争优势。同时，以总部经济为抓手，加快产业结构调整，从“二产”向“三产”延伸，大力发展高端生产性服务业，形成先进制造业与生产性服务业“二元融合、协调发展”的新型产业结构与发展优势。着力培育平台经济。聚焦大数据平台建设，加快健全平台经济的培育机制，重点是金融期货交易基地项目、春宇 21office 项目，鼓励电子商务营销服务类企业、金融数据服务平台入驻金桥，扩充平台经济产业群。着力扩大平台经济“新模式、新业态、新技术”的规模效应，使其成为未来金桥经济增的新引擎。

（二）完善投资促进工作机制，确保运作规范高效

建立由管委会分管领导牵头、项目所在园区开发公司领导负责，管委会和园区开发公司相关职能部门具体操作的开发区重点招商项目推进工作责任机制。加快落实《关于建立金桥开发区项目综合效益评估机制的意见》，通过对开发区新引进项目的评估，及时掌握项目的信息，积极引进符合开发区规划要求和产业发展定位的项目，确保引进高端

2013 年上海金桥新兴金融产业项目签约仪式

高效的项目。积极推动南北联动招商机制,切实发挥管委会“整体运筹、协调推进”作用,实施信息联动、政策联动、资源联动,充分调动各招商主体的积极性,形成开发区联动招商的组合优势。积极参与推进南汇大治河生态廊道前期开发的各项工作,为开展投资促进工作提供拓展空间。

(三)积极推动载体建设,加快推进战略招商

充分运用金桥“园中园”资源进行战略招商,将建成 120 万平方米的“园中园”,重点引进符合金桥产业导向的生产性服务业项目。以金桥经济发展促进中心为工作平台,推进上海产业技术研究院与腾飞瑞邑产业园的战略合作,推进产业成果转化项目的落户;推进与新区金融局的银政合作,以华虹科技创新园为基地,打造金桥华虹科技创新园,积极引进金融数据服务、融资租赁、商业保理等金融服务项目;对接万国企业中心、金领之都、达之路钻石文化创意产业园等园区,研究制定招商战略合作机制,着力推动研发设计、展示交易与服务等生产性服务业落户园区;以开发区园中园为载体依托,重点打造金桥新兴金融创新园、电子商务园和新兴产业园等三大平台,推进 2.5 产业发展,为推动实施“优二进三”转型发展战略提供有力支撑。

2013 年利用外资情况表(不含南汇工业园区)

利用外资方式	批准外资企业			合同外资		实到外资	
	项目数(个)	总投资额(万美元)	比上年(±%)	金额(万美元)	比上年(±%)	金额(万美元)	比上年(±%)
合　计	58	84579.32	1.62	51500	5.47	34347	-14.29
外商直接投资	58	84579.32	1.62	51500	5.47	—	—
其中:合　资	7	14289.35	4.14	6358	-24.19	—	—
合　作	—	—	—	—	—	—	—
独　资	51	70289.97	1.13	45142	10.42	—	—

2013 年外商投资主要来源地情况表(不含南汇工业园区)

国别(地区)	项目数(个)	投资金额(万美元)
爱尔兰	5	7824.50
德国	2	15286.01
韩国	3	52.00
美国	3	26214.20
日本	3	3256.12
瑞典	5	3914.00
瑞士	3	199.00
中国台湾	2	211.20
西班牙	6	152.03
中国香港	8	27311.83
新加坡	7	32.05
意大利	6	26.38
印度	5	100.00

历年累计外商投资情况表(不含南汇工业园区)

性质	企业数(家)	总投资额(万美元)	总合同额(万美元)
合计	867	2038429.32	900680.0
合资企业	161	445273.75	175345.2
合作企业	23	1357893.60	83524.8
独资企业	683	235261.97	641810.0

三、对外贸易

2013 年,金桥经济技术开发区外贸进出口出现企稳回升态势。据海关统计,开发区全年完成进出口总额 97.66 亿美元,比上年增长 4.4%。其中,出口完成 459750 万美元,比上年增长 8.0%。出口贸易中一般贸易 144412 万美元,比上年下降 1.8%,占 31.4%;进料加工完成 296374 万美元,比上年增长 14.0%,占 64.5%;来料加工完成 16745 万美元,比上年下降 3.6%,占 3.6%。进口完成 516839 万美元,比上年增长 1.4%。其中一般贸易完成 372835 万美元,比上年下降 8.2%,占 72.3%;进料加工完成 95415 万美元,比上年增长 34.8%,占 18.5%;来料加工完成 9141 万美元,比上年增长 2.1%,占总量 1.8%。

出口商品中,机电产品居开发区出口的主导地位。全年机电产品出口 420487 万美元,占开发区出口总额的 91.5%,比上年增长 9.1%。其中,机械设备完成 202308 万美元,占全区出口总额的 44.0%,比上年增长 5.1%;电器及电子产品完成 135502 万美元,占全区出口总额的 29.5%,比上年下降 5.7%。

2013 年主要出口商品情况表

商品类别	出口额(万美元)	占比(%)	比上年(±%)
机械设备	202308	44.0	5.1
电器及电子产品	135502	29.5	-5.7
仪器仪表	58943	12.8	102.5
运输工具	21103	4.6	25.6

2013 年,金桥经济技术开发区出口企业中居前 10 位的出口大户(占出口总量超过 6 成),仅有 3 家企业较上年下降,其他企业均有不同程度增长。增长的 7 家企业是夏普电器、索广映像、通用汽车、欧姆龙、惠普、诺基亚西门子、泰克科技,其中上海索广映像有限公司、诺基亚西门子通信(上海)有限公司分别比上年增长 258.3% 和 43.7%。

2013 年,开发区出口商品主要输往地中,非洲比上年出现了 14.3% 的降幅,而亚洲比上年增长 9.0%,其中输往韩国的商品金额比上年增长 25.9%;北美洲比上年增长 8.6%,其中对美国增长 8.5%;拉丁美洲、大洋洲也增长良好,增幅分别达到 19.0% 和 31.5%。

四、区域开发与建设

(一)加强规划研究和编制,促进区域协调发展

2013 年,开发区管委会与上海市城市规划设计研究院建立战略合作机制,组织开展开发区空间战略规划研究,在此基础上有序推进产业、公共中心、交通等各专题研究,为金桥转型升级提供有力的技术支撑;组织开展金桥汽车备用 IV 城市设计国际方案征集,引入优秀规划理念,加强规划指导,并以此进一步提升金桥开发区的战略地位;根据"优二进三"的发展战略,结合金桥开发区 20 年来的发展历程,围绕土地"二次开发",积极开展产业结构调整中涉及规划、土地等瓶颈问题的研究,为金桥的可持续发展挖潜资源;积极推进南汇工业园区大治河以南区域概念规划编制工作,目前正根据市局要求对规划方案作进一步修改、完善,争取尽快纳入规划报批程序;围绕重大项目,配合新区规土局积极做好金桥出口加工区金桥汽车备用地 IV、金桥地铁停车场上盖的规划编制、报批工作;围绕"美丽的金桥我的家"的主题,积极推进金桥开发区公共空间景观风貌概念规划的研究编制等工作。

(二)深化国家生态示范园区建设,推进园区可持续发展

按照年初明确的 2012 年生态园区建设的工作目标和具体项目,巩固国家生态工业示范园区品牌创建成果,加强生态创建工作长效机制研究,形成生态发展新思路,促进开发区可持续发展。以低碳发展实践区试点工作为契机,将产业低碳示范作为深化园区生态化建设和生态文明建设的一项重点工程。不断完善金桥国家生态工业示范园区建设的特色项目,扩大项目的覆盖面、加强项目的有效性、提高项目的影响力。进一步完善生态信息服务、再生资源公共服务、环境监测实验室等公共平台建设,促进企业之间废物交换、产业共生和废弃物的资源化利用。

2013 年 5 月,金桥的"国家环境保护废弃电器电子产品回收信息化与处置工程技术中心"项目,获国家环保部批复。2013 年 11 月,金桥建设国家生态工业示范园区的案例,从全国 200 多个备选案例中脱颖而出,入选中组部科学发展 20 个最新案例之一,是国家级开发区中唯一入选的单位。

上海闵行经济技术开发区

2013年,上海闵行经济技术开发区(简称"闵行开发区")贯彻落实上海市委市政府提出的"创新驱动、转型发展"的工作要求,采取一系列有力措施,园区主要经济指标继续保持平稳较快发展水平。2013年,闵行开发区实现工业总产值505亿元、销售收入558亿元、利润53.9亿元、税收51.7亿元,比上年增长分别为8.4%、9.7%、16.1%、3.6%。

2013年主要经济指标(全口径数据)情况表

指标名称	外资企业(79家)	内资企业(1家)	实现值		比上年(±%)
			2013年	2012年	
工业总产值(万元)	5013525.9	41059.0	5054584.9	4662867.3	8.40
销售收入(万元)	5533930.2	42288.0	5576218.2	5081746.5	9.73
利润总额(万元)	541067.7	-2001.2	539066.5	464481.2	16.06
实缴税(统计口径,万元)	515121.0	2106.7	517227.7	499438.0	3.56

开发区企业——上海三菱电梯公司外景

一、优化产业结构

2013年,闵行开发区闵行园区推进产业结构不断优化升级,已逐步形成以先进重大装备制造、生物医药、新材料等为主导的产业格局并吸引一批具有国际先进水平的研发机构入驻园区。ABB电机维修车间、三菱自动扶梯新工厂、富士施乐高端彩色复印机生产线等项目开工建设;苏尔寿MIXPAC闵行工厂二期以及以研发中心为代表的生产性服务业项目——亨斯迈新材料亚太研发中心(二期)、圣戈班研发中心(二期)项目相继竣工并投入使用;开发区配套服务进一步完善,积极引进品牌企业以加盟方式开设园区餐饮、酒店等商业设施,满足园区企业需求,提升开发区服务能力。

二、创建生态示范园区

闵行开发区坚持以“低碳制造先行区、土地集约利用样板区、企业履行环境责任示范区”为目标,自2008年起按照国家生态工业园区建设各项要求,紧紧围绕“清洁生产”,探索产业低碳转型、环境管理一体化、污染物总量控制、企业共建环境责任示范等模式创新,积极推进国家生态工业示范园区的各项创建任务。经过5年努力,已达到建设国家生态工业示范园区的“九项基本要求”、“24个规定指标”和“5个自我加压指标”。2013年12月11日,此项工作正式通过国家环保部、商务部、科技部联合组织的现场验收,创建目标如期完成。

三、建设临港园区

2013年,闵行开发区以上海“自贸区”建设、临港地区管理体制调整和“双特”政策出台实施为契机,加快开发区临港园区发展。临港园区全年主要经济指标实现快速增长,全年实现工业总产值37.3亿元,比上年增长16.9%;上缴税收4.5亿元,比上年增长28.57%。临港园区狠抓项目落地开工,艾港风电、中曼石油、海越安全工程等项目陆续开

上海闵行经济技术开发区临港园区管理中心

工建设，园区二期标准厂房、临港主城区酒店式公寓等项目全面开工，经济型酒店（一期）进入竣工结算阶段。临港园区凭借其在上海临港地区得天独厚的区位优势和日臻完善的投资环境，吸引了一大批高端装备制造企业在园区集聚，园区内新能源装备、大型船舶关键件、海洋工程装备、大型工程机械等装备产业已形成一定规模，产业集聚效应日益显现，已有华锐风电、上海电气、中船集团、ABB、苏尔寿等40多个项目落户临港园区。

上海漕河泾新兴技术开发区

党委书记、董事长
刘家平

2013年是全面贯彻落实十八大精神的开局之年，也是漕河泾开发区加快转型发展的重要一年。漕河泾开发区深入贯彻落实党的十八大、中央经济工作会议、上海市委十届三次会议精神，继续把握好稳中求进的工作总基调，以提高开发区经济增长质量和效益为中心，以提升品牌综合实力和影响力为抓手，强化创新驱动，提高管理服务水平，推进二三产业融合发展，圆满地完成了全年工作任务。

一、深入推进品牌战略，进一步提升综合实力和影响力

漕河泾开发区深入推进品牌战略，丰富品牌内涵，努力保持开发区经济稳步发展，进一步提升了开发区品牌综合实力和影响力。

（一）主要经济指标稳中有进，产业结构进一步优化转型

2013年，开发区实现销售收入2720亿元，比上年增长10.2%。其中第三产业收入1618亿元，比上年增长21.7%，占总销售收入比例达到59%；地区生产总值（GDP）900亿元，比上年增长11.1%（其中第三产业增加值600亿元，比上年增长18.7%）；税收总

漕河泾新兴技术开发区一角

额(含关税)88.5亿元,比上年增长2.6%。

2013年,开发区注重创新驱动转型发展,在优化产业结构、集聚总部经济等方面实现了新的提升。

一是继续大力发展战略性新兴产业和现代服务业,形成新"一五一"产业格局,即电子信息支柱产业,生物医药、新材料、高端装备、汽车研发配套和环保新能源重点产业,以及现代服务业支撑产业。二是现代服务业继续呈现良好发展态势,销售收入再创新高,已成为开发区加速发展的新引擎。三产收入比例已近六成,园区经济发展对传统工业的依赖进一步减弱。三是总部经济集聚效应进一步显现。开发区继续将招商引资重点放在体现国家战略、上海优势和漕河泾特色的项目,特别是世界500强、行业领军企业以及战略性新兴产业的"一部三中心"项目,跨国公司总部竞相落户。2013年,新设跨国公司地区总部和投资性公司7家,占上海市总数的13.5%。新引进的企业有世界500强日本住友化学子公司住化电子、世界500强韩国现代子公司现代威亚和现代电梯、全球LED行业巨头中国台湾亿光照明、日本恩欧富(汽车防锈涂料行业全球排名第一)、日本安立通讯(通信测试领域全球排名第一)、美国科多尼克(医学影像行业全球排名第一)等。

(二)提升开发区品牌知名度,丰富"漕河泾"品牌内涵

2013年,漕河泾开发区总公司获评"2011－2012上海市房地产开发企业50强"、"全国实施卓越绩效模式先进企业"和"全球卓越绩效奖";董事长刘家平获评"上海市十大品牌领军人物";在上海市开发区综合评价中,漕河泾开发区综合发展指数排名中型园区第一,资源利用和投资环境两项分项指数排名第一,土地集约、环境保护、产业发展环境及管理服务等专业评价指数均排名第一。开发区通过厦交会、工博会、绿创展等展会以及报纸、网站、官方微博等多种形式,加强品牌对外宣传力度,提升品牌知名度和影响力。

(三)坚持"走出去"战略实践,探索多形式"走出去"模式

漕河泾开发区2013年与国内6家园区、国外1家园区签订友好合作协议,至2013年底,国内外友好园区达到58家。产业转移促进中心(商务部上海基地)全年共有36个产业转移项目,实现落地15个项目,累计金额160亿元,其中外资2亿美元。成立上海—都江堰产业转移促进中心,帮助中西部地区"筑巢引凤",拓展了开发区品牌的对外影响力。

二、完善"大招商"机制,进一步提升招商管理水平

面对国内外依然严峻的经济形势,开发区及时调整招商策略,进一步完善"大招商"机制,推行"区区合作、品牌联动"模式,推动提升产业能级,同时以"战略性新兴产业和先进制造业引领、现代服务业支撑"为思路打造园区产业布局,为园区发展提供动力。

(一)及时调整招商策略,保持招商引资良好势头

2013年,在面对续租面积高峰、新增房源少的情况下,开发区及时调整招商策略,夯实基础性工作,保证招商引资工作继续保持良好势头。积极引导已有企业在开发区内注册成立新设项目,延锋伟世通、都福等老客户均在2013年新设立投资性公司。与各类中介机构建立紧密联系,加强市场研究,对外推广开发区形象。开发区全年租售面积达到13.54万平方米,新引进注册项目166个,企业注册资本近44.5亿元。本部区域继续保持新引进项目注册率100%,新签出租面积7.76万平方米,新增内资注册资本50.7亿元,外资3.9亿美元。

(二)坚持推行"区区合作",代理招商成果斐然

开发区坚持推行"区区合作,品牌联动"

的发展模式，拓展合作范围，创新合作模式，取得明显效果。全年代理招商项目总建筑面积超过30万平方米，签订新租合同1.18万平方米，续租合同1.21万平方米，合计出租率达70%，且均实现属地化注册。目前代理招商工作已在项目搜寻、项目调查、商务谈判等方面形成一套完善的工作方法和对接协调机制，实现"客户满意、业主满意、政府满意"的多方合作共赢。

（三）"大招商"平台统筹协调，项目推介再创佳绩

全年大招商项目推介合计104个，已落地推介项目5个，包括本部推荐至浦江园区的鸿力达、乾视通信、华穗科技项目，推荐至松江园区的黑桥工业设计和推荐至临港奉贤园区的康宁光纤项目。此外，继2012年开始尝试大招商范围内注册地和房源统筹后，2013年共完成该类注册项目推介31个，其中22个项目完成公司注册。

三、打造优质产业载体，进一步提升"美丽漕河泾"环境

开发区以建设"高端产业、低碳发展、生态文明、宜业和谐"的"美丽漕河泾"为目标，进一步深化"三大园区"创建，以"精品化"标准抓好工程建设，为产业发展打造优质载体。

（一）持续推进"三大园区"建设

生态园区方面，编制"一区多园"生态工业示范园区建设管理标准，将生态园区建设从本部延伸至浦江园区；实施一批绿化景观工程，在国际商务中心实施屋顶绿化，争取桂果路命名为上海市"林荫道"，浦江地铁广场一期景观绿化工程获评"上海市园林杯优质奖"；完成集聚区能源中心锅炉扩容工程，每年节省运行费用45%以上。智慧园区方面，编制"智慧漕河泾"信息化规划，推进园区3G、4G网络覆盖、新一代"城市光网"及无线覆盖公共热点建设；完善智能监控、智能楼宇、智能引导系统建设，包括筹划将"漕河泾杉德一卡通"扩展应用到门禁访客管理、停车收费管理等领域。国际园区方面，继续深化与国际姐妹园区的交流合作，加快孵化器国际化进程，同时结合首届上交会承办了中欧技术转移论坛，为今后国际技术转移工作打下基础。

（二）创新管理模式，建设"精品"工程

按照"计划精细化、设计精品化、成本精准化、质量精益化"的"四化"创新管理模式，努力提升建设标准，不断优化建筑功能，建设"精品"工程。国际商务中心B楼获"华东六省一市优质结构奖"；集聚区总部区获"2013年上海市优秀勘察设计项目一等奖"。

四、聚焦"三箭齐发"，进一步提升综合服务实力

公司按照"服务领域更全面、服务内容更务实、服务项目更细化、服务水平更专业"的目标，坚持"客户至上、追求卓越、和谐共生、互动发展"的理念，聚焦双创服务、人才服务、区域服务"三箭齐发"，进一步创新服务机制，并将服务逐步延伸覆盖至各分园区，形成"大服务"格局，进一步提升了园区核心竞争能力。

（一）双创服务

一是深入推进企业认定服务等工作：推动新认定高新技术企业15家，开发区高新技术企业总数增至285家，约占全市总数的7%；服务外包企业147家，其中经认定的服务外包重点企业10家；技术先进型服务企业23家；国家规划布局重点软件企业9家。二是加快国家知识产权服务业集聚发展试验区建设，成立开发区知识产权办公室，协办第十届上海知识产权国际论坛，举办知识产权宣传周活动，开发区累计申请专利12829件，授权发明专利2083件。三是聚焦原创型企业，加强孵化服务，扶持孵化企业做大做强，10家中小企业从基地内毕业，澜起科技在美国纳斯达克上市，晟东电力被中小板上市企业

金智科技以5000万元收购并增资扩股，易同科技、连能环保、建中医疗和行悦信息等4家企业挂牌新三板。四是完善科技金融服务体系，助推中小企业发展。全年向51家次企业发放贷款2亿元，累计向191家次企业发放贷款5.6亿元；与弘视通信等5家企业达成服务入股意向；深化与17家银行的战略联盟，拓宽企业的信贷融资渠道；牵线搭桥，帮助企业获得风险投资2.5亿元。五是延伸服务“走出去”，扩大品牌辐射效应：在临港产业区组建双创服务团队，建设科技创新服务体系；浦江双创园新引进20个苗圃项目，新吸引50个优质项目入驻刚竣工的二期办公楼；松江双创园自建园以来进展顺利，已有首家企业获得高新技术企业认定，并获团市委“上海市就业创业见习基地”授牌。

（二）人才服务

公司全力推进开发区“国家海外高层次人才创新创业基地”建设，构建人力资源综合服务体系，打造人力资源发展高地。一是编制完成漕河泾开发区三年人才规划，完成“临港地区人才现状与需求调查研究”，完善人力资源数据库。二是线上线下联动招聘，将“漕河泾开发区人才网”和“临港人才网”合并为“人才绿洲网”，试运行开发区人才市场，同步开设“人才自助银行”、“人才招聘信息栏”，与人才网形成线上线下联动的招聘服务机制，为园区企业招贤纳才提供更为便捷、高效的互动平台。三是拓展临港人才工作，为126家企业提供人才招聘服务，获得了非上海生源大学生落户、引进人才户籍挂靠、外籍员工证件办理的“绿色通道”。举办各类培训，获批“漕河泾开发区高技能人才培养基地（临港分基地）”，与漕河泾形成一体两翼、各具特色的两大技能人才培养基地。

（三）区域服务

公司以提升开发区服务竞争力为目标，集聚服务资源，创新服务模式，为区内企业提供具有漕河泾特色和竞争优势的差异化服务。一是多方位做好对客服务，通过“对客服务协同响应平台”、官方微博、4008热线等渠道开展对客服务，全年处理客户诉求251项；完善“对客服务协同响应平台”系统功能，新增临港产业区171家客户基础档案资料库。二是强化园区商业配套招商，继续对开发区商业配套进行“腾笼换鸟”，与18家商户签订租赁合同；引荐7-ELEVEN、星巴克、麦当劳、新食尚、苏浙汇等品牌服务提供商与浦江园区、松江园区、临港奉贤园区等进行服务对接和延伸。三是集成各类服务资源，构建“漕河泾e服务”平台，同时成立“上海临港漕河泾企业服务有限公司”，将具备市场资源要素的公司作为开发区大服务平台的载体予以运作，以更专业的姿态主动适应开发区发展变化的服务需求。四是发挥企业协会桥梁纽带作用，“瞩目漕河泾”创新文化节系列活动、“相约漕河泾”青年联谊活动已成为提升开发区吸引力和凝聚力的品牌活动，塑造了具有漕河泾特色的开发区文化。

上海化学工业区

管委会主任
周敏浩

一、概述

2013年是上海化工区实施“十二五”规划承前启后的关键一年,化工区管委会积极贯彻落实党的十八大和市委十届全会精神,团结、带领、依靠驻区企业和管理单位,紧紧围绕“创新驱动,转型发展”方针,以提高经济增长质量和效益为中心,坚持招商引资不动摇、安全环保不松懈,践行责任关怀理念,加强党的建设,圆满完成了年初预定的各方面工作目标,园区管理、产业能级、规模迈上新台阶。全年实现销售收入1013.17亿元,比上年增长5.6%,完成年度目标的101.3%;完成工业总产值992.8亿元,比上年增长6.8%,完成年度目标的104.5%;招商引资21.6亿美元,完成年度目标的108%;完成固定资产投资81.24亿元,比上年增长96.7%,完成年度目标的116.1%;上缴税金55.38亿元,比上年增长12.6%;万元产值能耗为0.901吨标煤。

截至2013年底,上海化工区引进包括德国拜耳、巴斯夫、赢创德固赛公司,英国石油公司、璐彩特,美国亨斯迈、普莱克斯、3M公司,法国苏伊士集团、法液空,日本三井化学、三菱瓦斯化学,荷兰的孚宝公司等跨国公司和中石化、上海石化、高桥石化、华谊集团等国内大型化工骨干企业在区内投资建厂,累计批准项目总投资225.05亿美元,累计完成固定资产投资1096.17亿元。

2013年主要指标完成情况表

指标名称	单位	2013年	2012年	比上年(±%)
销售收入	亿元	1013.17	959.52	5.6
工业总产值	亿元	992.80	929.48	8.8
实到外资	亿美元	3.202	3.266	-1.9
(区内企业)进出口总值	亿美元	28.539	25.667	11.2

二、区域开发与建设

(一)经济稳中有进,园区产业能级和经济规模再上新台阶

面对错综复杂的外部经济形势,园区销售收入首次突破千亿元大关,上海化工区被中国石化联合会评为全国20强化工园区之首。

园区经济发展的特点是:

一是炼化一体化项目有序推进。在市委、市府的直接关心、推动下,国家发改委发

放了炼化一体化项目路条，同意开展前期工作，标志着项目进入实质性启动阶段；成立炼化一体化项目工作小组，制定了炼化一体化项目舆情工作初步方案；龙泉港东侧滩涂圈围工程有序推进，签订了圈围工程三方合作框架协议；加快推进炼化一体化项目土地收储，已完成西区03塘、99塘、C5－1地块约4.5平方公里土地的收储；完成了园区产业发展环评规划环评报告初稿修编工作；化工区发展公司着力提升公用配套能级，污水处理四期项目建成投用，10万吨/日供水扩建项目已开工建设，孚宝码头及罐区扩建项目启动前期工作，固废处理第三条生产线已确定建设计划。

二是项目建设呈现高峰。园区全年完成固定资产投资81.24亿元，创"十二五"期间年度固定资产投资完成额新高，占全市当年工业投资比重上升到6.6%。总投资约28亿元的赛科三期工程建设正式启动，2014年四季度全面建成后，该公司将成为国内最大的丙烯腈供应商；投资2.35亿美元的德国巴斯夫公司10万吨/年尼龙6及配套设施项目开工建设，是目前全球第二套非纤维类高端尼龙6生产装置；全球最大胶黏剂工厂德国汉高公司投资2.5亿元、产能为29万吨/年的工业胶黏剂项目一期投产；亨斯迈等公司投资24亿美元的24万吨/年MDI扩建项目于3月获得批准。

三是招商引资保持高位。连续两年超过20亿美元，全年共批准项目37个，其中核准外商投资项目28个，审批和备案内资项目9个。获批项目中，超过1亿美元以上的项目有7个；现有企业的增资扩产仍是全年化工区基地化发展的主力。管委会带领区内相关单位和金山、奉贤两个分区，加大"走出去"招商力度，组织出访团组7批次，拓展新项目，推动跟踪项目尽早落户。同时，加强对化工区产品链现状梳理分析，开展《上海化工区产品链现状和发展分析》课题调研，明确下一步的项目招商方向。发展公司全年完成存量土地使用权转让签约30.03万平方米，超额完成年度计划。金山分区突出物流基地配套功能建设，服务业发展增速明显。奉贤分区坚持"引大、引外、引强"招商策略，腾鸟换凤推进产业升级，完成固定资产投资10.3亿元，同比大幅增长49.3%。

（二）对标世界一流，区域联合发展，提升行政审批效率

解放思想，创新举措，以重点问题为突破口，着力解决制约园区发展的瓶颈问题，优化园区发展环境。主要举措是：

一是园区新一轮发展对标世界一流。市政府召开化工区开发建设工作专题会。会议设定下一步发展目标，要求化工区抓住国家和上海化工产业结构调整的机遇，乘势而上，创新方式方法，对标世界一流，加快"两个基地"建设，研究一体化项目和区域联动发展工作，明确了以化工区为核心的杭州湾北岸联动发展工作机制；提出了园区新一轮发展目标，力争到2020年，杭州湾北岸化工产业集聚区工业总产值达到5500—6000亿元。

二是区域联合发展展现新面貌。管委会与奉贤区柘林镇签订《结对共建协议书》，启动第二轮三年行动计划；化工区发展公司和柘林镇政府签署《联合发展协议》，在区内F5、F6、F7地块设立柘林产业配套区，大力扶持镇村两级集体经济转型发展，截至年底，各项工作进展顺利，已落户项目7个，总投资达15亿元；加强对金山区的综合帮扶，组建化工区对口帮扶金山区工作领导小组，研究制定对口帮扶工作方案；启动化工区与金山区新一轮联合发展工作，着手筹划签署联合发展合作备忘录、组建联合开发公司等工作。园区全年累计上缴税金55.38亿元，其中，金山分区0.64亿元、奉贤分区4.14亿元。按市区两级财政地方税收分享比例，金山区、奉贤区除去两个分区的企业税收收入外，还分别得到化工区2.8亿元、3.6亿元的税收红利，使发展成果进一步惠及金山、奉贤两区。

2013 年上海化工区与奉贤拓林镇联合发展暨项目投资意向签约仪式

三是切实提高行政审批效率。争取市安监局的支持，开展危险化学品建设项目安全与职业卫生“三同时”审批事项前置受理试点，审批效率显著提高；优化园区建设工程行政审批流程，编制了技术改造项目行政审批流程优化方案和建设工程项目行政审批流程优化建议方案；针对不同项目类型采取不同审批方式，将报批项目划分为四类：新建类、改扩建类、技术改造类和配套类，根据不同类型提出不同的审批、许可程序，在广泛征求企业的意见并与市政府各部门协调沟通后，上报市政府批准。

（三）创新工作举措，园区本质安全和过程安全有新提升

牢固树立科学发展、安全发展的理念，大力推进园区安全发展战略，整体提升安全管理能级，确保了园区安全稳定运行。主要做法：

一是提升园区安全管理能级。实施重大危险源视频信息接入应急响应中心工程，对危化品车辆运输实现动态化管理，将市交港局危化品车辆运输 GPS 管理终端接入应急响应中心；强力推进安全生产标准化建设，2 家企业通过安全标准化一级企业现场评审，19 家企业被评为二级企业，8 家企业被评为三级企业；建设启用化四消防站，园区消防保障能力进一步增强；加强突发职业中毒事故和公共卫生应急管理，从源头上防止和降低突发职业中毒事故的发生，举行各项医疗急救演习和化救演习 100 余次。国务院安委会督察组先后 4 次到园区督导检查，对化工区安全生产大检查和专项检查工作给予充分肯定。

二是建立完善安全管理联检、联防、联动机制。与市交通港口局就园区危险化学品运输管理工作建立长效工作机制，对进出园区的危险品运输车辆先后开展了 6 次联合执法检查；与市质量技术监督局就完善园区设备监察长效机制、创新设备管理制度等达成初步共识；协助市安监局开展执法检查，检查企业 42 家次，开出整改意见书 12 份，复查意见书 12 份，约谈企业 6 次；以安委办为工作平台，形成联检、联防、联动的工作机制，全年共组织联合检查 21 次，专项安全检查 14 次，现场协调会 5 次，为企业排忧解难。

三是营造园区安全文化。结合园区实

际，坚持“三贴近”和“三面向”原则，把园区参与全国第12个“安全生产月”活动的主题确定为“活跃细胞、夯实基础，强化班组安全管理”；以“安康杯”竞赛活动为抓手，开展“细胞工程”文化周活动。从6月16日开始，组织21个企业的28块展板进行为期半月的班组安全文化建设成果宣传巡展活动；围绕班组安全管理做文章，先后组织开展了班组安全管理标准化建设论坛、特种作业操作演练、驾驶技能操作比武三项活动。

（四）循环经济和区域生态文明建设显出新成效

完善环境监管、风险防控机制，大力推进生态文明建设，走绿色循环低碳发展道路，书写好“美丽中国”上海化工区画卷。主要表现：

一是循环经济建设取得新进展。国家生态工业示范园区于2月6日创建成功，标志着化工区在发展循环经济、提高园区生态文明建设水平方面取得显著成效；实施《上海化学工业区环境保护和建设（2013年—2015年）三年行动计划》，进一步深化环保“一体化”管理理念；启动一批循环经济经济项目，如拜耳公司高含盐废水回收利用项目、赛科公司EBSM污染凝液回收利用项目等先后启动实施；制定《上海化学工业区循环经济发展和资源综合利用项目专项扶持政策实施细则》，支持化工区内循环经济产品链接或延伸的关键项目。

二是环境监管进一步加强。充分发挥环境监察支队专业能力，园区环境安全总体受控。积极推进空气特征污染监控网络建设，编制了《上海化学工业区特征污染监控网络建设实施方案》；加强企业环境监测，共出动人员593人次，现场监察企业225家次，环保行政处罚1家企业，发放责令改正通知书3份；全面启动排污费征收工作，完成园区10家企业133个排污口的规范化整治工作，核定征收排污费1161.6万元，基本实现了园区内生产企业的全覆盖；配合市环境监测中心对拜耳公司等9家企业实施监督性监测，推动赛科公司等企业无机废水在线监测设备进入比对验收程序。

三是环境风险防控机制进一步完善。加强园区重点环境风险源的日常监察和风险源排查，探索开展园区内重点环境风险源的识别和信息录入工作；排摸园区企业环境应急预案编制情况，构建园区环境应急预案体系；调查园区环境应急设施、物资情况，启动化工区环境应急信息库建设，开展错时执法专项检查等10余项专项行动；建立企业检维修和环保设施故障停运报告制度，提高对园区企业污染防治设施的监督管理水平；建立化工区、金山区、奉贤区三区环境监察支队联动机制，探索联合执法、跨区执法机制，定期召开三方联席会议。

（五）提升服务能力，综合管理水平和投资环境有新提高

面对化工产品市场行情下滑等因素影响，密切跟踪企业生产运行情况，强化服务企业力度，确保园区运营平稳。

一是大力优化投资环境。加强封闭式管理工作，公安分局制定《化工区封闭式管理人员与车辆通行管理规定（暂行）》，成立化工区公安协警大队，保障园区道路交通安全；消防支队稳步推进联防联勤机制，进一步提升消防工作社会化水平；海关驻化工区办事处稳步推进海关无纸化改革，服务企业，提高通关效率，2013年无纸化审核报关单1673份，无纸化率达50.3%；海事局驻化工区办事处等部门开展加强漕泾东航道水上交通安全管理集中、联合整治行动，确保漕泾东航道通航畅通；化工区边检站建立勤务检查机制，进一步严密口岸管控；检验检疫化工区办事处探索建立散装危险化学品检验监督管理模式，进一步提升危险化学品监管水平；边防派出所构建点线面相结合的海边防管控网络，维护沿海一线安全稳定。

二是有效提高行政效率。推进无纸化办公，管委会机关内部除涉密文件、项目审批附件、图纸附件外，基本实现网上办文；高效规范加强行政许可管理工作，全年共核发建设项目选址意见书44件，建设用地规划许可证11件，建设工程规划许可证11件，规划设计方案24件；落实市政管线项目的数字化审批要求，经与市规土局沟通，获准土地竣工核验权限下放至化工区；加强档案信息化建设，开发档案软件，实现档案管理软件与OA联网，化工区展示厅被评为"上海市首批优秀档案文化传播项目"；修订《上海化工区专项发展资金管理办法》，扩大专项发展资金适用范围，保障园区建设发展需要；落实各项财税政策，加大服务企业力度，全年，共为企业争取到财政补贴、职工培训补贴资金合计1675.1万元。

三是切实提升管理服务水平。加大向市委办公厅、市政府办公厅、市经信工作党委报送信息的力度，化工区上报的信息在市委办公厅、市府办公厅信息编辑中保持了一定的录用量，在市经信工作党委系统名列第一；服务驻区管理单位，主动听取意见建议，积极协调管理单位反映的问题，建立驻区管理单位与区内企业沟通机制；开展《上海化工区能源统计现状分析》课题调研，摸清园区企业能源统计现状、加强能源统计分析和监测，管委会被评为"上海市工业统计工作一等奖"、"能源统计一等奖"、"市级财政部门预算管理工作考核A级单位"；做好上海市对外表彰候选人的推荐工作，化工区共有两位外籍人士荣获2013年"白玉兰纪念奖"；完善国资管理的制度体系建设，制定专项发展资金形成的国资处置方案；与市电力公司签订战略合作框架协议，满足园区企业用电需求；加强园区规划，发挥规划的引导和指导作用，编制化工区规划实施的评估报告。

三、利用外资

2013年，化工区获批准外商投资项目37个，其中，外商直接投资生产型项目37个，非生产型项目2个。吸引投资总额21.62亿美元，合同外资6.2亿美元，实到外资3.2亿美元。

2013年外商直接投资生产型与非生产型（或产业）分布情况表

行业或产业	项目数		投资总额		实到外资	
	（个）	占比（%）	金额（亿美元）	占比（%）	金额（万美元）	占比（%）
合　计	37	100.0	21.62	100.0	32023.4	100.0
生产型项目	35	94.6	17.22	79.6	31143.4	97.3
非生产型项目	2	5.4	4.40	20.4	880.0	2.7

2013年，上海化工区外商直接投资来自德国、英国、日本、中国香港、新加坡、西班牙等13个国家和地区。

2013年外商投资主要来源地情况表

国别（地区）	项目数（个）	投资金额（万美元）
德　国	7	431588
中国香港	7	57799
日　本	6	150726
英　国	3	334400

（续表）

国别（地区）	项目数（个）	投资金额（万美元）
比利时	1	85029
荷兰	2	75020
新加坡	1	38598
西班牙	1	50412

四、对外贸易

2013 年，化工区企业出口货物总值 11.1 亿美元，比上年增长 4.7%。

2013 年出口额排名前 7 位企业情况表

序号	企业名称	出口额（万美元）	占比（%）	比上年（±%）
1	拜耳材料科技（中国）有限公司	62375.7	55.9	-3.6
2	赢创特种化学（上海）有限公司	179010.0	16.2	-4.6
3	上海巴斯夫聚氨酯有限公司	4460.2	4.1	-40.2
4	上海亨斯迈聚氨酯有限公司	4896.4	4.4	16.4
5	巴斯夫化工有限公司	3880.3	3.5	4.6
6	舒弛容器（上海）有限公司	3559.9	3.2	7.4
7	沙堤（上海）热熔胶有限公司	1399.8	1.3	36.8

上海市莘庄工业区

党工委书记、
管委会主任、
董事长　王备军

一、概述

2013年，上海市莘庄工业区在“创新驱动，转型发展”和闵行区“全面调结构、深度城市化”的大背景下，秉承“引领绿色智造，实现产城融合”的园区使命，坚定不移地实施“三大转型”战略目标。以科学发展观为引领，审时度势，果断提出围绕“转变经济发展方式，不断提升第二产业能级和提高第三产业比重”中心，实施“三个调整”的发展思路：一是调布局，合理完善规划，在产业细分上作控制；二是调结构，调整二三产业比重，发展总部类经济，引进投资中心、研发中心、销售中心；三是调能级，即聚焦重点产业，提升企业的技术、规模和集聚度。

通过顺应各种国内经贸发展新趋势，紧抓园区东、西两翼发展战略机遇，圆满完成了全年各项目标任务，在闵行区全年综合考核成绩排名中位列全区第一名。其中，经济指标方面，全年实现工业总产值764.1亿元，比上年增7.3%；财政总收入75.7亿元，比上年增长16.1%；地方财政收入18.2亿元，比上年增长14.1%。完成增加值244.9亿元，比上年增长9.4%。其中，第二产业增加值186.1亿元，比上年增9.4%；第三产业增加值58.8亿元，比上年增9.6%；第二、三产业占比分别为76%和24%。

2013年主要经济指标完成情况表

单位：亿元

项　　目	2013年	2012年	比上年(±%)
社会总产值	819.26	761.19	7.63
其中：工业总产值	764.13	712.44	7.26
增加值	244.92	223.87	9.40
其中：工业增加值	184.92	169.56	9.06
第三产业增加值	58.77	53.64	9.57
财政总收入(考核口径)	75.70	65.20	16.06

二、利用外资和对外贸易

近年来，园区通过聚焦五大产业以及引导推动落户企业升级转型等措施，依托自身原有优势，走出了一条与中央商务区差异化竞争的“总部经济”道路。极大地发挥出土地的空间优势、环境的生态优势和成本的比较优势，从追求数量、速度向追求效率、质量转变；从追求大而全向追求专而精转变，将园区招商质量提升到新的高度。

2013 年合同利用外资 2.15 亿美元，到位资金 1.02 亿美元。其中，新办或增资 1000 万美元以上项目 6 个；新增 500 强投资项目 3 个（阿尔斯通、丰田工业、赢创）；新增地区总部 4 家（投资性总部：山崎马扎克（中国）有限公司，管理性总部：丰田工业管理（中国）有限公司、金宝汤（上海）管理有限公司、赢创（上海）投资管理有限公司）。新引进外资批租项目的平均投资密度（注册资本）为 80 万美元/亩。招商引资的主要特点：

一是集聚总部经济招商卓显成效。近些年，园区聚焦总部经济，宣传新规划、新政策、资源倾斜等一系列措施开始呈现成效。2013 年的 22 个外资项目中，有 4 家为新设地区总部。与此同时，已落户的地区总部也在不断发展壮大，如索尔维上半年增资 3522 万美元，马扎克在 2 月成立投资性地区总部后 10 月增资 5150 万美元，佛吉亚地区总部已于 3 月底如期迁入工业区新址。

二是内资实体型项目稳步提升。内资招商转变长久以来“规模需求越大效益成绩越好”理念，将招商重点放在少占用土地或不占用土地的销售研发总项目。如已经在西区取得土地的正帆科技，已经签约准备在西区拿地的友友电气研发及销售中心、泸州老窖销售总部（莘泉），沃施园艺销售总部。这些项目占地面积小，销售及税收高。

2013 年，园区企业共实现出口 21 亿美元，其中外资企业出口 17 亿美元。

2013 年出口额排名前 10 位企业情况表

序号	企 业 名 称	出口金额（亿美元）	比上年（±%）
1	奥特斯（中国）有限公司	2.25	7.5
2	大金空调（上海）有限公司	1.05	-22.1
3	东芝机械（上海）有限公司	0.91	-16.6
4	芯发威达电子（上海）有限公司	0.82	-20.3
5	上海赛博电器有限公司	0.74	7.2
6	库拉图五金工具（上海）有限公司	0.69	14.1
7	喜利得（上海）有限公司	0.66	-10.2
8	发美利健康器械（上海）有限公司	0.57	9.2
9	西门子奥钢联冶金技术（上海）有限公司	0.47	-9.5
10	上海安费诺永亿通讯电子有限公司	0.47	-26.5

截至 2013 年底，园区共吸收外商投资 75.8 亿美元，合同外资 35.1 亿美元。落户企业 705 家，其中外资企业占 75%，主要是欧美及日本企业（占 80% 左右）。世界 500 强企业 48 家，投资额 1000 万美元以上企业上百家，研发企业 61 家（含内设研发部门的企业），占落户企业数的 9% 左右。园区共有高新技术企业 102 家，上海市科技小巨人企业（含培育）24 家。

三、区域开发与管理

两翼开发建设顺利推进。东区建设：2013 年，莘庄工业区配合全区“一轴二带三大功能区”的建设，对沪闵路沿线地区进行升级改造。对原本良莠不齐的企业进行置换调整，着力打造工业区极具社会价值和经济价值的东大门，建设成为有地区影响力的后

莘庄工业区党工委书记王备军(左一)在莘庄工业区跨国公司低碳工作委员会成立仪式上

工业智慧走廊,拓展园区的生产、生活和服务功能,提升园区总体品质。东区范围内涉及土地权属动迁企业16家,总用地面积约为166亩,建筑面积约为125000平方米。下属租赁企业多达62家,总体开发调整难度较高,目前16家企业中14家已经完成资产评估工作,意向达成企业3家。西区建设:2013年完成光华西湖、光中路、华西路工程。市政二阶段5条城市支路也已开工建设。高起点的规划、高标准的建设不仅有效推动整个园区的招商,其溢出效应和示范效应也将在更大范围内产生积极的作用。至2013年底,西区范围内已签约项目有12个,其中地区总部1家、研发销售中心5家、纯销售中心1家、制造中心(总装、调试)2家、功能配套项目3家。

社会建设得到有效管理。完成春中路(申南路-金都路)2.2万平方米公共绿地的休闲化改造,满足了居民、企业员工的健身需求。完成"新增机动车道路停放区域"项目,增加停车位779个,切实缓解了部分园区居民和落户企业停车难问题。通过强化无序设摊、店招店牌、户外广告等治理,开展各类综治突出问题专项整治行动47次,集中整治"黑网吧"5家,查处无证废品收购站4家,取缔网络假药销售窝点1处,取缔地下食品加工窝点1处。拆除19家企业的违法建筑,消除安全隐患,同时加强宣传解释工作,共34户居民存量违章自行拆除,特别是鑫峰苑违章拆除,解决了多年顽疾,为精神文明创建打下良好基础。制定《莘庄工业区来沪人员四年调控方案》,落实区人口调控目标工作,完成2013年调控预期目标。在2012年试点工作的基础上,2013年在8个居民小区和申莘小学持续推开垃圾分类减量工作。招募以居民为主的垃圾分类志愿者160多名,通过宣传不断提高居民的分类意识,垃圾分拣量达到每天7.11吨。

四、软环境建设

2013年,莘庄工业区以"务实、高效、专业、创新"为宗旨,积极发挥"服务窗口、政企桥梁、信息平台"三大功能,切实开展企业服务工作,并不断改善方法、深化服务功能,以精细化服务形成园区软实力,努力营造良好

上海市莘庄工业区党工委副书记、公司总经理陈建平(右一)
出席赢创德固赛(中国)投资有限公司研发中心揭幕式

的投资运营环境。

提升企业服务平台功能。通过完善服务功能:改变子公司原有等、靠、要的工作理念和方式;理顺职能关系、资产关系、资金关系、收入关系、支付关系、借贷关系,并建立一系列规章制度、考核指标,提高子公司自主经营的意识和能力,并实现"6+1"公司完成从前期招商到后续服务的全功能平台化改造。调整户管分工:改变原本500多家落户企业统一由商会服务,造成精力分散、无法深入联系企业的弊病,将落户企业的管理服务职责下放到各平台公司,提升企业服务的针对性和有效性,增强服务深度,实现服务的全覆盖。

推进文化领域建设。举办以"美丽上海 梦翔园区 责任关怀"为主题的首届工业文化周,通过社会责任论坛、企业社区公民日、企业社会开放日、社会和文化公益项目义拍等系列活动展示企业风采,拉近企业与社区关系,营造共融共赢的和谐氛围。通过赵丽宏工作室、闵行区作家协会落户工业区,推动文化名家与社区居民、企业员工的交流,营建积极向上的文化氛围。举办首届园区体育节,首次全面回顾和展示工业区18年来全民健身工作成果。社区居民和近60家企业组队参加了此次活动,参与活动的人数超千人。

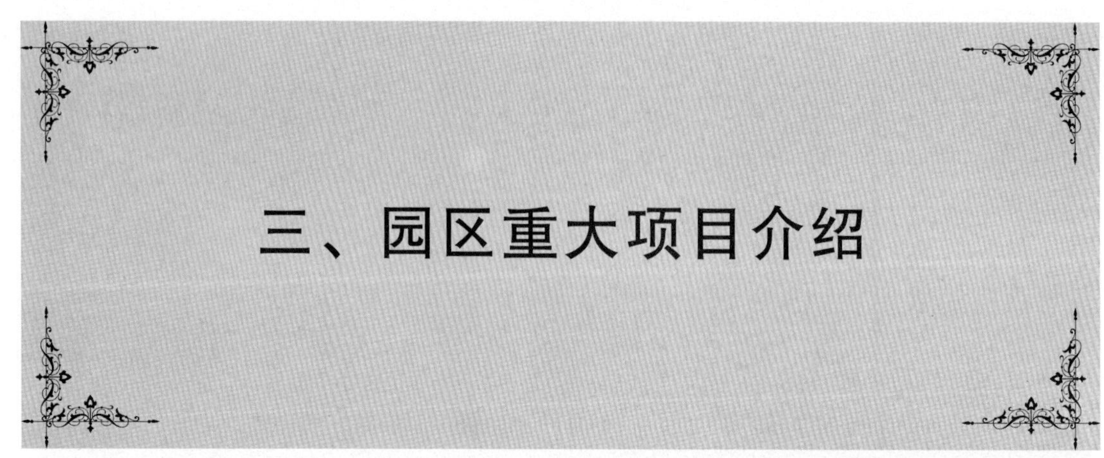

三、园区重大项目介绍

漕河泾开发区科技绿洲园区

科技绿洲园区由漕河泾开发区投资开发，主要借鉴英国阿灵顿科学园区等国外先进园区的开发、建设和管理理念，重点集聚“一部三中心”（即地区总部、研发设计中心、运营结算中心、管理服务中心）项目，致力于建成为体现“智慧高地”、“科技前沿”、“全方位服务”、“人与自然和谐共生”的国际一流科技产业园。

园区东起莲花路，西至合川路，北临宜山路，南到漕宝路，总规划面积63.145公顷。其一期、二期已于2008年建成，建筑面积13.2万平方米（其中地上10.5万平方米），引入了飞利浦创新科技园、中国电力投资集团公司、国核技工程有限公司、国核电站运行服务技术公司、中国民航信息网络股份有限公司、美国医学中心等总部和研发中心项目进驻。

园区一角

目前，科技绿洲三期项目已经开工，规划用地面积13.4万平方米，总建筑面积23.8万平方米（其中地上15.5万平方米），将于2015年底竣工交付使用。后续还有四期59.2万平方米（其中地上41.6万平方米）即将开建。

与此同时，伴随着漕河泾开发区“走出去”战略的实施，“科技绿洲”园区品牌已辐射到漕河泾康桥、松江、南桥以及浙江海宁、江苏盐城等分园区，品牌效应和影响力不断扩大。

春宇21office园区

春宇21office园区位于浦东金藏路366号，注册资本1亿元，园区总建筑面积35000平方米。该项目是春宇集团有限公司着力打造的现代服务业新兴业态，依托“春宇云”服务平台，着眼于吸引以交易为核心的制造业产业链的相关企业注册在金桥，为国内外企

园区模型图

业提供从贸易流通到物流、金融方面的全方位服务。春宇作为供应链服务提供商,与客户共享资源,为客户创造价值,管理理念超前、业务模式新颖、创新优势明显。

巴斯夫全新 Ultramid ® 生产装置在沪奠基

2013 年 9 月 6 日,巴斯夫化工有限公司在上海化工区举行 Ultramid ®聚酰胺装置奠基仪式。项目总投资 14.6 亿元,生产规模为 10 万吨/年。该新工厂将主要生产一些特种聚酰胺产品如高粘度尼龙 6 和尼龙 6/66(共聚尼龙),并在亚洲销售。巴斯夫化工区有限公司将是第一个在中国生产共聚尼龙的制造商,共聚尼龙广泛地应用于多层共挤薄膜和单丝领域,提供良好的抗穿刺性能和高透明性。项目将于 2014 年四季度试生产,项目投产后预计年销售额 21.6 亿元。项目建成后,将满足亚太地区尤其是中国市场的工程塑料纤维和薄膜行业对聚酰胺产品强劲增长的需求。

巴斯夫上海涂料有限公司工厂奠基

2013 年 1 月 30 日,巴斯夫上海涂料有限公司在化工区 E2-2 地块举行工厂奠基仪式,标志年产 13500 吨汽车色漆项目正式开工建设。该项目投资总额为 5.84 亿元,注册资本为 1.95 亿元,计划于 2014 年 3 月完成安装,7 月投入生产运行。

德国汉高公司“龙”项目一期工程在沪投产

2013 年 9 月 18 日,德国汉高公司“龙”项目一期工程年产 29 万吨工业胶粘剂和金属表面处理剂项目投产。该项目投资 2.55 亿元。汉高将在此基础上加大投资,开展二期和三期项目建设,使上海化工区成为汉高集团在中国最大的生产基地。二期为年产 14 万吨汽车、通用工业和民用胶粘剂项目,总投资为 2 亿元,计划于 2014 年建成投产。三期为聚酰胺热熔胶类等新技术和新产品装置。

赢创有机特种化学品项目投产

2013 年 10 月 28 日,赢创有机特种化学品生产项目竣工投产。该项目建于上海化工区 D3-6 地块,年产 80000 吨特殊护理有机化学品,总投资 4.8 亿元,占地面积 35546 平方米,于 2012 年 3 月奠基开工,历时 18 个月完成建设调试。该项目生产工艺复杂、采用技术先进,是赢创公司在外投资项目的首次尝试,产品多达百余品种。重点生产两性表面活性剂、酰胺基胺类、酯类、烷氧基等产品,用于个人护理和卫生用品、家用清洁剂和工业应用品。

华电通用轻型燃机设备有限公司

2012 年 7 月,由中国华电集团公司下属企业——华电分布式能源工程技术有限公司与通用电气(中国)有限公司共同出资的新公司——华电通用轻型燃机设备有限公司在莘庄工业区成立,注册资本 3400 万美元,总投资 1 亿美元,其中华电占比 51%,GE 占比 49%。该公司为美国通用公司航改型燃机在海外的首家合资公司,主要从事航改型燃汽轮机发电成套设备及成套的相关零部件的研发、生产和销售。2013 年 7 月正式开工建设,预计 2014 年年底竣工投产。

贺德克流体技术(上海)有限公司

贺德克流体技术(上海)有限公司为德国贺德克集团在上海投资的第二家企业,该公司于 2011 年 3 月在莘庄工业区成立,投资总额 1200 万欧元,注册资本 1200 万欧元,主要从事冷却、液压系统及其零部件的开发、生产和销售。

该公司于 2012 年 3 月签订土地出让合同,取得位于莘庄工业区内华宁路以西、元电路以北、横沙河以南、沙港以东的 45 亩土地。2013 年 8 月,该公司正式开工建设,预计 2014 年底前竣工投产。

德国 HYDAC Technology GmbH 专业生产用于流体过滤技术、液压控制技术、电子测量技术的元件和装置,是世界著名的过滤器、蓄能器、液压阀、电子产品、管夹、电磁铁、液压系统总成等产品的液压件制造商。HYDAC 产品的应用范围十分广泛,几乎覆盖各行各业。

上海商务年鉴支持单位

祝贺中国（上海）自由贸易试验区成立

上海老凤祥银楼有限公司
上海良友（集团）有限公司
永安百货有限公司
上海蔡同德药业有限公司
上海余天成医药有限公司
日一新国际物流（上海）有限公司
上海易贸投资集团有限公司
光驰科技（上海）有限公司
上海一冷开利空调设备有限公司
德高广告（上海）有限公司
上海永菱房产发展有限公司
上海团结普瑞玛激光设备有限公司
养乐多（中国）投资有限公司
和通汽车投资有限公司
丹佛斯自动控制管理（上海）有限公司
上海友谊南方商城有限公司
上海华盛建设集团贸易有限公司
长兴（中国）投资有限公司
美题隆精密光学（上海）有限公司
农银汇理基金管理有限公司
上海联合光盘有限公司
中国储备粮管理总公司上海分公司
上海企德货展设备有限公司
亚玛芬体育用品贸易（上海）有限公司
上海汇泽国际贸易有限公司
上海大泽有色金属有限公司
上海西虹桥商务开发有限公司
中银通支付商务有限公司
当纳利（中国）投资有限公司
上海百联南桥购物中心有限公司
格朗吉斯铝业（上海）有限公司
上海枫泾总部经济发展有限公司
上海旭通广告有限公司
上海浦东永安百货有限公司
上海百联中环购物广场有限公司
上海浦东商业股份有限公司
上海纵游网络技术有限公司
上海领鲜物流有限公司
黑崎播磨（上海）企业管理有限公司
思亲肤化妆品贸易（上海）有限公司
鼎捷软件股份有限公司
上海瀚银信息技术有限公司
富士通（中国）信息系统有限公司
远东国际租赁有限公司（远东宏信有限公司）
上海凤凰进出口有限公司

排名不分先后

上海商务年鉴支持单位

祝贺中国(上海)自由贸易试验区成立

长濑企业管理（上海）有限公司
上海申星化工有限公司
村田汽车塑料零部件（上海）有限公司
艾尔维汽车工程技术（上海）有限公司
上海海通国际汽车物流有限公司
富美实（中国）投资有限公司
上海市金茂律师事务所
上海北蔡资产管理有限公司
三井化学（上海）有限公司
纽伦堡会展服务（上海）有限公司
上海携程商务有限公司
上海数字贸易有限公司
东方电子支付有限公司
上海银领商业保理有限公司
上海柯渡商贸有限公司
上海跨国采购发展集团会展有限公司
上海市城市建设投资开发总公司
上海西门子医疗器械有限公司
上海钢联电子商务股份有限公司
无印良品（上海）商业有限公司
上海本新国际贸易有限公司
资生堂（中国）投资有限公司
优力胜邦质量检测（上海）有限公司
上海长濑贸易有限公司
上海飞士工贸实业总公司（上海宝山经济发展区）
兄弟（中国）商业有限公司
上海南汇老港化工工业区经济发展有限公司
上海富盛经济开发区管理委员会
万国数据服务有限公司上海分公司
上海凯虹电子有限公司
爱步企业管理（上海）有限公司
上海维鲨实业有限公司
康迪泰克（上海）橡塑技术有限公司
上海钢铁金融产业园发展有限公司
上海奥特莱斯品牌直销广场有限公司
上海中石化三井化工有限公司
上海豫园（集团）有限公司
先尼科化工（上海）有限公司
统一超商（上海）便利有限公司
瑞翁（上海）管理有限公司
上海捷强烟草糖酒（集团）连锁有限公司
阿姆斯壮（中国）投资有限公司

排名不分先后

上海商务年鉴支持单位

SHANGHAI COMMERCE YEARBOOK SUPPORTERS

杜塞尔多夫展览（上海）有限公司
上海红酒交易中心有限公司
上海林内热能工程有限公司
上海统超物流有限公司
上海太阳能科技有限公司
上海添宝百货有限公司
上海东方希杰商务有限公司
上海物资贸易股份有限公司黑色金属分公司
港中旅华贸国际物流股份有限公司
上海外高桥物流中心有限公司
上海外联发商务咨询有限公司
上海月星环球港商业中心有限公司
上海东原投资咨询有限公司
上海虹口商业（集团）有限公司
上海电气租赁有限公司
上海新华传媒电子商务有限公司
新世艺商务咨询（上海）有限公司（K11）
上海外高桥造船有限公司
上海柏兴房地产有限公司
上海闵行德必创意产业发展有限公司
沃尔沃建筑设备投资（中国）有限公司

上海志豪纺织服饰有限公司
上海虹桥国际机场公司
上海雪榕生物科技股份有限公司
上海市浦东新区周浦镇人民政府
上海开健投资管理咨询有限公司
上海德尔格医疗器械有限公司
上海惠斯顿文化传播有限公司
上海市通力律师事务所
上海亚龙烟草机械有限公司
上海爱发投资管理有限公司
长谷川香料（上海）有限公司
联太担保（上海）有限公司
上海易和通物流有限公司
上海航天动力设备研究所
上海浩方科技有限公司
上海临港奉贤经济发展有限公司
上海市方达律师事务所
三菱电机（上海）机电电梯有限公司
银联商务有限公司
上海酩悦轩尼诗国际贸易有限公司
上海艾瑞市场咨询有限公司

排名不分先后

Excellent 优秀

上海华信石油集团有限公司（封二）
上海大众汽车有限公司（封三）
上海东浩兰生国际服务贸易（集团）有限公司
捷普科技（上海）有限公司
捷豹路虎汽车贸易（上海）有限公司
上海新世界股份有限公司
上海农商银行
毕马威华振会计师事务所（特殊普通合伙）上海分所
普华永道中天会计师事务所（特殊普通合伙）
佳士得拍卖（上海）有限公司
上海圆迈贸易有限公司
圆通速递有限公司
欧特克软件（中国）有限公司上海分公司
大泽铜业有限公司
上海九州通医药有限公司
上海紫燕食品有限公司
上海兆妩贸易有限公司
兄弟（中国）商业有限公司
上海华冶钢铁集团有限公司
上海鼎信投资（集团）有限公司
松下电器（中国）有限公司上海分公司
恩智浦半导体（上海）有限公司
罗氏诊断产品（上海）有限公司
上海豫园旅游商城股份有限公司
保乐力加（中国）贸易有限公司
上海华谊（集团）公司
上海小南国（集团）有限公司
百联集团财务有限责任公司
佳能（中国）有限公司上海分公司
和运国际租赁有限公司
威可楷（中国）投资有限公司
上海市宝山区顾村工业公司
上海美设国际货运有限公司
杨王村农工商合作社
上海东方电视购物有限公司
托克投资（中国）有限公司
安立通讯科技（上海）有限公司
金伯利（中国）有限公司
上海银星汽车维修有限公司
上海爱森肉食品有限公司
上海梅龙镇广场有限公司
希思黎（上海）化妆品商贸有限公司
芬美意香料（上海）有限公司
上海交大电梯与控制设备有限公司
延锋汽车饰件系统有限公司
上海嘉定出口加工区发展有限公司

排名不分先后

企业风采

Enterprises Style

酩悦轩尼诗帝亚吉欧洋酒（上海）有限公司
如新（中国）日用保健品有限公司
上海新金山工业投资发展有限公司
统一企业（中国）投资有限公司
上海好唯加食品有限公司
上海大祥化学工业有限公司
上海正欧实业有限公司
上海恒邦房地产开发有限公司
华电通用轻型燃机设备有限公司
中国银行上海市分行
上海矽感信息科技有限公司
上海思华科技股份有限公司
上海无委无线电检测实验室有限公司
光驰科技（上海）有限公司
上海嘉定工业区经济发展有限公司
上海加冷松芝汽车空调股份有限公司
上海钢铁交易中心有限公司
安永华明会计师事务所（特殊普通合伙）上海分所
英斯特朗（上海）试验设备贸易有限公司
上海汉钟精机股份有限公司
迅销（中国）商贸有限公司
上海德勤税务师事务所有限公司
杜尔涂装系统工程（上海）有限公司
武迪（上海）实业有限公司
逸氏贸易（上海）有限公司
溯洄（上海）设计咨询有限公司
中国银联股份有限公司
延锋彼欧汽车外饰系统有限公司
迪士尼商贸（上海）有限公司
交通银行股份有限公司上海市分行
通联支付网络服务股份有限公司
斯伯丁体育用品（中国）有限公司
上海万达广场商业管理有限公司
香港太古地产有限公司上海代表处
上海青浦工业园区发展（集团）有限公司
格雷斯中国有限公司
能率（中国）投资有限公司
联合利华中国有限公司
上海南桥中小企业总部商务区有限公司
挪信能源技术（上海）有限公司
上海南郊石油化工交易中心
东方钢铁电子商务有限公司
伽蓝（集团）股份有限公司
上海港汇房地产开发有限公司
上海市机械设备成套（集团）有限公司
工机传动设备（上海）有限公司

排名不分先后

Excellent

优秀

上海海利生物技术股份有限公司
上海百联百货经营有限公司
上海迪美广场有限公司
上海上电漕泾发电有限公司
美津浓（中国）体育用品有限公司
上海来伊份股份有限公司
国网上海市电力公司
佛吉亚（中国）投资有限公司
上海密特印制有限公司
上海开元企业经营管理有限公司
上海安吉星信息服务有限公司
上海新世界（集团）有限公司
浙江民泰商业银行
上海付费通信息服务有限公司
上海旺园家禽养殖专业合作社
福斯润滑油（中国）有限公司
上海张江高新技术产业开发区青浦园区（集团）有限公司
上海圣华副食品有限公司
浦发银行上海分行
上海百金化工集团有限公司
上海浦发银行股份有限公司信用卡中心
上海东浩工艺品股份有限公司
安莉芳（上海）有限公司

上海闵优家禽专业合作社
中信泰富特钢经贸有限公司
上海亿通国际股份有限公司
上海陆家嘴商宇房地产管理有限公司
上海海烟物流发展有限公司
科尼起重机设备（上海）有限公司
益海嘉里投资有限公司
马来西亚马来亚银行有限公司上海分行
上海星瀚汽车维修服务有限公司
3M中国有限公司
同济汽车设计研究院有限公司
中钢集团上海有限公司
上海跃兴旺贸易有限公司
上海特易信息科技有限公司
金鹰国际货运代理有限公司上海分公司
用友汽车信息科技（上海）有限公司
阪东（上海）管理公司
安迪苏生命科学制品（上海）有限公司
银联国际有限公司
上海夏泰资产管理有限公司
上海嘉银金融服务有限公司
上海繁博金融信息服务有限公司
上海坚明办公用品有限公司

排名不分先后

企业风采

Enterprises Style

上海伟立投资有限公司
上海邮康电子商务有限公司
上海汽车商用车有限公司
上海众人网络安全技术有限公司
上海对外经贸大学
安东尼技术玻璃（上海）有限公司
日东电工（上海松江）有限公司
华联超市股份有限公司
远纺工业（上海）有限公司
上海古林国际印务有限公司
地素时尚股份有限公司
上海百联西郊购物中心有限公司
欧尚（中国）投资有限公司
利星行之星企业管理咨询（上海）有限公司
上海重矿连铸技术工程有限公司
上海斯迪尔钢铁有限公司
上海味好美食品有限公司
英迈（中国）投资有限公司
上海西郊服务业集聚区经济发展有限公司
上海宝钢物流有限公司
上海聚益信息技术有限公司
上海宝宏软件有限公司
高鹏（上海）房地产发展有限公司【东亚银行金融大厦】

延锋伟世通投资有限公司
紘华电子科技（上海）有限公司
东昊石油集团有限公司
友讯电子设备（上海）有限公司
上海易统食品贸易有限公司
神玺商贸（上海）有限公司
台湾银行股份有限公司上海分行
庆业电子（上海）有限公司
上海菲特尔莫古轴瓦有限公司
上海嘉定百联东方商厦有限公司
上海邑通道具设计制作有限公司
程熙贸易（上海）有限公司
上海新华联大厦有限公司
中银消费金融有限公司
上海再生资源科技发展有限公司
上海鼎中鼎餐饮发展有限公司
上海赵巷商业商务投资发展有限公司
上海黄色小鸭贸易有限公司
上海重信金融信息服务有限公司
胜科（中国）投资有限公司

排名不分先后

上海东浩兰生国际服务贸易(集团)有限公司

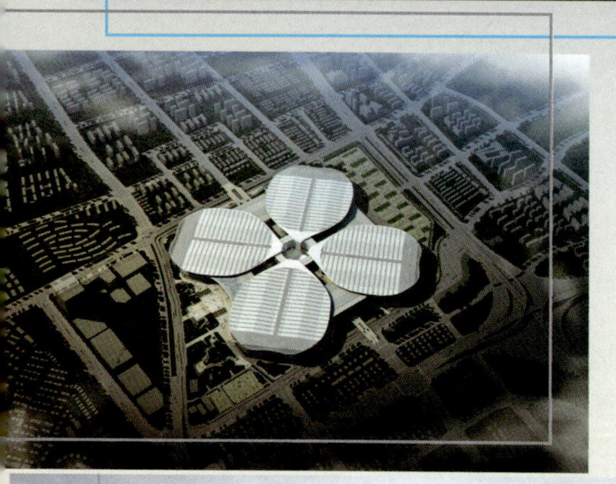

上海东浩兰生国际服务贸易（集团）有限公司（简称东浩兰生集
由上海东浩国际服务贸易（集团）有限公司和上海兰生（集团）有限
2013 年 12 月 11 日成立的大型现代服务业国有骨干企业集团，2013 年
国资委委托东浩兰生集团管理上海外经贸投资（集团）有限公司。

东浩兰生集团的主营业务是人力资源业务、会展传播业务、贸易
业业务。其中，从事人力资源业务的上海外服公司从 2006 年起连续在
源行业位居第一；在会展业务中，集团建成上海世博展览馆、嘉定汽
中心等综合性展馆，负责承办的工博会、上交会、华交会、广印展等
外知名展会；贸易业务在地方国有外贸集团中名列前茅，拥有全国第
贸上市公司上海兰生股份有限公司。2013 年集团完成营业收入 948 亿

在 2010 上海世博会筹办中，集团负责建造了中国 2010 年上海世
会世博中心、主题馆两大永久性场馆和中国馆的前期建设，负责世博中心、主题馆在世博会期间的运营管理及世博会后主题馆的后续利用，在展览展示、人力资源、贸易物流等方面为上海世博会提供了大量服务。世博会结束后，集团出资并参与商务部和上海市合作的国家重大项目——中国博览会会展综合体的建设，该项目位于虹桥商务区核心区内，将于 2014 年基本建成。建成后将成为最具规模、最具水平、最具竞争力的国际一流会展中心，是体现上海乃至中国会展业发展水平的地标性建筑，上海也将因此成为全世界拥有最多展馆资源的会展中心城市。

作为我国首个大型现代服务业企业集团，东浩兰生集团坚定地把“当一流的现代服务业领跑者”作为发展愿景，引导各项主营业务对标国际同行业领先企业，提升国际化竞争能力，争当新一轮国资国企改革的排头兵和科学发展的先行者，争创国内一流、国际知名的现代服务业大集团。

世界500强企业
劳动论坛
同担·共享
主办
劳动报社
协办
在华世界500强中85%的企业
正感受上海外服100%的用心，你呢？
SFSC
上海外服
全国一站式人事代理及
业务流程外包
薪酬设计与管理
员工发展培训

Jabil is an electronics solutions company providing comprehensive electronics design, production and product management services to global electronics and technology companies. Jabil was founded in Michigan, 1966. And we are the world's third largest electronic manufacturing services provider

We help bring electronics products to the market faster and more cost effectively by providing complete electronic product supply chain management around the world. With more than 180,000 employees, 90 plants on four continents and 30.5million manufacturing square feet, Jabil provides comprehensive, individualized, focused solutions to customers in a broad range of industries. Fiscal 2013 revenue is $18.3 billion.

Jabil Circuit (Shanghai) Ltd. was established on 2nd September 2002, locates in Shanghai Cao He Jin Hi-Tech District. It is the head office of Asia Design Center, and also the medical production base of Jabil Asia. Currently Jabil Shanghai plant has land space of 155,000 square feet. Jabil Shanghai encourages employees to have empowerment, team work and communication working attitude, and provide them good opportunities for career development. To be one of top ranking EMS enterprise, Jabil's culture is to deliver quality and to achieve customers' satisfaction.

捷普是一家面向全球电子设备技术公司提供完备的电子设计，生产以及产品制造服务的电子设备解决方案企业。它于1966年在密歇根州成立。捷普是全球第三大电子制造服务供应商。

我们通过在全球范围内提供完备的电子产品供应链管理来帮助促进电子产品更快的走向市场以及使成本控制更加的有效。捷普在全球四大洲拥有90家工厂，超过180, 000名员工以及30.5百万平方英尺的生产区域，同时捷普在广泛的领域里为客户提供全面的，个性化，针对性的解决方案。在2013年，公司销售额达到183亿美金。

捷普亚洲总部-捷普科技（上海）有限公司成立于2002年9月2日，坐落于上海市漕河泾开发区，目前是研发的亚洲区总部，也是捷普亚洲区的医疗产品生产基地。现工厂占地面积155, 000平方英尺。捷普科技（上海）有限公司始终倡导授权、团队合作、充分沟通的工作理念，并且为员工提供良好的职业发展机会。为打造全球一流的EMS企业，我们始终坚持质量是永远第一位，客户满意是工作的第一目标。

Nypro's manufacturing facility in Shanghai,China specializes in configurable product solutions for several industries. Our unique business model allows us to be true partners with our customers in targeted sectors:

Healthcare, Analytical Instrumentation, Networking, Defense and Aerospace, Computing and Storage and Industrial Controls. Our highly skilled and experienced workforce provides exceptional responsiveness, efficiency and quality.

Nypro Healthcare offers the widest array of design and manufacturing capabilities in the industry.

With 40 years of experience, highly specialized teams meet the complex demands of the healthcare and pharmaceutical markets by developing and manufacturing finished drug delivery devices, disposables, medical electronics, mechanics and system solutionsthat enable some of the world's leading brands to fulfill their market potential. Nypro deliversthe innovation, expertise and peace of mind that helps our customers build products thatsustain or improve people's lives.

耐普罗在中国上海的制造工厂为多种行业提供专业的可配置产品的解决方案。独特的业务模式使我们在目标行业中与客户成为真正的合作伙伴，这些行业包括：

医疗、分析仪器、网络、国防和航空航天、计算和存储以及工业控制。我们高度熟练并经验丰富的劳动力能够提供卓越的响应速度、效率和质量。

耐普罗医疗在行业领域中提供了最广阔的设计和制造能力。

拥有40年的经验，我们高度专业化的团队通过发展和制造成品药物输送设备、一次性用品、医疗电子及机械和系统解决方案，满足了复杂的医疗和医药市场的需求，也使一些世界领导品牌实现了他们的市场潜力。耐普罗所传达的创新、专业以及让人安心的概念，帮助我们的客户构建的产品能够维持或改善人们的生活。

End-To-End Solutions for Highly Complex Products

为高复杂产品提供端对端的解决方案

Nypro's Shanghai manufacturing facility is strategically positioned to become an extension of your end-to-end manufacturing and post manufacturing solutions for highly complex products and assemblies. In an increasingly competitive global marketplace, we offer:

耐普罗上海制造工厂战略定位为服务于高复杂产品及组件，为其提供扩展端对端制造和后期制造方案。在竞争日益激烈的全球市场中，我们提供：

Design & Development

- Product Design services from concept throughdetailed design phases
- Design for Manufacturability and Testability
- Design and Development of Test Processes

Prototyping and New Product Introduction Services

We provide new product introduction services that promote a faster time to market through excellence in quality and engineering support. The benefits include:

- Extensive experience—in regulatory requirements, technologies and product complexity
- Flexible solutions—tailored to customer needs
- Seamless transition to production—promoting speed and knowledge transfers

Manufacturing of Complex Products

- Printed Circuit Board Assembly & Test (PCBA&T)
- Electromechanical System Assembly
- Backplane Assembly

System Integration

- Box Build, Device build, Build-To-Order/Configure-To-Order (BTO/CTO), Direct Fulfillment (DF)
- Advanced Technologies & Global Test
- PCBA & Electromechanical key component management
- Enclosure Integration, BTO/CTO, DF

Logistical Services

- Supply Chain Design & Management
- Aftermarket Services
- Build-To-Order/Configure-To-Order
- Direct Fulfillment

Single Point of Contact

Being customer-centric is a core value at Nypro. Each customer has one point of contact and a support team to ensure optimal performance locally and globally. We are uniquely positioned to provide our customers with a highly skilled, motivated and experienced workforce, flexibility, speed-to-market, materials spend leverage, and global supply chain partners. We are also committed to continued human resource development and equipment and process upgrades.

- Collaborative relationships
- Flexibility
- Proactive communication
- Customer-specific solution
- Locally-focused operations
- Dedicated resources with a single point of contact

Certifications and Experience

Market Experience and Applications

With more than 200,000 sq. feet of manufacturing and over ten years of dedicated experience, our focus has been to strategically develop the expertise needed in many demanding and regulated sectors.

Unlike any other manufacturing services company, Nypro:

- Operates a single global enterprise resource planning system (SAP) in all Nypro facilities worldwide
- Continually monitors and adjusts our global footprint to meet market demands and our customers' needs
- Offers a global IT deployment process

Certifications

- SFDA China
- Environmental: ISO 14001:2004
- ESD S20: 20
- ISO 13485
- TL 9000
- OHSAS 18001
- FDA U.S.
- Regulatory Certificates UL, CSA, TUV
- AS 9100

设计与开发

- 产品设计服务包含从概念到详细的设计阶段
- 可制造性和可测试性设计
- 测试流程的设计与开发

原型设计和新产品导入服务

我们提供的新产品导入服务通过卓越的质量和工程支持，能够促进产品更快的进入市场。其优点包括：

- 丰富的经验—体现在监管要求、技术和产品的复杂性
- 灵活的解决方案—针对客户的需求
- 无缝过渡到生产—提升速度和知识转移

复杂产品制造

- 印刷电路板组装与测试（PCBA&T）
- 机电系统组装
- 背板组件

系统集成

- 机箱建造，设备建造，定制生产/按单配置（BTO / CTO），直接实现（DF）
- 先进技术及全球测试
- 印刷电路板组装及机电关键部件管理
- 附件整合，BTO / CTO，DF

物流服务

- 供应链设计与管理
- 售后服务
- 定制生产/按单配置
- 直接实现

单一联络点

以客户为中心是耐普罗的核心价值。公司为每个客户都设定一个联系人，并有一个支持团队在本地和全球范围内以确保最佳表现。我们有得天独厚的优势为客户提供高技能、积极向上及经验丰富的员工队伍、灵活适应性、加速进入市场、材料用杠杆以及全球供应链的合作伙伴。我们并承诺于不断开发人力资源和升级设备及工艺。

- 协作关系
- 灵活性
- 主动沟通
- 客户特定的解决方案
- 本地为中心的业务
- 一个单一的联络点专用资源

认证与经验

市场经验和应用

拥有超过20万平方尺的生产区域及10年以上的专业经验，我们的关注一直是战略性发展许多高要求和监管行业所需要的专业知识。耐普罗不同于任何其他制造服务公司表现在：

- 在全球所有耐普罗公司运行一个单一的全球企业资源规划系统（SAP）
- 持续监控和调整我们全球的覆盖区域，以满足市场需求和我们客户的需求
- 提供一个全球性的IT部署流程

认证

- 中国国家药监局
- 环境：ISO 14001:2004
- 防静电S20：20
- ISO 13485
- TL9000
- OHSAS 18001
- 美国FDA
- 法规认证UL，CSA，TUV
- AS9100

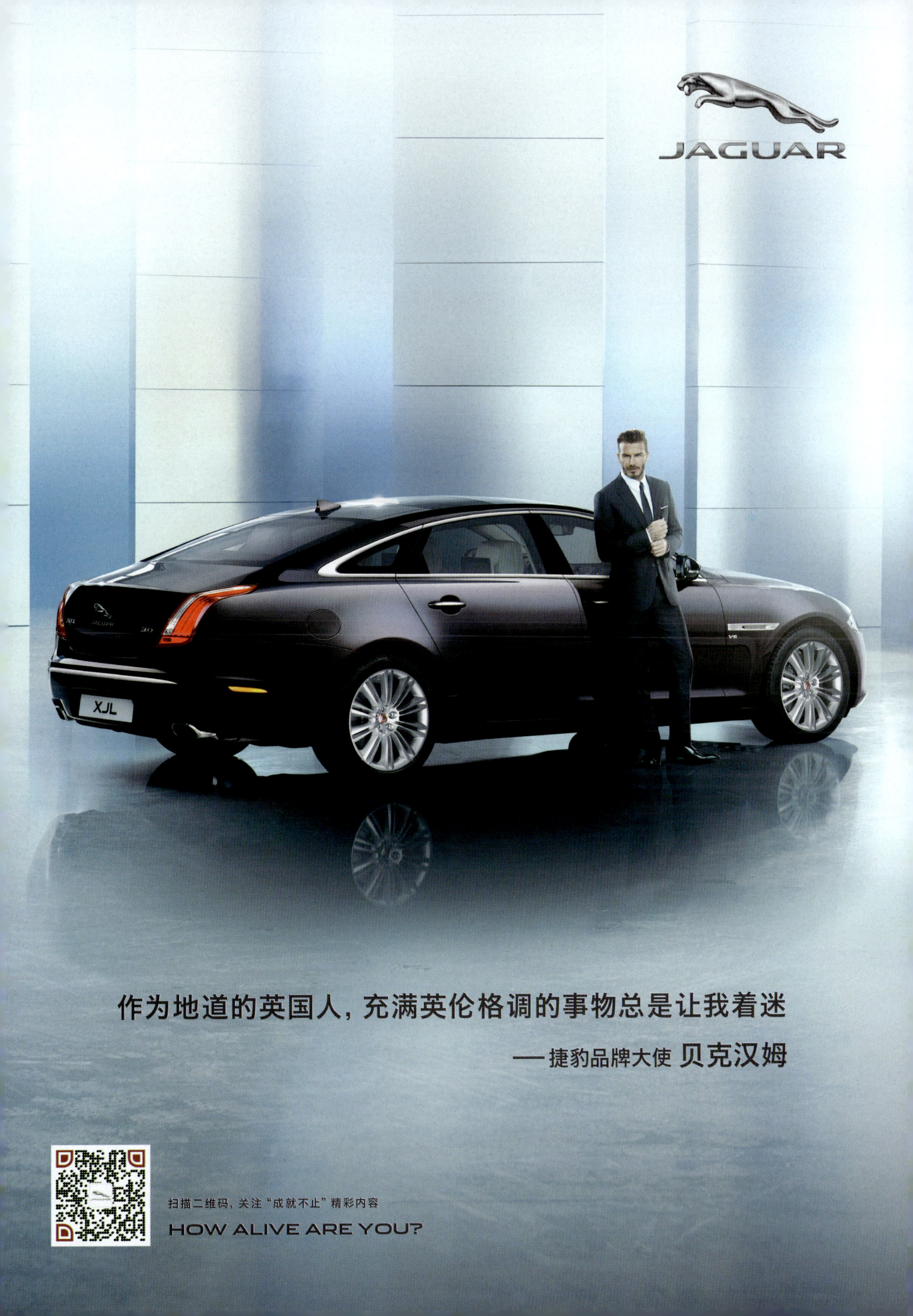
JAGUAR
XJL
作为地道的英国人，充满英伦格调的事物总是让我着迷
—捷豹品牌大使 贝克汉姆
扫描二维码，关注“成就不止”精彩内容
HOW ALIVE ARE YOU?

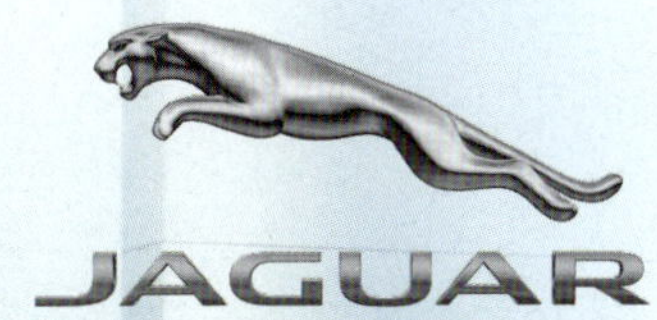

上海新世界股份有限公司（简称“新世界”或“公司”）前身是建于1914年的“新世界游乐场”，新中国成立后更名为新世界百货商场。1988年在上海有着“中华商业第一街”美誉的“十里南京路”上，“一个新世界”在国有企业深化改革大浪潮中脱颖而出，转制成为南京路上最早的股份制企业，于1993年挂牌上市。经多年建设发展，新世界集购物、娱乐、休闲、餐饮、旅游、文化、酒店、商务等多功能于一体，成为南京路上规模最大、功能最全、购物环境最佳的现代化大型“生活中心（LIVING-MALL）”。

公司现有员工867人，平均年龄42.96岁，具有大专以上学历占47.87%。主营业务是百货零售，涵盖国际知名品牌、国内（包括港、澳、台）著名品牌等中高档百货商品。随着国际现代化百货零售业的服务功能延伸，引进了酒店、餐饮、娱乐等功能业务，形成了公司商旅文联动的经营特色。

2013年，公司销售额达34.5亿元，同比减少2.75%；利润总额3.42亿元，净利润2.52亿元，同比增长3.1%。较好地完成了2012年度股东大会审议通过的主要经济指标，企业效益再创佳绩。公司年接待顾客4000万人次、经营着近20万种商品的现代化“生活中心”，其销售额占南京东路商业街销售总额的四分之一，在中心城区乃至上海商业的发展中起到了示范作用，逐步奠定了新世界在浦西地区的商业龙头地位，新世界城单体销售连续17年雄踞全国商业销售十强、上海商业销售三甲之列，为国民经济与上海商业繁荣和发展作出了积极贡献。

公司坚持科学发展观，坚持三个文明同步建设，是上海商业系统中唯一一家获得全国文明单位、全国质量奖、全国实施卓越绩效模式先进企业。

便捷服务心体验

赢在规划 胜在价值

上海农

- 是全国首
- 是上海地
- 是全国首

欢迎致电24小时客服热线 021-962999
4006962999或登陆网站 www.srcb.com

我们的服务 Our Services

- 审计 Audit
- 税务 Tax
- 咨询 Advisory

一九九二年，毕马威在中国内地成为首家获准合资开业的国际会计师事务所。二零一二年八月一日，毕马威成为四大会计师事务所之中首家从中外合作制转为特殊普通合伙的事务所。毕马威香港的成立更早在一九四五年，在香港提供专业服务逾六十年。率先打入中国市场的先机以及对质量的不懈追求，使我们积累了丰富的行业经验，中国多家知名企业长期聘请毕马威提供专业服务，也反映了毕马威的领导地位。

毕马威中国目前在北京、成都、重庆、佛山、福州、广州、杭州、南京、青岛、上海、沈阳、深圳、天津、厦门、香港特别行政区和澳门特别行政区共设有十六家机构，专业人员约9,000名。毕马威以统一的经营方式来管理中国的业务，以确保我们能够高效和迅速地调动各方面的资源，为客户提供高质量的服务。

随着中国企业伸展至全球经济和境外企业大举进入中国市场，毕马威将结合其丰富的国际经验和对市场的全面认识等优势，确保我们能够在日趋复杂但又机遇处处的中国市场，为客户提供高质量的服务。

我们以客为先，拥有广阔的国际视野，对质量一丝不苟，客户信赖我们始终一致的服务质量，这是毕马威发展业务，享誉国际的核心。

In 1992, KPMG became the first international accounting network to be granted a joint venture license in Mainland China. It is also the first Big Four accounting firm in Mainland China to convert from a joint venture to a special general partnership, as of August 1, 2012. The firm's Hong Kong operations have additionally been established for over 60 years. This early commitment to the China market, together with an unwavering focus on quality, has been the foundation for accumulated industry experience, and is reflected in the firm's appointment by some of China's most prestigious companies.

Today, KPMG China has around 9,000 professionals working in 16 offices; Beijing, Chengdu, Chongqing, Foshan, Fuzhou, Guangzhou, Hangzhou, Nanjing, Qingdao, Shanghai, Shenyang, Shenzhen, Tianjin, Xiamen, Hong Kong SAR and Macau SAR. With a single management structure across all these offices, KPMG China can deploy experienced professionals efficiently and rapidly, wherever our client is located.

As organisations in China expand into the global economy and international companies seek to enter the domestic market, KPMG's blend of international experience and local knowledge ensures the firm is well-positioned to serve clients in an increasingly complex, yet exciting market.

Our client focus, commitment to excellence, global mindset and consistent delivery have helped us build trusted relationships, which are at the core of our business and reputation.

审计

财务报表的审计
申报会计师服务
按《国际财务报告准则》的报告服务
按美国公认会计原则的报告服务
其它审计和认证工作的报告

Audit

Financial Statement Audit
Reporting Accountant Services
IFRS Reporting Services
US GAAP Reporting Services
Other Forms of Assurance and Attestation Reporting

税务

企业税务咨询服务(包括企业重组和并购)
企业税务合规服务
全球转让定价服务
间接税
国际行政人员专业服务(个人税务)
贸易与关税
外汇管制法规

Tax

Corporate Tax Advisory (including corporate restructuring and M&A)
Corporate Tax Compliance
Global Transfer Pricing Services
Indirect Tax
International Executive Services (Personal Tax)
Trade & Customs
Regulatory and Foreign Exchange Matters

管理咨询服务

营运规划服务
信息技术咨询
共享服务和外包

Management Consulting

Business Performance Services
IT Advisory
Shared Services and Outsourcing

风险管理咨询服务

精算服务和金融业风险管理
会计咨询服务
内部审计、风险管理和合规服务
信息技术咨询
气候变化和可持续发展服务

Risk Consulting

Actuarial and Financial Risk Management
Accounting Advisory Services
Internal Audit Risk & Compliance Services
IT Advisory
Climate Change and Sustainability Services

投资和重组咨询服务

投资咨询服务
企业财务
融资咨询服务
重组服务
法证会计

Transactions & Restructuring

Transaction Services
Corporate Finance
Debt Advisory
Restructuring Services
Forensic

公司介绍

普华永道提供切合各行业所需要的审计、税务及咨询服务，各成员机构组成的网络遍及157个国家和地区，有超过18.4万名员工。普华永道于1906年开始了在中国大陆的足迹，改革开放后重新进入中国大陆，于1993年在上海正式注册成立了法人实体。

目前，普华永道中国大陆、香港及澳门事务所已根据各地适用的法律协作运营，在北京、上海、天津、重庆、大连、西安、青岛、南京、苏州、杭州、宁波、厦门、广州、深圳、香港及澳门共设有16家机构，员工总数约12,100人。

2013年7月10日中国注册会计师协会（中注协）发布了《年度会计师事务所综合评价前百家信息》，普华永道在中国连续十一年（2003年 - 2013年）名列第一。

相应于上海的产业发展目标，普华永道的行业专业化将秉承“和谐、合作、体谅、增值”的理念进一步帮助客户，共创解决方案。

佳士得2014年上海春季拍卖精选拍品简介：

亚洲二十世纪及当代艺术

赵无极
《31.08.2001-09.09.2002》
油彩 画布
2001-2002年作
估价：人民币8,000,000-12,000,000
成交价：人民币10,230,000

印象派及现代艺术

贝尔纳·布菲
《两个小丑（萨克斯风）》
油彩 画布
1989年作
估价：人民币3,200,000-4,500,000
成交价：人民币4,950,000

战后及当代艺术

罗依·李奇登斯坦
《苹果与西柚》
油彩 涂料 画布
1980年作
估价：人民币4,000,000-5,800,000
成交价：人民币4,590,000

查询

网路零售商

全部商品分类 | 首页 | 服装城 | 食品 | 团购

- 图书、音像、数字商品
- 家用电器
- 手机、数码、京东通信
- 电脑、办公
- 家居、家具、家装、厨具
- 服饰内衣、珠宝首饰
- 个护化妆
- 鞋靴、箱包、钟表、奢侈品
- 运动户外
- 汽车用品
- 母婴、玩具乐器
- 食品饮料、酒类、生鲜
- 营养保健
- 彩票、旅行、充值、票务

根据第三方市场研究公司艾瑞咨询的数
（JD.com）是中国最大的自营式电商企业，2013
营式电商市场的占有率为46.5%。

京东为消费者提供愉悦的在线购物体验。通
富、人性化的网站（www.jd.com）和移动客户端
富有竞争力的价格，提供具有丰富品类及卓越品
和服务，并且以快速可靠的方式送达消费者。另
还为第三方卖家提供在线销售平台和物流等一系
务。

京东提供13大类约4020万SKUs的丰富商品
括：计算机、手机及其它数码产品、家电、汽车
装与鞋类、奢侈品（如：手提包、手表与珠宝）
家庭用品、化妆品与其它个人护理用品、食品与
书籍、电子图书、音乐、电影与其它媒体产品、
与玩具、体育与健身器材以及虚拟商品（如：国
酒店预订等）。

截至到2014年3月31日，京东建立了7大物流
国43座城市建立了86个仓库。同时，还在全国495
有1620个配送站和214个自提点。凭借超过20,000
配送队伍，我们能够为消费者提供一系列专业服
211限时达、次日达、夜间配和三小时极速达，G
时追踪、售后100分、快速退换货以及家电上门
务，保障用户享受到卓越、全面的物流配送和完
对端”购物体验。

搜索

JD.COM

宝岛　闪购　金融

京东是一家技术驱动的公司，从成立伊始就投入巨资开发完善可靠、能够不断升级、以电商应用服务为核心的自有技术平台。我们将继续增强公司的技术平台实力，以便更好地提升内部运营效率，同时为合作伙伴提供卓越服务。

在经历了10年的艰苦创业之后，京东于北京时间2014年5月22日正式在纳斯达克挂牌上市，股票代码为“JD”。京东是迄今为止中国公司在美国资本市场最大的IPO！

圆通简介
Introduction
价值观

YTO 圆通速递创建于2000年5月28日，经过十四年的发展，已成为一家集速递、航空、电子商务等业务为一体的大型企业集团，形成了集团化、网络化、规模化、品牌化经营的新格局，为客户提供一站式服务。2010年底，成立上海圆通蛟龙投资发展（集团）有限公司，标志着圆通向集团化迈出了更加坚实的一步。公司在网络覆盖、运营能力、业务总量、公众满意度及服务质量、信息化水平、标准化等方面等均走在了行业前列，品牌价值和综合实力名列中国快递行业前三甲。

核心价值观—领先

领先，领先是全体圆通人的共同信念，是圆通人为之追求和努力的方向。所谓领先，包含了以下四个要素：速度、责任、诚信、共赢。

速度是行动

圆通将秉承以速度取胜的理念，不断创新产品、提升服务、提高时效，满足客户需求，并以此确立行业领先地位。速度包含：快递的速度、技术创新的速度、企业发展的速度和服务客户的速度。

责任是准则

作为一个勇于承担责任的企业，圆通将担当起引领行业发展的责任、为员工创造价值的责任、为客户创造价值的责任、安全生产的责任、企业的社会责任等以上五项责任，并以此打造基业长青的百年企业，实现“中国人的快递”的奋斗目标。

诚信是行业发展之基

诚信，即要坚持信守承诺，诚信为本。主要包括三层含义：行业对社会要诚信；企业对员工要诚信；员工对客户要诚信。

共赢是目的

圆通的发展将立足于与行业的共赢、与客户的共赢、与全网加盟商长期合作共赢和员工的共赢，创造全方位的共赢，形成强大合力，创民族品牌。

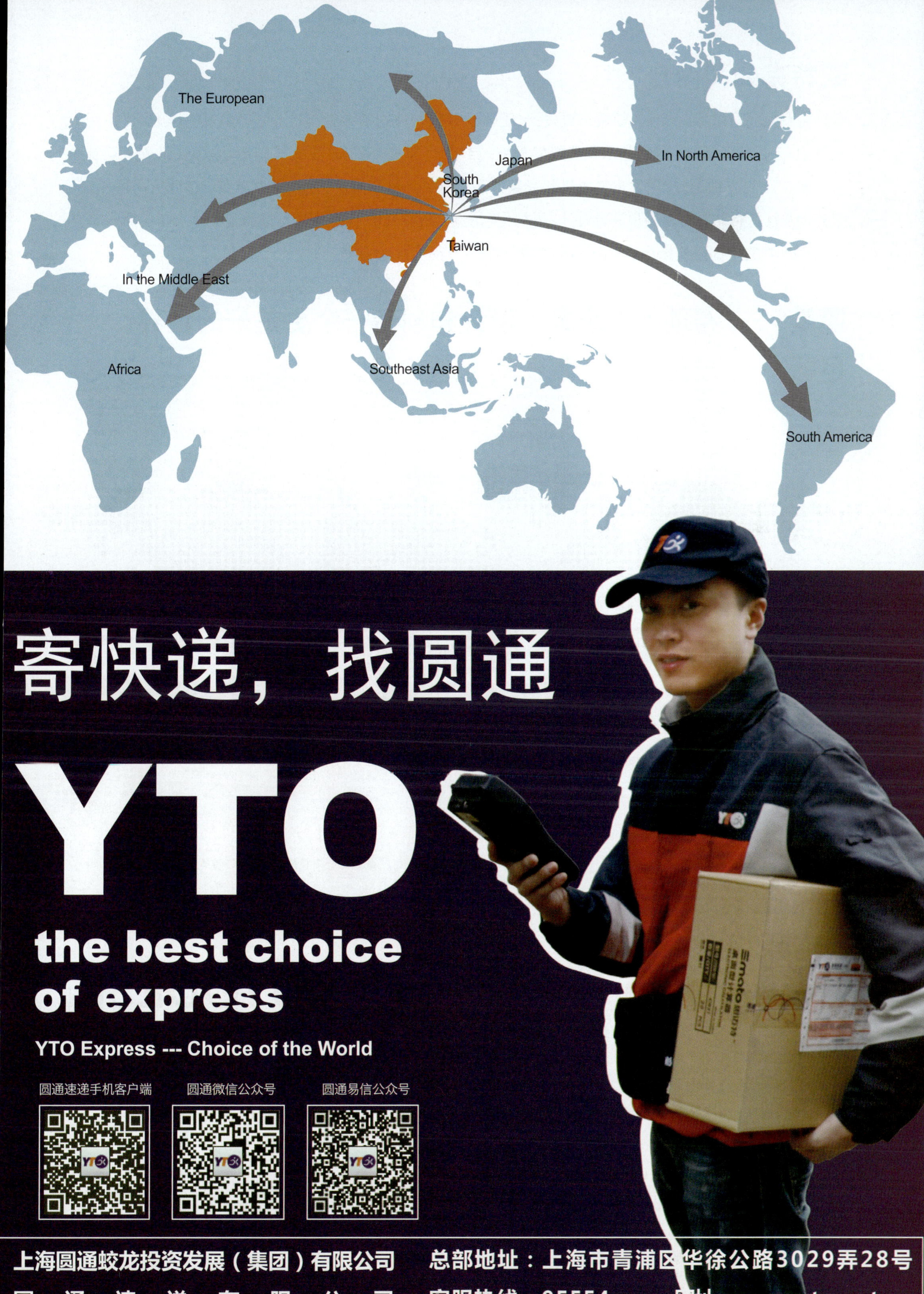

The European
Japan
In North America
South Korea
Taiwan
In the Middle East
Africa
Southeast Asia
South America
寄快递，找圆通
YTO
the best choice of express
YTO Express --- Choice of the World
圆通速递手机客户端
圆通微信公众号
圆通易信公众号
上海圆通蛟龙投资发展（集团）有限公司
圆 通 速 递 有 限 公 司
总部地址：上海市青浦区华徐公路3029弄28号
客服热线：95554
网址：www.yto.net.cn

欧特克公司简介

欧特克有限公司是专业和个人领域三维设计、工程及娱乐软件的领导者，其产品和解决方案被广泛应用于制造业、工程建设行业、数字艺术和传媒娱乐业。自 1982 年 AutoCAD 正式推向市场以来，欧特克已针对全球最广泛的应用领域，研发出最先进和完善的系列软件产品和解决方案。这些软件、移动应用程序、云服务以及社区帮助各行业用户进行设计、可视化、仿真分析并交流创意。例如，荣膺过去十八年奥斯卡最佳视觉特效奖的全部获奖影片，均采用了欧特克的软件产品和解决方案。

愿景 —— 帮助人们想象、设计和创造一个更美好的世界

目标 —— 成为一家负责任的卓越公司

- 全球 6,600 多位员工
- 80 多种产品
- 1,000 多万正版用户
- 1,900 个经销商合作伙伴
- 3,400 个开发合作伙伴
- 1,900 家授权培训中心

新 LOGO 的含义

新品牌标识充分地体现了欧特克的产品通过改变形状改变了这个世界，是在向帮助客户进行构思、设计和制造的欧特克产品致敬。

品牌标识上的三种颜色代表了欧特克的三大用户群：消费者、专业人员和学生。三种颜色在图案上形成和谐的整体效果，体现了欧特克不同于竞争对手的独特品质。

ACRD 介绍

2008 年 1月 8 日，欧特克全球最大的研发机构——欧特克中国研究院（ACRD）在上海正式成立。欧特克中国研究院拥有900多名研发工程师，是目前跨国企业在中国建立的规模最大的软件研发机构之一。欧特克中国研究院不仅能够对中国本土客户进行更贴近的支持和产品本地化研发工作，更承担欧特克全球产品开发和领先技术的研究工作，真正做到了立足中国，放眼全球。

公司成绩

过去

在计算机被《时代》杂志评选为“年度人物”的同一年，欧特克及其16位员工推出了AutoCAD® 软件。设计业由此而改变！1982年，欧特克将技术创新与“设计可以显著改变我们的世界和生活方式”之理念相结合。今天，昔日重要的二维创新已经收获了丰硕的果实。

现在

从二维设计到三维建模、从数字化样机到建筑信息模型、从获奥斯卡奖的视觉特效制作到基于模型的地图绘制，欧特克可提供设计领域中最为广泛、最为强大的产品组合，轻松应对设计流程各个阶段的挑战。 荣膺过去十八年奥斯卡最佳视觉特效奖的全部获奖影片，均采用了欧特克的软件产品和解决方案。

最近发展趋势

云计算和移动技术的广泛使用使设计的方式和设计者人群的构成都发生了巨大的变化。为帮助客户适应并利用这种变化，欧特克在几年前就开始进行业务大调整，从而成为了将设计工作从桌面迁移到云平台和移动平台的行业先锋。

云技术的发展

- 在过去的两年中，欧特克推出了基于云计算的软件，为专业设计者提供了强大的新工具。通过这些软件，用户们能够相互交流，共同探索怎样设计出更好的产品、建筑、道路、桥梁以及更引人入胜的艺术作品和电影，从而提高大众的生活质量。自从我们在2011年9月推出云产品后，超过1500万的欧特克专业用户访问了这些产品。
- 欧特克还投资于众多新市场，例如个人制造和数字艺术市场。在这些领域，每个月都有数以百万计的新用户利用欧特克的设计应用程序和产品来挥洒自己的创造力和想象力，设计和制作他们想要的各种事物。
- 如今，全世界有1200多万专业人士以及1亿消费者和制造者都在使用欧特克的软件、云服务和移动应用程序。

下一阶段的发展计划

- 我们正努力扩大用户群并投入资源开发个人制造和数字艺术等新市场，每个月都吸引数百万的消费者成为欧特克设计应用和产品的用户。他们利用这些软件挥洒自己的创造力和想象力，设计和制作他们想要的各种物品。
- 业务转型将为我们带来更多的机会，其中最令人激动的是它将为我们开启新的市场，云产品的推出将更有助于我们打入新市场。我们不断地探索留住现有客户以及为新客户创造附加值的新模式。同时，我们还积极寻求在巴西、印度、墨西哥、土耳其和俄罗斯等新兴市场扩展业务。

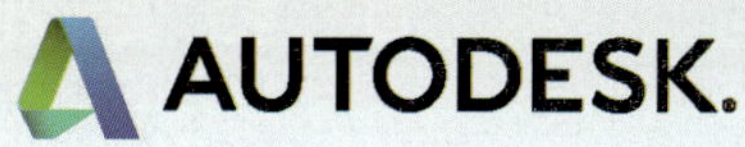

大澤銅業有限公司

大泽铜业有限公司由国家工商总局核准注册，于2006年10月25日设立，2009年经上海浦东新区大力招商引进落户登记，注册资金人民币5000万元。自公司设立以来，一直是当地产值、利税大户，每年均被金融机构和政府部门评为AAA信用企业和重合同守信用单位。

同创价值，共赢发展

大泽铜业的业务范围包括：有色金属和黑色金属销售、有色金属深加工、矿产品及货物进出口贸易等。公司产品行销国外8个国家及国内20多个省市，已经形成了长期、稳定、成熟的商业营运模式和贸易服务盈利模式。

公司国内贸易上、下游客户主要为大型央企、国企，上游以矿山企业为主，例如：中金集团、中冶集团、中铝集团、五矿集团、西部矿业、广晟集团、南京栖霞山铅锌矿业等；下游主要以冶炼厂为主，例如：江西铜业、云南铜业、大冶有色、水口山有色、铜陵有色、株冶集团、葫芦岛锌业等；经过多年稳定、密切、友好的合作，彼此形成了战略贸易伙伴关系，大泽铜业在有色金属行业也拥有良好的口碑和影响力。

公司国际贸易业务与必和必拓公司、美国杰拉德金属、荷兰托克公司、海洋伙伴英国公司、格兰瑞集团等跨国企业建立了多年的良好业务合作关系，业务量逐年稳步增长。

大泽铜业不仅是中国铜商会及中国进出口商会会员企业，享有丰富的国内外信息资源，还拥有一批经验丰富的高级管理人才与强大的内部团队，能及时敏锐地捕捉国际国内政治经济动态，快速收集市场行情，为公司的经营提供盈利保证。

大泽铜业有限公司入户上海，目标是依托上海在金融、市场、人才上的优势，通过吸收新理念提升新管理对接国际平台，充分发挥公司在国际、国内的资源和市场优势，加快融合衔接，精心构筑一流的国际化贸易服务平台，进一步拓展公司的发展空间，以做大做强为目的，为打造一个高知名度、高美誉度的国际化大泽集团奠实基础。立足上海，面向世界，大泽铜业愿与您真诚合作，共同开创更加辉煌美好的明天！

邮编：201513
电话：021-61183266
传真：021-61183259
邮箱：dazetongye@163.com
地址：上海总部湾17幢--浦东秀浦路2500弄

中药材、中成药、中药饮片、化学原料药、化学药制剂、抗生素、生化药品
械，日用百货，仓储，货运代理，普通货运，货物专用运输、中药材、中成
精神药品（制剂）、蛋白同化制剂、肽类激素、酒类，医疗器械，日用百货
原料药、化学药制剂、抗生素、生化药品、生物制品、第二类精神药品（制

总经理 刘翼峰

上海九州通医药有限公司隶属于中国•九通医药集团（证券代码：600998），是经上市食品药品监督管理局批准，于2002年11月式成立的一家大型现代医药物流企业。

公司经营范围包括：中药材、中成药、药饮片、化学原料药、化学药制剂、抗生素生化药品、生物制品、第二类精神药品（剂）、蛋白同化制剂、肽类激素、酒类，医器械，日用百货，仓储，货运代理，普通运，货物专用运输（冷藏保鲜）。同时还从货物及技术的进出口业务，会务服务，商务息咨询（除经纪）等。

公司先后成立了上海九州通物流公司、海九州通管理咨询有限公司、上海九州通达药有限公司和九州通国际生物医药港有限司。

公司占地100亩，已建成极具现代化平、符合GSP标准的自控高架立体仓库，可

上海九州通现代医药物流中心剪彩仪式

文化活动--集体婚礼

上海九州

上海九州通医药有限公司

储货物28万箱，支持年销售30亿元人民币。为满足业务发展需要，2008年，公司投资近3亿元，新建了现代化医药物流中心。该中心位于上海市青浦区崧泽大道7777号。占地面积65亩，可存储3万多个品规、60万箱商品，已于2013年正式投入运营。

上海九州通以医药批发为主要产业，拥有上游厂家近2000家，开发品种15000多个，与全国7000多家药品经销商、医院和采购团体建立了稳定的业务往来关系，拥有强大的营销配送网络，形成了以医药批发为主，酒店、物流、咨询多业同发展的格局。

为贯彻上海市委、市政府关于加快上海城市转型发展的总体要求，2012年上海九州通联合上海普陀产业投资公司和宝力集团有限公司，利用各方资源，广泛招商引资，汇聚国内外医药行业知名企业，规划打造“上海国际生物医药港”。引进世界一流国内先进的生物医药、医疗器械大型集团、行业龙头企业、研发公司总部，形成“总部商务带”、“休闲服务带”和“生产性服务带”为主的“三带”产业。

公司连续几年入围上海企业100强，先后荣获“上海名牌”、“上海民营服务业企业50强”、“上海市‘两新’组织党建工作示范点”、“上海品牌企业”、“A类纳税信用证书”等荣誉，并被普陀区授予“文明单位”和“三星级诚信企业”等称号。

经过十几年的快速发展，上海九州通已由创建之初的年销售6亿元，发展到2012年含税销售额32.4亿元。上海九州通紧紧围绕九州通集团“做中国医药健康产业最佳服务商”的战略目标，顺应医药流通领域的形势，在百舸争流的华东医药市场，不断实现新的跨越。

公司标准化的车队

物流中心自动化立体仓库

运动会

九州通国际生物医药港鸟瞰图

80C
店。
鸭翅、
迎与喜爱
紫燕食品
统口味和行业领
中国食品博览会金
位，国家级星火计划项
康、美味、丰富的食品。
紫燕食品从创立之初就一直坚
求，坚持最严格的质量标准，并整合巨
ISO9001质量管理体系，并在行业内首家通
产品检验放行系统、产品追溯体系等等，对
一份产品品质和食品安全，让广大消费者在
4008-886-517
全国客服热线
生产、销售于一体的大型食品生产企业
产品质量为核心，
致力于
享有“没有紫燕不成席”的美誉

2002年诞生于

中国第一个创意产业园区

上海田子坊

创始人孙青锋先生

创始人孙青锋先生在西安做了15年的艺术品经营后来到上海最终选择了在田子坊老师和一批先驱的艺术家也都扎根于此，初步形成了艺术与商业结合的氛围。一次，大家分享，“无论是漫步在法国的香榭里大街还是徜徉在美国的曼哈顿第五大道，街美品牌，居然没有一个来自中国的品牌！”看到这番情形实在是令人非常痛心，不久老师带头创立了“La Yifei”这个品牌。陈逸飞老师的这番感受，同样也让孙青锋先生直对艺术充满热爱，他也一直在思索“如何将艺术作品生活化？”后来通过对市场的判断，孙青锋先生毅然决定将艺术转移到围巾上，将围巾和披肩作为最终的载体！凭多年艺术品经营的敏感度，以及对色彩和线条的运用，“一定要让美丽在女人的脖淌”，要“妩媚天下女人！”的想法就在他脑海中出现了，继而“WOO嫵”这个品顺应而生了。

“WOO嫵”取义“妩媚”，英文“WOO”是追求和探索的意思。品牌的初衷想帮助天下所有女性对“美”的追求和探索。“WOO嫵”的LOGO上面取自繁体嫵媚“嫵”字，是用中国传统手工篆刻而成，下面的英文“WOO”是用毛笔写成。这也希望“WOO嫵”未来走向国际的时候，当人们看到这个LOGO便知道这个品牌来自中国。

在田子坊经营了数年后，他发现“WOO嫵”的客户大致分为3类：政界名流、界名流和文化名流。如众所周知的：法国前总理拉法兰先生、当当网的老总俞渝女士著名主持人董卿、名媛朱玲玲、影星刘亦菲、张雨绮等等。于是在2007年，孙青锋正领他的团队立下一个宏愿：“用20年的时间将WOO嫵打造成为国际一流的奢侈牌！”同时也给围巾重新下了一个定义：“围巾是女人风情的延伸，是时尚与奢华侣！”如果你热爱时尚，热爱奢华，希望自己妩媚动人、风情万种，那你就一定要用嫵的围巾！近几年来，随着社会的发展，围巾已逐渐成为体现女性生活品质和地位的

“WOO嫵”经过11年的沉淀和发展，目前在全国已有39家直营店，足迹已遍布根于上海，到2007年年底进军北京市场，再到2011年走向全国。“WOO嫵”的店铺地的地标性建筑或是顶级的奢侈品购物中心里。比如上海的店铺位于：外滩的半岛酒心、新天地、田子坊等；北京的店铺位于：王府井东方君悦五星级酒店、国贸购物中色港湾等地；其他城市“WOO嫵”的店铺位于如：重庆时代广场、杭州沈阳万象城、置地、武汉天地、无锡恒隆等等。

创始人孙青锋先生曾经说过这样一句话：“奢侈品是文化的载体，如果一件产品不能将其内涵体现，那么它就失去了价值！”秉“WOO嫵”在设计上一直坚持与国内外著名的艺术家进行跨领域的合作，像2013年“WOO嫵”与国际著名设计师Kenzo品牌的创始人K合作，新品也即将在冬季之前面世。在与不同领域或是国籍的艺术家合作过程中，“WOO嫵”的团队也能学习和感受到许多不同的理化、东方艺术和国际前沿的设计理念相结合，让每一件作品都有深刻的内涵和灵魂。其次，在“WOO嫵”的产品中，大约有1/4都带有的原因是由于许多顾客反映围巾披在肩上容易滑落，市场的反映让“WOO嫵”的设计团队也一直在思考如何既能解决这个问题，还能设计的时尚与美感度。经过思索和商议后，我们决定在围巾上加扣子！羊绒产品上搭配牛角的扣子、真丝产品上搭配手工的盘扣、皮配暗扣等等，这样一来，围巾不仅不会滑落，还能保证造型的完美。最重要的是当围巾加上扣子以后，它就像变魔术一样，具有了10穿法，“买一送十”：围巾、披肩、斗篷、开衫、衣服……并且在顾客购买“WOO嫵”产品的同时，我们将赠送她一本小册子，里面使用和配搭围巾的图解，这也是“WOO嫵”为什么那么受顾客喜欢的原因之一。另一方面，“WOO嫵”旗下所有的羊绒、丝绸均选杭州等地最好的材质，并且由最具经验的工匠和工厂按照统一的高标准进行选材和制作。继而诞生了如：珍藏双面手绣系列（苏绣）了中国四大传统手工艺之一的文化前提下，设计团队在色彩和图案上进行重新的搭配和创新，目前的市场反应也都非常不错；其次，际上流行的数码丝质印花围巾，WOO嫵在2010年就已推出，而今年“WOO嫵”一个新系列是在羊绒上进行数码彩绘。所以不仅在上，“WOO嫵”一直都走在行业的前沿。十年来，“WOO嫵”一直专注于提升男女性内在和外在美的价值本身。在“WOO嫵”的标我们也可以通过色彩、符号或是时尚元素找到“WOO嫵”对于“作品自己会说话”的理解。“WOO嫵”正在通过其独特的材质、特工艺成为具有象征意义的设计珍品。

众所周知，要成为一个国际一流的奢侈品品牌，就一定要与世界著名的公司进行合作。“WOO嫵”从2011年开始就与法国著名咨询为全面的合作，主要在店铺形象、电子商务、产品陈列、品牌规划以及国际市场拓展方面对“WOO嫵”进行指导和提升。

“WOO嫵”从2002年发展到现在一直都专注在围巾和披肩行业上，但是“WOO嫵”不仅仅着眼于围巾和披肩行业，这只是“W够成为像LVMH、Richmont、PPR这类的国际奢侈品集团的“中国人自己的奢侈品航空母舰群”才是“WOO嫵”的理想和目标！

“妩媚天下女人，时尚你我生活。”今天，“WOO嫵”在延续中国传统的文化精髓和东方近5000年艺术表现形式下，将继续通美的热爱和追求，在传承五千年东方传统艺术的前提下，开创一个崭新的、时尚的、国际化的艺术传奇！

那时陈逸飞
出国回来后与
总总的都是欧
驱的陈逸飞
由于一
的

人2002年扎
多的出现在各
、环球金融中
购物中心、蓝
店、成都仁恒

精神和理念，
da先生开始了
丰富的传统文
开始设计

中，
元素和特色

Corp展开了较

一个起点。能

肩提升世人对

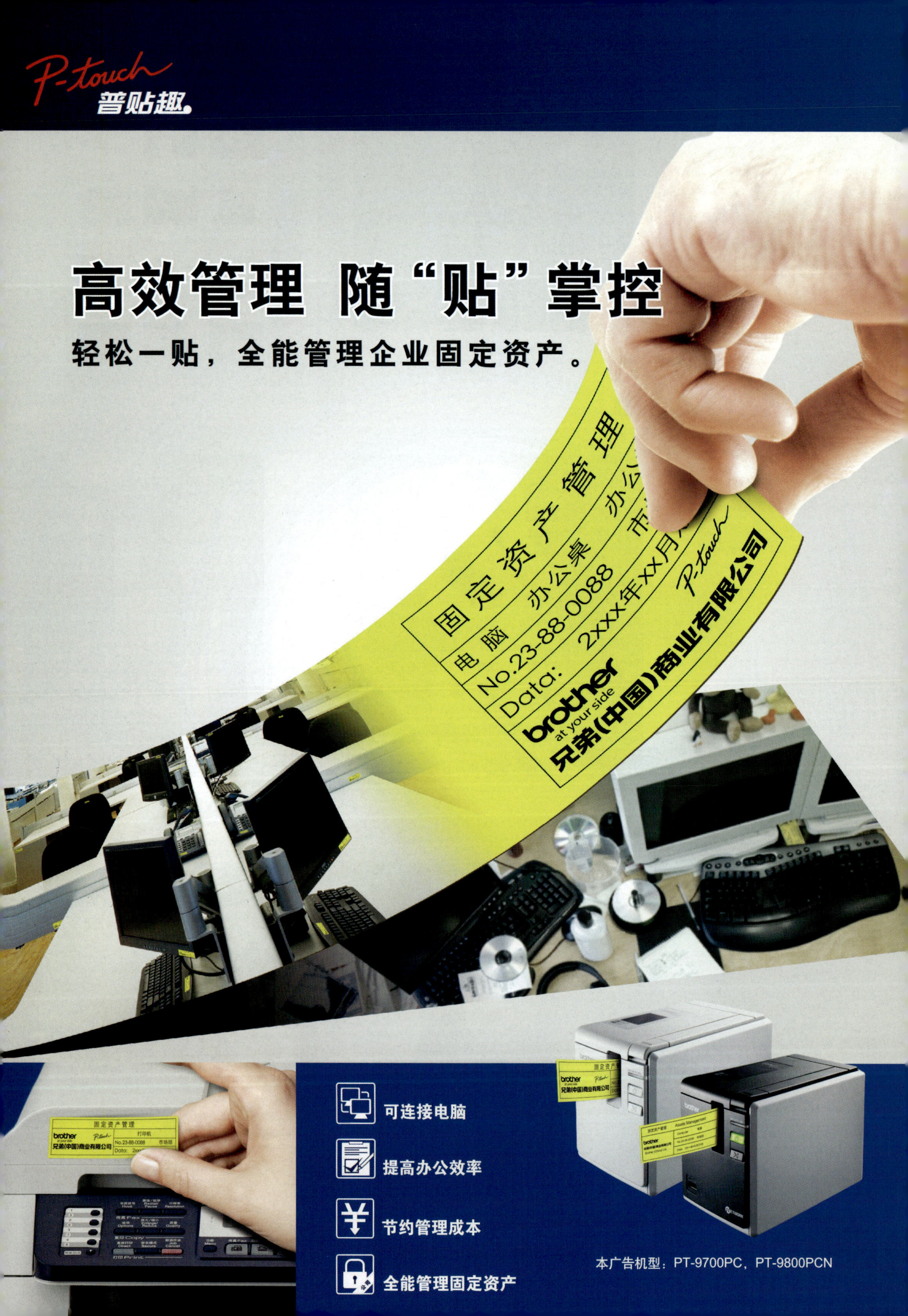

P-touch
普贴趣
高效管理 随"贴"掌控
轻松一贴，全能管理企业固定资产。
固定资产管理
电脑 办公桌
No.23-88-0088
Data: 2xxx年xx月
P-touch
brother
at your side
兄弟(中国)商业有限公司
可连接电脑
提高办公效率
节约管理成本
全能管理固定资产
本广告机型：PT-9700PC、PT-9800PCN

固定资产整体解决方案

■ 标签打印

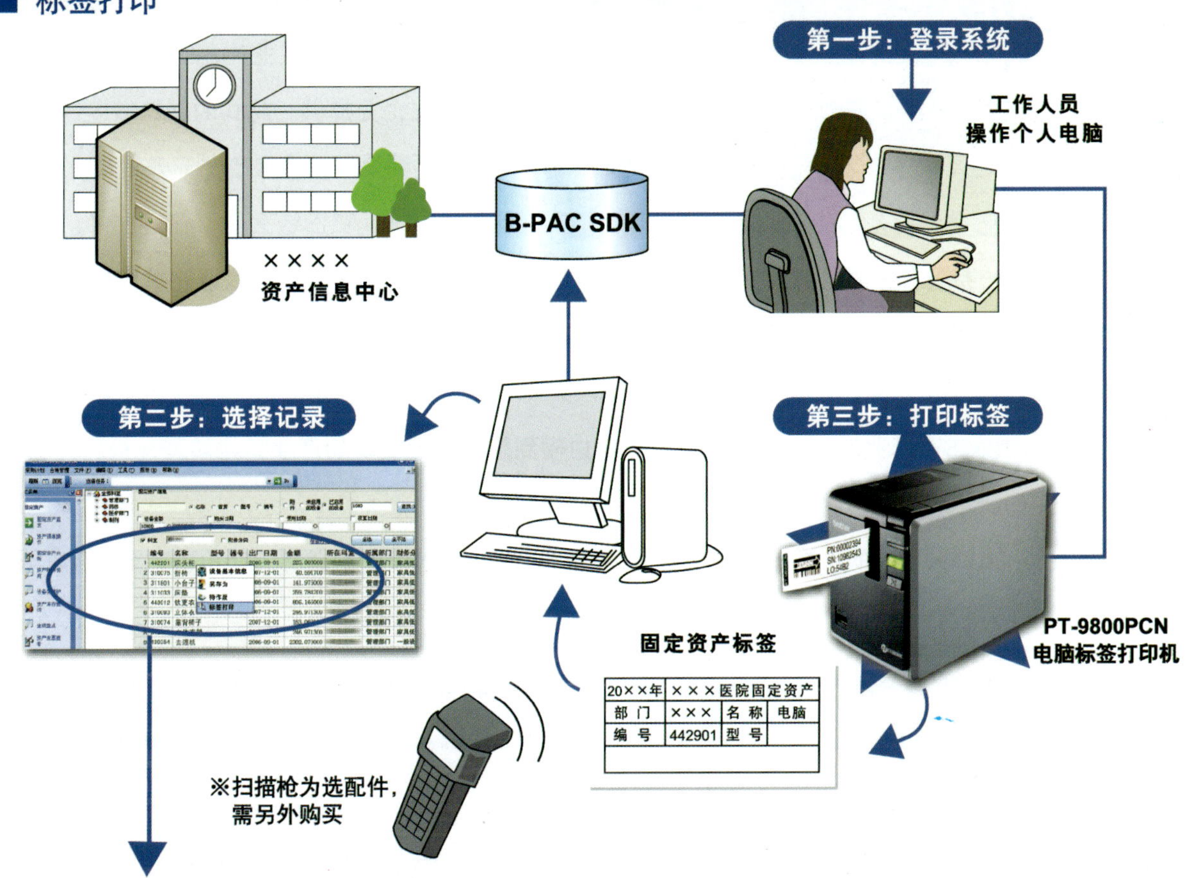

20××年	×××医院固定资产		
部 门	×××	名 称	电脑
编 号	442901	型 号	

■ 工作人员所面对的操作界面

	编号	名称	型号	器号	出厂日期	金额	所在科室	所属部门	财务分类
1	442201	床头柜			2006-09-01	225.000000		管理部门	家具低值
2	310075	折椅			07-12-01	40.591700		管理部门	家具低值
3	311801	小台子			06-09-01	141.975000		管理部门	家具低值
4	311033	床垫			06-09-01	259.784200		管理部门	家具低值
5	443012	铁更衣			06-09-01	805.165000		管理部门	家具低值
6	310093	立体衣			07-12-01	246.971300		管理部门	家具低值

设备基本信息
另存为
待作废
标签打印

应用领域

■ 资产标签模板

2014年	×××医院固定资产		
部 门	×外科	名 称	电脑
编 号	442901	型 号	

■ 资产标签实例

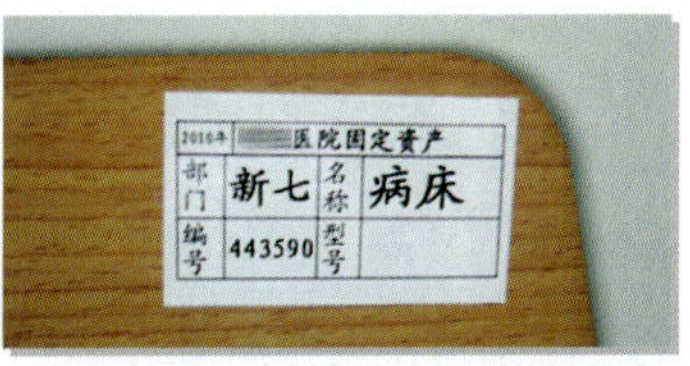

其他应用：

- ●资产设备管理标签
- ●废弃/废旧物品管理标签
- ●文件资料分类标签
- ●仓库物品管理标签
- ●其他

注：覆膜标签具有防水、耐腐蚀、耐高温，耐磨损等优良特性，经久耐用，可以长期保存。

乐钢网操作界面展示

账号：　密码：　登录　注册　　2014年1月10日 08时38分54秒 乐钢欢迎您的光临！ 交易说明 | 关于乐钢 | 在线留言

无限资源满足无限需求

全国服务热线 10101588

乐钢首页 | 订单查询 | 金牌商家 | 我要开店　　购物车

在线客户307人　今日成交0 吨　今日挂牌 56.0 万吨　累计成交量 13.9 万吨

在线订单 >> 订单信息 >> 开票信息

类别	☑热轧 □酸洗 □轧硬 □冷轧 □中厚板 □热镀锌 □带钢 □涂镀 □彩涂 □电镀锌 □电工钢 □型材 □建材 □管材 □棒材 □不锈钢	更多
品名	☑国产热轧卷 □国产热轧开平板 □国产出厂平板 □国产花纹卷 □国产花纹板 □国产低合金卷 □国产花纹开平板 □国产热轧精整卷	更多
牌号	☑Q235B □Q345B □Q195 □SS400 □Q345C □Q550NH □SPA-H □BDQ235B □Q450NH □Q355NH □SS490 □Q235BBW □65Mn	更多
钢厂	☑不限 □鞍钢 □安钢 □宝钢 □包钢 □本钢 □唐钢 □武钢 □首钢 □马钢 □沙钢 □梅钢 □济钢 □邯钢 □日照 □太钢 □新余 □宁钢	更多
包装	□无 □缠绕包装 □简包装 □简包装+木架 □精包装 □精包装+木架 □裸包装 □裸包装+木条 □裸包装+油纸 □裸包装+木架 □油纸护圈	更多
计量	□抄码 □过磅 □毛边板过磅 □切边板理算 □理算	更多

规格：　*　*　　执行标准：国家标准　　公差要求：无

重量：　(吨) 数量：按实际　(件/张) 要求备注：无　　加入购物车

包装：按 标准 件打包,每包 标准 (吨)　提示信息：

全部 | 棒材 | 不锈钢 | 彩涂 | 带钢 | 电镀锌 | 电工钢 | 建材 | 管材 | 冷轧 | 热镀锌 | 热轧 | 酸洗 | 型材 | [illegible] | 中厚板 | 镀铝锌

序号	类别	品名	牌号	规格	产地	价格(元/吨)	重量（吨）	仓库	地区	选购资源
1	热轧	国产热轧卷	Q235B	1.4*1250*C	本钢	3850	40.000	丽兴园	天津	
2	热轧	国产热轧卷	Q235B	1.5*1250*C	本钢	3780	20.000	07库	天津	
3	热轧	国产热轧卷	Q235B	2.0*1250*C	本钢	3680	50.000	丽兴园	天津	
4	热轧	国产热轧卷	Q235B	3.0*1500*C	北营	3490	100.000	07库	天津	
5	热轧	国产热轧卷	Q235B	4.75*1500*C	北营	3420	60.000	07库	天津	
6	热轧	国产热轧卷	Q235B	7.75*1500*C	北营	3410	60.000	07库	天津	
7	热轧	国产热轧卷	Q235B	11.75*1500*C	北营	3420	60.000	07库	天津	
8	热轧	国产热轧卷	SS400	11.8*1500	包钢	3430	60.000	07库	天津	
9	热轧	国产热轧卷	Q235B	5.75*1800*C	本钢	3550	120.000	丽兴园	天津	
10	热轧	国产热轧卷	Q235B	7.5*1800*C	本钢	3550	60.000	丽兴园	天津	
11	热轧	国产热轧卷	Q235B	11.75*1800*C	本钢	3580	120.000	丽兴园	天津	
12	热轧	国产热轧卷	Q235B	11.75*2000*C	本钢	3600	60.000	丽兴园	天津	
13	热轧	国产热轧卷	SS400	1.3*1250	唐钢	3890	89.360	天津07库	天津	
14	热轧	国产热轧卷	SS400	1.4*1250	唐钢	3890	102.360	天津07库	天津	
15	热轧	国产热轧卷	SS400	1.45*1250	唐钢	3790	56.280	天津07库	天津	
16	热轧	国产热轧卷	SS400	1.5*1250	唐钢	3830	89.360	天津07库	天津	
17	热轧	国产热轧卷	SS400	1.6*1250	唐钢	3790	51.240	天津07库	天津	
18	热轧	国产热轧卷	SS400	1.8*1250	唐钢	3690	91.360	天津07库	天津	
19	热轧	国产热轧卷	SS400	2.0*1250	唐钢	3690	125.340	天津07库	天津	
20	热轧	国产热轧卷	SS400	2.4*1250	唐钢	3580	56.280	天津07库	天津	
21	热轧	国产热轧卷	SS400	3.5*1500	唐钢	3460	71.870	天津07库	天津	
22	热轧	国产热轧卷	SS400	7.75*1500	唐钢	3450	65.340	天津07库	天津	
23	热轧	国产热轧卷	SS400	9.75*1500	唐钢	3460	50.630	天津07库	天津	
24	热轧	国产热轧卷	SS400	11.5*1500	唐钢	3470	79.100	天津07库	天津	
25	热轧	国产热轧卷	Q235B	1.4*1250*C	本钢	3850	40.000	丽兴园	天津	
26	热轧	国产热轧卷	Q235B	1.5*1250*C	本钢	3780	20.000	07库	天津	
27	热轧	国产热轧卷	Q235B	2.0*1250*C	本钢	3680	50.000	丽兴园	天津	
28	热轧	国产热轧卷	Q235B	3.0*1500*C	北营	3490	100.000	07库	天津	
29	热轧	国产热轧卷	Q235B	4.75*1500*C	北营	3420	60.000	07库	天津	

当前页数1 / 50 共4902条记录 【首页】【上页】【下页】【尾页】 转到：第1页

关于乐钢 | 法律声明 | 广告服务 | 合作伙伴 | 帮助中心 | 投诉/建议

全国服务热线：10101588 E-mail:info@lgsteel.cn
乐钢网备案号 沪ICP备05050001号

鼎信集团
DECENT

青山钢铁20多年来专事镍铁不锈钢产业，已形成了从镍矿开采、镍铁冶炼到不锈钢冶炼、不锈钢连铸坯生产及不锈钢板材、棒线材加工整个产业链的布局。现在中国企业五百强中列居第244位，2013年不锈钢产量300万吨，销售收入508亿元人民币，综合实力在中国不锈钢行业中稳居榜首。

上海鼎信投资（集团）有限公司系青山钢铁董事局旗下的集团公司之一，注册资金11亿元人民币，2007年以来作为青山钢铁推行国际化经营的主力方阵，鼎信集团已形成了围绕不锈钢行业的从上游原材料开发投资、全球采购、海运物流，到不锈钢制品加工、国际贸易等完整的不锈钢生产供应链，以及与之配套的生产服务体系。

在青山钢铁“走出去”战略的积极践行过程中，2009年，鼎信集团与印尼知名矿企合作，提前布局印尼镍矿的采掘、出口及镍铁冶炼产业：我们拥有中苏拉威西省4.7万公顷的红土镍矿资源（预计1.6%以上镍含量的镍矿储量超过3亿吨）；我们在印尼建设的青山工业园区(2013年习近平主席出访印尼签约项目之一)，是中印两国经贸合作园区的示范园区，规划并拥有用地1300公顷，园区内主要配建1000MW的发电厂，1座6万吨的码头，1座简易机场，及总建筑面积为200,000㎡的生活区，园区建成后镍铁年产量可达200万吨（后期将建设不锈钢连铸坯项目）；青山钢铁位于中国宁德的5万吨码头至印尼青山工业园区码头的航线已经开通，两口岸间物流、清关运行畅通。青山工业园区的建成对促进中国与印尼、中国与东盟之间的经济合作具有重要意义。

青山工业园区内首个进入项目为年产30万吨（含量为11%）镍铁冶炼厂和2×65MW自备电厂，总投资6.36亿美元（国开行、工行分别提供融资3.84亿和0.26亿美元），计划于2015年上半年竣工投产，目前土建已基本完成，安装已完成30%；项目二为年产60万吨镍铁冶炼厂与2×15万千瓦发电厂，总投资10.3亿美元，2014年5月2日已开工；项目三为年产80万吨镍铁、100万吨不锈钢连铸坯及2×35万千瓦发电厂，总投资15.68亿美元，目前在项目申批中，计划于14年底前开工。

作为青山印尼工业园区公司的主要投资人及园区内建设项目所需设备（主要均从中国采购）出口业务的主要承办公司，鼎信集团将为青山钢铁打造百年青山，成为世界知名不锈钢企业的伟大目标作出重大贡献。

Since 1918
Panasonic
松下电器
开启
NEW IDEA!
智感生活
智感生活，节能先锋，
开启智能环保时代
松下节能技术
ECONAVI
节省电力
5.4%
智能感应

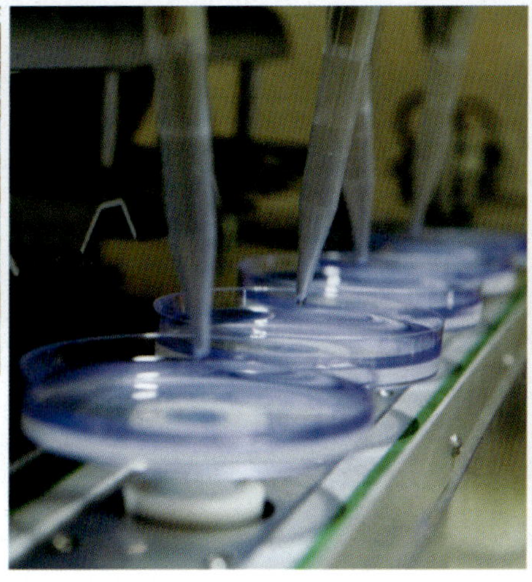
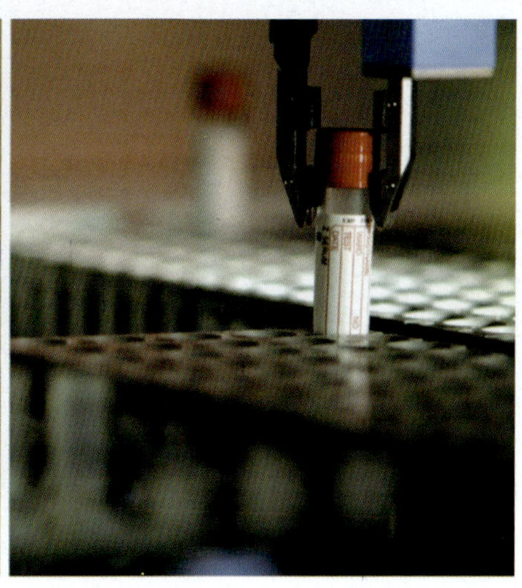

罗氏诊断

罗氏诊断致力于开发和提供从疾病的早期发现、预防到诊断、监测的创新、高性价比、及时和可靠的诊断系统和解决方案，从而帮助医务人员提高患者的治疗效果，改善人们生活质量，并减少社会医疗成本。

罗氏集团的业务涵盖诊断和制药领域，这一结合使我们能够应用先进的疾病知识来开发创新产品、发现和监测疾病，并引导治疗方案的选择。

2000年8月，罗氏诊断产品(上海)有限公司作为外商独资公司在上海外高桥保税区成立，开展中国大陆的业务。

公司自成立以来业务不断增长，规模也不断壮大，是中国体外诊断市场的领导者之一。至今，公司拥有1,500多名员工，分布在全国60多个城市。公司总部位于上海，在北京、广州、沈阳、西安、武汉、成都、南京及杭州均设立了分公司或办事处。

公司产品销售及服务网络遍布全国各地，以其一流的技术产品，配以完善的服务赢得了广泛的市场及良好的信誉。罗氏诊断对中国市场作出坚定的承诺，将以提高检测效率和医学价值为中国的卫生健康事业和人民生活质量的提升作出卓越贡献。

豫园商城

豫园商城，源于150多年前清同治年间的老城隍庙市场，是海派商市的"风水宝地"，是上海老城厢的发源地，其前身豫园商场系中国第一家上市的商业股份有限公司（600655），有"中华商业第一股"之美誉。1992年，上海豫园旅游商城股份有限公司正式挂牌成立。2002年，民营高科技企业复星集团成为豫园商城第一大股东。

如今，豫园商城已发展成为涵盖黄金珠宝、餐饮、商旅文地产、中医药、旅游零售等商业经营为主业以及商业投资、战略投资相结合的中国著名商业类上市公司。历史的积淀与延承赋予豫园商城众多优质的品牌资源，公司以旗下1个中国名牌、3个中国驰名商标、15个上海著名商标及13个中华老字号品牌的优势资源，跻身于中国500最具价值品牌第80位。

2013年，豫园商城营运品质持续提升、品牌影响持续扩大、行业地位持续提高、经济效益持续增长，实现营业收入225.23 亿元人民币，净利润9.81亿元人民币，总股本14.37 亿股。

2013年5月，老庙黄金和亚一金店两大品牌强强组建"上海豫园黄金珠宝集团有限公司"。

截至2013年底，豫园商城外拓网点1800家。其中黄金珠宝业在全国布网总量已达1689家，包含直营连锁店、品牌加盟店、特约经销点等多种经营模式；餐饮业拥有国内门店40余家，海外门店12家；中医药业拥有上海市区连锁药店、品牌专卖柜60余家。

未来五至十年，公司将集中精力、重点发展黄金珠宝业、餐饮业、商旅文地产业和中医药业，加速成为行业的龙头企业或规模企业。与此同时，公司还将积极支持旅游零售商业各企业以及电子商务等企业在细分领域中谋求各自的行业地位，将豫园商圈倾力打造成为"上海第一旅游品牌"，并在此基础上进军"中国一流旅游品牌"行列。

百联集团财务有限责任公司

百联集团财务有限责任公司是经中国银行业监督管理委员会批准，于 2013 年 6 月正式注册成立的国内第一家商贸流通领域的非银行金融机构。公司由百联集团有限公司和上海友谊集团股份有限公司共同出资设立，注册资本为人民币 5 亿元。

作为集团产融结合的新载体，公司将严格遵守国家的法律法规，秉承“立足百联、服务企业、规范经营、共同发展”的经营方针，以合规经营、严控风险为前提，以优质的服务为集团成员企业创造价值为己任，以提升集团资金集中管理水平、提高资金使用效率为目标，致力于成为集团的资金结算中心、融资中心和资金管理的执行中心，助力集团整体战略目标的实现。

经中国银行业监督管理委员会核准，公司经营下列本、外币业务:

（一）对成员单位办理财务和融资顾问、信用鉴证及相关的咨询、代理业务；

（二）协助成员单位实现交易款项的收付；

（三）经批准的保险代理业务；

（四）对成员单位提供担保；

（五）办理成员单位之间的委托贷款；

（六）对成员单位办理票据承兑与贴现；

（七）办理成员单位之间的内部转账结算及相应的结算、清算方案设计；

（八）吸收成员单位的存款；

（九）对成员单位办理贷款及融资租赁；

（十）从事同业拆借。

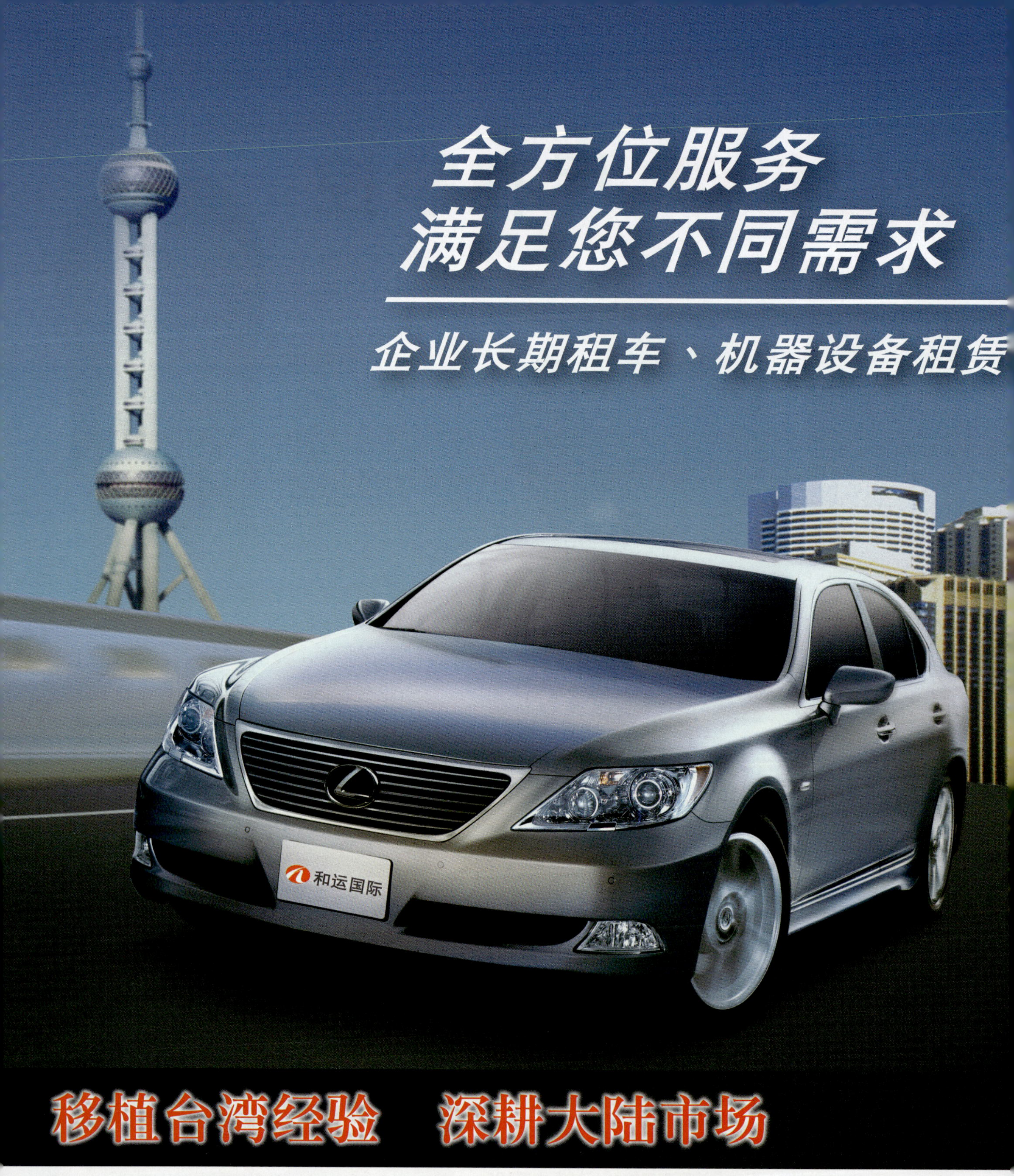

Fastening Products Group
发 斯 宁 产 品 集 团
臻我的舒适保障
NZIP
HE OUTDOORS
YKK®
Little Parts. Big Difference.
小拉链，大学问

建设全市加快经济发展方式转变的示范区
推动城市转型发展的最佳实践区

一、园区简介

顾村工业园区是1994年经宝山区人民政府批准设立的区级工业园区，2006年经上海市人民政府批准整合升级为市级工业园区，列入上海市104产业园区。2012年经上海市经信委批准成立上海机器人产业园。园区总占地面积3.09平方公里，其中建设用地2830亩。2012年园区在全市中小型园区综合考评中位列第6名。

园区地理位置极佳，区位优势突出。东临南北高架、南靠S20外环高速、西邻上海市最大的郊野公园——顾村公园。外环线、郊环线、沪太路主干道和轨道交通1、7号线使园区连接上海主要港口、机场的距离均在半小时内，是离市中心最近的上海市‘104’区块。

目前园区入驻规模企业65家，机器人及配套企业11家。上海发那科机器人有限公司、上海鑫燕隆汽车流水线制造有限公司、上海法维莱交通车辆设备有限公司、上海复旦智能监控成套设备有限公司、上海小贝自动化设备有限公司、德欧机械设备（上海）有限公司等先后落户园区。园区将逐步形成机器人产业、智能装备制造业和高端生产性服务业集群式发展。

二、主要经济指标完成情况

2013年度园区工业销售产值完成101.81亿元，同比增长7.2%。园区总缴税收完成55885.5万元，同比增长13.4%，其中区级税收完成11875.5万元，同比增长11.5%。

三、园区发展方向

围绕上海市“十二五”时期“创新驱动，转型发展”的工作主线，宝山区将“建设全市加快经济发展方式转变的示范区、推动城市转型发展的最佳实践区”，作为“十二五”时期区域发展的总体目标。根据我镇“十二五”规划发展要求，考虑园区发展，立足“调结构、促转型”的思路，培育符合城市功能和要求相适应的产业，园区将形成三大产业集群式发展：

- 机器人产业链为核心的产业，主要包括汽车、电子、钢铁、航空航天等行业为主的机器人和以家庭机器人、医疗机器人等为主的服务机器人研发，关键核心部件制造、机器人应用开发与组装、机器人上下游应用产业、机器人技术培训等。
- 相关智能装备制造业，主要包括高端智能数控机床，智能仪器仪表电子等设备，关键零部件、元器件等。
- 高端生产性服务业，主要包括发展科技体验、展示交易、科研教育、高端论坛等配套产业。

机器人产业是未来成长性最好的行业之一，行业发展前景无可限量，而作为一个新兴产业，机器人产业目前在我国尚处于起步阶段，我们将通过建设上海机器人产业园这一机器人产业的聚集区，积极探索推动传统工业园区向高新技术、先进制造业和高端服务业转型发展，努力构建符合园区实际和可持续发展的现代产业体系，最终实现产业与城市化的融合发展！

美设国际货运有限公司

葛善根先生
上海美设国际货运有限公司
董事长兼总经理

美设国际货运有限公司是一家提供综合性物流服务的行业领先企业。我们为来自所有领域和地区的合作伙伴服务，在整个供应链中，把客户具有价值的机遇和严峻的挑战转变成客户真正的竞争优势。

美设在追求卓越中辛勤耕耘，美设专注于海运，空运，陆路运输，危险品运输与合同物流。在全球我们拥有1,500位杰出的员工和专家，服务到达20,000多个城市，覆盖120多个国家。全年拼箱货量超过100万方。我们精挑细选的1,200多家优质代理伙伴，使我们的服务网络不断延伸，满足并超越客户的需求和期望。在美设，我们的愿景是：在自己专业的领域中不断创新与贡献，为人类创造简单而又多元化的生活。

美设立体式仓库

美设致力于培养货运行业的高素质实用专业人才，每一个美设人都秉承着“服务员工、服务客户、服务社会”的理念。在公司发展的前提下，逐步实现员工福利最大化；凭借专业、敬业、高效的团队，向客户提供迅捷可靠的一站式服务，服务做到‘有求必应、有问必答、日事日毕、热情周到’，促成客户、员工与公司的共同发展与三赢。

美设的每一个领导者必将恪尽职守，无愧领导者称谓，带领团队，携手同仁，并肩奋战，提升“美设”企业品牌，共求企业生存发展，提供员工长期就业和福利保障，提高员工工作满意度和事业成就感，提升企业的员工凝聚力和社会良好声誉，为社会发展尽绵薄之力。

美设的宗旨是“信誉为本、服务取胜、志在必得、市场在我。”美设人坚信“勤奋创造财富、成就体现价值”。

美设必将为推动中国国际运输及物流事业的发展不遗余力，为促进社会经济发展、改善人民生活尽义务，努力将我们所做的事做得更好，为中国国际货运代理事业发展做出积极贡献。

美设年会高层合影

美设分、子机构会议

“银企杯”斯诺克争霸赛

推动发展　服务群众
凝聚人心　促进和谐

杨王村

自我管理　自我教育　自我服务

杨王村位于南上海杭州湾畔，南临东海杭州湾，北临黄浦江，是奉贤南桥新城的城乡结合部，地理优越，交通便捷，正在建设中的轻轨五号线南延伸段设有杨王站。村域面积5.75平方公里，经济园区用地面积2.38平方公里，全村总户数1206户，共有8个村民联组，总人口3555人，外来人口在册4500人，流动人口约10000人左右。2010年6月经区委、镇党委批准建立了杨王村党委，成了市内第二家、区内首家村级党委。现已下设52个党支部，共有党员389名。2013年新成立了全市第一家村级纪委。

近年来，杨王村党委紧紧围绕建设社会主义新农村的主题，以党建促进新农村建设，积极发挥领头羊示范引领作用。坚持政治、经济、社会、文化、生态"五位一体"整体推进。2008年被区列为区新农村建设试点村和新农村建设领头羊村，先后被评为全国文明村、全国生态村、全国民主法治示范村、中国幸福村、全国十佳小康村、中国特色村、中国美丽村庄、中国村庄名片、中国特色农庄、全国计生示范村、市先进基层党组织、市生态村、市五好村党组织、市"我最喜爱的乡村"等荣誉称号。

杨王村始终把民主政治建设放在重要的位置上，把扩大民主，发挥村委会的"自我管理、自我教育、自我服务"作用当作密切党群、干群关系的重要内容来抓。从2007年4月起在全区率先实行党务、村务、财务"三务"公开工作制度，组织"三务"公开监督小组全面参与群众来信来访和干部的考核评定等工作，村的"三重一大"事项都提交村"三务"监督小组审议，并建立公示制度。积极推进市民化网格服务管理体系，组建村民巡访团、村民议事中心等群众自治队伍，进一步推进了村党组织在"推动发展、服务群众、凝聚人心、促进和谐"方面取得新成效。

坚持经济强村，发展现代农业和现代服务业，走多业并举发展之路。到2013年底，实业型企业200多家，已形成新能源、现代物流、生物医药等多个支柱产业，品种达到1万多个，产品畅销国内外市场。工业园区产业结构不断优化，能级水平不断提升，杨王工业园区被上级定位为区管镇级园区和上海市104个产业园区之一。同时，不占用土地的注册型企业纷纷注册，到2013年，共引进注册型企业有1200多户。同时，改善和优化企业服务，出台了16项菜单式、保姆式服务项目，组建了杨王主任咨询会，坚持民主管理园区，村两委把对园区企业的服务当作"招得进、留得住、发展好"的软环境建设的一个重要内容。

杨王村投资建成了占地面积约3600平方米的足球场、篮球场、网球场、台球室、健身房、农家书屋和百姓大舞台等一批文体设施，为满足村民求知、求乐和健身的需求创造了良好的硬件条件。村里还成立了骑游队、文艺队、足球队等10支文体团队，丰富了村民的业余文化生活。同时，还成立了文体团队党支部，进一步加强文体团队建设。百姓大舞台做到了大型活动月月有，小型活动周周有，自娱自乐天天有，使村民的精神生活得到了满足。通过《新杨王》导刊、网格课堂、村民学校等宣传方式，结合村实际，进行社会主义核心价值观、爱国主义教育等。通过开展多种教育培训，带动更多的村民发展成为有文化、懂技术、会经营的新型农民。

为进一步践行社会主义核心价值观，树新风、树正气，积极推进社会主义新农村乡风文明建设，"以家风影响村风、以村风带动民风"的工作思路，2006年杨王村开展了新农村建设"三字经"和村训、家训的征集活动，全村村民踊跃写家训，字斟句琢，在实践中思考，思考中凝练，凝练中提升。2013年开展了第二轮村民家庭写家训征集评选活动，得到全村村民的积极参与。杨王村新人新事不断涌现，呈现出了凝心聚力谋发展，齐心协力奔小康的好局面。

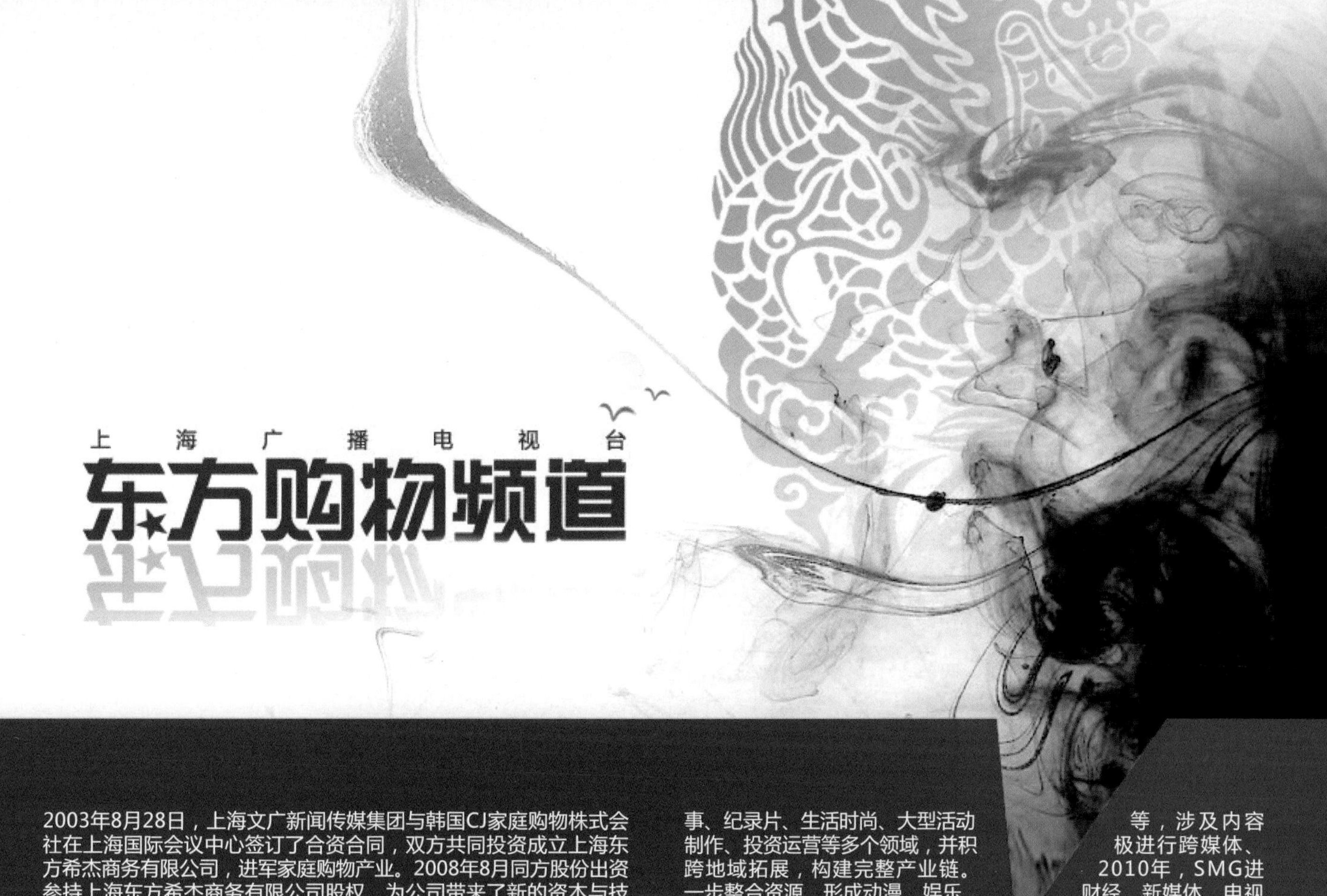

2003年8月28日，上海文广新闻传媒集团与韩国CJ家庭购物株式会社在上海国际会议中心签订了合资合同，双方共同投资成立上海东方希杰商务有限公司，进军家庭购物产业。2008年8月同方股份出资参持上海东方希杰商务有限公司股权，为公司带来了新的资本与技术的力量。

公司通过电视、网络、会刊、IPTV、WAP等事业领域，共享接单与物流基础设施，开展家庭购物业务，为上海、华东乃至全国广大消费者提供各种在线商品信息，使消费者足不出户就可以获取详细的商品信息，并且可以通过电话等多种方式订购商品。此举标志着中国第一家真正意义上的家庭购物公司正式诞生。

东方CJ家庭购物节目已于2004年4月1日起，正式在上海电视台东方购物频道播出。面向上海等地区3000万个可视听家庭，传达全新的购物理念。开播至今，公司一直坚持以其高素质的管理、严格的商品采购、质量认证体系奠定优质产品的基础，及时完善的配送、售后服务赢得顾客的信赖，更以其主持人机智活跃、亲和力强的主持风格以及丰富详尽的现代产品信息获得消费者认同。

2009年11月，公司与南京广播电视集团（NJBC）联合出资，在江苏南京成立江苏东方电视购物有限公司，仍然通过电视、网络、目录、IPTV、WAP等业务形式，面向南京消费者开展家庭购物业务。每天23小时精彩购物节目为南京地区消费者带来真正的专业家庭购物体验。

上海东方希杰商务有限公司致力于信赖构筑的企业经营理念，持续完善、提供差别化的服务，秉承健康、快乐、便利的服务宗旨，以顾客的热心支持为后盾，不断完善服务流程，并在物流配送、顾客咨询订购以及结算等各项领域更上一层楼。展望未来，上海东方希杰商务有限公司的成长必将促进国内家庭购物消费模式的普及和发展，同时带动制造业、物流业、呼叫中心业以及银行支付业务的同步发展，为上海及华东地区的经济发展创造一片新天地。

上海广播电视台，前身是上海文广新闻传媒集团（Shanghai Media Group，简称SMG）。2009年8月，根据中央关于文化体制改革的部署和要求，国家广电总局正式批复同意“上海文广新闻传媒集团体制改革方案”，上海文广新闻传媒集团更名为上海广播电视台，成为全国首家获得批准实施制播分离改革的省级媒体。同时，上海广播电视台出资成立台属、台控、台管的集团公司——上海东方传媒集团有限公司（Shanghai Media Group，简称SMG）。2009年10月21日，上海广播电视台、上海东方传媒集团有限公司正式揭牌，拥有资产过百亿元，员工8000多人。

上海广播电视台保持事业性质不变，主要肩负广播电视新闻宣传、频道频率管控、技术平台播出运营等职责。上海广播电视台拥有11套广播频率、15个模拟电视频道、16个数字电视频道、8种报纸杂志，以及IPTV、网络电视、手机电视等新媒体平台。

上海东方传媒集团有限公司（SMG）是一家以传媒产业为核心业务、在工商部门登记注册的企业法人。下属子公司业务板块涵盖少儿动漫、综艺娱乐、影视剧、财经、新媒体、电视购物、体育赛事、纪录片、生活时尚、大型活动等，涉及内容制作、投资运营等多个领域，并积极进行跨媒体、跨地域拓展，构建完整产业链。2010年，SMG进一步整合资源，形成动漫、娱乐、财经、新媒体、电视购物五大成熟业务板块，并积极推动融资上市。

2011年1月11日，百视通新媒体公司成功借壳上市，成为SMG旗下首家上市公司，开创了主流新媒体企业上市的先河，为业界提供了国有媒体登陆资本市场的新思路和新模式。

面向未来，立足上海，放眼全球，展示上海城市魅力，传播中国海派文化，SMG将被打造成为具有世界影响的传媒产业集团。

CJ O Shopping为韩国首屈一指的家庭购物上市公司，2007年公司总销售额达到20亿美金。

CJ家庭购物公司自1995年在韩国首次播放家庭购物节目以来，一直以合理的价格、迅速的配送，引领时尚购物理念。目前公司拥有雄厚的家庭购物基础设施，包括每天24小时播出电视购物节目的专有频道，专业的网上购物中心，月发行量达200万册的导购刊物，千余个坐席的呼叫中心以及配送中心。公司本着健康、快乐、便利的宗旨，以真挚的服务为用户提供家庭购物服务，使得消费者在免除出外逛街之苦、享受居家天伦之乐的同时同样能够享受购物的乐趣，在韩国广大消费者心目中赢得了很高的盛誉。

同方股份有限公司为上海证券交易所上市企业。在多年发展历程中，密切依托清华大学世界一流技术平台，紧紧围绕“技术+资本”、“合作+发展”、“品牌化+国际化”的公司战略，立足于信息、能源环境两大产业，形成了应用信息系统、计算机系统、数字电视系统和能源环境四大本部的组织架构。投资东方CJ将有力提升公司数字电视产业资源及增值服务业务的经营实力，进一步夯实在数字电视领域从系统设备、网络服务到内容资源及增值服务的完整产业链。

东方CJ的标志‘绽放的(Blossoming)东方CJ’是东方CJ的脸面。公司标志犹如春天盛开的花朵，表示向世界市场和顾客绽放的东方CJ的形象，因此，我们将它命名为‘绽放的(Blossoming)东方CJ。公司标志是由‘东方CJ’四个文字和三种不同颜色的图案组成。首先，右边的东方CJ字体与我们常用的其他企业选用字体不同，将固有语言所蕴含的文化底蕴与企业的展望相结合体现出轻快的感觉。这些象征着公司不以权威性与保守性态度，而是以柔和、精致的态度为顾客提供舒适、便利的服务。

位于标志右边的三种颜色组成的图象非常具有韵律。犹如盛开的新叶、也犹如飞行着的生命体。通过这种图象组合展现东方CJ是贴近自然、爱护自然的自然亲和性企业，同时也表现出东方CJ是非常积极地引领工作，永远以崭新的、亲切的态度体贴顾客的企业。

东方CJ红、东方CJ黄、东方CJ蓝这三种颜色象征着东方CJ为顾客的生活播种健康、快乐、便利的三种价值观。‘绽放的(Blossoming)东方CJ’表示东方CJ为顾客传达健康、快乐、便利这三种价值的同时也内含积极进取的东方CJ的形象。

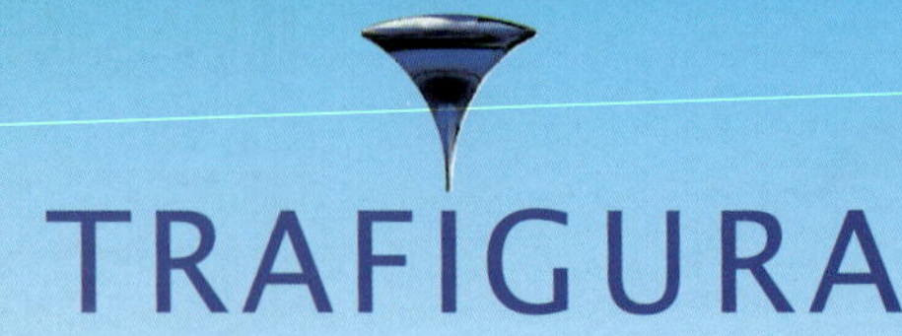

托克投资是目前中国最大的独立大宗商品贸易公司之一。托克投资(中国)有限公司注册成立于2005年12月，注册资金1亿美元，是Trafigura Beheer B.V.托克公司(TBBV)旗下的全资子公司。

托克投资(中国)有限公司

作为一家以现货贸易为主的公司，托克致力于大宗商品的采购和销售。经营的产品包括如下：

- **有色金属矿**
  铜精矿、粗铜、锌精矿、铅精矿、氧化铝、镍精矿、钴矿、钴中间品和锡矿
- **有色精炼金属**
  电解铜、电解镍、铝锭、锌锭、铅锭、白银和锡锭
- **废金属**
  废紫铜、废黄铜、废五金、废铝和废电机
- **石油产品**
  原油、燃料油、汽油、石脑油、凝析油和沥青
- **煤炭**
  焦炭、焦煤和动力煤
- **黑色金属**
  铁矿、铬矿、镍矿、锰矿、镍铁、铬铁、废钢和铁合金。

托克还提供物流运输，仓储，贸易结构融资和其它风险管理措施，为客户和供应商提供优良的服务和支持。各大中资银行和外资银行驻华机构为托克投资设立高额的贸易融资额度及流动资金贷款额度。到目前为止，托克投资有总计超过110亿元的融资额度。托克对与现货业务有关的价格风险均采取了套期保值措施，包括商品价格和货币汇率的保值等。

为了满足我们的客户需求并有效地覆盖中国市场，托克一共建立了7个办事处，分别位于上海、北京、广州、昆明、上海洋山、宁波。

相比任何其他资源经理人，托克更有优势来利用市场机遇。托克产品的多样性可以很好地减少市场波动带来的影响。同时，借助全球布局的广度和深度，托克可以在那些受供求关系和精炼产能推动的主流商品市场上均衡发展。

Bringing greater convenience and comfort to people's lives.
Communication/E-mail
Photos/Videos
Music
Internet
Car navigation system
Games/SNS
Making your life safe.
Weight inspection
Weighing
Remote monitoring
Medical equipment
Anritsu Provides Solutions for a Safe and Secure Society
Supporting infrastructures for everyday life.
Optical fiber
Communication networks
Data centers

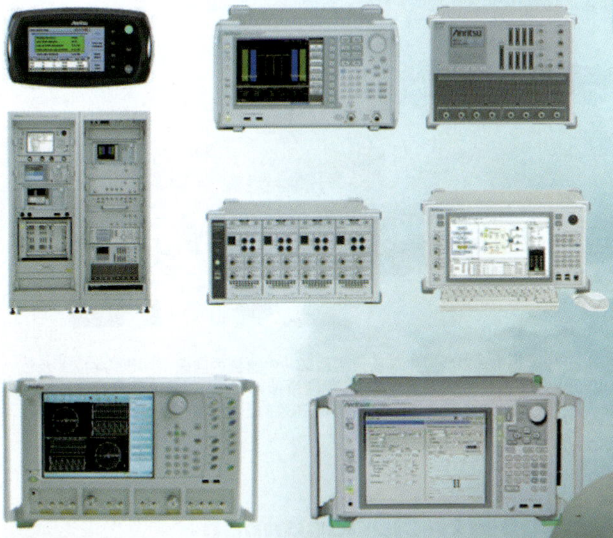

Automobile Service

上海银星汽车维修有限公司

公司质量方针：质量是企业的核心，安全是企业的生命。

公司质量目标：车辆修理出厂合格率达到100%，客户满意度达到95%以上。

董事长兼总经理：邹元放

银星公司办公大楼

银星公司停车场

上海市奉贤区南桥镇南亭公路1301号

电话：021-57425001、37520818

公司前称上海浦江汽车运输有限公司汽车修理厂，始建于1996年7月，于2006年1月更名为上海银星汽车维修有限公司。位于奉贤区区府所在地南桥镇南亭公路1301号，处于沪杭公路、南亭公路、亭大高速公路出入口交汇处，地理位置十分优越。公司是奉贤区唯一具有一类资质的汽车修理企业，是一个有相当实力和规模的专业汽车修理企业。公司以汽车修理（含大小客车、大小货车及危险品车辆）为主体，另设有停车场、车友俱乐部经营业务。

公司始终追求开拓市场，扩大发展，实施一流管理的汽车修理业务，创建一流企业的经营宗旨，切实搞好车辆的修理。公司是上海市奉贤区危险品车辆定点维修单位；是宇通客车、金龙客车、玉柴发动机的特约维修单位；又是中保公司奉贤支公司、中华联合奉贤支公司、太平洋奉贤支公司、都邦保险奉贤支公司事故定损、理赔、维修一条龙服务单位。

公司拥有一个懂管理，善经营，勇于开拓市场的高素质领导班子，拥有一批有事业心和责任感强的管理人员，更拥有一支敬业爱岗、服务优质、业务熟练的员工队伍。公司在车辆修理中狠抓服务质量和安全管理，以优质、高效、规范服务于社会。历年来公司被行业管理部门均评为汽车修理先进单位。几年来，公司投入大量的人力、财力、物力发展汽车修理服务事业。公司的固定资产投资达2000万元以上。占地面积50余亩，建筑面积达4800余平方米，绿化面积占厂区的30%，使公司真正成为终年常青、四季花香的花园式厂区。

公司现有牵引车一辆，四轮定位仪一台，举升机十二台，大客车喷漆房，四合一检测仪，并拥有钣金台、水磨台、烘漆房、镗缸机等设施。其设备总资产高达500万元以上，年收入高达1000万元。公司现拥有高级经济师、高级政工师、工程师、助理工程师、会计师、助理会计师等技术人员12人，并拥有机修、钣金、油漆、电工等高级工11人，中级工14人。公司内部管理严格，职责岗位明确，操作规范有序。公司于2009年5月通过ISO9001-2008质量管理体系新版本的确认工作；汽车修理2010-2012年被上海市交通运输和港口管理局诚信考核中评为3A企业；停车场管理2011-2012年被上海市交通运输和港口管理局诚信考核中评为3A企业。

公司与上海奉贤联运有限公司、上海奉贤交通液化气有限公司、上海浦江汽车运输有限公司、上海远方气瓶检验有限公司、上海凤舞汽车运输有限公司、上海远方旅行社有限公司之间相互依托、互相支持，形成具有一定实力的经济联合体，为振兴奉贤经济发展创建和谐社会而努力奋斗。

公司坚持以科学发展观适应市场竞争，以此适应车辆修理业务的发展。按照现代化企业制度框架建立新型的企业模式。加强内部管理，致力于管理科学化、服务规范化，不断发展创新。公司质量方针：质量是企业的核心，安全是企业的生命。公司质量目标：车辆修理出厂合格率达到100%，客户满意度达到95%以上。公司紧紧依靠全体员工共同努力，开拓创新，把企业做优、做强、做大，以安全优质，温馨服务打造“银星”品牌，为创建和谐社会作出应有的贡献。

银星公司修理厂

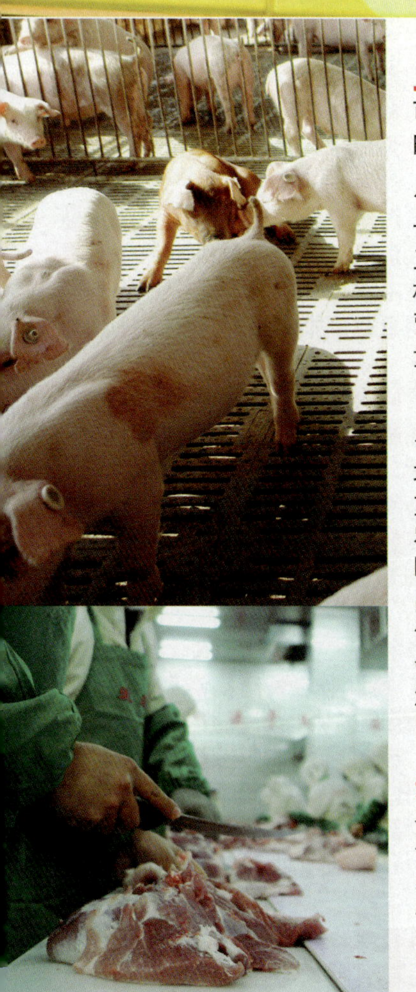

上海爱森肉食品有限公司是在市场的需求、市民的呼唤和政府的关注下，于2001年9月创建的，主要产品为“爱森”牌冷却猪肉和种猪。

公司首开先河，在上海市率先按照种、养、加、销一体化组织生产，从种猪繁育、生猪饲养、屠宰加工、储运销售入手，经过10年的探索、完善，形成标准化生产、全程化控制、信息化追溯、产业化经营的商业模式，成功构筑起安全猪肉生产经营和质量监管体系，以较为成熟的商业模式确保最终产品——“爱森”冷却猪肉的安全、卫生、优质、美味。

公司为农业部全国百家农垦无公害农产品示范基地、全国农产品加工示范企业、农业产业化上海市重点龙头企业。“爱森”牌猪肉通过农业部无公害农产品认证、家乐福全球质量体系认证、通过ISO9001和ISO22000体系认证，获得中国名牌农产品、上海市著名商标、上海市名牌产品及上海市名优食品等称号。“爱森”冷却肉是2008年北京奥运会上海赛区和2010年上海世博会指定猪肉产品，并承担了2011年7月在上海举办的世界游泳锦标赛猪肉食品供应的任务。

运作模式

在运作中体现“六个统一、六大保证体系”：统一供种，优良的种猪品质体系；统一供料，科学的饲养配方体系；统一饲养，标准的生猪饲养体系；统一防疫，严格的卫生防疫体系；统一屠宰，安全的产品加工体系；统一销售，广阔的市场营销体系。

SUPREMŸA EYES

黑夜重生 白昼睛艳

法国希思黎 致臻夜间修护眼部精华露

New. 继致臻夜间修护精华露创新上市，法国希思黎以划时代抗老科技再创高峰，全新推出针对眼周肌肤困扰的尖端抗老钜作。运用独家【LC12 卓效植物活性复合配方】，在夜间黄金时刻修护岁月痕迹，延缓老化进程。清晨醒来，眼眸重新绽放年轻光采。夜复一夜，细纹淡化，眼圈明亮，眼周平滑，眼睑逐渐紧致，无惧时光留痕。

国妆备进字 J20133827 国妆备进字 J201310015

SUPREMŸA
LA NUIT
Le Grand Soin
Anti-Age
AT NIGHT
The Supreme
Anti-Aging Skin Care
sisley
PARIS

SUPREMŸA
YEUX
LA NUIT
Le Grand Soin
Anti-Age
AT NIGHT
The Supreme
Anti-Aging Eye Serum
sisley
PARIS

致臻夜间修护
精华露

致臻夜间修护
眼部精华露

sisley
PARIS

敬请关注法国希思黎官方微信，扫描二维码，了解更多信息。
精彩网上购物：www.sisley.com.cn
法国希思黎至臻坊社区：www.sisley-beauty.com.cn

FIRMENICH AROMATICS

芬美意香料(中国)有限公司

芬美意集团成立于1895年，总部设在瑞士日内瓦，是一家具有100多年历史的国际化的家族企业，亦是全球最大的从事香精原料研究和生产的公司，业务遍布全球64个国家，2013公司财年销售额达28.9亿瑞士法郎。芬美意以高质量、创造和革新为生产经营之本，集团每年投入大量资金（每年10%的销售额）用于研究和开发，至今，芬美意集团已荣获了包括诺贝尔化学奖在内的35个世界级科研奖项及上百项专利产品。

芬美意集团于1994年进入中国，在上海设立办事处，1995年与昆明香料厂合资成立昆明芬美意香料有限公司，投资总额2738万美元。2001年11月19日芬美意集团在上海市莘庄工业区投资成立芬美意香料（中国）有限公司，2004年初正式投产运行，主要从事合成香精香料及单体原料的生产、加工、研究、开发以及售后服务和技术支持，客户大多为日用家居个人护理和食品行业的生产厂家，遍布大中国地区。芬美意香料（中国）有限公司在广州和北京均设有销售办事处。

2006年6月，芬美意香料亚太研发中心在莘庄工业区成立。 2012年，芬美意高科技研发新大楼在中国上海正式启用，旨在于亚太区进一步巩固行业创新领导地位，力争成为该地区客户的首选合作伙伴。

芬美意香料(中国)有限公司

Firmenich Aromatics (China) Co., Ltd.

上海交大电梯与控制设备有限公司

上海交大电梯与控制设备有限公司，是在上海市原主管局为破除垄断前提下推荐，于1989年开始由上海交通大学院、系联合，承接上海华亭集团各宾馆进口电梯的维修保养，并于1993年4月经上海交通大学同意控股成立的合资企业。上海市核发质资编号为沪011号。

公司与交大合作完成了上海市职业培训指导中心电子电工及电梯技师考核鉴定的系统集成。1994年公司研发的电梯控制系统获得了上海市优秀发明选拔赛三等奖；2003年率先在维保行业内开展了质量体系认证工作，2004年在国家对电梯行业进行许可认定中，被认定为电梯维保A级、电梯改造B级质资，同时还认定许可停车设备维保B级资质。

20多年来，公司圆满完成了上海承办的东亚运动会、APCE会议、上海合作组织会议、奥运项目、世博会等重大会议活动中相关电梯运行的保障工作，被华亭宾馆称赞为“诚意服务、电梯博士”。是主管部门和行业里的放心单位。

公司致力于全面质量管理，注重全员综合素质的提高，以诚信和优质的技术，服务于社会。公司对各类（B、C级）电梯的改造，其配置合理，节能效果明显。公司自2011年起，连续3年在上海市主管部门的检查考核中名列前茅。

公司的宗旨是“以诚取信、服务社会”。

以诚取信、服务社会

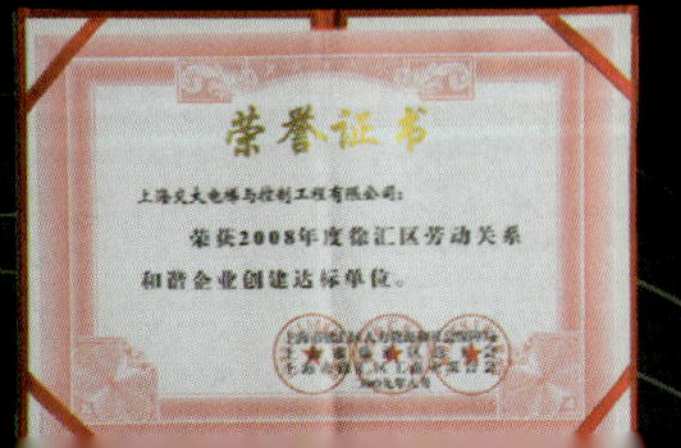

创新发 展思维

聚合 世界的思想

大空间 大发展

上海嘉定出口加工区 Shanghai Jiading Export Processing Zone

拓宽 发展平台

投资环境

嘉定出口加工区处于江浙沪交通枢纽、长三角经济圈的中心地带。园区北邻江苏太仓，西接江苏昆山，东临长江口，离石洞口码头、张华浜、宝钢码头以及铁路华东最大枢纽南翔站都在30分钟车程以内，距虹桥国际机场25公里。周边路网发达，临近嘉金高速、郊环高速和204国道、宝钱公路、浏翔公路等主干道。上海11号轨道交通嘉定北站直达上海市区静安寺，并可到达浦东洋山深水港区。交通十分方便、区位优势明显。

发展状况

嘉定出口加工区以汽车零部件和电子信息等产业为主导发展方向，利用出口加工区功能拓展政策，大力发展保税物流、仓储、检测、维修等现代服务产业。为配合拓展功能和招商引资的需要，新建完成了一期23000平方米的标准厂房，随着物流企业的入驻，为周边数百家企业提供保税物流和物流仓储等服务。在功能拓展升级方面，推进电商跨境业务试点园区的申报工作，积极为开展电商跨境等业务做准备。

经济发展

2013年，出口加工区累计进出区货值为14.83亿美元，同比增长6.78%。海关共征收税款35183万元；上海出入境检验检疫局嘉定出口加工区办事处为区内外企业提供进出口检验放行13540批次，货值4.3亿美元。

2013年，上海嘉定出口加工区发展有限公司与上海泰士星日用制品有限公司签署了相关合约，预计在2014年开工建设。已入驻出口加工区的六家物流企业，为周边数百家企业提供便捷的保税物流业务，全年保税物流业务进出区货值总额达到10.14亿美元，同比增长14.5%。同时，仓储业务也不断发展，区内场地已不能满足仓储需求，新规划的保税仓库项目已经立项，择机开工建设。

上海嘉定出口加工区

地址：上海市嘉定区宝钱公路4500号

邮编：201815

电话：39568003　39568000

网站：www.jdepz.com

MHD

酩悦轩尼诗帝亚吉欧洋酒（上海）有限公司由国际顶级尊华品路威酩轩集团（LVMH）与全球闻名的烈酒集团帝亚吉欧集团（DIAGEO）强强联手，合资组成，主要从事国际顶级尊华葡萄酒和烈酒在中国的市场发展和销售，销售的很多品牌都有着百年或者数百年的历史，涵盖了目前国内市场最畅销的的洋酒品牌，如轩尼诗干邑系列、酩悦香槟、尊尼获加威士忌系列等产品。

MHD中国公司总部设在上海，在中国多个城市拥有办事处和强大的销售队伍，并在全国几乎所有的大中城市设立了强大的分销网络。我们的产品终端客户包括高级餐厅、酒吧、夜总会、国际五星级酒店、连锁店以及大型商场。

多年来，我们在干邑和香槟领域占据了中国市场的绝对领先地位，威士忌和葡萄酒在保持市场领先地位的同时，其市场份额也在逐年攀升。在很多重要场合和活动中，都可以看到我们产品尊华的身影。MHD中国公司致力于提供最高水平的尊华产品和服务，并带给消费者最高尊华的享受，深受消费者喜爱和认可。我们的产品对新的挑战充满热忱和激情，在品牌的创新上更具有世界瞩目的能力。充满激情，不断突破，MHD中国公司为消费者带来极致的品牌享受和体验。

NU SKIN 如新 30有诚 用心创造微笑

如新善的力量基金会
如新受饥儿滋养计划
NU SKIN 如新中华儿童心脏病基金
NU SKIN 如新5·12小额信贷基金

NU SKIN 如新集团是全球性个人保养品和营养补充品产业的领先企业、抗衰老专家。1984 年创立于美国犹他州普罗沃市。1996 年在纽约证券交易所上市。创立 30 年来，业务已遍及全球 53 个市场。2003 年，NU SKIN 如新正式进入中国，总部设在上海。2014 年 4 月 NU SKIN 大中华创新总部园区正式落成，总投资额近 5 亿元，是 NU SKIN 如新发展史上最大的海外投资专案。

NU SKIN 如新整合了先进的科技设备和阵容强大的科研团队，致力于打造世界级抗衰老创新科研中心，持续为市场研发出优质、创新的抗衰老产品。NU SKIN 如新中国依托集团优秀的科研实力，坚持 "6S 品质措施"，以制药的方法及设备对产品研发、生产和品质进行严格控制。

NU SKIN 如新积极投身公益事业，于 1996 年成立了 NU SKIN "善的力量基金会"，持续创新并卓有成效地展开社会公益活动，赋予需要帮助的人提高生活品质的力量。截至 2014 年 3 月底，"受饥儿滋养计划" 全球累计捐赠蜜儿餐已超过 3 亿 6 千万份；"NU SKIN 如新中华儿童心脏病基金" 已在华救治超过 2,400 名先心病患儿；"NU SKIN 如新 5•12 小额信贷基金" 帮助农户灾后重建家园。

NU SKIN 如新积极履行社会责任，遵守当地法律法规，助力行业健康发展。保护消费者权益，保护环境，为所在国家和地区的经济发展做出了积极贡献。

JINSHAN INDUSTRIAL ZONE 上海·金山

上海金山工業區

金山工业区成立于2003年9月，是上海市政府重点支持发展的市级工业区之一。园区规划面积58平方公里，由新加坡裕廊顾问私人有限公司总体规划设计。凭借着环境优美、配套齐全、产业集群，园区正成为杭州湾北岸先进制造业基地。

Jinshan Industrial Park was established in September 2003, which is one of the municipal industrial zones developed under the key support of Shanghai Municipal Government. The planning area of the Park is 58 square kilometers that planned and designed by Singapore Jurong Consultants Pte Ltd. By virtue of the beautiful environment, complete supporting facilities and industrial clusters, the Park is becoming an advanced manufacturing base on the north shore of Hangzhou Bay.

主导产业 Pillar Industries

- 生物医药产业 Biomedical Industry
- 新材料产业 New Materials Industry
- 光电产业 Optoelectronics Industry
- 先进装备产业 Advanced Equipment Industry
- 食品加工产业 Food Processing Industry
- 绿色印刷产业 Green Printing Industry

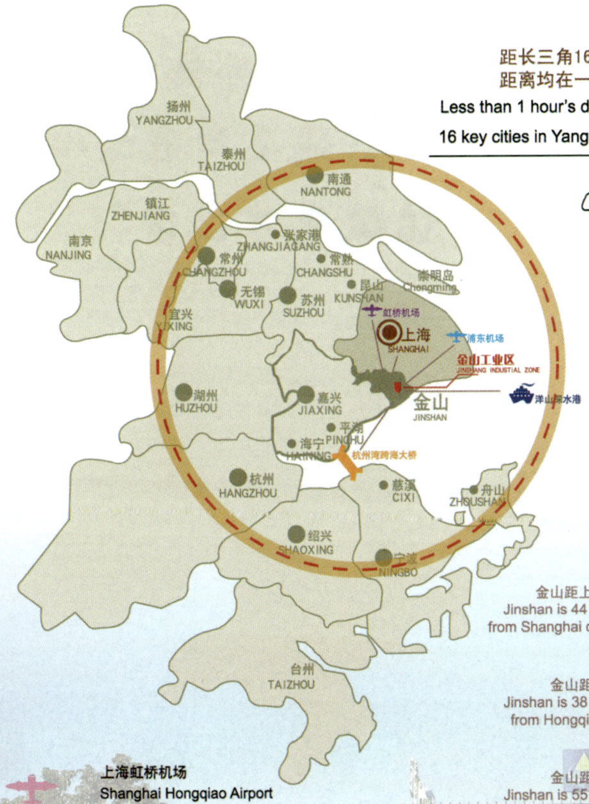

距长三角16个重要城市的距离均在一小时车程左右

Less than 1 hour's drive away from 16 key cities in Yangtze River Delta

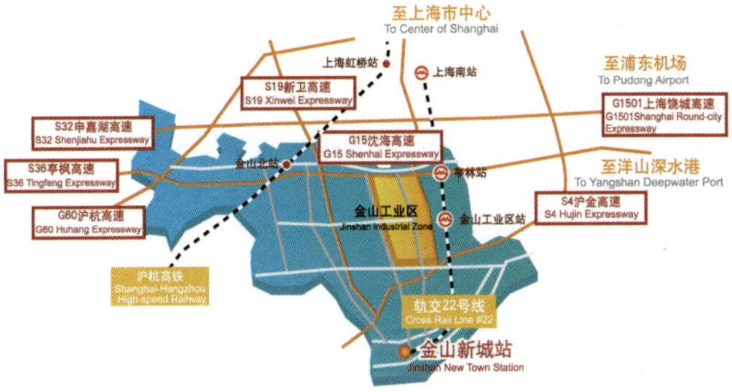

- 上海虹桥机场 Shanghai Hongqiao Airport
- 浦东国际机场 Pudong International Airport
- 洋山深水港 Yangshan Deep-Water Port
- 杭州湾跨海大桥 Hangzhou Bay Bridge

金山距上海市中心 Jinshan is 44 KM away from Shanghai downtown	44km
金山距虹桥机场 Jinshan is 38 KM away from Hongqiao Airport	38km
金山距浦东机场 Jinshan is 55 KM away from Pudong Airport	55km
金山距洋山深水港 Jinshan is 60 KM away from Yangshan deepwater port	60km
金山距杭州跨海大桥 Jinshan is 33 KM away from Hangzhou Bay Cross-sea Bridge	33km

- 上海金山日本企业产业园 Shanghai Jinshan Industrial Park, Japanese companies
- 国家绿色创意印刷示范园区 Notional Green Creative Printing Demonstration Zone
- 上海国家生物产业基地 Shanghai National Biological Industrial Base
- 国家科技兴贸创新基地（生物医药） National Revitalizing Trade through Science & Technology Innovation Base
- 上海市高新技术产业化新材料产业基地 Shanghai New High-tech Commerrcialization New Materrial Industy Base
- 上海品牌建设优秀园区 Excellent Shanghai Brand Building Park
- 上海市企业服务优秀园区 Excellent Shanghai Enterprise Service Park

http://jsgyq.jinshan.gov.cn

地址：上海市金山工业区大道100号　电话：86-21-57276999　传真：86-21-57275473　邮编：201506

Add:No.100.Jinshan Industrial Zone Avenue,Shanghai P.C.201506 Tel:86-21-57276888 57276999 Fax:86-21-57275473

统一企业于1967年在台湾台南成立，由最初的食品制造本业开始，生产及销售面粉、油脂及方便面等产品，一路发展至今，包括四个次集团：制造次集团，流通次集团，投资次集团，贸易次集团，涵盖如贸易、证券、休闲、零售百货等包括了多项民生相关的消费品及服务产业，已成为一个多元化、国际化经营的综合生活产业集团。事业版图已扩充至祖国大陆、越南、印度尼西亚、菲律宾以及泰国等地。

1992年开始，统一企业集团在祖国大陆投资兴业。1998年，统一企业（中国）投资有限公司在上海成立，统筹管理在大陆各投资企业的资源与运营，主要生产和销售方便面、饮料、矿泉水、乳品等产品。从“统一100，满意100”，“统一鲜橙多，多C多漂亮”，“统一冰红茶，年轻无极限”，到“一口顺滑，遇见所有好心情”，以及“这酸爽才正宗”，大陆统一企业创立了统一冰红茶，统一绿茶，统一鲜橙多，统一100，及来一桶，阿萨姆奶茶，老坛酸菜等许多饮料和方便面知名品牌，时刻给消费者带来新的美味体验。“统一牌”果汁饮料还获得了中国名牌称号。

“统一100，满意100”

“统一鲜橙多，多C多漂亮”

“统一冰红茶，年轻无极限”

“一口顺滑，遇见所有好心情”

“这酸爽才正宗”

保障食品安全是企业的生存之本，更是企业肩负的社会责任。不论是原物料还是产品，大陆统一企业持续推动食品安全的有效管理，并成立了通过中国合格评定国家认可委员会(CNAS)认可的食品安全检测中心。公司内部一直坚持定期对所有原材料进行严格质检，并不断加强对产业链上下游的控制，确保产品质量安全。

统一企业在经营事业的同时，也善尽社会公民的责任，参与祖国大陆的社会公益活动。2008年第二十九届奥林匹克运动会在北京隆重举行，统一企业积极参与奥运，成为奥运有史以来唯一的方便面赞助商。我们捐助奥运希望工程、希望小学等，同时也积极捐赠救助汶川地震、青海玉树地震、甘肃舟曲泥石流、雅安地震、定西地震等。

统一企业一直秉持公司"三好一公道"的经营理念，致力于提供品质安全，以及深受消费者喜爱的产品。统一企业，以成为全球最大的食品公司之一作为21世纪的战略目标，掌握时代脉搏，全心尽力演奏出一首永为大家喜爱的食品交响乐，传播健康与快乐，与消费者携手共创更美好的生活。

WELCOME TO **DAXIANG CHEMICAL**

专业印染助剂制作商　上海大祥化学工业有限公司

上海大祥化学工业有限公司是日本染化株式会社旗下的全资子公司，是在中国专业生产销售纺织，印染助剂的企业。所有生产工艺技术和质量保证体系均为日本染化株式会社提供，并派员长期驻厂监制和品管，产品质量达世界先进水平。公司通过ISO 9001：2008质量认证体系，更进一步完善和保证了质量体质。

2013年5月起，为了强化公司技术力量，深化品质管理，优化公司生产力，提高公司综合竞争力，日本染化株式会社董事会任命了新的领导班子：林健史为董事长，大迫强为董事总经理，以及三位副总经理。他们从事染整工作20余年，熟悉染整工艺及技术应用。能够及时有效地应对客户提出的各项要求，解决各种问题。确保公司产品的质量稳定。

公司设立以来，一直致力于为客户提供高品质的助剂产品和提供优良服务为宗旨。以为客户节约成本，提高产品竞争力为目标。发挥日本企业之专长，不求做全做大只求做精做细。

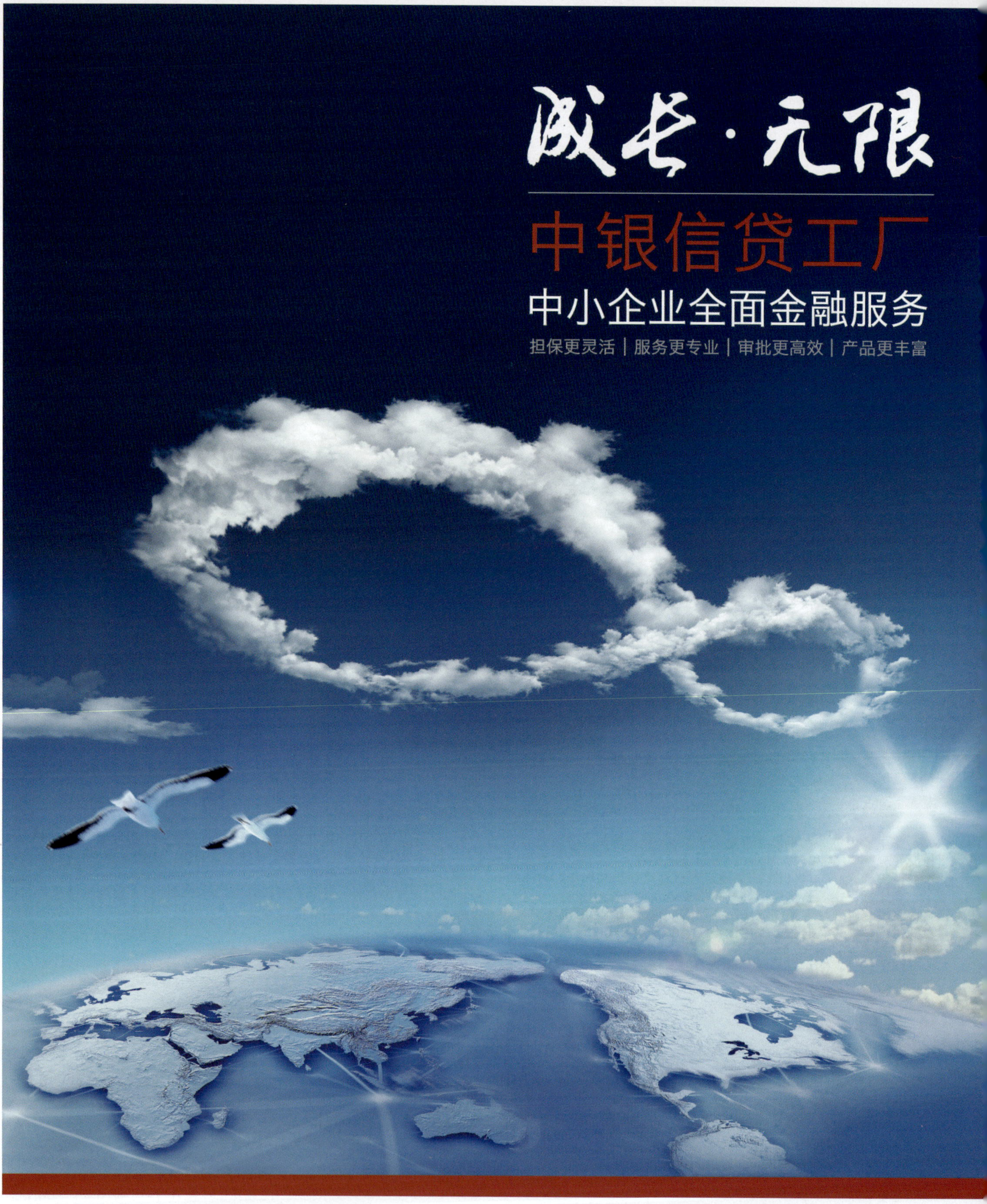

上海思华科技股份有限公司

上海思华科技股份有限公司于2000年在上海成立，是一家长期专注于互动媒体平台解决方案的设计、开发、实施和技术服务的高新技术企业。公司现有员工300多人，总部位于上海张江，并在北京、杭州、广州、成都、西安、南京、济南、沈阳设有营销和技术服务中心。

思华科技是上海市高新技术企业和软件企业，是国家发展和改革委员会、工业和信息化部、商务部、国家税务总局联合审核认定的2010年国家规划布局内重点软件企业。

思华科技汇聚了来自海内外和全球知名企业的技术及管理精英，构建了一支结构合理、专业能力强、具有团队协作精神的产品研发和技术服务队伍。公司目前拥有200多人的技术团队，78.9%为本科以上学历。核心研发和技术人员有着雄厚的技术实力，具有良好的知识背景、创新的方案整合能力、扎实的研发和技术服务技能以及丰富的内容运营产品研发经验。

思华科技始终以行业技术发展趋势和客户需求为导向，持续不断推出新技术和新产品，经过十几年的不断技术研发和积累，在互动媒体平台领域，已经拥有68项软件著作权、22项经登记的软件产品，以及6项技术发明专利。

思华科技是国内少数能够提供跨广电和通信运营商互动媒体平台解决方案的供应商之一，公司的互动媒体平台解决方案是广电运营商、通信运营商和其他行业用户开展以互动电视、互联网电视、IPTV、手机电视为主的互动媒体业务所必需的业务运营平台软件，在国内众多通信运营商和广电运营商得到应用，获得广泛好评。

思华科技凭借持续专注的行业经验积累，持续创新的软件产品和全面的平台解决方案，已与华数集团、东方有线、陕西广电网络、重庆广电、河北广电、广东有线、天威视讯、中国电信、中国联通、中国移动等众多行业领先的广电运营商和大型通信运营商建立了长期稳定的合作关系，并建立了良好的品牌知名度。公司亦多次受邀参与国家新闻出版广电总局以及核心客户的技术规范和标准制订，公司产品的技术水平和研发能力得到了业界的充分认可。

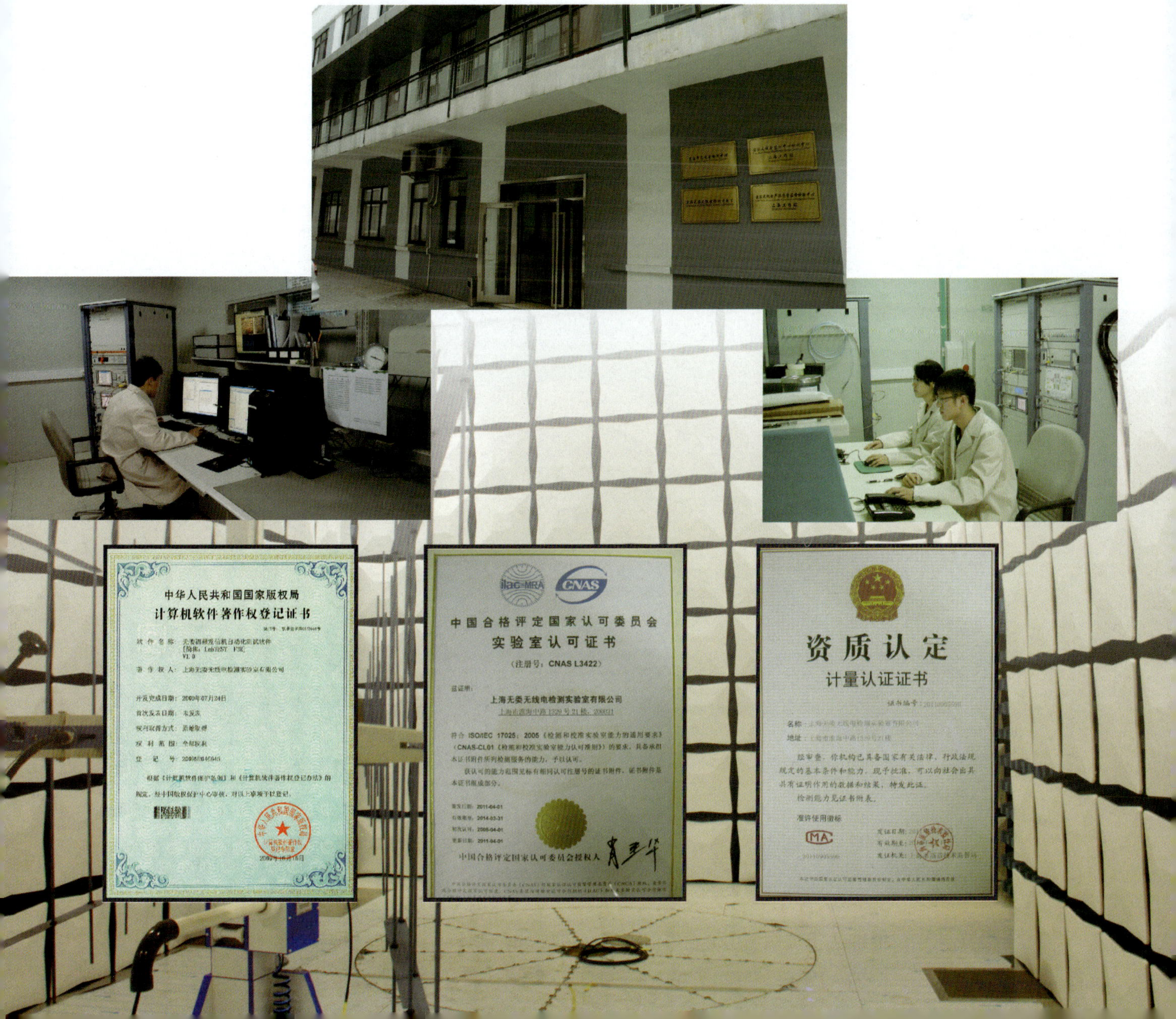

上海市嘉定工业区经济发展有限公司

上海嘉定工业区经济发展有限公司成立于 1995 年，注册地位于上海市级工业园区——嘉定工业区叶城路 925 号，是上海嘉定工业区开发（集团）有限公司旗下全资国有企业。

自成立以来，公司一直致力于打造职业化的专业招商、服务机构，为中外客商提供良好的产业招商及财政扶持政策，营造科学、持续、和谐发展的投资环境，奉献优质高效的工商、税务等办证办照、协调服务体系。经过近 20 年的发展，已逐步壮大成为嘉定区税收总量第一、服务优质、知名度较高的经济园区。

自成立以来，在公司历任领导的带领下，不断开拓招商领域、勇于创新招商方式，依靠全体员工的不懈努力，赢得了众多投资者的信任，集聚了 9600 余户中外企业的落户，行业集聚汽车零部件研发、制造、销售，电子商务、文化创意、信息软件等。2012 年，公司完成税收总量 22.3 亿，成为嘉定区第一个税收突破 20 亿元的经济小区。截至 2014 年 5 月，公司累计完成税收 24.26 亿元，同比增长 48.87%。近年来，公司按照嘉定工业区党工委、管委会、集团公司的总体部署与要求，潜心钻研新兴产业领域的招商，努力转变招商方式，大力推动电子商务、文化创意等新兴转型产业在园区的发展，引进了京东华东总部、国美在线中国总部、新蛋中国、聚美优品、际恒品牌、安瑞信杰、盟博中国、宝迪广告等知名一批电子商务和文化信息创意产业企业。正是由于产业的集聚效应，2012 年，嘉定工业区被评为第一批国家级电子商务示范基地和国际级广告示范园区。上汽变速器、小糸车灯、麦格纳斯太尔、埃贝赫汽车排气系统等一大批汽车及部件研发、制造企业相继入驻。2012 年，公司顺利引进了沃尔沃汽车中国销售中心、依维柯商用车中国总经销等著名品牌整车销售企业，形成了以汽车及其零部件制造、整车销售为中心的汽车产业群。

我们诚邀广大中外客商投资前来嘉定工业园区实地考察、投资落户。我们将从您的需求出发，为您提供专业、优质的服务，为您的投资发展提供出谋划策。

衷心感谢社会各界对公司的关心与厚爱！热忱期待在以后的成长之路上与您交集，共同成就我们更为辉煌的明天。

公司已连续 6 年荣获嘉定区经济小区特别贡献奖；公司招商部已连续 7 年荣获“嘉定区先进集体”称号，荣获“2011-2012 年度嘉定区青年文明号”称号。办证服务部已连续 5 年获评“上海市巾帼文明岗”称号。

公司一贯秉持“需求服务”的理念，凭借良好的政策、更好的服务，为企业创造良好的发展空间。公司在北京、上海、广州等地均设有办事处，方便企业办事，协调解决企业需求。

SONGZ 上海加冷松芝汽车空调股份有限公司

SONGZ AUTOMOBILE AIR CONDITIONING CO., LTD.

上海加冷松芝汽车空调股份有限公司于 1998 年创建，是专业研发、制造、销售车辆空调系统的股份制公司，总资产达 30 亿人民币。公司总部位于上海市莘庄工业区华宁路 4999 号，拥有员工三千余人，其中中高级职称 300 余人，硕士学位 20 人，博士学位 5 人，汽车行业专家顾问 10 人。2010 年在深交所成功上市，股票简称松芝股份，股票代码：002454。

主营产品有大中型客车空调、乘用车及商用车空调、轨道车空调、冷冻冷藏车空调及车用空调零部件等五大板块，并控股厦门松芝、安徽松芝、重庆松芝、北京松芝、成都松芝、南京博士朗等。

在新能源车领域，松芝公司为上汽燃料电池车自主研发了前置冷却模块、为江淮汽车爱意纯电动车研发了乘员舱和电池的综合热管理系统、为中国客车用户研发了 JLD-IIE 系列全自动化客车空调，均已经进入量产状态。

松芝股份致力于打造移动式空调系统的民族第一品牌，始终坚持“高效、节能、环保”的产品战略和“高技术、高品质、高服务”的技术营销市场理念。将凭借松芝股份的强大技术实力、市场营销实力以及强大的市场影响力迅速成为该领域民族企业的旗舰，立志成为世界一流的移动式空调系统提供商。

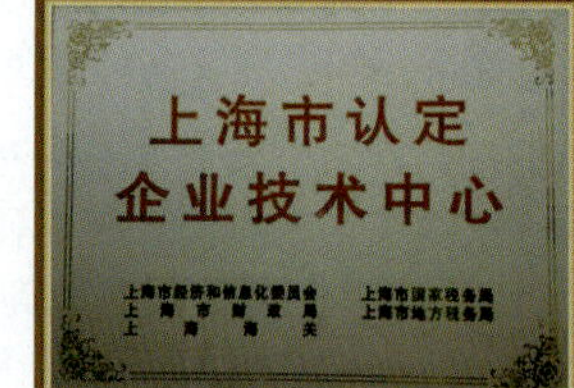

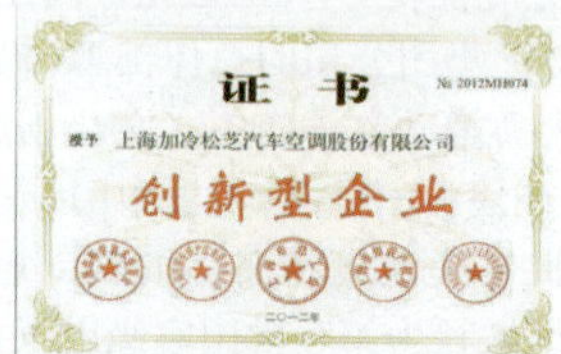

东北基地

北京基地

南京博士朗

上海松芝总部

江淮松芝(合肥)

成都松芝

长沙基地

重庆松芝

柳州基地

厦门松芝

SONGZ

上海钢铁交易中心项目

上海钢铁交易中心有限公司揭牌仪式
Plaque Unveiling Ceremony of Shanghai Steel Trading Center Co., Ltd.

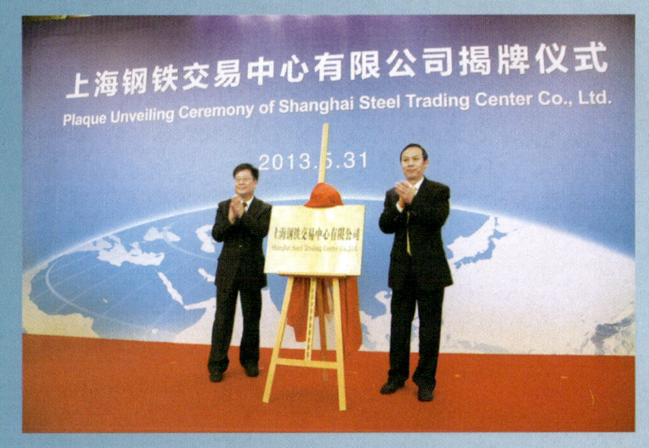

上海钢铁交易中心由宝钢集团牵头组建，按照“政府推动、社会参与、企业运营、多元合作”的原则，为钢铁行业上下游客户提供在线交易、资金、物流、加工、技术、信息等全流程、一站式的服务，力争成为国内领先的第三方钢铁 B2B 电子商务平台，助力中国钢铁流通行业通过电子商务实现产业升级。

上海钢铁交易中心致力于打造一个钢材现货交易的网上 CBD，为行业供应链上下游客户提供一站式的服务，服务产品主要包括智能化电子交易服务，面向中小企业的供应链融资服务，以交易价格指数为核心的信息咨询服务，一站式仓储、运输及加工服务。

上海钢铁交易中心于2013年5月31日正式揭牌。经过半年多的运营，交易中心平台成交量突破100万吨，吸引客户 26300 余家，入驻供应商 523 家，其中钢厂 32 家。

上海钢铁交易中心以高效的运营机制助力宝钢转型升级。作为宝钢新一轮规划发展战略“一体两翼”中的“电子商务”一翼，上海钢铁交易中心聚合了宝钢的电子商务体系，与物流、加工、金融等配套服务相结合，实现了制造业与服务业的融合。以大力发展行业平台经济助推宝钢实现产业升级，践行数字化宝钢、绿色宝钢。

上海钢铁交易中心将基于规模化的实盘交易形成钢铁交易和服务的“上海价格”和“上海标准”，构建了现代化钢铁供应链服务体系，引领钢铁流通变革，提高钢铁流通效率，提升钢铁服务业水平，更好地集聚产业优势、资源优势和区位优势，充分发挥示范带动作用，以创新的商业模式拉动制造与服务的结合，实现“二三产业联动”，引领中国钢铁工业转型升级。

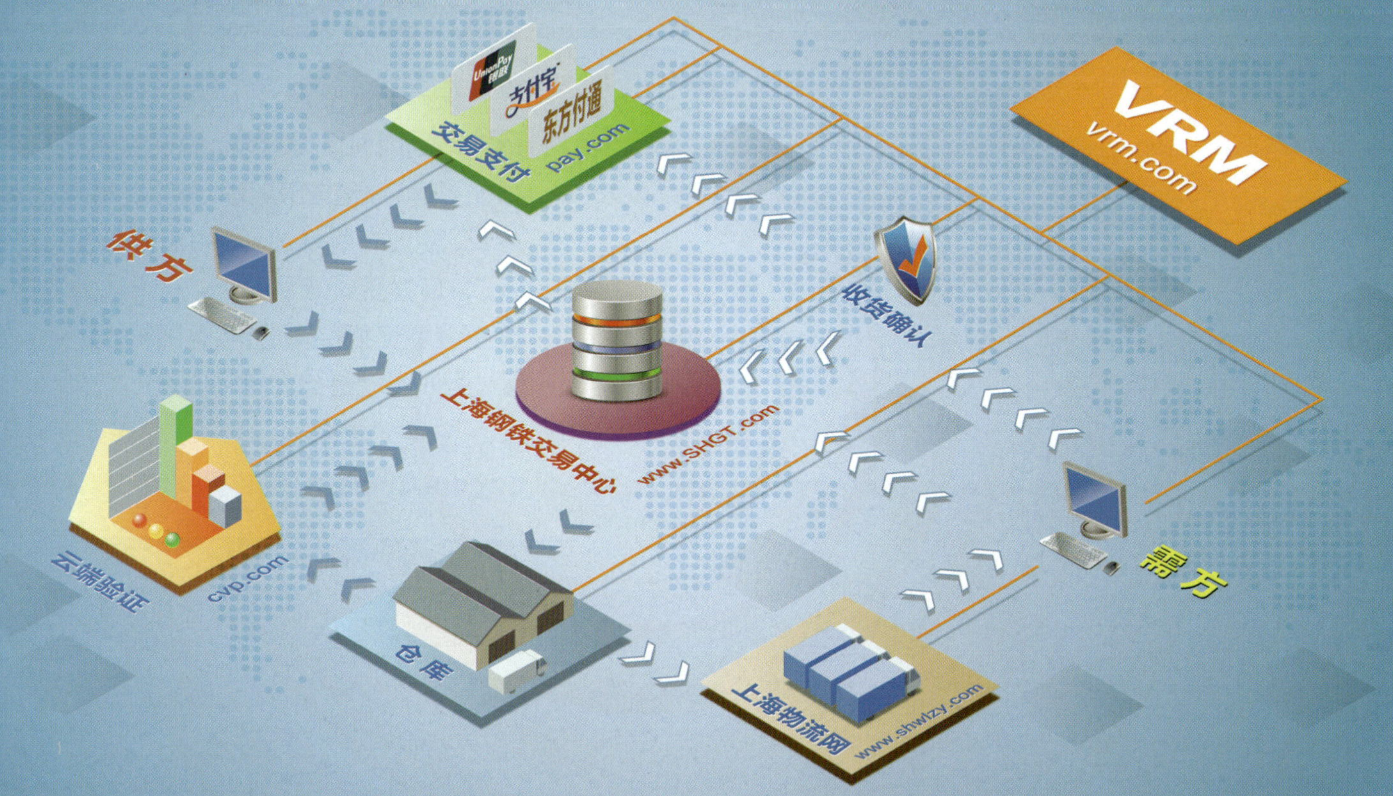
支付宝
东方付通
交易支付
pay.com
VRM
vrm.com
供方
收货确认
上海钢铁交易中心
www.SHGT.com
云端验证
cvp.com
仓库
上海物流网
www.shwlzy.com
需方

第四编

专　　栏

2014

上海商务年鉴

企业与企业家·国内外有影响的展览会
上海商业示范社区·商业“创、转”典范
“老字号”与知名企业

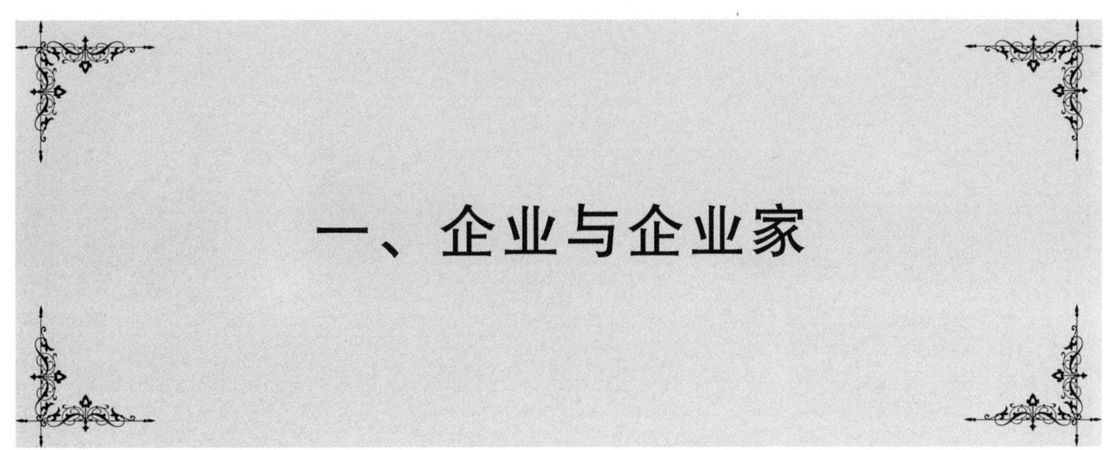

一、企业与企业家

每个企业在发展壮大中都有许多成功和挫折的经验，每个企业家也都有自己的艰苦奋斗史，为此，自2013版起《上海商务年鉴》“企业与企业家”栏目，将陆续刊文介绍为上海经济发展作出贡献的知名企业和自强创新的优秀企业家。文章可以写企业，也可以介绍企业家，或者二者结合起来写。我们希望读者能通过字里行间，了解这些企业和企业家创业的甜酸苦辣，学习他们的成功经验，吸取他们的挫折教训，共同为创建党的十八大描绘的全面建成小康社会、加快推进社会主义现代化的宏伟蓝图而努力。

打造中国民族品牌　誓建医药创新企业

——海归学子惠欣和他的睿智化学

尚华集团(睿智化学)董事长　惠　欣

上海睿智化学研究有限公司(简称“睿智化学”)是国内规模最大、行业领先的整合一体化新药研发外包服务企业之一——尚华医药研发服务集团(简称“尚华医药”)的全资子公司，注册资本1900万美元，由海外归国学子、尚华医药董事长惠欣2003年创办于知名的中国药谷——张江高科技园区生物医药基地。

经过10年发展，睿智化学从单一化学研发服务的企业成为服务全球一大批著名药企的整合一体化新药研发服务平台。其新药研发服务业务涵盖化学合成、药物筛选、生物制药、药理与药代动力学、毒理研究、动物实验、原料药小试中试生产与工艺优化等临床前新药研发各环节。客户涵盖400多家国内外制药企业和生物医药技术公司，其中包括全球排名前20位的医药和生物技术企业。已累计开展新药研发项目近1000项，申报技术专利成果超过50项，以近4年来复合增长率26%的业绩实现了跨越式发展。

上海睿智化学研究有限公司办公大楼外景

公司拥有超过40000平方米的国际标准化学和生物实验室，其中逾7000平方米的动物实验室通过了国际AAALAC认证，配备国际一流的高端研发设备。公司汇集了一支1300余人的来自海内外的科研团队，硕士以上学历人员比例超过60%。逾百人的海归高级科研管理专家队伍，均拥有10年以上国内外知名医药企业和科研机构研发和管理的资深经验，其中包括两名中央“千人计划”专家和一名上海市“千人计划”创新人才。

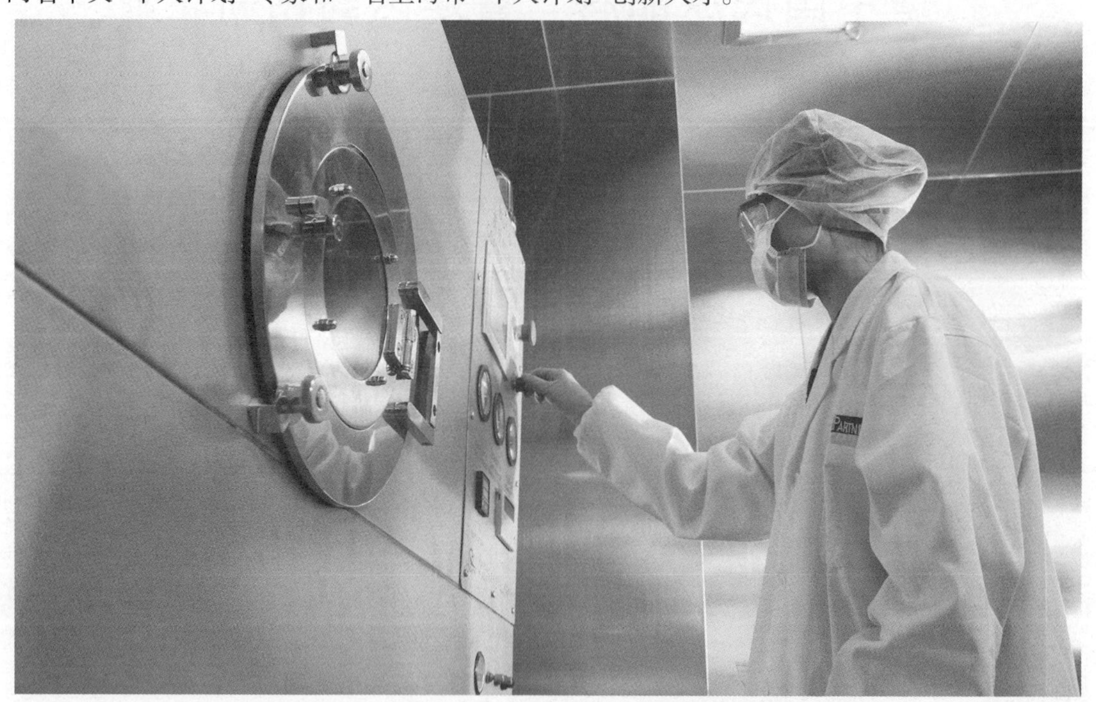

实验人员正在操作进口生物设备

睿智化学先后获得高新技术企业、上海市科技小巨人企业、技术先进型服务企业、上海市重点服务外包企业、上海市认定技术中心、上海市创新型企业等资质荣誉，并在2009年、2010年连续两年入围“德勤高科技、高成长亚太500强”企业，并荣膺2009年度“德勤高科技、高成长中国50强”企业第三名。尚华医药荣获国家商务部颁证的“2010年度中国服务外包十大领军企业”，是入围企业中屈指可数的医药研发服务外包行业领先者。

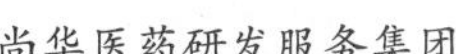

尚华医药研发服务集团

上海睿智化学研究有限公司

睿智化学以其先进的技术优势、具有竞争力的人才优势以及完善的客户服务管理体系，已经为海内外客户提供了获得一致认可的国际标准化新药研发服务。尚华医药还建立了临床前药理药效学研究、制剂研究与药物分析研究、GMP规范药物制剂开发生产三大服务平台，帮助推动国内外创新医药公司的研究成果产业化。公司在积累经验的同时不断积极创新，热衷于为国内众多的医药公司提供高质高效的服务，致力于打造“张江创新，中国创造”的国际一流CRO品牌，睿智化学誓将成为全球医药创新事业，特别是打造中国民族品牌的卓越合作伙伴，并积极承担诚信负责、员工信赖、贡献社会的企业公民职责。

执行本土化、人性化经营策略

——康成投资在大陆获迅猛发展

康成投资(中国)有限公司董事长　黄明端

康成投资(中国)有限公司(简称“康成投资”)于2005年3月成立，2009年12月被认定为“跨国公司地区总部”。目前公司注册资本为22949.0567万美元。是上海市外商投资企业协会副会长级会员单位。

大润发是由台湾润泰集团于1996年创立的大型综合超市品牌。1997年4月，大润发进军中国大陆市场，设立上海大润发有限公司开启大型超市的零售事业。康成投资成立后，大润发由康成投资管理。此后，大润发在内地新开的门店都由康成投资独资开设。

大润发于1998年在上海闸北区开出第一家门店后，于2000年在山东济南设立华北区总部；2001年进入东北，在沈阳设立区总部，同年在吉林市开出第一家门店；2002年进入华中，在武汉设立区总部；2003年在广州设立华南区总部。其后，大润发便以五区同时发展的方式，进行全国展店。截至2013年12月16日，康成投资已在大陆地区成功开设大润发门店247家。其中：华东区113家，华北区35家，东北区28家，华中区26家，华南区45家。职工人数超过10万人，每天为200多万顾客提供服务。

“大润发”综合连锁超市外景

1998—2013 年大润发门店发展示意图

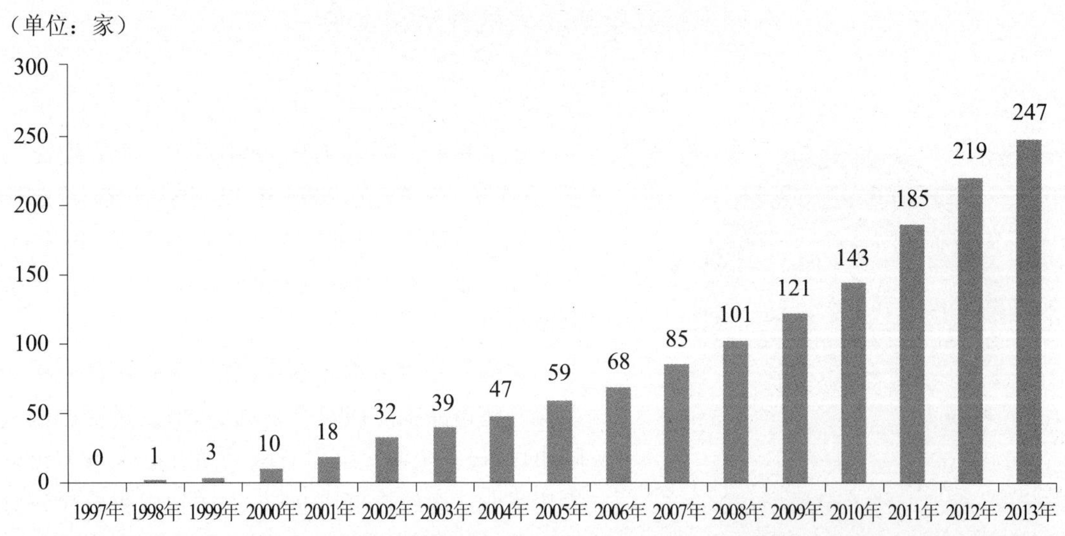

大润发源自中国台湾的会员制大型连锁综合超市，主要经营生鲜食品、各类副食品、日用杂品、家用纺织、文化体育用品和五金家电等，商品达 3 万多种。大润发的经营理念是：诚信务实、服务支援、顾客满意、参与管理、共同成长、利润分享；商业策略是：把愈来愈多的优质商品，以愈来愈低的价格，销售给愈来愈多的顾客；本着“勤与俭”为顾客节省每一分钱的创业精神，依靠开发自有商品、源头采购等降低商品售价的方法开展经营；因而能成功地不断在大陆拓展超市业务。

大润发能够在大陆迅速发展的另一个原因，就是实施市场经营策略和管理的本土化、人性化。大陆地域广袤，各地需求差异化明显。东北消费都要买大块肉，南方广东则大多要求肉丝、肉片；华东热卖的羽绒服，东北则乏人问津；南方夏天热销的冷饮品，东北冬天则大卖特卖

大润发超市内顾客在选购商品

冰激凌。据此,大润发本着"顾客需求、物美价廉、品项齐全、便利有保证"的经营出发点,首先在用工机制上实行本土化,所有门店店总经理、部门经理、科长、科员尽最大限度录用当地员工,一方面使员工离家近一些,尽可能可以照顾到家庭。更重要的是他们了解当地消费者的需求习惯,能更好地贯彻针对本区域的市场经营策略,做到人性化、本土化。

2009 年,大润发年销售额超过"家乐福"跃居中国外资零售超市排名第一位,且一直保持至今。大润发在大陆的销售额从最初的 2. 8 亿元,到 2012 年发展到 718 亿元。

1998—2012 年大润发营业额示意图

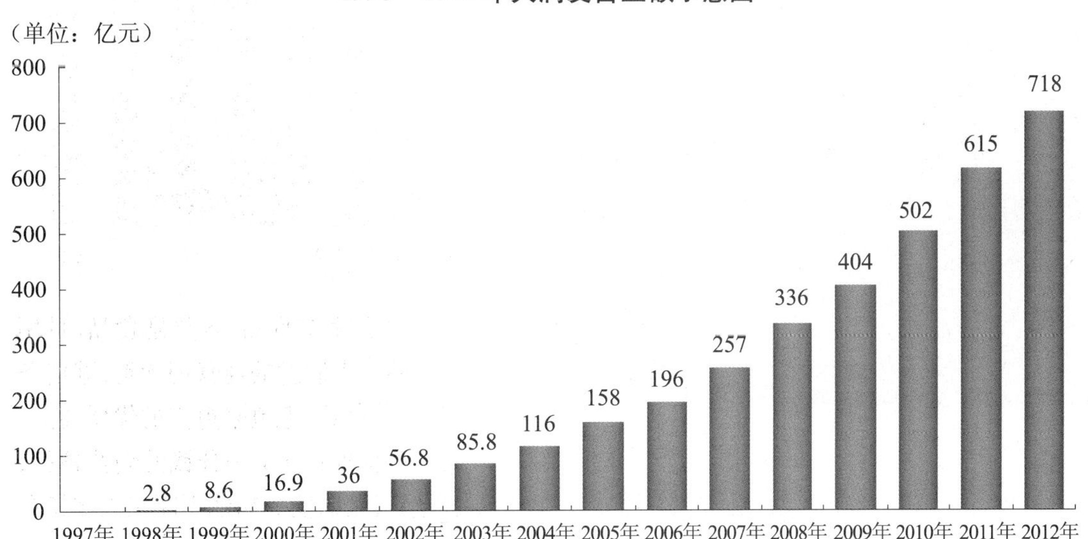

大润发不忘社会责任,不忘回报社会。2008 年四川汶川地震发生后第二天,大润发即向灾区捐款 5000 万元。此后,先后多次向生态协会、学校、慈善机构等单位捐赠钱款和物资。仅 2013 年,就向四川地震灾区捐赠钱物达 1000 万元。

为上海建成国际人才高地服务
创全球人力资源服务领先品牌

上海东浩人力资源有限公司(DHR)致力于成为全球人力资源服务的领先品牌,努力打造以招聘为核心的创新型人力资源服务提供商。2010年,根据东浩集团战略调整,重组后的上海东浩人力资源有限公司整合上海外服招聘中心的力量,服务客户逾万家。凭借自身的专业优势,公司先后被指定为"世博会志愿者职业发展计划"、"上海青年志愿者就业服务指导计划"以及"海外高层次人才引进计划"等政府计划的承办单位。优质的服务,公司先后获得"上海市文明单位"、"上海市名牌企业"、"上海市诚信创建企业"以及、"信得过人才中介机构"等荣誉称号。

上海东浩人力资源有限公司在人才招聘与推荐方面有着多年丰富的专业经验,成立至今已迅速搭建起了自己的国际招聘平台、在线服务平台和社会责任平台,每年为外商投资等企业推荐约40000余名各类人才。目前,公司拥有遍布全国的业务网络,覆盖全国4个直辖市、27个省和自治区,总共180个城市。

上海东浩人力资源有限公司前台环境展示

结合时代热点　创新传统服务

根据国家和上海的人才发展战略,到2020年,我国要进入世界人才强国行列,上海要建成国际人才高地。而当前,国际领先的人力资源服务企业中的80%均已进入中国市场,人力资源服务行业竞争日趋激烈。在这样的背景下,DHR以招聘为核心,以创业精神重新打造招聘业务，在传统招聘业务基础上着力发展创新渠道及产品，力求打造国有招聘“梦之队”。

作为一家专业的人力资源服务提供商，DHR 始终在招聘领域潜心研究并不断探索创新，更在 RPO（招聘流程外包）和 SNS 招聘领域显山露水。

RPO 这一服务在上海世博会时就已风行，以此为契机，DHR 开始在各大行业的专业招聘探索，并在银行 RPO 上深耕细作，发展了众多优质客户，先后为交通银行、建设银行、上海银行、光大银行等 10 多家银行提供服务。此外，DHR 通过不断“微创新”完善为银行提供的 RPO 服务，相继植入了“分析招聘”、“基因模型”等技术。DHR 还投资研发了自身的招聘流程管理系统，提升服务效率，加强客户体验。通过该系统，可以使得原先的招聘业务实现信息化、平台化和数据化，从而使简历筛选阶段效率提高 70%，与候选人事务性联络的沟通时间减少 50%。

随着网络时代的来临，作为专业人力资源服务企业，东浩人力资源自主研发社交招聘网站——东职网，并于 2012 年 6 月 18 日推出上线，并且与腾讯大申网达成战略合作协议，双方将在青年白领职商调查等方面强强合作。

上海东浩人力资源有限公司人事服务流动车

服务标准化　信息安全化

在以客户体验为重的现代服务领域，人力资源外包领域始终缺乏行之有效的服务标准。为此，有着近 20 年服务经验的东浩人力资源，在行业内首创人力资源外包 SLA 服务协议，提出以标准化的流程规范，向客户作出服务承诺，以有效监控人力资源外包的服务流程。如 100% 在 10 个工作日内完成雇员医疗理赔到账；100% 准时将薪酬安全到达雇员账户；出具各类人事证明，100% 按预约时间当日提供等。

在标准化服务流程的同时，为了保证员工信息，尤其是薪酬信息的安全性，DHR 更申请通过了信息安全管理实用规则 ISO/IEC27001 认证，为信息安全管理建立了一套科学有效的管理体系作为保障。

薪酬 SAAS 模式　福利弹性选择

DHR 的薪酬管理平台，以国际上先进的人力资源管理信息技术为支持，与国际知名的铂金人力资源管理系统及 Kronos 劳动力管理系统结成合作伙伴，为客户提供更为有效专业的薪酬管理服务，目前一些国际大型的医药企业及生产性企业已在使用该服务。此外，与其他的薪酬服务产品不同，DHR 的薪酬服务从前期的人力资源管理咨询，中期的薪酬管理系统上线以及后期落地的薪酬管理服务为整体服务流程，为企业提供从考勤、排班、薪资计算及发放到薪资报表的整套薪酬 SAAS 服务。

据调查，未来福利趋势将越趋弹性，且员工更重视拥有“选择权”。为了满足企业日益多元化的员工福利需求，东浩人力资源在 2012 年自主研发成立国内首个以员工福利分账户管理的网站——东福网。东福网涵盖的福利内容非常广泛，包括节日慰问、健康管理、文体娱乐、保险保障以及畅淘商城等。员工可根据自己的喜好，选择自己喜好的福利产品。而企业也无需再同多家供应商沟通，减少沟通成本，简化流程。通过“弹性”的福利制度，将大为提升福利的激励效率，提升员工满意度，并转化成企业的凝聚力和竞争力。

“报告”引领招聘风向　企业承担社会责任

为了给企业招聘和求职者找工作提供科学、真实的参考数据，东浩人力资源在数据挖掘和统计分析上大下苦功，其一年一度推出的《上海地区应届毕业生外资企业就业环境报告》和《奢侈品行业人力资源报告》，权威性收到广大外资企业级奢侈品企业的认可。据悉，许多外资企业已将《上海地区应届毕业生外资企业就业环境报告》作为下一年校园招聘计划的重要参考数据。而与此同时，《奢侈品行业人力资源报告》不仅为诸多奢侈品企业人力资源战略布局提供参考依据，也为业内外人士置业发展提供了参考。而今后 DHR 也将与其他行业内的权威机构合作，联手发布重点行业的专业人力资源报告。

DHR 还借助自己专业的招聘平台，主动承担起企业的社会责任，一方面着重于帮助青年志愿者职业发展服务，另一方面则开始关注小微企业发展中普遍遇到的人才瓶颈问题，助力小微企业人力资源发展。

DHR 将更进一步在 E - recruitment 的建立、SLA（人力资源外包标准协议）的推广以及 Payroll 平台的完善上不断推进，未来全新的招聘服务和人力资源外包服务或将由此打开一道突破口。

建立“五大 BU”核心战略框架 斐讯实现飞跃发展

上海斐讯数据通信技术有限公司(以下简称“PHICOMM 斐讯”)成立于2008 年,其全球总部位于中国上海。是一家致力于向用户及客户提供移动终端、数据通信产品、云计算、ICT 等各种软硬件及整体解决方案的研发型高新技术企业,集研发、制造、销售于一体,用户范围涵盖个人消费者、企业、政府、各行业等各个层次。PHICOMM 斐讯秉承“致力于更自由的沟通”这一使命,构建起“五大 BU”核心战略框架和“快速响应、高性价比”的公司整体核心竞争力,公司实现了飞跃式发展。成立以来,每年保持 200% 以上的平均增速,2013 年营业收入超过 60 亿元,在业内创造出一个发展奇迹。

上海斐讯数据通信技术有限公司新总部大楼外景

多元战略 构筑基石

21 世纪是个变革的世纪,新技术、新商业模式的井喷式涌现给众多企业带来了全新的难题和课题——如何持续的保持竞争优势。2013 年初,PHICOMM 斐讯果断调整战略方向,建立起以 MOBILE、SOHO、ENT、CLOUD、ICT 等“五大 BU”为核心的企业发展框架,开启了公司多元化战略新时代。MOBILE BU 主要为个人消费者提供移动智能终端如手机、平板电脑等产品;SOHO BU 主要为家庭用户提供 DSL、EPON/GPON、Home Switch、EOC、PLC、WiFi AP、Voice Gateway 等宽带终端产品;ENT BU 主要为企业用户提供 Router、Switch、Security、Storage 等企业级网络终端产品;CLOUD BU 为个人、企业、行业用户提供 IAAS(基础设施即服务)、PAAS(平台即服务)、SAAS(软件即服务)等全方位的云服务;ICT BU 是为政府、能源、金融、电力等各行业用户提供如智慧城市、智能楼宇、基础网络、整合通讯等业内领先的解决方案。“5 个 BU”从产品线上涵盖硬件设备、软件及整体解决方案;从客户群上涵盖了个人用户、企业用户、行业用户等不同层级，从产业链上涵盖上游软硬件的研发、生产，中游的品牌建设，下游的方案整合；真正将市场的需求与企业自身的优势进行了完美的融合，打造出独特的企业发展生态系统及核心竞争力，更好的适应激烈变化的市场环境。

全球品牌　基业长青

PHICOMM 斐讯在成立之初就立志要做基业长青的国际化公司，要成为信息通信领域卓越的设备和服务提供商，因此，品牌化是必由之路。纵观全球具有数十年甚至上百年历史的顶级企业，都拥有一个甚至多个耳熟能详的品牌名称。企业在发展过程中主营业务会有变化，唯有品牌能让消费者记住。PHICOMM 斐讯在全球范围内逐步通过能够给用户客户带来差异化体验和独特价值的系列产品，不断建立和完善品牌体系。以“PHICOMM”为主品牌，根据不同的产品或业务特点衍生出“READPHONE”“贝贝云”等全新子品牌，共同推动整个 PHICOMM 斐讯品牌知名度、美誉度的建立。伴随各地区业务的开展和推动，PHICOMM 斐讯将逐步实施统一的品牌传播活动，向消费者传递“PHICOMM”品牌“智慧互联，享你所想”的核心价值，品牌与产品互相促进，互相提升，真正打造基业长青的卓越企业。

全球研发　自主生产

作为一家研发型导向的高科技企业，能够将先进的技术与客户的需求进行完美的融合，满足不同客户用户的个性化需求，研发实力至关重要。PHICOMM 斐讯已经在全球设立了 5 个研发基地，分别在上海、深圳、武汉、成都、旧金山，并计划在未来 3 年完成北京、西安、大连、南京、慕尼黑等另外 5 个全球研发基地的建设。全球研发有助于更好的理解消费者需求，更有效

上海斐讯数据通信技术有限公司新总部大楼内部景观

的整合全球各地优质的研发资源，开发出真正满足用户需求的产品。这同样也表明了 PHICOMM 斐讯立志成为国际化公司的雄心壮志。PHICOMM 斐讯现拥有员工 4500 多人，研发技术人员占比达到 55%，所有技术人员全部为大学本科以上学历，其中硕士比率超过 30%，博士比率超过 5%。在自主知识产权方面持续积累，专利申请达每月 60 项以上，其中包括 PCT 专利申请。在生产方面，PHICOMM 斐讯为了保证品质，坚持自己制造产品。12 万平方米的上海总部大楼已于 2013 年 9 月正式投入使用；第一座集生产制造、物流于一体的综合基地建筑面积 3.5 万平方米，已于 2010 年下半年投入使用，年产能达千万台级，年产值达 15 亿元；第二座在建的生产基地占地 318 亩，建筑面积 33 万平方米，将于 2014 年底竣工投产，届时生产基地总年产值将高达 250 亿。PHICOMM 斐讯的生产基地已经通过了 ISO9001、ISO14001、ROSH 等各种国际标准认证，保证了所生产的产品具备国际级品质。所有的这些，都为 PHICOMM 斐讯的持续发展提供了强劲的动力。

全球布局　销售渠道

作为定位于全球的国际品牌，PHICOMM 斐讯销售、服务网络在全球的布局已经逐步成型：已经在中国 27 个大中型城市设立办事处，业务范围覆盖全国；以德国为中心的欧洲市场、以新加坡为中心的亚太市场、以土耳其为中心的中东北非市场，以肯尼亚为中心的南非市场都已经初具规模；以巴西为中心的南美洲市场，以美国为中心的北美市场，以俄罗斯为中心的独联体市场正在快速建立中。通过销售网络覆盖的不断提高，PHICOMM 斐讯为更多的用户及客户提供优质的产品、完备的服务，赢得了越来越多的信任和口碑，这也为公司在 2015 年业绩预计突破百亿奠定了良好的基础。

吉富为上海转型升级添砖加瓦

世博总部经济

吉富(中国)投资有限公司

吉富集团董事长　刘吉人

◎　吉富集团由刘吉人先生于1998年创立。
◎　业务涉及四大领域。
◎　金融
◎　地产
◎　新能源
◎　文创
◎　集团资产总值约150亿元人民币。

吉富(中国)投资有限公司，注册资金15亿元。吉富集团总部大厦位于上海市黄浦江畔世博企业总部园区的A09A—02地块，总面积7587.9平方米，规划建筑面积30351.6平方米。

战略性新兴产业——新能源

吉富新能源科技(上海)有限公司

吉富新能源科技(上海)有限公司位于上海市青浦出口加工区的厂房

中共上海市委书记韩正调研吉富新能源科技(上海)有限公司。

设立于2010年11月，投资总额为七千万美元，位于上海市青浦出口加工区；已在上海市成功取得专利授权70件，并于2011年和2012年获得科委专利优胜奖；2013年加盟上海市研发公共服务平台；2014年获国家科技部颁发《科学技术成果证书》；公司在上海市政府创新产业政策大力支持下，推动十二五高新技术战略新兴产业重大项目，专注于为客户提供高效光伏电池整体解决方案。

商务部长陈德铭视察吉富公司

市商务委主任尚玉英视察吉富公司

文创产业

与上海申通地铁集团合作建设吉富生活广场

龙阳路“吉富生活广场”的外观及俯瞰图

吉富生活广场

以时尚、便捷、健康为主题，打造交通与生活复合机能的新颖文创风格商场。

“精致生活风格”与上海“地铁经济”对接

吉富在特色美食、精致农特产品、综合风味烘焙产品、原创生活风格产品、优势养生美妆产品等方面，非常具有营销优势，透过“吉富生活广场”，可让消费者获得新颖精致的消费体验，让“精致生活风格”与上海“地铁经济”充分对接。

规划引进业态

台湾特色美食

推广台湾特色，轻松品尝美食，并创造世界口味本土化

台湾原创生活风格产品

发挥台湾原创设计特性，满足时尚多样的产品

台湾优势养生美妆产品

强调养生观念趋势潮流，提供台湾优势生技美妆产品

台湾精致农特产品

引进台湾精致农特产品，及可靠农产履历证明

台湾综合风味烘焙产品

融合台湾风味糕饼工艺，与综合欧日烘培技术

吉富台灣生活廣場

上海佳程广场与集团掌门人田栩宽

佳程集团执行董事、佳程地产董事长　田栩宽

上海佳程地产集团隶属香港佳程集团。

佳程集团有限公司(英文简称 HKBH)成立于 1992 年,集团总部设在香港。是一家超大型股份制跨国投资集团,以大型商业地产、环保科技产业、信息科技、五星级酒店会所投资等为主营业务,并从事国际进出口贸易,业务遍及全球 20 多个国家地区。

佳程集团秉承“亚太一流,佳程最好”的企业文化精神,不断创新,携手共进,共创未来。2013 年,佳程集团资产总额达数百亿港元,全球优秀员工近万人。在全体佳程人的共同努力下,创立了以“佳程广场(GATEWAY)”为标志性建筑的佳程地产(BRE);以独具中国特色和自主知识产权并取得重大科技突破的城市生活垃圾综合处理技术的佳程环保(BEP);以融合东西方酒店管理文化为特色的佳程酒店(BHC);具有核心竞争力并进入中国税控收款机行业 5 强的佳程科技(BST)等四大产业。

上海佳程广场鸟瞰夜景效果图

佳程地产集团公司，总部设在上海。集团掌门人田栩宽以崭新的80后姿态现身上海地产界，一出手就身手不凡，成为十大商业地产风云人物之一。他坚持“商务地产为主导”的发展模式，将“佳程广场”打造成大型高端商业综合体，立足一二线城市，实施全国化布局。至今已在上海、重庆、南京、沈阳同步复制开发“佳程广场”。

上海佳程广场是佳程地产斥资打造的北上海商业新地标，公司成立于2007年，总建筑面积逾30万平方米，地上建筑面积约22万平方米，其中购物中心约10万平方米，5A甲级写字楼约10万平方米，精品酒店约2万平方米，一举填补北上海大型商业综合体的空白。

上海佳程广场位于闸北区场中路1688号(近岭南路)，四通八达的交通枢纽，瞬息互动沪上全境。地铁交通：紧邻地铁1号线彭浦新村站，1号线与规划中的20号线，构筑起双轨未来时代；公交：28条主副公交线路，形成便捷生活自由出行；驾车：贯穿上海南北动脉的南北高架与中环线高架双城市主力交通系统相互交织。

购物中心由两栋建筑组成，中间由全透明连廊相连接(一栋为时尚购物中心，业态包含时尚零售、特色餐饮、休闲娱乐、精品超市、5星级影院等；一栋规划为上海最大的儿童主题商场，集儿童零售、休闲娱乐、早教培训、儿童主题餐饮等于一体)。项目计划2015年国庆整体对外开业。

2014年，佳程地产集团在掌门人田栩宽的带领下，将努力实现“10+6+2”的战略发展目标，力争三至五年，实现佳程广场在中国大陆一线城市和大多数省会城市全面布局。

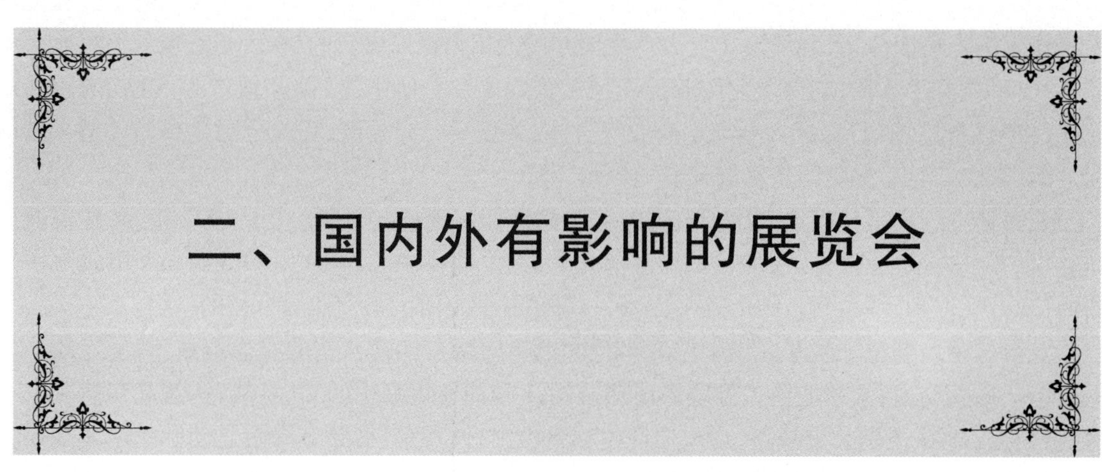

二、国内外有影响的展览会

中国华东进出口商品交易会

第23届中国华东进出口商品交易会，于2013年3月1日至3月5日在上海新国际博览中心举行。各交易团和全体参展企业按照“稳增长、调结构、促平衡”的要求，积极应对外需不振、汇率变化和成本上升等不利因素，悉心准备、群策群力，努力办好外贸“新春第一展”。本届华交会整体效果基本符合预期，但客商观望氛围浓厚，外贸形势不容乐观。

第23届中国华东进出口商品交易会外景

本届华交会规模与上届基本持平。展览面积11.5万平方米，标准展位5880个，参展企业（包括境外企业）共3607家。展会设立服装、家用纺织品、装饰礼品、日用消费品等四个专业展区。其中，服装展区展位2024个，占34.42%；家用纺织品展区展位916个，占15.58%；日用消费品展区展位2263个，占38.49%；装饰礼品展区展位408个，占6.94%。此外，还有境外展区展位268个，服务展位20个。

本届华交会到会境外客商20016人，比上届下降5.25%，客商来自115个国家和地区。日本客商到会7462人，比上届下降19.71%，但仍是到会客商最多的国家，占客商总数的37.28%。欧美和新兴市场客商增加明显。欧洲客商2101人，比上届增长16.79%；以美国为主的北美洲客商962人，增长60.60%；拉美客商290人，增长23.40%；大洋洲客商283人，增长77.99%。亚洲客商仍占多数，到会8771人（不包括日本），比上届微降0.28%，其中，中国香港3030人，韩国2080人，中国台湾2071人。

出口成交额表现为：传统市场降幅较大，新兴市场成交看好。对欧洲成交5.54亿美元，下降24.8%；对北美洲成交3.69亿美元，下降8.42%；而对印度、马来西亚、俄罗斯、沙特等成交分别增长 166.51%、82.53%、51.78%和 45.26%。成交额中,日、美、韩居前三位。对日本成交 8.53 亿美元,比上届下降 17.22%,占成交总额的 30.31%;对美国成交 3.10 亿美元,比上届增长 1.04%;对韩国成交 2.49 亿美元,比上届下降 4.84%。其余成交额较大的国家或地区依次为:法国、俄罗斯、澳大利亚、英国、中国香港、德国、意大利等。商品中轻工产品成交好于纺织服装。轻工工艺类商品成交 13.83 亿美元,比上届增长 1.39%,特别是旅游用品、工艺美术品、金属器皿、家具等增速都在 40% 以上;纺织服装类商品成交 13.14 亿美元,比上届下降 15.68%。

本届华交会具有以下几个特点:

1. 转型升级,名特优产品唱主角。各交易团着力优化参展企业结构,积极支持有竞争力、有潜力的企业参展;参展企业也以创新为突破口,推出新产品、新款式、新技术、新工艺,寻求转型新突破。本届华交会共有获商务部重点培育和支持的中国名牌出口商品 60 多个,获省市名牌和驰名商标的品牌企业、品牌商品近 700 个。参展商品中新产品、新款式和采用新技术、新工艺的商品有 2 万多个。

2. 鼓励创新,评奖推动品牌战略。本届华交会在上届首次尝试评奖的基础上继续开展创新奖评选活动。共有 39 家优秀企业获"华交会创新奖"。这些企业普遍都拥有自主品牌,开发的新产品具有较强的国际国内市场开拓能力和广泛的营销渠道,在外需不足的情况下取得了良好的出口成绩。

3. 举办论坛,发挥外贸风向标作用。为帮助企业摆脱外贸困境,鼓励企业"走出去"开拓国际市场,本届华交会论坛邀请著名全球市场营销推广专家飞利浦·考利尔到现场作"中国企业开拓全球市场"的主题演讲,并与企业代表进行互动,受到参展企业的普遍欢迎。各交易团也通过企业座谈会、个别走访、问卷调查等方式,加大了现场调研力度,力求准确把握当前外贸形势和企业的经营情况,为全年外贸稳增长打下基础。

4. 内外并举,延伸华交会双向功能。一是设立以"现代生活方式——品味、时尚、原创"为主题的境外企业参展展区,共有来自韩国、伊朗、马来西亚等国家和地区的 158 家企业参加。境外展区人气较旺,累计成交 86.53 万美元。二是积极推动内外贸联动,组织百联集团等一批国内大型流通企业赴会采购。会上,国内买家约占全部采购商的 1.86%,内贸总成交 7798 万美元,比上届增长近 10 倍。三是不少外贸企业在扩大出口的同时,也通过探索建立国内专卖店、销售专柜或与内贸企业合作等方式,力求在内销市场中实现更大发展。

5. 培育自主品牌,转变增长方式。面对日趋复杂的外贸形势,各交易团和参展企业更加重视品牌建设,提高自主品牌的国际化经营水平,推动实现外贸增长方式的根本性转变。江苏、宁波等交易团设立名特优展区,对品牌企业进行整体特装,突出地区和品牌的形象。从安徽省技术进出口股份有限公司等本届华交会出口成交前 20 名的企业来看,大多数都有自己的品牌和研发设计团队。正是由于这些企业坚持走品牌之路,主动根据市场变化采取应对措施,才能在外贸形势不景气的大环境下仍能实现较好发展。

第十五届中国国际工业博览会

第十五届中国国际工业博览会于2013年11月5日至11月9日在上海新国际博览中心隆重举行，并取得圆满成功。主要特点如下。

1. “制造：数字与绿色”主题更加契合时代特征。经专家审定的“制造：数字与绿色(Digital Manufacturing & Green Industry)”主题，充分体现产业发展的时代特点，凸现了第三次工业革命特征。

2. 主题论坛与开幕式相得益彰。主题论坛暨开幕式上，《新工业革命》作者彼得·马什作“新工业革命的机遇与挑战”主题演讲，对当前准确把握新工业革命的浪潮具有很强的指导意义。

3. 展会功能提升。九大专业展面积超过16万平方米，比上年增长14.3%。参展企业有1979家，其中境外企业541家，参展面积占30.1%；外省市企业770家，参展面积占40.2%；上海企业668家，参展面积占29.7%。境外参展商来自美国、巴西、德国、英国、日本、澳大利亚等25个国家和地区。境内展商涵盖除海南、西藏、内蒙古之外的28个省市自治区和5个计划单列市。展览共吸引13.93万人次参观，观众来自全球82个国家和地区。其中专业人士11.78万人次。实现贸易成交额47163万元，较上届30520万元增长55%；贸易意向签约额84734万元，较上届29541万元增长187%。

中共中央政治局委员、上海市委书记韩正，上海市市长杨雄等领导参观中国国际工业博览会

4. 首设“工业机器人展”，把握数字制造发展趋势。展览面积12,500平方米，齐集ABB、发那科、库卡、安川电机全球四大机器人家族以及史陶比尔、那智、现代重工、电装、三菱电机、沈阳新松等近100家国内外工业机器人制造厂商同台竞技。

5. 装备制造业展区积极融入“数字和绿色”。秦川机床将已使用7年的旧机床通过精度提升，增配机器人天吊抓手等多项技改措施，将六台单机组成全自动生产线，达到节能、增效的双重目的。

6. 节能环保展区聚焦“绿色工业”展会特色，推出“工业洁净技术”、“工业清洗设备”等板块，集中展示当下在这一领域的先进制造成果。

7. 加强产学研结合，促进先进制造升级。首次亮相的上海宇航系统工程研究所研制的“月球车”、3D生物打印机、“核电核岛组设备模型”等展示了上海地区科技产业的领先优势和技术力量。“中国高校展区”汇聚境内外66家高校的660余项参展项目，其中重大技术突破成果项目高达57项。中国科学院展区聚焦第三次工业革命中的核心技术，集中展示中科院在相关领域的研发实力和最新成果，参展项目充分突出中国科学院国家队的整体实力和水平。

8. 航空航天展再次成为关注热点。中国航天科技集团携“神舟十号”飞船返回舱实物首次参展工博会航空航天展。其他载人航天产品有我国最大的单体降落伞、占地1200平方米的载人飞船主降落伞等中国载人航天工程实物、图片展。

9. 评奖加大创新，品牌效应扩大。聚焦新一轮产业发展方向，结合新形势下产业发展的趋势和特点，重点聚焦智能、绿色制造，工业机器人、3D打印、金属加工制造、新能源汽车制造技术等体现高端、前沿的产品，以及利用新技术、新模式推动传统产业改造的创新成果，评出金奖4项、创新金奖1项、银奖10项、铜奖14项、创新奖11项，授予“神舟十号”飞船返回舱特别荣誉奖。11家单位获得组织奖。本届工博会进一步对评奖系统的环节设置和操作流程进行了优化升级，使操作流程更简洁、更透明、更合理。在不断提高的评奖标准和简化颁奖形式的要求下，提前两天揭晓评奖结果，提升了工博会评奖的品牌效应。

10. 论坛加强互动，水平再上台阶。除“主题论坛暨开幕式”外，举办了“发展论坛”、“科技论坛”以及“行业和企业论坛”。论坛共安排不同规模和形式的53场专题活动，近8500名专业人士参加论坛活动。

中国(上海)国际跨国采购大会

2013中国(上海)国际跨国采购大会于9月11－13日在上海成功举办。本届大会保持一贯“采购商设摊，供应商参会”的独特办展模式，为跨国公司在华采购提供有效平台，帮助中国企业扩大出口，提升中国制造的国际竞争力起到重要的作用。

本届大会办展面积2万平方米，设立4大采购专区：国际采购商专区、联合国及国际机构采购专区、供应链服务商专区和中国工业零部件展区，共吸引来自14个国家和地区的511家跨国采购商和6家联合国及国际组织采购机构设展。国内外参会供应商超过8000家。据统计，参展采购商2014年度在华采购金额达240亿美元。本届跨采大会全球参展采购商规模较上年有稳步增长，参会企业满意度也有所提高，调查问卷显示，参会采购商对本次大会满意度达到86%，供应商的满意度达到79%。

2013年中国(上海)国际跨国采购大会现场

作为国内最大规模的逆向展会，本届跨采大会在国际化、专业化和创新化方面有着突出的亮点：

1. 探索“中国制造”的转型之路。本届跨国采购论坛以“转型中的中国制造—全球采购与供应链的新角色”为主题，邀请知名公司高管以及业界专家，共同挖掘跨国采购在中国制造转型发展中发挥的积极作用，并深入探讨中国企业在新一轮全球采购中所面临的机遇和挑战。

2. 跨国采购信心指数预期回暖乐观。

在大会开幕论坛上，上海跨国采购中心进行了2013第三季度跨国采购信心指数的预发布，信心指数为51.28，较上季度50.40有小幅回升。在华采购量、采购价格和在华采购比重均有所上升，可以预期跨国公司在华采购在2013年第四季度和2014年将趋向扩张。

3. 拓展联合国在华采购，提升“中国制造”话语权。大会期间，联合国采购促进会以及6家联合国相关机构在现场实时发布最新招投标信息，并对配对供应商进行审核认证，使之能直接成为联合国注册供应商，加快采购流程。

4. 全方位提高采供沟通效率。为了进一步促进我国对外经贸的合作，加强我国对外进出口贸易发展，提升“中国制造”参与国际市场竞争的实力，本届跨采大会特别设置多场专题论坛，延续跨采高峰论坛的探索与讨论，加强采供双方的沟通，推动“中国制造”转型升级为“中国智造”、“中国创造”。

中国(上海)国际技术进出口交易会

首届中国（上海）国际技术进出口交易会（简称“上交会”）于2013年5月8日－11日在上海国际展览中心和上海世贸商城隆重举办。展览面积30850平方米，共有35个国家和地区的938家知名科技企业、技术交易服务机构参加。

本次“上交会”以“创新驱动发展，保护知识产权，促进技术贸易”为主题，以“新技术新市场新网络”为要素，通过生动鲜明的展览展示和专业权威的交易服务，构建成为四个平台，即国际技术展示交易平台、国际高新技术推广应用平台、企业获得国际技术支持平台和发明创造技术转化平台。

展会包括展览展示、论坛活动和交易服务等内容。展览展示分为专业技术展区和组团展区，专业技术展区重点展示智能制造、新一代信息技术、生物技术、新能源、新材料、节能环保等板块；组团展区集中展示国家、地区、省市和行业组织的最新高新技术成果。论坛活动包括开幕式暨高峰论坛、专业主题论坛、政策宣介以及技术推介会、创新演示会、项目对接会、签约仪式等各类活动。交易服务包括技术转让许可、知识产权保护、科技投融资、国际技术人才、投资促进服务等。

展会现场

中国（上海）国际技术进出口交易会是由商务部、科技部、国家知识产权局和上海市人民政府共同主办，上海市国际技术进出口促进中心承办的国家级的国内外先进技术展示、交流、交易的盛会。

第十五届上海国际汽车工业展览会

以“创新美好生活”为主题的第十五届上海国际汽车工业展览会于2013年4月29日圆满落下帷幕。

本届车展吸引了18个国家和地区2000家中外汽车展商参展；展出规模30万平方米；展出整车1300辆，全球首发车111辆，概念车69辆，新能源车91辆。共接待观众81.3万人次；2718家中外媒体10493名记者竞相报道了车展盛况。本届上海车展的成功举办，为全球汽车工业搭建了一个高水平的交流平台，引发了全行业及社会各界的强烈关注。

4月20日，四川雅安发生7.0级地震，造成重大人员伤亡。上海车展主办方获悉后当即决定向雅安地震灾区捐款100万元，支持抗震救灾。正在参展的各大车企也纷纷第一时间捐款捐物。展会现场，车企、媒体和观众以各种方式为灾区群众祈福，赈灾“正能量”在上海车展传递。

4月19日，以“汇聚正能量，推动合作创新”为主题的2013(第三届)上海国际车展高峰论坛在上海国际会议中心隆重召开。中外顶级车企高管、著名经济学家以及外国使节、中外商协会代表共420人出席论坛，着重探讨在经济全球化形势下的合作与创新，优化升级产业结构，进而实现中国由“生产大国”向“创新强国”跨越的战略目标。上海市政府、中国贸易会、中国机械工业联合会有关领导出席开幕式并致词。

自主品牌集体发力，“中国力量”强势崛起。本届车展再次齐聚了一汽、上汽、东风、长安、广汽、北汽六大汽车集团，以及奇瑞、华

2013年上海国际汽车工业展览会现场

晨、吉利、长城、比亚迪等国内自主品牌集体发力，全力参展，其充满实力与自信的姿态在上海车展的强大阵容中扮演着重要角色，显示“中国力量”强势崛起，势头丝毫不弱于海外品牌。随着国内自主品牌从简单的模仿跨入自主创新的崭新阶段，不少中高端车型被列为本届车展展示的核心产品，迎来自主品牌“质的突破”。

本届车展上，几乎所有主流整车制造商都现场展出了混合动力车型，混合动力、插电式混合动力新车或者概念车明显增多，其中不乏很多接近量产的车型。而各大汽车企业参展的新能源汽车也越来越理性，更务实和专注于进行技术提升。

上海车展，如今已被跨国汽车巨头无一例外地视为全球最重要的车展之一，厂商无一缺席，高管轮番出席。欧系、日系、美系及各著名厂家均以国际A级车展中的重点展会规格布展、参展。上海车展不但进一步印证了其对中国汽车市场的信心，也让他们更加清晰地看到中国汽车市场未来的无限希望。

本届车展现代展示技术集中应用，现场精彩纷呈。各厂家通过3D视频、模型展示、

模拟运行、互动体验甚至实物操作等方式，极大地丰富了观众参观体验。尤其是首次推出的汽车动态演示体验区观者如潮，惊险的特技表演、刺激的越野驾驶，让人眼前一亮。

本届上海车展媒体日，各大汽车厂家共举行了100场新闻发布会。路透社、美联社、法新社、CNN、BBC、华尔街日报、日本共同社等国际主流媒体云集上海车展，均给予本届车展高度评价。新华社、央视记者多路出击，各主流门户网站现场直播、立体报道，上视新闻综合频道更首次8小时全程直播上海车展盛况，提高车展的知名度和影响力。

中华老字号博览会

2013中华老字号博览会于2013年9月26—29日在上海展览中心东一馆隆重举行。

本届博览会展出面积6528平方米，设置展位300个，参展企业204家。其中，上海老字号企业149家；外省市老字号企业44家；境外品牌12家。外省市企业分别来自天津、江苏、广东等10个省市；境外企业来自日本、奥地利、土耳其、韩国4个国家。展品包括食品餐饮、轻工百货、纺服鞋帽、珠宝首饰、工美文化、医药保健、现代服务等数千种。除老凤祥、恒源祥、杏花楼、豫园商城、中华药业、“古今”等知名品牌老字号外，还有百联集团、光明集团、良友集团、龙头集团、锦江集团等五大市属集团率旗下众多老字号品牌参展亮相，包括第一百货、第一医药、光明乳业、梅林正广和、海狮油脂、乐惠食品、龙头家纺、三枪内衣、国际饭店、上海国旅等。

参展的境外品牌有奥地利的水晶饰品、土耳其的土特坚果、日本的特色酱油和特色工艺品、韩国的泥浆面膜等。扩大了博览会的对外交流，为今后继续引进海外老字号品牌、增强国际化程度铺垫基础。

本届博览会的主要特色：

1. 传承创新亮点不断。本届博览会在第一展厅设立“创新产品展示区”，展区以“创新经典，点睛生活”为标志，以简洁明快的布展格局，集结了荣获2013中华老字号时尚创意大赛金银铜奖和提名奖参与奖的老字号企业的获奖展品。从“衣”、“食”、“用”、“行”四个方面生动展示了上海老字号的创新产品。

2. 品牌云集观众踊跃。今年的博览会参展的各家老字号都拿出了历史悠久、家喻户晓的品牌产品和最新最受欢迎的产品。以及一些已经远销海外市场的品牌：如“钻石”秒表、“龙虎”清凉产品、“古今”内衣、“凤凰”自行车、“大白兔”奶糖、“回力”运动鞋、“白象”“天鹅”电池、“乔家栅”点心、“枫泾”丁蹄等。境外品牌如日本的具有300多年历史调味品“龟甲万”、“万”字牌酱油、手工纸扇等。每天每个展位前都人头攒动，购买踊跃。

3. 五大集团耀眼夺目。百联集团率旗

为期四天的博览会吸引众多的观众，
图为参观者排队进场观展

下第一百货、时装商店、妇女用品商店、第一医药、茂昌、吴良材、亨达利、冠龙、乔家栅等9家老字号企业以集团统一CI形象整体参展,突出了百联集团的品牌效应,彰显了老字号的历史沿革和发展;龙头集团旗下的民光牌床单、凤凰牌毛毯、钟牌414毛巾、三枪内衣、海螺衬衫等品牌,在博览会上大出风头;光明集团旗下的大白兔等品牌以及新雪臻蛋糕冰淇淋等冷饮食品的展位前总是排着长龙;良友集团特装展位上打着醒目的大字"良心良品良友",推出的各色粮油制品深受观众青睐;锦江集团率旗下锦江、和平、金门等婚宴、商务宴请特别推介吸引了不少观众的眼球。

4. 食品保健最受欢迎。食品餐饮杏花楼集团的新雅、德兴、鲜得来、五芳斋、邵万生、悦来芳、万有全、赵家豆腐店的展位前人头攒动,成了许多消费者来博览会现场购买的第一选择。天津的益德成鼻烟和桂发祥麻花、潮州庄园春的手工牛丸、福建的品日有、南京的桂花鸭、无锡的真正老陆稿荐和王兴记、嘉兴五芳斋粽子等外省市老字号品牌也吸引了众多观众。首次参展的余天成堂,展示的虫草、燕窝、高丽红参、蛤蟆油等中高档滋补品多采用新包装,美观大方,夺人眼球。

中华药业的龙虎牌清凉油和一瓶瓶犹如香水的花露水和管装的清凉霜更是成了许多年轻人的别样新宠。

为期4天的博览会,共接纳观众4.5万人次,现场销售额394万余元。"中华老字号博览会"已逐渐成为弘扬中华传统文化、促进商务合作交流、拉动内需消费、推动老字号持续发展的桥梁和平台。

上海国际渔业博览会

上海国际渔业博览会,是中国水产市场最具市场价值的渔业盛事之一。依托成熟的全球渔业贸易渠道和上海无可比拟的地理优势、国际影响力、行业支持力、产业集中性以及长三角地区辐射全球的水产品贸易网络和资源,进一步完善线上线下的展会服务与市场服务,拓宽全球渔业贸易的绿色通道,吸引全球数十个渔业资源丰富国和地区的关注。荟萃了上海水产集团、大洋世家、好当家、上海荷裕、海之兴、中昱科技、宁波兰星、江苏九寿堂等国内知名企业,来自美、韩、墨西哥、印度、马来西亚、加拿大、西班牙、中国台湾等国家和地区的优质企业也纷至沓来。

上海水产集团自2006年以来以协办单位身份参加了历届博览会。

2010年12月10—13日,水产集团以全新面貌参展第五届上海国际渔业博览会。以场馆面积之最、展中有展、展外有展和贴近市场、惠顾民众的参展特色,跨出了"产品回国"直接接轨市场的重要一步,逐步把远洋捕捞优势转化为市场优势,使国内外同行和黎民百姓进一步了解水产集团,为企业转型发展营造了较好的舆论环境,也重新唤起了社会各界对水产集团的关注和期待。

2011年12月8日,第六届上海国际渔业博览会在上海光大会展中心开幕。上海水产集团参展的五大主题专区:金枪鱼专区、头足类专区、大礼包专区、竹荚鱼鲣鱼磷虾专区、特色产品专区,推出119种以集团自捕鱼为主的水产品,广受业内同行及参观者关注,

第五届上海国际渔业博览会开幕

近20多个国家和地区的水产同行以及国内众多水产企业纷纷前来洽谈贸易与合作。展会期间，通过积极促销和零售活动，共签约销售秘鲁鱿鱼1800吨，智利鲳鱼188吨，订货金额达2175万元。水产集团被展会评为"星级展商杯（五星级）"、"最佳展位空间设计奖"，集团"龙门牌"水产品被评为"最受消费者欢迎产品"。

"2012年第七届上海国际渔业博览会"于12月7日在上海光大会展中心隆重举办。作为上海渔博会主要协办单位之一，上海水产集团携旗下五大捕捞、销售公司集中亮相，带来五大类70余种优质海产品展销。展会上，水产集团请来的金枪鱼加工专业厨师现场进行金枪鱼开片制作刺身拼盘、制作金枪鱼寿司，并提供金枪鱼生鱼片品尝。还进行金枪鱼鱼排烹饪试味、虱目鱼鱼丸关东煮试味等活动，亲民价格引起了市民的争相选购，展位人头攒动，场面火爆。

2013年10月10日，"第八届中国（上海）国际渔业博览会"在上海新国际博览中心举办。水产集团组织开创公司、蒂尔公司、金优公司、水锦洋公司、营销中心等5家公司集中参展，展出了部分运回国内销售的自捕鱼、进口贸易鱼以及水产加工制品等。

上海国际广告印刷包装纸业展览会

2013年7月13日，一年一度的全球广告行业盛会——上海广印展（APPPEXPO）在上海新国际博览中心圆满落幕。

作为一个拥有20年历史的品牌项目，上海广印展从最初的上海商城地下展厅进行展览，到2013年在上海新国际博览中心16个展馆展览；从最初的单一广告设备器材展览，到如今涵盖多项分类的大型展事和活动；从最初的应用型机器设备展示，再到如今全球最新技术和发展趋势的发布交流，上海国际广告印刷包装纸业展览会（APPPEXPO）走过了不平凡的20年。2013年，上海广印展延续历届的盛况，在展出规模、参展企业、专业观众数量上均突破历史最高。成为名符其实的世界范围的行业盛会和贸易平台，规模傲居世界第一。

2013年上海广印展共设16个场馆，总展览面积达到200000平方米，共有来自30多个国家和地区的2005家参展企业。走进上海广印展，展厅内可谓品牌荟萃，从数字喷墨印刷技术设备及材料，打印机及耗材，数字

2013年上海国际广告印刷包装纸业展览会开幕现场

标牌，亚克力板材及成品、标识、标牌设备及标识标牌，展览展示、POP及商用设施，到LED灯具、LED应用，以及印前系统、印刷设备、印后加工设备、印刷包装产品、3D打印应有尽有。世界顶尖知名品牌悉数加盟，惠普、威特、MIMAKI、爱克发、佳能、奥西、爱普生、罗兰、及迈及、富士胶片、艾思科等国际行业巨头在现场展示最新技术成果，举行最新机型和材料的全球首发仪式。被誉为“喷印界的劳斯莱斯”的行业大鳄意大利Durst公司今年也首次登陆中国，来沪展出其尖端机型，展会现场星光灿烂，熠熠生辉。

本届展会还吸引来自全球100多个国家和地区的135706人次专业观众前来参观，其中海外观众27530人次。来自欧洲、美国、日本、韩国、印度、土耳其、马来西亚、阿联酋以及中国香港、台湾地区的专业协会，均组团前来参会。他们在4天的展期内徜徉在规模宏大精彩纷呈的展馆里流连忘返，满载而归。真正做到“不出展馆一览无遗”，实现了上海广印展组委会打造全球采购贸易平台的宗旨。

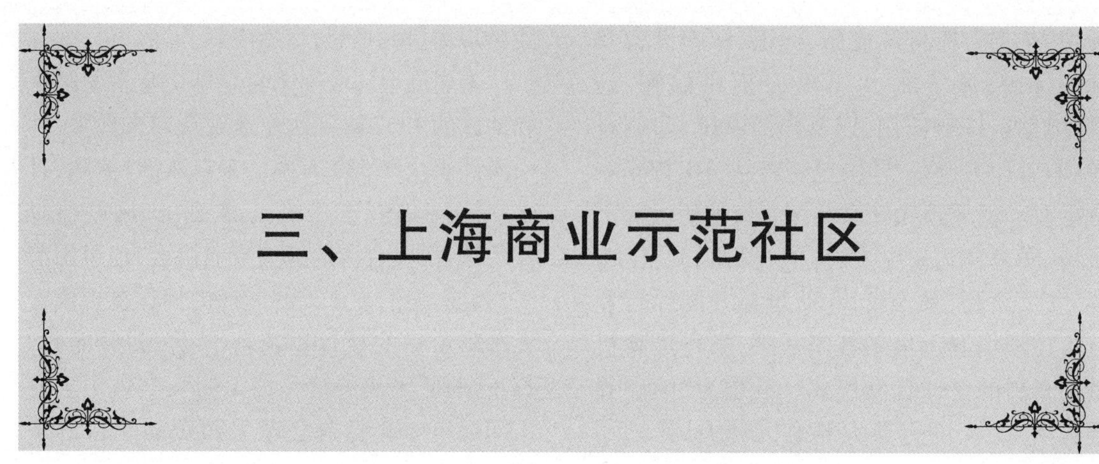

三、上海商业示范社区

随着城市居民生活水平的提高和城市住宅郊区化的发展，一种以社区范围内的居民为服务对象，以便民、利民，满足和促进居民综合消费为目标的社区商业模式越来越受到人们的青睐。社区商业是城市商业空间中一个重要层次，它所提供的服务具有综合性和便利性的特点，但不一定是廉价的。因此，社区商业具有稳定的市场基础，并随着居民收入水平的提高，而得到一个更大的发展。目前上海已有17个经国家商务部评选出的全国社区商业示范社区和经市商务委评选的50个市级社区商业示范社区（名录详见“第九编商贸便览”）。这些示范型社区商业，正逐渐成为上海商业的重要基础，满足了周围市民日常生活必需。社区商业从过去沿街布点、功能单一、购物为主，发展到与大型新建社区配套，集中布局，功能多样化，不仅满足居民日常生活用品采购的需求，更增添了丰富多样的餐饮娱乐设施，成为市民休闲的好去处。从本期起，《上海商务年鉴》将陆续介绍这些集居民生活所需的购物、服务和文化娱乐一站式消费的大型商业综合服务体。

长宁区百联西郊购物中心

百联西郊购物中心位于上海西郊的长宁区新泾地区，是百联集团旗下一家全新的商业中心和社区中心。2005年，百联西郊购物中心社区被国家商务部评选为“全国社区商业示范社区”。

购物中心占地面积3.4万平方米，建筑面积11万平方米，整个建筑物分地下二层和地上四层。购物中心采用开放式建筑风格，体现人性化设计理念，通过贯穿东西两侧出入口的步行街、室外与室内交替的环型走廊和天桥、开敞的园林景观中心广场，将三个区域的建筑有机地组合成一个整体，新颖的视觉效果，清新的绿化环境，处处彰显品味和情趣。商场如同一个游乐场，带给你一个全新的购物理念，吃喝玩乐一应俱全。还有为儿童建设的游泳池，在购物的同时，为孩子提供了悠闲地去处。家长可以坐在旁边的露天咖啡吧看孩子们玩耍。

百联西郊购物中心定位于社区型购物中心，服务于周边居民社区，力求为数十万居民提供一个温馨和谐的休闲、消费场所。大型超市、精品百货、家居用品、餐饮娱乐、品牌专卖、社区服务等，丰富的业态组合，给予消费者多一份的选择和多一份的满足。

虹口区曲阳生活购物中心社区

曲阳生活购物中心位于上海市东北部虹口区曲阳街道正中心，是集商业购物、商务办公、休闲娱乐、生活服务于一体的商业中心，辐射曲阳社区及周边5公里范围的60万居民。2010年，曲阳生活购物中心社区被国家商务部评选为“全国社区商业示范社区”。

曲阳生活购物中心主楼主体结构建筑面积约25000平方米，其中美食广场约3132平方米。第一、二层是上海市第一家外资超市家乐福，面积7421平方米；三至五层是经营面积10991平方米的大型商场，提供品牌连锁珠宝饰品、钟表眼镜、服饰鞋袋、居家用品、家用电器等专柜服务；六层是约3350平方米的平价多功能厅、歌城、网吧、桌球等休闲娱乐场馆，为当地居民的生活添加了色彩。

目前主体商业每天的客流量达到2万人以上，每月的营业额达到3000万元以上。社区商业品种丰富齐全，价格低廉，深受居民的青睐，为周边市民提供了便利、舒适的购物环境。

除主体商业楼外，周边还汇聚着各种不同规模、不同业种的专业店、专卖店，如玉田（支）路上有市民服务驿站、曲阳医院、中国银行、新亚大包连锁餐饮、曲阳浴室、华联超市等网点；曲阳路上的曲阳影都、曲阳图书馆、必胜客、麦当劳、味千拉面、俊峰美容美发、曲阳花鸟市场、工商银行、邮电局等网点。

曲阳生活购物中心以给广大居民带来真实的利益和服务为宗旨，融合各类购物商场风格，结合自身经营的实际和特色，使其服务内容和经营的商品更切合百姓的需要，完善了曲阳地区的商业结构和功能，更美化了环境，为地区经济发展带来了新的机遇。

浦东新区碧云国际社区

碧云国际社区位于上海浦东新区腹部，占地总面积约4平方公里，为迄今上海规模最大、社区配套功能最完善、综合环境最具创意特色的新型国际社区，同时也是上海最适宜外籍人士居住的国际社区之一。它西起黑松路，东至金桥路，北起杨高路，南至云间路。社区生活、教育、医疗、体育、休闲、文化等配套完善，居住在碧云国际社区的外籍家庭近2000户，约6000人。

碧云国际社区是中国上海浦东开发开放的进程中，按照外向型、多功能、现代化国际新城区的功能定位，参照国际标准和惯例，以超前的规划和理念建设而成的一个新型国际社区的优秀典范。2008年被评为全国社区商业示范社区。

经过8年多开发建设，碧云国际社区已形成了多元文化相交融，人与自然和谐，建筑风格多样化，生态环境一流，适合境外人士多种居住模式需要的大型国际社区。目前，整个社区的综合配套设施初具规模，能基本满足社区内境外人士及其家属多层次居住、休闲、购物、交际以及教育、医疗等方面的需求。

社区商业方面——已形成了较成熟的商业街区，引入了大型超市、特色餐饮、酒吧、品牌专卖店以及金融服务机构、书店、画廊等现代商业、文化项目。

教育设施方面——建有专供外籍人士子女就读的上海德威英国国际学校、蒙特梭利国际幼儿园、上海协和国际学校以及由欧盟资助的中欧国际工商学院以及九年一贯制寄宿制学校上海平和双语学校等。

医疗服务方面——建成了全国第一家中外合资医院华山医院（浦东分院）、妇幼保健医院、Worldlink涉外诊所、日资德真会牙科诊所等。

体育休闲方面——建成了以碧云体育休闲中心为主体，兼有健身、游泳、橄榄球、足球等多种运动的配套设施。

杨浦区五角场镇中原城市广场社区

坐落于杨浦区国和路与民庆路交叉口的中原城市广场，总建筑面积约7万平方米。

在丽园路上，丽蒙社区又开出打浦桥社区生活服务中心，集聚了理发、钟表维修、简易装潢维修、衣服洗烫、裁缝、家政服务、家电维修、棉被翻新、皮具清洗、锅具维修、修鞋、修拉链、配钥匙、修配眼镜，并且还设有金融服务和慈善超市等，为了方便居民，每个修理摊上都公示了联系电话，居民一旦有急难事，马上就能打电话找到他们。

丽蒙社区还由蒙西标准化菜市场领衔，集中配置了便利店、餐饮店、水果店、熟菜店、面包房、美发店、洗涤店、药店、小日杂、小五金、银行、保姆介绍所等社区商业所必备性业态和选择性业态。以组团式、沿街式和多点式的方式配置，让北到徐家汇路，南到斜土路，西到鲁班路，东到局门路的打浦桥街道丽蒙社区居民步行5至10分钟，就能到达标准化菜市场以及周边小店群，成功打造了社区居民10分钟生活消费服务圈。

静安区江宁社区商业示范区

静安区江宁社区位于静安区的北部，社区内新旧建筑交错，既有新建的高档住宅，巍峨的商务楼宇和绿意葱茏的景观道路，同时也保留部分旧式里弄住宅。社区立足“以民为本，服务社区”的宗旨，积极实施规划引领、政策扶持等举措，加强资源整合，推进“在线收废”、“直供便民”等特色服务，商业服务网点布局合理均衡，门类齐全，生活设施便捷，是一个较为成熟的社区商业街区。2013年被市商务委命名为上海市社区商业示范社区。

江宁路、昌平路、昌化路和常德路等路段形成江宁社区商业的重要节点。社区内主要

商业服务网点800余家，其中：综合超市27家、菜市场3家、社区直供菜点20余个、银行28家、药房7家、餐馆300余家、邮局5家、幼儿园2家、24小时便利店25家、洗衣店4家、美容美发店58个，以及雷允上、王家沙、杏花楼、南京美发等老字号品牌商业60余家。

江宁社区集聚各种与民生密切相关的商业服务业态，除了有艺海剧院、静安体育中心等文化、体育设施，还有通过老厂房改造建成的800秀、安垦和同乐坊等多处创意产业园区。园区内都相应配套设置文化、餐饮等休闲娱乐场所，通过突出主题，强化功能，整肃环境，适当配置，提供了一个社区居民和商务人士餐饮、娱乐、休闲的交流平台，形成了以文化创意产业为主导的社区商业街区。

昌平路街区横贯江宁社区，东起西苏州河路、西至胶州路，全长1.5千米。通过打造以昌平路为主轴的绿化景观道路，昌平路被评为全市最美林荫道之一。昌平路沿线有天

河、淮安、宝安、三乐、三星、蒋家巷、永乐、联宝、恒德共9个居委,沿线居民约3.6万余人,占江宁区域人口的一半。周边配有3家菜市场(昌化、海康、康定)、40余家大众餐饮(如:来必堡、昌平阁、捞皇、东北饺子馆等)、6处银行服务网点、5家美容美发店、5家24小时便利店,沿线还包括区房地产交易中心、社区事务受理中心、社区生活服务中心、区体育局、信息化展示中心、科技馆等一批公共服务单位。

静安区南京西路南西社区商业示范区

静安区南西社区2013年被命名为上海市社区商业示范社区。该社区位于静安区南部,东起江宁路、成都北路、陕西南路,西至常德路、富民路,南到长乐路、延安中路,北及北京西路、南京西路。这里有上海展览中心、马勒别墅等经典保留建筑,同时还分布静安别墅、模范村等一批旧式里弄居住小区。社区内商业发达,商务楼宇高度集聚,汇聚了恒隆、中信泰富、嘉里中心、上海商城等高端商业楼宇50余幢,配套有文化娱乐、教育培训、体育健身、医疗保健、时尚休闲等各种商业服务业态,商业服务功能完善、品位高。同时通过大力推进白领午餐、乐龄家园等民生工程建设,各类社区商业服务业态丰富,设施门类齐全,形成满足多层次消费需求的特色街区,让居民充分享受建设发展的成果,营造了安居乐业的良好环境。

南西社区紧邻南京西路,集聚恒隆、中信泰富、波特曼酒店、四季酒店等众多商业商务楼宇,并有吴江路休闲街、大沽路社区商业服务中心等特色社区商业街。社区内超市便利店、菜市场以及餐饮、美容美发、服装服饰等各类便民商业网点1400多家。其中:商场、商铺926家,超市便利店25家,菜场3家,社区直供菜点20余个,小餐饮店202家,宾馆、酒家、旅馆10家,美容美发40家,健身房、游泳池4家,综合性娱乐场所36家,轨道交通出入口1处,医疗机构11家,社区公共活动场所41处,学校(含幼儿园社区学校)23家。同时还有贴近社区居民需求的雷允上、三阳盛、立丰、王家沙、南京美发等老字号品牌商业60余家。

通过对大沽路整条街的调整建设,形成了以大沽菜场为主的社区商业服务中心。商街紧邻延中绿地,道路景观较好。北侧中凯城市之光小区周边有休闲会所、咖啡馆、专卖店等较高档次的商业服务业态,满足较高层次的消费需求。南侧以大沽菜场为中心,配置了大众消费的商业服务业态,形成休闲风情和大众消费和谐发展的特色社区商业街。同时针对社区内商务白领多,以及留守老人多的情况,集中推出白领午餐网点60余个,方便白领人士的就餐。以“强化公共服务、造福百姓民生”为宗旨,“福民南区”成为社区建设的品牌特色。以中外文化活动展示、展览,文化艺术论坛,文化品牌推介等方式,将张园打造成老年居民的文化活动沟通交流场所。

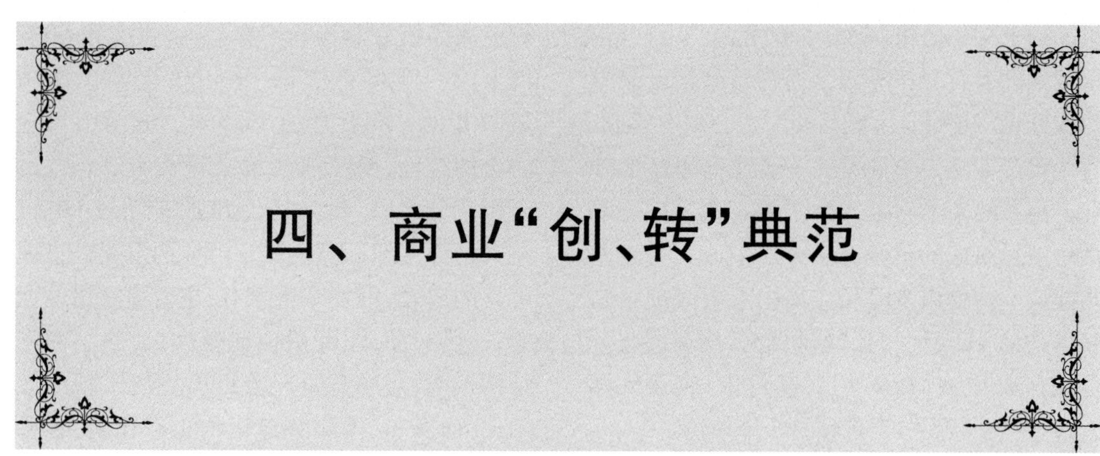

四、商业“创、转”典范

从本期起《上海商务年鉴》在专栏编新设商业“创、转”典范栏目。

自中共上海市委、市政府提出“创新驱动、转型发展”经济工作总方针以来，上海商业战线广大员工纷纷响应，努力实践，近一两年来涌现出不少“创新驱动、转型发展”的先进典范。现将部分典范介绍如下，以期抛砖引玉，推动上海商务系统执行“创新驱动、转型发展”方针向更高目标前进。以后还将继续刊登，望广大商务工作者踊跃来稿。

上海国际黄金珠宝商贸功能区

上海国际黄金珠宝商贸功能区是由市商务委和黄浦区政府联手推进的战略合作重点项目，也是上海国际贸易中心建设中的第一个商贸功能区项目。该项目于2011年被列入国家财政部、国家商务部与上海市政府合作推进的国家现代服务业综合试点范围，并加以政策扶持，且成为上海文化创意产业发展“十二五”规划推进的重点项目。

项目规划布局：围绕上海国际黄金珠宝商贸功能区发展目标和产业体系，根据中心城区服务业布局特点和载体发展空间，规划布局为“一园两翼”（一园指豫园黄金珠宝核心区。两翼指南京路东段向外滩延伸段与淮海路）。

项目规划目标：以国际化、现代化、市场化为方向，着力集聚六类要素，强化六大功能，建设六大平台。一是着力集聚国家级要素市场，强化市场配置功能，建设黄金珠宝采购交易平台。二是着力集聚国内外设计人才，强化创意设计功能，建设黄金珠宝设计研发平台。三是着力集聚权威性传媒和活动，强化信息发布功能，建设黄金珠宝时尚发布平台。四是着力集聚国际级展馆与展会，强化展览展示功能，建设黄金珠宝精品展示平台。五是着力集聚国内外知名消费品牌，强化品牌集聚功能，建设黄金珠宝品牌消费平台。六是着力集聚产业链各类服务企业，强化专业配套功能，建设黄金珠宝综合服务平台。

项目进展顺利：上海国际黄金珠宝商贸功能区十大项目已有7大项目启动建设，目前项目计划总投资超过8亿元，已发生投资超过1.3亿元，计划推进项目的合计建筑面积超过10万平方。其中4个项目已取得阶段性成果。如玉文化分馆、金镶玉分馆、宝玉石分馆以及四大名石分馆等四个博物馆分馆已基本建成开馆。黄金珠宝藏品交易中心基本建成。首个黄金珠宝专业商厦——金豫商厦建成开业。由万丽艺术酒店、老凤祥精品展示中心等两个项目组成的黄金珠宝推广中心项目也基本建成。博物馆及藏品交易中心两大项目已获得共计342万元的国家和市首批现代服务业综合试点专项资金扶持,连同区114万元配套资金已全数发放至各项目实施单位。

项目初见成效:2013年黄浦区黄金珠宝行业商品销售总额651.6亿元,占全市90%以上,比2010年增长70%;占全国比例从2010年的9%上升为13.8%。根据市黄金协会的统计,豫园地区黄金珠宝零售总额占全市三分之一,批发占全市比重超过90%。尤其是豫园地区黄金珠宝行业的发展已呈现可喜的成效:批发零售兼有;主要商家错位竞争,一店一品;业务规模比较大;大中小商家结构平衡,市场竞争充分;创意设计、精品展示、时尚发布、检测鉴定机构正在积聚,各种功能逐渐齐全。

服务楼宇白领　助力区域经济可持续发展

2008年,静安以提升区域商业商务软环境为出发点,推出“白领午餐”工程,这一做法得到市委市政府的高度关注。国家商务部以及北京、江苏等省市多次来静安调研白领午餐工作并给予充分肯定。总体上看,静安白领午餐工作已在一定程度上缓解了区域内商务楼宇员工的就餐问题,普遍获得了白领群体和供餐企业的肯定。

健立长效机制,加强组织保障

2008年7月,根据区政府要求,区商务委牵头成立静安区商务楼宇员工午餐工作联席会议。分管区长任联席会议召集人,成员单位由区委宣传部、区社会工作党工委(现区委区政府社建办)、区商务委、食药监静安分局、区财政局、各街道组成。联席会议办公室设在区商务委,负责日常工作。作为牵头部门,商务委与各街道做好供需衔接工作,与食药监静安分局、区财政局反复论证并制定了《静安区商务楼宇员工午餐项目申报审批流程》、《静安区商务楼宇午餐专项资金管理和使用办法》、《静安区商务楼宇员工午餐专项资金申请审批流程》、《静安区商务楼宇白领用餐供餐单位食品卫生规范性要求(暂行)》等规定,进一步规范准入、监管、评估、反馈等管理机制。

完善政策扶持,引导各方有序发展

根据《静安区商务楼宇员工午餐专项资金使用管理办法(修订稿)》,对新建、改建楼宇食堂网点补贴按规定给予一定的支持。改建提升楼宇食堂网点补贴主要用于支持楼宇食堂扩大场地、设备添置、增强运能、场地租金等。对“白领午餐”推荐单位、楼宇食堂、特色单位供应总量、套餐品种、服务质量、食品安全、各方评价等方面进行年终综合考评,采取以奖代补方式,分别对年终考评达标且先进的“白领午餐”推荐单位、楼宇食堂、特色单位给予一定支持。

创新工作举措,成立行业组织

2009年7月,成立上海市烹饪协会团餐专业委员会静安区商务楼宇餐饮工作代表处。2012年通过区"白领午餐"工作项目竞争性谈判会议,由专家组根据工作项目,各竞标单位介绍进行综合分析选取上海学晖为老服务中心作为2012年度白领午餐项目承接单位,开展工作交流、业务培训、技能评比、分等定级等工作。2012年3月,经过层层考评推出首批30家白领午餐示范单位、10名优秀店长、10名服务明星。邀请金牌讲师开展业务指导与培训,取得了较好的企业反应及社会效应。

借助静安白领卡,提升服务能级

2013年,区商务委围绕"借助移动支付推动区域商业转型"与杉德公司、中国移动、中国银行进行合作。2013年12月12日,静安南京路创建移动支付示范街区暨静安白领卡项目启动仪式顺利举行。选择现有白领午餐点为项目启动,通过在餐厅布放POS终端受理"静安白领卡"及其它各种支付方式,进一步提升白领午餐服务能级,并有望通过"白领午餐"拉动静安区白领消费。同时,积极协调特色品牌餐饮企业,为区域内领事馆、重点世界500强企业等单位提供定制化供餐模式,获得了各方的好评。

丰富宣传渠道,提高白领知晓度

先后在静安门户网站和白领驿家网站上开设"白领午餐"专栏,及时发布更新午餐信息,提升白领用餐便捷度。至今已编制六期《静安区商务楼宇员工午餐指南》,通过街道和邮政系统发放至全区83家主要商务楼宇,6000多家企业和72个小区白领手中。2011年开展百家知名餐饮企业特色特价菜肴展评活动等大型活动,2012年、2013年在春秋季静安国际购物嘉年华期间,推出"品静安美食,尝各色美味"等系列活动。通过与沪港国际咨询集团有限公司、中国移动通信集团上海有限公司西区分公司、上海市邮政公司市西邮政局、新民晚报社区版·大社区四家单位签署战略合作,整合双方资源,发挥各自优势。移动短信平台每月发布20万条"白领午餐"工作信息。与《新民晚报社区版·大社区》新天地版期刊版面宣传,扩大白领知晓率。星尚频道人气美食栏目多次报道,静安区白领午餐餐饮企业列入排行榜前列;大众点评网等点评网站的热门点评覆盖了静安区九成以上的白领午餐餐饮企业。

2013年4月27日,春季购物嘉年华暨首届国际美食赏活动——厨艺大赛现场

监管考评并举,提高白领满意度

由"白领午餐"餐饮工作代表处通过日常巡查、抽查、集中检查等形式对区域内白领午餐进行行业管理。其中"白领午餐"推荐单位为每月必查单位,餐饮企业严控进货渠道和质量。由静安区"白领午餐"联席会议办公室牵头,会同静安区各街道、白领午餐餐饮工作代表处、与沪港国际咨询集团有限公司合作,对2013年静安区白领午餐项目的近180家餐饮企业进行白领满意度测评。报告显示,九成以上的白领受访者对静安区白领午餐餐饮企业表示肯定,满意率达97%。

经过5年多的努力,静安白领午餐工作已经取得一定的成效,2013年,区政府更是将白领午餐工作正式纳入区政府实事工程,在"白领午餐”推荐单位、楼宇食堂、特色单位、超市便利店的基础上,重点聚焦静安寺、梅泰恒商圈,新增白领午餐网点30家(其中静安寺地区新增24家,经典商务套餐单位10家),形成基本覆盖全区重点商务楼宇的近180家“白领午餐”网点。根据区财政局对“白领午餐”工作绩效开展评价,评价结果良好,原先白领中午就餐价格偏高、路程较远的现象基本得到缓解,白领得实惠,午餐综合功能不断延伸,带动同类餐饮业发展,餐饮业增长率明显高于同期社会消费品零售总额增幅3-5个百分点,对社会消费品零售总额贡献率达到48%,为区域经济稳步增长作出贡献,楼宇商务功能配套日趋完善,招商安商作用日益明显。

宝山大力发展邮轮产业

宝山是中国邮轮旅游发展实验区、上海国际邮轮综合改革试点区产业的试验区。做好邮轮产业,既有利于宝山的发展,对整个上海作为世界级旅游城市和国际航运中心的发展也是一个重要支撑。

上海吴淞口国际邮轮港公司是全国旅游标准化试点企业和上海市服务标准化试点企业。吴淞口国际邮轮港现在已经成为亚太地区最繁忙的邮轮港口之一。2013年共接靠国际邮轮127艘次,其中母港邮轮121艘次,访问港邮轮6艘次,接待出入境旅客62.8万人次,占全市邮轮出入境旅客总数的83%。歌诗达邮轮公司旗下“大西洋号”和皇家加勒比游轮公司旗下“海洋水手号”以吴淞口国际邮轮港为母港首次运营亚洲航线。

2013上海邮轮旅游节文艺演出

2013年5月23日至6月18日,举行了上海邮轮旅游节。以“邮轮生活·精彩无限”为主题,活动分为“魅力宝山、邮轮文化、市场平台”三大板块,包括中国“邮轮旅游与区域发展”圆桌会议、“湿地公园邮轮主题日”、“游宝山·乘邮轮”摄影大赛、海洋水手号启航等系列活动。

2013年11月15-17日,在美兰湖国际会议中心举办第八届中国邮轮产业大会。以“邮轮旅游·邮轮经济”为主题,由国家旅游局、上海市人民政府和中国交通运输协会共同主办,汇聚了来自中国、美国、意大利、英国、新加坡、马来西亚、日本、韩国、中国香港和台湾等十几个国家和地区的百余位邮轮界精英高管和专家学者。同期举办国际邮轮博览会。期间,评选和颁发“中国国际邮轮产业(邮轮公司、码头)年度大奖”,正式启动《中国海洋邮轮旅游总体规划》项目,发布《中国邮轮发展吴淞口宣言》,成立“中国邮轮发展专家委员会”、“中国高端邮轮旅游协作联盟”、“中国邮轮建造及投融资联盟”。

2013年11月16日,2013亚洲邮轮港口协会年会在美兰湖国际会议中心举行,由上海吴淞口国际邮轮港和新加坡邮轮中心共同主办,以“提升港口建设、营运和游客接待标准,共建亚洲邮轮港口合作平台”为主题,上海吴淞口国际邮轮港、台湾基隆港、新加坡邮轮港、神户港等亚洲重要邮轮港口共同签署《亚洲邮轮港口战略合作吴淞口宣言》，将共同推进亚洲及周边邮轮港口间互动，促进亚太邮轮产业整体升级。

上海国际酒类现代商贸服务功能区

上海国际酒类现代商贸服务功能区作为国家商务部与上海市政府合作打造的现代服务业综合试点九个项目之一，列入国家商务部出台的商业“十二五”规划，并根据上海市人民政府办公厅关于《上海国际贸易中心建设重点工作及分工》，被列入上海国际贸易中心建设重点工作。2013 年，虹口区商务委坚持“高起点规划、高标准建设、高效率推进”，有序、有力、有效地开展酒功能区各项建设工作。

落实载体主体，引领产业发展

酒功能区坚持政府引导、市场化运作，建设成立上海国际酒类现代商贸服务功能区发展管理中心、上海国际酒业交易中心、上海红酒交易中心、上海市酒类产品质量检验中心、上海国际酒类商贸发展有限公司、上海追溯酒品信息中心等重点平台企业。并积极引入、成立中国侍酒师协会(筹)、国际调酒师协会中国总会、上海葡萄酒研究院、中国酒文化研究与交流中心(筹)等功能性机构。

位于虹口曲阳路近 12000 平米的功能区核心载体全面改造落成，集合信息发布、文化交流、品牌推广、职业培训等综合功能。引进了茅台、张裕、农码商事、点道等企业；建成了近 1000 平米的酒文化展示平台——酒博汇，力争打造成 365 天活动不落幕的专业展示中心，已承办了世界杯调酒世锦赛中国选拔赛、新西兰商贸合作推广周等活动。

贸易畅通活跃，创新交易模式

上海国际酒业交易中心成立近两年，先后发行了茅台神舟酒、国窖中国品味、法国五大名庄之一的奥比昂 2011、葡萄牙国酒波特酒等 10 余款收藏类红、白酒品。是国内酒品源头交易机制的创立者和国内酒类交易业的领头羊，交易额居业内第一。每支发行酒品均获得超额认购。上海红酒交易中心交易品种已达 200 个，覆盖了法国大多数名庄酒品。

检测新址开业，提升专业能级

上海市酒类产品质量检验中心改制成立，以国家级酒类检测中心为建设目标，拥有 3000 平方米的专业检测场地。2013 年顺利完成酒类检测中心计量认证和授权认证，可检测产品增加到 52 个，可检测参数增至 102 个，首次涉及了塑化剂、重金属、农残及微生物定量检测等，被市质监局确定为首批上海市产品质量鉴定组织单位，是上海唯一的酒类仲裁机构。在扩大业务之余，质检中心还与安捷伦科技等合作共建实验室；推进 LIMS 系统建设，规范内部管理；参与国家检测标准的制定；与高校签署协议，做好人才培养与专家共享；申请国家与市级课题，对接国外检测机构与先进技术。

启动追溯试点，顺应发展趋势

上海追溯酒品信息中心揭牌成立，利用大数据、云计算和物联网等现代信息技术，为消费者、流通商和生产厂家提供酒类商品移动电子信息商务服务。与中国电信、网易签署了战略合作协议，共同推进酒品追溯服务体系上线，开拓系统部署、数据管理、信息挖掘、酒品全程追溯、终端消费者验证等各项业务。开发完成追溯系统及相应消费者手机APP应用，并在白酒、葡萄酒、洋酒等知名企业先行试点。

引留功能机构，共推文化交流

酒功能区大力推动酒文化交流与商贸合作。举行“第九届(2013)上海酒节”、“2013葡策中国——葡萄酒未来十年发展趋势国际高峰论坛”等酒类展会、论坛等，吸引行业监管机构、葡萄酒爱好者和学界知名人士广泛参与；中国侍酒师大赛、中国杯花式调酒大赛等成功举办，选拔选手代表中国参加国际大赛。

此外，功能区与法国波尔多1855列级酒庄协会、葡萄牙语系国家和地区、意大利、德国、西班牙、美国、阿根廷、澳大利亚、贵州省商务厅、贵州仁怀市、茅台文化研究会等国家和地区的政府部门和行业协会达成合作意向。上海葡萄酒研究院挂牌成立，开展酒类行业研究、举办系列论坛等。与中华文化促进会(文化部)合作成立“中国酒文化资源研究与交流中心”，促进酒贸易发展。

线上线下联动　店商电商共赢

黄浦区清醒地认识到，作为传统商业大区、强区，面临电子商务时代的到来，理应主动寻找经济发展新动力、探索商业转型新模式、促进商业品牌电商化，率先打造商业中心“升级版”、形成品牌电商产业链，力争为上海乃至全国的商业品牌电商化提供有效案例。为此，必须聚焦商业模式融合创新，积极谋划探索互联网商业时代的“黄浦模式”

三商共谋
探索传统商业转型“触网”之道

2013年5月22日，区商务委在外滩22号举办主题为“传统商业的‘触网’之道“的黄浦商业领袖沙龙。与平台商、品牌商及服务商等“三商”共同探讨如何顺应电子商务发展趋势，及时抢占线上线下协同发展的制高点。东方网、百联e城、eBay、上海钢联、魅力惠等电子商务领军平台商，新世界、恒源祥、老凤祥、古今、GRI集团等国内外优质品牌商，罗兰贝格、普华永道、瑞金麟等专业服务商，齐聚沙龙，共谋未来。与会嘉宾就传统商业“触网”的难点、瓶颈，线上线下战略布局的重塑、平衡等议题，进行热烈且务实的探讨。与会嘉宾一致认为，“无商不电，无电不商”，是未来商业发展的大势所趋。电子商务与传统商业的关系是联动互补、协同共赢。黄浦区要持续放大商业领先优势、持续引领行业创新和产业转型，必须有效发挥商业品牌集聚、商业环境优越、文化底蕴深厚的比较优势，推动传统商业科学“触网”。与会嘉宾还结合黄浦的区位优势和区域经济特点，提出了推进黄浦区优质商业品牌积极“触网”、实现商业模式创新和企业转型的初步建议。

三业联动
搭建黄浦网上整体营销平台

为推动实体商业加快线上布局，黄浦区依托商旅文三大产业高度集聚的独特优势，积极创新商旅文联动载体，推出集微博、微信和手机APP平台，以及40余家商家限时特惠营销信息于一体的“玩购黄浦”线上整体营销平台，探索利用O2O模式进行精准营销。

三城合一
打造线上线下一体销售模式

为探索新型销售模式，黄浦区借助市级商业中心节庆消费热潮的难得商机，鼓励企业线上线下连成一体，给广大消费者提供节庆消费的多元化体验。如新世界城推出实体商城、网上商城、手机商城“三城合一”的现代销售模式，并提供全球送达服务，为消费者带来另类体验。时隔6年再次回归淮海中路大上海时代广场的连卡佛也顺应电子商务发展的新形势，新增“网购”服务，其上海门店和连卡佛网上商店将完全联通，为顾客提供店内和在家购物的无缝体验。顾客可在连卡佛网上订购商品，然后在门店内的“网上购物礼宾部”取货或退货。该项服务在中国市场上尚属首例。

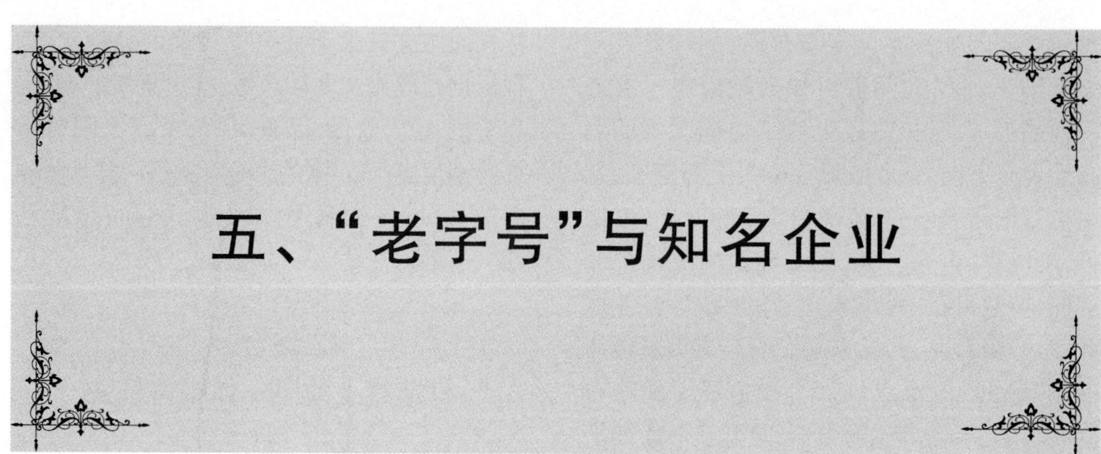

五、“老字号”与知名企业

上海老凤祥银楼有限公司

创建于公元1848年的老凤祥，通过传承与创新，在品牌建设、发展规模、产业结构和产品结构等已发展成为中国珠宝首饰业的龙头企业。老凤祥品牌囊括所有国家级品牌和诸多国际的品牌荣誉，老凤祥金银细工工艺荣列国家非物质文化遗产名录。

老凤祥在业内率先形成从“黄金、铂金、钻石、白银”老四大类首饰，向“白玉、翡翠、珍珠、有色宝石”新四大类首饰产品结构的延伸，形成八大类首饰产品共舞的“八仙过海”。此后又发展到工艺美术品、象牙、珐琅、珠宝眼镜等。2013年已形成十二大系列较为完整的产品链。

老凤祥全国总销售额2013年超300亿元，品牌价值116.72亿元；遍及全国的连锁银楼达700多家、2300多个销售网点，市场覆盖率达90%以上。老凤祥如今已成为中国民族品牌中罕见的“四百”龙头品牌——百年历史、双百亿销售、百亿价值和百强品牌。

上海良友(集团)有限公司

2013年，上海良友(集团)有限公司经济保持平稳健康较快发展，在保障上海粮食安全和市场供应稳定中的主渠道作用进一步发挥。集团总资产159亿元，净资产50亿元；实现主营业务收入180亿元，利润总额1.1亿元。集团名列“中国制造企业500强”第290位，“上海企业100强”第38位，并荣获“中国百佳粮油企业”与“中国十佳粮油集团”称号。

年内，集团加快产业转型发展，实现粮食贸易量466万吨，完成粮食物流吞吐量790万吨，集团外高桥物流园区荣获“中国十佳粮食物流(产业)园区”称号。集团在上海成功开设8家粮油平价店，旗下加工企业全年向市场供应主要粮油产品106万吨。同时，集团市外粮源基地建设目标基本实现，已在黑龙江省、吉林省和江苏省建成六大市外粮源基地；上海粮食交易中心和批发市场挂牌成立并运营。集团外高桥物流园区外配套内河疏浚项目市政府已下发项目建设计划书，为服务上海粮食安全和市场供应进一步夯实基础。

永安百货有限公司

永安百货有限公司是百联集团的下属企业。公司创建于1918年，历经上海永安公司，上海第十百货商店，上海华联商厦，2005年翻牌永安百货有限公司。

永安百货有限公司坐落于被誉为“中华商业第一街”的南京路步行街中心，总面积约32000平方米，分六个营业楼面，是以“经典百货”为经营理念，以经营个性化、品牌化、特色化的黄金珠宝、名表、化妆品、服饰大类为主的经典百货商店。经多年努力，公司树立了良好的社会形象，连续十二届获得"上海市文明单位"称号，连续10年获得上海市和全国"物价、计量、质量、服务"四个"信得过"荣誉的单位。

永安百货有限公司的建筑，是20世纪初折衷主义建筑风格的典型代表，是上海市首批优秀近代保护建筑之一，定为"上海市文物保护单位"。永安以典雅的建筑、高雅的环境、优雅的服务，全力打造具有深厚历史底蕴与独特文化，集购物、餐饮、休闲于一体的经典百货。

上海蔡同德药业有限公司

上海蔡同德药业有限公司坐落在金陵东路396号，集产、供、销、医"四位一体"的中药药业公司，经营各类中药材、中成药、西药、参茸滋补品、营养保健品、医疗器械等5000余种。公司旗下有蔡同德堂药号、群力草药店、胡庆余堂国药号药业有限公司、蔡同德药业有限公司批发部、蔡同德保健品经营部、蔡同德堂中药制药厂和吴江上海蔡同德堂中药饮片有限公司等名优企业。并拥有全国独一无二的"蔡同德堂"和具有自主知识产权的"群力"两大著名品牌。长期以来秉承"诚信经商，优质服务"的理念，依法开展各项经营管理活动，全面加强药品质量管理，确保人民群众用药安全有效。公司麾下的零售、批发和生产企业均分别通过GSP、GMP认证，进一步提升了"蔡同德堂"和"群力"两大品牌市场形象。

近年来，公司积极按"创新驱动、转型发展"的要求，抓住中药特点和特色，带领全体员工"同心同德树品牌，群策群力谋发展"，全面提升公司的综合实力和品牌知名度，实现"行业争一流，市场要份额，国内有影响"的品牌发展目标，并与各医药工商企业精诚团结，不断与时俱进，开拓创新，为振兴民族品牌、发展中医中药事业、构建和谐社会作出积极的贡献。公司销售额和利润额在上海中药行业中均名列前茅。

上海余天成医药有限公司

上海余天成医药有限公司是集药品批发、零售、中药饮片的加工与销售为一体的医药流通企业，是一家"中华老字号"。主要经营中成药（含参茸、银耳），化学药制剂，抗生素，生化药品，生物制品，医疗器械，中药饮片等8000余品种，年销售额近9亿元。

余天成公司继承"道地药材、修制务精、货真价实、童叟无欺、名医坐堂、治病救人"的办店方针，以百姓的健康和生命为己任，坚持"质量第一、用户至上"，积极推行"优秀质量使人放心，优良服务使人称心，优美环境使人舒心"的质量目标。为确保药品质量，公司建立完善的三级质量保证体系，以GSP、GMP认证标准制定质量管理制度，规范经营运作。公司分别顺利通过GSP（药品经营质量管理规范）和GMP（药品生产全面质量管理）认证。

日一新国际物流（上海）有限公司

日一新国际物流（上海）有限公司，是日本日立集团旗下日立物流公司的子公司日新运输株式会社，于2006年11月设立的中国首批外商独资物流公司。日一新是集海空运一体的国际货运代理、报关、报检、仓储以及综合物流加工和贸易代理为一体的现代国际物流公司。特别中日航线的一贯多式联运、服装整理等流通加工业务和保税物流业务是公司的推介项目。结合母公司的优势，公司的服务网点遍布日本各大港口及宁波、南通、深圳、香港、苏州、青岛、烟台、大连、广州、武汉、成都、天津、北京等中国各大沿海城市。

公司具有商务部批准的一级货运代理企业和交通部批准的无船承运人：MOC－NV02169

资质证书。获有2009国家质量管理体系认证:GB/T19001－2008－ISO9001:2008。

公司是上海市国际货运代理行业协会常务理事单位,上海市国际物流(货代)行业重点企业。被评为上海国际货运代理企业信用等级AAA企业和2013年中国物流业品牌价值百强企业。

上海易贸投资集团有限公司

易贸集团源于易贸资讯,于1999年在上海成立。在前10年的发展中,企业致力于为大宗商品行业提供专业的信息、咨询、广告及会展服务,并成为国内大宗品行业服务领域的领军者。秉承“创新驱动”的发展理念,易贸在2011年完成重大战略及业务调整,成为以大宗商品现货电子交易平台为核心基础的领先企业,提供线上线下融合,商流、信息流、物流、资金流“四流合一”的交易服务。

2013年平台交易量达到2200亿元。其中,液化产品的交易量已占全国现货交易量的30%以上,以塑料为主力品种的原材料采购平台,单月可实现单边交易量过2万吨。

未来,易贸还将在液体化工品交易所、大宗能源化工交易市场联盟等领域作新的尝试,为构筑起全新的大宗商品“生态系统”而不断探索。

光驰科技(上海)有限公司

光驰科技(上海)有限公司是日本光驰株式会社于2000年12月26日在上海成立的独资子公司。主要生产经营用于各类数码光学中制备光学部件的增透膜和各类光学滤光片的高精度镀膜设备以及相关真空精密机械零部件的加工以及工艺的研究和开发。同时为客户提供从光学薄膜的设计到成膜系统的构建、系统的安全操作、系统的改造等整套流程所需的先进镀膜设备与技术服务。

光驰公司拥有三菱重工的五面加工机、仓敷机械的大型卧式加工机床、NCN等多种机械加工设备,高真空氦质谱检漏仪、高档分光光度计等真空检验设备。经10多年努力创新,先后制造出用于数码光学的OTFC系列、智能手机的GENER系列、SDAR等镀膜机产品,产品与技术在同行业中得到很高的评价。

光驰公司以“讲理由不如找办法”为座右铭,以“纳米技术为手段,为光学薄膜提供最佳成膜方案”为事业理念,有志为光学事业的高度信息化而贡献力量。

上海一冷开利空调设备有限公司

上海一冷开利空调设备有限公司是美国开利公司在中国的专业空调生产厂商,上海市外商投资先进技术企业。作为世界级工厂,一冷开利拥有多条世界领先的机组和压缩机生产线,可以生产开利品牌全系列机组,产品涵盖商用、家用中央空调主机及空气端产品。

一冷开利以高科技、重环保、重节能为导向,依托开利全球强大的研发平台,自主创新能力不断加强。近几年已推出一系列新产品,包括双极压缩离心式冷水机组(19XR－E),变频螺杆式冷水机组(30XW－V),风冷模块热泵机组(30RQ065),二氧化碳跨临界制冷压缩机(CO_2)和变水流量空调系统(VWV)。同时一冷开利也不断改进和拓展现有产品,开利高能效23XRV变频螺杆式机组在2013年第十届精瑞科学技术奖评选活动中荣获绿色技术产品奖,成为空调行业唯一获此殊荣的企业。一冷开利在积极开拓中国市场的同时,对东南亚、印度、中东以及南美市场的销售也不断提高,其产品核心部件更远销欧美。

JCDecaux 德高中国

德高集团(JCDecaux Group)创立于1964年,是全球第一户外媒体公司,并在巴黎Euronext上市。2012年收入达26.23亿欧元,业务遍布全球超过55个国家,运营着1002800个广告位。作为唯一一家专注于户外广告的世界级媒体公司,德高集团在街道设施、广告大牌及交通媒体的三大业务范围内努力不懈地提供最佳服务。

随着中国户外广告市场的高速成长,德高在中国的表现已成为集团在全球市场中的一个亮点。从2005年进入中国市场以来,德高的业务已覆盖到中国(含香港及澳门)的35座城市。交通媒体(七大城市地铁媒体、八大城市巴士媒体全国联网、七大城市机场媒体)以及街道设施媒体(宁波全市巴士候车亭媒体和31个城市的288所大学校园媒体)已成为公司的主营业务。

上海永菱房产发展有限公司

上海永菱房产发展有限公司系中国红楼集团下属全资控股企业之一。主营业务为房地产开发经营、投资咨询、物业管理等。目前,公司主要从事上海广场的日常经营管理工作。

上海广场坐落于上海市繁华的淮海中路,毗邻香港广场、力宝广场等高档购物中心,其圈式建筑风格秉承香港设计师时尚、前卫、玩酷的理念,与邻街的大上海时代广场辉映成趣。上海广场经营面积达4余万平方米,由地面6层经营场所及地下3层停车库构成。目前商场经营户已达80余家,涵盖餐饮、服装、饰品、美容美发、健身娱乐等众多领域,是集购物、娱乐、休闲等综合性项目于一体的时尚型购物中心。

上海广场是一座理想的休闲约会场所以及时尚达人聚集地,吃喝玩乐一应俱全。在这里,Gloria Jean's Coffee、满记甜品成为时尚人士休闲小憩的首选;新怡会、新旺茶餐厅、和民、我爱鱼头、来烤吧、极贰餐厅、望湘园、57度湘、韩膳宫、新荣记等10余家知名餐馆,晚市一座难求,生意火爆;各楼层时尚潮牌汇聚,包括有MUJI、UR、Next、Sephora等,其中CHLOE CHEN、Sevendays、MU等品牌,更是将其独一无二的时尚潮流概念体现得淋漓尽致;购物之余,上海广场还为顾客提供紫颖美容美体、艾维庭SPA、辛格灵、势崛私属造型、FC造型设计、孙平形象设计、绚丽时尚美甲、普洛莱茜尔美睫、加州健身运动馆等休闲健身场所。

上海团结普瑞玛激光设备有限公司

中意合资上海团结普瑞玛激光设备有限公司是中国最大的大功率激光装备制造商。公司年产300余台激光加工成套产品,已向市场投放2000多台设备,连续12年在国内销量第一,国内市场占有率达到40%以上。

公司是国内同行业中最早制定《激光切割机企业标准》、《激光焊接机企业标准》的单位,上述两个标准为上海市的市级标准;同时是国家大功率激光设备标准的起草单位。

公司拥有《上海市企业技术中心》和上海市唯一的《上海市激光装备工程技术中心》,同时公司在本年度已申报认定国家级的《企业技术中心》。

公司也是"上海市外商投资先进企业""上海市小巨人企业""上海市专利培育企业""上海市最具活力科技企业""上海市标准化体系良好行为示范企业"。

近年来,公司保持了行业内五项第一:销量第一、发货量第一、验收量第一、资金周转量第一、综合效益第一。产品被广泛应用于军工、航空航天、交通运输、石油、电梯、电器开关、纺机、家用电器、粮机等20余个行业;产品远销到美国、智利、巴西、印度、澳大利亚、韩国、越南、新加坡、马来西亚、中国台湾等国家和地区。

养乐多(中国)投资有限公司

养乐多(中国)投资有限公司是全球活菌型乳酸菌乳饮品制造和销售商——日本株式会社 Yakult 本社于2005年4月在中国上海成立的一家统筹大陆地区生产销售业务的总公司。

养乐多(中国)投资有限公司在大陆市场的产品为养乐多活菌型乳酸菌乳饮品(广州地区的商品名称为益力多,与养乐多为同一产品)。每瓶100毫升的养乐多里至少含有100亿个以上对人体有益的活性乳酸菌。秉承着益生菌健康法,养乐多自问世70多年以来,其足迹已经遍布全球33个国家和地区,日销量达到3000万瓶。

养乐多在中国大陆地区已拥有广州、上海、天津3家生产基地(无锡工厂在建中)和24家销售公司。除了在各大连锁卖场、超市、便利店销售外,还在广东、上海、北京、天津、厦门开展了家庭配送服务,努力将健康、安全、安心的益生菌饮品带给更多中国消费者。

和通汽车投资有限公司(和泰集团)

和泰集团在台湾以代理销售日本丰田汽车 TOYOTA 小轿车及日本日野汽车 HINO 大型客货车起家。自2002年起,市占率连续多年均蝉联台湾车市第一名,J. D. POWER 顾客满意度调查也一直名列前茅。和泰集团以“顾客第一”为主要经营理念,关联企业包括汽车制造、二手车事业、汽车租赁、分期及汽车用品等,是满足顾客用车需求的全方位汽车集团。

和泰集团在大陆的事业布局,以高标准软硬件的作业与高素质人才的结合,从事整车销售与维修服务的一汽丰田(上海和裕店)、广汽丰田(上海和展店)、雷克萨斯(上海和凌店)、丰田叉车(上海和乾店)4S店,以上海为主要发源地,放射状网络发展紧密连结天津、北京、重庆、唐山、枣庄、临沂、晋中、泰州与南昌等大中城市。专职汽车与机器设备租赁服务的和运国际租赁与专职汽车用品开发及安装的凯美士则以上海、广州及其它外围城市为主。

丹佛斯自动控制管理(上海)有限公司

丹佛斯(Danfoss)公司1933年在丹麦创立,经过80多年的发展,已经成为丹麦最大的跨国工业集团之一。丹佛斯的技术和解决方案广泛应用于民用和商用供暖、制冷、空调、食品冷冻冷藏、电机控制、行走机械以及风能太阳能,大大提高现代生活的舒适度,推动了环保和清洁能源的发展。丹佛斯在全球18个国家设有56家工厂,产品销往全球100多个国家,拥有2.2万多名员工,2013年销售额336亿丹麦克朗。作为在气候和能源领域科技创新的全球领先的企业,丹佛斯在促进世界各国低碳经济的发展,尤其是在举世闻名的“丹麦绿色发展模式”的建设过程中,起到了积极作用。

上海友谊南方商城有限公司(百联南方购物中心)

上海友谊南方商城位于闵行区沪闵路7250—7388号,是一家集购物、餐饮、休闲、娱乐为一体的大型综合性商业零售企业。商城由约15万平方米建筑面积的新老两栋大楼和在建的数万平米的立体停车库组成,年销售规模超过30亿元。

老楼(购物中心)为地上5层、地下局部1层,建筑面积8万余平方米。地上5层经营业态除了包括友谊百货、家乐福超市以外,还有以集约化、规模化、个性化方式经营的餐饮城、娱乐城、家电城、电脑城、童品城、眼镜城、黄金珠宝城、化妆品城、滋补品城、手表城,以及社区服务一条街和咖啡西点冰饮一条街等"十城两街"。

新楼(友谊商城)拥有地上9层营业场所和地下2层室内停车场,建筑面积近7万平米。其中1至5楼为经营中高档百货的南方友谊商城,6至9楼为苏浙汇、好乐迪、世纪友谊影城以及 Office 等高档餐饮、娱乐、办公场所。

上海华盛建设集团贸易有限公司

上海华盛建设集团贸易有限公司隶属上海华盛建设(集团)公司,是一家专门从事商业地产运作与管理的企业。目前主要负责上海华盛贸易商场(以下简称华盛街)的日常经营与管理工作。上海华盛街是一家大型的综合性地下购物商场,坐落于上海市中心南京路和西藏路交界处,地铁二号线人民广场站上层南京西路19－169号,东临西藏中路,西临黄陂北路,全长368米,5个出入口直接通往南京路,地理位置十分优越,因而有"十里南京路,半里华盛街"之称。

华盛街建筑面积为24600平方米,分为南北两区商场,共有三大板块,商铺400余间。南区商场建筑面积18000平方米,主要经营女士休闲服装、箱包、皮革制品等;北区商场负二层建筑面积3300平方米,已形成总长约220米的婚纱一条街,北区负一层建筑面积3300平方米,主要经营时尚饰品、礼品以及各类淘宝小店。本着倡导时尚、互惠互利、完美服务、弘扬商业文化、追求全面发展的精神,创建秩序井然的经营环境的目的,商场设有招商部为各厂商提供良好的展示平台和经营环境,竭诚为各厂商入驻提供优质服务。

长兴(中国)投资有限公司

长兴化学工业股份有限公司于1964年成立于台湾高雄市,是一家着重于技术研发及客户服务的国际性企业。主要从事合成树脂、电子化学材料、特殊化学品等产品的研发、生产、营销及服务。销售网络遍及亚、欧、美洲,产品销往61个国家和地区。

伴随公司国际化的战略规划及产品多元化发展,1995年长兴于江苏昆山设立大陆首家子公司。2011年于上海设立长兴(中国)投资有限公司,具备投资、管理、研发三大功能,被认定为统筹与整合大陆地区资源的地区总部。至今,长兴在中国大陆已有18家子公司,遍布上海、昆山、苏州、常熟、广州、珠海、营口、天津、成都等城市。

长兴的企业文化一贯以守法、守信、守德(公德、道德、品德)及回馈社会公益为己任,并注重员工操守与用心美化工作环境,培养同仁民族自尊心,树立公司良好形象。

"研究与创新"是长兴籍以持续成长的主因。公司致力于技术开发与提升,无时不以"质量、信誉、创新、服务"为信念,发展更多优良产品,服务社会人群,实现永续成长、技术领先的理念。正如其名:"长远规划未来,兴创世界品牌",长兴将放眼于更宽广的国际视野,于全球重点市场努力深耕,矢志成为世界级化学电子材料供货商。

美题隆精密光学(上海)有限公司

美题隆精密光学(上海)有限公司成立于2001年9月21日,位于上海市外高桥保税区。同年9月被万腾荣 Materion 集团收购,成为其旗下全资子公司。集团上市公司总部位于美国,始建于1931年,并在美国,欧洲,新加坡,日本,韩国,中国台湾多处设有工厂和销售办事处。全球的员工人数超过3000人。

上海子公司主营业务包含保税区内生产、加工、组装各类光学元器件,如色轮、光随、滤光片、光学级晶圆封装等。业务遍布世界各发达国家,应用于众多行业领域,比如投影显示,娱乐照明,精密仪器,汽车行业。并提供相关产品的技术咨询及售后服务。

公司始终专注于镀膜产业,并占据行业领先地位。始终秉承提供高品质产品和服务的传统,不断超越自我,成为客户制化光学元器件及解决方案的第一合作伙伴。

农银汇理基金管理有限公司

农银汇理基金管理有限公司由中国农业银行、东方汇理资产管理公司及中国铝业股份有限公司共同出资组建,其中中国农业银行持股51.67%,东方汇理资产管理公司持股33.33%,中国铝业股份有限公司持股15%。公司注册地在上海。

农银汇理基金致力于打造中国基金业的旗舰品牌,奉献专业智慧,为投资人提供优质、贴心的理财服务,帮助投资人实现财富增值。

农银汇理的愿景:成为投资人信赖、同行尊敬的优秀基金管理公司。

农银汇理的使命:通过专业投资,实现财富增值,帮助投资人提升生活品质。

农银汇理的价值观:持有人利益至上,诚信规范至上。

农银汇理的经营理念:智慧管理、创造价值、诚信专业、永续发展。

上海联合光盘有限公司

中日合资上海联合光盘有限公司(UOD)成立于1991年10月。公司荣获上海市先进技术企业称号,微软中国零售产品光盘供应商,获SafeDisc加密技术的认证授权,微软OEM产品光盘供应商,获Philips CD和DVD专利授权认证,通过ISO9001:2008和ISO14001:2004体系认证,获DVD复制控制协会(CCA)认证成为复制会员。获得CSS加密技术及Macrovision SafeDisc加密技术使用许可,获上海市高新技术企业称号,获诚信创建企业三星资格。

公司先后引进荷兰ODME、德国SINGULUS、日本SUMITOMO、日本ORIGIN等世界上最先进的母盘生产线和光盘复制生产线,完全遵守国际唱片工业协会IFPI等组织的有关知识产权版权的保护规定,一贯信誉良好。连续两届荣获中国出版政府奖(印刷复制)奖,获广东省音乐家协会授予的"年度最佳光盘制作企业"称号。公司在高音质CD等高端光盘AQCD、HQCD的研发和产业化方面投入不断,在市场上享有盛誉。

中储粮(上海)米业有限责任公司

中储粮(上海)米业有限责任公司于2010年8月筹建,2012年1月投产试运营。公司拥有铁路罩棚8000平方米、铁路专用线全长1040米,沿黄浦江岸线650米,万吨级码头1座和3.5万吨稻谷专用立筒仓,为全天候自动化作业提供了保证。公司拥有国际一流的大米加工生产体系,2条日产大米600吨加工生产线,年产大米15万吨。公司依托中储粮系统庞大的粮源供给体系,拥有东三省、苏北地区高品质粳稻直供原粮基地、糙米加工生产基地,及以市场为导向的"订单农业",为生产出品质稳定、安全可靠的大米提供强有力的支撑。

公司以"培元福"品牌为依托,主推产品包括:黑龙江五常的稻花香、长粒香,辽宁辽阳的辽星大米,黑龙江建三江的寒地珍禾和高纬度地区的寒地珍珠,辽宁东港的东港晶米;江苏北部的口中玉等。公司于2012年先后获有机产品认证证书和ISO9001质量管理体系认证证书。

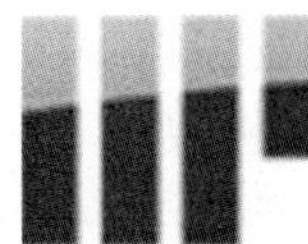

上海企德货展设备有限公司

上海企德货展设备有限公司是一家外商合资企业，成立于2005年12月，是一家专业从事货展设备制造的企业。公司与法国METAUPLAST公司是合作伙伴，产品以外销为主，主要为欧洲诸家大型百货商店、品牌超市、奢侈品专卖店供应形形色色的木制、烤漆、铁制、不锈钢、有机玻璃展示架及专用货展设备。

公司凭借先进的设计理念，以优质的产品和服务在市场中赢得了良好口碑，获得快速发展。2009年8月，公司扩大生产规模，为坐落于宝山罗店工业园区的新厂房进行奠基典礼，投资金额逾5000万元，占地面积为12500平方米，厂房建筑面积达15000平方米，于2010年6月12日竣工落成，预计年产值可达1亿元。从此，公司向一个新型、高科技、全自动的货展设备生产基地迈进了一步。

亚玛芬体育用品贸易(上海)有限公司

AMER SPORTS亚玛芬体育是世界顶级体育器材品牌管理集团公司，一直为专业运动员及业余运动爱好者提供全球最先进的体育科技产品。亚玛芬体育于1950年在芬兰创立，并于1977年在纳斯达克北欧市场NASDAQ OMX上市。

Amer sports亚玛芬体育都立志于提供给消费者最佳的运动效果和最愉悦的运动体验。Amer sports亚玛芬体育是全天候全方位的顶级运动器材品牌管理公司，丰富的产品线超越季节变化和运动潮流的涨落，在全球市场中占据了稳定的领导地位。旗下的品牌产品线覆盖网球、羽毛球、高尔夫、高山滑雪、越野滑雪、滑板、健身器材、自行车、越野跑装备、徒步装备及潜水等多种运动项目。并且每一个品牌都在专业领域拥有卓越的口碑，是众多世界冠军们的品牌首选。

AMER SPORTS亚玛芬体育现已建立在中国全资子公司——亚玛芬体育用品贸易(上海)有限公司，全权负责AMER SPORTS亚玛芬体育旗下所有品牌在中国的市场和销售业务，为商业伙伴和消费者提供最优质的产品和服务。目前在中国直营的主要品牌包括高端户外及冬季运动品牌SALOMON萨洛蒙、腕上电脑品牌SUUNTO颂拓、顶级户外运动品牌ARC'TERYX始祖鸟、网羽运动第一品牌Wilson威尔胜及健身器材品牌PRECOR必确等。

上海汇泽国际贸易有限公司

上海汇泽国际贸易有限公司是中国铜商会及中国进出口商会会员企业。主要经营有色金属铜、铅、锌矿及产品的购销业务和相应的进出口贸易，并从事白银、铟、钼、镉等稀有稀贵金属的购销业务。公司历年被评为AAA级信用企业及重合同守信用单位。

汇泽公司秉持"同创价值、共赢发展"的企业理念，以诚实的企业信誉、优良的产品质量、专业的服务团队、快捷的营销渠道，赢得了业内知名的一流贸易服务平台美誉。目前已与国内30多家大型国有企业和上市公司及数十家全球跨国大公司建立了良好稳定长期的业务伙伴关系。2013年销售收入超过百亿元。

上海大泽有色金属有限公司

上海大泽有色金属有限公司于2005年7月18日成立。是一家集高新材料加工、大宗商品贸易、仓储、物流于一体的综合性公司。

公司经过多年的开拓创新,已形成快速发展的优势。一是具有海港、空港、地铁、铁路、公路、内河"六龙汇聚"的综合区位交通优势:向北紧邻浦东国际航空港,向南可直达洋山深水港,铁路、高速公路、内河航运发达,物流可迅速连接全国各地。二是公司毗邻中国(上海)自由贸易试验区,迎来新一轮改革的重大机遇,以自贸区发展为新起点。三是人才队伍优势,公司拥有一批业务扎实、熟悉市场的经营管理人员,以及精通生产技术的专业人员和一流的职工队伍。

预计到 2015 年,公司营业收入将超过 300 亿元,实现利税 3 至 5 亿元。

上海西虹桥商务开发有限公司

上海虹桥商务区规划面积约 86 平方公里,其中涉及青浦区地域约 19 平方公里范围即为西虹桥商务区。2010 年 3 月,青浦区成立区属国有独资开发公司——上海西虹桥商务开发有限公司,作为西虹桥商务区的开发建设主体,主要承担了西虹桥商务区范围内的整体规划建设、土地收购储备以及招商引资等具体工作。

西虹桥商务区是虹桥商务区内最紧邻核心区和交通枢纽的区域。凭借作为上海与江浙两省交通节点的有利区位,西虹桥商务区被视为是虹桥商务区内最具发展潜力的区域之一。

西虹桥商务区具有良好的区位、交通、产业、自然人文资源等优势,作为虹桥商务区的主要功能实现区和重要组成部分,将全力打造成为上海国际贸易中心的标志性区域之一,建成生态、智慧、高品质的商务功能区。

中银通支付商务有限公司

中银通支付商务有限公司成立于 2009 年 9 月。是中国银行与中国银联通过机构投资方式成立的合资企业。中银通定位于跨行业小额支付业务,通过资源整合与公司化运作,充分发挥金融标准预付卡的优势,发行可跨行业、跨地区使用的金融标准预付卡,并借鉴海外预付卡发行管理经验,打造基于金融标准的跨行业便民支付应用平台,满足百姓日常小额支付需要。

2013 年初,中银通发行银通便民支付卡,该卡已在菜场、驾校等便民支付项目中得到广泛应用。同年,还与中国老龄事业发展基金会、上海旭日养老服务有限公司三方合作发行国内首张"金融养老 - 养老一卡通",为老人提供医疗保险等各种质优价廉的服务。中银通通过联名发卡或股权投资等方式,积极推进金融标准预付卡的跨行业应用,不断拓展公共交通、教育园区等跨行业整合项目。还积极探索移动支付业务,不断推出手机支付等创新支付业务。此外,为满足出入境客户对跨境支付、商户折扣、外币兑换等需求,中银通将陆续推出便捷、安全的跨境支付产品及服务。

中银通将与产业各方,进一步紧密合作,开拓进取,积极围绕便民支付、跨行业合作、综合金融服务及跨境支付四大业务方向继续奋进,努力将中银通建设成为中国小额便民支付领域的行业标杆。

RR DONNELLEY 当纳利(中国)投资有限公司

当纳利的创始人——理查德·罗伯特·当纳利,1864 年在芝加哥创立"湖畔印刷公司",1882 年,更名为当纳利公司。目前,当纳利是一家全球领先的综合传播方案服务商,拥有近 150 年创新服务的历史,为全球规模不一的 6 万余家客户提供服务。涉及出版业,保健业,广告业,零售业,科技业,金融服务业,制造业,政府,公益部门等。是目前最大型的印刷服务机构,提供最广泛的产品、服务及解决方案。当纳利在各个层面不断推行包容,是一家极为注重可持续性、共同承担,及担当结果的公司。

当纳利于1993年在中国开设首家服务机构,直至2013年已经在北京、上海、成都、深圳、广州、苏州、东莞、中国香港、中国台湾及印度等亚洲各地铺设了全面综合的生产及服务网络。客户亦来自各行各业,他们涵盖——制造、零售、汽车、通讯、高科技、金融服务、媒体娱乐、快速消费品、奢侈品、医药、化妆品等领域。近20年来当纳利在亚洲稳健成长,是业内公认的领军者。

当纳利为图书、商业印刷、直邮、金融印刷、印后及分包服务、标签、表格、物流、印刷管理、在线服务、数码摄影、色彩服务、内容及数据管理等各个领域提供解决方案。产品线几乎延伸到生活的每一个部分,协助客户强化传播效果,压缩成本,提高投资回报率,改善周期时间。凭借出众的质量与灵活度,实现客户的目标。当纳利在为客户提供卓越服务的同时,还不断提供开拓创新的产品及服务模式,从概念设计到产品成功交付的全程式增值服务,令客户更加满意。

百联南桥购物中心

百联南桥购物中心以区域商业高地为目标,以创新营销为突破口,使奉贤的休闲生活与市区同步。开业6年来,中心每年的毛利复合增长率达33.1%,2013年度规模销售达14.5亿元。自2011年起,主题百货东方商厦(奉贤店)的销售连续三年名列上海市郊区第一,并从2011年起连续三年荣获上海百货商业行业协会颁发的"百花杯"优质服务竞赛活动"先进企业"荣誉称号;被新闻晨报及上海购物中心协会授予"2013我最喜爱的购物中心十大地标"奖及"2014我最喜爱的购物中心乐活体验奖";获中国商业联合会颁发的"全国商业服务业顾客满意企业"和企业信用等级"AAA"证书以及由中国保护消费者基金协会颁发的"3.15诚信服务会员单位"荣誉称号。同时,中心还荣获"安全生产标准化一级企业"荣誉称号,被评为上海市第十六届文明单位。

通过6年不懈努力,中心逐步形成以"乐"字为核心的企业文化,秉承"快乐家园、引领时尚"的经营理念,为消费者打造休闲、购物、娱乐的文化家园。

格朗吉斯铝业(上海)有限公司

格朗吉斯铝业(上海)有限公司是瑞典格朗吉斯集团在华的独资企业,于1996年9月成立。公司生产和销售复合和非复合铝带、铝板,应用于汽车行业的散热器、空调系统以及其它热传输部件。公司产品销往国内和亚太地区市场。

格朗吉斯铝业(上海)有限公司自1999年投产以来,一直不断投资以提升产能和竞争力,从而满足不断发展的市场需求。2008年年产量达8万吨热传输用铝板带,2011年产量扩充到10万吨。公司的愿景:帮助客户创造更小、更轻和更定制化的热交换器,以提升经济效率并减少环境影响。

枫泾国际商务区

枫泾国际商务区位于上海市金山区枫泾镇朱枫公路西侧,占地约5平方公里。2012年1月,枫泾国际商务区被评定为现代服务业集聚区,成为上海25个CBD现代服务业集聚区之一,也是迄今金山区唯一的现代服务业集聚区。

2011 年 11 月 28 日，金山区人民政府、上海临港经济发展（集团）有限公司、上海漕河泾新型技术开发区发展总公司三方签署《金山区人民政府 - 上海临港经济发展（集团）有限公司关于推进金山区经济创新驱动转型发展的战略协议》：三方合作开发枫泾现代服务业集聚区。

枫泾国际商务区以发展“一部三中心”（企业地区总部、研发设计中心、运营结算中心、技术服务中心）为主要内容，集聚国内外的优秀企业和优势资源，促进金山区产业结构转变和提升，打造上海西南区域性总部经济集聚区、金山区经济转型发展的示范基地、枫泾镇新的经济增长点。

上海旭通广告有限公司

上海旭通广告有限公司是日本第三大广告集团 ADK 于 1993 年投资成立的全代理综合广告公司，也是世界著名广告集团 WPP 集团的成员公司之一。20 年来公司扎根于中国本土市场，通过长年积蓄具备了独有的市场宣传及品牌塑造等技能。

公司总部位于上海，并在北京、广州、福州、成都、青岛设有分支机构或办事处。公司秉承 ADK 一贯的“全员经营”理念，已形成富有特色和竞争力的服务体系：为客户提供 360 度一站式品牌整合传播方案，全国范围内的电视、报纸、杂志、户外、网络等媒体代理，创意设计制作和发布，大型的会展、公关、促销、展示等策划推广活动。

公司曾荣获上海广告业唯一的全国外商投资双优企业，2004 年起至今已连续 4 届被评为中国一级广告资质企业，历年来公司有不少作品获得中国和上海的广告作品大奖。

上海浦东永安百货有限公司

上海浦东永安百货有限公司（简称“永安珠宝”）是上海友谊股份旗下专营金银珠宝饰品及贵金属投资理财商品的专业商店，总店位于浦东新区陆家嘴金融贸易区的新上海商业城商圈。商店的经营理念是打造成品类齐全、服务专业、环境舒适、价格亲民的集消费和投资于一体的专业金银珠宝店。

永安珠宝为百联旗下的自有品牌，总店拥有 6000 平方米的超大经营面积。一楼自有品牌的黄金饰品多达 4 万余件；二楼经营投资类商品和众多知名品牌的翡翠、白玉、镶嵌类饰品；三至四楼分别开辟礼品区及餐饮区。

永安珠宝自有品牌黄金饰品现已在市百一店，永安百货，浦东八佰伴，普陀中环、奉贤南桥、杨浦、嘉定、青浦的东方商厦，及西郊、东郊的百联购物中心等店内设有连锁专柜。欢迎钟爱品牌、追求时尚、热衷投资的顾客来永安珠宝。

永安珠宝，永安人生！

百联中环购物广场

百联中环购物广场是由百联集团、百联股份投资并经营的集购物、餐饮、休闲、娱乐、文化为一体的超大型、现代化商业广场。坐落普陀区的百联中环，占地 10 万平方米，商业面积 24 万平方米，是目前长三角地区最大的购物广场。2009 年，百联中环所处的商圈，被列为新增的上海市级商业中心。

百联中环在开业至今的近 7 年中，一直致力于打造一个业态丰富、品牌齐全、集各种功能于一体的一站式商业广场，引进了一大批吸引人气的知名品牌和业态，并在此基础上不断调整和提升。

在 2012 年上海零售商年度总评榜上，百联中环获评《年度消费人气奖》。坐落广场内的东方商厦（中环店）在全市单体百货销售排行榜中排名第十位。

在过去的经营中，百联中环始终坚持调整是不变的主题，对购物广场和东方商厦（中环店）的经营做到不断地提升能级、提升品牌、提升档次。截至 2013 年，购物广场共有租户 203 家，其中租赁面积在 1000 平方米以上的租户有 37 家。购物广场人气与日俱增，工作日日均客流约 5 万人次，双休日成倍上升；年均车流量超过 260 万辆。

上海浦东商业股份有限公司

上海浦东商业股份有限公司成立于 2008 年 3 月。由上海浦东发展（集团）有限公司和上海浦东新区供销合作总社共同投资组建。

公司以商业物业经营为主，以商品经营和股权投资管理为辅，以功能性为支撑，已形成商业物业经营、零售连锁和投资参股三大业务板块。截至 2013 年底，公司净资产（含托管企业）13.68 亿元，商业物业面积（含托管企业）近 42 万平方米，分布于浦东新区各大集镇和社区。旗下拥有连续八届被评为上海市文明单位的上海浦东新区医药药材有限公司和百年老字号"养和堂"品牌；有连续八届被评为上海市文明单位的控股企业上海市浦东商场股份有限公司。公司所属直管企业 13 家，其中：全资企业 12 家、控股企业 1 家；托管新区供销社企业 7 家。

上海纵游网络技术有限公司

上海纵游网络技术有限公司（DeNA）致力于智能手机游戏的研发和代理国内第三方游戏的海外发行。公司总部位于上海，并在北京、深圳、大连等地设有办事处或分支机构。作为世界领先的网络服务公司，DeNA 主要经营移动社交游戏平台 mobage。该平台目前包括日本当地玩家以及中国、韩国和其他国家地区的玩家提供第一、第三方游戏。DeNA 在全球范围内拥有超过 2000 名员工，并在跨越 11 个国家和地区的 16 个城市设有办公室或者研发工作室。在截至 2014 年 3 月的财政年度中，公司的年度销售额约为 18 亿美元。

上海领鲜物流有限公司

上海领鲜物流有限公司成立于 2003 年。是光明乳业下属的一家具有雄厚实力的冷链物流企业，不仅为光明乳业提供仓储配送服务，也面向社会为第三方客户提供专业的物流服务。公司物流营运团队深谙冷链体系及物流服务体系建设，具有极为丰富的冷链物流运作及实战经验。

截至 2013 年，领鲜物流已在上海为中心的华东地区建立起强大的现代化冷链物流体系，拥有配送中心 20 座，常温、冷藏和冷冻库面积 4.7 万多平方米，拥有冷藏车辆近 250 辆，合作承运商冷藏车辆 250 余辆，覆盖终端网点近 15000 家，形成 2 日内送达的高效物流网络。依托良好的物流基础设施、优秀的运营管理人员、高效的运作效率和丰富的食品物流经验，领鲜物流携手上下游合作伙伴，致力为社会提供高品质、多温度带的食品物流服务。

黑崎播磨(上海)企业管理有限公司

黑崎播磨(上海)企业管理有限公司是日本黑崎播磨株式会社中国地区总部。黑崎播磨株式会社是世界著名的耐火材料制造与销售企业。为扩展中国市场,从 1995 年至今,已在中国投资设立 13 家企业。黑崎播磨(上海)企业管理有限公司作为黑崎播磨集团在中国唯一的营销窗口与管理中心,凭借黑崎播磨集团强大的产品研发能力与雄厚的技术实力,以实现最高境界的顾客价值为目标,为中国客户提供高质量的耐火材料产品与专业的技术服务。

思亲肤化妆品贸易(上海)有限公司

来自韩国的 SKINFOOD 是一个以"美食护肤主义"为理念的研制护肤及彩妆产品的化妆品品牌,拥有超过 50 年化妆品领域的专业经验。

SKINFOOD 坚信"在谷物蔬果、天然食物中蕴含着能让肌肤更美丽的能量,对身体有益的食物也同样对肌肤有益"。所有的产品灵感均源于来自奇妙大自然的丰富美食,利用现代科技萃取食物之护肤精华还予肌肤美丽。

"美食护肤主义"这一全新的品牌理念令 SKINFOOD 在全球赢得空前关注,除了在韩国本土拥有近 500 家专卖店外,还已成功进驻美国、中国香港、中国台湾、日本、新加坡、泰国等多个国家和地区。自 2008 年进入中国市场后,已开设近 300 家店铺与专柜,并凭借其独特的品牌理念与卓越的产品品质获得广大消费者的喜爱与好评。

鼎捷·鼎新

鼎捷软件股份有限公司

鼎捷软件股份有限公司是亚太区值得信赖的 ERP 企业管理软件与服务供应商。是海峡两岸成立较早、用户众多、团队专业、属于中国人的 ERP 公司,拥有自主的知识产权和创新能力。1982 年公司在台北成立鼎新电脑,1997 年开始在大陆提供 ERP 的专业服务。鼎捷软件完全整合两岸资源,自诞生之日起就致力于实现"让 ERP 在中国普遍成功"的理想,为国内外众多企业成功地提供了包括 ERP 在内的专业企业管理软件产品与服务。鼎捷软件产品开发经历 MIS、MRP、MRPⅡ、ERP、E－ERP 的完整历程,经营模式从产品型、服务型进入知识型,服务模式进入服务产品化、服务网络化、服务知识化。目前,仅在亚太地区就有超过 30000 家企业正在运用鼎捷软件的管理软件产品,其中包括财富 500 强的企业也正在通过鼎捷的管理方案而持续获益。

2014 年 1 月,鼎捷软件在深圳交易所开始挂牌上市,公司跨入全新发展阶段。未来,鼎捷软件不仅致力成为与企业共赢、共生、共同前行的战略伙伴,更矢志成为亚太地区最大、最具影响力的 ERP 管理软件及服务的供应商,与中国企业一起飞跃,共同成功。

上海瀚银信息技术有限公司

上海瀚银信息技术有限公司成立于 2006 年。公司总部位于上海,在北京、深圳设有分公司,在重庆设有服务基地,业务范围覆盖全国。瀚银科技是国内领先的移动支付、互联网支付专业化运营公司,是业内与银行业在手机银行、手机支付领域业务合作最深入、合作形式最多样化、最具有声誉的专业化公司,与工农中建四大行为代表的近 50 家银行建立长期合作关系,向银行卡持卡人提供优质的移动互联网服务;是中国银联在新一代移动支付领域的重要战略合作伙伴;并携手中国电信、中国联通、中国移动 3 家电信运营商开展多维度合作,进一步丰富了瀚银科技业务版块。

在移动互联网发展的大趋势下,瀚银科技针对电商、小微、保险、分销等行业提供量身定制、安全快捷的"手付通"、"账账通"、"保付通"等支付解决方案,实现了流畅的移动支付、高效的资金运转,智能化的平台管理;针对个人用户提供手机刷卡器、手机钱包、收银台等多渠道支付产品,便捷安全,全方位满足用户生活支付需求。公司的目标是让每个用户乐享移动金融服务。

FUJITSU 富士通(中国)信息系统有限公司

Fujitsu(富士通)是世界领先的日本信息通信技术(ICT)企业,提供着全方位的技术产品、解决方案和服务。在全球拥有约 17 万名员工,客户遍布世界 100 多个国家。富士通凭借在 ICT 领域的丰富经验和实力,致力于与客户携手共创美好的未来社会。

富士通(中国)信息系统有限公司为 Fujitsu(富士通)集团在中国设立的独资公司,是 Fujitsu(富士通)在中国业务的核心公司之一。凭借全球强大的技术背景、对高品质产品的一贯专注,以及完善的咨询和支持服务,Fujitsu(富士通)为客户提供技术前沿的系统架构,全力协助中国企业解决信息化建设问题,并精心打造满足核心业务需求的解决方案,帮助客户提高竞争优势,开创无限的商机。

远东宏信有限公司

远东宏信有限公司(简称"远东宏信")是中国领先的金融综合服务机构,致力通过融资租赁以及其他增值服务,为客户提供度身订制的一站式金融服务解决方案。成立近 20 年来,公司已由一家单一金融服务机构,逐步发展成为立足中国、放眼全球,致力于推动国民经济及社会可持续发展的产业综合运营服务机构。

远东宏信在医疗、印刷、航运、建设、工业装备、教育、纺织、电子信息等多个基础领域开展金融、贸易、咨询、投资等一体化产业运营服务,创造性地将产业资本和金融资本融为一体,形成了具有自身特色的以资源组织能力和资源增值能力相互匹配、协调发展为特征的企业运作优势。

公司总部设在香港特区,在上海设业务运营中心,并在北京、沈阳、济南、郑州、武汉、成都、重庆、长沙、深圳、西安、哈尔滨、厦门等多个中心城市设立办事机构,形成辐射全国的客户服务网络。在海内外远东宏信设立了租赁、贸易、医用工程、船舶租赁等多个专业化的经营平台。

上海凤凰进出口有限公司

上海凤凰自行车有限公司源于 1897 年中国第一家自行车车行同昌车行,1959 年 1 月创建"凤凰"品牌。上海凤凰拥有百年自行车制造经验,以高品质赢得广阔市场,为中国的自行车行业发展做出了卓越贡献。上海凤凰进出口有限公司系金山区开发建设股份有限公司下属的国有控股企业,于 1998 年 1 月 4 日成立。公司主营凤凰牌系列自行车及零配件外销,产品包括各类童车,轻便车,山地车,运动车,电动车等,同时从事少量自行车零部件及其他相关产品的进口业务等。

质量良好的凤凰牌自行车在巴基斯坦、孟加拉、印尼等多个东南亚国家中有着悠久的品牌声誉。随着市场需求变化,市场上原先占主导地位的传统车销售飞速下降,同时车架和颜色多样化的山地车、城市车和童车的市场占有率不断上升。现在在东南亚市场凤凰品牌成人车占有率超过70%,占据了绝对主导的地位,童车的占有率也达到40%。凤凰品牌将在不断提高质量的基础上,推出时尚、新颖、多样化产品,引领市场走向,树立更加良好的凤凰品牌形象。

长濑企业管理(上海)有限公司

长濑产业株式会社是拥有180年历史的日本知名商社,在全球设有100多家分支机构和关联企业,事业规模达80亿美元/年。长濑是集研发、制造、贸易、市场于一体,业务遍布全球的化学品综合性商社,并不断在向高新科技领域进取发展中。长濑在大中华地区设有6家直属生产企业,还有多家合资生产公司,并在上海、天津、广州、厦门等地设有20多家销售公司和分公司。

长濑企业管理(上海)有限公司是隶属于长濑产业株式会社的全资子公司,是长濑会社在大中华地区的事业推进和运营管理的中心。公司致力于最大限度地发挥长濑会社的综合实力,更有效率地推进长濑在大中华地区的事业策略和新规项目,并强化内部管理。促进各据点展开与顾客以及市场紧密相连的事业活动,并努力协调据点之间的协作和全球展开。

上海申星化工有限公司

上海申星化工有限公司成立于1993年,是新加坡华星工程投资公司和上海吴泾化工有限公司投资组建的中外合资企业。公司坐落在吴泾化工区,主要生产、销售和研发甲醛及甲醛衍生化工产品,具有28.6万吨/年的甲醛生产能力,是华东地区拥有甲醛生产能力最大的企业。

公司是上海联恒异氰酸酯有限公司和拜耳材料科技(中国)有限公司的甲醛供应商,此外客户还遍及江浙、江西多个省市,享有较高声誉。

公司的质量理念:精细管理、精心服务、精益求精。公司的管理思想:建立、执行及维持一贯的质量保证体系;持续不断的提升产品与服务的质量,以满足客户的有效需求。

公司十分感谢各位新老客户对企业的长期支持和帮助,公司愿与客户共同携手、创造辉煌明天。

村田汽车塑料零部件(上海)有限公司

村田汽车塑料零部件(上海)有限公司,成立于2002年4月。是日本村田工业株式会社的上海子公司,属于日商独资企业。公司专业生产并销售汽车蓄电池塑料部件。母公司位于日本兵库县明石市,另设日本神户工厂,是世界多家著名电池生产商的指定提供厂家。上海公司有高水平的技术专家,严格的质量管理体系,产品销售世界各地。自创建以来,不断开拓壮大,技术力量雄厚,不断开发出新产品。公司拥有国内先进的生产线、注塑机和设备,主要生产汽车蓄电池塑料零部件,产品多达百余种。

艾尔维汽车工程技术(上海)有限公司

艾尔维汽车工程技术(上海)有限公司成立于2005年,是德国IAV在华的全资子公司。除德国外,IAV在欧洲、亚洲和美洲也有分公司。

作为全球领先的工程服务公司，IAV 与众多整车厂和供应商有着密切的合作关系。IAV 通过跨领域的合作进行先进的研究和开发工作，拥有最精密的设备和最优质的工程师团队，形成了行业内独一无二的全面技术能力，专业眼光覆盖了车辆的每个部分。不论何时何地，从概念设计到量产，从小型车到卡车，IAV 在全球超过 5000 名员工共同承诺为客户提供可立即投入使用的一站式整车解决方案。

上海海通国际汽车码头有限公司

上海海通国际汽车码头有限公司和与之配套成立的上海海通国际汽车物流有限公司，是上海口岸专业从事整车和零部件物流的公共物流服务商，为客户提供一体化汽车物流解决方案。

公司的整车物流平台已形成供应链管理、码头装卸、整车检测、加装改装、售前检查、仓储管理、整车运输、进出口代理、信息服务九大类服务产品，整合后的一体化服务可为客户在物流环节赢得效率和成本优势。目前海通已为 40 多个世界知名汽车品牌提供服务，太仓汽车码头建成后，与外高桥、洋山码头资源实现集约化管理，年吞吐能力将超过 200 万辆。

公司的零部件物流平台已形成供应链管理、零部件多式联运、口岸零部件集拼、进出口代理、信息服务五大类服务产品，通过快捷、高效的"门到门"一体化零部件物流服务，为客户实现"零库存"生产。海通先后在国内设立沈阳、烟台、深圳、武汉和韩国仁川等 12 个零部件物流网点，通过集成港航资源，构建覆盖我国主要汽车生产基地的沿海、沿江"T"字形物流网络。

FMC 富美实(中国)投资有限公司

富美实公司是中美建交后在中国成立的第一批外商投资公司。富美实公司旗下的健康与营养品事业部的创新解决方案和高品质的产品被广泛运用于食品、医药、生物医药以及特殊消费和工业产品中，带给中国人民更健康、更营养的生活。2013 年，富美实公司在中国成立控股公司，并在上海落成启动富美实亚洲创新中心。富美实公司以优秀的本地人才、先进的科学技术和一流的管理系统，通过技术革新和产品开发，不断在农业、工业、环境、消费市场提供创新解决方案和高品质的产品。

金茂律师事务所

金茂律师事务所(简称金茂所)于 1988 年 12 月 24 日在上海正式成立。是一家从事专业法律服务的大规模合伙制律师事务所。金茂所拥有律师和辅助人员近百名，现有一级律师两名、高级职称律师七名，并拥有大批专业特长的资深律师，众多律师曾在海外留学或者在国际性法律事务所工作。金茂所业务范围包括金融证券、外商投资与公司、基础设施与房地产、矿产能源、环境保护和医疗卫生、知识产权和信息技术、劳动法、海上运输和物流、国际国内争议解决九大板块，基本覆盖了业内各个重要的法律领域。

金茂所总部位于上海，在香港、江苏昆山设有分所，并与日本东京岩田合同法律事务所、法国巴黎西蒙律师事务所建立联盟。自创建以来，金茂所与美国、英国、德国、瑞士、挪威、澳大利亚、加拿大、巴西、韩国、新加坡和中国台湾等国家和地区的多家律师事务所建立了长期稳定的合作关系。

上海北蔡资产管理有限公司

2002年12月18日，由上海六里企业发展总公司、上海北蔡实业总公司、上海北蔡工业有限公司、上海北蔡工业园区投资管理有限公司合并组建上海北蔡资产投资经营管理中心。注册资金3000万元，由北蔡镇人民政府全额投资。2005年6月，更名为上海北蔡资产管理有限公司，注册资金追加至2亿元。公司注册地址为浦东新区沪南路1300号，经营地址为沪南路1000号6楼。

公司的最高权力机构为北蔡镇农村集体资产管理委员会，主营业务涵盖：资产经营管理、投资管理、自有资产租赁和项目开发等。公司受北蔡镇农村集体资产管理委员会委托，负责对镇集体资产的管理，使集体资产能达到保值增值。

公司坚持以科学发展观为指导思想，紧紧围绕又好又快发展经济的核心理念，以促进发展、完善管理为两个基本点，不断推进产业结构调整，通过盘活存量等手段，夯实集体经济增长基础，实现了资产做强、总量做大，风险降低的目标。截至到2011年底，公司总资产达14.98亿元，净资产达9.29亿元。

三井化学(上海)有限公司

三井化学(上海)有限公司是日本三井化学株式会社下属的一家全资销售公司，同时又是管理三井化学集团在中国境内所有分支机构的总公司，主要负责推进三井化学集团在中国区的业务开发和管理。

集团还在中国成立了7家分公司：天津和苏州的天寰聚氨酯有限公司，广东的佛山三井化学聚氨酯有限公司，江苏的张家港保税区三井允拓复合材料有限公司，上海中石化三井化工有限公司，广东中山的三井化学复合塑料(中山)有限公司，以及中国香港的普瑞曼聚合物亚洲、台北的亚太三井化学股份有限公司和三井化学北京事务所。

当今，中国的GDP在世界上的排名已经上升到第二位。这个曾经的"世界的工厂"正在向"世界的市场"飞速发展，人们的生活也变得越来越富裕。三井化学(上海)有限公司的全体员工，愿与中国国内的相关企业携手一致，向社会提供与地球环境和谐的产品，为提高人们日常生活的质量而贡献。同时，通过企业的社会奉献(CSR)活动，盼望能够对中国社会的幸福发展尽一份绵薄之力。

NÜRNBERG / MESSE CHINA

纽伦堡会展服务(上海)有限公司

纽伦堡展览集团是当今欧洲发展最为迅速的展览公司。纽伦堡的展览中心为世界20大展览中心之一。集团在纽伦堡及世界各地举办的国内及国际性质的展览与会议多达120个。集团在巴西、中国、北美及意大利分别设立了子公司，谋求在新兴市场的增长点。每年有将近30000名展商(其中36%为国际展商)，975000名专业观众(其中21%为国际观众)以及405000名普通观众参与纽伦堡展览集团的自有展会、合作展会以及嘉宾展会。

纽伦堡会展服务(上海)有限公司，成立于2006年10月。公司业务主要分两大板块：策划主办国内承接展会；组织赴海外出访和赴海外参加经济展览。在国内展方面，项目包括中国国际有机食品博览会BioFach China、国际粉体工业/散装技术展览会暨会议IPB。2012年11月，公司成功协助中国汽车工程学会，在FISITA2012世界汽车工程大会期间在北京中国国家会议中心举办展览会。2013年9月公司还协助中国机械工程学会在广东现代国际展览中心举办2013亚太地区压铸工业展览会。在出国展览方面，主要是为中国企业提供赴海外参加德国、巴西、北美、印度等地的纽伦堡国际博览集团旗下的项目，开展国际间经济技术交流，提供国际展览、外贸信息咨询、签证咨询等服务。

携程旅行网

携程旅行网创立于1999年。总部设在中国上海，在北京、广州、深圳等国内16个城市设有分支机构，服务网络覆盖全国76个城市。2009—2010年，携程先后投资台湾易游网和香港永安旅行社，将服务版图扩展至大中华区域；2014年又投资途风旅行网，将触角延伸至北美洲。

携程于2003年12月9日在美国纳斯达克成功上市。作为中国领先的综合性旅行服务公司，携程向超过14100万注册会员提供全方位旅行服务。携程积极发展无线应用，为用户提供预订（酒店、机票、火车票、门票、旅游）、查询（目的地攻略、国内外航班广告牌）、分享（微信、微博）等一站式旅行服务。目前主动下载量超过1亿、无线交易酒店占比接近35%、机票占比超过20%，是领跑国内无线领域的"一站式旅行"服务商。携程拥有国内外34.4万家会员酒店可供预订，是中国领先的酒店预订服务中心。携程是中国领先的机票预订服务平台，覆盖国内外各大航空公司。携程可向客户提供千余条旅游度假线路，覆盖海内外众多目的地。可以从上海、北京、广州、深圳、成都、杭州、厦门、青岛、南京、武汉和沈阳等60多个城市出发，目的地城市近1000个，景点数量近7000个，覆盖国家和地区超过110个。2013年大陆地区旅游产品的服务人次超过300万。

携程自主研发了企业商旅专业管理平台——商旅通和商旅通智能报告，为企业用户提供实时动态的商旅管理服务。还委托出版《携程自由行》《携程走中国》《私游天下》《中国顶级度假村指南》《携程美食地图》等旅游书刊。

携程旅行网在2012年、2013年进入"胡润品牌榜"，位列100个最有价值的中国品牌。连续三年被《Travel Weekly China旅讯》评为"中国最佳差旅管理公司"，被《财富》评为最受赞赏中国公司。

上海数字贸易有限公司

上海数字贸易有限公司于2011年7月成立，是上海美华系统有限公司全资子公司。公司依托在口岸通关环节所拥有的通关数据资源、所享有的贸易便利化试点政策以及企业关系和流程管理能力等优势，提供进口商品国际贸易便利化公共服务和跨境电子商务O2O平台服务，成为上海市政府重点关注的上海跨境电子商务试点企业。

公司旗下管理与运营的金蚂蚁精品商城（www.goldant.com.cn）于2011年10月15日上线，实行在线客服、呼叫中心、订单处理、物流配送7×16小时服务，是国内最早从事"跨境电子商务"的国有企业新型电子商务平台，主要供应进口食品、母婴用品、精致生活等类别的轻奢品，公司致力于将全球进口商品迅速带给中国消费者。

东方电子支付有限公司

东方电子支付有限公司为有限责任制企业。公司建设并运营署（海关总署）市合作重点项目——"全国海关税费电子支付系统"。该系统为全国规模最大的企业电子支付平台，海关税费支付业务已覆盖全国，联网企业用户数逾33000家，年交易金额逾万亿元。公司还承担全国加工贸易特殊区域联网监管系统的建设和运营,业务处理量占全国总量50%以上。

公司主动把握市场机遇,积极拓展新兴业务。2012年8月经国家发改委批复,上海市确定为国家跨境贸易电子商务服务首批五个试点城市之一。公司作为项目承建单位,先行先试,建设并运营"上海跨境贸易电子商务综合服务平台"。目前公司正积极参与上海自由贸易试验区建设,配合建设相关通关辅助系统。

清晰的基础业务模型和商业模式,海量的忠实优质客户资源,优越的股东背景,强大的政府支持力度,极具公信力的直连式银行网络资源,强大的平台基础设施和技术研发能力,使公司具备成为国内一流的第三方企业电子支付、跨境电子商务及互联网延伸金融增值服务平台运营商等诸多优势,也使公司的竞争力跃上了一个新台阶。

银领金融
YINLING FINANCE

上海银领商业保理有限公司

银领融资租赁(上海)有限公司

上海银领商业保理有限公司是一家专业保理公司,总部位于浦东陆家嘴金融中心。主营出口保理、国内保理,与商业保理相关的咨询服务,信用风险管理平台开发。公司拥有一套完善的业务操作流程及健全的风险控制度,大力发展供应链金融、国内及国际保理,大力推动公司保理业务的市场化、规范化、国际化。作为一种全新的融资方式,银领保理为各类企业提供综合融资解决方案,改善融资渠道单一、融资难的现状。公司定位于世界级的保理企业和保理品牌,提供专业化保理服务。

中外合资银领融资租赁(上海)有限公司成立于2013年。总部位于浦东陆家嘴金融贸易区。专门从事交通工具特别是汽车金融服务的融资租赁公司。整个团队由融资租赁行业及金融行业的资深管理人士组建,拥有顶尖的行业水准、丰富的实践经验及强有效的执行力。

上海柯渡医疗集团

上海柯渡医疗集团是国内一家提供大型医疗影像设备服务销售的专业公司,擅长与厂家合作提供富有针对性的医疗设备维修解决方案。公司成立于2006年10月,总部位于普陀区曹杨工业园。

作为通用电气公司(GE)的授权服务销售商,柯渡医疗具有多年的医疗设备维修销售经验。公司立足上海,辐射全国,在北京、济南、广州、南京、武汉、西安等全国10余个城市及部分二级城市均设有办事处。公司在全国各地拥有健全的客户服务销售网络,业务遍及全国各城市,为国内近万家医院提供了完善的医疗维修设备方案及备件供应销售服务。

柯渡医疗旗下有10余家子公司,分布在北京、山东、广东等地。其中上海麦妥,济南东艺,广州超信,上海晟维等均专注于售后服务,代表GE、飞利浦、锐柯、泰柯、宾得等著名品牌,服务于医院超声、放射、内窥镜等多个诊断科室。柯渡公司也积极拓展销售业务,代理GE、锐柯、西门子等多个产品,跨放射、超声、生化诊断等多科室。

2010—2012年,柯渡集团营业收入和上缴税收,实现了20% -40%的几何级增长,为地方经济发展作出自己的贡献。

柯渡医疗秉承以人为本,力求成为中国医疗设备服务领域客户首选的解决方案服务商,积极回馈当地社会,做负责任的企业公民。

上海跨国采购会展中心

2013年新建成的上海跨国采购会展中心,凭借其大型的会议设施和展厅兼备的优势,集会议、展览、餐饮、活动于一体，能满足沪上大型会议和展览会同时举办的需求。跨采中心拥有16000平米的展厅。9000平米会议场所包括：视频会议室，大、中型会议室，多功能厅等23间会议场所，其中3000平米无柱挑高11米会议室是目前上海浦西市区最大的无柱会议厅，适宜举办各类大型会议、大型活动和大型宴会。会议厅配备各类先进的视频、音响、网络系统。5000平米餐厅区，可提供高端宴会、商务套餐、工作简餐、休闲茶饮等多种饮食配套，为宾客提供风格迥异精致完善的餐饮服务。

跨采中心位于上海普陀区苏州河北岸长风生态商务区，毗邻虹桥商务区。周边内环线、中环线，三条轨道交通和多条公交环绕，交通便捷。

上海市城市建设投资开发总公司

上海市城市建设投资开发总公司（简称“上海城投”）是一家专业从事城市基础设施投资、建设、运营管理，拥有路桥、水务、环境等城市基础设施全产业链，掌控核心技术和关键环节，实施专业化经营的城市基础设施和公共服务的整体解决方案提供商。公司拥有2家上市公司和“城投路桥”、“城投水务”、“城投环境”、“城投置业”等10多家核心企业。

自1992年成立以来，上海城投着力发挥政府投资主体、重大项目建设主体和城市安全运营主体作用，多渠道筹措资金3000多亿元，出色完成“申”字型高架路网、长江隧桥、外滩通道、黄浦江越江设施、虹桥枢纽配套道路、一批高速公路、青草沙水源地、白龙港污水处理、苏州河环境整治、老港固废处置和再生能源基地、嘉定医废危废处置中心、大型保障房项目等80多项市重大工程及其他2000多个城建项目的投资建设任务；同时努力保障好路桥、水务、环境等基础设施的安全运行，着力提升公用事业服务水平，为改善资源、生态和人居环境、提升现代化城市管理水平作贡献。

上海西门子医疗器械有限公司

上海西门子医疗器械有限公司（SSME）成立于1992年。是西门子医疗业务领域影像及临床设备方面重要的全球研发、制造中心之一，致力于计算机断层扫描（CT）、X光、超声等诊断设备和相关医疗零部件的研发生产，以及相关客户服务。公司拥有1000多名员工，其中研发人员超过三分之一。公司于2007年迁入上海国际医学园区（周祝公路278号），占地面积10万平方米，被上海市政府授予“高新技术企业”称号。

近年来，公司不断加大研发力量的投入，相继为中国及全球医疗用户研发并推出了双排、6排、16排到最新的64排（128层）螺旋CT，以及数字X射线成像系统、数字胃肠机、骨科C臂等多种X光影像设备。以CT产品为例，全球销售的每两台西门子CT中，就有一台来自于上海西门子医疗器械有限公司。公司约70%的CT出口到包括欧盟、美国、日本、韩国等全球70多个国家和地区。同时公司也是西门子医疗全球X光基础医疗产品的研发中心。

上海钢联电子商务股份有限公司

上海钢联电子商务股份有限公司（SZ300226）是我国领先的大宗商品行业商业信息、数据研究及电子商务服务提供商。

公司作为独立的、第三方的市场观察者、数据采集者，面向市场，依托遍布全国的信息采集网络，建立起完善的信息采集体系。公司提供钢铁、有色金属、矿石、煤炭、石油以及化工等工业原材料类大宗商品的基准交易报价、产能产线数据、消费需求数据、社会库存数据等资讯，以客观、公正、及时享誉业界。公司所发布的价格行情已经成为行业内企业决策参考、上下游价格结算参考的重要依据。公司编制的各类商品价格指数,被国内外的商品交易所、银行、证券基金、投行、相关媒体、相关研究机构广泛使用。公司与全球最大衍生品交易所芝加哥商品交易所集团(CME Group)的合作诞生了全球首个以中国钢铁价格指数为交割基准价的期货合约。

无印良品(上海)商业有限公司

无论是一件舒适得体的服装,还是一件简单耐用的家具,没有过度渲染和包装的外表,只有简单而环保的内涵,这就是"无印良品"。在1980年由株式会社良品计划的母公司株式会社西友基于自身的开发经验,根据"无商标"的商品构思而诞生的公司一直以"物有所值"为宗旨,研发出各种价廉物美的商品。目前在全球已经有了近400多家店铺,近5000名员工。它从最初近40种商品到目前达到7000多种商品,种类从食品、家庭用品拓展到服装、电器所有与日常生活相关的用品,由此深受人们关注和欢迎。每种商品从企划开发、制造到流通、销售的所有业务都由公司一手包办。

无印良品自2005年登陆中国市场,一直致力于提升国人生活品质,足迹已遍布全国33座大中城市。至2013年底无印良品在中国已开设店铺达到100家,成为良品计划在海外最有活力的子公司。

上海本新国际贸易有限公司

上海本新国际贸易有限公司是新大洲本田摩托有限公司的全资子公司,成立于2007年8月。公司依托母公司的产品和出口销售网络,努力扩大出口,产品出口到60多个国家和地区,2013年公司出口金额达到2.35亿美元。今后,公司将配合母公司整体出口战略,继续扩大出口,向全世界用户持续提供质优价廉的商品。

母公司—新大洲本田摩托有限公司成立于2001年9月,由新大洲控股股份有限公司、日本本田技研工业株式会社、本田技研工业(中国)投资有限公司出资组建,注册资本1.29亿美元。公司位于上海市青浦区,员工4800余人,摩托车生产能力100万台,2013年销售摩托车97万台,销售收入约55亿元,为国内最主要的摩托车生产企业之一。

资生堂(中国)投资有限公司

资生堂来到中国后深受中国消费者的青睐,在中国不同地区,不同阶段,有着许多资生堂产品的爱用者。为了更有效把握市场先机,更迅速地确立市场销售战略计划,资生堂于2003年12月成立资生堂(中国)投资有限公司,统筹在中国的化妆品事业,此举成为资生堂大力发展中国化妆品事业的强有力证明。资生堂虽然已经通过百货店同顾客建立了友好关系,但为了进一步扩展与顾客的交流空间,2004年资生堂正式在中国展开化妆品专卖店事业。资生堂化妆品专卖店不仅仅销售商品,更能为中国女性介绍正确的化妆品使用方法,同时,还是展示新型美容方法,传播新潮服饰、发型的时尚文化场所。未来,资生堂还会致力于通过多种销售渠道,为不同地域、不同年龄和不同需求的女性朋友提供更多的高品质产品和服务。

UL优力胜邦质量检测(上海)有限公司

UL是全球安全科学事业的领导者,在创新安全解决方案领域,拥有逾一个世纪的专业知识。UL优力胜邦质量检测(上海)有限公司成立于2002年,是UL华东地区的枢纽和全国检测业务的协调中心。秉承“打造一个更安全世界”的企业使命,公司以其一站式的认证、检验、测试、验货、审核,咨询和培训等服务为上海周边地区乃至全国的企业提供专业的供应链解决方案、巩固产品采购质量。UL上海消费品实验室拥有中国合格评定国家认可委员会——ISO/IEC17025:2005认可、中国计量认证认可实验室等资质。实验室采取权威的测试方法帮助产品符合国际及中国国家法规标准,测试产品范围覆盖:服装与纺织品、鞋类和皮具、家具、电子电器产品、厨房用品、日用化学用品、玩具与赠品、个人护理产品、营养品、食品及饮料。实验室特别采用流水生产线式测试流程,操作过程环环相扣、井然有序、既确保测试时间又提高测试效率,不断致力于在瞬息万变的市场环境中,为客户提供安全领域的整体解决方案。

上海长濑贸易有限公司

长濑产业株式会社是拥有180年历史的日本知名商社,在全球设有100多家分支机构和关联企业。是集研发、制造、贸易、市场于一体的业务遍布全球的化学品综合性商社,并不断在向高新技术领域进取发展中。长濑力求创立全新的商务模式,高层次地满足客户需求,努力体现“成为化才智为商机的技术和信息企业”的公司理念。

上海长濑贸易有限公司是隶属于长濑产业株式会社的全资子公司。成立于1997年。上海长濑贸易有限公司在日益壮大的中国市场,从涂料、树脂、医疗农药中间体等的化学品,信息末端的液晶显示器、半导体行业的电子材料,到汽车、能源关联领域等的功能材料,以及最近关联公司株式会社林原的新资源食品Trehalose(海藻糖)等所有领域都展开了业务。今后上海长濑贸易有限公司也将逐步扩展以日本为首的高功能材料和产品的业务,偕同中国的优秀伙伴共同开展全球市场的业务,并充分发挥长濑的集团网络力量。

上海宝山经济发展区

上海宝山经济发展区于1993年3月经宝山区人民政府批准设立,是上海市第一个实行由区管辖的民营经济发展区,占地面积130公顷。园区东临长江入海口处和上海港最大散货码头罗泾港区。西近嘉定科技城,南依宝山钢铁总厂和上海浦东钢铁有限公司,北靠江苏省太仓市明代三宝太监郑和下西洋的浏河港。

“优质、高效、诚信”的一条龙服务体系是园区的特色,也是园区服务品牌的精髓。2003年,上海宝山经济发展区成为上海首家导入CIS企业形象识别系统的经济园区,以现代化的管理为指导思想,为企业提供科学、专业、便捷的服务,更进一步提升企业的品牌形象。“宝山有宝、罗泾有金、投资罗泾,前程似锦”已是有口皆碑,享誉世界。在园区成立十周年之际,真正成为“诞生1000个百万富翁的摇篮”;在园区发展到十五年时,已走向“培育1000个千万富翁的五星之家”。园区曾先后荣获“上海市管理规范小区、上海市模范集体、中国最具投资价值十大非公经济开发区、全国中小企业成长环境十佳园区,亚洲博鳌中国最佳投资环境开发区、世博中国年最佳民营经济示范开发区、2009—2010年度上海市文明单位”等荣誉称号。

兄弟(中国)商业有限公司

兄弟(中国)商业有限公司成立于2005年3月,是负责Brother集团在中国的产品销售与服务的外商独资企业。Brother作为拥有100多年历史的国际化品牌,目前已在全球44个国家和地区拥有生产基地以及销售公司与服务网点。兄弟(中国)的事业领域包括以传真机、打印机、多功能一体机、标签打印机、扫描仪等产品为代表的打印及解决方案事业；以家用缝纫机、绣花机为中心的家用机器事业。以适应数字化和网络化办公的发展，推出集合打印、复印、传真和扫描等多种办公功能为一体的小型多功能一体机，开拓了SOHO及企业办公市场。

兄弟(中国)总部位于上海，通过设于北京、广州、成都、沈阳、西安的分公司及遍布各地的众多经销商与维修站建立了覆盖全国的营销服务网络。依托集团旗下分设于深圳、珠海、中国台湾等地的生产工厂，以及在杭州设立的开发公司，在国内实现了开发、生产、销售三位一体的供应体制，用高质量的产品与服务为中国顾客提供优良的价值。

老港工业区

老港是中国第一枚火箭升空的地方。老港工业区是1995年经原南汇县人民政府批准的区级工业区，占地面积4平方公里。于2006年列为市级工业区“浦东空港工业区”的重要板块之一。2010年1月，旋又划入金桥开发区实施联动发展，2012年12月，正式纳入张江高新区金桥园，能充分享受大张江各项优惠政策。另外，老港部分地区还将享受临港双特政策。

地处两港之间的老港区位优势凸显：距洋山深水港12公里，距浦东机场8公里，距中国商飞总装基地仅2公里，与临港新城产业园隔河相望，随着周边G1501和S32高速，沪通铁路，轻轨16号线等日益便捷、完善的交通体系，老港成了连接两港枢纽通道上的交通要塞。加上金桥开发区在临港设立了产业基地，同是大金桥板块的老港工业区将能更好地实施联动发展。园区现有落户企业70家，重点企业有：江南船舶、申菱电子、奥威科技、森蓝环保等。

完善的基础设施，独特的地理位置，全程“保姆式”服务，将使老港工业区既能充分利用现有的各类资源，又能依托金桥的平台，充分享受大张江优惠政策，积极培育节能环保、大飞机项目配套产业，老港工业区的未来将更美好。

上海富盛经济开发区

上海富盛经济开发区是一家成立于1994年的上海市级开发园区。位于崇明岛的中部南沿，总规划面积近6个平方公里，产业经济功能辐射全岛。拥有岛内唯一深水国际货运码头，处于贯通上海和江苏的G40沪陕高速重要枢纽地带。园区专设创智产业园，孵化扶持上海最具有活力的现代产业。上海灏迪汽车科技有限公司汽车视觉安全系统研发生产项目等3个实体项目开工及投产正在有序进展。

园区建设和实体项目建设有序推进，企业管理水平逐步提升，企业信息化管理系统建设不断强化，促进了开发区各项经济指标逐年平稳增长，2013年累计实现税收7.44亿元。

万国数据服务有限公司

万国数据服务有限公司(GDS)成立于2000年，拥有世界级新一代数据中心与高可用IT服务经验及卓越的产业链整合能力，是基于世界级数据中心的高可用IT服务提供商。万国数据能够提供从数据中心设计、建设和运营，到数据中心托管，IT管理运营外包，业务连续性管理及灾难恢复的整合解决方案、咨询、服务、培训和云计算服务。万国数据始终关注客户面临的挑战，提供安全可靠和灵活高效的高可用数据中心服务，助力客户安全运营。目前已广泛服务于银行、保险、证券、能源、制造、物流、互联网等多个行业及政府机构。公司网址：www.gds-services.com，微信号：万国数据 7×24小时热线：4000 724 366

上海凯虹电子有限公司

上海凯虹电子有限公司为外商投资的高新技术企业,于2000年在美国纳斯达克上市,总部位于美国德克萨斯州的达拉斯,在全球共设有14个分公司,8个销售网点(其中4个在亚洲,4个在欧洲)。

公司的主要产品是二级管、整流器、晶体管、MOSFET、保护器件等,在广阔的分散和模拟半导体市场上居全球领先地位,主要服务于电子消费品、计算、通讯、工业和汽车制造业。公司新产品开发能力一直处于世界领先,开发重点是高成长的最终用户设备市场,如数据通信设备、电脑、平板显示器、数码相机、手机、直流电源转换器、直流无刷电机冷却扇和汽车应用产品。公司的目标是通过持续改进成为世界一流的半导体制造商,制造世界一流产品来满足顾客需求。

爱步企业管理(上海)有限公司(ECCO)

ECCO是全球领先的北欧丹麦鞋履品牌,由卡尔·突斯比在1963年创建。公司从丹麦南部的一个小制鞋工厂起步,时至今日已逐渐成长为世界级的鞋类制造集团,旗下产品线包括男女休闲正装系列、户外系列、运动系列及高尔夫系列。已在全球超过85个国家拥有约4000家品牌销售点。

ECCO是世界上少数几家完全达到资源垂直整合的公司之一——采用自上而下的营运模式——即从皮革原料的生产,到设计研发和产品制造,每个环节都由ECCO直接监管。同时拥有自己的制革工厂,以保证高品质皮革原料的供应。ECCO的成功源于其可靠的产品质量,不断创新的技术水平以及"鞋必须遵循双足"的设计理念。

ECCO于1997年正式进入中国,在中国大陆市场推广的10多年间,其销售点超过850个,年销售双数逾百万,且在逐年增长。

上海维鲨实业有限公司

上海维鲨实业有限公司是专业制造各类针布的中外合资企业,拥有国际领先水平的西班牙、德国、英国原产的全套针布生产200余台套。西班牙FLEXIFORT,S. L.弗莱斯弗特公司,诞生于1908年,是专业生产针布的世界知名企业。主要产品适用于各种进口的梳毛机、梳棉机和起毛机,尤其适宜羊绒的梳理。一直畅销于欧洲、亚洲和南北美市场。弗莱斯弗特公司与光山白鲨针布公司经8年的强强联手,整合双方的技术、设备和资源优势,合作推出各种高档"布鲁哈"牌系列针布,能提供从到成纱的整套梳理解决方案。

公司坚持"质量为先,信誉为重,管理为本,信誉为诚"的发展核心理念,倡导"争做一流员工,共造一流产品,同造一流企业"的企业文化,为把公司打造成国内一流的企业,全面推进我国纺织事业而努力奋斗。

康迪泰克(上海)橡塑技术有限公司

大陆集团下属康迪泰克(上海)橡塑技术有限公司是众多非轮胎橡胶产品领域的主要供应商,并在非轮胎橡胶领域的橡胶技术方面具有雄厚的专业实力。公司由康迪泰克流体技术集团、康迪泰克输送带集团、贝内克——卡里科集团、康迪泰克动力传动系统集团、康迪泰克空气弹簧系统集团、康迪泰克振动控制系统集团、康迪泰克涂胶布技术集团和混胶技术中心八大独立运营的业务单元组成。公司为汽车业和其他重要工业行业开发生产功能部件和系统。公司作为一个开发合作伙伴和原厂配套制造商,为汽车行业、机械和仪器制造业、铁路车辆、印刷、建筑、化工和石油化工业、航海、航空及采矿业设计、开发并生产各种橡胶与塑料功能性零部件及系统。目前康迪泰克在全球有40个研发机构,员工约29700名,2013年销售额约39亿欧元。

上海钢铁金融产业园

上海钢铁金融产业园位于上海市宝山区。其范围:东至双庆路、南至双城路、西至同济路、北至海江路。是上海市重点推进的生产性服务业功能区。

园区紧邻宝钢集团,距离吴淞口国际邮轮码头3公里,距离虹桥机场30分钟车程,浦东国际机场45分钟车程,轨道交通三号线贯穿园区,地理位置独特,交通干线交错,空港衔接无限,为园区内注册企业的快速发展提供了有利的中心区位优势。

整个功能区是集商业、商务办公、星级酒店为一体的欧式风格的高端中央商务区。总占总地面积为300亩,其中146亩为景观绿化。总建筑面积为23.5万平方米。其中,南块为办公区,由4幢新古典主义别墅式办公楼和4幢22层的公寓式办公楼和1幢120米5A甲级写字楼组成,已于2008年4月全部竣工交付使用;北块为酒店商务区,由一座五星级酒店和一个精品商厦组成。

百联奥特莱斯广场

百联奥特莱斯广场(上海·青浦)是以销售国际、国内著名品牌折扣商品为主,集购物、休闲和旅游为一体,体现国际化、现代化、时尚化的大型购物广场,坚持"真品、真价、真情"的经营理念,秉着"品牌是经营之魂,折扣是经营之道,服务是经营之本"的文化理念,吸引着广大消费者慕名而来。

广场内按经营功能分为3大区块,拥有300余家商铺,400多个品牌。主要经营国际一、二线服饰品牌、国际知名运动休闲品牌以及国内著名品牌的折扣商品。

通过不断努力,广场内国际品牌汇聚度之高已跻身同行前列,公司各项经营指标名列上海零售百货行业前茅。先后荣获"全国五一劳动奖状"、"上海市精神文明单位"、"上海市模范集体"、"上海商业优质服务先进集体"等多项荣誉证书。

上海中石化三井化工有限公司

上海中石化三井化工有限公司是由中国石化和日本三井化学于2006年4月合资组建的中日合资企业。首期年产12万吨的双酚A生产装置,于2008年12月竣工投产。中国石化是世界500强企业之一,在中国拥有最大的苯酚丙酮生产能力,可为双酚A生产提供可靠的原料保证;三井化学是亚洲最大、世界最主要的双酚A生产企业之一,拥有国际一流生产技术;强强联合,能全力打造具有国际竞争能力的双酚A企业。双酚A是生产环氧树脂和聚碳酸酯等高分子材料的主要原料。下游产品广泛使用于汽车、建筑业、电子电器、运动休闲、医疗、包装等各个行业,同日常生活密不可分。为了进一步做大做强双酚A相关产品,2009年12月,中石化与三井化学达成合意,继续在上海化学工业区合资新建40万吨/年苯酚\\丙酮装置及其它项目,从而实现从原料到产品的具有一体化竞争能力的 PH\\AC\\BPA 联合装置。公司将以高质量的产品、优质的服务、良好的信誉,竭诚为国内外用户服务。

上海豫园(集团)有限公司

上海豫园集团是2002年5月在原豫园集团和西门集团的基础上重新组建而成的区属国有企业集团,现有下属16家子公司和40家独立核算企业。集团的经营业态主要涉及准金融服务业、传统商业服务和加工制造业,主要包括:小额贷款、典当、拍卖、外贸、餐饮、宾馆、南北货、服饰和纺织品、紧固件、包装机和灯具制造、古玩工艺品市场以及废金属收购等,拥有“大富贵、老同盛、全泰、宝大祥、协大祥、信大祥、五华”7个中华老字号品牌,是上海豫园旅游商城股份有限公司的第二大股东,黄浦烟草的第三大股东。

先尼科化工(上海)有限公司

先尼科化工(上海)有限公司,专业从事高性能有机颜料的研发、生产及销售。总投资1亿元。公司总部位于上海市青浦工业园区。

先尼科公司经过8年多稳步发展,已跨入高性能有机颜料行业国内领先国际先进水平行列,成为世界高性能有机颜料的主要生产供应商之一。公司注册商标“先丽®”、“CINIC®”、“先尼科®”、“Cinilex®”,在国内外市场拥有很高知名度。公司通过了ISO 9001:2008质量管理体系认证和ISO 14001:2004环境管理体系认证。自2007年以来年年荣获“上海市外商投资先进技术企业”荣誉称号。2010年公司被认定为上海市高新技术企业。

统一超商(上海)便利有限公司

7-ELEVEN便利店诞生于1927年的美国,由于最初的营业时间为早7点到晚11点,因此7-ELEVEN这一传奇性的名字就此诞生。7-ELEVEN不是一般的便利店,而是一种全新形态的生活体验店,也是目前全球最大的连锁便利通路、最大的便利连锁店。

作为全世界最大的便利商店品牌,上海7-ELEVEN集合了台湾、北京、日本、美国等全球7-ELEVEN成功发展经验,致力开发最具差异化,且符合本地消费者习惯的商品,并从经营理念到门市服务操作,使顾客感受到7-ELEVEN所创造的国际生活风格。

上海7-ELEVEN为台湾统一超商所经营,自2009年4月30日盛大开幕以来,以专业的国际化经营形态,同步全球信息,让上海消费者与世界流行生活零时差。7-ELEVEN为上海消费者打开大都市的全新便利生活体验之门,为本地消费者带来全新的购物体验。

ZEON 瑞翁(上海)管理有限公司(zeon)

日本zeon自1950年创立以来,在日本的石油化学工业界达到了惊人的跃进,并首次将合成橡胶国产化。zeon的合成橡胶,世界特殊合成橡胶领域中也属最高水平。其中从粗汽油中分解出C4馏分丁二烯抽出技术,已向海外19个国家技术出口。并且C5馏分多方面综合利用在世界上也备受关注。由C5馏分产出的高功能树脂“ZEONEX”“ZEONOR”,正建立起被数码相机、手机等的光学镜片、液晶电视和智能手机等作为代表材料而无法动摇的位置。

zeon在高功能化学领域,信息电子材料领域,保护环境的蚀刻气体和高性能冲洗剂,显示器用的新开发材料,与产业综合研究所的 CNT 的实用化研究开发等,新的功能性材料正在不断的诞生,2020 年新的中期经营计划最近开始了。在中国的事业展开也以合成橡胶、高功能树脂为中心。

上海捷强烟草糖酒(集团)连锁有限公司

上海捷强烟草糖酒(集团)连锁有限公司成立于 1996 年。捷强连锁依托上海烟糖、上海烟草两大集团在烟酒领域的优势大力拓展零售市场,逐步成为沪上具有一定规模的超市连锁企业和知名烟酒零售品牌。

2006 年,捷强连锁确立以"捷强 Joymax"为品牌命名,深度拓展烟酒专业领域的经营战略。2007 年初,首家捷强超市转型为捷强 Joymax 烟酒专卖店,截至 2012 年底专卖店已超过 200 家。经营的烟酒品种超过 3000 种,经营品类涵盖了白酒、黄酒、葡萄酒、啤酒及各式进口酒等,来自百余个国内外知名烟酒品牌和知名酒庄。品种齐全,应有尽有。

在经营过程中,捷强连锁从服务入手,以"分享拥有更多"作为品牌口号,通过全程体验培养消费忠诚度,着力将捷强 Joymax 打造成为消费者购买烟酒的首选品牌。并通过品类齐全烟酒商品、点石兼顾的精准营销、免费送货上门、个性化的会员活动,构建消费者、捷强、供应商三位一体的烟酒供应链,力求实现"中国最专业的烟酒终端服务商"的战略目标。

阿姆斯壮(中国)投资有限公司

阿姆斯壮世界工业有限公司创建于 1860 年,总部位于美国宾夕法尼亚州,初期业务以软木塞切割为主,如今已成为世界性天花吊顶、地材系统以及橱柜方面的生产及市场领导者。2008 年阿姆斯壮全球销售额为 34 亿美元,在 9 个国家拥有 36 家工厂(不包括龙骨厂)。

1996 年阿姆斯壮与上海建材集团合资兴建上海阿姆斯壮建筑制品有限公司,生产优质矿棉天花板以供应亚洲市场的需求。同年,阿姆斯壮又与美国华新顿公司在上海合资建立龙骨生产厂和上海华新顿—阿姆斯壮金属制品有限公司。2007 年阿姆斯壮昆山木地板工厂在中国投资建立,将北美工厂科学的工厂布局规划、一流生产线和严苛的品质监控引入中国,以最优质的木地板呈现给中国乃至整个亚洲的不同客户。阿姆斯壮代表着全球品质、全球信赖。公司将尽一切努力强化产品质量、提高环保性能,保持阿姆斯壮在行业内的领导地位。

杜塞尔多夫展览(上海)有限公司

杜塞尔多夫展览(上海)有限公司,是世界五大展览主办者之一的杜塞尔多夫展览集团公司在上海投资成立的外商独资子公司。拥有完善成熟的营销和服务网络,致力于将世界第一的专业展览带到中国,接连成功打造一系列中国乃至亚洲第一的展览品牌。公司旨在借助过去成功的经验,进一步扩大展览业务的范围和开拓多元化的合作关系,加大展会推动行业,带动经济的影响力,为中国的改革开放作出贡献。

公司业务范围包括:组织在中国的国际展会;与国内的合作者联合组织德国杜塞尔多夫展览集团公司在中国举办的各种展会;经杜塞尔多夫展览(中国)有限公司授权,代理德国杜塞尔多夫展览集团各公司的招商,以及策划营销活动及提供展览咨询服务。

公司在国内商业伙伴有:国家食品药品监督管理局中国医药国际交流中心、国家安全生产监督管理局、中国国际贸易促进委员会北京分会、中国国际贸易促进委员会东莞市支会、中国有色金属工业协会、中国国际贸易促进委员会冶金行业分会、中国人民解放军总后勤部卫生部、中国国际贸易中心股份有限公司、中国惠通(集团)总公司、中国印刷技术协会、中国印刷科学技术研究所、科印传媒、上海电缆研究所、中国对外贸易广州展览公司、北京华港展览有限公司。

上海红酒交易中心

上海红酒交易中心成立于2011年4月。是国内唯一一家为财富人士和业内人士提供红酒收藏、消费、投资交易的专业服务机构。中心在酒庄、酒商和客户之间搭建实时、高效、安全的交易平台,是对传统交易模式的重大突破。

上海红酒交易中心与各大商业银行签署战略合作协议,包括中国工商银行、中国银行等,合作为客户提供账户托管服务,保证资金安全。同时在国内外设立专业酒窖,保障红酒的品质和交割便利。

上海红酒交易中心的股东组成中有上海糖业烟酒集团。中心自开业以来,得到中央电视台及各大媒体的广泛关注。2011年度获得十大最佳商业模式奖。

上海林内有限公司

林内集团成立于1920年,拥有90多年的历史,是世界燃气具生产企业中最强大的集团公司之一。在世界17个国家和地区设有29家生产或销售子公司,消费者遍布全球多个国家和地区。林内作为全球综合热能器具行业的领导者,不断创造引领消费者需求的产品,为人们带来舒适、便利的现代生活。

1993年9月,上海林内有限公司由林内集团和上海燃气(集团)有限公司共同投资成立,属上海市高新技术企业。公司秉承林内集团90多年的技术底蕴,依托集团先进的设备、工艺和研发能力,以生产高端的燃气热水器、燃气灶、采暖炉、吸油烟机等厨卫电器为主,并获得了JIA品质保证A级工场的评价。上海林内始终坚持"以质量和诚意奉献于客户"的理念,正一步一个脚印地发展成为中国综合热能器具的领导者。

上海统超物流有限公司

统一流通次集团(PCSC)是统一企业旗下经营零售、餐饮及流通行业的商业集团,目前在中国大陆、台湾、菲律宾等地共有超过45家关系企业,经营国内外许多知名品牌,如Starbucks Coffee、Mister Donut、黑猫宅急便、无印良品等。集团旗下品牌公司有星巴克(Starbucks)、酷圣石(Cold Stone Creamery)、统一超商便利(7－11便利店)、美仕唐纳滋(Mister Donut)、乐豪(Royal Host)和食上都(Sato)日本料理等。集团还在山东、四川、北京、武汉、深圳等地经营超市、烘焙店和美妆店等企业。集团旗下还设有上海统超物流有限公司,承担为集团内各品牌公司的物流配送提供后勤管理保障服务。集团秉承"真诚、创新、共享"的企业文化,尽力满足消费者需求,提供最满意的服务,善尽社会责任,努力成为世界第一流的企业。

上海太阳能科技有限公司

上海太阳能科技有限公司是由上海航天汽车机电股份有限公司、上海申能新能源投资有限公司、上海空间电源研究所合资成立的股份公司，成立于2000年元月。公司拥有一流的技术人才，是中国最早从事光伏相关业务的企业之一。

公司主要从事国内外独立和大型并网光伏电站、BIPV独立光伏系统工程及相关系统产品的设计研制、开发、销售、施工和服务。先后承建上海世博中心光伏兆瓦级电站、国内首个兆瓦级BIPV电站——上海太阳能工程技术中心、中国西部首个百兆瓦级大型荒漠光伏电站——嘉峪关130MW光伏电站等项目。目前，公司已在中国西部地区甘肃、宁夏、新疆等地建设数十个大型地面光伏电站，成功并网电站达到284MW。2012年，公司被国际权威光伏市场调研机构IMS Research评选为全球光伏EPC企业第15名，中国第6名。

公司以“展航天精神 建精品工程”为企业精神，以“技术先进 成本领先 质量可靠 创造价值”为经营理念，以“进入光伏系统应用前三甲，成为行业内受尊敬的企业”为愿景，致力于光伏系统应用开发，为客户、股东创造可持续的价值，实现企业和员工的同步发展。

汇宝购物广场 FAMOS

汇宝购物广场是台湾兆丰国际集团投资的百货零售业，是七宝地区一级购物商场。广场临近七宝古镇，立于上海地铁9号线七宝站之上。商场本着购物、梦想、新空间的理念，为顾客提供全方位的信赖感、吸引力、满足感。汇宝购物广场正日益成为七宝地区乃至上海西南地区休闲、购物、娱乐的新地标。

商场总入驻品牌商家360余家，建筑总面积达3万余平方米，共分4个楼层。一层时尚名品、主题餐厅、咖啡屋等；二层感性流行服饰等；三层雅致生活，少淑女装、儿童乐园等，并有贵宾厅及顾客服务中心提供优质、贴心服务；四层品味魅力男正装、个性休闲等；B1层生活美食，以食品、生活用品、主题超市为主。

汇宝购物广场于2007年开幕，营运至今成绩亮眼，奠定了厚实的基础，现正朝向成为全国连锁百货佼佼者的方向努力迈进。

上海东方电视购物有限公司

上海东方电视购物有限公司（东方购物）由上海文广传媒有限公司（SMG）投资设立，是全国首家24小时电视购物模拟频道。拥有两个电视频道，覆盖上海在内的全国10省34个城市。同时，通过网络、目录、IPTV、手机、OTT等多媒体立体销售平台，向全国5000万观众提供商品与服务。2013年2月，启用隆昌路运营中心。3月，开通微信公众平台。4月，确定顾客导向、多媒体融合及全国拓展战略，向成为全球首选的优质在线零售服务集团的企业愿景迈出扎实一步。7月，顾客数突破600万名。10月，天猫旗舰店正式运营。12月，成为上海市首批电子发票应用试点企业。东方购物全年营业额突破85亿元，比上年增长11.8%，业绩蝉联全国家庭购物行业第一，上海零售业单体店第一。

上海物资贸易股份有限公司黑色金属分公司

上海物资贸易股份有限公司黑色金属分公司，是百联集团上海物资贸易股份有限公司下属专业从事黑色金属材料贸易的分公司。公司主要从事黑色金属材料，包括钢板、钢管、螺纹钢、线材、优特钢、不锈钢、型钢、钢坯等经营贸易及加工、物流仓储业务，是鞍钢、首钢等国内主要钢铁生产企业的代理经销商，并先后为上海及周边地区的重大工程、商品房开发、机械制造业与钢结构的生产企业等提供物流配送门到门的一门式服务，为境内部分外商独资航空制造企业提供供应链管理服务，受到中外用户的一致好评。

公司经营管理工作基础扎实，制度完善，流程清晰，监控严密，于 2002 年通过了 ISO—9001 全面质量管理认证。公司分别被上海市工商行政管理局及上海市税务局评为“守合同重信用”AAA 类和“财务信用”A 类企业，自 2003 年起，连续四届荣获上海市文明单位称号。

港中旅华贸国际物流股份有限公司

港中旅华贸国际物流股份有限公司（简称“华贸”）的大股东是中国港中旅集团公司暨香港中旅（集团）有限公司（简称“港中旅集团”）。港中旅集团植根香港已逾 80 年，是国务院国资委管辖的中央骨干企业。华贸总部设在上海，于 1984 年成立，是国家最早批准成立的一级货运代理企业之一，在行业内具有悠久的经营历史和市场品牌。

华贸主营现代物流业，具体提供以国际货代为核心的跨境一站式综合物流及供应链贸易服务。公司按照客户要求，接受国际空运和海运运输业务的总包或者分包，包括营销、物流咨询、方案设计、成本控制和全程客服等在内的前端服务，境内运输、理货仓储、配套作业、配载集装和监管服务等在内的出口仓储，订舱管理、单证管理、关务服务和进港管理等在内的离岸管理，空运集运、海运集运、多式联运和工程物流等在内的国际运输，目的港清关服务、进口仓储、转运和分拨派送等在内的目的港服务，以及结算和资金流等在内的跨境全过程物流产品和服务。公司所从事的供应链贸易业务主要是为生产商提供采购执行和分销执行的综合服务，包括市场信息、价格和交货期等协调、物流方案及资金安排。

华贸已形成网络化、集约化相结合的经营和发展格局。30 余个分子机构遍布中国主要港口和内陆经济发达城市以及中国香港，美国纽约、洛杉矶、亚特兰大，德国法兰克福，长期合作的海外网络遍布世界 150 多个国家和地区。华贸在中国同业百强企业评比中名列第七位，在多个重要港口城市行业内排名长期位列第一或前三名。

上海外高桥保税物流园区

上海外高桥保税物流园区是国务院批准的首家区港联动保税物流园区，是国家促进国际港航产业与现代物流产业联动发展的先行先试示范区，也是中国（上海）自由贸易试验区四大板块之一。园区于 2004 年 4 月 15 日由国家验收封关运作，经过多年的开发建设，开发面积 1.03 平方公里，总投资 33 亿元；总体已建成 45 万平方米仓库，同时还建有 14 万平方米配套设施；引进中外物流企业 30 家，贸易公司 55 家，累计引进外资 4 亿美元。2013 年园区进出区货值 859 亿美元，海关税收实现 110 亿元。基本实现与港区的规划联动、信息联动、政策联动、业务联动和利益联动，充分体现保税物流园区对国际现代物流业转移的承接能力和产业的集群效应，开拓了国际采购、国际配送、国际中转和转口贸易的功能，提高了政策应用能力，推进了服务管理创新。园区力争在“十二五”期间实现“四个一”的目标：建成 100 万平方米仓库和场地，引进 100 家中外物流企业，年集装箱综合处理能力达到 100 万标准箱，实现年进出区货值 2000 亿美元，为上海发展现代服务业作出新的贡献。

上海外联发商务咨询有限公司

上海外联发商务咨询有限公司是上海外高桥保税区联合发展有限公司下属子公司。坐落于集自由贸易、保税加工、物流仓储及保税商品展示交易等多种经济功能于一体的上海外高桥保税区。主要从事外高桥保税区的招商引资、土地开发、企业咨询、运营咨询及相关的商务支持服务，是一家现代高端咨询服务企业。公司拥有一支高素质、专业化、年轻化的员工队伍。招商人员精通英、日、德等多国语言，为外商投资落户保税区，起到了纽带和桥梁作用，公司成功引进中国保税区第一家外资控股公司、中国保税区第一家商贸型企业、中国保税区第一家营运中心、中国保税区第一家分拨中心、中国第一家国际贸易结算中心等众多第一。公司商务咨询范围涉及10多个专业领域、20多项专业服务。公司合作伙伴遍及18个国家与地区，现有几千家各种类型企业落户保税区，其中，位居世界500强的著名企业就超过150家。

公司多次获得市、区、行业协会的优秀招商引资先进集体、优秀招商团队、青年文明号等荣誉称号。

上海月星环球港商业中心有限公司

上海环球港于2013年9月15日在上海中心城区震撼亮相。该项目作为集"商业、旅游、文化"三大中心功能于一体的全业态城市中心商业综合体，总建筑面积达48万平方米，商业面积近32万平方米，高级办公楼12万平方米，五星级酒店面积约4万平方米，以特大型综合购物中心为主题，辅之以甲级办公、展览、娱乐、餐饮、休闲与健身等配套功能，立足上海，辐射长三角，连接全球市场。上海环球港创造了欧陆奢华的建筑意象和中产高档的购物氛围，满足消费者休闲购物一站式消费的需求。新古典主义风格的主体建筑与现代简洁风格的双子塔楼融为一体，以建筑文化为载体，以商业文化为血脉，以公共艺术为桥梁，开启文商结合风气之先。

康辉旅游 CHINA COMFORT TRAVEL

上海新康辉国际旅行社有限责任公司

上海新康辉国际旅行社有限责任公司成立于2003年，属国有控股企业，由首旅集团旗下中国康辉集团投资设立。是一家集休闲度假旅游、商务考察、会务服务、机票预订、酒店预订等多种服务的综合性旅游企业。新康辉致力于向社会提供更多样化、更专业化、更优质的旅游产品，其中以出境旅游为强项，专注于各条线路旅游产品的开发，提供的旅游产品几乎覆盖每个中国公民可以抵达的国家。面对需求日益多元化的市场，新康辉正着力于打造更为完备的产品体系，将以传统出境旅游线路为基础，在保障优势产品供应的前提下，大力发展国内旅游业务。

2012年度，上海新康辉国际旅行社荣获上海市首批AAAA级旅行社荣誉，成为上海国际邮轮旅游人才培训基地的成员单位，并多次荣获中国建设银行、圣淘沙集团、歌诗达邮轮等各大合作伙伴颁发的各项荣誉。2013年度，上海新康辉国际旅行社实现营收4亿元。

上海虹口商业（集团）有限公司

上海虹口商业（集团）有限公司成立于2009年12月23日，由原上海虹口商业资产经营有限公司和原上海大祥（集团）有限公司联合重组而成，并由区国资委授权集团行使对区合作联社的日常行政管理权。2011 年 6 月 30 日，上海宏大建设发展总公司（含全资子公司）整体无偿划转至集团，作为全资子公司，并由集团行使出资人权利。集团主要经营业务有投资融资、招商服务、餐饮、酒类食品、家用电器、菜市场管理、床上用品批发零售等。

集团在全市首创国企回租社会菜场的运营模式。2011 年 8 月 23 日，三角地公司吉祥菜场正式对外开张营业。改建后的吉祥菜场面貌焕然一新，形成了既有一般菜市场特点，又有大卖场整洁度的中心城区的菜场式样，提升了环境品质，升级了品牌结构，优化了服务能级，跨出标准化菜市场回归公益的第一步。

集团还积极探索副食品销售新模式。旗下三角地菜市场经营管理有限公司于 2011 年下半年开设了“我要我订”三角地网上菜场（www. m5150. com）。三角地网上菜场和三角地实体菜场同步具备数量多、品种全、价格廉等功能。目前“我要我订”三角地网上菜场已开通了吉祥分场、广中分场和密云分场。凡该分菜场周边 2 公里范围内均可享受鼠标一点，新鲜肉菜送上门的周到服务。这一模式不久将辐射到整个虹口区。

上海电气租赁有限公司，成立于 2005 年 8 月 18 日。是上海电气集团股份有限公司独资组建从事融资租赁业务的专业公司，是国内较早经商务部和国家税务总局批准专业从事融资租赁业务的内资试点企业。作为首批成立的厂商背景的融资租赁公司，已与遍布全国近两千家企业开展了融资租赁业务，业务领域涉及能源、医疗、环保、纺织、印刷、机床和工程机械等，累计对外融资超百亿元。在帮助合作企业和产品供应商快速成长的同时，有力促进了实体经济的发展公司先后创新开展的国内首单火电设备融资租赁、风电设备融资租赁、电站技术改造融资租赁业务。公司荣获行业内多个创新和服务奖项，是国内装备制造行业产融结合的典型企业，正逐步成为国内一流的生态型厂商租赁公司。

上海新华传媒电子商务有限公司

上海新华传媒电子商务有限公司（简称“新华电商”）成立于 2008 年。是一家专注于预付卡发行和受理的企业。新华电商是新华传媒的全资子公司，是中共上海市委宣传部掌控的一家拥有 70 多年历史的国有企业，也是中国出版发行行业第一家上市公司。

新华电商依托“新华一城卡”为载体，为各大企事业单位提供个性化服务；制作各类员工卡、纪念卡、联名卡等，帮助企事业单位解决员工福利管理方案。同时，新华电商为客户定期提供相关文化资讯，如图书推荐、文化沙龙、书友会等。

作为预付卡发行和受理企业，新华电商的技术部门与风险管理设置齐全，已经建立起完善的内部管理体系和规范的管理制度，具备了从发卡到售后维护整个过程的控制能力。并拥有高效可靠的交易处理平台和专业的营销和技术服务团队，在上海预付卡服务市场中始终保持自身的文化特色。公司特约商户已遍布上海书城、新华书店、教育培训机构、票务影院、网上商城、公共事业缴费等各类泛文化类商户。年发卡规模约 2 亿元，网点交易金额过亿元。

“新华一城卡”秉承新华书店 70 多年的光荣历史，依托新华传媒的品牌效应，倡导“泛文化、高品味、服务中高端消费群体”发展理念，立足上海，将“新华一城卡”打造成为上海著名文化品牌。

上海 K11 购物艺术中心

K11 是新世界发展有限公司旗下的高端生活品牌，是首个把艺术、人文和自然三大元素融合为核心的全球性原创品牌。K11 将艺术欣赏、人文体验、自然绿化及购物消费相互融合，为大众带来前所未有的独特感官体验。2013 年 6 月 28 日举行盛大开幕庆典的内地首家购物艺术中心——上海 K11 秉持品牌核心理念，运用独特的绿色设计，糅合多维的艺术欣赏与交流，汇聚国际潮流品牌，让商业变身为艺术，全情打造最大的互动艺术乐园、最具舞台感的购物体验以及最潮的多元文化生活区。

K11 是一个让商业变身艺术的地方。K11 将艺术、文化、时尚与设计的力量有机融合，定期举办各类艺术展览及充满想象力的活动，使 K11 变身为一座艺术乐园，为日常生活增添如舞台般多姿多彩、充满活力与激情的元素。消费者在这所艺术乐园中，除了满足基本的购物需求，还可以见证每一位新缪斯、每一个奇思妙想的诞生，使普通的购物之旅，变成活泼奇幻、充满艺术感的旅程，让他们的意念和梦想自由飞翔。同时，在专业艺术领域，也着眼于为本地和国际艺术界建立紧密和谐的关系，打破成见，鼓励不同文化、国家和人之间自由交流。K11 把活动范围扩展至海外，每年向巴黎时装周推介中国艺术家与高级时装界及艺术界举足轻重的设计师和艺术家互动交流。同时也不断邀请重量级的国际艺术家参与 K11 自身举办的艺术项目，使之真正成为一个国际艺术舞台。

上海 K11 购物艺术中心所呈现的不仅仅是一座购物中心，更是一间艺术博物馆、环保体验中心、主题旅游景点和展示人文历史的绝佳场所。凭借其创新的多维平台优势，K11 必将满足广大消费者的高端购物需求，为淮海路商圈的整体业态升级贡献力量，也为上海这个国际化大都市再增一个潮流新地标。

上海外高桥造船有限公司成立于 1999 年，地处长江之滨，是中国船舶工业集团公司旗下的上市公司——中国船舶工业股份有限公司的全资子公司。公司全资拥有上海外高桥造船海洋工程有限公司、控股上海江南长兴重工有限责任公司、上海外高桥海洋工程设计有限公司、上海中船船用锅炉有限公司、中船圣汇装备有限公司，参股上海江南长兴造船有限责任公司。

公司全年完成交船 34 艘/565.95 万载重吨，其中外高桥造船 18 艘、长兴重工 12 艘、临港海工 2 艘、长兴造船 2 艘，生产经营任务的完成保障了 2013 年财务决算指标完成。公司 2013 年合并营业收入 141 亿元，合并利润总额 2.96 亿元。

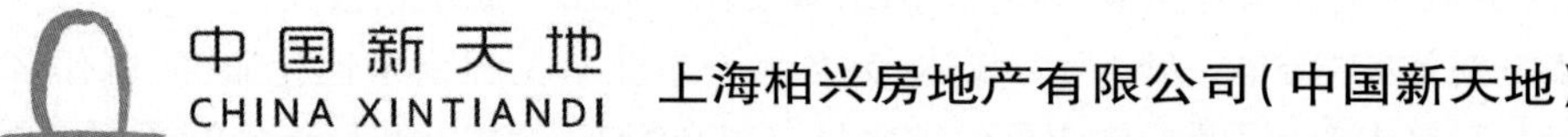

中国新天地是立足中国的高端商业地产的持有者、经营者及管理者。作为上海新天地的始创者，公司以"集生活、工作、娱乐休闲于一体"的理念，致力建造充满活力的社区，从而带动整个区域的商业繁荣。在"生活永丰采"这一企业愿景的引领下，公司持续为人们提供优享生活体验，为业务创造长期价值。作为瑞安房地产的子公司，中国新天地的资产组合包括商业零售、办公楼、酒店与娱乐休闲物业，业务范围遍及上海、重庆、武汉与佛山等大中城市。

上海德必文化创意产业发展(集团)有限公司

上海德必文化创意产业发展(集团)有限公司是中国领先、专业致力于文化创意产业发展的服务企业。

德必从2006年开始投资运营文化创意产业园区，通过几年的探索，已拥有一套独特成熟的经营模式，即集园区投资、设计、建设、招商、运营、平台式整合创新服务为一体的德必模式。成功吸纳了一批优秀的文化创意企业入驻，实现了产业集聚，助力产业发展。

截至2013年12月，德必已在上海及长三角地区、意大利成功运营20个文化创意产业集聚区，园区面积近50万平米。

沃尔沃建筑设备投资(中国)有限公司

沃尔沃建筑设备作为世界500强瑞典沃尔沃集团成员之一，是全球领先的建筑设备制造商。在短短10年时间里，沃尔沃建筑设备已成为行业内最知名的建筑设备供应商之一。公司产品用于国内多项重大工程，为中国经济发展做出贡献。

沃尔沃建筑设备长期致力于把世界高端制造产业的最新发展趋势和沃尔沃建筑设备的全球布局与上海产业升级规划相结合，为了实现可持续发展的目标，不断强化技术和生产能力，将以人为本的理念贯穿于研发、生产、制造和应用的全过程。

沃尔沃建筑设备凭借在尖端科研领域的创新性研究，不断推出更加智能、高效、环保的产品和解决方案，为上海发展高端制造业分享经验，贡献力量。

上海志豪纺织服饰有限公司

上海志豪纺织服饰有限公司成立于2002年。占地面积3000平方米，拥有员工100人，平均年销售额2000万元。

公司生产高科技超细纤维清洁制品，产品主要为汽车机械和家庭清洁用品，产品种类齐全，拥有一流的生产流水线。并不断的开发能适应市场需求新产品。产品主要销往欧洲和北美。外销主要的OEM品牌有Maguairs、Turtle Wax、Intex、SIMONIZ、3M等国外知名汽车及家用高端品牌。公司长期与国外大型零售超市合作，包括COSTCO，WAL－MART，TARGET。公司拥有自己品牌美高适和MAGIIC’S，并于2006年拿到美国NBA生产特殊经营权。

公司一直秉持质量是企业的生命，产品是企业的活力，为了不断在强手如林、竞争剧烈的超细纤维清洁制品毛巾行业站住脚，公司每年都会定期的参加国外高知名度的相关展览会以提高产品质量和市场契合度。2003年公司被评为上海市“最佳供应商”、2005年被评为“先进企业单位”。

上海机场(集团)有限公司虹桥国际机场公司

虹桥国际机场于1921年辟建，历史悠久，位于上海虹桥商务区核心区，地理和市场优势明显。虹桥机场经2010年扩建投用后发展更为迅速：资源更加集约，在同规模等级机场中效率卓越；运量规模跻身世界繁忙机场行列，2013年共保障飞机起降24.39万架次，旅客吞吐量3561.15万人次，货邮吞吐量43.51万吨；致力于缔造精品航线，航线网络趋于完善，共有24家中外航空公司在此运营，航点覆盖国内大部分城市及5个国际地区城市。虹桥机场荣获蝉联国际民航组织SKYTRAX 2013年度“全球最佳国内机场”第二名和“中国最佳地区机场”第一名；连续4个季度获民航资源网《机场服务评测报告》综合评分排名第一名；“七星”手推车服务品牌获2013全国实施用户满意工程先进服务奖。

按照新一轮国资国企改革对虹桥机场“功能类”企业定位，虹桥机场聚焦“打造杰出管理型企业"和"打造精致城市文化名片"的目标,充分发挥区位优势,致力于打造以精品、高端为特色的国内大型枢纽,以及长三角腹地高价值旅客前往全球的公务出行进出门户。

上海雪榕生物科技股份有限公司

上海雪榕生物科技股份有限公司(简称"雪榕生物")创立于1997年,由原上海高榕食品有限公司整体变更设立。雪榕生物经过17年的发展,已经由传统的保鲜蔬菜出口种植加工企业转变为以现代生物技术为依托,以工业化方式生产农产品的的现代农业企业。2002年,公司被农业部等八部委联合授予"农业产业化国家重点龙头企业"。雪榕生物日产金针菇270吨,真姬菇23吨,日总产能293吨,生产规模位居全国食用菌工厂化生产行业之首。雪榕生物以"绿色、环保、安全"的责任意识,始终把食品安全放在首位,在生产过程中不使用任何农药和化学品,为消费者提供安全、绿色、健康的食用菌产品,"雪榕"成为中国航天事业合作伙伴。"高榕牌"被授予"上海市名牌产品","高榕"商标被评为"上海市著名商标"。"雪榕牌"金针菇被评为"上海市名牌产品",并获第七届"中国国际农产品交易会"金奖。

周浦镇人民政府

周浦,是一座有着1300多年历史的文化古镇,素有"小上海"之美誉。近年来,周浦镇紧紧抓住浦东"二次创业、二次跨越"的发展机遇,正以全新的面貌融入大浦东!

周浦地处大浦东金三角即陆家嘴、世博板块、迪斯尼经济圈三大区域之核心功能区域的地理中心,东接国际旅游度假区——迪斯尼,西邻世博国际商务区,是浦东"东进"战略的重要承接点。外环高速、机场高速等环绕镇区,"五横六纵"的镇域道路交通体系逐步形成,轨道交通16号线、规划中的18号线,以及发达的公共交通资源,共同构筑了周浦便捷的交通体系。

周浦行政区域面积43.2平方公里,常住人口15.8万,镇域内就学、就医、住房、社会保障等社会事业得到持续改善,多项社会指标居全区前列;并以推进"迪斯尼延伸配套服务区"为切入点,促进旅游休闲、文化娱乐、观光购物等产业快速发展,不断提升区域文化凝聚力。

发达的商贸业是周浦繁荣的标志和象征。周浦镇聚焦楼宇经济、总部经济、现代服务业,全镇三业经济总收入达到近200亿元。周浦智慧产业园区一批重点项目得到有力推进,第三产业占三业总量的比重近50%,周浦将继续围绕"六个周浦"建设总目标,以智慧镇为引领,全面推进转型发展、产城融合、镇管社区、小上海风情等工作,努力提升城市功能,不断增强区域综合竞争力。

凯健国际老年护理中心

凯健国际由美国著名的养老和医疗投资公司Columbia Pacific Management Co.及美国最大的、经验最丰富的老年协助生活社区运营商Emeritus Senior Living携手打造。作为中国第一家美资护理康复养老机构,秉承美国成熟、先进的医疗康复护理理念,凯健国际率先在中国开创康复护理养老全新模式。

凯健国际致力于提供按需定制的专业高端护理康复服务,聘请沪上知名三甲医院资深主任级医生、护士长临床咨询诊断,竭诚为入住患者、老人提供高端舒适酒店式的生活环境和介护,以及温馨细致人性化的医疗护理和康复服务。

凯健国际正在逐渐形成以上海及长三角为中心,辐射全国的护理康复养老连锁机构。上海徐汇苑、浦东苑,北京亦庄春萱茂·凯健已经落成营业。

上海德尔格医疗器械有限公司

1889 年在德国吕贝克成立的家族企业德尔格集团，是医疗和安全技术领域的国际领导者，历经五代已经发展成为全球性企业，生意遍及 190 多个国家。公司在 40 多个国家拥有独立的销售和维修分支机构，其研发和生产基地位于德国、英国、瑞典、南非、美国、巴西、捷克和中国。

"生命的技术"是该企业的指导方针和使命。无论是在手术室、危重症监护室还是急救应援等任何危急情形下，德尔格的产品都致力于保护、支持和拯救生命。

德尔格集团于 1994 年在中国成立子公司，医疗产品覆盖麻醉工作站、临床呼吸机、监护仪及早产儿和新生儿暖箱，通过医用建筑体系的吊塔、手术室的 IT 解决方案和气体管理系统，德尔格的产品始终在客户左右，贯穿整个医院系统。

WISDOMIDEA 惠斯顿策划机构（中国）

惠斯顿策划机构集结美国、中国香港、中国台湾、内地 35 位品牌战略顾问、营销策划专家、资深广告创意人、公关活动专家及知名培训讲师组成的国际化智囊团队，是全球智慧服务中国品牌。

惠斯顿策划机构以先进的品牌理念、敏锐的市场洞察力、卓越的品牌创新力、高效的营销策划力、前沿的品牌设计及精准的品牌传播力，为企业提供全方位的品牌策划与营销服务，国际化的品牌智慧成功助推许多企业的品牌提升和发展。机构服务范围：一、品牌咨询、品牌规划、品牌管理、品牌升级和品牌推广。二、营销诊断、产品策划、市场推广和整合营销传播。三、CIS 导入、VI 设计、包装设计、电视广告创意制作、平面广告创意设计、品牌形象店设计和网站建设。四、活动策划、培训、印刷和展览展示。惠斯顿策划机构一直是海内、外众多优秀企业家的亲密战友与合作伙伴。

通力律师事务所

上海

地址：上海市银城中路 68 号时代金融中心 19 楼
邮编：200120
电话：(86 21) 3135 8666
传真：(86 21) 3135 8600
网址：www. llinkslaw. com

北京

地址：北京市西城区金融大街 7 号英蓝国际金融中心 9 楼 02 – 03 单元
邮编：100033
电话：(86 10) 6655 5050
传真：(86 10) 6655 5060
邮箱：master@ llinkslaw. com

通力律师事务所是一家在公司及并购、银行及金融服务、资本市场以及商事诉讼仲裁领域处于领先地位的中国律师事务所。自 1998 年成立以来，通力就始终走在金融法律及公司法律发展的最前沿，并致力于为客户提供高质量的专业法律服务。通力以其专业上的精湛水准，结合对客户商业需求的充分理解，同时坚持务实且富有建设性的法律问题处理方法，以帮助客户实现其商业目标。多年来，通力一直被《亚洲公司律师指南》、《亚洲法律杂志》、《亚太法律 500 强》、《亚洲领先律师事务所指南》、《钱伯斯全球领先律师事务所名录》、《大中华律师事务所与法律市场双语指南》、《国际金融法律评论 1000》、《PLC 国际领先律师事务所名录》等国际权威法律出版物评为最优秀的中国律师事务所之一。

上海亚龙烟草机械有限公司

企业地址:上海市黄浦区金陵东路500号809室
电话:021-63283019　传真:021-63283110　邮编:200021

上海爱发投资管理有限公司

企业地址:上海市芷江西路369号2楼
电话:021-62188111　传真:021-62188222　邮编:200070

长谷川香料(上海)有限公司

企业地址:上海市浦东新区新金桥路2365号
电话:021-58997000　传真:021-58996555　邮编:201206

联太担保(上海)有限公司

企业地址:上海市南京西路1366号恒隆广场2座4501室
电话:021-62884300　传真:021-62889272　邮编:200040

上海易和通物流有限公司

企业地址:上海市宝山区南大路428号
电话:021-62849377　传真:021-52848187　邮编:200436

上海航天动力设备研究所

企业地址:上海市闵行区中春路1777号
电话:021-24181832　传真:021-34090292　邮编:201109

上海浩方科技有限公司

企业地址:上海市浦东新区东方路989号21楼
电话:021-58307755　传真:021-58304422　邮编:200122

上海临港奉贤经济发展有限公司

企业地址:上海市奉贤区四团镇新杨公路1800弄临港奉贤中心A楼

电话:021－38298300　　传真:021－58078167　　邮编:201413

上海市方达律师事务所

企业地址:上海市南京西路1266号恒隆广场一期32楼

电话:021－22081166　　传真:021－52985599　　邮编:200040

三菱电机(上海)机电电梯有限公司

企业地址:上海市闵行区中春路1211号

电话:021－34093030　　传真:021－34093057　　邮编:201109

银联商务有限公司

企业地址:上海市浦东新区张衡路1006－1008号

电话:021－61088288　　传真:021－61088289　　邮编:201203

区县商务

2014

上海商务年鉴

第五编

浦东新区商务

一、概述

2013 年是全面贯彻落实党的十八大精神的开局之年。浦东新区商务委坚持以上海国际贸易中心核心功能区建设为主线,跟踪聚焦中国(上海)自由贸易试验区引发的新一轮改革开放热潮,加快优化产业结构,着力保障社会民生,切实推进商务工作稳步前进,保障全区商务经济平稳健康发展。

(一) 主要经济指标

2013 年,浦东新区完成国内生产总值 6448.68 亿元,比上年增长 9.7%,占全市总量的 29.85%。

新设外资项目 1032 个,占全市总量 27.6%,比上年增长 5.7%;利用合同外资 73.89 亿美元,占全市总量 29.6%,比上年增长 1.4%;实际到位资金 50.33 亿美元,占全市总量 30.0%,比上年增长 4.2%。至 2013 年年底,新区历年累计设立外资项目 21610 个,累计合同外资 775.69 亿美元,累计实到资金 531.78 亿美元(未包含 2009 年 7 月之前原南汇县数据)。

吸引内资企业 23560 家,注册资本 1786.8 亿元,比上年增长 52.6%。其中新设立企业 18574 家,注册资本 1417.7 亿元,比上年增长 118.7%;增资企业 4986 家,注册资本 369.09 亿元,比上年减少 10.1%。

实现进出口总额 2496.1 亿美元,比上年增长 4%,占全市贸易总额的 56.5%。其中出口 958.3 亿美元,比上年增长 2%;进口 1537.8 亿美元,比上年增长 5.4%。

实现商品销售总额 16408.67 亿元,比上年增长 12.8%。实现社会消费品零售总额 1504.95 亿元,比上年增长 11.5%,高于全市 3 个百分点,占全市比重约为 18.8%。

(二) 主要工作措施

1. 投资促进。一是坚持调研与服务并重,推动总部经济持续发展。调研方面,联合海关推出“海关 10 条”监管创新举措,再增加 50 家企业试点;联合税务局开展“助推总部经济集聚、关注平台业态需求”调研,进行制度创新研究;联合安永(中国)企业咨询有限公司开展总部发展情况调研,发布《浦东新区跨国公司地区总部发展蓝皮书》。服务方面,以总部经济共享服务中心为主要平台,通过集中开展政策宣讲、搭建交流平台、推进总部试点,有效解决跨部门政策衔接的问题,提高了专业服务机构的积极性,扩大了浦东总部经济影响力。二是积极稳妥推进商业保理试点。自 2012 年 12 月《上海市浦东新区设立商业保理企业试行办法》颁布以来,商业保理联合推进小组共召开 6 次商业保理试点企业评审会,累计 114 家参与评审,87 家企业通过并获得试点资格(其中 2013 年共召开 5 次评审会,105 家企业参与,79 家通过)。截至 2013 年底,已有 25 家企业开展保理业务,累计保理融资放款总额超过 10 亿元。

2. 对外贸易。一是提高行政审批效能。在货物贸易外汇管理方式全面改革的基础上,区商务委与浦东海关进一步加强合作,建立“适用于海关(AA)A 类企业的网上申报”系统,将企业(AA)A 类资质的网上申请功能纳入原“浦东海关网上申报”系统,于 2013

年8月正式上线运行，实现了原系统服务功能的拓展。二是功能模式创新进一步突破。研究开展第三方支付机构跨境电子外汇支付业务试点，支持符合条件的机构开展跨境支付业务试点，以适应电子商务的迅猛发展及进口消费品需求快速增长的需要。三是不断加强企业服务。在海关、工商等相关部门的支持下，推行报关企业的并联审批。浦东新区在部分开发区内设立专门的金融服务窗口，推动银贸合作，推动"外贸易贷通"等创新融资产品的开展。新区税务部门根据国税总局规定，做好出口退税工作，扩大退免税范围，延长申报期限，加快退税进度。扩大出口信用保险的覆盖面，帮助企业降低开拓国际市场的风险，拓宽融资渠道。

3. 商业发展。一是紧抓战略招商，不断提升商业能级。协调推进20余块商业地块顺利出让，为重点商业地块引进优质开发商，积极推进重大新项目的开展，商业战略招商见成效。迪士尼旗舰店、祝桥奥特莱斯等重大项目扎实推进。二是重视商业整体营销，进一步扩大消费。利用桃花节、上海购物节、新年倒计时活动三大节庆载体，持续开展品牌节庆活动。用好微信、微博、二维码等新媒体，推介浦东特色商业。三是借助电商和自贸新政，助力商业实现创新发展。研究探索传统零售企业应对电子商务冲击之策，主动承接自贸区溢出效应，鼓励传统商业企业"触网"，促进线上线下消费市场融合。

二、商业经济

（一）商业投资保持较快增长，商业发展后续增量充足

2013年，浦东新区批发零售业吸收外商投资合同金额18亿美元，比上年增长2%。商业房地产投资仍然保持快速增长。全年商业营业用房投资96亿元，比上年增长13.6%。

（二）主要业态保持增长

1. 电子商务成为市场增长新主力。2013年，新区电子商务持续快速发展，已成为市场增长新主力。实现电子商务交易额3144.1亿元，比上年增长12.6%，占上海市比重约为30%。其中B2B交易额为2941.2亿元，比上年增长10.6%，占全市比重34.1%；网络购物交易额为202.9亿元，比上年增长53.5%。新区网络零售代表企业有1号店等。2013年1号店销售增速进一步提升，对新区社零增长的贡献率达到32%，已成长为新区零售规模最大，增长最快的龙头商业企业。

2. 传统百货低位增长。2013年，区内10家传统百货企业实现零售额约74.3亿元，比上年增长4.4%。其中中心商圈百货增长乏力，社区百货由于贴近居民且促销活动频繁，销售情况较好，浦东商场和巴黎春天分别比上年增长15%和13%。具体商品种类中，黄金珠宝类消费增速较快，尤其是上半年和年底受价格波动销售增长较快，全年累计增速为48.6%，其中永安珠宝实现比上年增长31.1%。日上免税行受出境客流增长和商品价格优势拉动，全年实现零售额比上年增长18.5%，在浦东实体零售企业中规模和增速领先。

3. 购物中心两位数增长。新区各购物中心逐步调整业态，增加休闲、娱乐、餐饮、教育等体验类业态比重，经营情况普遍好于百货。2013年，浦东18家购物中心全年实现营业收入197亿元，比上年增长10%。其中周浦万达、嘉里城和川沙现代广场增幅均超过15%。

4. 连锁超市消费平稳。由于受经济形势和网络购物分流的影响，2013年新区连锁超市表现平稳，实现零售额134.7亿元，比上年增长2%，占新区社会消费品零售总额的8.95%。

5. 汽车及相关消费低速增长。受高端进口车销售下滑影响，汽车销售低速增长。

2013 年购物达人赛活动现场

全年限上企业实现汽车零售额 313.88 亿元，比上年增长 6.7%，占新区限上社零比重达 33.8%。受浦东公车改革集中拍卖拉动，二手车市场交易活跃，全年新区二手车交易实现零售额 57.8 亿元，比上年增长 37.8%。此外，从汽柴油等烧类商品看，全年限上企业实现零售额 149.2 亿元，比上年增长 9.8%。两者累计对新区社零增长的贡献度达到 21.3%。

6. 建材、家用电器等家居消费回暖。2013 年，房地产市场的回暖带动建材、家用电器等家居类消费有所回升，全年家用电器类和建筑装潢类商品零售分别比上年增长 13.1% 和 6.8%（2012 年同期均为比上年下降）。

三、利用外资

（一）企业增资占主要地位

2013 年，新区共有 662 家企业增资，新增合同外资 47.89 亿美元，占当年合同外资总额的 64.8%，分别比上年减少 9.7% 和增长 0.1%。

从增资金额看，增资金额超过 1000 万美元的项目有 108 个，共增加合同外资 38.72 亿美元，占当年合同外资的 52.4%。

从增资行业看，第三产业增资明显。全年共增加合同外资 44.23 亿美元，约占新区外资企业增资额的 92.4%。增资行业主要集中在投资与资产管理、金融租赁、房地产、商业、物流等行业。

从投资方式看，增资额最大的是独资企业，共增加合同外资 43.10 亿美元，占当年增资额的 90.0%；其次是合资企业增加合同外资 3.83 亿美元，占当年增资额的 8.0%；再次是股份制企业增加合同外资 8751 万美元，占当年增资额的 1.8%；最后是合作企业增加合同外资 846 万美元，占当年增资额的 0.2%。

（二）总部经济效应明显

2013 年，新区共新获认定的跨国公司地区总部 21 家，占全市总量（42 家）50.0%。至 2013 年底，新区历年累计获认定的跨国公司地区总部达到 214 家（其中亚太区总部 60 家），占全市（共 445 家）的 48.1%。跨国公司地区总部在新区的投资能级达到 108 亿美元，年销售结算能级接近 2500 亿元的规模，年纳税总额已突破 165 亿元。

（三）外资研发机构增长缓慢

2013年，新区新批总投资超过200万美元的研发中心7家。截至年底，新区历年累计投资总额超过200万美元的研发中心达到192家，其中位于张江的研发中心达到130家。新区外资企业年研发投入超过259亿元，占浦东新区GDP的3.2%以上，高于上海市提出的全社会科学技术研究开发经费占GDP的2.5%以上的目标。

（四）外资大项目数和平均投资规模都有所提高

2013年，新区新批投资总额超过1000万美元以上的大项目有129个，占项目数的12.5%，比上年增长10.3%；合同外资25.1174亿美元，占当年合同外资的34.0%，比上年增长2.1%。

2013年，新区新设立的投资性公司10家。截至年底，新区历年累计设立投资性公司达到98家，占全市（共283家）34.6%。

（五）第三产业利用外资占主要地位

2013年，新区新设三产项目1015个，吸引合同外资70.08亿美元，占全年总量的94.8%。第三产业主要包括商业、投资与资产管理、融资租赁及房地产等行业。

（六）外资来源地不断扩大

截至2013年底，到新区投资的国家（地区）总数达到123个，比上年增加6个。对新区投资前五位国家/地区（以合同外资为依据）依次为：中国香港、日本、维尔京群岛、美国、开曼群岛。

2013年外商投资主要来源地情况表

序号	国别（地区）	项目数（个）		合同外资（万美元）	
		2013年	累计额	2013年	累计额
1	中国香港	430	6387	372544	2274054
2	日　本	63	2800	52118	778866
3	维尔京群岛	20	1121	29602	766860
4	美　国	75	2427	56689	729539
5	开曼群岛	4	306	11747	724790
6	新加坡	62	1298	33140	472738
7	中国台湾	73	1338	6083	397096
8	德　国	40	622	3759	333367
9	荷　兰	17	251	17764	235427
10	法　国	10	203	10737	145051

四、对外贸易

（一）出口商品结构

2013年，新区出口商品结构进一步优化。机电产品出口657.2亿美元，比上年增长4.5%，占出口总额的68.6%，比上年提高2.4个百分点。高新技术产品出口408.4亿美元，比上年增长6.1%，占出口总额的42.6%，比上年提高2个百分点。

（二）贸易往来市场

2013年，新区进出口主要贸易伙伴格局未变。对美国、欧盟、东盟和日本合计出口595.35亿美元，占新区出口总量62.1%，总体保持增长态势。欧盟、东盟、日本、美国是浦东的前四大进口贸易伙伴，合计进口925.44亿美元，占全区的60.2%。

新区对美国进出口371.22亿美元，比上年增长14.5%。其中进口161.28亿美元，比上年增长22.8%；出口209.94亿美元，比上年增长8.8%。对欧盟进出口532.64亿美元，比上年微增1.2%。其中进口365.71亿美元，比上年增长4.5%；出口持续下降，实现166.93亿美元，比上年下降6.27%。对东盟进出口350.05亿美元，比上年增长14.0%。其中进口233.83亿美元，比上年下降13.4%。其他主要市场中，对韩国出口下滑20.3%，对非洲出口增长13.0%，从中国台湾进口增长21.5%，从拉美进口下降8.4%。

2013年对外贸易往来主要市场情况表

国别（地区）	进出口总额（万美元）	占比（%）	比上年（±%）	出口额（万美元）	比上年（±%）	占比（%）	进口额（万美元）	比上年（±%）	占比（%）
美　国	3712219.84	14.87	14.49	2099437	8.83	21.9	1612783	22.81	10.49
欧　盟	5326404.38	21.34	1.18	1669284	-6.27	17.4	3657121	4.91	23.78
东　盟	3500534.45	14.02	-7.02	1162223	9.16	12.1	2338311	-13.40	15.21
日　本	2668810.78	10.69	-3.00	1022579	4.75	10.7	1646232	-7.27	10.70
拉丁美洲	1298725.93	5.20	-6.92	451406	-3.95	4.7	847320	-8.43	5.51
韩　国	1424599.76	5.71	-1.50	287550	-20.33	3.0	1137050	4.77	7.39
非　洲	538591.88	2.16	17.26	279802	12.99	2.9	258790	22.23	1.68
澳大利亚	667323.68	2.67	17.02	267202	-0.29	2.8	400122	32.36	2.60
中国台湾	1143066.41	4.58	17.84	243768	6.17	2.5	899298	21.46	5.85

2013年丰要出口商品情况表

序号	商品名称	出口额（万美元）	占比（%）	比上年（±%）
1	自动数据处理设备及其部件	1194699	12.47	-7.33
2	集成电路	853357	8.90	26.40
3	电话机	781490	8.15	8.83
4	服装及衣着附件	703638	7.34	-1.11
5	船　舶	378684	3.95	-16.70
6	纺织纱线、织物及制品	304587	3.18	-5.63
7	机械提升搬运装卸设备及零件	240307	2.51	22.08
8	液晶显示板	187887	1.96	13.79
9	医药品	180117	1.88	2.94
10	汽车零件	178616	1.86	4.79
11	成品油	172453	1.80	-8.71
12	自动数据处理设备的零件	169468	1.77	24.84
13	通断保护电路装置及零件	134061	1.40	7.74
14	二极管及类似半导体器件	118050	1.23	35.00
15	计量检测分析自控仪器及器具	110169	1.15	9.83

五、对外经济合作

2013年，新区企业“走出去”步伐继续加快，全年经初审通过的境外投资项目(包括新设、并购、增资)118个，比上年增长55%，项目数占全市的34%；总投资额16.75亿美元，比上年增长146%，占全市的39%。其中中方投资11.97亿美元，比上年增长112%，占全市的33%。对外投资高速增长的原因一是随着经济全球一体化的进程及国内目前巨大的外汇储备、投资过剩、产能过剩的现状，企业“走出去”和资本输出逐渐成为趋势；二是企业抓住人民币对美元单边升值、欧美等国对华投资需求上升的机遇，以及自身转型升级的要求，积极在海外开拓新市场，发展新渠道；三是自贸试验区带来的对外投资便利化也促进了新区境外投资的增长。

(一) 投资行业以服务业为主

2013年，新区对外投资以服务业为主，并努力参与高层次国际价值链分工。全年共新批到境外从事实业及股权投资类的项目22个，中方投资额合计4.72亿美元，占比39%；贸易类项目44个，中方投资额合计2.45亿美元，占比20%；从事售后、技术咨询服务行业的项目24个，中方投资额合计1.41亿美元，占比12%；加工制造类项目7个，中方投资额合计1.79亿美元，占比15%。此外还有到境外设立研发中心、开发园区、房地产、开发矿产资源等项目。

(二) 投资方式多样化

2013年，新区对外投资方式呈多样化，增资及并购项目投资额超过新设项目。增资项目投资额最高，项目数36个，中方投资额合计5.78亿美元，占比48%；并购项目14个，中方投资额合计3.52亿美元，占比29%；新设项目数量最多，为68个，中方投资额合计2.67亿美元，占比22%。

(三) 投资主体多元化

2013年，区内民营企业对外投资项目数量最多，达78个，中方投资额合计5亿美元，占比42%；国有企业项目数量虽只有20个，但投资额较大，中方投资额合计5.38亿美元，占比45%；外资企业项目18个，中方投资额合计1.29亿美元，占比11%。

(四) 投资区域遍布世界各地

2013年，新区企业对外投资目的地遍布全世界5大洲的29个国家和地区。其中，投资到亚洲地区的项目72个，中方投资额合计7.61亿美元，占比64%；美国项目18个，中方投资额合计1.56亿美元，占比13%；避税地(开曼群岛、维京群岛)项目10个，中方投资额合计1.05亿美元，占比9%；欧洲地区项目7个，中方投资额合计0.73亿美元，占比6%；另在大洋洲、非洲、南美洲等地均有境外投资项目。亚洲项目以香港特区居多，有41个，中方投资额合计5.77亿美元，此外还有日本、新加坡、印尼等地。

(五) 自贸区对大项目的吸引力初步显现

自贸试验区2013年9月底挂牌以来，对外投资项目有8个，投资类型集中在投资、贸易及售后服务，合计投资额3.28亿美元，其中中方投资额3.28亿美元。投资领域主要集中在两个方面：贸易领域(4个项目)和售后服务领域(2个项目)。

黄浦区商务

区商务委员会主任
张 杰

一、概述

2013 年，面对宏观经济形势不确定、电子商务迅猛发展、郊区商圈快速崛起的严峻挑战，黄浦区商务工作坚持迎难而上，率先探索创新，聚焦重点、突破难点、抢占高点，基本完成年度各项目标任务。全年实现社会消费品零售总额 693.6 亿元，比上年增长 1.4%；实现商品销售总额 5188.8 亿元，比上年增长 6.1%；完成商贸流通业税收 125.46 亿元，占比 30.5%；完成合同利用外资 11.2 亿美元；完成外贸进出口 97.1 亿美元；涉外企业完成税收 202.77 亿元，占比为 49.1%；新增经认定的跨国公司地区总部 4 个。

二、商业经济

一是聚焦商业模式融合创新。认真谋划互联网商业时代的“黄浦模式”，推动实体商业加快线上布局，创新商旅文联动载体，推出集微博、微信和手机 APP 平台，以及 40 余家商家限时特惠营销信息于一体的“玩购黄浦”线上整体营销平台，探索利用 O2O 模式进行精准营销。

二是聚焦结构调整重点项目。坚持不懈推进“两街”（南京路、淮海路）商业结构调整，完成调整面积 9.65 万平方米。南京东

2013 年中国首届商业品牌电商化发展论坛举行

路—外滩地区完成6个项目,主要是首入式品牌旗舰店。淮海中路—新天地地区完成4个项目,包括全市首个体验式购物中心——香港新世界K11购物艺术中心,以及优衣库全球最大旗舰店、连卡佛全球最大门店。

三是聚焦品牌培育体系建设。通过不断完善品牌工作制度体系,推动老字号企业向外拓展商业网点120个,完成全年目标的120%。新增上海市著名商标10件、上海名牌7件,分别完成全年目标的200%、140%。全区中华老字号实现销售总额834亿元,比上年增长近15%。引导企业加强人才队伍培养与储备,全区共有国家级工美大师10位,占全市总数的55.5%;市级工美大师22位,占全市总数的55.3%。

四是聚焦商业环境整体营造。利用第三方评估推进商业窗口行业(含菜场及部分酒类企业)服务水平管理工作常态化、长效化,为全市首创。单用途商业预付卡备案管理工作实现了已备案企业数、已备案企业的银行资金存管到位率及网上系统备案信息完整率三个"百分之百",三项指标列全市各区县第一。成功举办2013上海购物节黄浦系列活动、购物节长三角推介会、2013上海时装周、2013上海珠宝首饰节等市级整体营销活动4个,VOGUE摩登不夜城、ELLE风尚大典等具有全球知名度和影响力的品牌时尚活动2个。以商旅文联动促使黄浦商业更有活力。

五是聚焦企业服务模式创新。践行"一个窗口受理、一站式审批、一条龙服务",提高服务效率。寓企业服务于走访调研和平台活动,成功举办2013年黄浦区企业家群英联谊会、2013年中国首届商业品牌电商化发展论坛、黄浦商业领袖沙龙等问需于企、问计于企的平台类活动,成为服务企业、关怀企业的最佳方式。强化区中小企业服务中心的窗口集成和延伸服务功能,建立由10个街道服务站点、14个园区服务站点、20个重点楼宇服务站点,区中小企业基本信息数据库组成的区中小企业服务工作网络,提高中小企业服务工作覆盖面。

六是聚焦民生保障居民消费。实施平抑菜价措施,全年落实政策资金830万元,保证节假日期间,全区23家菜场主要蔬菜品种价格低于全市平均水平,保障特困群体买得起基本品种的蔬菜。完成全区14个活禽零售交易点的活禽扑杀、隔离、消毒、巡查、摊位费补贴工作。对标现代化精品城区发展要求,率先创建菜市场品牌。完成海上梦苑菜市场、巨鹿菜场、蒙西菜市场等4家菜场的二次改造翻新。在南京街道区域,新设厦门路便民菜店1家,引进奉贤等郊县优质农产品,为老百姓提供安全、便捷、高品质的买菜环境。

三、利用外资

2013年,黄浦区新批准的外商投资项目256个,比上年下降10.8%;总投资额135237.3万美元,比上年下降18.11%;合同外资金额111953.2万美元,比上年下降11.5%,完成全年目标的111.95%。

2013年利用外资情况表

利用外资方式	批准外资企业			合同外资	
	项目数(个)	总投资额(万美元)	比上年(±%)	金额(万美元)	比上年(±%)
外商直接投资	256	135237.3	-18.11	111953.20	-11.5
其中:合　资	18	14699	22.65	4924.69	—
合　作	—	—	—	—	—
独　资	238	120538.3	62.59	107028.51	—

2013年,黄浦区利用合同外资总额、新引进项目数、新增跨国公司地区总部数等3项指标在全市中心城区均名列前茅。涉外经济全年税收比上年增长12.7%,占区级税收比重近50%。新增当纳利(中国)投资有限公司、罗森(中国)投资有限公司、劳氏船级社(中国)有限公司和日立汽车系统(中国)有限公司等4家经认定的跨国公司地区总部,超额完成全年任务指标。其中,劳氏船级社是全市首家被认定为地区总部的船级社。截至年底,黄浦区的跨国公司地区总部(含投资性公司)累计达39家,总部型企业在整合产业链、联动行业发展、实现安商留商等方面的优势正逐步显现。

2013年利用外资的主要领域是专业服务业、商贸流通业、金融服务业、投资性公司等,独资项目占绝大多数。新设项目投资国别和来源地继续保持多样化,以中国香港(127个)、日本(38个)为主。

截至2013年底,全区已批准建立的三资企业总数达2685家,投资总额241.93亿美元,合同外资总额150.79亿美元。

2013年外商投资行业(或产业)分布情况表

行业(或产业)	项目数		投资总额		合同外资	
	个数	占比(%)	金额(万美元)	占比(%)	金额(万美元)	占比(%)
生产型项目	256	100	135237.3	100	111953.2	100
非生产型项目	—	—	—	—	—	—

2013年外商投资主要来源地情况表

国别(地区)	项目数(个)	投资总额(万美元)	合同外资(万美元)
中国香港	127	27168.49	16500.50
日　　本	25	8873.08	3193.51

四、对外贸易

2013年,黄浦区完成进出口总额97.1亿美元,比上年下降2.1%。其中出口完成33.5亿美元,比上年下降2.1%;进口完成63.6亿美元,比上年下降2%。进出口总额在全市中心城区继续保持领先,位居第一。

与2012年相比,黄浦区外贸进出口的主要国家地区和商品种类也有所调整,具体情况如下:

2013年进口商品主要来源地情况表

国别(地区)	进口额(万美元)	占比(%)	比上年(±%)
马来西亚	111167	17.5	30.0
日　　本	101537	16.0	-9.9
泰　　国	63453	10.0	-18.7
德　　国	56665	8.9	35.6
美　　国	28549	4.5	-14.8

2013 年出口商品主要输往地情况表

国别(地区)	出口额(万美元)	占比(%)	比上年(±%)
美　国	62383	18.6	-2.7
日　本	45845	13.7	-5.4
中国香港	16130	4.8	-16.0
澳大利亚	13493	4.0	-18.0
南　非	11554	3.4	9.4

2013 年主要进口商品情况表

商品名称	进口额(万美元)	占比(%)	比上年(±%)
机电、音像设备及零件	129696	20.4	-14.0
矿产品	120670	19.0	16.1
纺织原料及纺织制品	58965	9.3	23.7
塑料及其制品	55935	8.8	-10.2
车辆、航空器、船舶等	48906	7.7	3.3

2013 年主要出口商品情况表

商品名称	出口额(万美元)	占比(%)	比上年(±%)
纺织原料及纺织制品	93495	27.9	15.7
塑料及其制品	54634	16.3	-7.7
机电、音像设备及零件	47756	14.2	-32.2
贱金属及其制品	26946	8.0	-16.0
车辆、航空器、船舶等	23376	7.0	128.7

五、对外经济合作

2013 年,黄浦区初审通过 11 个“走出去”项目,投资总额约 3 亿美元。其中民营企业占比较多,如:涛石能源股权投资基金(上海)合伙企业在香港投资设立投资性公司;中福集团在澳大利亚投资设立金伯利农业产业投资有限公司增资项目。豫园商城不断地寻求适合南翔品牌海外发展的国家或地区,确立了进军澳洲市场的计划,初步确定澳洲的南翔小笼旗舰店将开设在悉尼市中心。2013 年 7 月,豫园商城又与韩国三元花园集团合作,将在韩国首府首尔市发展南翔品牌。

静安区商务

区商务委党委书记、主任 诸 旖

2013 年，静安区商务工作紧紧围绕“建设国际静安，构建和谐家园”的目标，牢牢把握“开放促发展、法治筑和谐”的工作主基调，深入对接上海国际贸易中心建设，在国内外经济形势非常严峻的背景下，紧扣年初制定的目标任务，攻坚克难，抓形势分析，抓产业分析，经过各方共同努力，顺利完成各项经济指标及各项重点工作任务，为全区“十二五”商务发展奠定了良好的基础。

一、商业经济

2013 年，全区实现社会消费品零售总额 278.84 亿元，比上年增长 6.17%；完成商品销售总额 1621.26 亿元，比上年增长 5.26%。

（一）积极推进静安南京路新建载体及沿线商铺调整

年内，静安区南京路嘉里中心二期等一些新载体陆续亮相，沿线也新开一些体验性较强的品牌店。嘉里中心二期商铺基本全部出租，北区有 80 家左右商铺开业，南区也有部分商铺开业。芮欧百货大部分商铺已经开业。1788 美食广场餐饮店陆续开业。铜仁

2013 年举办福布斯 · 静安南京路论坛

路92号项目“敬华艺术空间”9月初营业。静安南京路沿线调整引进品牌22家，包括丝芙兰全球旗舰店、中国首家10 Corso Como、上海首家ZARA HOME、同属INDITEX集团的内衣居家品牌OYSHO(奥依修)上海首家门店等品牌专卖店。

(二) 推进区域电子商务发展

积极动员区内相关电子商务企业申报上海市战略性新兴产业发展专项资金——电子商务与新型贸易现代化专项工程项目。上海领秀电子商务有限公司的“高端品牌电子商务交易平台”和上海鸿洋电子商务有限公司的“电子商务智能体验展厅”共获得790万市级财政专项资金扶持。上海领秀电子商务有限公司打造的高端品牌电子商务交易平台——爱奢汇(www.iluxday.com)于6月17日上线试运行。引进“1健康网”。完善细化“网上南京路”项目方案，加强沿线商家和楼宇的沟通，扩大网上南京路的知晓度。

(三) 举办、协办多场品牌活动

举办2013中欧顶级品牌高峰论坛。举办上海时装周秋冬发布会，并推进时装周活动与南京路商圈联动，在静安寺聚集地商场增加设计师展售体验馆活动内容。开展2013春秋季静安国际购物嘉年华等主题营销活动，“悦静安，优生活——2013秋季静安国际购物嘉年华”系列活动荣获“银联杯”2013上海购物节营销策划大赛的优秀组织奖。协助佳士得做好在香格里拉大酒店举办的首场拍卖活动。组织区域老字号及部分自主品牌企业参加“2013中华老字号博览会”。举办主题为“大数据时代下的服务业创新”2013福布斯·静安南京路论坛，海协会会长、原商务部部长陈德铭应邀出席并做主题演讲。

(四) 深入推进菜场建设等市区政府实事项目

完成镇宁菜场标准化建设。在5个社区街道的服务、受理、文化等中心，完成15处菜价信息设施设备安装和网络贯通等建设，实时播放菜价信息。完成巨鹿、大沽、昌化、武定等重点菜场二次改造建设。明确兴泰菜场为区规划定点活禽销售点，完成标准化改建，通过市商务委和区相关部门验收，于8月初恢复销售。完成6家菜场垃圾分类设置工作。协调浦东新区金桥再生资源公司，引进电子垃圾智能回收系统。组织开展夏季高温天、中秋国庆节假日蔬菜惠民销售活动，使广大居民群众能买到平价大众蔬菜。做好菜价监测工作。新增白领午餐网点30家(其中静安寺地区新增24家)，形成基本覆盖全区商务楼宇的近180家“白领午餐”网点。由第三方沪港国际咨询集团有限公司对2013年静安区白领午餐项目的近180家餐饮企业进行白领满意度测评，与2012年调查结果相比，满意度整体呈上升趋势。与杉德公司、中国移动、中国银行于12月12日在1788广场举办静安南京路创建移动支付示范街区暨静安白领卡项目启动仪式，该项目通过在餐厅布放POS终端受理“静安白领卡”及其它各种支付方式，提升白领午餐服务能级。

(五) 不断优化区域商业商务软环境

落实市相关要求，认真做好酒类、粮油、动物卫生监督、商业预付卡、打击侵权假冒等市场监管工作。以商务诚信建设试点活动为契机，着力推进系统诚信体系建设，开展静安南京路商圈服务质量测评，认真组织实施全国文明城区迎检工作，保持静安商业服务业的优质窗口形象。加强行业指导，协调监管部门，开展安全生产和消防安全宣传教育，做好系统安全生产的检查和督促，确保行业安全生产局面可控。做好防控禽流感相关工作。发挥行业职工的主力军作用，开展2013年静安区商务系统“六比”劳动竞赛活动。

二、利用外资

在国际经济形势复杂多变的环境下，静安区2013年利用外资保持高速增长。全年引进协议外资合计32.46亿美元,比上年增长72.30%;引进外商直接投资合同金额为17.86亿美元,比上年增长49.48%;完成外商直接投资实际到位金额达5.33亿美元,比上年增长16.12%。

(一)知名企业持续集聚

聚焦总部经济,新增开云(PPR)、爱特思等多家跨国地区总部。引进美鹰奥菲特(中国)商贸有限公司、罗杰维维亚(上海)有限公司、家全七福(上海)餐饮管理有限公司、晟慕(上海)商贸有限公司、虹软(上海)多媒体科技有限公司等多家分布于高端消费、餐饮、多媒体、专业工具等多个领域的知名企业或品牌。

(二)新设项目表现突出、增资项目表现稳定

2013年新设项目166个,较上年下降7.78%,降幅较2012年大幅度缩小。尽管项目数量有所减少,但是2013年静安新设和增资项目分别实现合同外资10.66亿美元和7.2亿美元,较上年分别增长94.7%和11.23%。

(三)利用外资主体集中

房地产业一枝独秀,共实现合同外资12.29亿美元,占比68.82%;商贸流通业表现稳定,实现合同外资3.81亿美元,占比21.33%;专业服务业小幅回落,实现合同外资1.54亿美元,占比8.6%;三大行业合计占比98.75%,构成静安利用外资主体。

2013年利用外资情况表

利用外资方式	批准外资企业		合同外资
	项目数(个)	总投资额(万美元)	金额(万美元)
外商直接投资	166	324639.53	178576.50
其中:合资企业	7	28010.45	30462.57
合作企业	—	—	—
独资企业	159	296381.73	147866.58

2013年外商直接投资主要来源地情况表

国别(地区)	项目数(个)	投资总额(万美元)	合同外资(万美元)
中国香港	85	119951.74	235963.92
新加坡	8	32032.39	30661.96
日本	19	14947.59	6641.97
美国	8	10433.51	3899.51
意大利	3	8283.77	3390.40

三、对外贸易

2013年,静安区外贸出口有所下滑。实现海关出口额12.16亿美元,比上年下降2.49%。

(一)进出口低速下滑,对外贸易保持逆差

近几年来,静安对亚洲、欧洲、美国、日本等主要贸易目的地持续呈现需求低迷的态势。2013年静安对亚洲市场贸易额下降12.26%,对欧洲市场贸易额下降3.56%,对日本市场基本持平,仅对美国市场出现4%的增加。由于静安地处上海中心城区,商业商务繁荣繁华,一线高端品牌云集,进口商品多,2013年进出口继续保持逆差,差值为

1.54 亿美元。

（二）纺织、机电占出口份额六成

静安区出口贸易，主要涉及纺织原料及纺织制品、贱金属及其制品、化学工业及其相关制成品、机电及其零配件等。其中纺织产品全年合计出口 3.56 亿美元，占出口总额的 29.24%；机电产品全年累计出口 4.27 亿美元，占出口总额的 35.09%。

（三）主要贸易伙伴位次发生变化

进口贸易方面，从意大利进口额实现 2.46 亿美元，比上年增长 262%，意大利超越日本、韩国、英国，成为静安第一大商品进口国。

2013 年出口商品主要输往地情况表

国别（地区）	出口额（万美元）	占比（%）
亚　洲	41673	34.19
美　国	34703	28.47
欧　洲	23726	19.46

2013 年主要出口商品情况表

商品名称	出口额（万美元）	占比（%）	比上年（±%）
纺织产品	35557	29.24	-20.55
机电产品	42667	35.09	34.43
化工制品	16842	13.82	-6.96

长宁区商务

区商务委党组书记、主任 龚 明

一、概述

2013 年是全面深入贯彻落实党的十八大精神的开局年，是实施《上海市推进国际贸易中心建设条例》的第一年，也是长宁精品城区、活力城区、绿色城区建设全面推进年。长宁区商务委以科学发展观为指导，坚持一手抓稳增长，一手抓调结构，用改革创新破解经济发展的难题，在搭建贸易功能性平台，推动贸易便利化工作等方面取得显著成效，加快推进以贸易为引领的现代服务业发展。

2013 年，全区实现消费品零售总额 236.35 亿元，比上年增长 7.3%；引进外资企业 225 家，引进合同外资 6.86 亿美元，比上年增长 0.3%；外贸进出口总额 52.4 亿美元，比上年减少 7.06%。

二、商业经济

2013 年，长宁区商业消费市场表现良好，累计实现商业税收 16.16 亿元，比上年减少 1.2%。全区实现消费品零售总额 236.35 亿元，比上年增长 7.3%。其中吃的商品零

2013 年 5 月 8 日，上海虹桥贸易便利化“一站式”服务中心正式揭牌，开创了中心城区内海关与检验检疫合署办公的先例

售额75.93亿元,占32.1%;穿的商品零售额57.94亿元,占24.5%;用的商品零售额95.03亿元,占40.2%;烧的商品零售额7.4亿元,占3.2%。

发展商业经济的主要做法:

(一)积极做好全国文明城区复查商业相关工作

召开“全国文明城市指数测评”迎检工作专题会议,并切实将工作落到实处。下发台卡、易拉宝、海报等一批宣传材料,并引导企业自行制作其它宣传材料,努力营造文明城区氛围。对全区主要商业街和商业企业先后进行实地检查,针对发现的问题,指导企业立即整改。在中央检查组实地检查期间,全力投入复查工作之中,圆满完成迎检任务。

(二)深入推进商业文明建设

结合“百城万店无假货”创建,积极开展文明主题宣传活动,参与区消保委组织的“惠民生、讲诚信、促销费”3.15保护消费者合法权益专项宣传活动;举办“雷锋汇聚吾志愿广场——光盘行动”集中宣传活动,区餐饮烹饪行业发出《“厉行勤俭节约,反对铺张浪费”、争做“光盘行动”志愿者》的倡议,倡导“从我做起,从现在做起,与文明握手,与陋习告别,用文明餐桌行为谱写美德人生,以勤劳节俭创造更加美好的生活”;围绕文明餐桌活动主题,召开区域大型、重点餐饮企业“文明餐桌”创建推进会,2013年长宁区文明餐桌活动覆盖率达90%以上。

(三)做好商业单用途预付卡备案工作

通过宣传培训、法规指导,共完成发卡企业备案21家,其中规模发卡企业15家,品牌发卡企业6家,涉及餐饮、无店铺零售、综合零售及专门零售等行业。并按要求对发卡企业备案情况进行核实,落实“三项制度”。

(四)尚嘉中心正式开业

6月17日,区内标志性商业建筑——尚嘉中心正式开业。地下二层开设久光鲜品馆及休闲餐饮;地下一层和一层为国际著名高端奢侈品牌;二层为快速时尚品牌;三层为餐饮、童装与生活百货;四层为中式餐饮。国际高端品牌中,哈克特(HACKETT)、泰德·贝克(TED BAKER)等5家品牌是首次进入中国或上海。

(五)举办“尚品虹桥 欢乐消费”——2013上海购物节长宁活动

9月13日—10月7日,区内近40家商业企业、50余家餐饮企业和12家白领午餐定点单位共同参与购物节活动,共推出54项各具特色的主题活动,涵盖“联合联动·促消费”、“世界风情·汇虹桥”、“时尚潮流·领先秀”、“绿色数码·新生活”、“深入社区·惠民生”、“饕餮美食·吃不停”、“网络购物·E时代”和“诚信兴商·重服务”八大板块。通过各具特色的活动点燃了市民的消费热情。据抽样统计,购物节期间,区内18家主要商业企业共实现销售额10.77亿元,同比增长21.3%。“十一”黄金周22家主要商业企业共实现销售额3.5亿元,同比增长21.2%,高于全市平均平均增速9.4个百分点,名列全市中心城区首位。

(六)举办“2013百盛马来西亚节”

8月31日,是马来西亚国庆日。“2013百盛马来西亚节”在天山百盛广场正式开幕。为期1个月的节日活动,展售了水果、拉茶、调味品等马来西亚特色食品,同时穿插拉茶、飞饼表演。

(七)中山家电节盛大开幕

9月24日,上海购物节重点活动之一——2013中山家电节开幕式在兆丰广场隆重举行。中山家电节围绕绿色消费、体验消费,聚焦“绿色、健康、时尚”的主题,推出一系列各具特色的精彩活动。“云商新选择 共享魅生活”苏宁云商、国美电器中山公园双子旗舰店、永乐电器中山公园店等都在绿色、体验、服务、惠民等方面推出各具风采的主题活动,为消费者提供全方位了解家电、体验家电、购买家电的最佳选择。

(八)举办“玫瑰香颂盛典”活动

9月28日,上海高岛屋百货隆重举行

“玫瑰香颂盛典”活动。“玫瑰香颂盛典”是上海购物节重点活动之一——上海高岛屋百货2013秋季盛典的“重头戏”。商场内外精美的玫瑰主题装饰焕然一新,美妙的音乐演奏、精彩的魔术表演、各大品牌走秀、日本花艺大师讲座和多媒体舞台表演秀轮番上演,精选福袋、特惠折扣更为消费者带来惊喜。

(九)举行仙霞美食文化节

9月24日下午,2013仙霞美食文化节“大师教您做菜:美味与健康如何兼得”主题活动在美林阁仙霞店火热举行。活动邀请王朝大酒店厨师长、国家高级技师谢继仙,东骏海鲜城厨师长、国家二级厨师黄碧良,美林阁酒店厨师长、中式中级烹调师常传山等3名名厨现场烹饪,与中外社区居民互动交流。

(十)加强新虹桥商业中心整体宣传

编印《新虹桥》专刊,通过各种途径发放,扩大新虹桥商业中心的影响。结合上海高岛屋百货、尚嘉中心营业的契机,加大商圈整体宣传的力度。上海电视台、《文汇报》等主流媒体先后对新虹桥商业中心的发展作了密集性报道,提升了新虹桥商业中心在全市的知名度和影响力。

(十一)回购3家民营菜市场经营权,提前超额完成区“十二五”目标

经长宁区商务委与九华集团的努力,九华集团回购民营长盛公司3家菜市场经营权的签约暨工作交接仪式于6月28日下午顺利完成。太阳、程家桥、平塘3家菜市场经营权的顺利回购,标志着长宁区公益性菜市场建设取得了突破性进展,至此区内公益性菜市场已达13家,公益性菜市场占标准化菜市场比重为56.5%,提前且超额完成“三个城区”指标体系确定的在2016年公益性菜市场占标准化菜市场比重达到45%的建设任务。

(十二)启动区内再生资源“点、站、场”回收体系建设

组织编制再生资源回收网点布局规划,按照“政府推动、市场运作、社会参与”的原则,以有利于提高再生资源回收利用率,有利于环境保护,有利于方便居民生活为出发点,以回收点、回收站和分拣加工场为载体,立足于整合规范现有回收网络资源,通过政策支持推动改造、提升,实现再生资源回收体系建设的平稳较快发展。建立健全再生资源回收体系技术标准,会同行业协会和相关部门制定和修改再生资源交投“点、站、场”的设置标准和行业服务标准,规范行业管理和培育规模化、规范化。督促协调有关部门履行促进再生资源回收和加强再生资源回收管理,有重点、分步骤地扩大交投点、交投站的覆盖面,加快再生资源产业化进程。

三、利用外资

2013年,长宁区引进外资企业225家,比上年减少10%;投资总额9.89亿美元,比上年减少3.89%;注册资本7.05亿美元,比上年增长0.51%;引进合同外资6.86亿美元,比上年增长0.34%。

2013年利用外资的主要特点:

一是服务贸易企业占引进外资比重大。全年引进商业企业139家,合同外资数1.09亿美元,其中包括汤美费格商贸(上海)有限公司、昂高化工(上海)有限公司、龟甲万(上海)贸易有限公司等知名企业。另依托长宁大力发展总部经济的政策,2013年共引进可隆(中国)投资有限公司、爱达(中国)投资有限公司、科莱恩化工(中国)有限公司3家地区总部,形成长宁总部集聚效应。

二是存量企业增资情况活跃。全年审批增资项目128户,增加合同外资4.83亿美元,占引进合同外资数的70%。在2013年增加资本金投入的知名企业有:统一企业(中国)投资有限公司、捷太格特(中国)投资有限公司、优科豪马橡胶有限公司、赫兹汽车租赁(上海)有限公司、仲利国际租赁有限公司等。

2013 年利用外资情况表

利用外资方式	批准外资企业			合同利用外资	
	项目数(个)	总投资额(万美元)	比上年(±%)	金额(万美元)	比上年(±%)
外方直接投资	225	32249.11	-45.67	20311.83	-45.15
其中:合资企业	20	7445.42	115.58	1822.05	23.78
独资企业	205	24803.69	-55.65	18489.79	-48.02
增　资	—	66654.31	53.05	48289.80	54.09
合　计	225	98903.42	-3.89	68601.63	0.34

2013 年外商投资来源地情况表

国别(地区)	项目数(个)	投资总额(万美元)	合同外资(万美元)
合　计	225	32249.11	20311.84
中国香港	96	22391.63	12849.20
日　本	33	3601.82	3238.00
新加坡	11	1680.60	990.50
欧洲国家	28	1562.40	1182.00
离岸群岛	14	1045.80	759.00
韩　国	12	723.68	461.14
美　国	8	641.29	357.00
中国台湾	14	376.00	293.50
澳大利亚	2	65.00	46.00
加拿大	3	64.50	64.50
文　莱	1	40.00	30.00
泰　国	1	22.00	16.00
阿联酋	1	21.40	15.00
马来西亚	1	13.00	10.00

四、对外贸易

2013 年,长宁区进出口总额 93.78 亿美元,比上年下降 3.49%,其中进口额 54.80 亿美元,比上年下降 3.18%,出口额 38.98 亿元美元,比上年下降 3.92%。

2013 年区的贸易方式以一般贸易为主。进出口贸易超过 5000 万美元的企业共有 21 家。

2013 年贸易方式情况表

贸易方式	进出口额(万美元)	比上年(±%)
一般贸易	593901.36	-8.91
其他贸易	287003.01	7.30
加工贸易	56934.44	8.91

2013年，长宁区对外贸易往来的国别（地区），主要以美国、东盟和法国市场为主。

2013年贸易往来的主要国家(地区)情况表

国别(地区)	进出口额(万美元)	比上年(±%)
美　国	212721.40	17.00
东　盟	113453.12	28.04
法　国	110750.09	-34.32
日　本	106735.82	4.49
德　国	82922.33	-27.59

2013年，长宁区进出口商品，主要以车辆、航空器、船舶，机电、音像设备及其零件，纺织原料及纺织制品，贱金属及其制品，化学工业及其相关工业等产品为主。

2013年主要进出口商品情况表

商品名称	进出口总额(万美元)	比上年(±%)
车辆，航空器，船舶	252765.62	-8.44
机电、音像设备及其零件	226501.30	-16.24
纺织原料及纺织制品	154582.67	4.43
贱金属及其制品	57879.71	22.90
化学工业及其相关工业	56318.72	7.74

长宁区进出口贸易大户是上海东方航空进出口有限公司。东航进出口飞机数量和金额由国家直接调控，2013年东方航空进出口额为25.08亿美元，比上年下降17.99%，占长宁进出口总额的26.74%。如剔除东航数字，长宁区其他企业合计进出口额为68.7亿美元，比上年上升3.17%，其中出口额为37.35亿美元，比上年下降0.75%；进口额为31.35亿美元，比上年上升8.27%。

2013年5月8日，上海虹桥贸易便利化“一站式”服务中心正式揭牌，成为长宁区国际贸易事业的一大亮点。上海虹桥贸易便利化“一站式”服务中心具有推进上海国际贸易便利化的重要功能，开创了中心城区内海关与检验检疫合署办公的先例。海关可以为企业提供进口通关、加工贸易减免税审批、保税等业务；检验检疫工作点为企业提供进出口报关报检业务和境外展会备案等业务。在此基础上，海关和检验检疫还将相关政策在长宁先试先行。海关在长宁区进一步加大了通关无纸化改革试点范围；利用公共保税仓库帮助企业简化贸易手续，降低成本；为总部企业积极申请支持总部优惠措施，包括“集中申报”模式、总部属地化管理；建立海关事务联络员机制，为企业提供海关政策法规引导。检验检疫局对重点企业试行“信用监管”、“检企合作”、“直通放行”、“通报通放”政策；设立了快速通关窗口，对企业推行先通关放行、费用段结的服务；对申领产地证企业实施无纸签证措施。

徐汇区商务

区商务委党组书记、主任　戚振国

一、概述

2013年,徐汇区商务委遵照党的十八大精神指引,深入贯彻落实科学发展观,紧紧围绕“创新驱动、转型发展”的发展战略以及中央经济工作会议提出的“稳中求进”方针,结合区情实际,锐意进取,开拓创新,继续推进区域产业经济结构向服务经济主导调整,推进区域产业经济能级向高效和低碳方向深入发展,确保民生和稳定工作,出色完成各项经济指标和重点任务,进一步推动了区域产业经济全面、协调、可持续发展以及稳定增长。

2013年,全区完成生产总值1093.95亿元,比上年增长8.3%;实现商品销售总额2811.86亿元,比上年增长13.81%;实现社会消费品零售总额468.33亿元,比上年增长7.56%;实现商业税收60.97亿元,比上年增长7.68%;引进合同外资10.50亿美元,比上年增长4.8%;实际利用外资6.67亿美元,比上年增长9.68%;完成外贸进出口总额94.96亿美元,比上年增长3%。

二、商业经济

2013年,徐汇区商业经济运行中,主要

结合世界粮食日宣传周活动,区商务委组织系列爱粮节粮教育宣传活动

抓了以下项目：

（一）徐家汇商圈转型升级重点项目取得实质性进展

区商务委协同徐家汇商圈转型提升领导小组推进太平洋数码二期改造、T20（西亚宾馆重建）、衡山坊、航空大厦、智慧商圈等重点项目。拆除上海六百广场的“可乐亭”，并完成广场整修；完成华山路西侧的沿街环境整治；商圈非机动车停放治理取得成果。

（二）徐家汇商圈品牌业态调整提升展现新面貌

2013 年徐家汇商圈完成品牌调整和引进 418 个。港汇广场引进 39 家国际品牌，二楼新翼区完成重新装修；美罗城引进好时巧克力旗舰店和肯德基、必胜客新概念餐厅，4 楼欧风街开业，引进欧美潮流品牌；太平洋百货强化化妆品、女鞋、新潮女装等优势品类；上海六百完成对四大类商品的 5 个品牌进行调整；汇金百货配合整体外立面整修计划，对商场内部分区域进行移位调整；东方商厦完成 3 楼男装中岛区的品牌提升；汇联商厦淘汰一批能级落后品牌；百联徐汇商业广场引进韩国快销时尚品牌，并完成对餐饮区的调整。

（三）精心筹划组织营销活动，提升商圈影响力

年初主办“欢乐徐家汇，喜迎宝马车”徐家汇商圈迎新商业主题营销活动。元旦假日（4 天）期间 12 家参与企业共实现销售额 2.56 亿元，同比增长 10.20%。上海购物节期间主办“欢乐徐家汇，喜迎荣威车”主题整体营销活动。中秋节（3 天）期间共完成销售额 8337.64 万元，同比上升 18.54%；国庆节（7 天）期间共完成销售额 24545 万元，同比上升 5.27%。

配合市商务委成功举办上海“商务诚信网”开通暨徐家汇商圈创建全国“商务诚信示范圈”揭牌仪式。委托上海企业竞争力研究中心开展徐家汇商圈“商务诚信指数”测评。承办上海市“商务诚信大讲堂”活动。

（四）以点带面推进社区商业提升发展

对枫林东安路段、大木桥路段、虹梅田林路段、天平路嘉善路段等重点街区改造项目给予资金支持，鼓励街道和企业投入商业街提升改造，打造更多商业街区亮点。跟踪华泾社区商业中心、中星城、汇阳广场、日月光等重点项目业态布局、商场招租及税收属地工作，并给予相应指导。年内完成 8 家早餐网点建设。与嘉陵、龙华、复兴和田林十三村 4 家菜场合作，开出首批标准化菜场“品牌连锁早餐工程”供应点。同时，充分发挥区域教育宣传优势，积极组织开展爱粮节粮宣传活动。

（五）新兴商业载体开幕

5 月，位于徐汇滨江的正大乐城开业，是上海首家以花园为中心、首个以女性消费为主题的购物中心；8 月，位于淮海中路商业街徐汇段的环贸 iapm 商场开业，填补了上海高端零售夜行消费的空白。

三、利用外资

2013 年，全区新批准外商投资项目 269 个，引进合同外资 10.50 亿美元，比上年增长 4.8%；实际利用外资 6.67 亿美元，比上年增长 9.68%。

2013 年利用外资情况表

利用外资方式	批准外资企业		
	项目数（个）	合同外资金额（万美元）	比上年（±%）
合　　计	269	105020	4.80
外商直接投资	269	105020	4.80

（续表）

利用外资方式	批准外资企业		
	项目数(个)	合同外资金额(万美元)	比上年(±%)
其中：合 资	25	2728	-52.61
合 作	—	—	—
独 资	244	102292	9.46

（一）投资行业

2013年，区批准外商投资项目269个，批准外商投资企业增资项目162个。共利用合同外资10.5亿美元。其中，以咨询、软件、总部经济为代表的现代服务业企业引进合同外资8.33亿美元，占全年利用外资总额的79.29%。

2013年度引进外资分行业情况表

行 业	新设合同外资额（万美元）	增资合同外资额（万美元）	合 计（万美元）	占比(%)
合 计	38331	66689	105020	—
第一产业	—	—	—	—
第二产业	—	—	—	—
第三产业	38331	66689	105020	100.00
现代服务业	28870	54402	83272	79.29
其中：咨 询	2885	2158	5043	4.80
软 件	2820	3577	6397	6.09
总部经济	16904	45907	62611	59.62
其他现代服务业	6261	2760	9221	8.78
房 产	3015	1056	4071	3.88
商 贸	6102	10841	16943	16.13
其 他	344	390	734	0.70

（二）投资来源地

中国香港、中国台湾、美国是2013年徐汇区引进外资的主要来源地。其中，中国香港居首位，共新批准项目数106个，占项目总数的39.41%；引资2.97亿美元（含增资），占全年引资的28.27%，较上一年增长56.31%。中国台湾新批准项目数27个，占项目总数的10.04%；共引资2.07亿美元（含增资），占全年引资的19.73%。美国新批准项目数25个，占项目总数的9.29%；共引资1.91亿美元（含增资），占全年引资的18.25%。

2013 年外商投资来源地情况表

国别(地区)	项目数(个)	合同外资额(万美元)	国别(地区)	项目数(个)	合同外资额(万美元)
合 计	269	105020	荷 兰	5	720
中国香港	106	29690	马来西亚	5	241
中国台湾	27	20718	澳大利亚	4	37
美 国	25	19170	维尔京	3	942
日 本	20	8048	加拿大	3	327
新加坡	19	4620	卢森堡	3	42
法 国	10	7785	文 莱	2	30
韩 国	7	885	瑞 士	2	37
德 国	7	115	芬 兰	1	200
英 国	6	620	阿联酋	1	16
意大利	5	751	其 他	8	10026

(三) 大项目投资占比七成以上

在 269 家新设立企业中,合同外资在 1000 万美元及以上的项目有 8 个,分别是康正(上海)融资租赁有限公司、全耐塑料投资(上海)有限公司、同辉融资租赁(上海)有限公司、上海东方梦工厂影视技术有限公司、哥伦比亚运动服装商贸(上海)有限公司、衷道投资有限公司、都福(中国)投资有限公司、汉堡王(中国)投资有限公司。在 162 家增资企业中,合同外资增资 1000 万美元及以上的企业有 9 家,分别是:旭化成(中国)投资有限公司、常胜投资有限公司、长兴(中国)投资有限公司、特力(中国)投资有限公司、特力屋(上海)商贸有限公司、上海楷思商贸有限公司、陆逊梯卡(中国)投资有限公司、斯泽塔塞眼镜商贸(上海)有限公司、欧喜投资(中国)有限公司。以上 17 家企业共计利用合同外资 7.4 亿美元,占全年利用合同外资总量的 70.53%。

(四) 总部经济发展势头良好

全年新增 10 家外资总部经济机构。其中 5 家管理型地区总部分别是帝人芳纶管理(上海)有限公司、亿光照明管理(上海)有限公司、昆泰企业管理(上海)有限公司、唯恩(上海)管理有限公司、凯米拉(上海)管理有限公司;5 家投资性公司分别是是全耐塑料投资(上海)有限公司、衷道投资有限公司、都福(中国)投资有限公司、汉堡王(中国)投资有限公司、旭化成(中国)投资有限公司。2013 年外资总部经济机构新批和增加合同外资达 6.26 亿美元,占全年利用合同外资总额的 59.62%。截至 2013 年底,落户徐汇的跨国公司地区总部共有 57 家(其中国家级地区总部 7 家),投资性公司 43 家,在中心城区中位居第一,在全市仅次于浦东新区。

(五) 外资在现代服务业领域贡献突出

全年现代服务业企业新批项目 162 个,新批和增资合同金额达 8.33 亿美元,较上年增加 14.27%,占利用外资总额的 79.29%。2013 年,在新批准和增资合同外资 1000 万美元及以上的 17 家企业中,有 14 家为现代服务业企业,合同外资达 5.84 亿美元,占全年现代服务业新批和增资总量的 70.11%,占全年利用合同外资总额的 55.62%。其中,仅欧喜投资(中国)有限公司一家企业增资金额就达到 1.7 亿美元。

四、对外贸易

2013 年,徐汇区完成外贸进出口总额

94.96亿美元，比上年增长3%。其中，出口总额为43.39亿美元，比上年增长2.3%；进口总额为51.47亿美元，比上年增长3.6%。

按企业性质分，出口方面：国有企业出口总额5亿美元，比上年增长43%。民营企业出口总额14亿美元，比上年增长9.98%。外资企业及新纳入统计的漕河泾开发区分别完成出口总额10亿美元及17亿美元，比上年分别下降11.43%和4.56%。进口方面：国有企业及民营企业分别完成进口7亿美元和12亿美元，比上年分别增长14.12%及65.33%。外资企业及漕河泾开发区完成进口18亿美元及14亿美元，比上年分别下降15.58%和4.7%。

按贸易类型分，一般贸易出口完成27.21亿美元，比上年增长3.8%；加工贸易出口完成16.18亿美元，比上年下降0.4%。

2013年徐汇区外贸出口主要特点有：

一是整体出口稳定。主要出口市场仍为美国和日本。其中，对美国出口额9亿美元，比上年增长1.41%，占全部出口额的21.58%；对日本出口额4.4亿美元，比上年下降6.33%，占全部出口额的10.33%。

二是机电产品、纺织品、化学工业品成为主要出口商品。全年机电、纺织品、医疗等仪器分列区出口商品前三位。机电产品出口额75484万美元，占29.66%；纺织品出口额48831万美元，占19.18%；医疗等仪器出口额26879万美元，占10.56%。上述商品出口额合计151194万美元，占区出口商品总额的59.4%。

2013年出口商品主要输往地情况表

国别(地区)	出口额(万美元)	占比(%)
美　国	93682	21.58
日　本	44856	10.33
中国香港	44196	10.18
墨西哥	42594	9.81
巴　西	19896	4.58
新加坡	16291	3.75

2013年主要出口商品情况表

商品名称	出口金额(万美元)	占比(%)
机电、音像设备	75484	29.66
纺织原料及纺织制品	48831	19.18
光学、医疗等仪器	26879	10.56
化学工业	24676	9.69
贱金属及其制品	23230	9.13
杂项制品	19285	7.58

杨浦区商务

区商务委员会主任
顾毓静

一、概述

2013年，杨浦区商务委以党的十八大、十八届三中全会精神为引领，紧紧围绕全区中心工作和改革创新的发展大局，牢牢把握稳中求进总基调，始终坚持“两个优先、两个提升”的产业方针，注重产业经济与民生实事同步推进，确保年度各项指标任务顺利完成。年内，杨浦区商务委获评市商务诚信建设试点组织工作先进集体、市政府早餐工程实事项目先进单位、“银联杯”2013上海购物节营销策划大赛优秀组织奖、市“十一五”节能减排先进集体、市2013年度主副食品价格信息监测先进组织奖、2013上海“设计之都”活动周优秀组织奖、生产性服务业统计先进单位，2011—2012年度区文明单位、2012年度区治安保卫先进集体等近30项荣誉。

二、商业经济

2013年，杨浦区商业销售保持较快增长，实现社会消费品零售总额345.42亿元，比上年增长11.02%。惠民实事扎实落实，新建、改建标准化菜市场8家；新建食品安全追溯系统32个；开设大众化早餐门店5家。服务企业能力不断深化，试点设立区中小企业服务中心分中心2家，培育上海市中小企业公共服务机构17家、“专精特新”中小企业83家。

主要运行特点是：

（一）商业运行总体良好

2013年，全区商业限额以上销售额285.46亿元，比上年增长6.02%；无店铺销售77.27亿元，比上年增长11.70%；综合零售（百货、超级市场、其他）销售额66.56亿

大学路创智生活休闲街夜景

元,比上年增长6.79%;穿着类销售13.16亿元,比上年上升10.68%;家电销售3.49亿元,比上年增长92.53%;文化体育用品销售3.23亿元,比上年增长28.03%;医药销售4.57亿元,比上年增长4.72%;汽车销售57.14亿元,比上年增长2.47%。

(二) 商圈业态调整提升

五角场市级商业中心创新发展,年内商圈实现社会消费品零售总额125.97亿元,比上年增长11.53%;"时尚杨浦"APP手机终端和"五角场智慧商圈"网站正式启动;商圈主力商家继续深化布局调整和品牌升级,引进布克兄弟、Gas、Costa、翠华等知名品牌,更新单店(柜)累计超过100个。紫荆广场、君欣时代广场、海际商业广场等控江路区级商业中心载体项目按节点进行。中原城市广场被评为2013年上海市商业示范社区。大学路创智生活休闲街、长阳路餐饮休闲商务广场获评首批区级特色商业街。

(三) 节庆营销促进消费

春节、"五一"、国庆期间,全区重点商业企业分别实现销售2.96亿元、1.58亿元和4.72亿元,同比分别增长32.3%、22.3%和14.03%,在中心城区名列前茅。营销模式继续创新发展,东方电视购物与上海国际时尚中心联手,将直播室搬到服饰秀场,尝试电视营销的新方式。

三、利用外资

2013年,杨浦区注重聚焦重点区域、重点行业、重点企业以及总部型、龙头型、领军型的优质项目,不断提高外资引资质量,同时提升外资企业服务水平。全年,合同利用外资3.03亿美元,新引进项目124个,实到外资2.43亿美元。其中,注册资金1000万美元以上的企业4家,均属高新科技类和现代服务类。引进、培育具有总部功能的外资企业2家。31家外资企业增资,共增资1.39亿美元。

2013年利用外资情况表

利用外资方式	新批准项目数(个)	合同外资(亿美元)	实到外资(亿美元)
合　计	124	3.03	2.43
其中:合　资	16	0.41	1.44
合　作	—	—	—
独　资	108	2.62	0.99

主要运行特点是:

(一) 外资结构继续优化

新引进的124个项目中,知识型现代服务业项目66个、高新技术产业项目35个、商贸文体服务业项目22个、都市型工业项目1个,均系"两个优先、两个提升"产业。

(二) 知识型现代服务业和高新技术产业占据主导地位

新引进的124个项目中,属知识型现代服务业和高新技术产业的企业101家,合同利用外资1.21亿美元,占项目总数的81.45%,占新引进项目合同利用外资的73.78%。31个增资项目中,知识型现代服务业和高新技术产业有25家,合同利用外资1.27亿美元,占项目总数的80.65%,占增资总额的91.4%。

(三) 招大引强取得进展

英之杰投资(中国)有限公司在杨浦设立,年内被认定为跨国公司地区总部,李尔公司落户杨浦。新引进的124个项目中,注册资金1000万美元以上企业4家,合同利用外资0.75亿美元,占新引进项目合同利用外资的45.97%，占全年合同外资的24.66%；31个增资项目中，增资超过1000万美元的项目3个，共增资0.95亿美元，占增资总额的68.33%，占全年合同利用外资的31.38%。

（四）外资来源相对集中

在新引进的124个项目中，资金来源共涉及25个国家和地区。中国香港、美国、日本是杨浦区外商投资的主要来源地。其中，中国香港57家，合同利用外资1亿美元；美国12家，合同利用外资0.03亿美元；日本8家，合同利用外资0.23亿美元。

截至2013年底，杨浦区累计批准三资企业1447家，合同外资59.08亿美元。其中，合资企业394家、合作企业111家、独资企业942家。

2013年新设外商投资企业主要来源地情况表

国别(地区)	项目数(个)	合同外资(万美元)	占比(%)
合　　计	124	16413.40	100.00
中国香港	57	10034.87	61.14
美　　国	12	301.12	1.83
日　　本	8	2273.55	13.85
新 加 坡	6	178.78	1.09
法　　国	6	150.20	0.92
中国台湾	6	116.21	0.71
其他国家、地区	29	3681.20	20.46

四、对外贸易

2013年，杨浦区实现外贸出口额17.57亿美元。主要出口商品结构仍以加工类纺织制品和机电类产品为主，两类商品合计占全区出口总额60.03%。其中，纺织制品同比增长16.84%。

2013年主要出口商品情况表

商品名称	出口额(万美元)	占比(%)	比上年(±%)
合　　计	87464	100.00	3.85
纺织制品	28234	32.28	16.84
机电、音响制品及其零部件	24269	27.75	-10.46
贱金属及其制品	8815	10.08	19.44
杂项制品	5506	6.30	6.97
化学工作及其相关工业的	4915	5.62	-21.48
塑料、橡胶及其制品	2739	3.13	-10.75
革、毛皮及制品	2738	3.13	22.86
鞋帽伞等、羽毛品	2162	2.47	56.07
车辆、航空器、船舶等	1946	2.22	-11.47
其　　他	6140	7.02	48.06

2013 年杨浦区的出口市场仍旧主要集中在亚洲、欧洲和北美洲等成熟市场。其中，向亚洲市场出口额 3.92 亿美元占出口总额的 44.82%，比上年增长 13.48%。其中，对日本出口额 0.87 亿美元，比上年增长 9.93%；对韩国出口额 0.16 亿美元，比上年增长 1.81%；对东盟出口额 1.30 亿美元，比上年增长 14.91%。对欧洲市场出口额 1.68 亿美元，占出口总额的 19.20%，比上年下降 1.43%。对北美洲市场出口额为 1.62 亿美元，占出口总额的 18.51%，比上年增长 2.59%。其中对美国出口额为 1.49 亿美元，比上年减少 0.21%。

2013 年出口商品主要输往地情况表

国别(地区)	出口额(万美元)	占比(%)
合　计	87464	100.00
亚　洲	39204	44.82
其中：东　盟	13037	14.91
日　本	8686	9.93
韩　国	1586	1.81
欧　洲	16793	19.20
北美洲	16191	18.51
其中：美　国	14880	17.01
其　他	15276	17.47

五、对外经济合作

杨浦区贯彻国家和市鼓励企业境外投资的相关政策精神，加强企业“走出去”的政策宣传和指导工作，大力推动有条件的企业通过“走出去”拓展国际市场。截至 2013 年底，完成境外投资项目审批 20 个，比上年增长 53.85%，投资总额约 2.78 亿美元，比上年增长 152.73%。

虹口区商务

区商务委员会主任
刘波英

一、概述

2013年，虹口区商务工作始终坚持创新驱动、转型发展，促进区域经济和特色产业提质增效，民生保障和市场监管落到实处，为上海“四个中心”建设和虹口经济社会发展做出了新的贡献。

2013年，虹口区合同利用外资连续第三年再创新高，达11.53亿美元，比上年增长10.6%，实际利用外资9.19亿美元，两项均在中心城区排名第二。海关进出口总额54.78亿美元，比上年增长19.97%，增幅居全市第二。其中，进口额34.61亿美元，比上年增长41.7%；出口额20.17亿美元，比上年减少5.0%。商贸经济稳中有为，现代商贸业完成三级税收35.06亿元，其中，批发业完成三级税收近27亿元，零售业完成三级税收近6亿元。社会消费小幅上升，全年完成社会消费品零售总额260.24亿元，比上年增长3.2%。

二、商业经济

2013年，虹口区社会消费品零售总额达260.24亿元，其中“吃的商品”占比38.6%，“用的商品”占比13.5%，“穿的商品”占比

2013年虹口区举行第九届上海酒节开馆仪式

43.1%,“烧的商品”占比4.8%。区内现代商贸业注册企业共9459家,其中实际涉税企业6842家,完成三级税收35.06亿元,在虹口区六大现代服务业中占比34%,发挥了在区域经济稳定发展中的基石作用。

(一)传统企业转型加快,电子商务快速发展

2013年,虹口区电子商业发展迅速。截至年底,全区电商企业共304家,比上年上升28.27%;共完成三级税收1.75亿元,比上年上升10.06%;完成销售收入102.4亿元,比上年上升17.4%。涌现了一批优质电子商务企业。如从事B to B(企业间交易)的西本新干线、明凯照明,B to C(在线零售)的苏宁易购、百丽电子、818医药网,OTA(在线旅游预订)的号百商旅、途牛网,电子支付类的翼支付,酒类大宗交易的上海国际酒业交易中心、上海红酒交易中心,提供电商应用服务的珍岛信息技术、凯长信息科技等。其中,上海大宗钢铁电子交易中心有限公司、号百商旅电子商务有限公司、上海国际酒业交易中心有限公司等企业荣获“2013年上海市电子商务示范企业”称号,上海上外网络教育发展有限公司入选“双推”平台企业。

(二)创建智慧商街,打造特色发展优势

优化升级四川北路全程电子商务平台。四川北路商业街全程铺设的“全覆盖、全免费、全天候”“hongkoufree”无线网络,全年登陆50万余人次,累计产生流量53万GB。改版升级虹口商街APP,发布公共服务信息,网罗沿线商业信息,通过“欢乐购物”、“食荟虹口”、“停车诱导”、“商场信息”、“福卡专享”、“网友小报”、“购物拼图”等新增功能与原有的“每日E餐”、“白领特惠午餐”等共同打造具有交互性的网络时代购物体验。累计装机量达6万人次。与中国银行联手发行首张以地域命名的信用卡——虹口福卡。虹口福卡是目前中行系统内第一张以区域命名的联名信用卡,定位于整合虹口区内“商、旅、文、体”优惠资源,为持卡人提供综合优惠服务。福卡与外滩悦榕庄、相宜本草、上海大厦等涉及购物、餐饮、文体、教育、旅游等的100余家知名品牌和商户合作提供消费优惠。

(三)全面建设上海国际酒类现代商贸服务功能区

作为全国唯一的酒类部市合作项目和上海国际贸易中心建设重点工作之一,虹口区不断深化以“八大平台”为核心内容的酒功能区建设。近1.2万平方米的酒功能区核心载体开业,汇集上海葡萄酒研究院、上海市酒类产品质量检验中心及茅台、张裕等20余家功能机构和酒企,近千平方米的酒类文化展示平台“酒博汇”建成并使用。酒品贸易平台年成交额近百亿元,累计发行茅台神舟酒、国窖中国品味等收藏酒20款,成为全国最大的酒类交易地。上海市酒类产品质量检验中心开业运营,被确定为首批上海市产品质量鉴定组织单位,可检测产品52个、参数102个,首次涉及塑化剂等检测内容,成为上海唯一酒类仲裁机构。上海追溯酒品信息中心以大数据、云计算和物联网等技术为支撑,入围国家追溯系统标准制定单位,与国家工信部标准化研究院合作开展酒品追溯领域标准的研制、应用与推广,吸引近50家酒企逐步加入追溯试点。举办“第九届上海酒节”、“中国调酒师大赛”、“中国侍酒师大赛”、“2013葡策中国高峰论坛”等展会、大赛和论坛,扩大功能区知名度和影响力。

(四)提升四川北路能级,大型商业载体开业

2013年12月,位于四川北路的中信广场开业,其为沪上首家以海洋环保人文概念为特色的广场,业态以体验类消费为主,引进了ZOO COFFEE、“元世祖”火锅、“3D魔幻画展厅”、运动德普等特色品牌。9月,位于中信泰富申虹广场内的“阳光小镇”欧陆风情美食广场开业。汇集来自台湾、泰国、日本及本土等各地区的美食,吸引了众多消费者尤其是年轻消费者前来品尝。

(五) 组织节庆营销,繁荣消费市场

组织开展"食荟虹口"、"第七届上海购物节(虹口)系列活动"、"欢乐转翻天 福气马上到"岁末迎新等系列商业节庆营销活动,繁荣商业市场。2013 年元旦、春节、"五一"和"十一"节日期间,虹口区抽样统计的商业企业销售额分别同比增长 46.7%、17.8%、10.7%和 10.52%。

(六) 加强商务诚信建设,倡导信用消费

以"商务诚信,从我做起"为主题,组织开展一系列商务诚信创建活动,制定"五项制度",推行"四项标准",组织商务诚信知识竞赛,开展"虹口区商务诚信建设倡议"活动。注重将商务诚信理念贯穿到商业活动全过程,得到区内商家的积极响应,营造了"以诚促商,以信兴业"的诚信商业良好氛围。经企业自荐、协会推荐和商务委和相关部门审核,评选出"虹口区 2012—2013 年商务诚信建设示范企业"10 家,上报市商务委商务诚信建设先进单位 10 家。

三、利用外资

2013 年,虹口区新批外商投资项目 96 个;利用合同外资(含增资)共计 11.53 亿美元,比上年增长 10.61%;实际到位资金 9.19 亿美元。截至年底累计已批准建立的三资企业总数为 1759 个,合同外资为 595689.08 万美元,其中合资企业 427 个,中外合作企业 130 个,独资企业 1202 个。

2013 年利用外资情况表

利用外资方式	批准外资企业			合同外资		实到外资	
	项目数(个)	投资总额(万美元)	比上年(±%)	外资额(万美元)	比上年(±%)	外资额(万美元)	比上年(±%)
合　计	—	189586.01	10.80	115290.29	10.61	91946.90	-13.50
外方直接投资	96	127629.74	2.30	54115.49	33.20	—	—
合资企业	22	116212.74	20.45	47240.50	106.50	—	—
独资企业	74	11417.03	-58.40	6874.99	-60.32	—	—
外方其他投资	—	61956.27	33.68	61174.80	-3.82	—	—

(一) 以融资租赁为特色,金融服务业增长势头良好

全年共引入上海德众融资租赁有限公司等 5 家外资融资租赁公司。引入合同外资 10530 万美元,比上年增长 25.12%。外资融资租赁公司注册资本高、占用资源少、利税能力强,已成为虹口区外资金融服务业的主力军。

(二) 以投资性公司为主的专业服务业迅速发展

全年共引入专业服务业项目 34 个,引入合同外资 1.87 亿美元,比上年增长 330.85%。受益于国家固定资产投资的回暖,虹口区外资投资性公司进一步扩大规模,如中远太平洋(中国)投资有限公司获批增资 5000 余万美元,用于购买太仓码头,以扩充其公司主要业务。

(三) 品牌外资商贸企业集聚效应显现

受益于四川北路商业环境的不断优化,大量外区办公的商贸企业回流。日本第二大化妆品公司高丝化妆品销售有限公司搬迁至中信广场,真正融入虹口,还引入青岛啤酒三得利(上海)有限公司,成为华东地区最具品牌竞争力的商贸企业之一。

(四) 外税比重大幅提高

全年三级涉外税收比重相比 2012 年提

高约7.5个百分点，比重占34.1%。外税比重的大幅提高主要受益于区内重点外资企业税收的稳定增长。但也有部分来自于某些房地产企业新盘开盘带来的一次性收益。

2013年外商投资行业分布情况表

行　业	项目数		投资总额(万美元)		合同外资额(万美元)		实到外资额(万美元)	
	个数	占比(%)	金额	占比(%)	金额	占比(%)	金额	占比(%)
合　计	96	100	127629.74	100	54115.49	100	91946.9	100
生产型项目	—	—	—	—	—	—	—	—
服务型项目	96	100	127629.74	100	54115.49	100	91946.9	100

2013年外商投资来源地情况表

国别(地区)	项目数(个)	投资总额(万美元)	合同外资(万美元)
合　计	96	189586.01	115290.29
澳大利亚	1	20.00	20.00
中国澳门	1	42.00	30.00
百慕大	1	50.00	17.50
德　国	3	73.46	51.82
法　国	1	242.00	163.96
韩　国	3	94.78	91.57
加拿大	1	3.92	2.35
开曼群岛	1	12.00	12.00
利比里亚	1	2038.78	815.51
马来西亚	1	16.30	12.22
美　国	5	260.00	103.00
尼泊尔	1	20.00	14.00
葡萄牙	1	85.00	15.00
日　本	8	1458.26	692.32
瑞　士	1	35.00	25.00
萨摩亚	3	128.65	110.92
中国台湾	4	167.22	124.14
中国香港	45	118984.34	46309.87
新加坡	6	269.22	223.78
意大利	1	22.95	16.20
英　国	2	56.86	28.43
维尔京群岛	4	560.00	2135.00
投资性公司	1	2808.00	3100.88

四、对外贸易

2013 年,虹口区进出口总额居全市中心城区第四位,达到 54.78 亿美元,比上年增长 19.97%。其中,出口额 20.17 亿美元,比上年下降 5.03%;进口额 34.61 亿美元,比上年增长 41.71%,高于上海市进口总额 38.61 个百分点。出口方面低位趋缓的主要原因是:一是受全球贸易保护主义政策抬头、人民币有效汇率处于偏高水平、出口竞争力减弱、东南亚等周边国家投资环境改善比较优势日益凸显等结构性变化因素影响,外需对出口的拉动幅度有限。二是国内生产成本高企,劳动力断链,众外贸出口型企业出口利润下滑,普遍对于远期经营信心不足,长期订单缺乏等也致使出口总体难以起色。而进口方面提升显著的主要原因是:国内鼓励基建等稳增长政策进一步落实,相关原材料产品进口需求不断提高,带动虹口区能源、资源性产品进口整体快速增长,成为新亮点。

从区出口贸易企业性质来看,外商投资企业、外贸企业和自营企业出口总额分别达 1.88 亿美元、9.97 亿美元和 8.22 亿美元;从贸易方式来看,一般贸易出口总额达 13.16 亿美元,占比 65.24%;加工贸易出口总额达 1.22 亿美元,占比 6.06%。年出口额在 1500 万美元以上的企业有:上海中燃船舶燃料有限公司(保)、上海兰生文体进出口有限公司、上海亚东盛进出口有限公司、上海兰生股份有限公司、上海外轮供应有限公司、上海凤凰进出口有限公司、上海电气输配电工程成套有限公司、上海欧姆龙控制电器有限公司、上海尼赛拉传感器有限公司、中萱(上海)贸易有限公司、上海美本机电有限公司、上海家化进出口有限公司、上海铭城进出口有限公司、上海爱思旅行用品有限公司、上海馨华国际贸易有限公司、德丝赛戈(上海)贸易有限公司、中国图书进出口上海公司、上海悦浩国际贸易有限公司、立山贸易(上海)有限公司、上海艾丰商贸有限公司、美钻石油钻采系统(上海)有限公司。

2013 年虹口区出口商品结构与上年比较:按出口额排列的前四大类商品类别和排列的位置稍有改变。矿产品出口额仍居首位;机电产品和纺织类制品互换位置,分列第二、三位;车辆船舶类排名上升两位,位居第四。出口额居前四位的主要商品中,矿产品占 25.94%,机电产品占 17.12%,纺织制品占 12.55%,车辆船舶占 6.87%。

2013 年,虹口区大力发展服务贸易,积极打造部市合作项目文化贸易语言服务基地。"上海文化贸易语言服务基地"顺利挂牌并投入运营,下设语言服务中心、职业培训中心、信息与数据交互中心、研究中心及法律中心五大平台。基地管理公司——上海文策翻译有限公司成立,位于虹口区"国家音乐谷"的核心载体建成。成功将"2013 中国(上海)国际语言服务行业大会"首次引入上海并落户虹口,大会获商务部和市商务委的大力支持,有力促进产业发展。

2013 年主要出口商品情况表

出口商品	出口额(万美元)	占比(%)	比上年(±%)
矿 产 品	52320	25.94	-20.57
机电产品	34528	17.12	5.79
纺织制品	25317	12.55	-2.65
车辆船舶	13849	6.87	23.45
化 学 品	13608	6.75	-20.99

（续表）

出口商品	出口额（万美元）	占比（%）	比上年（±%）
贱金属	12693	6.29	-23.14
杂项制品	9957	4.94	6.53
塑料制品	7590	3.76	2.34
毛革制品	7576	3.76	33.97
仪器	4673	2.32	-13.75

2013 年出口商品主要输往地情况表

国别（地区）	出口额（万美元）	占比（%）	比上年（±%）
亚洲	88084	43.67	9.52
美洲	62589	31.03	-25.21
欧洲	29809	14.78	-1.64
巴拿马	25162	12.48	-41.46
东盟	22858	11.33	6.07
日本	22698	11.25	-0.20
欧盟	21348	10.58	-4.34

五、对外经济合作

2013 年虹口区对外投资企业共计 10 家，投资总额达 988.5 万美元。对外投资在市场拓展、行业分布和再投资意愿等方面特点明显，主要表现为以下三点：

（一）中国香港成为区对外直接投资新热点

作为全球排名前五的自由贸易港，中国香港具有投资环境良好、资本市场灵活、咨询流通自由等政策优势，成为众多企业境外投资的首选，所以虹口区投资香港的企业达 8 家，占比达 80%。投资德国的企业 1 家、新设驻台办事处 1 家。

（二）投资方式更灵活，投资行业分布多元化

企业投资行业涵盖电子商务贸易、商务服务业、金融数据服务、新能源专业技术开发、运输代理、市场采购调研研究、租赁业和水上运输业等多个行业，基本围绕境内投资主体业务的上下游延展，利用境外企业实现资源配置全球化，降低主体运营成本，开拓国际市场，提升总体竞争力。

（三）企业再投资意愿强烈，全球营销网点布局加快

为进一步开拓海外新市场，多家企业加快布局全球营销网络，再投资热情高涨。如：继上海长园维安电子线路保护有限公司 2012 年底在美国投资 50 万美元新设公司之后，2013 年又在中国台湾设立驻台办事处，并积极开展报价、采购、市场调查及研究业务等系列活动；万邑通（上海）信息科技有限公司继 2013 年 3 月在中国香港新设公司之后，于 8 月再增资投入 100 万美元，以增强其境外公司的资本规模。

闸北区商务

区商务委员会主任
任少南

2013 年，闸北区面对复杂的国际国内经济形势，按照市商务委员会的要求，以“南高中繁北产业”发展战略为引领，紧紧围绕区委区政府的工作目标，以“创新驱动、转型发展”为主线，聚焦“总部经济、涉外经济、楼宇经济”发展，着力开展内外贸易与保障民生两手抓，促进各项商务工作上台阶。全年完成社会消费品零售额达 264.3 亿元，比上年增长 10%。其中，批发零售增长 8.5%；住宿餐饮业增长 5.3%。商贸服务业完成税收收入 36.9 亿元，比上年增长 2%，占全区税收的比重达 20.7%。引进合同外资 8.82 亿美元，其中 100 万美元以上项目 51 个。外资企业累计缴纳税收 64.56 亿元，比上年增长 11%，占全区总税收的 38.10%；区级税收累计缴纳 17.85 亿元，占全区区级税收的 27.21%。

一、商贸经济

（一）商业规划布局

2013 年，闸北区商务委积极参与并完成区委重点课题《打造环大宁商圈，促进中部地区商旅文联动发展》课题研究及附件材料上报，得到区委充分肯定。

上海市商务委员会、上海市城市规划局新修编的《上海市商业网点布局规划纲要

2013 年 10 月 10 日，上海市副市长蒋卓庆（前排左二）检查北盛菜市场

(2009—2020)》,大宁商业中心唯一由全市地区级商业中心被提升为市级商业中心,成为全市14个市级商业中心之一。

1. 环大宁商圈规划:空间范围由南北高架-永和路-万荣路-灵石路-彭越浦-广中西路-运城路-宜川路-彭越浦河-延长中路围合而成。

2. 环大宁商圈已建商业商务楼宇合计建筑面积66.08万平方米(其中,商业面积30余万平方米),包括大宁国际商业广场(总建筑面积25万平方米、其中商业面积14万平方米)、大宁中心广场(总建筑面积11.3万平方米)、宝华国际广场(银行、餐饮3.5万平方米)、上海马戏城(3.28万平方米)、上海多媒体谷(22万平方米)等。

3. 环大宁商圈在建、待建商业商务楼宇合计建筑面积92.98万平方米,包括在建52.13万平方米。其中,大宁中心广场(一、三、四期)40.1万平方米,宝贝当家文化设施2.4万平方米,宝华中心广场9.6万平方米;还包括未来2-3年将建成40.85万平方米建筑量,如久光百货近35万平方米等项目。

4. 大宁地区商业文化旅游活动情况:大宁国际以独特的建筑风格、时尚定位和内涵丰富的文化演示,已成为上海北部地区极具影响力的商业广场。大宁国际2013年春节举办迎春"悦马行"艺术展活动,广受好评,合计销售2200万元,同比增长19%;中秋、国庆、元旦先后举办2013上海购物节闸北主题活动、"大宁"音乐季活动、"花好月圆人团圆,中秋送礼喜连连"和"缤纷圣诞购,妙想欢乐送"营销活动,展现出"大宁"开放性广场文化的特色和商文旅结合的效应。通过各类活动,大宁国际的商业商务知名度和地区影响力日益提升。今后,随着宝贝当家、大宁中心广场一期、久光百货等在建、待建项目的竣工营业,引进新兴个性化、体验式消费业态,使环大宁商圈成为市民社交、聚会、游憩首选地,必将进一步提升环大宁商圈的影响力。

新修编的《上海市商业网点布局规划纲要(2009—2020)》,苏河湾地区商业列为全市重点商业区域之一。闸北社区商业中心由原6个调整为9个。盛源生活广场、五月花生活广场两大社区商业中心开门营业。社区商业面积超过60万平方米。

(二) 重大项目建设

中部地区大宁商业中心核心项目久光百货大宁店、大宁中心广场等一批重点等项目正抓紧推进,大宁灵石公园宝贝当家项目建设临近尾声,彭浦镇白遗桥地块大型项目建设启动。南部苏河湾地区大悦城购物中心二期、华侨城、宝矿、隆宇406等大型综合商办项目建设启动。北部地区市北佳城广场、协信广场、财富广场等综合体有序推进。

(三) 商贸品牌引进

推进聚焦外资品牌战略招商,将服装类快销品牌作为工作的突破口,筛选知名度和品牌价值较高的100余家外资企业为目标客户,引进法国玛瑞拉时装公司、香港雅得盛时装公司(主要代理法国知名时尚品牌MARIA LUISA以及欧美设计师品牌Maria、Mass Concrete)等多家知名度和市场价值较高的外资品牌商贸公司。全区已集聚全球第四家宝格丽酒店、全市第二家久光百货、世界定制时装三巨头之一的皮尔巴尔曼集团全资下属公司皮尔巴尔曼时装(上海)有限公司、世界快时尚品牌三巨头之一的芒果服饰等一批国际知名品牌企业。

(四) 商业营销活动

闸北区组织开展2013年春节、"五一"、"上海购物节及"跨年营销"等各类促销活动,活跃了市场,促进了消费。春节各商家积极营造节日气氛,推出各类促销节目,区内大悦城、大宁国际等五大主力店长假期间合计实现销售额逾4000万元,同比增长13%,占节日销售总额比重达33.8%;区32家样本企业共实现销售额1.2亿元,同比增长9%。

"五一"长假(4月29日至5月1日)促

销活动，27 家抽样企业，销售额超 5000 万，同比增长 11.9%；全区 8 家大卖场（大润发 3 家、易初莲花 2 家、华联吉买盛 1 家、乐购 1 家、乐天玛特 1 家）实现营业额超 2000 万元，同比增长 8.1%；大悦城、盛源、五月花等 5 家百货主力店 3 天营业额增长速度达到两位数。

9－10 月“上海购物节”推出闸北 18 项主题活动，将上海旅游节、上海购物节闸北两大活动进行整合，体现商旅文联动，实现销售增长。大宁国际、大悦城、大润发、乐购中兴店等重点百货、购物中心合计销售达 22.7 亿元，同比增长 1.2%；家电销售累计实现 3.1 亿元，同比增长 19.8%。购物节期间，开展“i 购闸北、线上线下促销互动”，聚集闸北的 5 家大中型电子商务企业整体参与购物节，线上活动精彩。

11 月末组织大宁国际、太平洋百货、中粮大悦城、大润发、华联吉买盛、五月花生活广场、盛源生活广场、绍兴饭店、日月眼镜一条街等主要商贸企业、特色商业街区，开展圣诞节及元旦跨年 9 项营销活动，还组织太平洋百货不夜城店、大悦城旋即举办周年庆典。在其它时期，区内重点企业开展“有节兴节，无节造节”创造条件开展各类营促销活动，大悦城大型商业文化活动有 15 项，太平洋不夜城店商业促销活动有 18 项，以及大宁国际节庆文化活动等。

（五）特色产业发展

依托“上海国际贸易技术标准服务中心”在闸北成功挂牌这一平台，先后引进全市第一家检测认证类跨国公司地区总部—德凯达和德凯、天祥、华测等国内外著名检测认证企业和德国莱茵技术在闸北设立全国第一个新能源汽车充电桩实验室。发挥闸北在城际交通的有利条件和区位优势，先后引进全球排名第三的货运代理公司—德迅（中国）货运代理有限公司、全球第六大集装箱班轮运输公司—美国总统轮船有限公司、美皇投资管理（上海）有限公司、上海邮政速递、上海交运集团、国药物流、上海交运日红等行业领军企业。

（六）电子商务拓展

闸北已有东方 CJ、钻石小鸟、禾健网、彩宝网、悠哉网、丁丁网、香港真旅网、乐购网购平台、“M9M10（食全酒美）等上百家电子商务企业。大润发依托内地 200 家门店网络规模效应和供应链支撑，其旗下“飞牛网”年末试运行，注册会员达 18 万人，自营商品突破 10 万种（超过卖场 2－3 万种），公司计划自营商品数达 100 万种。“易园·大宁”创意园区成为中国首个电商服务产业园。

（七）“菜篮子”工程建设

新建 1 家大宁社区菜市场。兆基、天星、芷江、平顺、严家阁等 6 家菜市场进行二次改造。全力以赴抓好“创卫”工作，菜市场环境进一步改善。全区标准化菜市场共有 28 个。探索“保供稳价”新模式，努力实现菜价“平日较低，节日最低”：设立每日平价菜销售摊位，共有平价菜摊位约 70 个；重大节日、重要时间节点实行政府定点补贴，以低于市场 20% 的价格销售蔬菜；发挥协会作用，开展“特价销售”活动；与光明集团“都市菜园”联手在设立蔬菜直供点，解决居民买菜难。

（八）市场长效监管

制定《菜市场建设与管理工作实施意见》，形成菜市场条包块管、部门联动、街镇属地化管理的工作机制。推进食品追溯系统建设。在 2 家标准化菜市场内实施活禽布点销售及监管。筹建菜市场行业协会，加强对菜市场管理服务。联合区公安、区工商及行业协会对区内 25 家废品回收站进行专项检查，努力推进废品回收站的合法、安全经营。清理、取缔出动 249 人次执法检查 83 家酒类行业企业无照经营及假冒伪劣行为，查处违法案件 11 起。持续开展打击侵犯知识产权和制售假冒伪劣商品工作。开展单用途预付卡备案工作。组织副补发放工作由街社区服务中心实施的工作培训，试行以街镇为主的副补发放。分析、判断粮油供应市场需求和价格变化趋势,协调粮油库存补充,努力保障市场供应、价格稳定。

二、利用外资

(一)外资企业引进

2013年,闸北新引进外资企业121家,其中100万美元以上项目51个。先后引进了全市首家医疗领域外资投资性公司—煜嘉投资有限公司、全市首家非投资性公司股权出资项目－康铨贸易(上海)有限公司、首家获批可经营煤炭进出口业务的外资企业—香港的富嘉商贸(上海)有限公司)。闸北与飞利浦紧密开展新一轮10年期的深度合作项目《闸北区政府与飞利浦合作协议书》签约。区政府与久光百货地块开发商香港利福集团签订涉及建设、规划、周边环境等问题的相关协议。

(二)总部经济发展

全年新引进泰国尚泰投资有限公司、新加坡美皇投资管理(上海)有限公司、香港易仓企业管理有限公司和英国雷尼绍(上海)管理有限公司(全市2013年新批总部36家,闸北占比11.1%)。全区跨国公司地区总部总计24家(其中半数以上总部企业为近三年新引进),全市排名第五。地区总部共缴纳总税收34.31亿元,占全区总税收20.24%;其中区级税收7.52亿元,占区级税收比达11.46%。

(三)服务业占据比重

全年引进的125个外资项目中,124个为非生产性的服务业项目;年引进外商投资总额89371.83万美元,其中非生产型项目占98%。引进的行业聚焦商贸服务业、现代物流、检测认证,信息技术、咨询服务及金融等现代服务业。其中新引进的香港融海和澳门丰和为金融融资租赁企业和知名电商企业。

2013年利用外资情况表

利用外资方式	批准外资企业			合同外资	
	项目数(个)	投资总额(万美元)	比上年(±%)	外资金额(万美元)	比上年(±%)
外方直接投资	125	89371.83	-58	52595.67	-32
其中:合资项目	16	59515.91	-50	35705.28	-26
独资项目	109	29855.92	-68	16890.39	-65
合作项目	—	—	—	—	—
增资项目(不计入合计)	57	120703.56	52	35612.56	96

2013年外商投资行业(或产业)分布情况表

行业或产业	项目数(个)		投资总额(万美元)		合同外资(万美元)	
	个数	占比(%)	金额	占比(%)	金额	占比(%)
合　计	125	100	89371.83	100	52595.67	100
生产型项目	1	0.8	1774.33	2	783.30	1.5
非生产型项目	124	99.2	87597.50	98	51812.37	98.5

注:以上数据不含增资项目。

2013 年外商投资主要来源地情况表

国别(地区)	项目数(个)	投资总额(万美元)	合同外资(万美元)
中国香港	63	29545.76	12986.70
中国台湾	11	2215.99	1009.53
美　国	10	825.73	603.74
日　本	8	169.70	146.28
新加坡	5	45122.00	31938.43
德　国	6	178.05	158.11
塞舌尔共和国	3	8075.03	2861.93
萨摩亚	3	115.00	67.80
法　国	3	63.33	50.27
印　度	2	36.90	26.00
芬　兰	2	65.50	35.88
意大利	1	10.00	10.00
维京群岛	1	142.00	100.00
荷　兰	1	834.00	500.00
英　国	1	42.00	30.00
澳大利亚	1	50.00	35.00
以色列	1	15.00	11.00
中国澳门	1	2000.00	2000.00
开曼群岛	1	286.00	200.00
俄罗斯	1	14.00	14.00
马绍尔群岛	1	11.00	11.00

注:以上数据不含增资项目。

三、对外贸易

(一) 外贸进出口保持高增长

全年实现外贸进出口总额 222455 万美元,比上年增长 29.6%(2012 年比上年增长 1.5%);其中,进口 125577 万美元,比上年增长 64.2%(2012 年比上年增长 1.0%);出口 96884 万美元,比上年增长 1.8%(2012 年比上年增长 0.17%)。出口贸易中,一般贸易 95539 万美元,比上年上升 2.8%;加工贸易 1226 万美元;比上年下降 38.3%。出口企业出现“一升二降”。民营企业 46524 万美元,比上年上升 7.0%;国营企业 21608 万美元,比上年下降 2.3%;三资企业 21608 万美元,比上年下降 2.8%。

(二) 产品出口美国、日本比重减少

外贸出口总额中,出口美国占 14.49%,比上年减少 8 个百分点;日本占 10.91%,比上年减少 4.5 个百分点。出口俄罗斯、澳大利亚、德国占比上升。俄罗斯占 5.2%,排名由上年 10 名以外一跃成为第三;澳大利亚占 4.27%,排名由上年第 9 名成为第四;德国占 3.22%,排名由上年第 6 名成为第五,超过法国、巴西。

2013 年出口商品主要输往地情况表

金额:万美元

国别(地区)	出口额	占比(%)	比上年(±%)
美　国	13991	14.49	-11.61
日　本	10534	10.91	0.51
俄罗斯	5015	5.20	34.07
法国、澳大利亚	4021	4.27	34.41
巴西、德国	3107	3.22	-10.50
德国、土耳其	3100	3.21	58.86
韩国、巴西	3032	3.14	48.08
中国香港、印度	2509	2.60	-1.57
澳大利亚、法国	2250	2.33	-27.86
印度、韩国	2171	2.25	17.97

(三)三大类传统产品出口比重有所下降,化学(塑料)工业及其制品出口大幅上升

2013 年,机电、音响设备(出口总额第一)、贱金属及其制品(出口总额第二)、纺织原料及其纺织制品(出口总额第三)三大类产品占出口总额比重为 78.7%(上年比重为 80.27%),比上年减少 2.5 个百分点。机电产品出口 28434 万美元,比上年上升 3.16%;贱金属及其制品 15780 万美元,比上年下降 2.05%;纺织产品 13324 万美元,比上年上升 11.0%。出口产品上升最大的分别是塑料及其制品和化学工业及其制品,分别上升 32.5%和 83.38%。

2013 年主要出口商品情况表

金额:万美元

出口商品	出口额	占比(%)	比上年(±%)
机电、音响设备	28434	38.89	3.16
贱金属及其制品	15780	21.58	-2.05
纺织原料及其纺织制品	13324	18.22	11.00
塑料及其制品	2790	3.82	32.50
化学工业及其制品	2586	3.54	83.38
鞋帽伞等	1904	2.60	0.14
杂项制品	1889	2.58	6.02
革、毛皮及其制品	1718	2.35	-18.70

普陀区商务

区商务委员会主任
李世荣

一、概述

2013年，普陀区商务工作按照"抓规划、抓落实、抓重点、抓调整"的要求，突出"一河五区"重点，在产业调整、商圈营销、平台经济、电子商务、外资服务、市场调整、节能减排等方面完善工作机制，拟定推进办法，加大工作力度，取得一定成效。

全年实现现代服务业区级税收累计12.01亿元，占区级税收的比重为17.54%；实现商贸业区级税收10.76亿元，占区级税收的15.71%；实现区属社会消费品零售总额496.68亿元，比上年上升3.04%；实现区域商品销售总额3505.98亿元，比上年上升15.39%；引进合同外资3.33亿美元；实现外贸进出口总额38.82亿美元。

二、商业经济

（一）提升商业经济规模与影响力

2013年，普陀区商业规模在中心城区继续名列前茅，区社会消费品零售总额、商业销售额在中心城区分别列第三位、第二位。（1）全年实现商业销售额3506亿元，比上年上升15.39%，其中，有色金属比上年增长

2013年跨境电子商务研讨会现场

26.74%。(2)全年实现社会消费品零售总额496.68亿元,比上年增长3.04%,其中,百货、超市增长平稳;汽车零售比上年下降8.35%,占比24.52%,比2012年下降3.25个百分点。

2013年,中环商圈整体营销及企业调整成效明显,销售增幅在全市名列前茅。其中,中环商圈销售增幅在12个市级商圈列第二位,全年销售比上年增长13.8%,比全市市级商圈平均增幅高11.2个百分点;百联中环购物中心销售增幅在全市重点购物中心列第二位。全年实现销售36.6亿元,比上年增长20.6%,比全市重点购物中心平均增幅高13.8个百分点。

(二)发挥“一河五区”牵头和引领作用

加快苏州河国际休闲旅游开发建设,推进工业艺术中心项目启动,推进梦清园合作开发;打响“金中环”名片,运用2013上海旅游节、购物节促进商旅文联动,举办“上海玉佛素斋节”和“旅游集市”提升商圈人气;支持上海环球港试营业,并举办“环球港旅游文化购物节”;推进桃浦地区转型发展工作、长风生态商务区开展服务业综合改革试点工作、近铁城市广场建设等工作。

(三)推动平台建设,提升区域经济影响力

推进平台经济园区三年行动计划制定和平台命名,明确平台经济园区的工作机制,加快建立和完善平台经济园区的扶持政策,切实加强平台经济园区的组织领导。聚焦10个平台经济园区发展:发挥陆上货运交易平台集聚功能;协调上海有色金属交易中心有形、无形市场建设;支持M50国际艺术及创新产业交易平台正式运营;协调中山化工市场交易平台;发挥跨国采购服务平台效应;推进电科所国家中小企业公共服务示范平台成为行业标杆;推进西北保税平台完成功能转型;培育、支持中鑫贵金属交易平台;推进上海环球港成为上海时尚、旅游的新地标;提升白银市场交易平台能级。

(四)制订规划与政策,促进行业发展

完成区商业规划、启动区旅游规划编制;完成《普陀区商品交易市场建设的研究报告》、《普陀区产业结构调整的思考》和《电子商务与实体商贸业发展的思考》等4个课题;完成并实施新设立商品交易市场、停车场、物流企业、汽车修配厂、二手车交易公司、再生资源回收站点等规划评估。同时,拟定商业商务支持政策制定及《普陀区中小企业发展专项资金管理办法(草案)》、《普陀区推进品牌建设工作方案》和《普陀区推进中小企业服务体系建设方案》。

(五)推进创建国家卫生城区,加强行业监管

2013年,区商务委全力组织农贸市场、商场超市、废品回收及宠物诊所等投入创建国家卫生区行动,通过组织发动、拟定标准、大力宣传、专业培训、明确责任、检查监督等措施,进一步提高创卫意识和营造创卫环境。

推进民生实事项目,推进标准化菜市场电子显示屏安装,完善菜价监测系统和完成农贸市场二次改造计划,推进食品安全追溯系统建设。发放5批平抑菜价专项补贴资金计757万元,蔬菜社区直销点增至20个,无人售菜专柜增至17个,完成5家活禽销售布点。

三、利用外资

2013年,由于美国实行宽松量化的货币政策,欧盟国家债务危机的影响短时间难以摆脱,世界经济复苏进程缓慢,影响了跨国投资者的预期,且年内普陀区几大重点地区无土地出让计划,受其影响2013年普陀区利用外资面临压力与挑战,但优质企业的引进给普陀区外向型经济增添了活力。

(一)新批项目规模偏小

2013年普陀区新批外资项目139个,比上年增长13.01%,批准合同外资(含老企业增资)3.33亿美元。实际利用外资5.26亿美元,比上年下降14.44%。

受外部经济影响，区利用外资大项目平均规模下滑，200万美元以上项目（含增资）共31个，合计利用外资27264.57万美元，较上年的59580.66万美元下降54.24%，其中2000万美元以上特大项目仅为3个，比上年下降57.14%。

2013年利用外资情况表

利用外资	批准外资企业		
	项目数（个）	合同外资（万美元）	比上年（±%）
总　计	200	33328.65	-48.85
1.外商直接投资	139	13243.49	-58.02
其中：独　资	108	7373.60	-26.60
合　资	31	5869.89	-69.34
2.老企业增资	61	20085.16	-40.26

（二）外资主要来自亚太地区

中国香港作为国际资金的集散地之一，历来是上海利用外资的主要来源地区。2013年普陀区利用港资16717.6万美元，位列第一，新加坡、维尔京群岛、开曼群岛分列第二至第四位，合同外资分别为4751.03万美元、3394万美元和2818.66万美元。

2013年外商投资主要来源地情况表

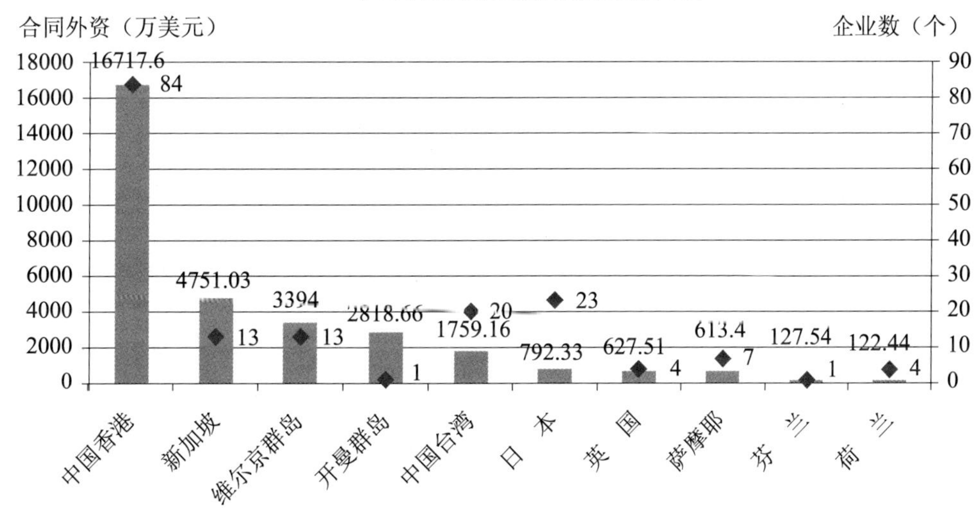

2013年外商投资主要来源地情况表（含增资）

国别（地区）	项目数（个）	合同外资（万美元）	占比（%）
中国香港	84	16717.6	50.16
新 加 坡	13	4751.03	14.26
维尔京群岛	13	3394.00	10.18
开曼群岛	1	2818.66	8.46

（续表）

国别(地区)	项目数(个)	合同外资(万美元)	占比(%)
中国台湾	20	1759.16	5.28
日　本	23	792.33	2.38
英　国	4	627.51	1.88
萨摩耶	7	613.40	1.84
芬　兰	1	127.54	0.38
荷　兰	4	122.44	0.36

（三）利用外资的产业结构继续优化

1. 第三产业利用外资依然快于第二产业。第三产业新设立项目132个，占新设项目总数的94.96%；吸引合同外资（含增资）28299.37万美元，占引进合同外资总额的84.91%。其中，名列前六位的行业：金融服务业5193.64万美元、房地产业2939.10万美元、技术服务业2045万美元、商务咨询业1572.74万美元、酒店餐饮业1365.47万美元、软件开发业794.02万美元。

第二产业新设项目数7个，占新设项目总数5.03%；利用合同外资（含增资）5029.28万美元，占引进合同外资总额的15.09%。其中生产制造业合同外资（含增资）3526.68万美元；建筑业合同外资（含增资）1502.60万美元。

2013年合同外资产业分布图（含增资）

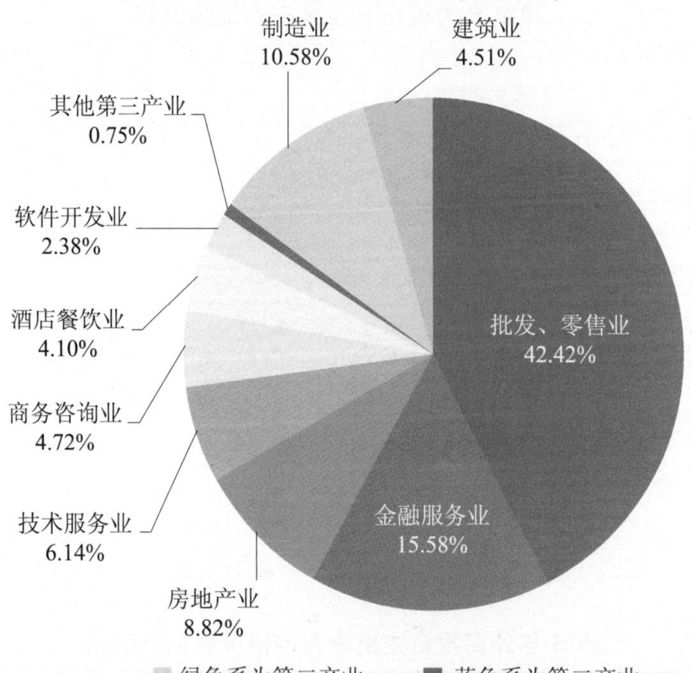

2. 商贸业依然是外资投向的重点产业。批发零售业是普陀区的传统优势产业，无论在项目数、合同外资额商贸业均领先于其他产业，占总数的半壁江山。新批项目中，商贸业项目数占53.49%，合同外资为6043.54万美元，占比45.63%。增资项目中，商贸业项目数占52.38%，合同外资为8094.55万美元，占比为40.30%。

（四）外资商贸零售企业总部迅猛发展

随着普陀“商贸经济”从传统商贸业向

现代商贸业不断转型,外资商贸零售企业迅猛发展。麦德龙集团2013年在全国新开13家大型卖场;福满家便利有限公司(全家超市上海母公司)2013年再次增资1.764亿元;博马努瓦集团实施"千店计划",至2013年底已在各地开设门店699家;华美敦已开设店铺41家,其中2013年新设MAXMARA专卖店8家。此外佐丹奴、商富商贸、真维斯、东京衬衫等知名外资商业企业也在落户普陀后纷纷增资扩股,不断开设新店。

(五)外企运营态势向好

根据2013年外资企业联合年检报告,2013年参检企业数共830家,企业存量率47.09%、运营率46.52%。

外资企业运营情况良好,在扩大规模的同时,投资质量和效益稳步提高。外资企业主体稳定,投资方式以独资为主(80.36%),投资来源呈多元化分布。2013年参检企业涉及的国家和地区共有47个,排名前列的分别是香港地区、新加坡、维尔京群岛、中国(投资性公司)、西班牙。总投资1000万美元以上的外商投资企业79家,累计投资总额为68.85亿美元,占比89.62%;外方注册资本累计30.77亿美元,占比85.88%。

四、对外贸易

2013年普陀区外贸进出口总额达38.82亿美元,比上年下降8.62%。其中,进口20.32亿美元,比上年下降20.27%,占进出口总额的52.34%;出口18.5亿美元,比上年增长8.86%,占进出口总额的47.66%。

(一)内资企业的进出口稳定增长

国有企业开展进出口业务的企业达25家。进出口总额12.67亿美元,比上年下降40.23%,占全区进出口总额的32.63%。其中,出口5.45亿美元,比上年下降7.19%;进口7.22亿美元,比上年下降52.88%。

外资企业开展进出口业务的企业达282家。进出口总额8.38亿美元,比上年增长0.20%,占全区进出口总额的21.60%。其中,出口4.32亿美元,比上年下降3.04%;进口4.06亿美元,比上年增长3.89%。

内资企业(不包括国有企业)开展进出口业务的企业达616家。进出口总额17.77亿美元,比上年增长37.54%,占全区进出口总额的45.77%。其中,出口8.73亿美元,比上年增长30.94%;进口9.04亿美元,比上年增长44.58%。

(二)一般贸易进出口占比上升

普陀区外贸进出口货物的贸易方式分为一般贸易、加工贸易和其他贸易三大类,其中一般贸易为主要的贸易方式。2013年,一般贸易的进出口总额为26.08亿美元,占全区外贸进出口总额的67.20%,比上年增长11.34%;加工贸易的进出口总额为1.34亿美元,占全区外贸进出口总额的3.44%,比上年下降4.55%;其他贸易的进出口总额为11.40亿美元,占全区外贸进出口总额的29.36%,比上年下降35.42%。

(三)机电产品等主要商品带动作用明显

2013年,普陀区进出口商品共有20大类、90小类、876个具体产品。主要进口商品是贱金属制品、化学工业产品和动物产品,占比分别为22.17%、18.89%和12.44%;主要出口商品是机电产品、纺织制品和化工制品,占比分别为23.85%、22.85%和13.69%。

2013年出口商品结构情况表

商品名称	出口额(万美元)	占比(%)	比上年(±%)
机电、音像设备	44120.3	23.85	-11.07
纺织原料及制品	42278.9	22.86	13.35

（续表）

商品名称	出口额(万美元)	占比(%)	比上年(±%)
化学工业及制品	25313.8	13.69	45.29
贱金属及其制品	13388.3	7.24	-9.69
杂制品	12835.9	6.94	1.23

（四）贸易往来国家分布广泛

全年外贸企业进出口贸易所涉及的国家及地区共有178个，其中进口来源地排名前五位的国家分别是：俄罗斯、波多黎各、德国、美国和新西兰，合计进口额8.17亿美元，占进口总额的40.22%。出口输往地排名前五位的国家分别是：日本、美国、德国、阿塞拜疆和澳大利亚，合计出口额7.41亿美元，占出口总额的40.07%。

五、对外投资

2013年，普陀企业加快实施“走出去”战略，积极应对经济全球化的趋势，对外投资较上年有了长足的发展。2013年全年，经批准的对外投资项目共计9个，对外投资总额达到8089.38万美元。对外投资呈现以下特点：

一是项目规模有所提高。以往的对外投资项目金额较小，普遍在100万美元以下。2013年投资总额1000万美元以上的项目为1个，500万美元至1000万美元的项目为3个，100万美元至500万美元的项目为1个，100万美元以下项目为3个。

二是投资区域较为集中。投资主要分布在亚太环线经济较发达地区。其中，中国香港地区6个，澳大利亚2个，美国1个。

三是投资产业多样化。投资领域由传统的国际贸易向股权投资、房地产开发行业拓展。

四是海外并购成为对外投资的新兴投资方式。最大的一个投资项目为上海慕和网络科技有限公司出资5072万美元设立香港全资子公司，并通过两次逐级持股，从而间接持有Ifree Studio Limited的100%股权。

宝山区商务

区商务委员会主任
丁顺强

一、概述

2013 年，宝山区商务工作围绕年初确定的目标任务，突出工作重点，狠抓任务落实，全区商务运行呈现良性发展的总体态势。全区全年完成增加值 897.55 亿元，比上年增长 8.9%；地方财政收入 101.68 亿元，比上年增长 8.06%；商品销售额 2626.75 亿元，比上年增长 1.1%；社会消费零售总额 519.29 亿元，比上年增长 12.8%；利用合同外资 45052 万美元，比上年增长 28%；实到外资 27708 万美元，比上年增长 38%。外贸进出口总额 123.72 亿美元，其中：出口额 46.33 亿美元，进口额 77.39 亿美元。

二、商业经济

2013 年，宝山商业全年实现商品销售额

宜家宝山商场 2013 年 8 月 15 日正式开业

2626.75亿元,比上年增长1.1%;社会消费品零售总额完成519.29亿元,比上年增长12.8%,超额完成年初区人代会确定的12%增长目标。从总量规模来看,宝山区社会消费品零售总额及增幅均居各区县第四位(浦东新区除外)。其中批发零售业实现489.18亿元,比上年增长13.2%;汽车零售业共实现零售额107.73亿元,比上年增长14.7%;互联网零售业实现73.24亿元,比上年增长45.7%;住宿餐饮业实现30.11亿元,比上年增长7.5%。

商业经济运行表现是:

(一) 电商拉动作用持续

2013年,全区实现互联网零售73.24亿元,比上年增长45.7%;占全区社零额的14.1%,比上年进一步提高。其中,易迅网实现零售额65.1亿元,占全区互联网零售额的88.9%,拉动全区社零增长5.3个百分点。

(二) 汽车销售增速较好

全区汽车行业实现零售额107.73亿元,占全区社零额的20.7%,比上年增长14.7%,拉动社零额增长3.0个百分点。其中沃尔沃、福特、英菲尼迪、雪佛兰等品牌汽车销售增长较为明显;宝城中环销售规模居首。

(三) 住餐消费企稳回升

2013年,在全社会倡导节俭反对铺张及经营成本压力等因素影响下,住宿餐饮行业进入"寒冬"。在企业积极调整经营策略、提升产品和服务、开展促销优惠等措施作用下,从10月份起住餐行业逐步复苏,营业额降幅收窄,全年完成30.11亿元营业额,比上年增长7.5%。

(四) 百货行业微增长

在电子商务、专业专卖店等零售渠道的分流作用下,传统百货业发展进入瓶颈期。区内3家百货企业全年实现销售8.41亿元,比上年增长1.5%。

(五) 大型超市与上年持平

区内21家大型超市完成零售36.51亿元,比上年增长1.98%。其中,沃尔玛一二八纪念路新店带动作用明显,世纪联华淞南店、罗店店销售增长较快,比上年增幅超过两成。

(六) 专业类专卖店增速较快

区内文体用品及器材专门零售完成6.39亿元,比上年增长3.2倍;五金家具及室内装饰材料专门零售完成9.78亿元,比上年增长88.9%;区内部分黄金专卖店、专柜数据显示,贵金属及饰品销售比上年增长44.9%;20余家电器卖场完成销售12.93亿元,比上年上升9.33%。

2013年宝山区开工、竣工的主要商业项目情况表

序号	项目名称	属地	占地(亩)	建筑面积(万平方米)	功能定位	投资额(亿元)	开工、竣工时间
合计		—	145.8	26.9		19.2	—
1	宜家家居	大场	52.7	10.7	时尚家具和家居用品商业广场	8.9	2013.8.15开业
2	永达奥诚中环店	淞南	13	2	汽车4s店	0.8	2013.5.16.开业
3	华联吉买盛宝山店	大场	7.5	1	大型超市	0.5	2013.8.23开业
4	红太阳商业广场	张庙	30	3.7	商业	5	2013.10.1.开业
5	中国·上海国际茶叶交易中心(大不同新江湾茶城)	高境	22.6	5	商业商务	2	2013.12.28开业
6	诺亚新天地	吴淞	20	4.5	商业	2	2013.12.24试营业 2014.3.18正式开业

三、利用外资

2013 年,宝山区批准外商投资项目 191 个(其中新批 145 个,增资 46 个),比上年增长 40%;利用合同外资 45052 万美元,比上年增长 28%;实到外资 27708 万美元,比上年增长 38%。

2013 年利用外资情况表

利用外资方式	合同外资		实到外资	
	金额(万美元)	比上年(±%)	金额(万美元)	比上年(±%)
合　计	45052	28	27708	38
其中:合　资	6152	-71	11620	341
合　作	308	-77	876	-18
独　资	38592	201	15212	-7

2013 年,外商投资生产型项目 28 个,合同外资 8619 万美元,占合同外资总量的 19%。项目主要涉及非金属矿物制品业、专用设备制造业、通用设备制造业。服务业项目 163 个,合同外资 36433 万美元,占合同外资总量的 81%。项目主要涉及房地产业、批发业、交通运输、仓储和邮政业、软件业。

2013 年外商投资行业(或产业)分布情况表

行业(或产业)	项目		合同外资(万美元)		实到外资(万美元)	
	个数	占比(%)	金额	占比(%)	金额	占比(%)
合　计	191	—	45052	—	27708	—
生产型项目	28	15	8619	19	16077	58
服务业项目	163	85	36433	81	11631	42

2013 年,宝山区利用外资的特点:

一是利用外资项目金额双增长。2013 年全区利用外资保持良好的增长势头,项目数月均增长 25%,合同外资月均增长 15%。

二是投资领域有拓展。三产项目合同外资占比 81%,二产项目合同外资占比 19%。投资领域涉及房地产、软件信息、网络游戏、文化娱乐、批发零售、品牌汽车销售、汽车租赁、航空代理、老年服务以及专用设备制造业和通用设备制造业等,投资结构继续优化。

三是投资者品牌商誉良好。批准的外资项目中,有全球汽车零部件 100 强企业德国皮尔博格公司、世界工业 500 强企业美国 ITT 公司、美国著名连锁餐饮企业新元素公司、中国台湾上市企业瓦城泰统股份有限公司等,投资者具有良好的品牌和商誉。

四是企业增资势头较好。全年增资项目 46 个,占全部项目数 24%,合同外资 13609 万美元,占合同外资总数 30%。增资规模总投资 500 万美元以上的企业有普洛斯、汉虹精密机械、相宜本草、景峰制药等。增资企业普遍看好宝山区的投资、营商环境,通过增资继续做大做强企业,实现更大规模的经营。

2013 年,外商直接投资主要来自中国港澳地区、东盟、美国、欧洲等国家和地区。其中中国港澳地区项目 71 个,合同外资 18231 万美元;东盟项目 10 个,合同外资 10558 万美元;美国项目 14 个,合同外资 5603 万美元;欧洲项目 27 个,合同外资 5134 万美元。

2013 年外商投资主要来源地情况表

国别(地区)	项目数(个)		合同外资(万美元)
	新　批	增　资	
中国港澳	57	14	18231
中国台湾	16	2	460
日　韩	13	5	1866
东　盟	7	3	10558
欧　洲	20	7	5134
美　国	7	7	5603
其　他	25	8	3201

四、对外贸易

2013 年,宝山区企业完成进出口总值 123.72 亿美元,比上年下降 7.8%。其中出口值 46.33 亿美元,比上年下降 3.2%;进口值 77.39 亿美元,比上年下降 10.4%。

2013 年宝山区国有企业和外商投资企业出口额分别为 19.70 亿美元和 19.49 亿美元,占全区出口总额分别为 42.5% 和 42.1%。

2012—2013 年外资企业出口额对比情况表

企业性质	2013 年出口额(万美元)	2012 年出口额(万美元)	比上年(±%)
国有企业	196960	213353	-7.68
外资企业	194945	196568	-0.83
民营企业	71211	68466	4.01

全年出口贸易中,一般贸易占据出口主导地位,出口额为 32.95 亿美元,比上年下降 0.7%,占全区出口总额的 71.1%。以加工贸易方式出口额为 11.88 亿美元,比上年下降 9.5%,占全区出口总额的 25.6%。

2012—2013 年贸易方式出口额对比情况表

贸易方式	2013 年出口额(万美元)	2012 年出口额(万美元)	比上年(±%)
一般贸易	329538	331893	-0.71
加工贸易	118825	131306	-9.50
其他贸易	14913	15361	-2.91

2013 年宝山区出口商品结构逐步得到优化。由于主要商品钢材出口大幅下滑影响全区整体出口呈现负增长,但占全区出口额 43.1% 的机电产品的出口额达 19.97 亿美元,比上年增长 3.0%。此外,高新技术产品出口额亦上升为 1.73 亿美元,比上年增长 13.2%。

2012—2013 年主要出口商品对比情况表

商品名称	2013 年出口额(万美元)	2012 年出口额(万美元)	比上年(±%)
钢　　材	155329	221425	-29.85
集 装 箱	77045	82729	-6.87
钢铁或铝制结构体及其部件	17952	20983	-14.45
未锻造的铝及铝材	10613	13948	-23.91
通断保护电路装置及零件	7890	6594	19.66
冷冻机和制冷设备	7868	7907	-0.49
服装及衣着附件	7061	6726	4.99
机械提升搬运装卸设备及零件	6464	3173	103.73
纺织纱线、织物及制品	5513	3868	42.52
电线和电缆	5285	656	705.79

2013 年,宝山区进口商品以资源类为主。其中,铁矿砂、煤、原木、铝材和铜材的进口额分别为 52.38 亿美元、3.15 亿美元、4680 万美元、4378 万美元和 4177 万美元;原木、铝材和铜材的进口额比上年增幅分别达 81.8%、50.7%和 5.6 倍。

2012—2013 年主要进口商品对比情况表

商品名称	2013 年进口额(万美元)	2012 年进口额(万美元)	比上年(±%)
铁矿砂及其精矿	523810	589221	-11.10
钢　　材	44213	40119	10.20
煤	31456	38462	-18.22
冷冻机和制冷设备	17592	11547	52.35
废 金 属	15902	24263	-34.46
铁 合 金	5946	12037	-50.60
锯　　材	5865	2736	114.37
通断保护电路装置及零件	4879	7412	-34.17
原　　木	4680	2575	81.75
未锻造的铝及铝材	4378	2906	50.67

2013 年宝山区对欧盟、中国香港和中国台湾出口额分别为 6.14 亿美元、2.49 亿美元和 1.34 亿美元,比上年分别增长 8.0%、31.1%和 56.2%。对美国、日本和韩国等传统市场出口仍为负增长。

2013 年出口商品主要输往地情况表

国别(地区)	2013 年出口额(万美元)	上年出口额(万美元)	比上年(±%)
美　国	82140	91387	-10.12
东　盟	67073	70141	-4.37
欧　盟	61432	56899	7.97
韩　国	53257	62794	-15.19
日　本	39561	42209	-6.27
中国香港	24948	19033	31.08
巴　西	14067	14073	-0.04
中国台湾	13356	8550	56.22
印　度	12121	15393	-21.26
伊拉克	11260	2676	320.76

五、对外经济合作

2013 年,宝山区企业经核准赴境外新设立企业 8 家,并购 1 家,增资 2 家,投资总额为 2560 万美元。投资主体主要为民营企业。投向地为中国香港、越南、美国、法国和罗马尼亚。主要经营行业涉及贸易、木材加工、食用菌种植、股权投资、展览展示、电梯及配件制造和光通讯器件研发、生产、销售等。

2013 年对外投资情况表

设立方式	境外企业名称	境内投资主体	国别(地区)	投资总额(万美元)	经营范围
	合　计			2560	
新　设	三荣(法国)电梯有限公司	上海三荣电梯制造有限公司	法国	230	电梯制造、改造、销售与配件生产和销售
新　设	佳势展成国际展览有限公司	上海佳世展览有限公司	美国	100	展览、展示、会议活动的全程服务
新　设	中罗天翼贸易有限公司	上海厚鼎实业有限公司	罗马尼亚	20	批发贸易,进出口
新　设	思络迅股份有限公司	上海三荣电梯制造有限公司	法国	200	电梯、扶梯、升降设备改造方案设计和解决方案咨询服务,电梯、扶梯、升降设备零部件销售
新　设	百利德投资集团有限公司	上海上水低碳投资有限公司	中国香港	300	股权投资、投资咨询与服务;贸易
并　购	好食品食用菌美国有限公司	超大(上海)食用菌有限公司	美国	300	食用菌种植及销售
新　设	均和海外(香港)有限公司	上海均和集团国际贸易有限公司	中国香港	300	货物及技术进出口贸易

（续表）

设立方式	境外企业名称	境内投资主体	国别(地区)	投资总额(万美元)	经营范围
增资	永普美国有限公司	上海永普机械制造有限公司	美国	400	从事光通讯器件、光通讯模块、光学滤光片、光电器件、医疗设备的研发、生产、销售
增资	保集国际有限公司	上海保集(集团)有限公司	中国香港	500	化工产品的销售
新设	越南天涵实业有限公司	上海天涵木业有限公司	越南	200	装饰材料、木材加工;家具生产;代购代销;企业形象策划;货物进出口贸易
新设	香港懋济物资有限公司	上海八友工贸有限公司	中国香港	10	贸易

闵行区商务

区经济委员会主任
林　艺

2013年，闵行区围绕"全面调结构、深度城市化"发展主线，落实"求创新、促改革，调结构、惠民生"工作任务，商业经济、利用外资、对外贸易等各方面保持良好发展势头，全区经济发展稳中有进。

2013年，闵行区第三产业实现增加值714.37亿元，比上年增长15.5%。第三产业增加值占全区生产总值的比重为41.5%，比上年提高2.7个百分点。第三产业实现税收251.97亿元，比上年增长18.4%。统筹发展楼宇经济，全区1万平米以上的148幢重点楼宇总税收达27.9亿元，比上年增长35%。全区亿元楼总量达7幢。全年实现批发零售业增加值155.06亿元，比上年增长7.7%。实现社会消费品零售总额600.78亿元，比上年增长6.0%。全区合同利用外资17.42亿美元，实到外资14.53亿美元，分别比上年减少35%、9.8%。全区外贸进出口总额为335.25亿美元，比上年下降2.77%。其中，进口121.2亿美元，比上年下降1.78%；出口214.05亿美元，比上年下降3.32%。

一、商业经济

（一）主要指标

2013年，全区商业保持平稳增长态势。全年实现批发零售业增加值155.06亿元，比上年增长7.7%。实现社会消费品零售总额600.78亿元，比上年增长6.0%，其中，批发零售业实现零售额556.70亿元，增长6.4%；住宿和餐饮业实现零售额44.08亿

虹桥商务区虹桥天地效果图

元，增长1.1%。零售业中，汽车销售企业实现零售额219.58亿元，比上年增长18.9%。

（二）主要工作

1. 优化商业布局规划。2013年，编制《闵行区商业发展规划（2013－2020）年》，将重点商业设施纳入全市商业布局规划，进一步优化全区商业布局和结构，加快培育新业态和新模式，更好地推动全区商业发展。根据规划，积极推进虹桥镇832街坊2/8丘地块位地下层社区综合超市、天祥华侨城商业配套项目等建设。新设立红星美凯龙家具市场、龙茗花卉市场、闵莘茶叶市场、上海国际根雕城、九星危化品市场等五个工业消费品市场。

2. 组织区内企业参加购物节。组织2013上海购物节闵行区活动，举办澳洲文化节（仲盛世界商城）、"九星杯"蟋蟀文化主题月、第六届九星市场节（九星集团）、购物到七宝（七宝老街）、上海风情（凯德七宝购物广场）、娄门四杰精品画展（虹桥古玩城）、老外街啤酒节（上海老外街商业投资管理有限公司）、团圆"惠"宝情、豪礼欢乐送（汇宝购物广场）等13项重点活动。南方友谊商城的《摩登名媛》获"百联杯"2013年上海优秀商业形象评选活动铜奖，百联南方购物中心的《彩云追月》、《花好月圆》获空间展示银奖。举办购物节整合了商业资源，营造了节庆营销气氛，宣传和推动闵行区商业发展。

3. 加强大型居住社区商业配套。2013年，跟踪服务"大型居住社区商业配套设施建设"，加快推进闵行区浦江原选址基地等8个大型居住区菜市场建设工作，规划布局16家标准化菜市场。其中浦连路菜市场、君莲菜市场已开业，4家在建中，并开设了浦涛路菜市场临时点，做好商业配套工作，保障民生需求。

（三）发展特点

1. 社会消费品零售总额创新高，增速放缓。2013年，闵行社会消费品零售额总额首次突破600亿元，创历史新高。从全市17个区县的排名来看，仅次于浦东新区和黄浦区，绝对额位居第三。从增幅来看，由于电子商务网购分流等因素的影响，增幅走低。

2. 汽车销售企业规模扩大，但行业景气不足。汽车销售额占全区社会消费品零售总额的三分之一以上，具有举足轻重的影响。2013年，汽车行业销售总量可观，达到219.58亿元，与上年相比，保持了两位数增长。

3. 房市升温带动家电消费。在"新国五条"政策出台后，闵行区存量房交易活跃，由此带动家居用品、家电、室内装饰材料等相关商品的消费。2013年，区内限额以上家用电器类零售企业共实现零售额11.51亿元，比上年增长9.2%；限额以上室内装饰材料零售企业实现零售额2.19亿元，比上年增长13.7%。

4. 连锁超市业绩平稳。2013年，闵行区连锁超市销售业绩平稳增长，全年零售额为94.87亿元，比上年增长4.6%。

5. 住宿餐饮业实现正增长。进入年末，住宿和餐饮业增幅由负转正，实现零售额44.08亿元，比上年增长1.1%。

二、利用外资

2013年，全区合同利用外资17.42亿美元，实到外资14.53亿美元，分别比上年减少35%、9.8%。其中新批外商投资企业668家，合同吸收外资10.47亿美元；批准存量企业增资228家，合同利用外资6.95亿美元。

（一）外资结构

2013年，全区批准三资企业668家，其中合资企业91家，合同外资2.25亿美元；独资企业577家，合同外资8.22亿美元。在668家企业中，第二产业12家，第三产业656家。全区新设和增资1000万美元以上的共54家，总投资24.22亿美元，合同外资12.25亿美元。

2013 年利用外资情况表

利用外资方式	批准外资企业		合同外资		实到外资	
	项目数（个）	比上年（±%）	金额（万美元）	比上年（±%）	金额（万美元）	比上年（±%）
合　计	668	2.90	174239	-35.0	145339	-9.8
外商直接投资	668	2.90	174239	-35.0	145339	-9.8
其中：合　资	91	46.70	22539	-74.0	—	—
合　作	—	—	—	—	—	—
独　资	577	-1.36	82175	-10.9	—	—

（二）产业分布

2013 年，全区新批准项目 668 个，其中生产型项目 12 个，包括先进制造业 1 个，其他制造业 11 个；非生产型项目 656 个，包括投资性公司 1 个，房地产业 3 个，其他服务业 652 个。全年新设 1000 万美元以上的大项目 24 家，总投资 13.89 亿美元，合同外资 6.93 亿元。

2013 年外商投资行业（或产业）分布情况表

行业（或产业）	项目数		合同外资	
	个数	占比（%）	金额（万美元）	占比（%）
合　计	668	100.0	104714	100.00
生产型项目	12	2.4	22539	21.49
非生产型项目	652	97.6	82175	78.51

（三）投资来源地

2013 年，外商直接投资主要来自 48 个国家和地区，位于前 5 位的分别是：中国香港、中国台湾省、韩国、日本、萨摩亚。

2013 年利用外资来源地情况表

金额单位：万美元

国别（地区）	项目数（个）	投资总额	注册资本	合同外资
合　计	668	315621	199502	174239
中国香港	218	150049	93726	71463
中国台湾	118	31000	29884	29658
韩　国	96	10427	6547	6528
日　本	51	31753	24560	23381
萨摩亚	23	4607	2664	2635
美　国	22	7053	4362	4369
新加坡	17	5489	2847	2961
德　国	14	17088	8190	6551
塞舌尔	13	653	592	625
马来西亚	10	594	585	339
澳大利亚	9	1037	882	654

（续表）

国别(地区)	项目数(个)	投资总额	注册资本	合同外资
英　国	9	448	408	367
维尔京	8	7429	3546	4071
意大利	8	169	129	125
印　度	6	150	108	108
瑞　士	5	4583	1899	1874
法　国	4	8352	5950	5848
加拿大	4	45	35	35
西班牙	3	3218	1080	1080
奥地利	3	2719	1154	1154
荷　兰	3	645	374	301
文　莱	2	2651	243	243
开曼群岛	2	2259	885	885
土耳其	2	46	36	36
中国澳门	2	40	31	22
俄罗斯	2	35	35	35
比利时	2	32	23	23
印度尼西亚	1	853	852	852
哥伦比亚	1	147	147	44
以色列	1	50	50	40
菲律宾	1	26	20	20
泰　国	1	23	16	16
瑞　典	1	19	14	14
乌兹别克斯坦	1	19	15	15
巴基斯坦	1	15	11	11
墨西哥	1	8	8	8
斯洛文尼亚	1	8	8	8
尼日利亚	1	7	5	5
利比亚	1	4	3	3
爱尔兰	0	16800	5600	5600
投资公司	0	4110	1370	1370
维尔京群岛	0	358	150	150
巴巴多斯	0	280	200	200
毛里求斯	0	137	96	96
多米尼加	0	100	100	100
塞浦路斯	0	86	62	62
合伙企业	0	0	0	251
希　腊	0	0	0	3

三、对外贸易

2013 年，闵行区外贸进出口总额为 335.25 亿美元，比上年下降 2.77%。其中外贸出口 214.05 亿美元，比上年下降 3.32%。

（一）出口商品

2013 年，机电产品出口额 158.79 亿美元，比上年下降 5.39%；纺织品出口额 11.46 亿美元，比上年增长 3.04%；贱金属及其制品出口额 7.15 亿美元，比上年增长 15.46%；光学、医疗等仪器出口额 4.28 亿美元，比上年增长 1.24%。

2013 年主要出口商品情况表

商品名称	出口额（亿美元）	比上年（±%）
机电产品	158.79	-5.39
纺织品	11.46	3.04
杂项制品	5.82	4.70
贱金属及其制品	7.15	15.46
光学、医疗等仪器	4.28	1.24

（二）出口市场

按贸易主要市场看，2013 年闵行区对欧盟出口为 32.58 亿美元，比上年下降 1.29%；对美国市场出口 69.83 亿美元，比上年增 2.63%；对日本市场出口 27.55 亿美元，比上年下降 4.39%；对中国香港市场出口 12.91 亿美元，比上年下降 11.26%；对东盟市场出口 14.95 亿美元，比上年下降 9.17%；对非洲市场出口 2.74 亿美元，比上年下降 6.21%。

2013 年出口商品主要输往地情况表

国别（地区）	出口额（万美元）	比上年（±%）
欧　　盟	325795.14	-1.29
美　　国	698277.31	2.63
日　　本	275506.74	-4.39
中国香港	129114.83	-11.26
东　　盟	149529.15	-9.17
非　　洲	27443.42	-6.21

嘉定区商务

2013年，嘉定区紧紧围绕长三角综合性节点城市的发展目标，按照“稳中求进、进中求变、变中领先”的发展思路，全力以赴稳增长、调结构、优环境、惠民生，凝心聚力，攻坚克难，全区社会经济实现平稳发展，全年共实现增加值1460.6亿元，可比增长8.9%，完成财政总收入660亿元，比上年增长15.1%。其中地方财政收入145.4亿元，比上年增长19.6%，各项主要指标增幅均居全市郊区县前列。

一、商业经济

2013年，嘉定区商业经济在电子商务、商业综合体等新型业态蓬勃发展的带动下，总体呈现快速发展态势。全年实现商业增加值116.2亿元，可比增长18.3%；实现商品销售总额3802.3亿元，比上年增长25.3%。其中属地1515.6亿元，比上年增长37.8%；实现社会消费品零售总额564.4亿元，比上年增长31.3%；完成商业税收112.4亿元，比上年增长77.6%。

（一）居民消费结构升级带动效应明显

从消费用途看，在居民消费结构升级的带动下，全年用的商品实现零售总额431.8亿元，比上年增长50.5%，高于全区平均增幅近20个百分点。其中，金银珠宝、通讯器

2013年5月28日，上海汽车金融港揭牌暨安亭汽车产品交易中心开业仪式在国家汽车及零部件出口基地（上海）举行。嘉定区委常委、副区长费小妹和市金融服务办公室副主任马弘共同为其揭牌

材、家电和音像器材类销售均实现了较大增幅，比上年分别增长 70.7%、51.8% 和 90.1%；吃、穿、烧的商品受大环境影响，呈现不同程度的下滑，如住宿餐饮业零售额连涨止步，全年仅实现社零额 24 亿元，比上年下降 18.5%。

2013 年社会消费品零售情况表

分　类	金额(亿元)	比上年(±%)
合　计	564.4	31.3
吃的商品	89.0	-0.1
穿的商品	18.9	-4.5
用的商品	431.8	50.5
烧的商品	24.8	-27.9

(二) 新型业态发展势头良好

随着居民消费方式的转变以及嘉定区城市化进程的不断推进，电子商务、商业综合体等新型商业业态得到快速发展，成为撬动城市新一轮发展的有力杠杆。2013 年，全区限额以上电子商务企业实现销售额 299.4 亿元，比上年增长 78.7%，分别拉动全区商品销售额和社零额增长 12 和 31 个百分点。江桥万达、嘉亭荟和中冶祥腾三大已开业的商业综合体，依托各自的轨交站点优势，年内共实现零售 20 亿元，呈现了良好的发展势头。

(三) 传统商业销售趋暖回升

面对电商、商业综合体等新型业态带来的冲击，区内传统商业积极创新经营模式，加大促销力度，较上年有明显的回暖迹象。年内，东方商厦嘉定店和嘉定商城 2 家主要百货商店共实现销售额 4.6 亿元，比上年增长 3%；乐购、大润发、欧尚、麦德龙等 8 家大卖场共实现销售额 27.8 亿元，比上年增长 8.6%；苏宁、国美、永乐 3 家电器专卖店共实现销售额 9.7 亿元，比上年增长 8.5%。另外，尽管黄金价格跌宕起伏，消费者的购买热情却丝毫未减，区内亚一、老庙、老凤祥 3 大品牌的 4 家专卖店共实现销售额 2.6 亿元，比上年增长 84.6%。

二、利用外资

2013 年，全区实现合同利用外资 8.09 亿美元，比上年增长 24%，实际利用外资 4.14 亿美元，均超额完成年初既定的目标计划。其中，新批准外商直接投资项目 167 个，合同外资 5.24 亿美元，占总额的 64.8%；增资项目 106 个，比上年增长 15.2%，合同外资 2.52 亿美元，占总额的 31.2%。纵观全年利用外资总体呈现以下几个特点：

2013 年利用外资情况表

利用外资方式	批准外资企业				合同外资			实到外资		
	项目数(个)	总投资额(万美元)	上年	比上年(±%)	金额(万美元)	上年	比上年(±%)	金额(万美元)	上年	比上年(±%)
合　计	167	208460	113525	83.6	80866	65206	24.0	41411	78610	-47.3
外商直接投资	—	—	—	—	—	—	—	—	—	—
其中：合　资	31	—	—	—	12223	6350	92.5	—	—	—
合　作	—	—	—	—	—	3369	—	—	—	—
独　资	136	—	—	—	68124	55368	23.0	—	—	—
股份制	—	—	—	—	519	119	336.1	—	—	—

2013 年 1 月 18 日，由上海市科技成果转化促进会和上海社会科学院部门经济研究所共同主办的“产业转型与中国创新领导力论坛”在南翔智地举行，美国创新领导力中心也于当天正式落户南翔

（一）先进制造业优势显著，助推汽车产业稳步发展

2013 年，全区制造业引进合同外资 3.14 亿美元，比上年增长 89.9%。从投资产业看，以汽车零部件制造为主的特强产业引资能力强劲，全年引进合同外资 1.2 亿美元，占二产外资引进总额的 38.2%；同时，装备制造业和以新一代信息技术、新能源、新材料为引领的战略性新兴产业引资金额也均在 5000 万美元以上。从项目规模看，千万美元以上项目数明显增加，达到 38 个，比上年增加 15 个，合同外资金额为 6.2 亿美元，占合同外资总额的近八成。

（二）产业转型，现代服务业发展体系持续优化

2013 年，全区先后引进一批高品质、有特色的服务业外资项目。其中，广告设计、电子商务等行业新引进泰司、车品弘智和车之堂等广告项目，捷饮电子商务入驻金沙 3131 创意园。医疗软件研发、医疗器械贸易行业新引进子量量子、智尚医疗科技、金隼医疗器械等外资项目。创业投资企业投资引进了主要从事工业用机器人等技术开发的马丁路德机器人（上海）有限公司。产业结构经历转型升级，优质现代服务业产业体系加快形成，第三产业能级不断提升。

2013 年外商投资行业（或产业）分布情况表

行业（或产业）	项目数		合同外资		实到外资	
	个数	占比（%）	金额（万美元）	占比（%）	金额（万美元）	占比（%）
合　计	167	100.00	80866	100.00	41411	100.00
生产型项目	19	11.37	31382	38.81	—	—
非生产型项目	148	88.63	49484	61.19	—	—

（三）跨境人民币直投发展减缓

自 2011 年末，人民币外商直接投资业务正式放开以来，由于国内外经济形势影响和企业对业务的熟知程度、操作能力不足，国内跨境人民币直接投资业务规模始终不够大。2013 年，全区批准跨境人民币直接投资项目

4个,跨境人民币累计投资额1.93亿元,比上年下降49.2%,跨境人民币直投发展呈现减缓趋势。

2013年外资来源地情况表

国别(地区)	项目数(个)		合同外资(万美元)	
	新批	增资	新批	增资
合计	167	106	52427	25240
中国香港	68	25	43889	5623
日本	11	12	332	2333
荷兰	1	3	1000	698
德意志联邦共和国	6	9	367	4417
中国台湾	19	6	380	459
新加坡	7	9	119	2500
开曼群岛	1	2	500	1350
意大利	5	2	1475	1210
维尔京群岛	3	8	71	2869
韩国	7	9	2288	1429
萨摩亚	8	2	730	580
瑞典	1	1	42	200
加拿大	1	2	16	219
英国	1	0	5	0
其他	28	16	1213	1353

三、对外贸易

2013年,面对国际市场持续低迷的严峻形势,嘉定区加大企业服务力度,加快政策落实进程,全年外贸进出口实现平稳发展,实现进出口总值209.51亿元,比上年增长6.9%。其中,出口98.93亿美元,下降5.4%;进口110.58亿美元,增长20.8%;对外贸易首度出现贸易逆差,逆差金额达到11.65亿美元。

(一)贸易方式持续改善,但贸易主体仍以外资企业为主导

随着嘉定区对外贸易自主发展能力的不断增强,2013年,全区一般贸易比重继续提高,加工贸易比重相对呈现继续下降趋势。全年一般贸易出口总额56.2亿美元,比上年增长0.4%,占全区出口总额的56.8%,较上年提高4个百分点。加工贸易比上年下降12.7%,占全区出口比重连续两年呈现降低趋势。从贸易主体格局来看,近年来,外资企业作为出口主体的作用虽然有所减弱,但仍占据主导地位。2013年,全区外资企业实现出口73.6亿美元,比上年下降7.2%,但占全区出口总额的比重仍高达74.4%。

2013 年对外贸易主体分类情况表

企业类型	合计进出口(亿美元)	比上年(±%)	占比(%)
国有企业	2.30	5.59	1.10
外资企业	165.93	7.27	79.19
民营企业	36.32	5.89	17.34
出口加工区企业	4.96	1.19	2.37

2013 年出口贸易方式情况表

贸易方式	出口金额(亿美元)	比上年(±%)	占比(%)
一般贸易	56.20	0.35	56.81
加工贸易	41.17	-12.68	41.61
来料加工	2.70	-0.14	2.73
进料加工	38.47	-13.45	38.88
其他贸易	1.56	14.35	1.58

2013 年出口企业分类情况表

企业类型	出口金额(亿美元)	比上年(±%)	占比(%)
国有企业	1.78	13.74	1.80
外资企业	73.59	-7.15	74.38
民营企业	21.15	-1.11	21.37
出口加工区企业	2.42	4.56	2.44

(二)传统市场出现分化迹象,新兴市场首现负增长

传统市场方面,在欧盟经济触底企稳以及沃尔沃销售公司迁入嘉定因素的作用下,年内,全区对欧双边贸易总值达 66 亿美元,比上年增长 38.8%,其中,出口 15.06 亿美元,同比增长 1.7%,进口 50.94 亿美元,同比增长 55.6%。但对美贸易总值和对日贸易总值则分别为 27.74 亿美元和 41.05 亿美元,比上年分别下降 10.9% 和 2.3%。新兴市场方面则随着近年来嘉定区与新兴市场的经贸合作不断加深和贸易总量的不断扩大,发展速度开始明显放缓。全年对东盟进出口总额 15.74 亿美元,对俄罗斯进出口总额 1.89 亿美元,对南非进出口总额 0.87 亿美元,比上年分别下降 0.5%、2.3% 和 17.4%。

2013 年出口商品主要输往地情况表

国别(地区)	出口额(亿美元)		比上年(±%)
	2013 年	2012 年	
北美洲	23.10	26.54	-12.94
日本	18.40	18.79	-2.09
欧盟	15.06	14.81	1.69
东盟	9.25	9.87	-6.25
其他地区	32.83	34.26	-4.20

(三)主要出口产品涨跌互现,汽车零部件保持增长态势

2013年,在全区出口总量下降的形势下,特强产业——汽车零部件产品的国际竞争力明显增长,全年实现出口20.77亿美元,比上年增长1.7%,占全区出口总量的比重由上年的19.5%提高到了21%。而全区第一大出口产品——机电产品则受金融危机及外部需求减弱影响,完成出口总额67.77亿美元,比上年下降5.4%。排名第三的贱金属产品完成出口8.23亿美元、比上年下降8.1%,排名第四、第五位的纺织和家具产品分别完成出口7.5亿美元和5.84亿美元,分别比上年上涨2.5%和4%。

金山区商务

区经济委员会主任
倪向军

一、概述

2013年,金山区面对国内外严峻复杂的经济形势,全面贯彻落实党的十八大、党的十八届三中全会精神,牢牢把握"稳中求进"的总基调,按照"聚焦、突破、转型、提升"的工作要求,以提质增效为中心,不断推动各项工作创新突破,全区商务运行呈现了稳中有进的良好态势,各项工作有力、有效推进。全区全年社会消费品零售额完成325.3亿元,比上年增长12.8%;第三产业增加值完成199.1亿元,比上年增长13.9%;新批外商投资项目93个,增资项目30个,投资总额(含增资)11.9亿美元,比上年增长39.4%;合同外资(含增资)4.9亿美元,比上年增长38.6%;实到外资2.6亿美元,比上年增长36.2%;外贸进出口总值为87.4亿美元,比上年增长6.6%。

二、商业经济

2013年,金山区社会消费品零售总额完成325.3亿元,比上年增长12.8%;第三产业增加值完成199.1亿元,比上年增长13.9%,占比39.7%,比上年提升0.5个百分点。全年主要工作有如下几点:

2013年9月23日,花王(上海)化工有限公司开工仪式奠基现场

（一）推进重点项目和活动，完善服务业体系

1. 重点项目稳步推进。2013年20个服务业重点项目，到位资金达22亿元。易家中心、五福商业广场已建设完成，万达开始建设，红星美凯龙处于前期准备阶段。

2. 成功举办2013金山购物节筹备工作。以“美食、美景、美生活”为主题，重点推进四大篇章活动，参与企业共实现销售额2.7亿元，同比增长17.4%。

3. 加强现代服务业体系建设。加强枫泾国际商务区、金石湾功能区、漕泾物流园区的跟踪服务，推进现代服务业特别是生产性服务业发展，加强与化工物流平台、物流信息平台、化工交易平台的交流互通。枫泾国际商贸区正式与漕河泾签约合作，“智慧、人文、生态”开发理念基本形成。

4. 探索区级现代服务业政策。综合金山区产业发展基础，研究金山区服务业扶持政策，以促进转型，提升服务业发展水平为目标。

（二）积极开展调研，促进项目申报

1. 做好第三产业调研工作。从传统商贸业、新兴产业、房地产、旅游等方面进行分析，总结和提出金山区第三产业发展的现状与存在的问题，并提出发展措施。

2. 推进电子商务“双推”平台申报工作。组织区内重点电子商务企业申报电子商务“双推”项目，经过市级部门评审，新跃物流成为2013年度全市12家“双推”平台企业之一。

3. 推进电子商务示范企业上报工作。为贯彻《上海市商务委关于进一步做好本市电子商务示范企业（园区）工作的通知》文件要求，组织区内有关企业申报上海电子商务示范企业。

（三）全力确保供应，发挥主管职能

1. 做好节假日市场供应工作。2013年元旦、春节，五一、国庆，在做好保供应的同时，要求各商业企业抓住机遇，积极准备各类营销活动。四个节日期间，抽样商业企业共实现销售额2.3亿元，同比实现增长。

2. 做好应急保供应工作。针对1月10日水污染事件，迅速启动应急预案，启动应急沟通机制，联系生产、销售企业追加瓶装水供应，确保各大型国有超市供应，消除社会恐慌。

3. 做好上海商务预报网建设工作。全年共上报商务信息及文章186篇，其中被市商委推荐并采纳54篇，排名全市前列。

（四）推进实事项目，保障食品安全

1. 做好H7N9禽流感防控工作。根据市、区政府要求，及时做好暂停活禽交易工作，协调处理好后续工作。并根据市对金山区活禽零售交易点的安排，做好11个活禽零售点布点工作。

2. 加强猪肉追溯系统运用。开展追溯系统运行考核，督促各标准化菜市场将追溯体系使用落到实处。全年，标准化菜市场上报率及打单率均在90%以上，处于全市领先水平。

3. 推进食品安全追溯系统建设。全年安装追溯系统粮食24台、水产148台、牛羊肉28台、活禽30台。

（五）加强行业整治，促进服务文明

1. 开展农贸市场环境整治。区商务委牵头各职能部门开展农贸市场检查工作，督促市场整改。在改善农贸市场内外环境、周边乱停车、乱设摊等方面取得一定成效。

2. 启动单用途预付卡管理工作。共完成3家规模发卡企业备案工作，并根据市级主管部门要求，逐步完善摸排和相关联合执法工作。

3. 加强再生资源备案管理。为加强再生资源行业监管，开展了再生资源回收经营者备案登记审验工作，并对部分企业进行实地检查走访。完成66户再生资源回收经营者年度审验工作。

4. 做好文明城区创建工作。金山区创建第二轮上海市文明城区工作中，区商务委作为五个专项工作组之一的服务环境组的牵头部门，负责协调推动全区各窗口行业服务规范化。同时作为深化文明城区创建“八个专项行动”之一农贸市场环境治理行动的牵头部门,协调各部门加强对23个标准化农贸市场规范管理。

三、利用外资

2013年,全年新批外商投资项目93个,增资项目30个。投资总额(含增资)11.9亿美元,比上年增长39.4%;合同外资(含增资)4.9亿美元,比上年增长38.6%。在新批外商投资企业中,中外合资企业24家,合同外资6557.1万美元;外商独资企业69家,合同外资2.5亿美元。

2013年利用外资情况表

利用外资方式	批准外资企业				合同外资			实到外资	
	项目数(个)	总投资(万美元)		比上年(±%)	金额(万美元)		比上年(±%)	金额(万美元)	比上年(±%)
		新批	增资		新批	增资			
合计	93	75805.45	42849.83	39.37	31924.16	16868.53	38.57	26100	36.18
合资	24	21651.93	831.64	-42.86	6557.13	568.18	189.32	—	—
合作	—	—	—	—	—	—	—	—	—
独资	69	54153.52	42018.19	38.59	25367.03	16300.35	28.73	—	—

2013年,金山区吸引第二产业项目26个,占新批项目总数的28%;投资总额6.8亿美元,占新批项目投资总额的89.5%;合同外资2.8亿美元,占新批项目合同外资总额的88.5%。第三产业外资项目67个,占新批项目的72%;投资总额7976.6万美元,占新批项目投资总额的10.5%;合同外资3673.1万美元,占新批项目合同外资总额的11.5%。

2013年外商投资行业(或产业)分布情况表

产业	新批项目数		投资总额		合同外资	
	个数	占比(%)	金额(万美元)	占比(%)	金额(万美元)	占比(%)
合计	93	100.00	75805.45	100.00	31924.16	100.00
第一产业	—	—	—	—	—	—
第二产业	26	28.00	67828.89	89.48	28251.03	88.49
第三产业	67	72.00	7976.56	10.52	3673.13	11.51

2013年,金山区外商投资企业的总体质量和结构得到进一步提高和改善,具体表现在:1.在“工业强区”战略引领下,外商投资领域不断拓展、深化,产业结构更趋合理,三资企业运行质量不断提高。2.投资规模不断扩大。2013年,项目规模效应继续提高,平均单个项目投资强度(按投资总额)达到7677万美元。投资总额1000万美元以上项目(含增资)15个。3.日本、中国香港、新加坡为来区外资主要来源地。上述3个国家(地区)在外资来源地排名中分列前三,合同外资分别达到1.4亿美元,1.1亿美元和2707万美元。此外,来自加拿大、德国、意大利等地的投资项目逐渐增多,比重得到提升,共引进欧美地区外资项目12个,利用合同外资506.6万美元。

2013 年外商投资主要来源地情况表

国别(地区)	新批项目数(个)	投资总额(万美元)	合同外资(万美元)
日　本	14	25532	14476
中国香港	30	32710	10955
新 加 坡	10	9507	2707

四、对外贸易

2013 年,全区进出口贸易保持双增长,进出口总值 87.4 亿美元,比上年增长 6.6%。其中,出口 41.5 亿美元,增长 3%;进口 45.9 亿美元,增长 10.1%。贸易逆差 4.4 亿美元。外贸主体中,外资企业进出口 50 亿美元,比上年增长 7.5%,占全区进出口总值的 57.3%;民营企业进出口 23.6 亿美元,实现平稳增长。主要出口商品中,机电产品出口比重增幅较大,纺织制品类等劳动密集型产品出口增速放缓。

2013 年主要出口商品情况表

商品名称	出口额(万美元)	占比(%)	比上年(±%)
纺织原料及纺织制品	97769	23.56	0.46
化学工业及其相关工业的	95547	23.02	6.50
塑料及其制品;橡胶及其	74968	18.06	-0.61
机电、音像设备及其零	53504	12.89	9.76
贱金属及其制品	33613	8.10	2.08
杂项制品	12589	3.03	2.95
光学、医疗等仪器;钟	3050	0.73	-37.72

2013 年,全区对主要传统市场的出口额均保持稳定增长,出口商品主要销往日本、欧盟、美国、东盟、德国、中国台湾等 30 多个国家和地区。

2013 年出口商品主要销往地情况表

国别(地区)	出口额(万美元)	占比(%)	比上年(±%)	国别(地区)	出口额(万美元)	占比(%)	比上年(±%)
日　本	91477	22.04	0.75	韩　国	21183	5.10	12.56
欧　盟	64018	15.43	5.86	德　国	20565	4.96	13.81
美　国	53689	12.94	6.35	中国台湾	19215	4.63	-22.70
东　盟	50223	12.10	13.73	澳大利亚	13320	3.21	23.82

五、外资企业生产经营

(一) 销售收入稳步攀升

2013 年三资企业销售总额 401.2 亿元,比上年增加 14.1%。国内出台的一系列稳增长的措施逐渐显现效果,进一步增强了企业的信心,缓解了企业经营困难。

(二) 利润增幅提速

全年三资企业利润总额达 29.2 亿元,比上年增加97.4%。日铭电脑配件、同瑞服饰、汉钟精机3家重头企业利润总额占整个金山区的37%,整体拉升了全区三资企业的利润水平。

(三)税收下滑

全年外资企业完成税收25.8亿元,比上年下降21.1%。主要原因是受调库数和化工区几家大型化工企业税收下滑的影响,全年的税收出现下滑,但下滑幅度比较平稳,仍在可控状态。

2013年外资企业生产经营情况表

项　目	单　位	金　额	比上年(±%)
销售收入	万元	4012491	14.1
利润总额	万元	291514	97.4
出口商品总额	万美元	245564	1.6
税　金	万元	258000	-21.1

六、对外投资

2013年,境外投资项目数8个,投资总额达3035万美元,其中中方投资额达3022万美元,涉及的行业有专业技术服务业、房地产、批发零售业等。

近年来,特别是金融危机发生以后,金山区企业境外投资逐渐活跃,企业进行海外投资合作的机会越来越多,投资规模有所增长,走出去步伐明显加快。

松江区商务

一、概述

2013年，面对国际国内复杂的经济形势，松江区商务工作坚持围绕"创新驱动，转型发展"的总要求，切实加强对外向型经济的指导，坚持以市场经济为导向，不断优化外贸发展结构，继续加大利用外资的力度，努力调结构、促内销、稳增长，保证了商务经济运行的持续稳定和增长。

二、商业经济

2013年，全区实现社会商品销售总额1255.23亿元，比上年增长12%；社会消费品零售总额426.27亿元，比上年增长11.1%。实现游客接待总人数1139.86万人次，比上年增长16.36%；实现旅游总收入68.8亿元，比上年增长16.91%。实现商业增加值132.12亿元，比上年增长9.42%。实现商业税收40.68亿元，比上年增长3%。第三产业增加值比重占到全区的39.76%。

2013年松江商业网点总数达23418个，比上年增长8.67%；商业业态分布日趋多元，其中零售业网点11900个，餐饮业网点3851个，分别比上年增长12.01%和6.62%，另有休闲娱乐业919个，生活服务业4278个。商业设施总建筑面积959.45万平

2013年7月10日，松江工业区改名为松江经济技术开发区并正式挂牌。上海市副市长周波（左）为其揭牌

2013 年商贸服务业主要经济指标完成情况表

指 标 名 称	2013 年(亿元)	比上年(±%)	2012 年(亿元)	比上年(±%)
生产总值	917.49	3.5(可比)	886.55	-5.10
第三产业增加值	364.77	6.00	337.42	3.90
商业增加值	132.12	9.42	120.75	8.90(可比)
商品销售总额	1255.00	12.00	1120.33	16.20
社会消费品零售总额	426.27	11.10	383.52	12.10
税收总额	296.30	9.30	271.04	8.31
第三产业税收	139.20	19.30	116.64	-5.89
商业税收	40.68	3.00	39.50	3.20

注:表格数据由区统计局、税务松江分局提供。商业包括批发和零售业、住宿和餐饮业。

方米,比上年增长 10.88%;其中已建面积 806.57 万平方米,在建面积 152.88 万平方米,分别比上年增长 12.94% 和 1.12%。

2013 年,松江区经济运行的主要举措:

(一) 规划与政策

一是编制松江区商贸服务业发展规划(2014—2020 年)和菜市场布点专项规划。编制中重点关注商贸服务业产业导向以及空间布局,优化完善业态布局和生活服务配套,提升城市综合服务功能,满足居民便捷生活需求。同时推进松江区商业网点规划监测系统建设。二是认真研究并提出《关于加快促进松江流通产业发展的实施意见》、《松江区流通领域电子商务发展实施意见》等政策措施。三是对全区商旅设施进行动态调查摸底。

(二) 商贸项目建设

2013 年,松江区全面完成区重点商旅项目“7 个开工、7 个竣工、2 个投产”的目标。国际生态商务区建设顺利推进,麦德龙、迪卡侬等品牌项目确定入驻。欢乐谷现代休闲集聚区内的玛雅海滩水公园建成开业,2 个月

2013 年 7 月 19 日松江第五届青岛啤酒节开幕

时间接待游客约60万人次，营业收入超过1亿元。世茂新体验商业中心建设进展顺利，20万平方米的商业小镇结构封顶，深坑酒店全面施工。亚繁商业广场、横山粮库、浦南生猪屠宰场等项目建成投产，妥善关闭泗泾屠宰场。乐天玛特新桥店、物美大型超市等项目完成联席评估。阳光新生活广场、上海第一食品店、家乐福荣乐路店入驻。沪松公路沿线改造提升初见成效，沿线动迁拆违、环境整治等顺利推进，来伊份青年大厦等一批功能性项目落地，鼓励沿线市场转型升级，"退二进三"工作有较大进展。

(三) 推进节庆活动

为期10天的第五届松江青岛啤酒节参与市民达7.2万人次，销售啤酒81吨，销售额同比增长逾八成。"五一"促销、岁末迎新主题营销等带动节日消费持续上扬。2013松江购物节活动顺利开展，既活跃市场又拉动了消费。

(四) 深化民生服务

年内，2家标准化菜场建成开业，6家菜场完成标准化二次改造，指导5家便民菜市场获得商务部扶持。在2家菜场开展蔬菜农药残留检测试点。加强过程化管理，将菜场年度考核调整为季度考核。松江区积极探索菜场建设和管理的经验，得到国务院副总理汪洋批示肯定。在标准化农贸市场中全面推广粮食、水产流通追溯系统建设。加强农贸市场的实时价格、供销状况和食品安全等方面的监控力度。有效妥善处置禽流感突发事件，及时关闭沪淮农贸批发市场活禽交易区并暂停全区58家农贸市场的活禽交易，有序开放16个活禽销售点。继续扩大标准化早餐和旅游触摸屏布点。完成4家标准化早餐固定门店的建设，全区累计建成132个供应网点，实现了城区全覆盖和部分街镇的布点。

(五) 市场体系建设

松江区围绕打造"繁荣商业、诚信松江"的目标，通过政府、行业协会和企业积极参与，齐抓共管，以8家骨干企业为主体打造一批行业诚信服务标杆，获得市商务诚信工作先进表彰。组织举办松江区商贸服务业管理人员、菜场管理人员等培训，累计培训540人。举办2013年度松江区商旅行业服务岗位技能比武，包含客房铺床比赛、中西餐厅摆台、餐饮烹饪、导游讲解、超市收银、美发造型、彩妆和工装展示等项目，全区500多名员工参赛。建设商旅行风监督员队伍，开展服务文明测评专项检查，健全以顾客满意度为核心的服务质量监督机制。开展酒类经营户业务培训，严格执行酒类流通溯源制，保持打击违法经营行为的长效态势。全年开展执法136次、联合执法12次、项整治行动6次，出动人员549人次，检查酒类经营户893户，取缔制假售假窝点1个，查处假冒伪劣酒3万多瓶。

三、利用外资

2013年，松江区共引进外商投资总额14.81亿美元，比上年下降8.9%，实现合同外资7.95亿美元。利用外资主要特点：

(一) 服务业投资占比增加

服务业实现合同外资3.94亿美元，比上年下降1%，占全区合同外资的比重为49.6%，比上年上升8.4个百分点。主要投资于批发零售业、房地产业、金融业、咨询业等行业。工业项目实现合同外资4.01亿美元，比上年下降29.8%，占全区合同外资的比重为50.4%，比上年下降8.4个百分点。

(二) 外资来源地集中

来松江投资合同利用外资居前四位的国家(地区)占总额比重七成以上。其中，中国香港3.5亿美元，日本1.81亿美元，中国台湾0.08亿美元，美国0.19亿美元，共计完成合同外资5.58亿美元，占全区合同外资总额的70.2%。

(三) 增资比例下降

全年批准增资项目97个，投资总额

3.96亿美元,合同外资3.37亿美元,占全区合同外资的比重为42.4%,2012年的比例则是69.95%,下降了27.55个百分点。由于经济下行,增资企业多以增加流动资金甚至清偿债务为目的,实质性增资扩产建设项目比上年明显下降。

(四) 新设项目投资规模小

全年新批准外资项目108家,投资总额10.85亿美元,合同外资4.58亿美元,平均规模为424万美元。最大的一家是车墩镇的雅居乐房产,合同外资1.47亿美元;其次迁入的上海华妮透明美容香皂有限公司为8336万美元,上海大正力保健有限公司为1600万美元;还有三得利青岛啤酒(上海)有限公司股权并购的7200万美元。剔除上述几家后,剩下的102个项目平均合同外资为130万美元。

四、对外经济贸易

(一) 对外投资

2013年松江区有14家企业申请对外投资项目16个,投资区域主要分布在欧洲、美洲、亚洲,非洲,涉及9个国家和地区,投资总额4844.38万美元,基本和上年持平。其中有5家企业增资1260万美元。

(二) 对外贸易

2013年,松江区共有2972家企业实现进出口总额490.48亿美元,比上年下降12.54%。其中,进口132.5亿美元,比上年下降21.37%;出口357.98亿美元,比上年下降8.75%,比2012年15.81%的降幅收窄7.06%。其中:加工区完成267.08亿美元,同比下降12.13%,占全区74.61%;广达集团完成236.57亿美元,占全区66.08%。

对外贸易呈现的主要特点是:

1. 较大规模出口企业增加。2013年,全区出口额达到1000万美元以上的较大规模出口企业210家,较上年增加8家。其中,达丰外企业的出口额比上年增长3.2%,占全区出口的比重较上年提高3.9个百分点,国基电子、台积电、强凌电子、庄信万丰催化剂、交运福祉物流、宜家采购等多家区内重点工业和服务业企业的出口业务均实现稳步增长。

2. 一般贸易出口占比持续增长。全年加工贸易出口额总计289.15亿美元,比上年下降12.61%,占出口总额的80.77%。一般贸易实现出口68.83亿美元,比上年增长9.04%,快于全区出口总额增速17.8个百分点,占全区出口额的比重为19.23%,高于上年同期8.06个百分点。

3. 主体结构更趋合理。三资企业出口额337.47亿美元,比上年下降9.9%,占全区比重94.27%;内资企业出口额20.50亿美元,比上年增长16.7%,快于全区出口总额增速25.5个百分点,占全区出口总额的比重为5.73%,较上年提高1.2个百分点。

2013年出口商品主要输往地情况表

国别(地区)	出口额(亿美元)	比上年(±%)	占比(%)
美　国	135.1078	-7.44	37.74
欧　盟	72.6355	-14.83	18.52
日　本	41.0748	-10.24	11.47
中国香港	27.4230	16.42	7.66
东　盟	19.2277	-17.87	5.37

注:出口东盟下降主要是由于广达集团将出口东盟的普通电脑生产线外移导致。

2013 年主要出口商品情况表

商品名称	出口额(亿美元)	比上年(±%)	占比(%)
机电产品	273.71	-12.0	76.5
光学医疗	11.85	44.9	3.3
塑胶化工	9.33	9.9	2.6
纺织服装	8.59	-2.0	2.4
贱金属及制品	7.14	2.5	2.0

(三)经济贸易的几个亮点

1. 松江工业园区升级为国家级经济技术开发区。2013 年 3 月,国务院办公厅批复同意上海松江工业园区升级为国家级经济技术开发区,并定名为“松江经济技术开发区”。7 月 10 日,松江经济技术开发区正式挂牌成立。松江经济技术开发区前身是上海松江工业区,于 1992 年 7 月正式启动开发建设,1994 年 5 月,成为上海市郊首家市级开发区。截至 2013 年底,园区共有企业 1930 家,职工总人数近 19 万人。2012 年实现工业产值 1152.9 亿元,利润 63.7 亿元,税收 52.7 亿元,亩均产值 350.7 万元,亩均利润 19.4 万元,亩均税收 16 万元。其中的松江出口加工区曾连续 8 年蝉联全国出口加工区进出口总额第一。

2. 中日韩自贸区第二轮谈判在松举行。中日韩自贸区第二轮谈判于 2013 年 7 月 30 日至 8 月 2 日在上海松江举行。谈判就货物贸易、服务贸易、原产地规则、海关程序和便利化、贸易救济、TBT/SPS、竞争政策、知识产权、电子商务等议题展开磋商。松江区承担的会务保障工作获国家商务部表彰。

3. 上海边角料交易中心完成交易额 3.82 亿元。上海加贸边角料交易服务中心于 2011 年 7 月 1 日起投入运行。以现场和网络交易相结合,以竞价和竞标为手段,为加工贸易企业提供专门的管理和服务。2012 年 12 月中心升级为上海边角料交易中心。2013 年中心完成交易额 3.82 亿元,其中竞价 0.22 亿,竞标 3.6 亿。中心当年服务生产企业 236 家,回收企业 66 家。中心在 2013 年进行外关区的保税业务拓展,截至年末,在上海 14 个关区中,除松江海关外,实现了 7 个关区业务的零突破。在保税业务基础上,中心也积极推进非保税业务拓展,2013 年实现非保税业务交易 3000 万元。2013 年被上海市经信委评定为市级电子商务双推企业,获国家科技部中小企业创新基金扶持。中心同期与新华社开发编制了边角料交易价格指数,该指数为国内首个二级生产资料交易市场价格指数。

青浦区商务

区经济委员会主任
顾啸流

2013年，青浦区商务工作坚持“创新驱动、转型发展”总方针，以“一城两翼”发展战略为核心，稳步推进经济健康有序发展，全面完成年度各项商务经济指标任务。

一、商业经济

（一）主要指标

2013年，青浦区全年实现社会消费品零售总额416.1亿元，比上年增长16.3%，实现五年翻番；完成商贸业固定资产投资69.6亿元，比上年增长1.7%。第三产业快速发展，实现增加值333.9亿元，比上年增长13.3%，对经济增长的贡献率达到72.6%，占比达到43.2%，与上年相比增加2.1个百分点。

（二）主要项目

2013年，全区共在推商贸业项目58个，总投资453.2亿元，用地面积5334.6亩。其中，土地储备项目5个，在办基建手续项目20个，在建项目20个，竣工、开业项目13个。加强项目跟踪服务，形成“储备一批、在批一批、在建一批、竣工一批”的滚动开发效应。主要项目中，珠江创展西区米格天地、富绅商业中心、西郊国际农产品交易中心正式开业运营；赵巷商业商务区元祖梦世界、熊猫

2013青浦区品牌展销会暨两岸美食文化节开幕式现场

豪车汇项目已取得土地，加快项目审批进程；奥特莱斯实施加层改造工程，扩大经营面积，提升经营能力；青浦工业园区的卓越世纪中心已开工建设。

（三）主要工作

1. 聚焦委区合作，推进商务工作转型发展。市、区的合作联动是商务工作发展的催化剂。6月8日，上海市商务委员会与青浦区人民政府签订“上海市商务委员会、青浦区人民政府共同推进青浦商务工作全面发展的合作协议”，共同推进青浦商务工作转型发展，促进青浦区现代服务业能级提升，将青浦区打造成为上海国际贸易中心建设的重要承载区。同日，上海电子商务促进中心与上海西虹桥商务开发有限公司签订“关于合作共建中国（上海）国际贸易中心网功能区的框架协议”，重点推进国家会展中心及其配套设施建设，加快推进金融服务业集聚区产业规划研究与企业项目对接。

2. 聚焦集聚区建设，推进产业能级提升。集聚区是现代服务发展的重要承载地。西虹桥商贸商务集聚区以国家会展中心及北斗导航产业为核心，加快区域建设。国家会展中心于2013年底完成主体钢结构封顶，北区区域预计2014年秋季竣工，开馆营业。6月，西虹桥商务区“中国北斗产业技术创新西虹桥基地”正式揭牌，加快北斗产业领域资源聚合，形成产业集群，推动产业链整体发展。赵巷商业商务区加快项目建设及改造。珠江创展·米格天地开业运营、奥特莱斯实施改扩建升级改造、吉盛伟邦举办节庆活动提升人气，赵巷商圈全年实现销售额41.8亿元，比上年增长24.1%，能级进一步提升。

3. 聚焦市场消费，推进商贸经济繁荣兴旺。一是加强行业管理。3月，上海市青浦区商业联合会正式成立，旨在做好服务企业、规范行业、发展产业，协调维护政府、企业、市场之间的关系。二是组织策划购物节活动。2013年购物节期间，推出“一起去赵巷！”、“乐购在新城！”、“体验到湖区！”三大主题、17项系列活动，实现销售5亿元，同比增长11%，消费客流达190万人次。9月26日至10月5日成功举办了“2013青浦区品牌展销会暨两岸文化美食节”，10天共吸引14万消费者，累计销售530万元。“环秀淀山湖、乐享青生活”活动荣获“银联杯”2013上海购物节营销大赛最佳宣传推广奖。

4. 聚焦民生服务，推进市场经营安全有序。一是全力抗击H7N9禽流感。在禽流感爆发流行初期，迅速果断采取措施，加强市场安全检查，扑杀活禽，并暂停活禽交易。贯彻实施《上海市活禽交易管理办法》，逐步有序恢复10个活禽定点交易点，并加强活禽定点交易点日常管理。二是加强标准化菜市场管理。开展标准化菜市场改建和二次改造工作，推进食品流通安全信息追溯体系建设，在12家标准化菜市场内配置农药残留测试仪，开展星级菜市场评选活动，10家获得“星级菜市场”称号。三是加强单用途预付卡管理。制定《青浦区单用途商业预付卡专项整治工作方案》，开展单用途预付卡专项整治，落实街镇属地化管理。四是推进商贸企业文明经营。开展商贸服务业文明指数测评，提高企业服务能力和水平，6家企业荣获“放心店”称号。

（四）特色商业街建设

北大街商业一条街是青浦区唯一的一条特色商业街，位于青浦区朱家角古镇核心区域，东起放生桥，西至城隍庙，全长500米左右，是上海市郊保存最为完整的明清一条街。全街有商户156户，经营总面积约11万平方米，主要经营旅游商品、餐饮等。其中特色商户12家，代表性的商户有涵大隆酱菜、漕溪人家家常菜、葛恒生粽子等。每年接待游客90多万人次，其中国外游客占一成以上。

2013年，北大街依托朱家角古镇特色，继续以诚信文明经营为工作重点。2013年上海淀山湖购物旅游节期间，围绕“环秀淀山湖、乐享青生活”主题，开展“好吃好玩朱家角”、“诚信经营评选”等活动，有效规范商户经营行为，大力营造“全民参与，全民共享”的氛围，促进商业健康、有序发展。

二、利用外资

2013 年，青浦区全年批准合同外资项目 154 个（其中新批项目 96 个，增资项目 58 个），吸收合同外资 6.5 亿美元；外资企业出资 149 次，到位资金 7.0 亿美元，比上年增长 4.8%，创历史新高。

青浦区利用外资主要有以下特点：

（一）服务业利用外资稳步发展

2013 年新批服务业项目 77 家（比上年增加 5 家），增资项目 22 家（比上年增加 4 家），合计合同外资 4.7 亿美元，占比 71.4%。其中，房地产项目贡献突出，合计吸收外资 1.38 亿美元，占服务业吸收外资总量的 29.4%。另外上海嘉菁物联网技术有限公司、上海元祖梦世界置业有限公司等项目合同外资均超过 4000 万美元。

（二）利用外资质量水平不断提升

全年合同外资在 1000 万美元以上项目 19 个（含增资 8 个），吸收合同外资 4.9 亿美元，占比 75.4%，大项目对利用外资支撑作用显著。同时一批优质项目相继引入，进一步提升外资质量效益。例如，美国希悦尔集团投资的希悦尔投资管理（上海）有限公司被认定为跨国公司地区总部，世界 500 强企业法国荷兰皇家航空集团投资的法荷航空附件服务（上海）有限公司顺利落户青浦出口加工区，日本帝人集团投资的帝人医疗器械（上海）有限公司成功落户张江高新区青浦园。

（三）利用外资集聚效应进一步凸显

“一园三区”作为青浦利用外资的主战场，拉动作用进一步凸显，全年新批外资项目 36 个、增资项目 30 个，吸收合同外资 3.4 亿美元，占全区的 52.5%。其中一批优质项目合计增资 1.93 亿美元，占“一园三区”全部合同外资的 56.8%，纽福克斯光电科技（上海）有限公司、尤妮佳（中国）投资有限公司等增资均超过 3000 万美元。

2013 年利用外资情况表

利用外资方式	批准外资企业			合同外资		实到外资	
	项目数（个）	总投资额（万美元）	比上年（±%）	金额（万美元）	比上年（±%）	金额（万美元）	比上年（±%）
合　计	96	97510.50	54.60	39350.40	-13.60	69915.30	4.60
外商直接投资	96	97510.50	54.60	39350.40	-13.60	69915.30	4.60
其中：合　资	26	30149.40	381.20	6803.00	262.90	2361.30	-14.80
合　作	—	—	—	—	—	668.30	-46.80
独　资	70	67361.10	18.90	32547.40	-25.30	66885.70	6.50

2013 年外商投资行业（或产业）分布情况表

行业（或产业）	项目数		投资总额		合同外资		实到外资	
	个数	占比（%）	金额（万美元）	占比（%）	金额（万美元）	占比（%）	金额（万美元）	占比（%）
合　计	96	100.00	97510.5	100.0	39350.4	100.0	69915.3	100.0
生产型项目	19	19.80	4511.2	4.6	2197.3	5.6	20189.5	28.9
非生产型项目	77	80.20	92999.3	95.4	37153.1	94.4	49725.8	71.1

2013 年外商投资(含增资)主要来源地情况表

国别(地区)	项目数(个)	合同外资(万美元)	占比(%)
合　　计	154	65259.3	100.0
中国香港	52	40564.7	62.2
日　　本	22	6697.6	10.3
欧　　美	25	3445.9	5.3
新 加 坡	9	1997.7	3.0
萨 摩 亚	5	830.0	1.3
维尔京群岛	8	6596.0	10.1
中国台湾	16	487.4	0.7
其　　他	17	4640.0	7.1

三、对外贸易

2013 年世界经济略有回暖,全国外贸也是稳步上升态势,受此利好消息影响,青浦区全年外贸进出口总额 120.58 亿美元,比上年增长 2.5%。其中,出口额 68.06 亿美元,比上年增长 1.2%;进口额为 52.52 亿美元,比上年增长 4.2%,创历史新高。特别是第四季度外贸走势回暖,9.4% 的增幅极大地拉动了全区的进出口数据,全年出口、进口、进出口增速都高于全市,外贸进出口可谓成绩喜人。

(一) 出口贸易主体

2013 年,青浦区民营企业出口额 13.91 亿美元,占全区出口总额比例的 20.4%,较 2012 年增加 1.6 个百分点;但从总量分析,占全区出口主体的仍是外资企业,出口额为 48.44 亿美元,占比 71.2%。

2013 年出口贸易企业情况表

企业类别	出口额(万美元)	占比(%)
年出口额	680616	100.00
外　　资	484376	71.17
民　　营	139078	20.43
国　　有	16593	2.44
其　　他	148	0.02
青浦出口加工区	40421	5.94

(二) 出口贸易方式

2013 年,青浦区一般贸易合计出口额 37.63 亿美元,占比由 2012 年的 50.9% 上升到 55.3%,上升 4.4 个百分点;加工贸易合计出口额 29.44 亿美元,占比由 2012 年的 48.4% 下降到 43.3%,下降 5.1 个百分点。

2013 年出口贸易方式情况表

贸易方式	出口额(万美元)	占比(%)
年出口额	680616	100.00
一般贸易	376346	55.29
加工贸易	294408	43.26
其他贸易	9861	1.45

（三）出口商品结构

2013年，青浦区机电、音像设备及其零件、附件出口额为32.82亿美元，占比由2012年48.7%下降到48.2%；纺织原料及纺织制品出口额为10.14亿美元，占比由2012年13.8%上升到14.9%；杂项制品出口额为7.01亿美元，占比由2012年10.6%下降到10.3%；塑料及其制品、橡胶及其制品出口额为4.28亿美元，占比由2012年6.2%上升到6.3%。

2013年主要出口商品情况表

商品名称	出口额（万美元）	占比（%）	比上年（±%）
机电、音像设备及其零件、附件	328214	48.22	0.16
纺织原料及纺织制品	101384	14.90	9.09
杂项制品	70099	10.30	-2.17
塑料及其制品；橡胶及其制品	42835	6.29	3.15

（四）进出口市场

2013年，青浦区进出口贸易往来涉及171个国家（地区），比上年减少2个。其中，出口市场涉及166个国家地区，进口市场涉及108个国家地区。美国、日本、欧盟、东盟仍是青浦区最主要的出口贸易市场，对这4个主要市场的出口额为43.72亿美元，占全区出口总额的64.2%；对新兴市场出口贸易形势良好，对印度尼西亚、马来西亚、菲律宾等国家的出口分别比上年增长17.8%、7.8%和3.7%。

2013年出口商品主要输往地情况表

国别（地区）	出口额（万美元）	占比（%）
东　盟	117813	17.31
美　国	116140	17.06
日　本	101694	14.94
欧　盟	101602	14.93

四、对外经济合作

2013年，青浦区18家企业申请对外投资，项目总数20个（含新设和变更），投资总额7871.54万美元，比上年增长291.2%，项目数和投资额均创历史新高。其中中方投资额7559.54万美元，占投资总额的96%。境外投资主要投向地是中国香港、维尔京群岛和美国等国家和地区。

奉贤区商务

一、概述

区经济委员会主任
徐建龙

2013年是全区实施“十二五”规划承前启后的关键一年。奉贤区商务工作牢牢把握稳中求进的工作总基调，紧紧围绕创新驱动、转型发展的总方针，着力稳增长、调结构、促改革、惠民生，想方设法稳外需，千方百计扩内需，全区工作进展顺利。外贸进出口、利用外资等工作平稳发展，顺利完成全年目标任务。未来全区将进一步聚焦服务业重点领域，重点打造“现代商贸”、“金融服务”、“专业服务”、“文创休闲”、“平台及电子商务”等五大服务业。

2013年全区实现增加值644.83亿元，可比增长3.5%；商业销售额1098.77亿元，比上年增长15.1%；社会消费品零售总额375.91亿元，比上年增长12.1%；第三产业税收85.93亿元，比上年增长16.5%；外贸进出口总额99.34亿美元，比上年增长8.79%；利用合同外资4.40亿美元，比上年增长2.11%；实际利用外资3.23亿美元，比上年下降0.13%。

二、商业经济

2013年，全区大力优化商业发展结构，加快社区商业建设步伐，快速提高商业发展水平，继续保持商业快速增长势头。全区商

2013年1月18日，奉贤区电子商务协会成立

品销售保持旺盛，消费热点突出。一是随着黄金价格不断探底，金银珠宝类消费增长迅猛，限额以上金银珠宝类零售累计增长60.2%；二是由于南桥新城房产的迅速升温，家装市场出现了三年来难得一见的迅猛增势，建筑及装潢材料类零售额累计增长136.1%。全年批发和零售业实现增加值57.66亿元，可比增长13.8%；批发和零售业零售额245.2亿元，比上年增长12.8%。全区完成第三产业增加值231.19亿元，可比增长11.8%。

年内，全区商业发展亮点频出。百联南桥购物中心连续飞速发展令人瞩目，总销售收入达14.5亿元，比上年增长48.6%，增长速度在上海市同体量的购物中心中排第一位；南桥镇正阳社区被评为"2013年度上海市社区商业示范社区"，将指引区内社区商业健康发展的方向，带动全区社区商业快速发展；上海杭州湾危险化学品集中交易平台在上海市化学工业区奉贤分区揭牌；南桥"新都汇"社区商业综合体正式开业，总建筑面积约5万平米，为全区社区商业整体提升树立了标杆；第七届欢乐购物节活动顺利开展，9月15日到10月7日期间，围绕"游、购、吃、娱"四大板块，先后举办时尚家居家装展示促销、佳兆业8号厨艺争霸赛、农副产品大联展、试乘试驾、少儿环保购物袋绘画大赛、购物消费指南等多项主题活动。

三、利用外资

2013年，全区新设外资项目219个，增资外资项目68个。吸收外资总额74314.91万美元，比上年减少20.31%，其中增资部分为29530.79万美元，占投资总额的39.74%。合同利用外资4.40亿美元，比上年增长2.11%。实际利用外资3.23亿美元，比上年下降0.13%。

2013年利用外资情况表

利用外资方式	批准外资企业			合同利用外资	
	项目数(个)	总投资额（万美元）	比上年(±%)	外资金额（万美元）	比上年(±%)
合　计	219	74314.91	-20.31	44025.81	2.11
外方直接投资合计	219	44784.12	-13.9	26862.54	25.15
其中：合资企业	59	11039.61	-17.38	6106.50	-65.97
独资企业	160	33744.51	-12.7	20756.04	-4.13
增资企业	68（不计入合计）	29530.79	-28.39	17163.27	-20.72

服务业利用外资发展势头较好，新引进服务业项目数比上年增长45%。从质量上看，年内先后引进3家融资租赁公司，是服务业领域吸引外资的亮点。

利用外资行业中，制造业领域吸引外资2.4亿美元，占全区合同外资的55%。其中，装备制造行业利用外资1.06亿美元，精细化工行业利用外资0.55亿美元，新材料行业利用外资0.42亿美元，汽车零部件行业利用外资0.15亿美元，其他制造业利用外资0.22亿美元；服务业领域利用外资2亿美元，占全区合同外资的45%，其中商贸服务业利用外资0.84亿美元，专业服务业利用外资0.56亿美元，金融服务业利用外资0.53亿美元，其他服务业领域利用外资0.07亿美元。

引进的项目投资总额1000万美元以上的大项目21个，数量与上年持平，共利用合同外资3.14亿美元，比上年增长6.8%，占全区合同外资的71%。大项目中有3家是世界500强企业。

2013年,外商投资新批项目中,数量最多的来源地列前5名的是中国香港、中国台湾、韩国、美国、日本;合同利用外资数额最多的来源地列前5名的是中国香港、维尔京群岛、新加坡、德国、日本。增资项目中,数量最多的列前5名的是中国香港、日本、中国台湾、新加坡、马来西亚;合同利用外资数额最多的来源地前5名的是中国香港、新加坡、日本、韩国、德国。

2013年外商投资行业(或产业)分布情况表

类别	项目类型	产业分类	项目数		投资总额(万美元)		合同外资(万美元)	
			个数	占比(%)	金额	占比(%)	金额	占比(%)
新批项目	合计		219	100.00	44784.12	100.00	26862.54	100.00
	生产型	第一产业	—	—	—	—	—	—
		第二产业	17	7.76	27797.02	62.07	12577.99	46.82
	非生产型	第三产业	202	92.24	16987.10	37.93	14284.55	53.18
增资项目	合计		68	100.00	29530.79	100.00	17163.27	100.00
	生产型	第一产业	—	—	—	—	—	—
		第二产业	32	47.06	16256.51	55.05	11502.84	67.02
	非生产型	第三产业	36	52.94	13274.28	44.95	5660.43	32.98

2013年外商投资来源地情况表

类别	国别(地区)	项目数(个)	投资总额(万美元)	合同外资(万美元)
新批项目	新项目合计数	219	44784.12	26862.54
	中国香港	82	14138.29	14523.70
	日本	13	3078.05	1138.69
	韩国	26	1059.40	617.90
	中国台湾	31	1762.91	1093.23
	新加坡	10	7191.68	2455.66
	文莱	1	22.40	15.78
	印度	3	48.20	40.00
	澳大利亚	2	18.30	14.62
	美国	17	1519.21	610.16
	加拿大	2	58.44	36.22
	伯利兹	1	22.12	9.48
	意大利	5	2231.78	920.30
	英国	4	89.81	71.61
	法国	3	57.74	49.78
	德国	4	4776.29	1733.81

（续表）

类别	国别（地区）	项目数（个）	投资总额（万美元）	合同外资（万美元）
新批项目	爱尔兰	1	10.00	8.00
	瑞典	2	182.00	135.00
	奥地利	1	8.10	8.10
	突尼斯	1	22.73	15.92
	塞舌尔	4	218.00	170.00
	维尔京群岛	3	8155.00	3110.00
	萨摩亚	2	92.67	69.58
	马绍尔群岛共和国	1	21.00	15.00
增资项目	增资项目合计数	68	29530.79	17163.27
	中国香港	25	12163.44	8913.19
	日本	7	3295.40	1450.37
	中国台湾	4	264.11	165.63
	韩国	2	3025.00	1225.00
	新加坡	4	6382.50	2762.50
	马来西亚	4	169.00	130.00
	澳大利亚	1	240.00	60.00
	新西兰	1	2.85	2.00
	阿拉伯联合酋长国	1	9.50	9.50
	美国	3	50.59	422.25
	加拿大	1	65.00	65.00
	巴巴多斯	1	35.00	25.00
	瑞典	1	42.86	30.00
	瑞士	1	71.00	50.00
	法国	1	—	4.75
	德国	2	1679.50	666.60
	意大利	1	240.44	194.12
	卢森堡	1	100.00	70.00
	荷兰	2	735.34	377.39
	维尔京群岛	1	10.00	8.00
	开曼群岛	1	—	66.24
	毛里求斯	2	517.26	365.73
	萨摩亚	1	432.00	100.00

根据2013年年检数据，全区共有1194家企业参加年检，参检率为90.25%（以区审批企业为依据），参检合格率为100%。其中：合资企业273家，合作企业23家，独资企

业895家，股份制企业3家。投产开工企业1017家，筹建企业142家，停业35家。全区年检企业投资总额90.57亿美元，比上年增长9.65%；注册资本48.53亿美元，比上年增长10.37%，合同外资总额41.59亿美元，比上年增长8.39%；外方实收资本38.09亿美元，比上年增长10.57%；从业人数11.43万人；销售收入967.96亿元，比上年增长2.5%；利润总额27.33亿元，比上年下降21.38%；纳税总额47.91亿元，比上年增长4.11%。

四、出口贸易

2013年，奉贤区外贸进出口总额99.34亿美元，比上年增长8.79%。其中进口额40.22亿美元，比上年增长13.15%；出口额59.13亿美元，比上年增长6.01%。截至2013年底，全区共有进出口企业1527家。出口企业中外商投资企业517家，全年出口39.68亿美元，比上年减少7.73%，占出口总额的67.11%；各类有进出口经营权的民营企业486家，出口额为15.49亿美元，比上年增长29.78%，占出口总额的26.20%。出口额1亿美元以上的有12家企业，5000万美元以上的有5家，1000万美元以上的有129家。

2013年全区出口商品主要为机电、机械、塑料制品等产品。主要销往日本、美国、东盟、中国台湾、韩国等100个多个国家和地区。

全年实现一般贸易出口额为293822.37万美元，比上年增长29.74%，占出口总额的49.69%；加工贸易出口额为275040.82万美元，同比下降11.38%，占出口总额的46.52%。

2013年出口商品主要输往地情况表

国别(地区)	出口额(万美元)	占比(%)	比上年(±%)
亚　洲	285565	48.3	15.8
日　本	113503	19.2	20.7
东　盟	58810	9.9	9.2
中国台湾	27305	4.6	-2.8
北美洲	112709	19.1	4.4
美　国	101319	17.1	4.2
欧　洲	104159	17.6	-20.0
大洋洲	35752	6.0	16.8
拉丁美洲	31473	5.3	11.4

2013年主要出口商品情况表

商品类别	出口额(万美元)	占比(%)	比上年(±%)
机电、音像设备及其零部件	219290	37.1	-10.2
贱金属及其制品	70758	12.0	15.6
塑料及其制品;橡胶及其制品	58681	9.9	27.4
杂项制品	58239	9.8	16.4
纺织原料及纺织制品	55525	9.4	14.8
化学工业及其相关工业产品	35344	6.0	15.7
车辆、航空器、船舶及有关	25656	4.3	-1.7

崇明县商务

县经济委员会、商务委员会主任 沈 忠

一、概述

2013 年，崇明县商务工作按照县委、县政府和市商务委的部署和要求，以推进生态岛建设为总目标，一手抓促进消费扩大销售，一手抓行业规范保障供应，基本实现年初确定的目标任务。全县实现商业增加值 18.7 亿元，比上年增长 17.1%。税收总额 90.74 亿元，比上年增长 4.5%，其中：三产税收 59.9 亿元，占全县税收总额的 66.0%，比上年增长 23.0%；商业税收 8.86 亿元，占三产税收的 14.8%，比上年增长 1.2%。商品销售总额 203.7 亿元，比上年增长 16.4%。社会消费品零售总额 75.38 亿元，比上年增长 16.5%。

二、商业经济

（一）非公、混合经济不断壮大

非公有制经济已成为崇明县商业经济发展的重要支撑，在投资主体多元化、吸纳劳动力、增加税收等方面发挥了重要作用。至年末，全县民营个体商业 21812 户，比上年增长 4.8%，从业人员 48923 人，比上年增长 6.1%，市场的份额由上年 91% 上升到 92%，成为拉动和发展消费品零售市场的主力。

（二）吃、穿、用、烧商品销售保持增长

2013 年，全县食品、穿着用品、日用品、

崇明县与良友集团签订战略合作协议

成品油商品分别实现零售额30.82亿元、8.80亿元、31.71亿元和4.05亿元，比上年分别增长15.7%、16.2%、16.3%和24.9%。吃、用类商品对零售总额贡献率分别达到40.9%和42.1%。

（三）零售业比重继续扩大

2013年，全县商业零售业、批发、住宿、餐饮等四大行业营业收入均保持全面增长。零售业实现零售额64.88亿元，比上年增长16.6%，占零售总额的86.1%；批发、住宿、餐饮行业分别实现零售额3.38亿元、2.85亿元和4.27亿元，比上年分别增长17.0%、15.2%和15.3%。

节日期间，各大商家积极开展营销系列活动，满足广大居民和来崇游客的消费需求。据对14家主要商业企业抽样统计，元旦实现营业额1864万元，同比增长19.7%；春节实现营业额3104万元，同比增长5.1%；"五一"实现营业额1510万元，同比增长7.0%；国庆节实现营业额3167万元，同比增长13.0%。

2013年2月，"家电下乡"政策完满落幕。该项政策自2009年4月21日实施以来，以"促进消费、惠及民生"为主题，全县共有120多家销售企业备案、销售各类家电下乡产品13.28万台(件)，实现销售额2.93亿元，农民消费者获得政策补贴3800多万元。"家电下乡"政策的实施对拉动内需，扩大农村消费，促进农村建设及改善农民生活起到了积极作用。

（四）农贸市场管理水平进一步提升

县商务委会同工商、质监、食药监等部门在全县各乡镇集贸市场开展"平安市场"创建活动，并以文明镇评比、文明指数测评为抓手，不断改善农贸市场及周边的环境卫生状况，农贸市场管理水平进一步提升。庆成、天丰菜场移交城桥镇管理，庙镇菜场由当地政府属地管理，瀛通菜场由城桥镇负责向瀛通公司有偿租赁经营，提出堡镇集贸市场规划设置意见，运行情况良好。

全年全县定点屠宰生猪25万头，定点屠宰率保持98%以上。开展节日期间农贸市场鲜肉市场检查，出动执法人员1000余人次，检查农贸市场肉摊贩9000余户次，确保肉品消费安全。初步确定2家白山羊定点屠宰场的选址和业主。

根据市县政府防控人感染H7N9禽流感工作要求，全县35家活鸡零售交易场所于4月6日凌晨起全部停止交易，封存检疫合格活禽约2800只，并给予养殖户、经营户一定损失补贴。设立活禽(肉鸽)临时屠宰点11家，累计屠宰肉鸽76.7万羽。此后，根据有条件开放活禽交易的要求，验收通过并恢复交易17家，建立追溯系统2家。

（五）坚持做好废弃农药包装物回收处置

2013年，全县回收处置废弃农药包装物123.5吨，其中瓶73吨、袋50.5吨，拨付专项补贴经费200万元。继续完善乡镇、村二级工作机构网络，设置定点回收点27个，落实村级回收员635名。开展专项检查3次，规范了废弃农药包装物的清点、秤重、解交和处置等要求。

（六）打击侵犯知识产权和制售假冒伪劣商品

开展"销售真牌真品，保护知识产权"活动，对列入市2013年度创建单位的烟草公司、医药公司和华联超市3家企业进行宣传指导，为参与活动的65个门店发放承诺活动"真"字桌签和"真"字标贴各500个，并对承诺单位开展中期评估检查。协调2家试点企业开展商务诚信建设试点活动，商务诚信知识测试取得一定成效。受理零售商向供应商违规收费投诉1起，并及时妥善处置。

（七）加大酒类专卖检查力度

2013年，根据《酒类流通管理办法》和《上海市酒类商品产销管理条例》规定，落实《随附单》"单随货走、单货相符"制度，加大执法检查力度，做到三个结合、两个坚持，即经常性检查与专项检查相结合、一般区域整治与重点区域相结合、面上打假与整治源头相结合，坚持重大节假日市场专项检查、坚持每周定期市场检查活动。新办和更换酒类商品零售许可证247张，开展联合执法检查12

次/200多人次，检查各类酒类经营企业450余户，查获违规经营行为5起，收缴假冒酒58瓶，收缴罚没款8000余元，处理投诉3起。

三、利用外资

2013年，全县外商投资企业实际到位外资2136.48万美元，比上年增长55.65%。全年审核批准外资项目95个，其中新设立34个，投资总额2761.47万美元，注册资本1495.89万美元，合同利用外资1000.89万美元；增资10个，投资总额504.49万美元，注册资本567万美元，合同利用外资228万美元；变更、减资、终止、迁入项目51个。

2013年利用外资情况表

利用外资方式	批准外资企业			合同外资额		实到外资额	
	项目数（个）	总投资额（万美元）	比上年（±%）	金额（万美元）	比上年（±%）	金额（万美元）	比上年（±%）
合　计	34	2761.47	-75.83	1000.89	-81.79	2136.48	55.65
外商直接投资	34	2761.47	-75.83	1000.89	-81.79	2136.48	55.60
其中：合　资	6	1985.00	104.80	475.00	-1.01	—	5.00
合　作	—	—	—	—	—	—	—
独　资	28	776.47	-92.57	525.89	-89.52	—	—

2013年，外商直接投资非生产型项目34个，占行业总数的100%；总投资额2761.47万美元，占行业总投入数的100%；合同外资额1000.89万美元，占行业总投入数的100%。

2013年外商投资行业（产业）分布情况表

行业或产业	项目数		投资总额		合同外资额		实到外资额	
	个数	占比（%）	金额（万美元）	占比（%）	金额（万美元）	占比（%）	金额（万美元）	占比（%）
合　计	34	100	2761.47	100	1000.89	100	2136.48	100
生产型项目	—	—	—	—	—	—	—	—
非生产型项目	34	100	2761.47	100	1000.89	100	2136.48	100

2013年，来崇明县投资的国家和地区共有12个。其中以中国香港、中国台湾和日本三地的投资者居多，共有21个项目，占新批项目总数的61.76%。

2013年外商投资主要来源地情况表

国别（地区）	项目数（个）	投资总额（万美元）	合同金额（万美元）
中国香港	12	579.97	376.09
中国台湾	5	62.50	48.50
日　本	4	82.00	63.00

截至2013年末，全县外商投资企业共有296家，总投资额8.14亿美元，合同外资3.33亿美元。其中：合资企业69家，总投资额5.31亿美元，合同外资1.35亿美元；合作

企业7家,总投资1327.95万美元,合同外资1033.59万美元;独资企业219家,总投资2.62亿美元,合同外资1.86亿美元。股份制企业1家,总投资757万美元,合同外资192万美元。

四、对外贸易

2013年,据海关数据显示,崇明县共有160家外贸企业开展对外贸易活动,实现进出口总额4.9亿美元,比上年增长2.5%。其中,出口额3.17亿美元,比上年下降1.7%,进口额1.7亿美元,比上年增长11.4%。

全县外贸出口额中,外资企业出口额较上年减少0.14亿美元,降幅为9.9%,占出口总额的41.1%;民营企业出口额较上年增加0.08亿美元,增幅为4.4%,占出口总额的58.%。全年有4家企业出口额达千万美元以上,其中上海冠华不锈钢制品有限公司出口额增加0.13亿美元,增幅为23.1%,占全县的21.4%,出口额居全县首位。

全县外贸进口额中,外资企业进口额比上年减少0.17亿美元,降幅为0.23%,占进口总额的31.8%;民营企业进口额比上年增加0.11亿美元,增幅为0.14%,占进口总额的51.8%。

全县出口商品中,贱金属及其制品出口额比上年增加0.041亿美元,增幅为2.8%;机电、音像设备及其零部件出口额比上年增加0.19美元,增幅为57.1%。

2013年主要出口商品情况表

商品名称	出口额(万美元)	占比(%)	比上年(±%)
总　额	31702	100.00	-1.77
贱金属及其制品	15388	48.50	2.80
机电、音像设备及其零部件	5153	16.30	57.10
纺织原料及纺织制品	3674	11.60	-8.10
车辆、航空器、船舶及其零部件	2758	8.70	20.60

2013年,全县出口商品主要销往89个国家和地区,比上年减少6个。其中对美国出口额比上年增加0.11亿美元,增幅为15.9%;对欧盟出口额比上年增加0.17亿美元,增幅为26%;对日本出口额比上年增加0.01亿美元,增幅为3.1%;对韩国出口额比上年增加0.04美元,增幅为26.8%。

2013年出口商品主要输往地情况表

国别(地区)	出口额(万美元)	占比(%)
总　值	31702	100.0
美　国	8146	25.7
欧　盟	8128	25.6
日　本	3916	12.4
韩　国	1294	4.1

五、对外经济合作

2013年,全县共有4个境外投资项目获批,分别是上海大晋票源投资管理有限公司在柬埔寨成立汉晨实业(柬埔寨)有限公司,上海国拓矿业投资有限公司在蒙古成立国拓矿业有限公司,上海鹏欣矿业投资有限公司在中国香港成立鹏欣国际集团有限公司,上海东伽文化传播有限公司在中国香港成立瓦伦丁文化传播有限公司,4个项目投资总额共3.74亿美元。

全年共外派劳务84名,主要派往日本,外派人员主要从事缝纫、塑料成型等工作。至年底,全县在境外务工人员共390名。

六、粮食

2013 年，全县圆满完成夏秋粮收购任务，粮食主渠道企业共收购小麦 2 万吨，油菜籽 0.5 万吨，稻谷 8.3 万吨。县政府与良友集团成功签订粮食战略合作协议书，县粮油购销公司与市粮食储运购销分公司签订粮食产销长期合作协议书。24 个粮食烘干项目点正式投入使用。对外发布《崇明县粮食应急预案》。

根据储备粮常储常新的要求，制定县级储备粮轮换方案，足额轮换县级储备粮 2.03 万吨。对县级储备粮储备质量进行抽样检测，经检测全部符合要求。开展粮食清仓查库检查，县储备粮帐实相符、帐帐相符、质量完好、存储安全。抽查小麦、稻谷原粮样品 50 多份，全部合格。为 8200 多名城镇居民发放副食品补贴 46 万元，为 2300 多户帮困对象供应价值近 190 万元的大米食油。组织粮食企业工作人员参加市粮食保管、检验上岗培训，企业科学管粮水平得到加强。开展爱粮节粮宣传周活动，发放张贴宣传画 220 多张，环保袋 360 多只。

专　　集

2014

上海商务年鉴

第六编

组织机构·商贸法律法规
协会

一、上海市商务委员会组织机构

委领导

党组书记、主任：尚玉英
党组成员、副主任：盖国平
党组成员、副主任：顾　军
党组成员、纪检组组长、市商务委直属单位工作党委书记：胡文君
党组成员、副主任：吴星宝
党组成员、副主任：钟晓敏
党组成员、副主任：申卫华
党组成员、副主任：刘　敏
党组成员、秘书长、机关党委书记：俞建明
党组成员、巡视员：顾嘉禾
副巡视员：桑　琦

委处室及负责人

办公室
主　任：徐士良
副主任：奚其龙
电子商务处
副主任：陈晓明
综合处(研究室)
处　长：张国华
副处长：盛弘彦
干部人事处
处　长：周步松
老干部处
处　长：周步松
副处长：时诗展
副处长：周利霞
财务处
处　长：陈伟权
公平贸易处(法制处)
副处长：卢　正
外事处
处　长：戴　刚
副处长：沈　清
副处长(正处级)：陈　江
市场体系建设处
处　长：周　岚
副处长：高　瑞
服务业发展处
处　长：李　泓
副处长：赵玉春
副处长：刘　炜(正处级)
市场运行调控处(市副食品管理办公室)
处　长：吴国梁
副处长：李子顺
商贸行业管理处
处　长：徐文杰
副处长：华　忆
副处长：包闻杰
市场秩序管理处
副处长：朱文群
副处长：宗望原
副处长：陈　伟
外贸发展处
副处长：蒋雪根(正处级)
副处长：范　洁

副处长：尤永生

国际服务贸易处

处　长：孙嘉荣

副处长：阎　蓓（正处级）

外国投资管理处

副处长：刘朝晖

副处长：陈　昊

外商投资促进处（台港澳商务处）

处　长：罗志松

副处长：蒋红霞（正处级）

机电和科技产业处（市机电产品进出口办公室）

副处长：李　磊

副处长：金怡明

对外经济合作处

处　长：孔福安

机关党委

机关党委专职副书记：石小平

机关党委副书记：聂训南（正处级）

监察室

纪检组副组长、监察室主任：谷　健

上海市商务委员会直属单位

单位名称	负责人姓名	单位地址	邮 编	电 话
上海市粮食局	盖国平(兼)	南苏州路1455号2号楼5楼	200041	62874530
上海钻石交易联合管理办公室	李 牧	世纪大道1701号中国钻石交易中心大厦A幢13楼	200121	50158000
上海市酒类专卖管理局	邓福顺	延安西路691弄1号	200050	62259709
上海市外国投资促进中心 (上海市海外营销促进中心、 上海市对外投资促进中心) 上海市国际技术进出口促进中心	罗志松(兼)	娄山关路83号15楼	200366	62368800
上海市商务发展研究中心	朱 桦	威海路48号民生银行大厦23楼	200003	53857888
上海市商务教育培训中心 (上海市商业人才开发服务中心)	张建忠	福州路89号6楼	200002	63295838 63297862
上海市海外救援服务中心 (上海市对外经济技术交流中心)	陈能国	中山北路2020号中星大厦18楼CD座	200063	52910680 60900339
上海市商务行政事务中心 (上海市会展业促进中心)	谢 刚	娄山关路55号14楼	200336	62752788 62702626
上海市商务老干部活动中心	时诗展(兼)	吴中东路513号10楼	200235	64270948 64278120
上海市电子商务促进中心 (联合国贸易网络(上海)中心)	李 悦	中山南路1088号南浦大厦4楼	200011	63685000

二、商贸法律法规

国家商贸法律法规

2013 年国家新颁布商贸法律、法规目录

法律法规名称	发布机关	发布日期	实施日期
征信业管理条例	国务院	2013.01.21	2013.03.15
计算机软件保护条例(修订)	国务院	2013.01.30	2013.03.01
著作权法实施条例(修订)	国务院	2013.01.30	2013.03.01
信息网络传播权保护条例(修订)	国务院	2013.01.30	2013.03.01
关于推进物联网有序健康发展的指导意见	国务院	2013.02.05	2013.02.05
台湾投资者经第三地转投资认定暂行办法	商务部、国台办	2013.02.20	2013.02.20
网络发票管理办法	国家税务总局	2013.02.25	2013.04.01
关于实施《人民币合格境外机构投资者境内证券投资试点办法》的规定	中国证券监督管理委员会	2013.03.01	2013.03.01
旧电器电子产品流通管理办法	商务部	2013.03.21	2013.05.01
海关特殊监管区域外汇管理办法	国家外汇管理局	2013.04.23	2013.06.01
关于审理出口信用保险合同纠纷案件适用相关法律问题的批复	最高人民法院	2013.05.02	2013.05.08
外国投资者境内直接投资外汇管理规定	国家外汇管理局	2013.05.10	2013.05.13
外资保险公司管理条例(修订)	国务院	2013.05.30	2013.08.01
关于公布《国务院关于修改〈中华人民共和国外资保险公司管理条例〉的决定》令	国务院	2013.05.30	2013.08.01
关于适用《中华人民共和国保险法》若干问题的解释(二)	最高人民法院	2013.05.31	2013.06.08
劳务派遣行政许可实施办法	人力资源和社会保障部	2013.06.20	2013.07.01
关于印发《对外投资合作境外安全事件应急响应和处置规定》	商务部等	2013.07.01	2013.07.01
关于金融支持经济结构调整和转型升级的指导意见	国务院办公厅	2013.07.01	2013.07.01
中华人民共和国海关最不发达国家特别优惠关税待遇进口货物原产地管理办法(修订)	海关总署	2013.07.01	2013.07.01

（续表）

法律法规名称	发布机关	发布日期	实施日期
对外投资合作和对外贸易领域不良信用记录试行办法	商务部、外交部、公安部、住房城乡建设部、海关总署、税务总局、工商总局、质检总局、外汇管理局	2013.07.05	2013.08.05
执行世界贸易组织贸易救济争端裁决暂行规则	商务部	2013.07.29	2013.07.29
适用增值税零税率应税服务退(免)税管理办法(暂行)	国家税务总局	2013.08.07	2013.08.01
关于金融支持小微企业发展的实施意见	国务院办公厅	2013.08.08	2013.08.08
关于促进信息消费扩大内需的若干意见	国务院	2013.08.08	2013.08.08
合格境内投资者境外证券投资外汇管理规定	国家外汇管理局	2013.08.21	2013.08.21
关于保险业支持经济结构调整和转型升级的指导意见	中国保监会	2013.08.27	2013.08.27
关于进一步做好小微企业金融服务工作的指导意见	中国银监会	2013.08.29	2013.08.29
中华人民共和国商标法(修订)	全国人民代表大会常务委员会	2013.08.30	2014.05.01
关于加快发展养老服务业的若干意见	国务院	2013.09.06	2013.09.06
营业税改征增值税跨境应税服务增值税免税管理办法(试行)	国家税务总局	2013.09.13	2013.08.01
中国(上海)自由贸易试验区总体方案	国务院	2013.09.18	2013.09.18
中华人民共和国消费者权益保护法	国务院	2013.10.25	2014.03.15
关于加强内贸规划工作的实施意见	商务部	2013.11.05	
关于进一步加强商务行政执法工作的意见	商务部	2013.11.26	
关于跨境人民币直接投资有关问题的公告	商务部	2013.12.03	
关于进一步做好市场监测和保供工作的实施意见	商务部	2013.12.10	
关于公布《中华人民共和国海关审定内销保税货物完税价格办法》的令	海关总署	2013.12.25	2014.02.01
关于公布《中华人民共和国海关审定进出口货物完税价格办法》的令	海关总署	2013.12.25	2014.02.01
关于公布《2014 年关税实施方案》的公告	海关总署	2013.12.27	2014.01.01

上海商贸法规

2013 年上海新颁布商贸法规目录

法规名称	发布机关	发布日期	实施日期
上海市活禽交易管理办法	上海市人民政府	2013.06.19	2013.06.19
中国(上海)自由贸易试验区管理办法	上海市人民政府	2013.09.29	2013.10.01
上海市碳排放管理试行办法	上海市人民政府	2013.11.18	2013.11.20

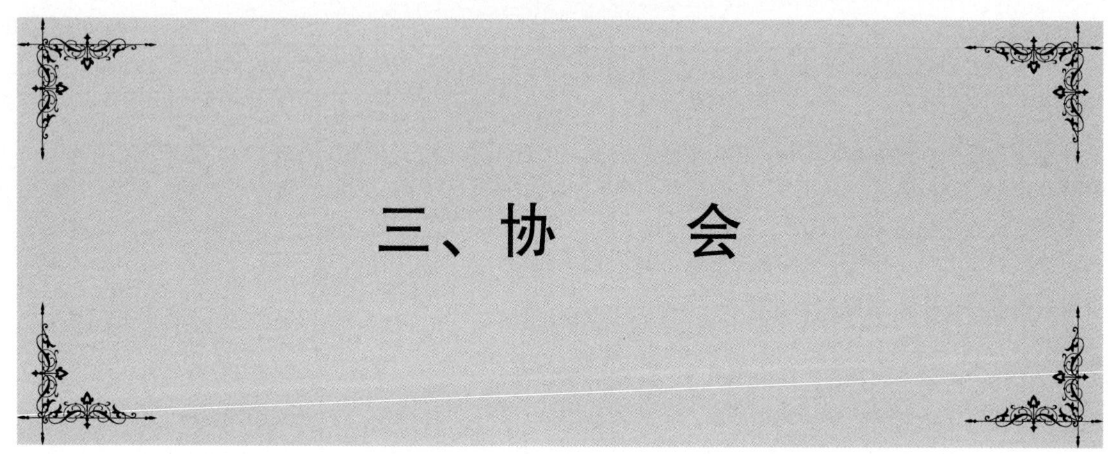

上海市食品协会

上海市食品协会成立于1982年2月。是上海最早成立的行业管理组织，社会组织规范化建设获评为5A级。会长訾和平，主管部门上海市商务委委员会。

至2013年底，共有会员单位471家，企业销售额占全市60%左右。

2013年协会主要工作：

一、紧紧围绕促进食品安全和食品产业发展，拓展服务领域和功能。为食品安全构筑道德屏障，有序推进食品行业诚信体系建设；强化协会承接服务的功能和能力，参与市场发展战略调研；提升业态水平，帮助企业进行战略发展前瞻性研究；关注传统业态升级，进行搭建食品行业电子商务平台调研；构建完善为中小企业服务的工作平台。

二、紧紧围绕实施品牌战略，形成工作机制，提升行业服务质量。继续与相关协会联合开展对上海市名牌食品预审和上海名优食品新评、复评，优秀新产品评选；完成有关企业HACCP、ISO9001等体系认证的咨询和标准化菜市场复评指导服务工作；举办2013上海名优食品迎春大联展；坚持每季度进行统计分析，发布食品工业经济运行情况；树立行业标杆，开展“2012年上海食品行业领先企业”评选活动，有25家企业入选。

2013年上海有33家的33个产品入选2013上海特色旅游食品，推动食品业与旅游业的融合发展；2013年品牌培训中心培训总人数达到1200余名，比上年上升70%，并获一级西式面点师的培训资质，成为上海唯一具有西式面点高级技师培训资质的培训机构。

三、紧紧围绕规范行业，服务企业，深度推进为会员服务工作。协会各专业委员会利用专业优势切实帮助解决企业生产经营中的标准、生产、标签等方面的问题，为83家微小企业解决融资困难，贷款总额达4.34亿元；关注行业问题苗子和热点，及时向企业提供工作建议，加强与工商行政、媒体的沟通和交流，尽力协调生产、销售和消费者三者的利益平衡；根据市场反映，举办“保障食用冰和净水安全”讲座，培训关于净水设备工作原理，净水器的选择、清洁，维护制冰机和净水设备的知识。

四、紧紧围绕以内强素质为核心，加强自身功能建设。制订“上海市食品协会诚信管理规定”;注重岗位能力建设,积极参与各类业务培训;加强制度化建设,实行日常工作会议制度化;充实新鲜血液,逐步实现员工队伍年轻化。

协会地址:上海市新闸路945号308室

邮政编码: 200041

电　　话: 62291296

传　　真: 62362291

电子邮箱: shfoodxh@163. con

网　　址: www. shfood. net

上海购物中心协会

上海购物中心协会(SHANGHAI COUNCIL OF SHOPPING CENTERS)是2004年12月由上海市商业联合会购物中心专业委员会联合本市10家购物中心企业共同发起,并经行政主管部门批准注册登记成立的社会团体法人,是国内购物中心领域迄今为止唯一的专业协会,是上海市5A级社会组织。协会现任会长马银芳。主管部门为上海市商务委员会。

协会业务范围是从事与购物中心有关的市场调研、统计分析、专业培训、咨询服务、会展组织和交流合作等。

2013年主要活动:

一、举办以“创新、优化、发展”为主题的第二届中国(上海)购物中心发展论坛,邀请10来位嘉宾演讲,近200名企业代表到会分享了他们创新发展的经验和体会。

二、联手《新闻晨报》组织了“我最喜爱的购物中心”大众评选活动,仅在腾讯·大申网上就收到20多万份网民选票,评出“我最喜爱的购物中心”四大奖项18家企业。

三、联合举办“TOP20中国购物中心领袖企业峰会”第三次年会,来自各地近30位企业主管围绕“消费转型中的购物中心创新”主题,就我国购物中心建设的现状、问题、趋势等方面发表各自观点,产生了积极火花,得到了与会者的高度评价。

四、协会携外婆家、避风塘、巴贝拉、满记甜品、COSTA、猫屎咖啡等20多家品牌商赴苏州实地考察东门町特色商业项目,帮助企业拓展市场。

五、带领4家会员单位赴韩参加中国商业联合会和韩国贸易协会联合举办的中韩商业合作发展峰会,加强国际交流合作。

六、搭建工作班子,进行“购物中心运行管理规范(上海地方标准)”的制订工作。

七、开展上海购物中心20年发展历程的专题调研,在多方征询、多次座谈、专题研讨、专家论证的基础上,形成了《上海购物中心20年发展报告》。报告围绕上海购物中心发展所经历的三大阶段,阐述所取得的实际成果,分析所存在的主要问题,提出了所对应的发展建议。

八、动员会员单位参加市企业诚信创建活动。经组委会评审,至2013年底有17家企业为市企业诚信创建星级单位,其中一星级创建企业10家,二星级创建单位2家,三星级创建单位3家,四星级创建单位2家。

协会地址:上海市静安区延安中路596号411室

邮政编码: 200041

电　　话: 021－62712036

传　　真: 021－62710784

电子邮箱: scsc2004@126. com

网　　址: www. chinascsc. org

上海沐浴行业协会

上海沐浴行业协会成立于1988年12月。下设浴场、SPA会所和足浴保健三个专业委员会,共有会员700余家,是全国沐浴行业最具规模的协会。会长施有毅。主管部门上海市商务委员会。

2013年,上海沐浴业整体下滑,海阔天空大浴场等几家著名综合性浴场相继关门,50余家大众便民浴室也停业谢客。面对严峻的市场形势,协会积极发挥政府和企业间的桥梁和纽带作用,为企业摆脱困境出谋划策,为行业的发展四处奔走。

一是调查研究,了解企业现状和存在问题。全年协会先后走访了54家企业,与企业共同分析企业面临的问题及解决问题的方法,同时将企业的困难通过各种途径向政府有关部门反映。先后撰写了30篇调研文章,其中有12篇文章刊登在上海商业和中沐委的刊物上,有的还报送国家商务部,引起了有关领导的重视。

二是搭建平台,为会员企业排忧解难。通过市老龄委积极组织冬季为老人助浴工作。经过多次协调沟通,将大众浴室的用水定额每人每次90升调整为120升,为大众浴室降低了经营成本。通过平安保险有7家企业获得保险理赔共计20多万元,降低了企业的经营风险。

三是规范运作,不断提升企业的管理水平。全年为企业培训员工1287人,进一步落实公安部门的实名制管理。积极在企业中抓好行业自律和诚信建设,云都和丽池二家企业被评为上海市商务委诚信建设试点工作先进单位。经上海商业竞争力评估委员会评比,云都、大浪淘沙卢湾店、热带雨林、南美水疗、丽池、纽斯、康骏、大桶大、海天一角、新崇浴室等10家企业获"2013上海沐浴业十强"的称号。

四是加强合作,不断扩大协会与各地之间的交流。先后组团参加鞍山、宁波、南京、西安的全国沐浴温泉文化节活动;参加在韩国举行的东亚沐浴温泉SPA联盟第八届年会;在和宁波协会结为第六个友好协会的基础上,又与深圳、珠海、广州、温州、杭州、天津、重庆、哈尔滨、石家庄等地的协会和企业建立了友好协作关系,进一步扩大了协会在全国的影响。上海获首届全国保健按摩职业大赛的优秀组织奖。

协会地址:上海市福州路107号308室
邮政编码:200002
电　　话:63295381
电子邮箱:shbath@126.com

上海美发美容行业协会

上海美发美容行业协会成立于1989年3月。是由美发美容行业同业企业以及其它相关经济组织自愿组成的跨部门、跨所有制的非盈利、行业性的社会团体。会长董元明。主管部门上海市商务委员会。

协会现有从事美发、美容、美甲以及研发、生产相关产品的会员企业286家。全市有影响力的大型美发美容连锁经营机构均为会员单位。

2013年协会主要工作：

一、参与政府举办的各类培训班、讲座、论坛，加强协会自身建设，提高协会参与社会管理水平。经考核，2013年协会被上海市社团局评为4星级协会。

二、坚持创新，持续办好美容节。上海国际美发美容节是国际性节庆，时尚上海的窗口，上海美业的名片。至今已连续举办十二届，其中包括第十四届上海国际美发美容美甲邀请赛，第十九届上海国际美容美发化妆品博览会，美业高峰论坛，时尚发型发布等，在全国及远东地区具有一定影响力。2013年大赛规模扩大，包括韩国选手参赛选手达780余人，创历史新高，并推出“选星造星”等创新活动。

三、推进诚信建设，开展优质服务。评选表彰诚信建设先进单位；组织会员单位参与市诚信企业创建；积极开展行业内星级企业评定和大师名师评审；推动行业持续开展优质服务活动。2013年，协会获全国开展优质服务活动“优秀组织奖”。2013年协会和《新闻晨报》携手举办“美丽倾城·星殿大赏”全市评选活动，评选出9家行业信赖品牌企业等，提振行业正能量。

四、加强规范管理，制订行业标准。配合政府贯彻执行《单用途商务预付卡管理办法（试行）》，做好培训和备案工作。推行上海市《美容美发单位化妆品经营质量管理规范》。参与中美协制订行业信用建设评定标准。

五、参与“3.15”消费者权益保护及“上海购物节”等各类社会活动，为消费者服务。

六、举办美发美容高级技师培训和高级职业技能晋级考核；组织业内精英和新秀参加各种国际和地区大赛，提升行业技术水平。

七、组织与韩国、澳大利亚和中国台湾地区同行交流，相互促进。

八、主动对非会员单位走访调研，宣传政府各项政策法规，并预测行业发展趋势，为政府决策提供信息依据。协会主办会刊《靓美风尚》、信息报及网站（APP、微信、电子会刊、手机上网）等。

协会地址：上海市福州路107号325室
邮政编码：200002
电　　话：63213946
传　　真：63233854
电子邮箱：shmfmrhyxh@163.com

上海市眼镜行业协会

上海市眼镜行业协会成立于2004年10月18日。会长蔡国源。行业主管部门上海市商务委员会。现有会员单位285家(如包括连锁、加盟店则为900余家)。协会热诚为会员提供服务,维护会员合法权益,提倡行业公平竞争,沟通会员与政府、社会的联系,协助政府在行业管理中发挥积极作用,全面促进上海和周边地区眼镜业的发展和繁荣。

2013年协会主要工作:

一、加强行业自律,以标准化建设规范行业经营行为,以地方标准制修订为切入口,在贯彻执行上海市地方标准《验光配镜技术服务规范》和《眼镜专业、专卖店(柜)服务质量规范》的基础上,积极推进上海市服务标准化示范试点工作,配合政府部门做好市场监管工作。

二、积极推进眼镜行业品牌战略实施,做好著名商标的推荐和认定工作和"上海名牌"的推荐和评选工作。

三、积极履行社会责任,参与公益事业,推进社会和谐。组织举办"呵护您的眼睛 为眼视力健康加油添彩"大型社会公益活动;举办'验配和服务标准给消费者信心'—标准日进社区、进大学公益活动;参加3.15消费者投诉日活动;举办6.6全国爱眼日活动。

四、加大对人才的培养力度,提升上海眼镜行业的整体水平。举办'2013上海市《豪雅光学杯》验光配镜技能比武大赛;举办高级管理人员专项能力培训;开展上海市首席技师推荐和申报工作。

五、协会努力为会员企业服务,在企业和政府之间搭建沟通交流的平台,在实践中不断增强履职能力和协调能力。

六、信息领先,为广大会员提供信息平台。举办"爱眼体验 分享美丽"暑期公益宣传活动;举办通讯员培训会议;顺应新媒体时代发展,建立协会官方微博和官方微信平台;编写会员企业通讯录和消费者配镜指南。

协会地址:上海市定西路1281号兆仪大厦802室

邮政编码:200050

电　　话:62401313

传　　真:52371061

电子邮箱:chinasooa@163.net

网　　址:www.chinasooa.com

上海物流企业家协会

上海物流企业家协会成立于2010年6月9日,是联合上海物流行业200多位企业家共同发起组建的非盈利性社团组织。会长朱益民。行业主管部门上海市商务委员会。

协会致力于在企业家与政府、企业家与社会、企业家与市场、企业家与企业家之间发挥桥梁与纽带作用,做好政府的协管员和物流企业家的代言人。主要为协会会员提供五方面的服务。

一、保持会员与政府之间沟通联系的渠道畅通。组织和实施行业调查与行业统计,向政府有关部门提供行业发展规划、行业产业政策等建议,并参与有关活动;及时向会员传达政府有关的会议精神和政策文件。

二、协助会员与国内外物流同行业在先进理念、优秀理论以及先进模式方面保持同步。举办各种类型的理论讨论会、报告会、论坛等,邀请国内外专家、优秀企业家为会员答疑解惑。

三、帮助会员解决鉴定认证及教育培训方面的需求。参与物流行业职业技能鉴定和质量体系认证、评定活动;为企业家会员提供质量管理体系、物流管理体系等标准认证咨询。结合市场实际需求,联合社会教育资源,为企业家会员的物流企业提供各类培训服务;为物流从业人员提供教育培训服务,提高物流从业人员的管理能力和业务水平。

四、编辑出版发行会刊、年鉴、资料等出版物。评定物流行业的优秀企业家,推广其成功经验,提高企业品牌意识,树立企业形象,提升企业价值。推荐物流行业名优产品,组织发展行业的公益事业和各种社会活动。组织区域性展览、商品交易活动,促进电子商务、加工配送、政府与企业采购等新模式的发展,提高物流行业的科技含量。

五、为会员提供信息咨询服务,实现行业内资源共享。搜集国内外物流资源信息、市场供求信息、法律法规、政策信息,编辑出版相关刊物,建立互联网站为会员提供信息交流平台,为物流企业家提供信息咨询服务。建立电子商务交易与操作服务平台,向国内中、小物流企业的企业家提供电子化物流服务和网络化信息技术服务。

此外,2013 年 10 月 27 日,由易流传媒与上海物流企业家协会联合成功举办“第五届中国城市物流发展论坛”“第二届上海现代物流高峰论坛”。“论坛”以“建立城市物流生态系统,促进电子商务发展”为主题,以城市最后一公里配送为核心,从城市物流政策创新、系统创新、配送模式创新、技术与应用创新等方面组织研讨,分享城市物流配送企业、商贸连锁企业、电子商务企业、快速消费品企业的城市物流配送成功案例,促进城市物流发展。来自全国各地 500 余名城市物流从业人员参与了此次论坛。

协会地址：上海市虹桥路 333 号 106 室
邮政编码：200030
电　　话：51581880
传　　真：51581882
电子邮箱：103385188@QQ.com

上海鞭炮烟花流通协会

上海鞭炮烟花流通协会成立于 2011 年 3 月 7 日,是从事鞭炮烟花经营的法人自愿组成的专业性的非营利性社会团体法人。会员单位近 200 家。会长王建翔。行业主管部门上海市商务委员会。

协会自成立以来,坚持行业的市场化改革,不断加强自身建设。强化行业自律,推动业内改组,完善鞭炮烟花的安全管理机制。

协会主要成员所经营商品已实现主渠道的全覆盖。

2013 年协会主要做了以下几方面工作：1. 推动行业经营体制的改革；2. 协助经营企业抓好安全源头把好商品质量关，压缩了部分生产厂家；3. 协助经营企业全面贯彻国家安监局有关鞭炮烟花安全运输的各项规定；4. 协助经营企业落实国家安监局关于鞭炮烟花销售网点安全措施；5. 协助市有关部门打击非法烟花的贩卖和销售；6. 向全市销售商倡议诚实守信、遵纪守法；7. 鼓励全市市民举报非法烟花储存销售；8. 建立协会网站（www. bpyhltxh. com）；9. 完善协会内部各项制度和机制。

协会地址：上海市哈尔滨路 2 号

邮政编码：200080

电　　话：63568667

网　　址：www. bpyhltxh. com

上海市仓储行业协会

上海市仓储行业协会成立于 1988 年 9 月。是由从事物流仓储行业的经营管理企业和相关科研教育单位及个体自愿组成的非盈利性行业组织。设有商业、粮食、外经贸、及郊区等 4 个专业委员会。有会员企业近 200 家。会长周纪东。主管部门上海市经济委员会。

协会成立以来，积极开展国内外同行的交流和合作，经常举办业务研讨和行业专题讲座，不断组织国内外行业考察活动，举办各层次业务人员培训，定期出版内部刊物。

2013 年协会主要工作：

一、制定“上海市仓储行业协会会员自律公约”，通过书面形式征求各会员单位意见后，经会员大会审议通过后实施。

二、积极参与上海“企业诚信建设”创建活动，坚持不懈地做好推进工作，使更多的会员单位参与“企业诚信建设”创建活动。

三、4 月，举办“2013 年（第六届）中国仓储物流业合作发展高峰论坛”。

四、举办“2013 上海国际物流技术及设备展览会”为会员单位搭建相互交流的信息平台，了解仓储物流业先进技术和设施设备。

五、制定《动产（钢材）质押融资仓储企业管理办法（审核稿）》，有效地控制动产质押融资在存在的监管风险问题。

六、与上海市物流协会联合举办高级物流师培训班，参加国家人力资源和社会保障部技能鉴定中心考试，经考核合格者获得全国通用可以公证的高级物流师国家职业资格（一级）证书。

七、按照《全国通用仓库等级评定办法》、《全国仓储服务质量达标评定办法》的国家标准评鉴要求，做好“星级仓库”和“金牌服务”企业的评审和复审工作。

八、组织部分会员代表考察浙江义乌物流港，了解义乌港作为中国乃至国际性小商品市场的情况，培育和加快义乌物流的发展。

九、积极参加同行业学习和交流活动，参加国际仓联 2013 年北京年会暨第八届仓储业大会，参加苏浙沪三地合力推进现代物流业区域联动发展大会等。

协会地址：上海市四川中路 330 号 213 室

邮政编码：200002

电　　话：63212343

电子邮箱：shccxh@ 263. net

上海市服务外包企业协会

上海市服务外包企业协会是由从事信息技术外包、业务流程外包、知识流程外包的相关企业、机构自愿组成的专业性非营利性社团法人，于2012年2月成立。会长刘锦屏。主管部门上海市商务委员会。现有会员单位154家。

协会主要任务是：协助政府宣传国家和上海推进服务外包发展的法律、法规和政策，提供咨询服务；促进服务外包专业园区发展；调研热点难点问题，反映企业诉求，协调各方关系，帮助会员排忧解难；组织专业考察、市场推介活动，促进国际合作交流；举办各类培训班、报告会；提供信息技术外包、业务流程外包、知识流程外包领域的信息服务，为会员企业知识产权保护提供法律咨询和维权服务；帮助企业提高从业人员素质和经营管理水平。

2013年协会主要工作：

一、协助政府推进服务外包工作。协会参与服务外包业务发展资金审核及政策培训、重点企业认定与复审等工作，组织企业参加京交会、上交会、服博会等服务外包相关会议。

二、深入调研，帮助企业反映问题和困难，提出前瞻性建议。协会深入50余家企业（园区）了解情况，及时向政府反映企业享受政策的情况与问题，针对在改革中不同政府部门管理规定相互衔接等问题，提出有价值的建议，引起政府部门重视。

三、根据企业需求和服务外包热点问题，组织8场政策与服务外包相关业务培训活动，听课人员540余人，深受企业欢迎。

四、开通网站，加强信息报道力度，免费宣传企业信息，形成协会与企业、社会的沟通渠道。

五、编印包含近70家企业介绍的《会员风采录》，加强会员单位的合作交流，扩大社会影响。

六、召开会员大会，通过会费标准和对协会章程的部分修改内容，增补新的理事、副会长单位和相应人选。

协会地址：上海市娄山关路890号2楼
邮政编码：200052
电　　话：33600813
传　　真：33600813
电子邮箱：Fdg51@ aliyun. com

上海市商业联合会

上海市商业联合会成立于1992年。是上海流通类社团组织和商贸服务行业企事业单位及专家学者自愿联合组成的社会团体法人。现有会员单位153个，包括百货等商业服务业行业协会55个、浦东新区等区县商业联合会15个、百联集团有限公司等商贸服务企业80余家。会长任文燕。行业主管部门上海市商务委员会。

联合会业务范围:服务、指导、协调行业协会工作;开展调研、中介咨询、行业培训、会展招商、产品推介、品牌评优、组团出访;国内外信息技术交流及经济合作等。

2013年联合会主要工作:

一、发挥联合优势,搭建服务平台。发挥"政策宣传"、"互动交流"、"品牌创建"三个平台的作用。举办"2013·新形势、新情况、新对策"的企业家沙龙,开展互动交流活动;开展"2013年上海商业创先争优"活动,评选树立商业十大杰出人物、服务品牌等一批先进典型,组织推荐王永芳等4名优秀企业家事迹材料;配合市质量技术监督局推进名牌评审和质量金奖申报工作;配合市工商局对2013年上海市著名商标申报企业进行意见征询。

二、营造诚信氛围,优化发展环境。继续开展国际消费者权益日活动;稳步推进知识产权保护工作;撰写《2012年度上海商业质量分析报告》。

三、紧扣扩大内需,推进商业发展。承办2013上海购物节;筹办2014年货购物节。并组织"百联杯"2013年上海优秀商业形象作品评选活动。还配合购物节组委会、苏宁云商集团股份有限公司举办了"颠覆与创新—开放平台战略通报暨联盟大会",与行业协会一起推进实体商户共同探路O2O的线上线下互动经营模式。

四、促进国内外交流与合作。与新加坡中华总商会联合为新加坡企业傲胜集团在上海拓展业务提供帮助;为土耳其举办的国际食品展组织30多家连锁企业参观交流和业务洽谈;组织10家企业与美国伊利诺州的蛋品加工、果汁饮品、家用电器等企业进行对口商务洽谈,在2013年上海进口水果节上,美国伊利诺州还作为展会的合作方积极参与;联合水产行业协会与澳大利亚国民银行举办"走向大洋洲—澳大利亚国民银行助力中国企业发展"交流活动。

五、发挥枢纽功能,规范协会发展。年内,撰写《上海商业行业协会自律建设试点工作情况报告》;完成《上海商业领域社团组织调查问卷分析报告》;受市社团局委托,组织完成17家行业协会的等级评估,并报市评估委终审,其中5A级3家、4A级11家,3A级3家,联合会自身也被评为5A级社团组织;筹建第三方社会评估机构—上海商云社会组织评估咨询中心,现已正式运行;积极参加调研,撰拟《发挥枢纽功能,推进行业组织党建工作》、《发挥联合优势,加强枢纽功能》以及《上海市商业联合会党建工作调研情况》等材料,并分别在各级座谈会汇报交流。

协会地址:上海市新闸路945号315室
邮政编码:200041
电　　话:62182551
传　　真:62710997
电子邮箱:shsslh@126.com

上海摄影业行业协会

上海摄影业行业协会成立于1989年。为上海摄影行业同业企业以及其他经济组织自愿组成、实行行业服务和自律管理的跨部门、跨所有制的非营利的行业性社会团体。会长匡丽英。行业主管部门上海市商务委员会。

协会现有各种所有制会员单位 138 家，网点 200 余个。下设人像婚纱摄影专业委员会、影像输出（冲印）专业委员会、摄影器材生产销售专业委员会。会员中的一些著名企业在摄影市场的影响举足轻重。

2013 年协会主要工作：

一、协会以诚信建设为抓手，规范行业行为，秉公受理消费者投诉，提升行业形象，改善经营环境。

二、参与政府举办的各类培训班、讲座、论坛，加强协会建设，提高协会参与社会管理水平。

三、积极寻求社会各方合作，组织开展有益社会、服务行业的各项活动：协办每年两次的“中国·上海国际婚纱摄影器材展览会”；应邀协办由市现代服务业联合会主办的“‘界龙杯’摄影优秀作品展示活动”；协办由市现代服务业联合会等单位主办的“上海现代婚博会”；协会网站增设“影视用品”频道，链接摄影器材专委会部分会员企业的网站；组织开展“微电影沙龙”，多次开展交流活动；制定并经协会六届五次理事会审议通过《上海摄影业摄影、摄像、化妆从业人员专业职称评定暂行办法》，为协会开展从业人员的职称评定工作奠定基础。

四、开展与外省市同行的交流与合作。参与在湖南长沙召开的“第十三届全国摄影行业协会（组织）联盟会议”；应邀参加“安徽省摄影行业协会成立大会”；积极参与各地摄影行业组织开展的活动。

协会地址：上海市福州路 107 号 326 室
邮政编码：200002
电　　话：63215207
传　　真：63390772
电子邮箱：ZYH_704916@163.com

上海冷藏库协会

上海冷藏库协会（SARW）成立于 1987 年。1995 年加入国际冷藏库协会与世界食品物流组织，成为国际冷藏库协会、世界食品物流组织、国际冷藏运输协会、国际冷藏库工程协会会员。协会现有会员企业 100 多家。会员企业中，有食品加工、冷冻冷藏、冷藏运输、低温配送及其他冷链物流相关企业。会长唐文华。行业主管部门上海市商务委员会。

2004—2005 年，协会与美国农业部（USDA）、国际冷藏库协会、世界食品物流组织连续两次在上海联合召开“改善上海易腐食品流通环节研讨会”等会议。协会多次赴美国参加国际冷藏库协会和世界食品物流组织年会，并于 2007 年 4 月在美国菲尼克斯与国际冷藏库协会、世界食品物流组织共同签署协议，成立“国际冷藏库协会/世界食品物流组织/国际冷藏运输协会上海联络处”。

2013 年协会主要工作：

一、服务会员：坚持走访会员企业和相关冷藏企业，并搭建平台，及时与会员企业沟通信息；不断提高网站服务能力，并丰富电子会刊内容，进一步服务会员企业；做好行业统计工作并日趋完善；组织专家组赴企业调研，为企业提供咨询服务；召开行业信息交流会，进一步增强上海冷藏库企业间的技术、信息交流。

二、举办论坛与展会：主办“亚洲冷链物流高峰论坛”；协办 2013 第七届“全国冷库建设与运营研讨会”;协办“全国冷库投资布局与商业模式创新论坛”;主办“中国智慧链科技创新秀——聚焦食品药品冷链业”论坛;主办“2013 亚洲国际冷链设备及技术设备展览会”。

三、国内外交流与合作:与全球冷链联盟 GCCA 的交流与合作;与韩国冷冻冷藏水产协会交流;应邀考察丹麦丹佛斯公司总部;协助美国马铃薯协会办好冷链研讨会;协助外省市同行业协会办好冷链会议。

四、行业标准制定工作:《低温仓储作业规范》国家标准已通过审查;《冷库单位产品耗电量限定值及能源效率等级》上海市地方标准已颁布;《食品冷库经济运行管理标准》上海市地方标准通过审查。

五、行业培训工作:协助中国仓储协会成立“中国仓储协会冷链物流培训基地”,首届培训班的学员全部通过认证考试。

六、协会积极参加社团局组织的行业协会规范化建设工作。经社团局的审核和公示,被评为 5A 级协会。

协会地址：上海市许昌路 1273 号
邮政编码：200092
电　　话：65010739
传　　真：65032782
电子邮箱：llc@ csorw. org

上海洗染业行业协会

上海洗染业行业协会成立于 1988 年 12 月。是由上海洗染业及相关的企业、事业单位自愿组成的社会团体组织。会长戴杰。行业主管部门上海市商务委员会。

协会现拥有洗染店、洗涤连锁公司、洗涤厂、洗涤化料、洗涤机械各类企、事业单位 92 家,含网点 2300 家。协会设立宾馆、干洗、布草洗涤三个专业委员会。为政府及会员服务是协会宗旨,协会业务范围:对洗染业进行中介服务、自律管理、业务指导、技术培训、信息发布、行业统计、交流学习、咨询服务。

2013 年协会主要工作:

一、加强行业自律,制订、宣贯洗染业标准。制订地方标准《医用纺织品洗涤卫生要求》立项,参与制订行业标准《衣物织补规范》,参与修改行业标准《洗染店达标条件》。

二、联合举办、组织参观国内外展会。4 月与博华公司联合举办第三届上海国际洗涤设备用品展览会。8 月组团参观第十四届中国国际洗染业展会。10 月组团赴巴黎参观《全法纺织品护理博览会》。11 月组织参观《亚洲上海国际纺织品专业处理展览会》。

三、组织与参加洗染业职业技能培训及竞赛。7 月举办上海洗染职业技能竞赛。8 月组团参加全国洗染职业技能竞赛。举办洗染业高级师培训班,皮革鉴定站正式成立。

四、加强协会规范化建设。全面更新协会办公设备、设备,建全秘书处 16 项规章制度,参加有关部门各类培训。协会被评定评估为《社会组织规范化建设 4A 级》。

五、组织参观、考察、交流活动。3 月组织参加全国执裁培训班培训鉴定,组团赴奉贤参加先进干洗机推介活动。4 月组织各地同行来沪参加“绿色洗涤论坛”。5 月组团参加昆明全国洗涤技术研讨会。8 月组团参加第二届全国洗染节活动。9 月组团赴绍兴参观“湿洗”技术、设备。10 月组团赴巴黎参加“专业纺织品护理优选”交流。

协会地址：上海市福州路107号322室
邮政编码：200002
电　　话：63214063
传　　真：63214063
电子邮箱：shxrxh@163.com

上海市豆制品行业协会

上海市豆制品行业协会成立于1986年9月。为上海豆制品生产、经营企业以及相关企事业单位自愿组成的跨部门、跨所有制的非营利的行业性社会团体法人。会长张逸华。主管部门上海市商务委员会。现有会员企业71家，豆制品市场占有率达85%以上。

2013年协会主要工作：

一、提升豆制品质量安全水平。帮助指导企业规划生产工艺布局、编写质量管理手册和规范生产记录，使多数企业如期取得QS新证；针对媒体报道江苏太仓"黑作坊"豆制品流入上海的突发事件，协会迅即启动应急响应，第一时间在协会网站上发布上海市场豆制品生产供应情况，以引导消费，稳定民心，确保豆制品质量安全。

二、参与协助设计行业顶层制度。组织开展《豆制品》食品安全地方标准的修订起草工作；协助市食安办起草新的豆制品送货单管理办法；开展豆制品指示菌状况基础性研究；向有关部门提出调整明矾、焦糖色添加剂使用范围的意见。

三、加强行业诚信建设和品牌建设。开展商业诚信建设试点工作并取得成效，一家企业被市商务委评为"商务诚信试点工作先进单位"；开展名优产品、优秀新产品、优质畅销品牌的评选工作。

四、承接豆芽管理工作。吸收4家工业化豆芽企业入会，开展豆芽行业的调研，并提出8条管理措施。

五、加强行业宣传力度。协会网站再次改版升级，与新闻媒体保持良好的沟通，引导舆论，宣传行业。

六、以协会公信力、影响力和行业权威性，为企业债务问题、产品质量问题、合作经营事宜等作了大量的协调工作。

协会地址：上海市天山路600弄4号10A
邮政编码：200051
电　　话：62412850
传　　真：62412757
电子邮箱：shdouxie@126.com

上海古玩经营协会

上海古玩经营协会由上海从事古玩艺术品经营活动的市场、商户、和社会各界相关的企事业单位自愿结成非营利性、专业性的社会团体组织，于2011年8月18日成立。会长方名山。行业主管部门上海市商务委员会。

协会现有6家古玩市场企业和1家古文化传播有限公司的副会长成员单位。现有24位理事成员和48家会员等成员单位。

协会努力引导会员单位遵守国家法律、法规和政策。积极推进行业自律和会员诚信创建活动，努力搭建成员单位间的鉴赏、评估、经营、信息、专业平台，开展研讨、考察、交流等各项活动，为维护会员合法权益、促进企业的健康发展提供商贸、经济等各项信息服务。

2013年协会主要工作：参加上海市商务委、市社团局有关"争先创优"和"行业自律与诚信创建"各项工作；完成并办好年内6期上海古玩报内部刊物；建立"上海古玩经营协会"网站（www.shgw.org.cn）；完成年内制定的古玩专业知识培训计划；用无纸化替代传统的记录模式，着手建立会员单位信用记录网上档案的操作事宜；酝酿建立在协会内的必不可少的古玩艺术作品的鉴定评估组织架构和相应的运作机制，为上海古玩业界收藏投资同仁们提供诚信服务；为保护有限的古玩艺术品资源，加强有关文物经营薄弱环节的市场管理，就古玩业的虚假繁荣，努力与上海市工商局、上海市文物局等政府有关部门沟通协调，规范市场秩序；继续推行诚信经营创建活动，维护会员享有合法权益，做好发展会员工作。

协会地址：上海市大木桥路88号5楼
邮政编码：200032
电　　话：64161292
电子邮箱：shgwjyxh@126.com
网　　址：www.shgw.org.cn

第七编

大事记

2014

上海商务年鉴

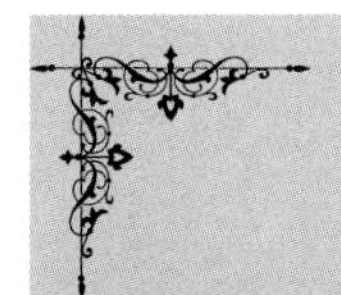
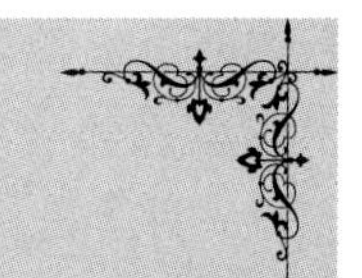

2013 年上海商务工作大事记

一　月

1 月 3 日　元旦小长假 4 天,上海 372 家大中型商业企业共实现营业收入 79.11 亿元,同比增长 8.1%。其中,销售最高峰出现在元旦,一举突破 38 亿元,同比增长 11.5%,增速同比提高 4.1 个百分点。

1 月 7 日　上海市副市长艾宝俊召开外贸专题工作会议,听取市商务委对 2013 年外贸工作运行分析和举措汇报。

1 月 15 日　市商务委、市公安局、上海典当行业协会联合召开典当行业大会,总结、部署工作,并就目前行业发展面临的严峻形势、应对措施等问题进行了讨论。

1 月 17 日　市商务委党组召开 2012 年度党政领导班子民主生活会。围绕学习贯彻党的十八大精神,统一思想,聚力凝心,着力推动上海商务事业创新驱动、转型发展,加快推进上海国际贸易中心建设主题,联系自身思想和工作实际,认真开展党性分析和对照检查。

1 月 18 日　市政府实事项目早餐工程召开现场总结大会,市政府副秘书长肖贵玉出席会议并讲话。市商务委、市食安办、市财政局、市食药监局等单位,各区县相关负责人,以及企业代表参加会议。会议总结 2012 年市政府实事项目早餐工程工作。

1 月 28 日　市商务委和黄浦区政府共同向杏花楼、海恩斯莫里斯(H&M)、屈臣氏等 13 家企业授予黄浦区单用途商业预付卡首批备案企业牌。

同日　市商务委召开年终总结表彰大会。委党组书记、副主任张新生总结 2012 年度市商务委推进的 5 方面主要工作,并总结阐释先进文化的基本内涵,期望干部职工以开放、服务、创新、务实的精神共勉,共同努力做好商务工作。会议表彰了 2012 年度考核获得优秀等次的集体和个人。

1 月 29 日　市商务委召开党风廉政建设联络员会议。会议强调:一要认真组织学习教育,二要严格遵守廉洁规定,三要切实加强自律自查。各单位各部门要针对传统节日期间违反廉洁自律问题易发的特点,加强自律自查,严格各项要求,防止发生问题,过一个祥和、幸福的春节。

二　月

2 月 1 日　《上海市商品包装物减量若干规定》(以下简称《规定》)正式实施。《规定》是我国第一部专门限制商品过度包装和促进商品包装物减量的地方性法规。

2 月 4 日　由上海市商务委员会、上海市人民政府外事办公室和上海市国际贸易促进委员会联合举办的“2013 年新春招待会”在浦东香格里拉大酒店举行。各国驻沪领事机构官员、跨国公司地区总部代表、知名外商投资企业代表、外国驻沪经贸投资促进机构代表和上海国际商会理事等 300 余人出席，共贺新春佳节，展望美好未来。

2 月 7 日　副市长周波赴江桥批发市场检查春节节日市场保供情况。

2 月 9—15 日　春节期间，全市 466 家大中型商业企业在春节长假中共实现营业额 55.49 亿元，平均日销 7.93 亿元，同比增长 10.2%。在各大业态中，电视和网络消费增速居首。

2 月 19 日　市商务委党组书记、副主任张新生在会见万得城首席执行官佛兰克(Frank Bussalb)一行 4 人。

2 月 20 日　由市商务委主办，市外商投资企业协会、外国投资促进中心和外服公司协办的“2013 年上海商务情况通报会”在金茂君悦大酒店举办。副市长周波出席会议并发表主旨演讲。外国驻沪总领馆、外国驻沪经贸投资促进机构及代表处、外国非企业经济组织、跨国公司地区总部和知名外企代表等 400 余人到会。

2 月 22 日　市商务委召开反腐倡廉建设大会，传达贯彻第十届市纪委二次全会的重要精神，回顾总结市商务委 2012 年党风廉政建设情况，研究部署 2013 年工作任务。市商务委党组书记、副主任张新生在会上强调要讲党性、讲纪律、讲责任，严字当头，抓好反腐倡廉工作，以党风廉政建设的新成效保障和推动商务事业的新发展。会上，张新生还与委属各单位、机关各处室主要负责人共同签订《上海市商务委党风廉政建设责任书》和《上海市商务委安全保密消防工作责任书》。

2 月 25 日　副市长周波会见安博全球高级副总裁兼安博(中国)总裁康斌(Ben Cornish)一行。

2 月 28 日　市商务委党组书记、副主任张新生会见爱尔兰国家食品局首席执行官艾登·科特(Aiden Cotter)一行。

三　月

3 月 1 日　现代服务业集聚区专栏在“中国上海”门户网站正式上线。专栏全面介绍上海 25 个集聚区的发展概况及相关投资信息，实现集聚区宣传方式上的又一突破。

同日　第 23 届中国华东进出口商品交易会开幕。4 日上午，举行华交会创新奖颁奖仪式，共有 39 家优秀企业获奖。5 日，华交会闭幕。本届大会总成交 28.14 亿美元，比上届下降 9.87%。

3 月 8 日　经国务院批准，上海松江工业园区升级为国家级经济技术开发区，定名为松江经济技术开发区，成为上海第 6 家国家级经济技术开发区。

3 月 11 日　上海钢联电子商务股份有限公司与淮北矿业股份有限公司签订协议，将在上海共建煤炭电子商务平台。此举将是新型电子商务公司携手大型生产企业共同实施大宗商品电子商务战略的有力探索。

3 月 12 日　市商务委召开 2013 年度一季度现代服务业集聚区区县联络员会议，通报 2013 年集聚区推进工作总体安排，并就编印《投资指南》(中英对照版)、摄制外宣片、参加京交会等重点工作进行布置。

同日　市商务委联合央行上海总部、中国银行上海分行举办 2013 年推进上海服务贸易发展系列讲座的第一讲——跨境人民币业务的政策解读。

3 月 13 日　副市长艾宝俊先后会见联合包裹速递服务公司(UPS)全球总裁丹·布鲁托(Dan Brutto)一行 5 人和德国德意志银行董事总经理辛格(Bhupinder Singh)一行 3 人。

3 月 14 日　副市长周波调研上海大宗商品贸易平台建设情况，建议不同行业的企业互相之间加强交流，鼓励企业运用现代信息化技术做好供应链价值服务，助力上海国际贸易中心建设。

3 月 20 日　市长杨雄先后会见德国罗兰贝格管理咨询公司创始人、全球监事会荣誉主席罗兰·贝格一行 7 人，美国强生公司董事会主席戈尔斯基一行和丹麦 A. P. 穆勒——马士基集团首席执行官安仕年一行7人。

3月21日 国内首个钢材仓储行业自律性组织——“上海钢材仓储诚信联盟”成立,钢材仓储数据公开平台正式上线。这是钢材贸易、仓储企业通过行业联合自律,加大信息公开力度,重塑行业诚信的重要举措。

同日 市商务委组织召开“进一步规范本市二手车交易行为”会议。

同日 市商务委召开“上海软件贸易发展论坛”首次顾问会议。市商务委副主任顾军出席会议并向何积丰院士等13位上海软件学术界、产业界的资深专家颁发顾问聘书。

3月25日 市商务委召开第三次工业革命和商务工作创新心得交流会。8位来自机关处室和事业单位的部门负责人交流了体会。会上,副主任张新生要求各部门对正在发生着的各种经济理论深入学习、深刻理解,从中获取知识和力量,以提高工作水准,实现建设国际贸易中心城市的愿景目标。

3月25—28日 商务部专家组来上海开展肉菜流通追溯体系建设考核验收工作。

3月27日 副市长艾宝俊、周波、时光辉和市府副秘书长戴海波召开专题会议听取对于上海农产品批发市场发展规划的报告,并就汇报内容进行了讨论。

3月28日 市长杨雄会见荷兰皇家飞利浦电子公司总裁兼首席执行官万豪敦(Frans Van Houten)一行6人。

3月29日 副市长周波会见国际商业机器有限公司(IBM)全球副总裁彼得·默奇森(Peter Murchison)一行5人。

同日 由市经济信息化委、市商务委、市经济团体联合会共同主办,市轻工业协会承办的第三届上海轻工新品名品展示展销会开幕。展期4天。

四　月

4月3日 商务部国际贸易谈判代表兼副部长钟山在上海主持召开部市共建上海国家会展项目领导小组第十二次会议。

同日 市长杨雄会见沙特基础工业公司副董事长兼首席执行官穆罕默德·阿尔·马迪(Mohamed H. Al - Mady)一行。

4月5日 副市长时光辉召开防控禽流感专题会议。宣布从4月6日起,关闭活禽交易市场和活禽进沪通道,暂停活禽交易。

4月7日 副市长沈晓明召开食品安全追溯系统专题会议。

4月8日 市委书记韩正会见三星集团副会长李在镕一行。

4月8—9日 商务部外贸司张夏令副司长率工作组来沪,开展成品油市场调研。工作组召集市商务委、经信委、石油产品贸易行业协会和部分相关企业负责人进行了深入座谈,并实地参观了上海期货交易所、上海燃料有限公司码头和油库。

同日 副市长时光辉主持召开专题会议,研究受H7N9禽流感影响的家禽养殖场(户)补贴工作,听取市商务委关于协调定点加工企业和符合条件的大型流通企业参与本市活禽收购情况的汇报。

4月12日 商务部部长高虎城、副部长姜增伟,部领导蒋耀平、王超等与上海市有关领导,就如何落实国务院领导的指示推进中国(上海)自由贸易试验区建设进行座谈。

4月14日 副市长周波会见法国国家赛马集团主席菲利普·杰尔蒙(Philippe Germond)一行。

4月15—17日 中国对外贸易中心理事长马秀红一行来沪,在漕河泾参加国家级经济技术开发区座谈会,听取上海各国家级经济开发区发展情况,特别是生态环保领域建设情况。

4月15日—5月4日 第113届广交会在广州举办,上海共有836家企业参展,展位3468个,累计成交9.8亿美元,较上届增长8.64%。

4月16日 市商务委主任尚玉英会见

勃林格殷格翰中国区CEO潘大为(David Preston)一行4人。双方就勃林格殷格翰在华业务,以及6月份勃林格殷格翰全球CEO访沪等事宜进行了交流。

4月20日 市委书记韩正会见捷豹路虎汽车公司全球首席执行官施韦德(Ralf Speth)博士一行4人。

4月21日 根据四川雅安地震灾区的要求,市商务委迅速组织5000件雨衣、10000支手电筒、30000节电池等灾区所需物资,由专机于4月22日凌晨运抵成都双流机场。

4月24日 市委书记韩正会见英国佳士得有限公司国际首席执行官史蒂文·普利山·墨菲一行。

4月25日 市商务委召开2013年市政府实事项目食品流通安全信息追溯体系建设动员部署会议。

五　月

5月3日 市商务委主任尚玉英会见美国驻沪总领事葛瑞风(Robert Griffiths)和首席商务领事白瑞基(William Brekke)等一行7人。尚玉英表示,上海将继续提高经济开放度,改善商贸环境,吸引外资企业落户上海,以打造现代服务业为主,高端制造业为基础,战略新兴产业为引领的经济模式。

5月7日 由商务部命名的全国首家"商务信用建设综合试点单位"挂牌仪式在上海红星美凯龙商场举行。上海将运用红星美凯龙等试点企业的经验,在全市商务企业中推广老百姓"看得见,用得上"的商务信用管理方式。

同日 副市长艾宝俊会见荷兰外贸与发展合作大臣普劳曼(Lilianne Ploumen)一行8人。

5月8—11日 首届中国(上海)国际技术进出口交易会在上海成功举办。本届上交会的主题是"创新驱动发展,保护知识产权,促进技术贸易"。展会以开幕论坛代替开幕式,主题为"全球技术贸易的机遇和挑战"。展会拥有15000平方米的六大战略性新兴产业展示区,有31个国家和地区的319家企业参展;3000平方米的国际组织展示区,有联合国南南全球技术产权交易所、联合国工业发展组织等有关机构参展。8日上午,市商务委副主任吴星宝参加上海糖酒集团与爱尔兰哥兰比亚集团的战略联盟合作签约仪式。该合作是首届中国(上海)国际技术进出口交易会的重要成果之一。

5月9日 市委书记韩正会见前来参加中国(上海)国际技术进出口交易会的国际组织和全球著名企业代表一行。

5月10日 副市长沈晓明召开市防控人感染H7N9禽流感疫情联防联控机制工作会议,宣布即日起终止禽流感防控三级预案,禽流感防控工作进入常态化管理。

5月14日 市长杨雄会见英国渣打银行执行董事兼亚洲区总裁白承睿(Jaspal Singh Bindra)一行。

5月15日 商务部许可证局调研组来上海调研自动进口许可证联网核查试运行情况。上午,工作组赴上海海关组织座谈并实地参观海关现场;下午,工作组在市商务委召集部分在沪企业负责人进行座谈。

同日 市委书记韩正会见美国花旗集团首席执行官高沛德一行6人。

同日 市商务委主任尚玉英应邀出席美中贸易全国委员会成立四十周年庆祝活动并发表主旨演讲。

5月16日 上海启动2013年电子商务"双推"工程,将安排1000万元资金扶持电子商务和中小企业的融合创新发展。

5月20日 市政府副秘书长徐逸波召开专题会议,协调国家会展项目分布式三联供能源项目供能主体有关事宜,市商务委、发改委、虹桥商务区管委会等相关部门负责同志参加了会议。

5月22日 市委书记韩正会见美国微软公司全球首席执行官史蒂夫·鲍尔默一

行。

5月24日 “上海市进出口排行榜”首次发布。目的是树立上海建设国际贸易中心的外贸企业形象，激励外贸企业加快创新转型步伐，增强攻坚克难能力，实现上海进出口贸易有质量有效益的稳定增长。

5月27日 副市长周波、时光辉，副秘书长徐逸波、吴建融召开专题会议，研究上海食用农产品批发零售体系建设工作和农产品产销对接工作，对全市食用农产品批发和零售市场发展规划提出了进一步修改和完善的意见。

5月31日 国家商务部现代服务业综合试点领导办公室主任、副司长王选庆，以及市商务委领导、宝山区领导、宝钢股份领导出席上海钢铁交易中心揭牌仪式。

六月

6月2日 市政府副秘书长吴建融召开专题会议，研究《上海市活禽交易管理办法》起草工作。

6月3日 上海市公共信用信息服务平台面向政府部门开通试运行，这标志着上海建设与现代化国际大都市地位相匹配的公共信用信息服务平台工作取得实质性进展。目前，已有41家行政部门、8家公用事业单位向平台提供数据。

同日 市商务委开始在浦东世博村路300号办公。

6月4日 市委书记韩正会见英国渣打集团首席执行官冼博德一行。

同日 市商务委秘书长俞建明主持召开国家会展项目相关事宜会议，协调研究上博公司需要帮助解决的事项。

6月5日 副市长姜平、副秘书长黄融召开专题会议，研究协调国家会展项目外围配套5号停车场事宜，市商务委、建交委、发改委、虹桥商务区管委会、闵行区等相关部门参加会议。

6月8日 市商务委与青浦区开展商务工作座谈并签订共同推进青浦商务工作全面发展合作协议。

6月10—12日 端午小长假申城消费市场稳步增长。重点监测的50家零售商业企业900个商业网点销售同比增长6.1%。

6月20日 “上农批”、“沪淮”两个活禽批发市场和第一批活禽零售交易点恢复交易。市商务委会同有关部门组织检查市场供应工作。

6月21日 “2013湖北农产品上海行”活动开幕式在上海展览中心隆重举行。副市长周波、湖北省副省长许克振参加开幕式并为“湖北农产品上海营销中心”授牌。

同日 现代服务业综合试点高层管理人员培训班在上海交通大学举行开班仪式。

同日 市商务委机关党委、直属单位党工委召开汤庆福追思会。原委副主任、上海进出口商会会长汤庆福于6月20日因病逝世，干部职工为表达缅怀，举行追思。市商务委秘书长俞建明和有关企业的代表参加了追思会。

6月26日 “2013第四届中国商业预付卡行业峰会”在上海华亭宾馆举行。商务部市场秩序司、中国商业联合会、商务部国际贸易经济合作研究院等部门和单位的领导以及VISA、英国礼品卡协会、上海商学院和家乐福、沃尔玛、1号店等行业专家及企业负责人逾400人出席会议。

同日 上海市商务委与山西省商务厅在华亭宾馆举行战略合作框架协议签订仪式。

同日 市长杨雄会见德国拜耳集团全球董事会主席马尔金·戴克斯一行。

6月26—28日 商务部市场秩序司在上海召开2013年单用途商业预付卡培训会。

6月28日 副市长周波会见毛里求斯副总理兼财政与经济发展部长夏尔·盖坦·沙维耶－卢克·杜瓦尔(Xavier Luc－Duval)代表团一行5人。

七　　月

7月5日　上海最大的商业综合体"月星环球港"购物中心开业。项目总面积48万平方米，其中商业面积近32万平方米。建筑总高度为248米，并拥有上海最大的屋顶花园，达3万平方米。

同日　松江（欢乐谷）休闲旅游区内的上海玛雅海滩水公园盛大开业，成为助推郊区服务业发展的新增长点，也成为现代服务业集聚区的新亮点。松江（欢乐谷）休闲旅游区是上海25个现代服务业集聚区之一，是以旅游为核心产业，集商务、会议、休闲、度假等功能为一体的特色化集聚区。

7月8日　美国《财富》杂志公布2013年世界500强排行榜，中国企业入围数从上年的79家上升至95家。其中，上海企业和总部在沪的企业共有7家上榜，比上年增加2家。百联集团2012年实现营业收入252亿美元，位列第466位，是中国进入排行榜的2家综合商业类企业之一，反映出上海商业企业集团在产业结构调整中强势崛起，为展示上海商务发展能级、推进上海商务事业跻身世界增添了砝码。

7月17日　副市长周波、副秘书长徐逸波召开2013年贸易便利化联席会议。同日又召开上海部分外贸企业座谈会，了解当前企业的经营现状、遇到的问题和困难、对今后外贸形势的研判，以及企业对政府工作的意见建议。

7月23日　在沪全国人大代表举行"促进电子商务的健康发展"专题调研座谈会。14位在沪全国人大代表就如何促进电子商务健康发展进行交流。下午，代表一行赴1号店实地考察，并与易贸、易迅、东方支付、百联、农工商等企业座谈。

7月24日　2013航运业融资租赁峰会在浦东举办，市商务委副主任吴星宝在会上作题为《大力发展融资租赁，坚持服务实体经济》的主旨演讲。

7月27日　上海市商务委、上海市粮食局分别与湖南省商务厅、湖南省粮食局签订了商务和粮食战略合作协议。

7月29日　上海绿地集团就收购全球前十大公共基金——加州教师退休基金持有的美国洛杉矶中心区大都会项目签署合作协议，项目总投资达10亿美元，项目占地面积2.56万平方米，规划建筑面积15.32万平方米，开发业态包括酒店、办公、服务式公寓及高档住宅。项目将在合作协议签署后6—9个月内开工建设。

八　　月

8月1日　市委书记韩正、市长杨雄等市领导赴易贸集团调研。听取"易贸大宗商品O2O交易服务平台"的创新模式和发展情况：平台具有高度聚合商流、信息流、物流和资金流等生产要素的核心优势，从而能够打造一个便捷、透明、互信及共赢的大宗商品生态系统。韩正在调研中强调，上海市重点区域的开发建设是全局性工作，事关当前，关系长远，必须全力以赴加快推进。认真总结完善来自基层的成功做法，形成好的工作制度，推进全市加快创新驱动、转型发展。

同日　原上海市酒类产品质量监督检验站，作为上海市首批事业单位改革试点，顺利完成了改制，成立"上海市酒类产品质量检验中心有限公司"，落户上海国际酒类现代商贸服务功能区。

8月7日　上海港口岸临港产业作业区通过国家联合验收组验收，正式对外开放。上海港口岸临港产业作业区一号码头长760米，有9个泊位，是临港产业区的重要配套项目。开放后，有利于提高临港产业区装备的物流运行效率，降低企业经营成本，促进重大装备制造业和现代物流业集聚，进一步提升上海国际航运中心枢纽地位。

8月9日　市商务委主任尚玉英主持召

开上海国际贸易中心建设专家座谈会。旨在结合上海国际贸易中心“十二五”规划评估工作，分析新形势、新模式和新业态发展，听取对加快上海国际贸易中心建设的意见和建议，为进一步推进国际贸易中心形成创新点和突破口。

8月16日 上海银行为一家境外人民币股权基金投资某试点企业提供了首单境内股权投资服务，这意味着国内第一笔RQFLP境内投资业务顺利落地。RQFLP试点工作，即上海在成功开展外商投资股权投资企业试点工作(QFLP)基础上，允许海外机构投资者合法获得的境外人民币直接投资到上海市设立的外商投资股权投资企业，开展境内股权投资的有益尝试。这也是继外商人民币直接投资(RFDI)、人民币合格境外机构投资者(RQFII)之后，境外人民币回流的又一新渠道。

8月21日 市政府召开现代服务业综合试点推进大会，总结现代服务业综合试点工作推进情况，推介重点领域试点项目探索出的现代服务业发展新模式、新业态，部署下阶段工作任务。

8月23日 全市专业服务业推进工作会议召开。市发改委、市经信委、市科委等17家专业服务业联席会议成员单位，浦东新区商务委、市注册会计师协会、市律师协会等单位的负责人参加。

九　月

9月4日 常务副市长屠光绍视察第十届中国—东盟博览会上海展区。

9月5日 位于现代服务业集聚区之内的“徐家汇中心项目”地块正式出让。经过激烈竞价，最终以217.7亿元的总价被香港新鸿基旗下的威万国际投资有限公司摘得，溢价率24.2%，折合楼板价约3.7万元/平方米。

9月11—13日 第十二届中国(上海)国际跨国采购大会在上海世贸商城举行。本届跨采大会由商务部和上海市政府主办，是我国规格最高、规模最大的跨国逆向采购大会。大会设立“国际采购商专区”等4个展区，共吸引511家跨国采购商和6家联合国及国际组织采购机构设展，到会国内外供应商超过8000家，实现采购金额240亿美元。

9月13日—10月7日 2013上海购物节成功举办。购物节在传承历届经典的基础上，创新办节理念，基本框架为一个主题：“体验都市魅力，就从购物开始”；三大主线：“世界风”、“中华情”、“上海韵”；四大板块：“品味、时尚、休闲、体验”；聚焦六大消费：“智能消费”、“绿色消费”、“品牌消费”、“体验消费”、“服务消费”、“主题消费”。

9月14日 市商务委召开自贸试验区外商投资准入特别管理措施(负面清单)专家研讨会。

9月17日 商务部副部长王超带队来上海调研中国(上海)自由贸易试验区建设的工作推进情况。市商务委主任尚玉英详细汇报了“负面清单”制定、外商投资备案管理办法、自贸区挂牌及新闻宣传等方面的工作进展。

9月18日 海峡两岸关系协会会长、中国外商投资企业协会会长陈德铭、商务部副部长王超、上海市副市长周波及有关部门领导出席在兴国宾馆举办的外商投资企业座谈会。来自金融、服务、贸易、航运、制造业等共51家知名企业的近百位代表出席了座谈会。

同日 举行上海第二十三批跨国公司地区总部颁证仪式，周波为2012年认定的38家跨国公司地区总部颁发认定证书。根据2013《财富》世界500强排行榜，本次获颁证的38家跨国公司地区总部中有4家公司为世界500强企业，分别为：英国石油公司(BP)(第6位)、美国惠普公司(第43位)、美国默沙东公司(第214位)和英国阿斯利康公司(第413位)。另外，还有世界四大粮商之一的美国ADM公司、全球排名第二的卫生用品制造商瑞典爱生雅公司以及全球最大的体育用品零售商迪卡侬公司等全球行业领先企业。

9月26日 2013中华老字号博览会开幕。本届博览会主题为“传承创新 经典卓越”，宗旨是保护知识产权、挖掘文化内涵、提升品牌价值、传承独特技艺、保持商业信誉、增强消费信念。展出面积6528平方米，参展企业204家。

同日 上海出入境检验检疫局举行“科技创新，‘智检’助力发展——上海检验检疫局‘即查即放’现场查验模式启动会”。“即查即放”现场查验模式将在总结前期试点经验的基础上，进一步推广运用服务于上海自由贸易试验区建设，以进一步促进贸易便利化。

9月29日 中国（上海）自由贸易试验区正式启航，挂牌仪式在外高桥举行。中共中央政治局委员、上海市委书记韩正为“中国（上海）自由贸易试验区”揭牌。商务部部长高虎城和上海市市长杨雄共同为“中国（上海）自由贸易试验区管委会”揭牌。

同日 《中国（上海）自由贸易试验区外商投资准入特别管理措施（负面清单）》发布。负面清单是一种国际通行的外商投资管理办法，是一个国家禁止外资进入或限定外资比例的行业清单。

十 月

10月1—7日 2013年国庆黄金周上海市场销售增长11.8%。在上海购物节、旅游节节庆活动推动下，申城国庆市场节日氛围浓郁，各大商圈客流涌动，线上线下销售见旺，各类业态全面增长。

10月9—11日 商务部副部长房爱卿一行8人在沪开展专题调研，听取上海市服务贸易推进工作情况报告，参加服务贸易企业座谈会和生活性服务业企业座谈会并走访了部分企业。调研后，房副部长充分肯定上海在推进服务贸易发展中的工作成绩和经验做法，并表示商务部将把工作重点放在培育市场主体和优化发展环境上，通过公共服务平台来配置资源，更好推动企业发展。

10月14日 长三角会展联盟落户青浦区市级文创产业示范园区——中国·梦谷。中国·梦谷总部地属大虹桥商务区板块，毗邻中国博览会会展综合体。中国·梦谷—长三角会展业总部基地是长三角会展产业孵化基地的首个园区，将借鉴世界先进城市经验调整完善虹桥商务区核心区域规划，以中国博览会会展综合体为核心带动轴，争取打造为国家级会展产业示范区。

10月15日 举行湖南粮油集团—上海良友集团战略合作协议签订暨“湖南粮油入沪”活动。

10月17日 第五届上海国际减灾应急与安全博览会举行。本届展会吸引了来自国内外近200家展商，展出近8000件减灾与安防产品。参展企业中有500强知名企业，如英格索兰集团、巴斯夫、中国移动等。

同日 由国家商务部支持、上海市人民政府主办的第十一届上海软件贸易发展论坛在上海科学会堂开幕。本届论坛由上海软件外包国际峰会更名而来，旨在为企业搭建一个更能体现软件贸易发展趋势、涵盖面更广、更具活力的交流、研讨、宣传和洽谈平台。会上，为“中国上海——欧美IT产业发展联盟”揭幕，并开通“上海服务外包交易促进中心”线上交易平台。

同日 由光明食品集团和新疆生产建设兵团联合举办的2013光明·兵团食品节在上海展览中心举行。1800多种国内外食品亮相申城，其中有近百种是首次与消费者见面的新上市食品。本届食品节是光明集团根据上海市委、市政府要求，全力以赴做好援疆工作的重要举措。

10月31日 商务部和国家税务总局联合发布第十一批获批内资融资租赁业务试点企业名单。上海摩恩租赁、万方船舶租赁公司榜上有名。

同日 副市长周波出席2013中国国际语言服务业大会开幕式并致辞。

十一月

11月1日 市商务委主任尚玉英、市商业联合会会长任文燕出席2013上海零售商大会暨购物节总结会议。

11月1—3日 “2013中国(上海)国际网络购物交易会”在上海世贸商城举行。本届大会是商务部批准的网络购物领域唯一一个引导支持展会,以“展示交易、对接洽谈、经验分享、线下体验”为核心,构建ESSC(电商-供应商-消费者-服务商)的商业流通新模式。

同日 商务部反垄断局局长尚明一行来沪就有关经营者集中反垄断审查赴赛默飞世尔(中国)有限公司和展讯通信(上海)有限公司进行调研。

11月9日 历时5天的第十五届中国国际工业博览会闭幕。中国工博会是中国装备制造业最具影响力的品牌展之一,也是观察全球制造业趋势的重要窗口。本届参展规模、观众数量和成交额均创历史新高,共吸引境内外观众11.7万人,较上届增长14%;实现贸易成交额累计4.72亿元,较上届增长55%;贸易意向签约额累计8.47亿元,较上届增长187%。

11月13日 市商务委主任尚玉英、副主任顾军等赴东方电子支付有限公司开展调研。尚玉英充分肯定电子口岸办和东方支付公司在推进本市跨境贸易电子商务试点方面取得的成绩。

11月15日 第114届中国进出口商品交易会在广州正式开幕。上海交易团共有参展企业833家,展位3468个。其中品牌展位452个,占13%;特装展位2149个,占62%。

11月20日 作为首批入驻上海自贸试验区的项目,沪上唯一的国家跨境贸易电子交易试点——“跨境通”电子商务平台启动试运行。箱包、配饰、化妆品等百余件商品率先上线,国内消费者用不着出境,就能从更正规的渠道买到海外商品,网购价要比国内专卖店便宜约三成。

同日 由市商务委牵头、市服务贸易发展联席会议相关委办共同编制的《市服务贸易促进指导目录(2013年度)》专家讨论会在市商务委召开。

11月21日 由商务部和上海市共同主办的第二届中国国际石油大会在上海举行。

11月22日 商务部部长助理王炳南一行,来沪调研上海公益性农产品市场建设经验,先后考察了江桥批发市场、西郊国际批发市场以及虹口区水电路菜市场,并与部分商务部门和市场管理公司负责人座谈。

11月27日 市商务委副主任吴星宝主持召开现代服务业集聚区新一轮发展座谈会。会议围绕自贸区建设背景下如何打造现代服务业集聚区升级版、集聚区与其他服务业发展载体的关系,以及如何分类推进集聚区转型发展进行深入研讨。

11月29日 市商务委会同市农委联合发布关于上海实行季节性暂停活禽交易有关事项公告。规定从2014年起,每年农历正月初一至公历4月30日全市暂停活禽交易。

11月30日 2013年市政府实事早餐工程项目圆满完成。80家标准化门店和4家主食加工配送中心(中央厨房)顺利通过验收,项目建设任务完成率100%。

十二月

12月3日 市商务委联合上海市政协经济委员会、商务部驻上海特派员办事处、长宁区政府、解放日报5家单位共同主办虹桥贸易论坛。

同日 市商务委召开2013年市政府实事项目—粮食、水产流通安全信息追溯体系建设专家验收会。专家组一致认为,该项目基本实现了粮食和水产流通安全信息可追溯的目标,同意通过验收。

12月10日 市商务委召开全市第一次商业保理行业管理工作会议。浦东、黄浦、徐汇、嘉定、青浦等5个商业保理试点区,以及登记注册后近50家商业保理企业负责人出席会议。

12月11日 市政府召开推进电子发票试点专题工作会议。

12月12日 市商务委召开专题会议部署全市单用途商业预付卡专项整治行动。

同日 2013年上海典当业发展论坛暨首期上海典当业高级管理人员研修班开学典礼在上海社科院举行。市商务委副主任吴星宝、上海社会科学院常务副院长左学金出席会议并致贺辞。本届论坛和研修班旨在提高典当企业高管人员对宏观经济和金融市场发展形势的认识与判断能力,更好地促进企业经营和行业发展。

12月13日 第四次上海市进出口公平贸易行业工作会议在市商务委召开。市商务委副主任钟晓敏出席会议并致辞,市社团局社团管理处及市40家行业协会等代表参加会议。

12月18日 市商务委主任尚玉英主持召开跨境电子商务推进工作会议,了解上海跨境电子商务推进情况,表示政府将重点支持建设跨境电子商务公共服务平台,要求跨境通公司研究与会企业的建议,改进流程,探讨分担共建,实现合作共赢,并强调要加快跨境电子商务的发展速度,做到走通、走快、走亮、走好。

12月21日 "上海大宗商品信息中心"正式成立。3000名来自全国各地的大宗商品产业链、金融界人士齐聚一堂,见证"上海大宗商品信息中心"的揭牌。

12月31日 市商务委主任尚玉英、副主任吴星宝等实地考察松江区巴比馒头中央厨房,检查元旦节日市场餐饮供应情况。

统　　计

2014

上海商务年鉴

第八编

对外贸易往来的国家和地区
内外贸统计表

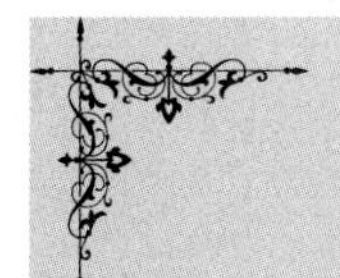

一、对外贸易往来的国家和地区

2013 年，是上海对外贸易调结构、促转型，优化贸易结构的关键年。面对美日经济回升缓慢、欧洲债务阴霾仍存、国际经济不振的外部环境，上海紧紧围绕“创新驱动、转型发展”总方针，加快推进国际贸易中心建设，对外贸易总体保持了平稳发展。全年货物贸易进出口总额 4414.32 亿美元，比上年增长 1.07%。其中，出口额 2042.44 亿美元，比上年减少 1.24%；进口额 2371.89 亿美元，比上年增长 3.15%；贸易逆差 329.45 亿美元，比上年的 231.44 亿美元上升 98.01 亿美元。

全年上海与全球 229 个国家和地区有贸易往来。其中，欧盟仍然是上海最大的贸易伙伴，全年对欧盟进出口贸易总额 915.82 亿美元，与上年基本持平。美国、欧盟、日本、东盟和中国香港仍然是上海的五大出口市场；欧盟、东盟、日本、美国和韩国则是上海的五大进口市场。在国际经济疲软的情况下，上海对新兴市场的贸易仍然取得较好的成绩，如对中东国家的贸易在 2011 年大幅上升近三成的基础上，2012、2013 年仍然持续上升；对非洲国家贸易额也仍呈现两位数的增长。

2013 年上海对外贸易往来国家（地区）一览表

金额单位：万美元

国别（地区）			进出口额		出口额		进口额	
			金额	比上年（±%）	金额	比上年（±%）	金额	比上年（±%）
亚洲	中国	香港	1749382	3.39	1676986	5.01	72397	-15.23
		澳门	5038	-39.87	4237	-43.56	801	-8.14
		台湾	2201649	8.85	579084	1.58	1622565	11.70
	东亚	日本	5508159	-3.89	2490852	-0.21	3017307	-6.73
		韩国	2390184	-2.26	621203	-10.56	1768982	1.04
	东盟		5392717	-5.43	2140240	2.32	3252477	-9.93
	中东		1194701	4.18	754926	3.31	439775	5.71
非洲			854201	14.41	498268	13.87	355933	15.18
欧洲	欧盟		9158193	1.55	3619396	-7.45	5538797	8.44
	俄罗斯		458104	-13.04	298966	-8.37	159138	-20.62

（续表）

国别（地区）		进出口额		出口额		进口额	
		金额	比上年（±%）	金额	比上年（±%）	金额	比上年（±%）
美洲	美　国	7339830	4.59	5064995	0.98	2274835	13.63
	加拿大	569189	4.80	297254	-3.22	271935	15.25
	拉丁美洲	2277017	-11.22	1009836	-5.22	1267182	-15.49
大洋洲	澳大利亚	1425327	10.08	582237	0.41	843090	17.92
	新西兰	211837	30.39	48746	3.30	163091	41.48

2010—2013 年上海与中国香港贸易情况表

金额单位：万美元

年份	进出口		出口		进口	
	金额	比上年（±%）	金额	比上年（±%）	金额	比上年（±%）
2010	1467080	22.48	1340942	22.05	126138	27.23
2011	1719273	17.19	1614600	20.41	104673	-17.02
2012	1682321	-2.15	1596921	-1.09	85400	-18.41
2013	1749382	3.99	1676986	5.01	72397	-15.23

2010—2013 年上海与中国澳门贸易情况表

金额单位：万美元

年份	进出口		出口		进口	
	金额	比上年（±%）	金额	比上年（±%）	金额	比上年（±%）
2010	8185	-13.41	7770	-15.32	415	50.41
2011	4785	-41.54	4144	-46.66	641	54.34
2012	8379	75.11	7507	81.15	872	36.09
2013	5038	-39.87	4237	-43.56	801	-8.14

2010—2013 年上海与中国台湾贸易情况表

金额单位：万美元

年份	进出口		出口		进口	
	金额	比上年（±%）	金额	比上年（±%）	金额	比上年（±%）
2010	2065873	35.98	565420	38.96	1500453	34.90
2011	2119850	2.61	618965	9.47	1500884	0.03
2012	2022702	-4.58	570095	-7.90	1452607	-3.22
2013	2201649	8.85	579084	1.58	1622565	11.70

2010—2013年上海与日本贸易情况表

金额单位:万美元

年份	进出口		出口		进口	
	金额	比上年(±%)	金额	比上年(±%)	金额	比上年(±%)
2010	5051709	30.60	1964599	22.15	3087110	36.62
2011	5862817	16.06	2397439	22.03	3465378	12.25
2012	5731083	-2.25	2496183	4.12	3234900	-6.65
2013	5508159	-3.89	2490852	-0.21	3017307	-6.73

2010—2013年上海与韩国贸易情况表

金额单位:万美元

年份	进出口		出口		进口	
	金额	比上年(±%)	金额	比上年(±%)	金额	比上年(±%)
2010	2053297	47.27	589192	25.64	1464105	58.24
2011	2591871	26.23	741817	25.90	1850054	26.36
2012	2445331	-5.65	694548	-6.37	1750783	-5.37
2013	2390184	-2.26	621203	-10.56	1768982	1.04

2010—2013年上海与东盟贸易情况表

金额单位:万美元

年份	进出口		出口		进口	
	金额	比上年(±%)	金额	比上年(±%)	金额	比上年(±%)
2010	4340487	51.25	1774008	38.66	2566479	61.38
2011	5378660	23.92	2036640	14.80	3342020	30.22
2012	5702581	6.02	2091703	2.70	3610878	8.04
2013	5392717	-5.43	2140240	2.32	3252477	-9.93

2010—2013年上海与中东贸易情况表

金额单位:万美元

年份	进出口		出口		进口	
	金额	比上年(±%)	金额	比上年(±%)	金额	比上年(±%)
2010	842072	21.30	551994	11.71	290078	44.99
2011	1102233	30.90	682516	23.65	419718	44.69
2012	1146777	4.04	730753	7.07	416024	-0.88
2013	1194701	4.18	754926	3.31	439775	5.71

2010—2013 年上海与非洲贸易情况表

金额单位:万美元

年份	进出口		出口		进口	
	金额	比上年(±%)	金额	比上年(±%)	金额	比上年(±%)
2010	691751	46.12	409844	27.35	281906	85.96
2011	812375	17.44	492781	20.24	319595	13.37
2012	746601	-8.10	437588	-11.20	309014	-3.31
2013	854201	14.41	498268	13.87	355933	15.18

2010—2013 年上海与欧盟贸易情况表

金额单位:万美元

年份	进出口		出口		进口	
	金额	比上年(±%)	金额	比上年(±%)	金额	比上年(±%)
2010	7619798	26.79	4173190	19.39	3446608	37.08
2011	9018804	18.36	4357476	4.42	4661328	35.24
2012	9018685	(持平)	3910743	-10.25	5107942	9.58
2013	9158193	1.55	3619396	-7.45	5538797	8.44

2010—2013 年上海与俄罗斯贸易情况表

金额单位:万美元

年份	进出口		出口		进口	
	金额	比上年(±%)	金额	比上年(±%)	金额	比上年(±%)
2010	381928	50.78	211485	104.53	170443	13.70
2011	486475	27.37	255239	20.69	231236	35.67
2012	526779	8.28	326291	27.84	200488	-13.30
2013	458104	-13.04	298966	-8.37	159138	-20.62

2010—2013 年上海与美国贸易情况表

金额单位:万美元

年份	进出口		出口		进口	
	金额	比上年(±%)	金额	比上年(±%)	金额	比上年(±%)
2010	6126601	29.84	4099087	27.72	2027514	34.35
2011	6965344	13.69	4839383	18.06	2125961	4.86
2012	7017804	0.75	5015901	3.65	2001903	-5.84
2013	7339830	4.59	5064995	0.98	2274835	13.63

2010—2013 年上海与加拿大贸易情况表

金额单位:万美元

年份	进出口		出口		进口	
	金额	比上年(±%)	金额	比上年(±%)	金额	比上年(±%)
2010	486964	25.96	278008	22.25	208956	31.25
2011	527994	8.43	281384	1.21	246610	18.02
2012	543095	2.86	307133	9.15	235962	-4.32
2013	569189	4.80	297254	-3.22	271935	15.25

2010—2013 年上海与拉丁美洲贸易情况表

金额单位:万美元

年份	进出口		出口		进口	
	金额	比上年(±%)	金额	比上年(±%)	金额	比上年(±%)
2010	2153101	46.45	944722	61.09	1208379	36.74
2011	2570462	19.38	1138058	20.46	1432405	18.54
2012	2564888	-0.22	1065466	-6.38	1499422	4.68
2013	2277017	-11.22	1009836	-5.22	1267182	-15.49

2010—2013 年上海与澳大利亚贸易情况表

金额单位:万美元

年份	进出口		出口		进口	
	金额	比上年(±%)	金额	比上年(±%)	金额	比上年(±%)
2010	1018375	43.15	455869	33.48	562506	52.08
2011	1340654	31.65	566305	24.23	774349	37.66
2012	1294798	-3.42	579843	2.39	714955	-7.67
2013	1425327	10.08	582237	0.41	843090	17.92

2010—2013 年上海与新西兰贸易情况表

金额单位:万美元

年份	进出口		出口		进口	
	金额	比上年(±%)	金额	比上年(±%)	金额	比上年(±%)
2010	115048	38.63	40241	22.10	74806	49.53
2011	136672	18.80	43747	8.71	92924	24.22
2012	162468	18.87	47191	7.87	115277	24.05
2013	211837	30.39	48746	3.30	163091	41.48

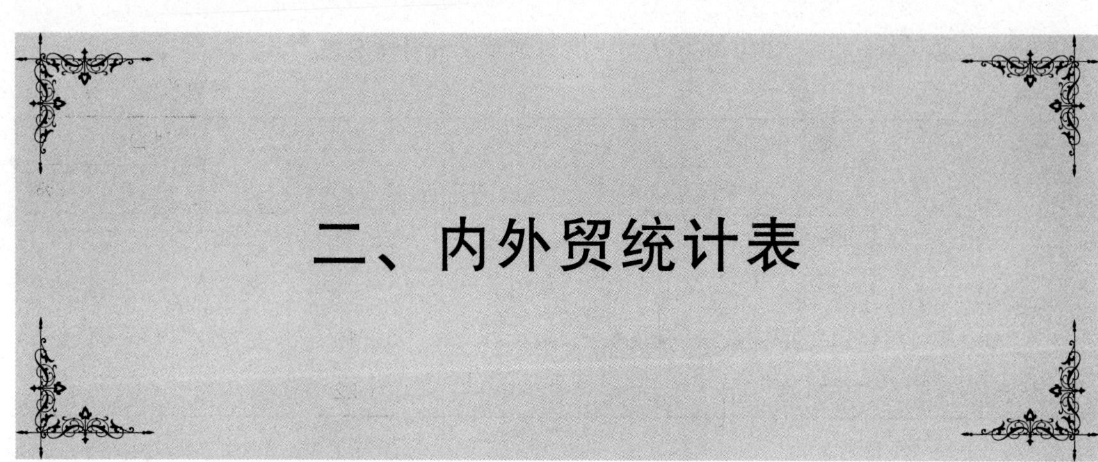

二、内外贸统计表

（一）国内贸易

2013年上海限额以上批发贸易业产业活动单位和从业人员情况表

类　　别	法人企业（个）	产业活动单位数（个）	从业人员（人）
总　　计	5717	9334	450329
按登记注册类型分			
内资企业	3957	6039	187950
国　　有	101	180	5521
集　　体	26	40	1046
股份合作	3	3	61
联　　营	8	9	1058
有限责任公司	888	1788	74230
股份有限公司	63	640	17826
私　　营	2863	3373	87973
其　　他	5	6	235
港澳台商投资	517	1121	97309
外商投资	1243	2174	165070
按行业分			
农、林、牧产品批发	46	54	1994
食品、饮料及烟草制品批发	358	1058	49066
#米、面制品及食用油批发	62	123	5413
烟草制品批发	24	482	8214
纺织、服装及日用品批发	845	1650	143000
#服装批发	277	661	53706
文化、体育用品及器材批发	174	267	10631
医药及医疗器材批发	235	417	44046

（续表）

类　　别	法人企业（个）	产业活动单位数（个）	从业人员（人）
矿产品、建材及化工产品批发	2253	3264	69760
#煤炭及制品批发	76	80	2183
石油及制品批发	208	704	15381
金属及金属矿批发	977	1107	17900
建材批发	169	208	4851
机械设备、五金交电及电子产品批发	1282	1897	102198
#汽车批发	41	58	8718
汽车零配件批发	110	138	8025
电气设备批发	104	149	9891
计算机、软件及辅助设备批发	146	186	9581
贸易经纪与代理	218	291	10247
其他批发	306	436	19387

2013年上海限额以上零售贸易业产业活动单位和从业人员情况表

类　　别	法人企业（个）	产业活动单位数（个）	从业人员（人）
总　　计	1693	11911	328204
按登记注册类型分			
内资企业	1459	8917	186230
国　　有	67	154	4424
集　　体	31	144	1442
股份合作	12	62	263
联　　营	29	39	542
有限责任公司	595	5272	99953
股份有限公司	41	577	18700
私　　营	677	2638	60676
其　　他	7	31	230
港澳台商投资	133	1114	63031
外商投资	101	1880	78943
按行业分			
综合零售	251	5446	127976
#百货零售	106	261	21140
超级市场零售	104	1434	81857
食品、饮料及烟草制品专门零售	108	1694	20554
纺织、服装及日用品专门零售	209	1698	81238
#服装零售	126	1147	64718

（续表）

类　　别	法人企业(个)	产业活动单位数(个)	从业人员(人)
文化、体育用品及器材专门零售	128	380	12468
#体育用品及器材零售	7	21	1087
图书、报刊零售	19	130	3762
医药及医疗器材专门零售	94	1219	13576
#药品零售	85	1128	12449
汽车、摩托车、燃料及零配件专门零售	674	827	39042
#汽车零售	444	490	32811
家用电器及电子产品专门零售	88	350	13962
#家用视听设备零售	7	39	1819
日用家电设备零售	20	137	5017
计算机、软件及辅助设备零售	38	43	1691
通信设备零售	10	50	1963
五金、家具及室内装修材料专门零售	70	143	6226
货摊、无店铺及其他零售业	71	154	13162
#互联网零售	18	22	10325
邮购及电视、电话零售	5	5	275

2010—2013年上海批发零售贸易业、餐饮业从业人员情况表

年份	从业人员（万人）	其中			
		批发零售贸易业	其中		餐饮业
			批发业	零售业	
2010	207.94	176.69	91.58	85.21	31.15
2011	215.57	184.61	96.96	87.65	30.96
2012	226.70	194.28	104.33	89.95	32.42
2013	230.18	194.91	106.98	87.93	35.27

说明：本表从业人员是指本行业的全部从业人员。

2010—2013年上海批发零售贸易业商品销售、库存总额情况表

单位：亿元

指　　标	2010年	2011年	2012年	2013年
商品销售总额	37383.25	46075.87	53795.10	60496.05
零　　售	5199.12	6018.57	6598.46	7170.82
批　　发	32184.13	40057.30	47196.64	53325.23
年末库存总额	1913.49	2357.55	2805.57	3311.10

注：本表为国内批发零售贸易业、物资供销业、对外贸易业统计口径。

2013 年上海批发零售贸易业商品销售、库存总额情况表

单位:亿元

类 别	商品销售总额	商品库存总额
总 计	60496.05	3311.10
限额以上单位	52358.69	3101.09
限额以下单位	8137.36	210.01

2013 年上海限额以上零售贸易业商品购、销、存总额情况表

单位:亿元

类 别	商品购进总额	商品销售总额	商品库存总额
总 计	4332.63	5131.55	577.35
按登记注册类型分			
内资企业	3065.60	3404.23	313.62
国 有	107.58	125.31	8.99
集 体	9.18	10.60	0.79
股份合作	3.84	4.13	0.11
联 营	20.77	24.09	0.48
有限责任公司	1667.81	1876.19	165.71
股份有限公司	234.65	247.09	19.72
私 营	1019.98	1114.82	117.66
其 他	1.79	2.00	0.16
港澳台商投资	556.07	791.59	163.74
外商投资	710.96	935.73	99.99
按行业分			
#综合零售	1245.14	1471.05	104.95
食品、饮料及烟草制品专门零售	392.43	89.57	9.27
纺织、服装及日用品专门零售	392.43	692.09	148.54
文化、体育用品及器材专门零售	325.52	401.28	83.46
医药及医疗器材专门零售	158.94	180.63	14.26
汽车、摩托车、燃料及零配件专门零售	1329.05	1374.23	134.35
家用电器及电子产品专门零售	249.04	306.23	21.56
五金、家具及室内装修材料专门零售	44.77	70.08	8.61

2012—2013 年上海限额以上批发零售贸易业主要生产资料销售量情况表

单位:万吨

生产资料名称	2012 年	2013 年
钢　材	6916.37	7396.72
铜	247.61	743.90
铝	214.17	825.78
煤　炭	15475.93	25641.40
汽　油	1866.83	1798.02
煤　油	810.45	735.13
柴　油	2926.06	2718.79
水　泥	395.69	523.90

2013 年上海限额以上批发贸易业商品购、销、存总额情况表

单位:亿元

类　别	商品购进总额	商品销售总额	商品库存总额
总　计	45494.83	52358.69	3101.09
按登记注册类型分			
内资企业	27911.83	29495.54	1356.47
国　有	4107.94	4224.85	84.42
集　体	42.44	45.41	6.34
股份合作	1.14	1.19	0.05
联　营	21.47	21.53	7.27
有限责任公司	12136.85	12852.33	708.78
股份有限公司	2191.03	2345.65	94.10
私　营	9401.89	9994.75	454.78
其　他	9.07	9.83	0.73
港澳台商投资	4076.65	4954.81	496.03
外商投资	13506.35	17908.34	1248.59
按行业分			
农、林、牧产品批发	290.85	290.43	44.75
食品、饮料及烟草制品批发	2615.10	3013.28	334.52

（续表）

类　　别	商品购进总额	商品销售总额	商品库存总额
#米、面制品及食用油批发	1069.05	1158.06	58.74
烟草制品批发	435.72	495.50	12.86
纺织、服装及家庭用品批发	3456.37	4725.60	496.25
#服装批发	699.00	1111.26	194.05
文化、体育用品及器材批发	815.80	984.63	75.84
医药及医疗器材批发	1313.99	1667.61	201.60
矿产品、建材及化工产品批发	25276.65	26298.98	939.85
#煤炭及制品批发	1754.46	1864.60	15.47
石油及制品批发	6059.88	6220.68	124.80
金属及金属矿批发	12486.08	12831.39	366.86
建材批发	554.77	589.06	62.91
化肥批发	35.39	38.77	3.81
机械设备、五金交电及电子产品批发	9788.69	13133.84	822.90
#汽车批发	3697.62	6044.94	284.64
汽车零配件批发	660.52	810.63	89.60
家用电器批发	222.84	389.55	34.00
计算机、软件及辅助设备批发	1089.94	1160.25	88.45
贸易经纪与代理	744.35	838.88	64.15
其他批发	1193.03	1405.44	121.23

2010—2013 年上海社会消费品零售总额情况表

单位：亿元

年份	社会消费品零售总额	按商品用途分			
		食品类	衣着类	用品类	燃料类
2010	6070.50	1830.64	686.15	3197.85	355.86
2011	6814.80	2036.14	760.31	3590.39	427.96
2012	7412.30	2107.08	862.56	3990.29	452.36
2013	8052.00	2241.19	933.26	4410.85	466.70

说明：1. 2005—2009 年社会消费品零售总额及分组依二经普数据，按国家统计局规定进行了修订。

2. 以上国内贸易资料来源均来自上海市统计局。

（二）对外贸易

2010—2013 年按国别（地区）分的上海关区出口总额情况表

单位：亿美元

国别(地区)	2010 年	2011 年	2012 年	2013 年
总　计	4233.40	4999.64	4911.56	4991.29
亚　洲	1653.96	2022.89	2023.25	2089.82
# 中国香港	210.46	249.36	239.09	240.90
中国台湾	112.52	133.45	125.52	135.55
日　本	442.82	544.99	551.98	542.65
韩　国	138.83	170.70	168.69	172.68
新加坡	94.80	107.85	113.29	122.39
马来西亚	73.08	81.19	83.86	87.60
泰　国	61.18	79.57	91.27	90.77
菲律宾	29.43	29.70	30.09	38.10
巴基斯坦	16.12	19.13	20.95	23.18
科威特	4.05	5.19	3.48	4.07
沙特阿拉伯	19.92	33.13	33.76	31.42
阿拉伯联合酋长国	44.97	52.44	54.77	53.60
非　洲	130.79	156.71	161.27	175.01
# 埃　及	12.11	11.94	13.79	13.02
苏　丹	4.39	3.58	2.85	3.17
欧　洲	1095.67	1199.80	1068.67	1047.00
# 德　国	214.67	216.84	204.99	180.43
法　国	110.42	100.99	77.25	76.41
意大利	118.34	120.53	85.39	83.42
荷　兰	154.89	185.24	162.35	160.62
英　国	117.88	129.79	123.49	128.49
瑞　典	20.26	21.86	19.72	19.66
俄罗斯	59.95	77.35	88.38	89.73
美　洲	1234.11	1470.82	1513.00	1535.00
# 美　国	910.54	1058.72	1087.47	1117.97
加拿大	74.81	82.07	83.86	83.71
巴　西	75.44	100.92	99.17	101.10
智　利	20.47	25.89	26.79	29.82
大洋洲及太平洋岛屿	118.87	149.42	145.37	144.47
# 澳大利亚	95.45	125.09	126.57	124.90
新西兰	9.87	11.52	12.03	13.20
其　他	—	—	—	—

说明："其他"为无国别数(以下同)。

2010—2013 年按国别(地区)分的上海关区进口总额情况表

单位：亿美元

国别(地区)	2010 年	2011 年	2012 年	2013 年
总 计	2613.05	3123.50	3101.54	3130.08
亚 洲	1477.09	1684.84	1662.77	1602.67
# 中国香港	17.05	17.55	11.38	9.48
中国台湾	210.86	215.90	209.29	230.89
日 本	473.84	539.98	493.03	434.49
韩 国	279.87	283.29	263.45	277.95
新 加 坡	51.61	65.70	65.87	67.32
马来西亚	117.63	158.56	169.17	147.31
泰 国	63.19	76.11	66.35	62.35
菲 律 宾	36.47	42.39	48.04	36.50
巴基斯坦	3.24	4.21	5.64	6.35
科 威 特	0.71	0.87	1.06	1.11
沙特阿拉伯	8.28	11.81	12.62	15.76
阿拉伯联合酋长国	1.85	4.22	5.19	5.57
非 洲	41.85	45.79	44.04	50.08
# 埃 及	1.31	1.85	1.63	1.11
南 非	16.60	18.71	16.11	22.06
欧 洲	619.42	810.26	807.58	860.23
# 德 国	248.28	310.64	297.20	302.30
法 国	53.72	71.57	85.68	86.60
意 大 利	51.07	68.52	61.58	70.53
荷 兰	15.19	19.64	19.64	19.60
英 国	37.69	51.03	57.64	67.43
瑞 典	28.75	38.18	37.94	38.18
俄 罗 斯	22.93	31.09	28.28	20.19
美 洲	420.66	505.50	506.52	518.36
# 美 国	268.76	301.50	289.65	318.86
加 拿 大	27.89	39.02	31.99	31.94
巴 西	19.03	30.47	32.16	25.15
智 利	63.82	77.21	86.96	73.13
大洋洲及太平洋岛屿	53.73	76.64	80.18	98.26
# 澳大利亚	45.35	65.13	66.46	79.39
新 西 兰	8.33	11.14	13.34	18.51
其 他	0.30	0.47	0.44	0.49

2010—2013 年上海关区出口总额分类情况表

单位:亿美元

年份	关区出口总额	其中				
		#一般贸易	#来料加工装配贸易	#进料加工贸易	#对外承包工程货物	#出料加工贸易
2010	4233.40	2183.98	178.52	1639.70	60.55	0.09
2011	4999.64	2691.93	151.78	1846.59	77.70	0.11
2012	4911.60	2722.60	137.52	1718.10	72.50	0.12
2013	4991.29	2857.73	130.46	1642.18	80.16	0.11

2010—2013 年上海关区进口总额分类情况表

单位:亿美元

年份	关区进口总额	其中				
		#一般贸易	#来料加工装配贸易	#进料加工贸易	#对外商投资企业进口设备	#租赁贸易
2010	2613.06	1209.42	169.36	552.86	43.81	18.56
2011	3123.50	1558.35	135.68	610.32	51.18	13.69
2012	3101.50	1517.00	123.06	676.40	33.00	10.80
2013	3130.08	1628.68	135.19	524.14	23.58	23.68

2010—2013 年上海市进出口总额情况表

单位:亿美元

年份	进出口总额	进口总额	出口总额	进出口差额	进出口总额相当于生产总值的比例(%)	出口总额相当于生产总值的比例(%)
2010	3688.69	1880.85	1807.84	-73.01	148.0	72.5
2011	4374.36	2276.47	2097.89	-178.58	147.2	70.6
2012	4367.58	2299.51	2068.07	-231.44	135.8	64.3
2013	4414.33	2371.89	2042.44	-329.45	—	—

资料来源:上海市商务委员会外贸发展处。

2012—2013 年海外企业情况表

指标	至 2011 年底累计	2012 年新增	至 2012 年底累计	2013 年新增	至 2013 年底累计
企业数(家)	1680	249	1929	347	2276
投资额(万美元)	1034119	324335	1358454	430571	1789025

资料来源:上海市统计局。

2012—2013 年国际会展情况表

指　　标	2012 年	2013 年
举办国际会展次数(次)	265	247
国际会展展出总面积(万平方米)	826.9	874.5

资料来源:上海市统计局。

2010—2013 年上海外贸进出口贸易额及其增长速度情况表

年份	进出口总额		出口额		进口额	
	金额(亿美元)	比上年(±%)	金额(亿美元)	比上年(±%)	金额(亿美元)	比上年(±%)
2010	3688.69	32.80	1807.84	27.40	1880.85	38.48
2011	4374.36	18.59	2097.89	16.04	2276.47	21.03
2012	4367.58	-0.15	2068.07	-1.42	2299.50	1.00
2013	4414.33	1.07	2042.44	-1.24	2371.89	3.15

2012—2013 年上海外贸商品进出口贸易差额(按 SITC 分类)表

单位:万美元

商品名称	2012 年				2013 年			
	进出口	进　口	出　口	进出口差额	进出口	进　口	出　口	进出口差额
总　　值	43675804	22995083	20680720	-2314363	44143273	23718922	20424351	-3294571
一、初级产品	3445082	2954917	490165	-2464752	3587058	3130465	456593	-2673872
0 类　食品及活动物	588844	478375	110468	-367907	714907	607784	107123	-500661
00 章.活动物	1092	238	854	616	1755	241	1514	1273
01 章.肉及肉制品	63066	54906	8159	-46747	92752	85121	7632	-77489
02 章.乳品及蛋品	70231	70063	168	-69895	116959	116669	290	-116379
03 章.鱼、甲壳及软体类动物等	67632	57766	9866	-47900	81146	73958	7188	-66770
04 章.谷物及其制品	18266	14695	3572	-11123	27648	24932	2716	-22216
05 章.蔬菜及水果	92356	63956	28400	-35556	85374	58583	26791	-31792
06 章.糖、糖制品及蜂蜜	13141	8425	4716	-3709	12011	8226	3785	-4441
07 章.咖啡、茶、可可、调味料等	51097	33009	18088	-14921	57427	40360	17067	-23293
08 章.饲料(不包括未碾磨谷物)	56589	46927	9662	-37265	63625	53180	10445	-42735
09 章.杂项食品	155374	128390	26984	-101406	176210	146514	29696	-116818
1 类　饮料及烟类	175700	153245	22455	-130790	166066	140135	25930	-114205
11 章.饮料	157067	149706	7360	-142346	147852	137937	9915	-128022
12 章.烟草及其制品	18633	3539	15094	11555	18213	2198	16015	13817

（续表一）

商品名称	2012年				2013年			
	进出口	进　口	出　口	进出口差额	进出口	进　口	出　口	进出口差额
2类　非食用原料(燃料除外)	1632383	1549430	82952	－1466478	1655149	1575774	79376	－1496398
21章.生皮及生毛皮	5392	5392	0	－5392	4435	4429	6	－4423
22章.油籽及含油果实	161397	159976	1421	－158555	132432	130573	1860	－128713
23章.生橡胶(包括合成橡胶等)	152945	139236	13709	－125527	130540	120956	9585	－111371
24章.软木及木材	180963	175586	5378	－170208	270087	264420	5667	－258753
25章.纸浆及废纸	42014	41876	138	－41738	55229	54978	251	－54727
26章.纺织纤维(羊毛条除外)等	128779	114145	14634	－99511	111305	96354	14952	－81402
27章.天然肥料及矿物(煤石油等)	47229	40974	6254	－34720	44219	36443	7776	－28667
28章.金属矿砂及金属废料	867662	859255	8407	－850848	857353	853565	3789	－849776
29章.其他动、植物原料	46002	12992	33010	20018	49548	14057	35491	21434
3类　矿物燃料、润滑油及有关原料	957109	685290	271819	－413471	944188	701754	242434	－459320
32章.煤、焦炭及煤砖	124899	122530	2369	－120161	161482	155408	6073	－149335
33章.石油、石油产品及有关原料	709606	440190	269416	－170774	627212	390951	236261	－154690
34章.天然气及人造气	122604	122569	35	－122534	155460	155395	65	－155330
4类　动植物油、脂及蜡	91047	88577	2470	－86107	106749	105019	1730	－103289
41章.动物油、脂	5586	4037	1549	－2488	4354	3199	1155	－2044
42章.植物油、脂	72121	71855	266	－71589	87609	87551	58	－87493
43章.已加工的动植物油、脂等	13341	12685	656	－12029	14786	14270	517	－13753
二、工业制品	40230721	20040167	20190555	150388	40556216	20588457	19967758	－620699
5类　化学成品及有关产品	4563375	3249231	1314145	－1935086	4881335	3523276	1358059	－2165217
51章.有机化学品	1174541	834366	340175	－494191	1228603	880264	348339	－531925
52章.无机化学品	245988	153742	92246	－61496	239689	143554	96135	－47419
53章.染料、鞣料及着色料	209648	126240	83408	－42832	219651	133897	85754	－48143
54章.医药品	759486	507180	252306	－254874	884819	624293	260525	－363768
55章.精油、香料及盥洗、光洁制	270392	174031	96362	－77669	293000	196495	96505	－99990
56章.制成废料	9890	135	9755	9620	11255	131	11124	10993
57章.初级形状的塑料	1025474	831584	193889	－637695	1087391	883529	203863	－679666
58章.非初级形状的塑料	301332	199046	102286	－96760	316491	207698	108793	－98905
59章.其他化学原料及产品	566623	422907	143717	－279190	600437	453416	147021	－306395
6类　按原料分类的制成品	5824270	3235804	2588466	－647338	5468428	2990745	2477684	－513061
61章.皮革、皮革制品及已鞣毛皮	41673	30574	11099	－19475	44403	33993	10411	－23582
62章.橡胶制品	249603	146571	103032	－43539	238184	141364	96820	－44544

（续表二）

商品名称	2012年				2013年			
	进出口	进 口	出 口	进出口差额	进出口	进 口	出 口	进出口差额
63章.软木及木制品(家具除外)	102865	13901	88964	75063	99892	16064	83827	67763
64章.纸及纸板;纸浆、纸及纸板	159149	84081	75068	-9013	168295	87862	80434	-7428
65章.纺纱、织物、制成品	898048	267461	630587	363126	920057	279390	640666	361276
66章.非金属矿物制品	583109	362311	220797	-141514	610779	379014	231765	-147249
67章.钢铁	681510	296834	384676	87842	643638	294985	348653	53668
68章.有色金属	2156710	1739236	417474	-1321762	1772163	1444197	327967	-1116230
69章.金属制品	951603	294834	656768	361934	971017	313876	657141	343265
7类 机械及运输设备	23799917	11042406	12757511	1715105	23261801	10756785	12505016	1748231
71章.动力机械及设备	819303	448774	370528	-78246	739837	406372	333466	-72906
72章.特种工业专用机械	1180132	605370	574762	-30608	1093102	543157	549945	6788
73章.金工机械	308462	208578	99885	-108693	298291	200617	97673	-102944
74章.通用工业机械设备及零件	2303711	1125934	1177777	51843	2452973	1183712	1269260	85548
75章.办公用机械及自动数据处理	6138869	1141650	4997219	3855569	5347905	767858	4580048	3812190
76章.电信及声音的录制及重放装	2453131	679575	1773555	1093980	2486076	716405	1769671	1053266
77章.电力机械、器具及其电气零件	7767240	5192737	2574502	-2618235	7668173	4933478	2734695	-2198783
78章.陆路车辆(包括气垫式)	1968259	1274018	694241	-579777	2295693	1563817	731876	-831941
79章.其他运输设备	860811	365770	495042	129272	879751	441369	438382	-2987
8类 杂项制品	5928783	2399044	3529738	1130694	6255618	2628752	3626866	998114
81章.活动房屋;卫生水道供热等	125604	16406	109198	92792	154315	19716	134600	114884
82章.家具及其零件:褥垫及类似	437094	71017	366077	295060	443545	74228	369317	295089
83章.旅行用品、手提包及类似品	275763	120674	155088	34414	287292	121307	165985	44678
84章.服装及衣着附件	1642789	245049	1397740	1152691	1695131	295389	1399743	1104354
85章.鞋靴	181379	76884	104496	27612	204068	88532	115536	27004
87章.专业、科学及控制用仪器等	1658814	1114055	544759	-569296	1874299	1244663	629635	-615028
88章.摄影器材、光学物品及钟表	452874	365884	86990	-278894	428529	349684	78846	-270838
89章.杂项制品	1154466	389077	765389	376312	1168438	435233	733205	297972
9类 未分类的商品	114376	113682	694	-112988	689033	688899	134	-688765
93章.特殊交易品及未分类商品	114075	113471	604	-112867	688939	688839	100	-688739
96章.非法定货币的硬币(金币除外)	225	211	14	-197	61	60	1	-59
97章.非货币用黄金(金矿砂除外)	76	0	76	76	33	0	33	33

2012—2013 年上海与世界各地贸易往来情况表

单位：万美元

国别(地区)	2012 年				2013 年			
	进出口	进口	出口	进出口差额	进出口	进口	出口	进出口差额
总值	43675804	22995083	20680720	-2314363	44143275	23718923	20424351	-3294572
亚洲	21101901	12279253	8822648	-3456605	20650414	11820765	8829650	-2991115
中国香港	1682321	85400	1596921	1511521	1749382	72397	1676986	1604589
印度	823963	331405	492559	161154	727193	316102	411091	94989
日本	5731083	3234900	2496183	-738717	5508159	3017307	2490852	-526455
韩国	2445331	1750783	694548	-1056235	2390184	1768982	621203	-1147779
中国	1282908	1282908	0	-1282908	1185040	1185040	0	-1185040
中国台湾	2022702	1452607	570095	-882512	2201649	1622565	579084	-1043481
东盟	5702581	3610878	2091703	-1519175	5392717	3252477	2140240	-1112237
马来西亚	1951707	1586972	364735	-1222237	1796130	1376719	419411	-957308
新加坡	1165247	478898	686349	207451	1210935	506393	704542	198149
泰国	873002	512363	360640	-151723	789797	474291	315505	-158786
非洲	746601	309014	437588	128574	854201	355933	498268	142335
欧洲	10188028	5828605	4359423	-1469182	10781384	6713049	4068336	-2644713
英国	1074664	574555	500110	-74445	1216924	695728	521196	-174532
德国	2865947	1922547	943400	-979147	2757016	2086131	670884	-1415247
法国	977487	691956	285531	-406425	959700	695319	264381	-430938
意大利	750341	455600	294741	-160859	809146	522124	287022	-235102
荷兰	974921	170040	804881	634841	1017878	168396	849481	681085
拉丁美洲	2564888	1499422	1065466	-433956	2277017	1267182	1009836	-257346
巴西	710144	431900	278244	-153656	614333	323664	290669	-32995
智利	610902	546059	64843	-481216	467398	396687	70711	-325976
北美洲	7564397	2239172	5325224	3086052	7911957	2548534	5363423	2814889
美国	7017804	2001903	5015901	3013998	7339830	2274835	5064995	2790160
大洋洲	1507046	836676	670370	-166306	1664671	1009832	654839	-354993
澳大利亚	1294798	714955	579843	-135112	1425327	843090	582237	-260853

2010—2013年上海外贸出口贸易方式情况表

单位:万美元

贸易方式	2010年		2011年		2012年		2013年	
	出口额	占比(%)	出口额	占比(%)	出口额	占比(%)	出口额	占比(%)
总　值	18078421	100.00	20978921	100.00	20680720	100.00	20424351	100.00
一般贸易	6327402	35.00	7715507	36.78	7892900	38.17	8172465	40.01
国家间、国际组织无偿援助和赠送的物资	3238	0.02	1935	0.01	595	—	1343	0.01
华侨、港澳台同胞、外籍华人捐赠物资	—	—	106	—	—	—	94	—
补偿贸易	—	—	2	—	—	—	—	—
来料加工装配贸易	670557	3.71	452055	2.15	395917	1.91	378416	1.85
进料加工贸易	9366830	51.81	10453531	49.83	9756969	47.18	9059560	44.36
寄售代销贸易	—	—	—	—	183	—	—	—
边境小额贸易(边民互市贸易除外)	3	—	—	—	8	—	—	—
来料加工装配进口的设备	—	—	—	—	—	—	—	—
对外承包工程货物	80326	0.44	175443	0.84	173440	0.84	142364	0.70
租赁贸易	—	—	439	—	35	—	51	—
外商投资企业作为投资进口的设备、物品	—	—	—	—	—	—	—	—
出料加工贸易	546	—	1113	0.01	1252	0.01	1104	0.01
易货贸易	—	—	—	—	—	—	—	—
保税监管场所进出境货物	276917	1.53	378309	1.80	415988	2.01	385261	1.89
海关特殊监管区域物流货物	1350984	7.47	1798904	8.57	2041584	9.87	2281455	11.17
其　它	1620	0.01	1576	0.01	1849	0.01	2237	0.01

2010—2013年上海外贸出口商品结构(按SITC分类)情况表

单位:万美元

商品结构	2010年		2011年		2012年		2013年	
	出口额	占比(%)	出口额	占比(%)	出口额	占比(%)	出口额	占比(%)
总　值	18078421	100.00	20978921	100.00	20680720	100.00	20424351	100.00
一、初级产品	376094	2.08	455932	2.17	490165	2.37	456593	2.24
0类　食品及活动物	92042	0.51	106082	0.51	110468	0.53	107123	0.52
00章.活动物	718	0.00	519	0.00	854	0.00	1514	0.01
01章.肉及肉制品	4630	0.03	6000	0.03	8159	0.04	7632	0.04
02章.乳品及蛋品	203	0.00	193	0.00	168	0.00	290	0.00

（续表一）

商品结构	2010年		2011年		2012年		2013年	
	出口额	占比（%）	出口额	占比（%）	出口额	占比（%）	出口额	占比（%）
03章.鱼、甲壳及软体类动物等	10655	0.06	12260	0.06	9866	0.05	7188	0.04
04章.谷物及其制品	2753	0.02	3252	0.02	3572	0.02	2716	0.01
05章.蔬菜及水果	31613	0.17	32415	0.15	28400	0.14	26791	0.13
06章.糖、糖制品及蜂蜜	4631	0.03	5400	0.03	4716	0.02	3785	0.02
07章.咖啡、茶、可可、调味料等	8828	0.05	14813	0.07	18088	0.09	17067	0.08
08章.饲料(不包括未碾磨谷物)	7698	0.04	8195	0.04	9662	0.05	10445	0.05
09章.杂项食品	20314	0.11	23033	0.11	26984	0.13	29696	0.15
1类 饮料及烟类	21378	0.12	19803	0.09	22455	0.11	25930	0.13
11章.饮料	9476	0.05	6786	0.03	7360	0.04	9915	0.05
12章.烟草及其制品	11903	0.07	13016	0.06	15094	0.07	16015	0.08
2类 非食用原料(燃料除外)	69846	0.39	93208	0.44	82952	0.40	79376	0.39
21章.生皮及生毛皮	0	0.00	0	0.00	0	0.00	6	0.00
22章.油籽及含油果实	613	0.00	605	0.00	1421	0.01	1860	0.01
23章.生橡胶(包括合成橡胶等)	7931	0.04	19503	0.09	13709	0.07	9585	0.05
24章.软木及木材	7123	0.04	6407	0.03	5378	0.03	5667	0.03
25章.纸浆及废纸	535	0.00	295	0.00	138	0.00	251	0.00
26章.纺织纤维(羊毛条除外)	10922	0.06	19827	0.09	14634	0.07	14952	0.07
27章.天然肥料及矿物(煤石油等)	7868	0.04	6662	0.03	6254	0.03	7776	0.04
28章.金属矿砂及金属废料	6423	0.04	7468	0.04	8407	0.04	3789	0.02
29章.其他动、植物原料	28432	0.16	32440	0.15	33010	0.16	35491	0.17
3类 矿物燃料、润滑油及有关原	191539	1.06	233656	1.11	271819	1.31	242434	1.19
32章.煤、焦炭及煤砖	18619	0.10	9234	0.04	2369	0.01	6073	0.03
33章.石油、石油产品及有关原料	172920	0.96	224343	1.07	269416	1.30	236261	1.16
34章.天然气及人造气	0	0.00	78	0.00	35	0.00	65	0.00
4类 动植物油、脂及蜡	1288	0.01	3184	0.02	2470	0.01	1730	0.01
41章.动物油、脂	455	0.00	786	0.00	1549	0.01	1155	0.01
42章.植物油、脂	172	0.00	1324	0.01	266	0.00	58	0.00
43章.已加工的动植物油、脂等	661	0.00	1073	0.01	656	0.00	517	0.00
二、工业制品	17702327	97.92	20522988	97.83	20190555	97.63	19967758	97.76
5类 化学成品及有关产品	977538	5.41	1286451	6.13	1314145	6.35	1358059	6.65
51章.有机化学品	282413	1.56	337121	1.61	340175	1.64	348339	1.71
52章.无机化学品	113726	0.63	129544	0.62	92246	0.45	96135	0.47
53章.染料、鞣料及着色料	65962	0.36	85910	0.41	83408	0.40	85754	0.42
54章.医药品	112968	0.62	183490	0.87	252306	1.22	260525	1.28
55章.精油、香料及盥洗、光洁制	80711	0.45	92588	0.44	96362	0.47	96505	0.47
56章.制成废料	8302	0.05	18269	0.09	9755	0.05	11124	0.05

（续表二）

商品结构	2010年		2011年		2012年		2013年	
	出口额	占比（%）	出口额	占比（%）	出口额	占比（%）	出口额	占比（%）
57章.初级形状的塑料	146193	0.81	195514	0.93	193889	0.94	203863	1.00
58章.非初级形状的塑料	66723	0.37	93214	0.44	102286	0.49	108793	0.53
59章.其他化学原料及产品	100539	0.56	150802	0.72	143717	0.69	147021	0.72
6类　按原料分类的制成品	2022704	11.19	2569455	12.25	2588466	12.52	2477684	12.13
61章.皮革、皮革制品及已鞣毛皮	8388	0.05	9783	0.05	11099	0.05	10411	0.05
62章.橡胶制品	64330	0.36	89162	0.43	103032	0.50	96820	0.47
63章.软木及木制品(家具除外)	70011	0.39	81555	0.39	88964	0.43	83827	0.41
64章.纸及纸板;纸浆、纸及纸板	61715	0.34	73253	0.35	75068	0.36	80434	0.39
65章.纺纱、织物、制成品等	502385	2.78	626295	2.99	630587	3.05	640666	3.14
66章.非金属矿物制品	179320	0.99	223835	1.07	220797	1.07	231765	1.13
67章.钢铁	347905	1.92	474321	2.26	384676	1.86	348653	1.71
68章.有色金属	234590	1.30	372851	1.78	417474	2.02	327967	1.61
69章.金属制品	554060	3.06	618399	2.95	656768	3.18	657141	3.22
7类　机械及运输设备	11482320	63.51	13049736	62.20	12757511	61.69	12505016	61.23
71章.动力机械及设备	248750	1.38	397169	1.89	370528	1.79	333466	1.63
72章.特种工业专用机械	395352	2.19	503260	2.40	574762	2.78	549945	2.69
73章.金工机械	69988	0.39	88643	0.42	99885	0.48	97673	0.48
74章.通用工业机械设备及零件	981691	5.43	1139416	5.43	1177777	5.70	1269260	6.21
75章.办公用机械及自动数据处理	5135256	28.41	5363512	25.57	4997219	24.16	4580048	22.42
76章.电信及声音的录制及重放装	1089080	6.02	1570619	7.49	1773555	8.58	1769671	8.66
77章.电力机械、器具及其电气零件	2452115	13.56	2687917	12.81	2574502	12.45	2734695	13.39
78章.陆路车辆(包括气垫式)	476724	2.64	659337	3.14	694241	3.36	731876	3.58
79章.其他运输设备	633363	3.50	639863	3.05	495042	2.39	438382	2.15
8类　杂项制品	3203136	17.72	3595740	17.14	3529738	17.07	3626866	17.76
81章.活动房屋;卫生水道供热等	75316	0.42	90804	0.43	109198	0.53	134600	0.66
82章.家具及其零件:褥垫及类似品	313968	1.74	347566	1.66	366077	1.77	369317	1.81
83章.旅行用品、手提包及类似品	124068	0.69	153367	0.73	155088	0.75	165985	0.81
84章.服装及衣着附件	1271792	7.03	1451075	6.92	1397740	6.76	1399743	6.85
85章.鞋靴	94157	0.52	107622	0.51	104496	0.51	115536	0.57
87章.专业、科学及控制用仪器等	530805	2.94	608068	2.90	544759	2.63	629635	3.08
88章.摄影器材、光学物品及钟表	75725	0.42	74608	0.36	86990	0.42	78846	0.39
89章.杂项制品	717304	3.97	762630	3.64	765389	3.70	733205	3.59
9类　未分类的商品	16630	0.09	21606	0.10	694	0.00	134	0.00
93章.特殊交易品及未分类商品	16605	0.09	21553	0.10	604	0.00	100	0.00
96章.非法定货币的硬币(金币除外)	0	0.00	0	0.00	14	0.00	1	0.00
97章.非货币用黄金(金矿砂除外)	26	0.00	53	0.00	76	0.00	33	0.00

2010—2013年上海外贸进口商品结构(按SITC分类)情况表

单位:万美元

商品结构	2010年		2011年		2012年		2013年	
	进口额	占比(%)	进口额	占比(%)	进口额	占比(%)	进口额	占比(%)
总值	18808523	100.00	22764664	100.00	22995083	100.00	23718922	100.00
一、初级产品	2505103	13.32	3263669	14.34	2954917	12.85	3130465	13.20
0类 食品及活动物	290328	1.54	381946	1.68	478375	2.08	607784	2.56
00章.活动物	769	0.00	269	0.00	238	0.00	241	0.00
01章.肉及肉制品	26871	0.14	39138	0.17	54906	0.24	85121	0.36
02章.乳品及蛋品	40419	0.21	55001	0.24	70063	0.30	116669	0.49
03章.鱼、甲壳及软体类动物等	26791	0.14	45115	0.20	57766	0.25	73958	0.31
04章.谷物及其制品	9765	0.05	13852	0.06	14695	0.06	24932	0.11
05章.蔬菜及水果	47771	0.25	73003	0.32	63956	0.28	58583	0.25
06章.糖、糖制品及蜂蜜	3476	0.02	4896	0.02	8425	0.04	8226	0.03
07章.咖啡、茶、可可、调味料等	19579	0.10	29782	0.13	33009	0.14	40360	0.17
08章.饲料(不包括未碾磨谷物)	41767	0.22	36582	0.16	46927	0.20	53180	0.22
09章.杂项食品	73120	0.39	84309	0.37	128390	0.56	146514	0.62
1类 饮料及烟类	81304	0.43	131528	0.58	153245	0.67	140135	0.59
11章.饮料	80771	0.43	128783	0.57	149706	0.65	137937	0.58
12章.烟草及其制品	533	0.00	2745	0.01	3539	0.02	2198	0.01
2类 非食用原料(燃料除外)	1587972	8.44	1968269	8.65	1549430	6.74	1575774	6.64
21章.生皮及生毛皮	3654	0.02	3789	0.02	5392	0.02	4429	0.02
22章.油籽及含油果实	231165	1.23	190394	0.84	159976	0.70	130573	0.55
23章.生橡胶(包括合成橡胶等)	111273	0.59	167115	0.73	139236	0.61	120956	0.51
24章.软木及木材	178022	0.95	200059	0.88	175586	0.76	264420	1.11
25章.纸浆及废纸	55550	0.30	51242	0.23	41876	0.18	54978	0.23
26章.纺织纤维(羊毛条除外)	78141	0.42	130489	0.57	114145	0.50	96354	0.41
27章.天然肥料及矿物(煤石油等)	33030	0.18	35170	0.15	40974	0.18	36443	0.15
28章.金属矿砂及金属废料	883816	4.70	1173615	5.16	859255	3.74	853565	3.60
29章.其他动、植物原料	13322	0.07	16395	0.07	12992	0.06	14057	0.06
3类 矿物燃料、润滑油及有关原	453735	2.41	688472	3.02	685290	2.98	701754	2.96
32章.煤、焦炭及煤砖	72504	0.39	93119	0.41	122530	0.53	155408	0.66
33章.石油、石油产品及有关原料	299165	1.59	490026	2.15	440190	1.91	390951	1.65
34章.天然气及人造气	82066	0.44	105327	0.46	122569	0.53	155395	0.66
4类 动植物油、脂及蜡	91764	0.49	93454	0.41	88577	0.39	105019	0.44

（续表一）

商品结构	2010年		2011年		2012年		2013年	
	进口额	占比（%）	进口额	占比（%）	进口额	占比（%）	进口额	占比（%）
41章.动物油、脂	4799	0.03	6071	0.03	4037	0.02	3199	0.01
42章.植物油、脂	81712	0.43	65991	0.29	71855	0.31	87551	0.37
43章.已加工的动植物油、脂等	5253	0.03	21392	0.09	12685	0.06	14270	0.06
二、工业制品	16303421	86.68	19500995	85.66	20040167	87.15	20588457	86.80
5类 化学成品及有关产品	2654927	14.12	3194932	14.03	3249231	14.13	3523276	14.85
51章.有机化学品	673577	3.58	824292	3.62	834366	3.63	880264	3.71
52章.无机化学品	120165	0.64	151895	0.67	153742	0.67	143554	0.61
53章.染料、鞣料及着色料	122398	0.65	124965	0.55	126240	0.55	133897	0.56
54章.医药品	270251	1.44	395609	1.74	507180	2.21	624293	2.63
55章.精油、香料及盥洗、光洁制	132654	0.71	166426	0.73	174031	0.76	196495	0.83
56章.制成废料	47	0.00	123	0.00	135	0.00	131	0.00
57章.初级形状的塑料	779012	4.14	864267	3.80	831584	3.62	883529	3.72
58章.非初级形状的塑料	186241	0.99	215462	0.95	199046	0.87	207698	0.88
59章.其他化学原料及产品	370583	1.97	451894	1.99	422907	1.84	453416	1.91
6类 按原料分类的制成品	2537266	13.49	3109952	13.66	3235804	14.07	2990745	12.61
61章.皮革、皮革制品及已鞣毛皮	30623	0.16	31974	0.14	30574	0.13	33993	0.14
62章.橡胶制品	115490	0.61	144096	0.63	146571	0.64	141364	0.60
63章.软木及木制品（家具除外）	9644	0.05	12663	0.06	13901	0.06	16064	0.07
64章.纸及纸板；纸浆、纸及纸板	85284	0.45	102050	0.45	84081	0.37	87862	0.37
65章.纺纱、织物、制成品等	230016	1.22	271617	1.19	267461	1.16	279390	1.18
66章.非金属矿物制品	288133	1.53	432348	1.90	362311	1.58	379014	1.60
67章.钢铁	295277	1.57	333076	1.46	296834	1.29	294985	1.24
68章.有色金属	1209417	6.43	1469272	6.45	1739236	7.56	1444197	6.09
69章.金属制品	273382	1.45	312857	1.37	294834	1.28	313876	1.32
7类 机械及运输设备	9306805	49.48	10898408	47.87	11042406	48.02	10756785	45.35
71章.动力机械及设备	414528	2.20	496878	2.18	448774	1.95	406372	1.71
72章.特种工业专用机械	521555	2.77	641460	2.82	605370	2.63	543157	2.29
73章.金工机械	182545	0.97	231122	1.02	208578	0.91	200617	0.85
74章.通用工业机械设备及零件	1092188	5.81	1388155	6.10	1125934	4.90	1183712	4.99
75章.办公用机械及自动数据处理	1184834	6.30	1141791	5.02	1141650	4.96	767858	3.24
76章.电信及声音的录制及重放装	435214	2.31	509644	2.24	679575	2.96	716405	3.02
77章.电力机械、器具及其电气零件	4517739	24.02	5129949	22.53	5192737	22.58	4933478	20.80
78章.陆路车辆（包括气垫式）	670556	3.57	1157427	5.08	1274018	5.54	1563817	6.59

（续表二）

商品结构	2010 年		2011 年		2012 年		2013 年	
	进口额	占比(%)	进口额	占比(%)	进口额	占比(%)	进口额	占比(%)
79 章. 其他运输设备	287648	1.53	201984	0.89	365770	1.59	441369	1.86
8 类　杂项制品	1791651	9.53	2283847	10.03	2399044	10.43	2628752	11.08
81 章. 活动房屋;卫生水道供热等	14055	0.07	16989	0.07	16406	0.07	19716	0.08
82 章. 家具及其零件:褥垫及类似品	48077	0.26	67038	0.29	71017	0.31	74228	0.31
83 章. 旅行用品、手提包及类似品	70433	0.37	108612	0.48	120674	0.52	121307	0.51
84 章. 服装及衣着附件	120546	0.64	205417	0.90	245049	1.07	295389	1.25
85 章. 鞋靴	42094	0.22	66615	0.29	76884	0.33	88532	0.37
87 章. 专业、科学及控制用仪器等	838565	4.46	934940	4.11	1114055	4.84	1244663	5.25
88 章. 摄影器材、光学物品及钟表	260328	1.38	350385	1.54	365884	1.59	349684	1.47
89 章. 杂项制品	397553	2.11	533851	2.35	389077	1.69	435233	1.83
9 类　未分类的商品	12771	0.07	13856	0.06	113682	0.49	688899	2.90
93 章. 特殊交易品及未分类商品	12764	0.07	13854	0.06	113471	0.49	688839	2.90
96 章. 非法定货币的硬币(金币除外)	6	0.00	2	0.00	211	0.00	60	0.00
97 章. 非货币用黄金(金矿砂除外)	0	0.00	0	0.00	0	0.00	0	0.00

2010—2013 年上海外贸出口市场构成情况表

单位:万美元

国别(地区)	2010 年		2011 年		2012 年		2013 年	
	出口额	占比(%)	出口额	占比(%)	出口额	占比(%)	出口额	占比(%)
总　值	18078421	100.00	20978921	100.00	20680720	100.00	20424351	100.00
亚　洲	7259247	40.15	8767451	41.79	8822648	42.66	8829650	43.23
中国香港	1340942	7.42	1614600	7.70	1596921	7.72	1676986	8.21
印　度	385122	2.13	544815	2.60	492559	2.38	411091	2.01
日　本	1964599	10.87	2397439	11.43	2496183	12.07	2490852	12.20
韩　国	589192	3.26	741817	3.54	694548	3.36	621203	3.04
中国台湾	565420	3.13	618965	2.95	570095	2.76	579084	2.84
东　盟	1774008	9.81	2036640	9.71	2091703	10.11	2140240	10.48
马来西亚	425179	2.35	408572	1.95	364735	1.76	419411	2.05
新加坡	590129	3.26	674986	3.22	686349	3.32	704542	3.45
泰　国	241421	1.34	321886	1.53	360640	1.74	315505	1.54
非　洲	409844	2.27	492781	2.35	437588	2.12	498268	2.44

（续表）

国别(地区)	2010年		2011年		2012年		2013年	
	出口额	占比(%)	出口额	占比(%)	出口额	占比(%)	出口额	占比(%)
欧　洲	4507243	24.93	4738498	22.59	4359423	21.08	4068336	19.92
英　国	431095	2.38	478177	2.28	500110	2.42	521196	2.55
德　国	860514	4.76	862095	4.11	943400	4.56	670884	3.28
法　国	609668	3.37	464405	2.21	285531	1.38	264381	1.29
意大利	369930	2.05	368836	1.76	294741	1.43	287022	1.41
荷　兰	776060	4.29	885208	4.22	804881	3.89	849481	4.16
拉丁美洲	944722	5.23	1138058	5.42	1065466	5.15	1009836	4.94
巴　西	269484	1.49	293989	1.40	278244	1.35	290669	1.42
智　利	53744	0.30	67118	0.32	64843	0.31	70711	0.35
北美洲	4378255	24.22	5120868	24.41	5325224	25.75	5363423	26.26
美　国	4099087	22.67	4839383	23.07	5015901	24.25	5064995	24.80
大洋洲	579110	3.20	721265	3.44	670370	3.24	654839	3.21
澳大利亚	455869	2.52	566305	2.70	579843	2.80	582237	2.85

2010—2013年上海外贸进口市场构成情况表

单位：万美元

国别(地区)	2010年		2011年		2012年		2013年	
	进口额	占比(%)	进口额	占比(%)	进口额	占比(%)	进口额	占比(%)
总　值	18808523	100.00	22764664	100.00	22995083	100.00	23718923	100.00
亚　洲	10419763	55.40	12326965	54.15	12279253	53.40	11820765	49.84
中国香港	126138	0.67	104673	0.46	85400	0.37	72397	0.31
印　度	219181	1.17	336486	1.48	331405	1.44	316102	1.33
日　本	3087110	16.41	3465378	15.22	3234900	14.07	3017307	12.72
韩　国	1464105	7.78	1850054	8.13	1750783	7.61	1768982	7.46
中　国	1114397	5.92	1222409	5.37	1282908	5.58	1185040	5.00
中国台湾	1500453	7.98	1500884	6.59	1452607	6.32	1622565	6.84
东　盟	2566479	13.65	3342020	14.68	3610878	15.70	3252477	13.71
马来西亚	1077504	5.73	1494654	6.57	1586972	6.90	1376719	5.80
新加坡	394209	2.10	480786	2.11	478898	2.08	506393	2.13
泰　国	530933	2.82	594757	2.61	512363	2.23	474291	2.00

（续表）

国别（地区）	2010年		2011年		2012年		2013年	
	进口额	占比（%）	进口额	占比（%）	进口额	占比（%）	进口额	占比（%）
非　洲	281906	1.50	319595	1.40	309014	1.34	355933	1.50
欧　洲	4007529	21.31	5433202	23.87	5828605	25.35	6713049	28.30
英　国	234296	1.25	431162	1.89	574555	2.50	695728	2.93
德　国	1406088	7.48	1788026	7.85	1922547	8.36	2086131	8.80
法　国	425388	2.26	558661	2.45	691956	3.01	695319	2.93
意大利	364641	1.94	472309	2.07	455600	1.98	522124	2.20
荷　兰	110620	0.59	158309	0.70	170040	0.74	168396	0.71
拉丁美洲	1208379	6.42	1432405	6.29	1499422	6.52	1267182	5.34
巴　西	408918	2.17	518958	2.28	431900	1.88	323664	1.36
智　利	426089	2.27	484493	2.13	546059	2.37	396687	1.67
北美洲	2237900	11.90	2373458	10.43	2239172	9.74	2548534	10.74
美　国	2027514	10.78	2125961	9.34	2001903	8.71	2274835	9.59
大洋洲	651320	3.46	875465	3.85	836676	3.64	1009832	4.26
澳大利亚	562506	2.99	774349	3.40	714955	3.11	843090	3.55

说明：1. 根据2006年3月1日起施行的《中华人民共和国海关统计条例》中第九条，如果货物的原产国是中国，那么进口该货物的原产国统计就列名为中国，也就是国货复进口。

2. 以上进出口资料来源除已注明来自上海市统计局外，余均来自上海市商务委员会外贸发展处。

（三）利用外资

2012—2013 年上海利用外资方式情况表

利用方式	2012 年			2013 年			比上年（±%）
	项目（个）	合同外资（亿美元）	占比（%）	项目（个）	合同外资（亿美元）	占比（%）	
合　计	4043	223.38	100.00	3740	246.30	100.00	10.26
合　资	592	39.76	17.80	656	36.09	14.65	-9.23
合　作	8	7.29	3.26	5	5.31	2.16	-27.16
独　资	3437	172.16	77.07	3075	203.95	82.80	18.47
股份制	6	4.17	1.87	4	0.95	0.39	-77.22

注:2013 年合同外资额不含备案项目。

2010—2013 年上海外商直接投资基本情况表

年份	项目（个）	合同外资（亿美元）	实到外资（亿美元）
2010	3906	153.07	111.21
2011	4329	201.03	126.01
2012	4043	223.38	151.85
2013	3740	249.36	167.80

注:合同外资含备案项目。

资料来源:上海市商务委员会外商投资促进处。

（四）对外经济合作

2010—2013 年上海对外承包工程、劳务合作基本情况表

年份	年末在外人数（人）	全年外派人数（人次）	新签承包工程合同数（份）	新签合同金额（万美元）	完成营业额（万美元）
2010	26847	15910	3397	1066977	754163
2011	23491	14308	567	1234673	594113
2012	29350	21244	361	1031056	681188
2013	25135	18032	227	1081605	806920

2010—2013 年上海派往境外从事对外承包工程、劳务合作人次情况表

单位：人次

年份	合　计	承包工程	劳务合作
2010	15910	6581	9329
2011	14308	5559	8749
2012	21244	3477	17767
2013	18032	4337	13695

2010—2013 年上海在境外从事对外承包工程、劳务合作人次情况表

单位：人次

年份	合　计	承包工程	劳务合作
2010	26847	9430	17417
2011	23491	7559	15932
2012	29350	8320	21030
2013	25135	7284	17851

2010—2013 年上海对外承包工程、劳务合作合同金额情况表

单位：万美元

年份	合　计	新签承包工程合同额	劳务合作	新签劳务人员合同工资总额
2010	1066977	1010276	56701	—
2011	—	1234673	—	17694
2012	—	10131056	—	19405
2013	—	1081605	—	—

2010—2013 年上海对外承包工程、劳务合作营业额情况表

单位：万美元

年份	合　计	承包工程	劳务合作	劳务人员实际收入总额
2010	754163	689616	64547	—
2011	—	594113	—	20050
2012	—	681188	—	18537
2013	—	806920	—	10322

资料来源：上海市商务委员会外经处。

（五）技术贸易

2013 年上海高新技术产品出口分类表

品　　名	出口额(亿美元)	比上年(±%)
总　　计	887.13	-2.15
计算机与通讯技术	616.13	-6.56
电子技术	176.68	8.94
光电技术	35.54	31.09
生命科学技术	33.09	6.52
计算机集成制造技术	16.85	-1.90
材料技术	4.13	-3.69
航空航天技术	3.88	-15.38
生物技术	0.57	-9.97
其他技术	0.27	-25.97

2013 年上海高新技术出口产品主要输往地情况表

国别(地区)	出口额(亿美元)	比上年(±%)
美　　国	301.59	1.76
中国香港	110.81	20.24
日　　本	74.75	0.86
荷　　兰	61.22	4.83
新 加 坡	40.46	11.73
中国台湾	34.38	6.80
德　　国	26.91	-48.04
英　　国	24.21	7.19
澳大利亚	21.90	-8.43
韩　　国	20.22	14.13

2013 年上海市技术进口主要行业情况表

行业类别	合同数(份)	金额(万美元)
制造业	1281	446522.96
房地产业	629	48078.87
居民服务和其他服务业	247	25537.12
科学研究、技术服务和地质勘查业	174	24866.31
信息传输、计算机服务和软件业	79	20532.76

（续表）

行业类别	合同数（份）	金额（万美元）
租赁和商务服务业	236	16683.88
批发和零售业	123	14288.37
住宿和餐饮业	10	11787.92
交通运输、仓储和邮政业	13	5987.43
建筑业	47	2947.50

2013 年上海市技术进口主要来源地情况表

国别（地区）	合同数（份）	金额（万美元）
美　国	735	200912.85
德　国	476	120789.08
日　本	543	90640.93
瑞　典	17	21777.71
韩　国	68	21620.95
法　国	74	18938.92
荷　兰	60	17365.05
瑞　士	23	16436.62
捷　克	24	15805.97
开曼群岛	12	13696.79

资料来源：上海市商务委员会机电和科技产业处。

商贸便览

2014

上海商务年鉴

上海商贸资料

中国经贸资料

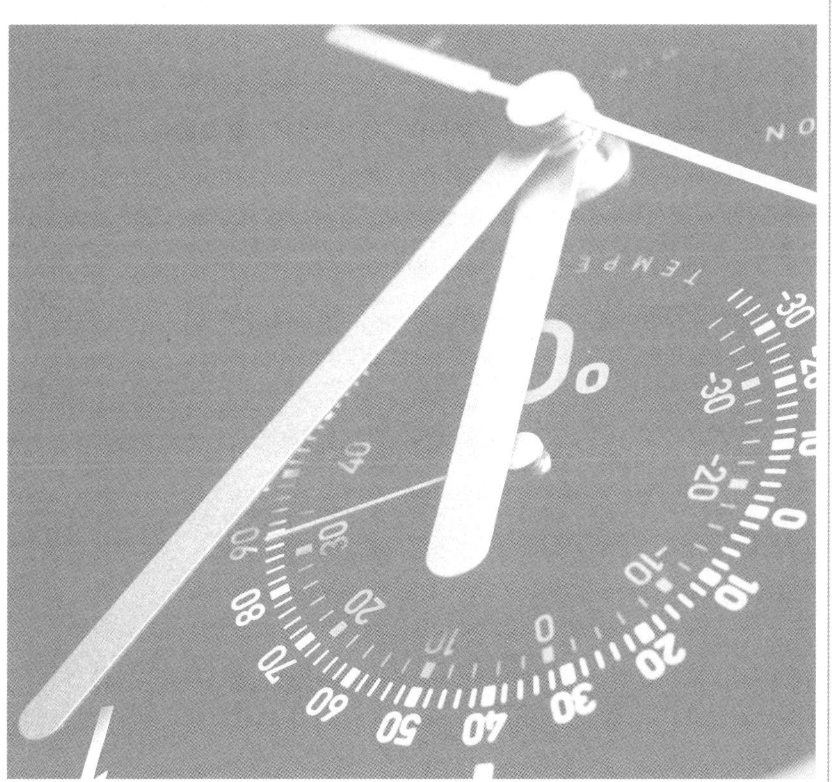

第九编

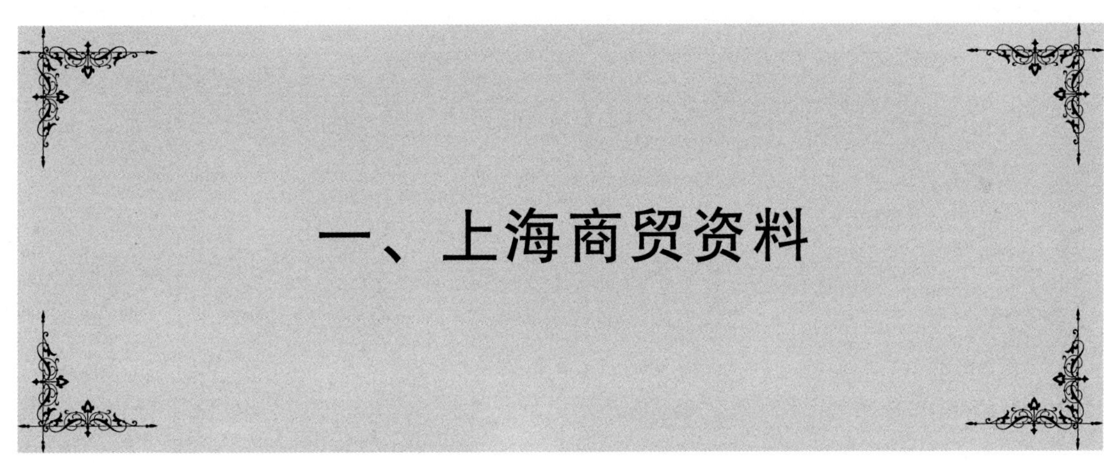

一、上海商贸资料

2013 年中国·上海商贸情况对照表

类别	项　目	单　位	中国		上海	
			数量	比上年(±%)	数量	比上年(±%)
国内生产总值	国内生产总值	亿　元	568845.0	7.7	21602.12	7.7
	其中:第一产业增加值	亿　元	56957.0	4.0	129.28	-2.9
	第二产业增加值	亿　元	249684.0	7.8	8027.77	6.1
	第三产业增加值	亿　元	262204.0	8.3	13445.07	8.8
	其中:商　业	亿　元	—	—	3847.44	6.7
	其中:批发零售	亿　元	—	—	3533.10	7.1
	住宿餐饮	亿　元	—	—	314.34	2.3
国内贸易	商品销售总额	万亿元	—	—	6.05	12.5
	社会消费品零售总额	亿　元	237810.0	13.1	8019.05	8.6
	其中:用的商品	亿　元	—	—	3334.41	8.3
	吃的商品	亿　元	—	—	1320.68	3.6
	电子商务交易额	亿　元	—	—	10560.00	35.1
	其中:B2B	亿　元	—	—	8632.00	28.6
	网络购物	亿　元	—	—	1928.00	74.5
货物贸易	货物进出口总额	亿美元	41600.0	7.6	4144.30	1.1
	其中:出口额	亿美元	22096.0	7.9	2042.40	-1.2
	进口额	亿美元	19504.0	7.3	2371.90	3.1
服务贸易	进出口总额	亿美元	5396.0	14.7	1725.40	23.5
	其中:出口额	亿美元	2106.0	10.6	595.40	26.6
	进口额	亿美元	3291.0	17.5	1130.00	21.9
利用外资	新批外资项目	项	22773	-8.6	3740	-5.0
	合同利用外资	亿美元	—	—	249.36	11.6
	实际利用外资	亿美元	1175.86	5.3	167.80	10.5
	其中服务业实际利用外资	亿美元	614.5	14.15	135.67	7.0
	累计实际使用外资	亿美元	—	—	1509.93	—

（续表）

类别	项　目	单　位	中　国		上　海	
			数量	比上年(±%)	数量	比上年(±%)
总部经济	累计在沪:跨国公司地区总部	家	—	—	445	—
	投资性公司	家	—	—	283	—
	研发中心	家	—	—	366	—
对外投资	新批对外投资项目	项	—	—	347	39.4
	投资总额	亿美元	902.0	16.8	43.05	32.8
	其中中方投资额	亿美元			36.24	21.9
对外经济合作	新签对外承包工程合同额	亿美元			108.16	4.9
	完成营业额	亿美元	1371.0	17.6	80.69	18.5
	派出劳务人员	万人次	52.7	2.9	1.80	-15.1

2013年上海市进出口贸易往来前20位国家(地区)一览表

排序	国别(地区)	进出口额(亿美元)	比上年(±%)	排序	国别(地区)	进出口额(亿美元)	比上年(±%)
1	美　国	734	4.59	11	中　国	119	-7.63
2	日　本	551	-3.89	12	荷　兰	102	4.41
3	德　国	276	-3.80	13	法　国	96	-1.82
4	韩　国	239	-2.26	14	瑞　士	90	99.19
5	中国台湾	220	8.85	15	意大利	81	7.84
6	马来西亚	180	-7.97	16	泰　国	79	-9.53
7	中国香港	175	3.99	17	印　度	73	-11.74
8	澳大利亚	143	10.08	18	巴　西	61	-13.49
9	英　国	122	13.24	19	加拿大	57	4.80
10	新加坡	121	3.92	20	越　南	55	-4.78

2013年上海市外商投资合同额来源地前20位国别(地区)情况表

排序	国别(地区)	项目(个)	占比(%)	合同外资金额(万美元)	占比(%)
	总　计	3740	100.00	2462977	100.00
1	中国香港	1550	41.44	1513509	61.45
2	日　本	298	7.97	153488	6.23
3	新加坡	189	5.05	123075	5.00
4	美　国	221	5.91	88987	3.61
5	维尔京群岛	69	1.84	71698	2.91
6	法　国	49	1.31	53570	2.18

（续表）

排序	国别（地区）	项目（个）	占比（%）	合同外资金额（万美元）	占比（%）
7	德　国	106	2.83	37058	1.50
8	中国台湾	391	10.45	34185	1.39
9	萨摩亚	77	2.06	33429	1.36
10	毛里求斯	5	0.13	26910	1.09
11	开曼群岛	10	0.27	24312	0.99
12	荷　兰	34	0.91	23788	0.97
13	瑞　士	29	0.78	14042	0.57
14	英　国	70	1.87	13718	0.56
15	爱尔兰	9	0.24	12818	0.52
16	意大利	70	1.87	11998	0.49
17	百慕大	3	0.08	11481	0.47
18	韩　国	187	5.00	10798	0.44
19	卢森堡	11	0.29	10303	0.42
20	比利时	12	0.32	8904	0.36

说明：1. 不含备案项目；2. 20 个国家（地区）合计合同外资额占全市总额的98.77%。

2013年上海市新批准主要外商投资商贸企业情况表

企业名称	投资总额（万美元）	注册资本（万美元）	合同外资（万美元）	企业类型
上海永达汽车集团有限公司	23849.25	14468.55	14468.55	外资
上海百家合信息技术发展有限公司	23700.00	7900.00	3871.00	合资
金翌贸易（上海）有限公司	20000.00	10000.00	10000.00	外资
法巴商贸（上海）有限公司	12000.00	4000.00	4000.00	外资
鸿山谷（上海）健康管理咨询有限公司	9999.00	9999.00	9999.00	外资
托克金通贸易（上海）有限公司	9309.15	3103.05	3103.05	外资
瑞泰环保科技（上海）有限公司	9000.00	3000.00	3000.00	外资
上海永达奥诚汽车销售服务有限公司	7163.10	2387.70	2387.70	外资
上海永达汽车浦东销售服务有限公司	7163.10	2387.70	2387.70	外资
哥伦比亚运动服装商贸（上海）有限公司	6000.00	2000.00	2000.00	外资
斐文健康管理咨询（上海）有限公司	5000.00	5000.00	5000.00	外资
布瑞克斯（上海）国际贸易有限公司	4865.79	1621.93	1573.27	合资
上海飞牛集达电子商务有限公司	4829.67	1609.89	1609.89	外资
渣打商贸（上海）有限公司	4500.00	1500.00	1500.00	外资
热列（中国）有限公司	3864.30	1623.01	1623.01	外资

（续表一）

企业名称	投资总额（万美元）	注册资本（万美元）	合同外资（万美元）	企业类型
国药控股菱商医院管理服务（上海）有限公司	3863.74	1287.91	515.16	合资
上海宝诚汽车销售服务有限公司	3820.32	1273.44	1273.44	外资
罗杰维维亚（上海）商贸有限公司	3649.34	1216.45	1216.45	外资
美鹰奥菲特（中国）商贸有限公司	3600.00	1200.00	1200.00	外资
同泰兴（上海）控股有限公司	3320.00	1660.00	1660.00	外资
利诚时装贸易（上海）有限公司	3238.66	1295.46	1295.46	外资
上海米吉华国际贸易有限公司	2897.80	1175.22	1175.22	外资
上海康佳绿色照明技术有限公司	2865.24	1591.80	619.69	合资
瑞先实业（上海）有限公司	2800.00	2800.00	2800.00	外资
佰达济贸易（上海）有限公司	2750.00	1100.00	1100.00	外资
上海洁晟环保科技有限公司	2683.15	1073.26	268.32	合资
华从（上海）企业发展有限公司	2579.74	2321.77	2321.77	外资
狮迈（上海）贸易有限公司	2527.81	1011.12	1011.12	外资
沃科声（上海）商贸有限公司	2500.00	1000.00	1000.00	外资
阿普拉（中国）科技有限公司	2500.00	1000.00	1000.00	外资
艾本德（上海）实验室科技有限公司	2500.00	1000.00	1000.00	外资
丹华海洋工程装备（上海）有限公司	2432.90	1135.35	720.14	合资
上海赫基珂思珂摩商贸有限公司	2387.70	955.08	955.08	外资
上海宝诚中环汽车销售服务有限公司	2387.70	795.90	795.90	外资
富士施乐服务（中国）有限公司	2125.00	850.00	850.00	外资
沃高（中国）商业有限公司	2087.36	810.10	810.10	外资
上海盛夏服饰有限公司	2027.41	810.97	397.37	合资
联碧德（上海）商业发展有限公司	2027.41	810.97	810.97	外资
斯伯丁体育用品（中国）有限公司	2025.24	810.10	810.10	外资
维司达（上海）食品有限公司	2000.00	800.00	800.00	外资
上海科钛医疗器械有限公司	2000.00	1616.00	1616.00	外资
拉斯佳纳（中国）贸易有限公司	2000.00	815.00	815.00	外资
上海渭恩金属资源有限公司	2000.00	1000.00	1000.00	外资
上海浦东保时捷汽车销售服务有限公司	2000.00	800.00	800.00	外资
上海北翎工贸有限公司	2000.00	2000.00	1000.00	合资
已融工程设备（上海）有限公司	2000.00	1000.00	950.00	合资
岱生贸易（上海）有限公司	1822.22	728.89	728.89	外资

（续表二）

企 业 名 称	投资总额（万美元）	注册资本（万美元）	合同外资（万美元）	企业类型
哈克特（上海）服饰有限公司	1686.81	674.72	674.72	外资
热流电气有限公司	1609.89	804.95	804.95	外资
中银国际商品贸易（中国）有限公司	1609.89	804.95	804.95	外资
上海力岱结构工程技术有限公司	1592.91	796.46	358.40	合资
太古汽车销售服务（上海）有限公司	1589.95	635.98	635.98	外资
万邦舟舫（上海）国际贸易有限公司	1589.95	794.98	794.98	外资
欧饰蒂（上海）贸易有限公司	1500.89	600.35	600.35	外资
极优（上海）商贸有限公司	1500.00	600.00	600.00	外资
魅力惠（上海）贸易有限公司	1500.00	1000.00	1000.00	外资
昊阳（中国）贸易有限公司	1500.00	1500.00	1500.00	外资
帕睦化学贸易（上海）有限公司	1500.00	1000.00	1000.00	外资
瑞释贸易（上海）有限公司	1500.00	600.00	600.00	外资
舜怡（上海）机电设备有限公司	1414.79	1414.79	353.70	合资
崃瑞芯光电科技（上海）有限公司	1408.65	563.46	253.56	合资
新世界百货集团上海汇妍百货有限公司	1376.43	1376.43	1376.43	外资
上海六和敬国际贸易有限公司	1300.00	650.00	650.00	外资
上海城建日沥特种沥青有限公司	1295.46	647.73	323.87	合资
上海复星经贸有限公司	1289.79	1289.79	1289.79	外资
益欣申（上海）机械设备有限公司	1288.24	644.12	579.71	合资
民理达电子（上海）有限公司	1270.00	635.00	635.00	外资
上海丰智贸易有限公司	1260.00	630.00	630.00	外资
康泰伦特（上海）商贸有限公司	1250.00	500.00	500.00	外资
日沛贸易（上海）有限公司	1250.00	500.00	500.00	外资
富美家（中国）贸易有限公司	1200.00	810.00	810.00	外资
丹比贸易（上海）有限公司	1194.68	597.34	597.34	外资
泰红（上海）实业有限公司	1155.60	813.80	244.14	合资
英特诺帝国际汽车贸易有限公司	1111.10	793.64	793.64	外资
法颂蓝贸易（上海）有限公司	1043.44	521.72	521.72	外资
和菁康（上海）商贸有限公司	1000.00	500.00	500.00	外资
奕益贸易（上海）有限公司	1000.00	500.00	500.00	外资
北露贸易（上海）有限公司	1000.00	500.00	500.00	外资
上海兆利光能玻璃有限公司	1000.00	1000.00	1000.00	外资
朗克（上海）国际贸易有限公司	1000.00	1000.00	1000.00	外资

2013年上海市进出口额前50位企业名录

排序	企业名称	总额（亿美元）	排序	企业名称	总额（亿美元）
1	达功（上海）电脑有限公司	226.23	26	国基电子（上海）有限公司	16.53
2	昌硕科技（上海）有限公司	190.59	27	日月光封装测试（上海）有限公司	16.09
3	丹沙物流（上海）有限公司	83.85	28	上海同盛物流园区投资开发有限公司	15.80
4	宝山钢铁股份有限公司	66.26	29	英华达（上海）科技有限公司	15.55
5	英顺达科技有限公司	47.76	30	东芝物流（上海）有限公司	14.50
6	英特尔贸易（上海）有限公司	45.10	31	上海洋山保税港区世天威物流有限	14.39
7	捷豹路虎汽车贸易（上海）有限公司	43.11	32	上海外高桥造船有限公司	14.05
8	上海浦东国际机场进出口有限公司	38.40	33	上海怡世翔物流有限公司	13.91
9	晟碟半导体（上海）有限公司	36.88	34	近铁国际物流（中国）有限公司	13.52
10	安靠封装测试（上海）有限公司	36.34	35	上海通用汽车有限公司	13.50
11	英运物流（上海）有限公司	36.07	36	东方航空进出口有限公司	13.25
12	上海近铁国际物流有限公司	32.96	37	上海中储临港物流有限公司	12.79
13	上海振华重工（集团）股份有限公司	30.90	38	中芯国际集成电路制造（上海）有限公司	12.54
14	保时捷（中国）汽车销售有限公司	30.32	39	拜耳材料科技（中国）有限公司	12.22
15	英源达科技有限公司	30.22	40	上海大众国际仓储物流有限公司	11.62
16	达丰（上海）电脑有限公司	30.14	41	威宏电子（上海）有限公司	11.23
17	全球物流（上海）有限公司	26.21	42	上海罗氏制药有限公司	11.13
18	东方航空进出口有限公司	25.08	43	上海电气集团股份有限公司	10.97
19	星科金朋（上海）有限公司	24.36	44	索尼物流贸易（中国）有限公司	10.93
20	金士顿科技（上海）有限公司	23.06	45	上海贝尔股份有限公司	10.72
21	世天威物流（上海外高桥保税物流园区）有限公司	22.84	46	上海液化天然气有限责任公司	10.65
22	上海大众汽车有限公司	21.84	47	瑞表企业管理（上海）有限公司	10.23
23	环旭电子股份有限公司	19.04	48	捷普科技（上海）有限公司	10.04
24	沃尔沃汽车销售（上海）有限公司	17.36	49	东芝电子（上海）有限公司	10.02
25	英业达科技有限公司	16.69	50	永裕（上海）医药物流营运有限公司	9.78

注：以上企业按海关企业经营单位编码排序。

历届中国华东进出口商品交易会一览表

届次	年份	展馆（万平方米）	摊位（个）	参展省市（个）	参展企业（家）	到会外商（人次）	国别（地区）（个）	总成交额（万美元）
1	1991	22.10	1050	7	607	6018	71	102261
2	1992	2.90	1450	7	700	6341	78	133247
3	1993	3.50	1750	15	1000	6741	84	164784
4	1994	3.60	1800	20	1000	7788	90	180508
5	1995	5.10	2500	36	1400	7906	100	214100
6	1996	4.90	2500	37	1500	7543	104	223600
7	1997	6.42	2537	35	1500	7738	125	223144
8	1998	6.38	2625	33	2000	6518	150	195500
9	1999	5.18	2216	32	2000	6108	130	120600
10	2000	4.40	1926	32	1926	7277	120	129500
11	2001	6.12	2807	37	340	10562	126	153200
12	2002	5.76	2850	35	3000	13646	154	168900
13	2003	5.75	2966	35	3000	15749	175	204000
14	2004	8.05	4158	14	3100	18915	—	255900
15	2005	8.05	4158	39	3300	20558	151	297372
16	2006	10.35	5346	39	3540	23660	—	332119
17	2007	10.35	5346	39	3522	18557	117	355300
18	2008	10.35	5346	39	3592	19263	145	367800
19	2009	10.35	5312	39	3500	18229	140	224000
20	2010	10.35	5310	39	3376	19029	123	273300
21	2011	10.35	5310	39	3326	20105	133	283900
22	2012	11.50	5880	39	3420	21124	128	312200
23	2013	11.50	5880	39	3607	20016	115	275900

2013年上海百货（单体）销售额20强排行榜

排名	商场名称	零售额（亿元）	排名	商场名称	零售额（亿元）
1	第一八佰伴	47.5	11	东方商厦南京东路店	7.4
2	上海新世界城	36.8	12	东方商厦奉贤店	6.8
3	久光百货	22.7	13	上海六百	5.6
4	第一百货商店	18.6	14	虹桥友谊商城	5.5
5	东方商厦徐汇店	15.1	15	东方商厦青浦店	4.6
6	汇金百货徐汇店	10.9	16	浦东永安百货	4.5
7	置地广场商厦	9.4	17	东方商厦杨浦店	4.4
8	东方商厦中环店	9.3	18	太平洋百货淮海店	4.0
9	太平洋百货徐汇店	8.2	19	黄金广场	3.9
10	永安百货	7.9	20	东方商厦嘉定店	3.7

全国商业示范社区名录(上海部分)

一、全国社区商业示范社区(17 个)

评选时间	名称
2005 年(2 个)	长宁区百联西郊购物中心 浦东新区证大大拇指广场
2006 年(3 个)	虹口区瑞虹新城社区 宝山区大华社区 浦东新区三林世博家园社区
2007 年(3 个)	长宁区古北国际社区 闸北区大宁国际商业广场 闵行区百联南方购物中心
2008 年(3 个)	普陀区曹阳新村街道兰溪路商业社区 徐汇区田林社区 浦东新区碧云国际社区
2009 年(3 个)	闸北区彭浦临汾社区 虹口区曲阳生活购物中心社区 浦东新区浦兴路街道证大家园社区
2010 年(3 个)	普陀区甘泉路街道甘泉社区 徐汇区长桥街道罗香路商业街 松江区方松街道开元地中海商业广场社区

二、上海市商业示范社区名录(共 50 个,其中含全国示范社区 17 个)

评选时间	名称
2005 年(2 个)	长宁区百联西郊购物中心 浦东新区证大大拇指广场
2006 年(3 个)	虹口区瑞虹新城社区 宝山区大华社区 浦东新区三林世博家园社区
2007 年(20 个)	卢湾区农工商打浦社区商业 浦东新区碧云社区商业、百联临沂社区商业、金杨路商业街 徐汇区田林街道社区商业、虹梅街道社区商业、浦北路商业街 闸北区大宁国际商业广场、临汾路商业街 长宁区古北国际社区商业 虹口区曲阳生活购物中心 杨浦区欧尚中原社区商业 闵行区百联南方购物中心、七宝社区商业中心、春申万科城商业街 嘉定区银杏社区商业 普陀区兰溪路商业街、家乐福万里社区商业、光新路商业街 松江区方舟休闲广场(注:2013 年取消命名)
2008 年(6 个)	卢湾区打浦路街道丽蒙社区 普陀区甘泉路街道甘泉社区 浦东新区沪东新村街道文峰购物广场、浦兴路街道证大家园社区 闸北区大宁路街道延长中路商业街 徐汇区长桥街道罗香路商业街

（续表）

评选时间	名称
2009 年、2010 年（10 个）	徐汇区凌云街道梅陇社区 杨浦区五角场镇国顺东路商业街社区 普陀区宜川路街道商业街社区 长宁区新泾镇天山西路社区 虹口区凉城新村街道中星购物中心社区 静安区石门二路街道新福康里国际丽都社区 静安区曹家渡街道万航渡路社区 闵行区莘庄镇仲盛世界商城社区 松江区方松街道开元地中海商业广场社区 嘉定区真新街道丰庄路商业街社区
2013 年（11 个）	徐汇区长桥街道百色路商业街社区 静安区南京西路街道南西社区 静安区江宁路街道江宁社区 浦东新区北蔡镇大华锦绣华城社区 浦东新区金杨新村街道金桥国际商业广场社区 杨浦区五角场镇中原城市广场社区 嘉定区安亭镇嘉亭荟城市生活广场社区 嘉定区菊园新区保利五月花广场社区 松江区九亭镇贝尚坊生活广场社区 松江区方松街道三湘财富生活广场社区 奉贤区南桥镇正阳社区

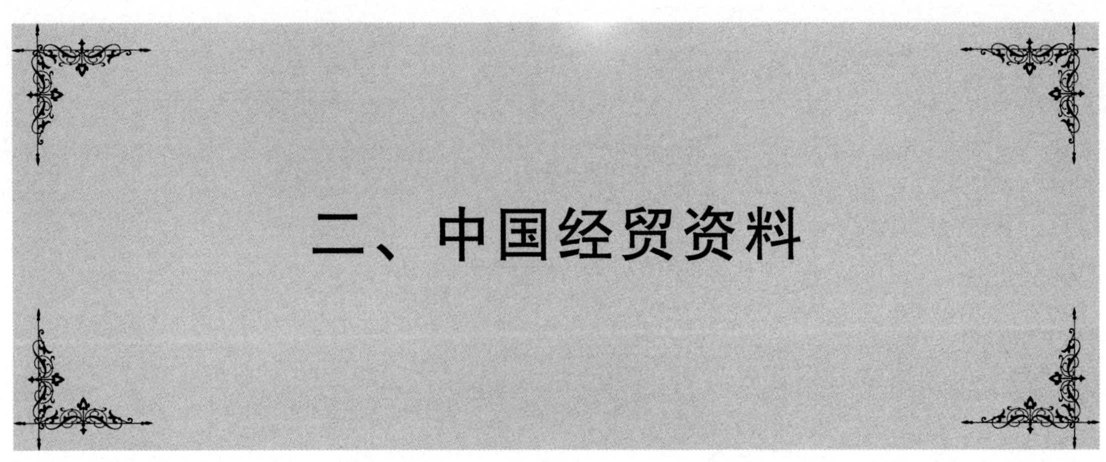

二、中国经贸资料

2004—2013 年中国进出口贸易额情况表

单位:亿美元

年份	进出口总额	比上年(±%)	占世贸总额的比重(%)	位次	出口额	比上年(±%)	进口额	比上年(±%)	顺逆差额
2004	11547.4	35.7	6.21	3	5933.6	35.4	5613.8	36.0	319.8
2005	14221.2	23.2	—	3	7620.0	28.4	6601.2	17.6	1019.0
2006	17606.9	23.8	7.20	3	9690.8	27.2	7916.1	19.9	1018.8
2007	21738.0	23.5	8.00	3	12180.0	25.7	9558.0	20.8	2622.0
2008	25616.3	17.8	—	3	14285.5	17.2	11330.8	18.5	2954.7
2009	22072.7	−13.9	—	—	12016.7	−16.0	10056.0	−11.2	1960.7
2010	29728.0	34.7	10.00	2	15779.0	31.3	13948.0	38.7	1831.0
2011	36420.6	22.5	—	2	18986.0	20.3	17434.6	24.9	1551.4
2012	38668.0	6.2	10.50	2	20489.0	7.9	18178.0	4.3	2311.0
2013	41600.0	7.6	10.75	1	22096.0	7.9	19504.0	7.3	2592.0

1994—2013 年中国利用外资情况表

单位:亿美元

年份	总计		年份	总计	
	项目数(个)	实际利用额		项目数(个)	实际利用额
1994	47646	432.10	2004	43664	606.30
1995	37184	481.30	2005	44011	603.25
1996	24673	548.00	2006	41473	630.21
1997	21046	519.33	2007	37872	747.00
1998	19846	455.82	2008	27514	923.95
1999	17022	526.60	2009	23435	900.30
2000	22347	493.56	2010	27406	1057.00
2001	26139	468.46	2011	27712	1160.10
2002	34171	527.43	2012	24925	1117.00
2003	48081	535.05	2013	22773	1175.86

2013 年中国对外贸易往来前 5 位国别(地区)情况表

排序	国别(地区)	贸易额(亿美元)	比上年(±%)
1	欧　盟	5590.6	2.1
2	美　国	5210.0	7.5
3	东　盟	4436.1	10.9
4	中国香港	4010.1	17.5
5	日　本	3125.5	-5.1

2013 年中国实到外资额前 10 位来源地情况表

排序	国别(地区)	实到外资额(亿美元)	排序	国别(地区)	实到外资额(亿美元)
1	中国香港	783.02	6	韩　国	30.59
2	新加坡	73.27	7	德　国	20.95
3	日　本	70.64	8	荷　兰	12.81
4	中国台湾	52.46	9	英　国	10.30
5	美　国	33.53	10	法　国	7.62

2003—2013 年中国出口商品交易会一览表

年份	届次		到会客商(人)		来自国别(个)		成交额(百万美元)		全年成交额(百万美元)	比上年(±%)
	春季	秋季	春季	秋季	春季	秋季	春季	秋季		
2003	93	94	23128	150485	167	201	4420	20490	24910	-70.53
2004	96	96	159717	167926	203	203	24510	27200	51710	107.59
2005	97	98	195464	177000	210	210	29230	29430	56935	10.10
2006	99	100	190011	192691	210	212	32220	34060	66280	16.41
2007	101	102	206749	189500	211	213	36390	37450	73840	11.41
2008	103	104	192013	174562	210	213	38230	31550	75680	2.49
2009	105	106	165436	188170	209	212	26230	34070	60300	-20.32
2010	107	108	203996	200612	212	208	34300	34833	69133	14.65
2011	109	110	207103	209175	209	210	36860	37900	74760	8.14
2012	111	112	210000	188145	213	211	36030	32680	68710	-8.09
2013	113	114	202766	189646	211	212	35540	31690	67230	-2.15

上海汉钟精机股份有限公司

世界领导品牌

上海汉钟精机股份有限公司是一家致力于生产制冷压缩机为主的上市公司，也是上海市第一家台商投资上市企业，厂区占地面积4万余平方米。位于上海市至杭州市的沪杭高速公路与320国道的交会点，上海西南门户——枫泾古镇。目前汉钟制冷压缩机产品共有5大类：螺杆式制冷空调压缩机、冷冻冷藏压缩机、空气压缩机机组、空气压缩机机体和干式真空泵浦。

1996年开始，在上海成立办事处，积极部署。从第一期办事处的成立、销售、服务做起，同时积极培养各种人才，目前汉钟精机已成为中国最具实力，生产规模最大的螺杆式制冷压缩机生产企业，同时也积极培养了许多专业人才，为中国人自主的压缩机技术贡献了一份心力。

近年来由于销售额大幅成长，同时有鉴于市场需求，已先后成立了华北（济南）、华南（广州）、华东（南京）分公司并成立武汉、沈阳、重庆办事处，未来将再设立西南、西北、东北等办事处，将整个国家辐射在汉钟精机的服务范围内，让汉钟的产品流通在中国市场的每一个角落。

UNI
QLO

迅销(中国)商贸

[优衣库]
LifeWear

迅销(中国)商贸有限公司是全球第四大服装零售企业迅销[FAST RETAILING]集团旗下全资子公司，主要经营UNIQLO[优衣库]品牌休闲服。作为迅销集团旗下实力核心品牌，UNIQLO[优衣库]一直坚持将现代、简约自然、高品质且易于搭配的商品提供给全球的消费者。

UNIQLO[优衣库]一直非常重视中国市场，目前在中国50多个城市拥有超过260家店铺。2013年9月30日，UNIQLO[优衣库]在淮海中路的原二百永新开设了最大、最新的全球旗舰店——UNIQLO SHANGHAI[优衣库上海]全球旗舰店，卖场面积超过8000平方米。店内不仅汇集了UNIQLO[优衣库]目前最丰富的全系列商品，在店面设计、商品陈列展示、店铺服务等各方面也都展现了最高水准。

迅销(中国)商贸有限公司在创造经济效益的同时，也非常注重通过自身优势，为上海的发展做出积极贡献。公司坚持“全员经营”的理念，非常重视人才的招募和培养，结合每位员工不同的成长阶段，积极开发各种知识和技巧育成计划，给有志向实现自己梦想的员工提供有针对性的培训，还为具有成为国际化经营者潜质的年轻员工提供海外工作轮岗的机会。此外，UNIQLO[优衣库]每年都会面向包括上海地区在内的全国各大高校，招聘500名应届毕业生，并集中进行培训。通过多种形式的人才培养，为上海持续培养出一批又一批优秀的国际化零售业经营人才。

UNIQLO[优衣库]将继续秉持“LifeWear”服适人生的品牌理念，不断以优质、时尚、舒适的商品和贴心的服务来丰富广大消费者的生活。

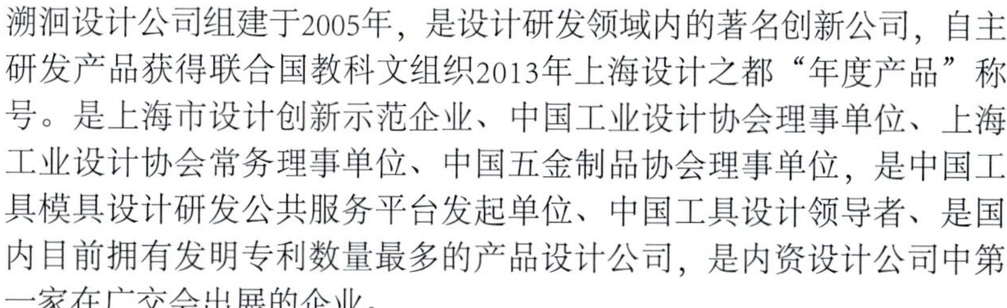

溯洄设计公司组建于2005年，是设计研发领域内的著名创新公司，自主研发产品获得联合国教科文组织2013年上海设计之都“年度产品”称号。是上海市设计创新示范企业、中国工业设计协会理事单位、上海工业设计协会常务理事单位、中国五金制品协会理事单位，是中国工具模具设计研发公共服务平台发起单位、中国工具设计领导者、是国内目前拥有发明专利数量最多的产品设计公司，是内资设计公司中第一家在广交会出展的企业。

如今、已实现以设计创新、技术研发、商业化实践为一体的机构布局，以工业设计，机械结构、电子技术、软件应用、品牌策划为主导的综合性专业创新团队。创业9年来，溯洄公司所设计开发的产品创造了近33亿多元的经济价值与商业价值、囊括了Red dot、IF、中国优秀工业设计大奖等奖项。截至目前，国际排名前10位的工具巨头已有4家与溯洄建立合作，国内排名前10位的工具巨头有7家是溯洄的长期客户，和全球1000多家产品制造商及贸易公司建立良好的合作关系。溯洄设计公司的愿景是成为一家创新精神与自主研发完美结合的伟大创新公司。让完美的中国创新产品享誉世界！

Sohui (Shanghai) Design Consulting Co.,Ltd., founded in 2005, is a well known innovation company in the field of design and R&D. Our independent R&D product obtained “2013 Annual product” of Shanghai city of design by UNESCO.

We are demonstration enterprise for design and innovation in Shanghai; director unit of Chinese Industrial Design Association ;executive director unit of Shanghai Industrial Design Association; initiating unit of a public service platform for Tool design and development; leader in tool design of China; a product design company with most invention patents in China; first Chinese domestic design company attending Canton fair.

By now, we have achieved organization layout of design and innovation, technology research and development, commercial practice as a whole. We have a comprehensive innovation team dominated by industrial design, mechanical structure, electronic technology, software application, brand planning.

In our 9 years history, we have contributed about 3.3 billion RMB economic value and commercial value, achieved design awards including Red dot, IF, Chinese outstanding industrial design.

Until now, 4 of International top 10 tool giants have established cooperation with SOHUI while 7 of Chinese domestic tool giants are SOHUI’s long term customer. We have built good relationship of cooperation with over 1000 product manufacturer and trading company. Our vision is to become a great innovation company with perfect combination of innovation spirit and independent R&D so as to let the perfect Chinese innovation products enjoy the fame over the world.

延锋彼欧汽车外饰系统

延锋彼欧汽车外饰系统有限公司（以下简称：延锋彼欧），是由延锋汽车饰件系统有限公司和法国彼欧公司共同投资组建。公司成立于 2007 年 3 月，总投资 7.6 亿元人民币。公司注册在上海嘉定工业园区，公司总部及技术中心设在嘉定区安亭镇墨玉路 540 号。是上海市外商投资先进企业以及国家级高新技术企业。2013 年公司现有约 3000 名员工。

延锋彼欧致力于生产保险杠、保险杠总成模块、塑料尾门、防擦条、门槛、塑料翼子板以及其他汽车外饰零部件，为世界各地的汽车制造商提供从设计开发到产品生产及供货的全套服务，延锋彼欧自成立以来一直以“追求卓越”为导向，致力于为客户提供全方位的满意。目前公司已经成功地与众多国内外知名整车厂商建立了长期合作关系，2013 年市场占有率 20.3%，稳居行业内第一。

为了不断完善开发工艺，攻克技术难关，为客户提供更全面的服务，公司于 2012 年 4 月建立了技术研发中心。总投资约 1.6 亿元，其中高端实验设备投资约 3000 万元。总面积为 21100 平方米，可容纳 750 名员工。行人保护试验、低速碰撞试验、尺寸测量、材料试验都已达国际领先水平。

在技术方面，目前公司已拥有一支 300 多人高素质的工程技术开发团队，公司不断提升传统外饰件保险杠的设计、开发能力。同时，结合法国彼欧先进技术能力，研发轻量化产品，诸如薄壁技术、轻量化材料、行人保护等先进工艺技术，以降低整车重量，降低汽车油耗。公司不断进步，集成客户需求、完善保险杠开发工艺，提供前期设计、开发、制造全套设计、供货服务。截至 2013 年底，公司共获授权 72 个专利项。

在制造生产方面，现全国拥有注塑机 41 台，涂装线 12 条。涂装离线编程、静电悬杯喷涂等工艺技术已达国际先进水平。为了深化传统的注塑能力、喷涂能力以及装配能力，持续降低注塑节拍及提升注塑区域自动化程度，提升油漆上漆率及节拍降低，调整装配布局优化资源配置。

在生产物流方面，公司拥有先进的生产流水线布局，精确的过程控制程序，可靠的产品测试设备，通过拓展配套车型平台来提升公司的生产效率，满足客户需求。

公司目前在上海安亭、上海浦东、南京、沈阳铁西、沈阳大东、成都、重庆、广州、仪征、深圳、宁波和武汉沌口、武汉江夏建有强大生产基地。公司全体员工将以奋进的精神风貌努力建造国内外饰行业一流的技术、生产和服务的平台，为客户提供更高质量的产品和服务。致力于 " 成为世界上最好的汽车外饰系统供应商 "。

华特迪士尼公司将在中国上海建造世界最大规模的迪士尼商店

让创意与欢乐的购物体验为“各个年龄阶段的消费者带去奇妙时刻”
中国大陆首家迪士尼商店，预计2015年年初开门迎客

华特迪士尼公司执行副总裁兼大中华区行政总裁张志忠 ，和上海陆家嘴金融贸易区开发股份有限公司总经理李晋昭共同签署中国大陆首家上海迪士尼商店的协议书

2013 年 10 月 25 日；上海：今天，华特迪士尼公司中国正式宣布，计划在上海陆家嘴金融商业区打造公司第一个，也是世界最大的迪士尼旗舰店。

华特迪士尼公司执行副总裁兼大中华区行政总裁张志忠 ，和上海陆家嘴金融贸易区开发股份有限公司总经理李晋昭在浦东政府办公中心举行了官方签约仪式，浦东新区区长姜樑和副区长刘正义见证了签约仪式，标志着该项目正式启动。

“ 迪士尼将在中国建造世界最大的迪士尼商店，我们感到无比的骄傲。” 华特迪士尼公司执行副总裁兼大中华区行政总裁张志忠先生表示，“ 迪士尼将零售理念与迪士尼品牌特有的讲故事方法相融合，凭借迪士尼广受喜爱的故事和角色形象，为千家万户打造了一个独一无二的，沉浸式的家庭休闲娱乐胜地。”

上海陆家嘴（集团）有限公司总经理杨小明表示：“ 作为陆家嘴金融城的总体开发商和上海迪士尼度假区中方合资伙伴上海申迪集团的投资人，我们很高兴能和迪士尼再次携手，让迪士尼商店进驻陆家嘴地区。商店的入驻、富有创意的设计和产品，以及所提供的娱乐活动都将为陆家嘴地区增添一个有着友好家庭氛围的好去处。同时也将有助于提升上海作为一个家庭、商业、文化、娱乐和旅游目的地的形象和声誉。”

占地面积约 5000 平方米（53，000 平方英尺）的迪士尼商店坐落于繁华的上海浦东陆家嘴金融区域，计划于2015年年初正式对外开放。即将落户的迪士尼商店具有一流的水准，将由零售区域（占地约1000平方米，或计 10800 平方英尺）和迪士尼主题的户外广场组成。

迪士尼商店内部设计将沿用迪士尼屡获殊荣的店面设计方案。通过运用最前沿科技，父母和孩子将有机会和他们最喜爱的迪士尼、皮克斯、漫威和星球大战的故事和经典角色互动，在全新的体验式购物环境中尽享迪士尼的奇妙。“ 迪士尼旗舰店将被打造成由中外设计师们设计的，集各种迪士尼品牌商品、娱乐活动为一体的充满乐趣的综合性品牌店。” 张志忠先生补充道。

“ 迪士尼广场区 ” 设计颇具匠心，涵盖大面积的迪士尼主题景观，这在全球迪士尼商店尚属首创。众多品牌活动可在此空间中展示。同时这里也是家庭娱乐的理想场所，随处可以体验到高品质的家庭娱乐内容和迪士尼特有的欢乐体验。广场区还将成为迪士尼粉丝们近距离了解计划于 2015 年底正式拉开帷幕的上海迪士尼度假区进度的重要渠道。“ 迪士尼商店 ” 周边地区年均客流量超过 4000 万，是上海购物、观光和旅游的胜地。

关于华特迪士尼公司在中国

华特迪士尼公司（纽约证券交易所上市名称 DIS）及其子公司和附属机构，是领先的多元化国际性家庭娱乐公司，公司拥有五项主要业务。迪士尼在中国放映的第一部动画片可以追溯到 20 世纪 30 年代，而今公司在北京、上海和广州共有超过 2000 名员工。公司致力于创造高品质娱乐体验并在中国打造本土及迪士尼系列人物。公司在华业务范围广泛，包括影视娱乐、主题乐园及度假区、消费品、媒体网络、互动媒体以及英语语言培训业务。2008 年第一家迪士尼英语落户上海。2005 年 9 月，迪士尼在中国的首座主题乐园香港迪士尼乐园正式开园迎客。2011 年，华特迪士尼公司与其合资伙伴上海申迪集团宣布上海迪士尼度假区破土动工。迪士尼公司是道琼斯 30 种工业指数的成份股，公司在最近一个财政年度营收超过 409 亿美元，2013 年 10 月 23 日，公司市值达 1216.9 亿美元。了解更多公司相关情况，请登陆 http://corporate.disney.go.com/

关于迪士尼商店

1987 年，第一家迪士尼连锁商店开张，其后，由迪士尼所有和经营的迪士尼商店进入北美、欧洲和日本。迪士尼商店是迪士尼消费品部的一个分支，这一业务让迪士尼品牌延伸至零售业。迪士尼商店出售高质量产品，独有的产品线帮助迪士尼宣传其重要娱乐项目和角色。第一家迪士尼商店坐落于加利福尼亚格兰岱尔市，开主题零售模式先河。目前，北美地区共有 200 多家迪士尼商店；日本地区余 40 家；还有 100 多家迪士尼商店遍布英国、法国、西班牙、意大利和葡萄牙。还包括在线商店 disneystore.com 和 disneystore.co.uk。只有迪士尼（NYSE：DIS）才能让每家迪士尼商店都为顾客带来奇妙购物体验。迪士尼是全球规模最大、最成功的娱乐公司。

垂询更多信息，请联系：

黄晨，华特迪士尼公司中国，+8621 61320296（Tiffany.Huang@Disney.com）
Alannah Hall-Smith，华特迪士尼公司亚太区，+852 2203 2198（Alannah.hall-smith@disney.com）

SHANGHAI WANDA PLAZA

五角场万达广场

万达集团 2006 年在上海起航，四座扛鼎之作屹立在上海杨浦区、浦东新区、嘉定区、宝山区，随之万达广场将在松江新城、金山新城绽放。2006 年五角场万达广场开业，不断创造客流、销售佳绩，日均客流已达 17 万人次，年销售突破 31 亿元。周浦万达广场、江桥万达广场、宝山万达广场的相继开业，携手将万达广场打造成上海建筑规模大、品牌业态全的商业地产航母。

五角场万达广场内景

五角场万达广场

五角场万达广场座落于上海市级商业中心五角场商圈的核心，占地面积 6.012 公顷，总建筑面积 33.43 万㎡。广场立体划分为三层：地上三幢甲级写字楼及地面商业步行街、B1 城中城商业步行街以及 B2 大型停车场。

集百货、超市、文化、娱乐、餐饮、食品、银行等业态为一体的五角场万达广场，旨在为消费者提供一站式的便捷购物享受和舒适的消费体验。广州蕉叶、翠华餐厅、CK、GUESS、M&S、Folli Follie 等国内外知名品牌强势入驻，不断的品牌升级、品质提升，使五角场万达广场已然成为时尚地标。

周浦万达

周浦万达广场

周浦万达广场位于浦东新区周浦镇核心商圈，建筑面积约 32 万平方米，由购物中心、餐饮酒吧街、写字楼、酒店式公寓构成。其中商业面积近 13 万平方米，是一座集餐饮、娱乐、休闲、购物于一体的大型商业广场。

万达百货、乐购超市、万达影城、永乐生活电器、一兆韦德、大歌星量贩 KTV、大玩家、石浦大酒店、培正逗点、C&A、UNIQLO、SEPHORA、星巴克等众多国内外知名品牌入驻，满足了全方位一站式的消费需求，顾客在周浦万达广场购物畅游，体验高品质的时尚生活，享受消费的乐趣。

WANDA PLAZA

江桥万达广场

江桥万达广场位于西上海北虹桥商务区，13 号线金运路站直达。广场总建筑面积 55 万㎡，其中商业面积 26 万㎡；精装 SOHO 13 万㎡；住宅 16 万㎡。广场汇集了百货、超市、影城、KTV、儿童娱乐、特色美食、时尚服饰等多重业态。室内步行街囊括了 ZARA、UNIQLO、M&S 等百余家国内外知名时尚品牌。

江桥万达广场致力于打造健康、环保的时尚文化聚集地，2013 年江桥万荣获"上海购物中心十大地标奖"，同时也是西上海拥有绿色建筑一星称号的绿色环保型购物中心。

江桥万达广场

宝山场万达广场

宝山万达广场，位于上海北部，拥有 30.10 万平米总建筑面积，其中涵盖 17 万平方米购物中心、10 万平方米写字楼和 SOHO 建筑面积。毗邻地铁一号线共康路站，距人民广场和五角场仅 15 分钟，距中环线仅 10 分钟。广场定位区域家庭型消费，打造适合家庭的一站式购物环境，提供一体化娱乐生活。在 8 大主力店和 4 大次主品牌，以及 Tommy、Lacoste、Folli Follie 等国际二线品牌强势入驻的基础上，配合万达独有的精细化服务管理，宝山万达广场正在成为北上海商业新典范。

周浦万达广场内景

松江万达广场

松江场万达广场

松江万达广场座落于上海松江新城，毗邻松江大学城站，项目北起卖新 - 花辰公路，南抵申嘉湖高速公路，西至郊环线，东接闵行，紧邻松江大学城及松江区政府。松江万达广场建筑面积约 32 万平方米，万达广场购物中心的设计理念将颠覆松江区以沿街商铺为主的传统商业格局，塑造松江商业地产新典范。

松江万达广场将在 2014 年 5 月 30 日盛大开业，届时，她将成为松江新的商业地标，傲立拥有百万消费客群的松江新城中心，汇集吃喝玩乐购的丰富业态和品类，融合多种生活元素，全面升级松江商业消费层次，完善松江城市功能，开启松江崭新商业时代。

宝山万达

上海青浦工业园区是 1995 年 11 月 25 日，经上海市人民政府批准成立的九大市级工业开发区之一。规划面积 16.1 平方公里，区域范围东至油墩港、南至上达河、西至青赵路、北至北青公路。是上海通往江苏、浙江两省的交汇点，不仅位于长三角“之”字型经济圈的交接处，而且是长三角制造业产业带的中心，具有承东启西、东联西进产业带的枢纽作用和对长三角、华东地区的辐射作用。

经过 18 年的发展，园区基础设施配套完善，实现“九通一平”。提出大力发展以“财智集聚、功能多元、生态和谐”为目标的总部基地，重点围绕总部经济、软件信息服务业、先进制造业等开展招商引资，形成“以二促三”和“以三带二”的互动发展格局。已形成了以德国海德堡印刷设备为代表的印刷传媒产业，以日立电梯设备为代表的精密机械产业，以腾讯云计算中心、日本 NEC 光电为代表的电子信息产业，以高田汽配为代表的汽车零部件产业，以美国英威达、日本尤尼佳为代表的纺织新材料产业，成功引进日本尤妮佳、日本天田等 2 个青浦区首家中国区总部，美国派克、汉尼芬、南大苏富特等 9 个项目相继获得上海市高新技术产业化认定，为园区的转型发展奠定了扎实基础。园区综合实力、社会形象不断提升，连续两年被评为“上海市品牌园区”。为呼应产城联动，坚持高品质开发，引进深圳卓越集团对中央商务区进行开发，进一步完善了园区的产业发展环境和功能配套，优化了园区的投资环境。

2014 年，园区将贯彻落实十八大精神，紧紧围绕创新驱动、转型发展，坚持突出重点不变调、攻克难点不懈怠、打造亮点不放松，以实干精神和认真态度，关注“三个转型”，实施“优二进三”，做到重点项目有推进，重点区域出形象，重要指标稳增长，规划“一廊”、“一片”、“一区”、“一批”，成为园区产城融合的新地标、示范区、主战区和集聚区，打造一个富有活力、拥有实力、积聚潜力、彰显魅力的“升级版”园区。

GRACE

Talent | Technology | Trust

格雷斯在中国

格雷斯是一家全球领先的特殊化学制品和材料公司，以拥有经验丰富的员工、领先业界的技术、遍布全球的网络和坚实的客户关系著称。格雷斯的产品加固了众多的重大建筑，提升了石化产品的性能，保证了食品的安全，丰富并提高了人们的生活品质。格雷斯以安全、健康和环保的理念开展其业务和设施运作，并严格遵从当地各级政府的法规要求。

中国机构

格雷斯中国有限公司创办于 1986 年，是改革开放以来首家在中华人民共和国开展业务的全外资企业，其罐装密封剂厂位于中国上海。目前，格雷斯在中国拥有 6 家制造厂，4 处销售机构，以及 4 个技术服务中心。

格雷斯位于上海的制造厂坐落于上海闵行经济开发区，于 1987 年开始投产。最初产品为 Darex® 罐用密封胶，自 1994 年起，该制造厂的产品系列扩充至水泥添加剂和混凝土外加剂。自 1998 起，制造厂开始生产 Darex® 罐用涂料。拥有了第三方的环境和安全认证（ISO 14001 和 OSHAS 18001）。

格雷斯广东增城工厂（位于中国南部）建立于 1994 年，主要生产水泥添加剂和混凝土外加剂。天津工厂(地点靠近北京)建立于 1996 年，主要生产水泥添加剂和混凝土外加剂，自 2008 年 6 月起，开始生产面向中国市场的 Betec® 格永得™水泥基防水涂料。香港粉岭工厂（创建于 1988 年)主要生产混凝土外加剂,并从台湾地区进口水泥添加剂产品。2010 年，重庆工厂成立，主要生产水泥添加剂和混凝土外加剂。

格雷斯的销售办事处分别位于北京（2000 年起），广州（2000 年开业并于 2006 年扩建，面积翻番），中国香港（1965 年起）以及上海（1994 年起）。

2005 年，新的格雷斯亚太及中国总部于上海成立，从而增强了格雷斯在该地区的业务能力，并能开展更多集中化的运作。此外，作为地区性商业平台，还建立了格雷斯贸易（上海）有限公司，以便为客户提供更好的服务。格雷斯包装技术销售中心（于 1998 年开业）和格雷斯戴维森探索科技服务实验室均坐落于上海，后者于 2006 年投入运营，并显著改善了公司在亚洲地区为生命科学研发提供支持的能力。格雷斯戴维森技术销售中心于 2002 年在上海开业，主要提供涂料应用领域的相关服务。

格雷斯建材产品北京技术服务中心于 2005 年成立。2007 年，随着 15 名新雇员的加盟，以及在设备方面的 100 多万美元投资，该机构升级为研发中心，包含物理和化学测试实验室，负责水泥和水泥添加剂、混凝土和混凝土外加剂、防火和防水材料、以及住宅建筑材料方面的测试。研发中心通过使用中国当地的原材料和定制配方来满足不同客户的需求。

2010 年，格雷斯收购了位于中国武汉的防水产品制造商武汉美利信新型建材有限责任公司。通过收购美利信，格雷斯扩大了制造能力，并获得一个成熟的分销网络，以便满足快速增长的中国市场以及建筑客户的需求。

2012 年，Grace 在山东省青岛经济技术开发区成立了催化剂公司。从此，格雷斯公司在北美和欧洲以外拥有了服务于亚太地区和特别是中国地区能源与化工领域的产品生产基地。

可持续发展

格雷斯公开承诺—致力于降低生产每磅产品过程中的能耗强度，到 2017 年，将在 2007 年的水平上降低 20%。该能耗强度目标是格雷斯扩大实施可持续发展战略的组成部分。自 2010 年开始，我们逐年通报在达成可持续发展目标方面的进展情况。

产品和材料

在中国，格雷斯可制造、经销多种产品系列或对产品提供相关技术支持，包括：

- **催化剂** 用于汽油和其他燃料的精炼；用于塑料中间产品的制造；用于对工业和汽车排放物的控制；以及用于多种化学工艺过程。
- **硅石产品** 在工业应用领域用于控制木材涂装的表面光泽度，工业涂料和线圈涂覆金属，在食品和制药行业用作抗块结试剂；在牙膏行业用作稠化剂和磨光剂，以及催化剂载体。
- **吸附剂** 在防潮包装、隔热玻璃窗和冷却剂系统中用作干燥剂，在石化和精炼行业用于干燥和净化气体及液体。
- **包装用密封胶和涂料** 用于金属罐、玻璃 / 塑料瓶和广口瓶领域。这类产品主要销售给容器制造商，确保封盖和饮料或食品间的密封，防止细菌和其他污染，延长储藏寿命，并保持风味。
- **色谱产品** 如生命科学和分析科学应用领域中的色谱柱、仪器、耗材和色谱配件。色谱产品用于制药和生物技术行业的药物开发和提纯，另外还用于环境分析，法医检验，石油化学分析，食品，化妆品和维生素加工等。
- **特种建材及化学品** 在世界部分高标准建筑场所中都得到广泛应用。格雷斯提供混凝土外加剂、水泥添加剂、砌块产品及特种建材添加剂，包括防火和防水材料及系统。
- **住宅建筑材料** 住宅业主使用它们来保护其房屋设施和财产。格雷斯产品包括特种屋面防水膜，以及用于门、窗、平台和屋面细部的柔性泛水产品以用于防止因冰坝和风雨导致的漏水。格雷斯平台泛水产品可提供防腐蚀和防锈蚀解决方案。总而言之，这些产品能带给您一个安全、舒适和坚实的家。

社区工作

格雷斯的理念是“参与 - 教育 - 激发”。这三点是格雷斯社区服务项目的基石。将人们团结在一起，我们建立起了更牢固的邻里关系，营造出了焕然一新的友谊氛围。

在中国，支持教育事业是我们的关注焦点之一，无论是初级还是高等教育。自 2005 年起，格雷斯中国为 130 名华东理工大学化学系的低收入学生提供了助学金。

自 2006 起，格雷斯启动了学者计划，为 11 所中国杰出大学中主修建筑材料学科的优异研究生提供支持。截至目前，共支持了 88 位学生。

2008 年发生四川大地震后，格雷斯全球雇员积极捐款用于救灾和重建。公司向美国红十字国际基金会捐赠了 32,500 美元。

环境，健康和安全

格雷斯奉行健康和安全措施的最高标准并注重对环境的责任。

格雷斯中国的多家生产场所已获得了 Paul J. Norris 安全奖，表明这些场所的安全表现受到了公司的正式认可。在格雷斯的生产场所，格雷斯不断通过增加循环利用、减少废物排放和节约能源消耗等途径来改进生产工艺。

为了更好地保护空气、土壤和水环境，我们开发并实施了高效的环境管理系统，可从源头降低三废污染，并实现严格的排放控制。

地址：上海市奉贤区大叶公路7318号
电话：021-3718-6666（接内线114）
传真：021-6758-0412（自动）
官网：http//www.noritz.com.cn

能率（中国）集团阔步迈向新的历史时期

时代和消费者的需求就是企业努力与发展的动力

2013年夏季，能率集团刚刚庆祝了进入中国市场走过的20周年的历程。2014年初，公司董事会就发布了新的三年中期经营计划。

在截至2016年底的可持续发展路线图上，我们可以捕捉到这样几个关键词：销售额、利润、税收贡献均比照2013年度翻一番；在保持上海市场份额基础上，向全国各主要区域拓展；大力借助电子销售渠道，转变传统的商业模式；提高产品售后服务质量；加大投资的力度，等等。

随着燃气具革命的深入，随着消费者环境意识的日益提高，随着企业公众意识及社会责任的日益加强，我们看到：科技含量高、安全高效、节能环保的产品愈发受到国内广大消费者的青睐和喜爱。这些就已经给企业的发展提供了远景，指明了方向。

时代和消费者的需求就是企业努力与发展的动力。

2014年，能率集团继续加大实体投资---其中包括新增生产线、新增物流仓储功能、新设面向全国的电话受理系统，为改善现场作业条件的太阳能发电系统等。实际投放资金已达3,200余万元人民币。上述这些功能均已在上半年实现并陆续投入了使用。

2014年起，能率将在全国范围内寻找有增长潜力的销售区域，投放力量，加大拓展空间。

2014年起，将每年向国内市场投放几款科技含量高、产品盈利空间大的新型节能产品、在节气、节水方面持续攻关，向消费者提供更多安全、方便、实用的新机型；将尝试在净水系统方面给消费者带来新的更加具有实际意义的产品和服务。

2014年起，我们将和位于江苏省的樱花卫厨（中国）有限公司携手并进，以崭新的面貌为社会和公众展示出新的大型集团的良好形象。共同提升能率在中国投资的效果与质量。

未来的三年、十年，是中国经济持续发展、城乡现代化建设的关键时期，充分把握这个历史节点，为中国经济的可持续发展、为城乡广大消费者生活水平与质量的提升服务，是我们一贯的使命和责任。

能率集团的员工正以一个全新的面貌阔步迈向新的历史时期。我们有自信有能力在未来的岁月里继续创造辉煌！

联合利华是世界领先的食品、家庭护理和个人护理用品提供商之一，产品畅销190多个国家，在全球拥有174,000名雇员，2013年销售额达498亿欧元。公司超过一半的成绩都来自于快速增长的发展中及新兴市场。每一天，我们都致力于创造更美好的未来，使人心情愉悦、神采焕发、享受更完美生活。

联合利华的愿景是实现业务增长一倍的同时，减少对环境的不利影响，并提高积极的社会影响。我们的目标是到2020年：帮助超过10亿人改善健康卫生状况；100%农业原材料可持续采购；使单位产品对环境的不利影响减少一半。

联合利华在中国的历史可追溯至80年前，利华兄弟在上海黄浦江畔建立了中国肥皂有限公司。1986年，联合利华重返中国，至今在华投资近20亿美元，引进了多项先进的专利技术，直接雇佣了超过7,000名中国员工，间接提供了超过20,000个就业机会，年纳税20多亿元人民币。

联合利华在中国的业务主要是日化和食品：主要品牌包括奥妙、中华、力士、旁氏、清扬、多芬、夏士莲、凌仕、舒耐、家乐、立顿、和路雪等。经过多年的大力培植，这些品牌都已家喻户晓，成为中国消费者日常生活中的常用品牌。

为实现公司在中国长期发展的承诺，从2000年起，联合利华开始了在中国的新的战略布局：以上海为管理和科研中心，以安徽合肥等地为生产加工基地。目前合肥工业园已成为联合利华全球最大的生产基地之一。2006年，联合利华在上海设立大中华地区总部。2009年，联合利华全球研发中心紧邻中国地区总部大楼正式落成，这是全球六大研发中心之一。2011年，联合利华大中华区总部升级为北亚区总部，负责管理中国大陆及香港、台湾、韩国和日本地区业务。2011年，联合利华确定在天津投资设立北区生产基地；2012年，确定在四川眉山投资设立西区生产基地。同时，随着中国加入世贸组织，联合利华在上海成立了全球采购中心，依托中国丰富的资源，向联合利华全球出口原料及成品。

奖项说明：

* **2013《财富》中国企业社会责任榜25强**
  联合利华中国入选2013《财富》(中文版)中国企业社会责任榜25强，实现自2011年来连续三年进入该榜单。

* **世界环保大会最高奖项“国际碳金总奖”**
  2013年6月，联合利华荣膺第六届世界环保大会最高奖项“国际碳金总奖”，实现连续两年获此殊荣。

* **“2013中国优秀企业公民”奖**
  联合利华凭借长期以来在企业社会责任及可持续发展领域的突出表现，荣获“2013中国优秀企业公民”奖。

* **LEED金奖认证**
  2013年10月，联合利华天津工业园一期工程荣获绿色能源与环境设计先锋奖(LEED)金奖认证，成为联合利华中国首家获得该认证的工厂。

* **“合肥市绿色企业”称号**
  2013年6月5日，联合利华合肥工厂凭借长期以来在可持续发展领域卓有成效的积极实践与探索，荣获首批“合肥市绿色企业”称号。

上海南桥中小企业总部商务区

位于上海杭州湾北岸地区综合性服务型核心新城——南桥新城核心区域内的上海南桥中小企业总部商务区，是上海市首批20个现代服务业集聚区之一。2007年2月，奉贤区成立了由区长直接挂帅的商务区推进领导小组，并下设办公室。2008年，区政府为加快推进商务区发展，商务区推进办与新城办合署进行办公。

商务区的开发，主要分三个阶段。第一个阶段:从2007年到2010年，是提升规划、完善配套阶段，重点集聚人气和增强社会关注度；第二个阶段:从2011年到2014年，是完善功能，丰富业态和总部经济成长阶段，重点提升商务功能和培育总部基地；第三个阶段:从2015年到2018年，是提升功能，引领示范，成为企业总部落户发展的孵化器和助推器阶段，重点以提升总部基地品牌和增强现代服务业实力。

目前，商务区一期用地已经全面完成招商，并已初具形态。重点项目分别由南方集团、绿地集团和银基发展等开发建设的南方国际商业广场、绿地望海新都和银河丽湾项目。商务区二期用地内，重点建设中企联合大厦项目和卓越世纪中心项目，二期后期用地主要是推进以“小切块”为特征的总部项目集聚。大厦项目建筑高度达180米，集商务办公、会务会展、高端商业等多项功能于一体，建成后将成为商务区以及南桥新城的地标建筑。卓越世纪中心项目是由国内CBD标杆企业深圳卓越置业开发建设。商务区三期用地预计将在2014年推向市场。为进一步提升商务区建设标准，我们正委托新加坡CPG集团深化商务区城市设计，并开展对地下空间开发利用的专项研究。

2014年，商务区工作重点是推进总部企业项目落地，并在商务楼宇招商方面朝着增强产业集聚度方向进行转变。商务区将进一步完善招商引资的政策，提升服务软环境，加快中小企业总部在商务区形成集聚。

睿智稳健 追求卓越

——中国企业家·挪宝新能源集团董事长孙国平先生

孙国平，男，1964 年出生于江苏张家港市，挪宝新能源集团创始人，现任挪宝新能源集团董事长兼首席执行官。

上世纪 90 年代，孙国平曾在国内担任一家电脑公司的董事长，在长期与外商进行商务往来中，积累了丰富宝贵的营销经验。1996 年，他移居丹麦生活并把经营业务的主战场移至欧洲。在此期间，他敏锐地注意到丹麦是一个六成能源来自风能、太阳能等新能源的注重节能环保和科技创新的国家，这让他对新能源产生了浓厚的兴趣，尤其是当地已在运用的一种地源热泵技术。这种技术是利用浅层地热能，以土壤（地下水、地表水等）作为冬季热源和夏季冷源，并通过地源热泵机组向建筑物提供热量和冷量，并同时制备生活热水的新型中央空调技术。此后，他花数年时间开始潜心钻研国外先进的地源热泵技术及地源热泵设备原理，走访了欧洲知名地源热泵公司，并与他们建立了合作关系。

2003 年孙国平回国后，发现国内报纸媒体都在倡导节能环保，党和政府对环境保护和节约能源方面给予的高度重视使他深受鼓舞，他看到了国内巨大的市场潜力，感到大力推广地源热泵技术的时机到了。他将在欧洲学到的地源热泵技术与中国的地质、环境等实际情况相结合，研究并改进欧洲地源热泵产品在国内商业领域的应用，创立了在地源热泵清洁能源领域集研发、咨询、设计、生产、销售、安装及能源服务于一体的挪宝新能源集团公司，大力实施低碳节能环保的挪宝品牌地源热泵中央空调系统的合同能源管理，迅速扩大国内市场份额，其核心竞争力和研发、管理水平迅速走在全国同行前列。他自主研发的模块化并联系统主机、无缝切换衔接技术、基坑埋管技术、多种节能技术的整合利用等，在实际运用中取得明显成效，被认为是在地源热泵技术领域的突破性成果，引起同行业专家学者的广泛关注。

2005 年，孙国平先生创立了挪宝新能源集团，旗下包括江西挪宝电器有限公司、挪信能源技术（上海）有限公司、挪宝能源（南通）有限公司三家外商投资企业。

2005 年 5 月，孙国平在江西共青城创建了挪宝品牌地源热泵主机研发生产基地。2009 年 9 月生产基地转入小批量试生产。2010 年 3 月，生产基地取得国家生产许可证，开始大批量生产。2010 年 5 月挪宝产品顺利通过国家 ISO9001－2008 质量体系认证。目前，挪宝地源热泵空调系统已入选由建设部工程质量安全监督与行业发展司组织撰写的《建筑产品选用技术》暖通空调类目录，为国家推荐产品。

挪信能源技术（上海）有限公司在上海市闸北区注册成立。2010 年 08 月，国家发展改革委、财政部组织公布全国节能服务公司第一批清单，挪宝新能源集团公司旗下的挪信能源技术（上海）有限公司名列上海节能服务公司名单之首。

挪宝能源（南通）有限公司在江苏省南通市注册成立。2010 年 11 月，挪宝新能源集团与苏通科技产业园综合管理办公室签订战略框架协议，由挪宝能源（南通）有限公司投资人民币 325 亿元，采用合同能源管理模式，为南通苏通科技产业园内 5000 万平方米建筑面积的各类建筑实施挪宝品牌地源热泵中央空调及生活热水集中供能，向园区内用户集中统一提供绿色环保、高效节能的能源服务，从而降低建筑能耗，减少环境污染。项目建成后，将取得巨大的经济效益，按 5000 万平方米建筑面积计算，预计每年为园区节能至少 150 万吨标准煤，减排 350-400 万吨二氧化碳，节省自来水费用 1.5 亿元人民币。

孙国平把国家和政府大力提倡的降低建筑能耗、实现低碳经济的历史重任视为己任，带领企业团队先后实施了以及正在实施多项大型地源热泵合同能源管理项目。上海地区项目包括东郊宾馆、东湖宾馆、龙柏饭店、新苑宾馆、闵行饭店、金沙江大酒店、天马俱乐部、达华宾馆、创意大院居泰隆家居体验馆、东方环球总部 118 号、318 号、意邦国际建材品牌家居中心一期、二期、三期、上海三哈投资管理公司等，外地项目包括昆明上海东盟大厦、昆山港龙喜临门、淮安港北置业项目、江苏泗阳医院、江苏低碳经济产业园、江阴金三角广场、青岛月星环球家居生活广场、南通台商城、江西共青开放开发区、张家港澳洋医院、江苏益兴大厦、苏通科技产业园研发中心、便利中心、人才公寓等，同时坚持以质量和服务取胜，赢得了广大客户的普遍赞誉。大部分项目已经完成并投入运营，综合节能效果十分理想。例如，上海东湖宾馆的合同能源管理项目中，原中央空调系统采用的是冬季柴油锅炉供应暖气，夏季冷水机组和冷却塔供应冷气，柴油锅炉供应全年生活热水的方式。经挪宝新能源集团公司对东湖宾馆采取地源热泵空调系统进行改造后，全年共节省锅炉燃油 300 吨、节省冷却塔用水量 2 万立方米、减少机房运行管理人员 14 人、节约设备维修费约人民币 20 万元、节省机房使用面积 300 平方米，避免了燃油对大气的污染，社会经济效益十分明显。

2009 年底温家宝总理在哥本哈根全球气候变化大会上代表中国政府承诺，到 2020 年单位 GDP 碳排放量减少 40%-45%。对于碳排放量几乎占全国碳排放总 量 50% 的建筑业而言，大力建设绿色低碳建筑势在必行，其中又以中央空调系统的能耗为最大，节能减排迫在眉睫。孙国平创建的致力于节能环保地源热泵技术推广和应用的挪宝新能源集团，积极主动地承担起了降低建筑能耗、实现低碳经济的社会责任，必将为早日实现我国政府作出的节能减排承诺作出重要贡献。

在这一历史进程中，孙国平带领的挪宝新能源集团也将日益发展壮大，为我国节能减排事业持续向前发展发挥重要的领军作用。

上海南郊石油化工交易中心

上海南郊石油化工交易中心成立于2008年12月15日，由上海奉贤经济开发区、上海南方经济发展集团油品有限公司、金银岛（北京）网络科技有限公司三方股东合资成立。

中心设有“一门式”服务大厅、交易大厅和财务公司，并配有资深的行业专家和专业的服务团队，为进入中心的石油化工经营企业提供工商注册、税务登记、信息资讯、仓储物流、资金支持、财会配套、电子商务、集中采购等一条龙服务。

截至2013年12月，中心共计入驻企业367家。2013年贸易额达到354.43亿元。缴纳税收6573.69万元。

中心近期两项重大举措：

1、筹建南郊能源大厦

南郊能源大厦位于奉贤区南桥镇望园南路南港路。总建筑面积58292多平方米，其中地上建筑面积34398多平方米，总高度22层。大厦建成后，将汇聚来自全国各地的石油化工企业总部以及众多的金融机构、咨询机构、教育机构，建成立足上海、辐射华东地区、集聚全国资源、走向国际化的石油化工贸易服务功能区。

2、在洋山港保税区成立中国（上海）自贸区石油化工交易中心

2014年1月14日正式签约挂牌。选址浦东新区芦潮港同盛大厦（洋山港）。它将利用洋山港现有的库区资源，充分发挥油库储备的功能，结合未来规划，提升洋山港能源基地地位，形成亚洲地区乃至全球最大的石油化工现货交割中心。

开放共赢的制造业共享式电子商务平台

东方钢铁电子商务有限公司（简称“东方钢铁”）创立于2000年，长期从事钢铁及制造业领域B2B电子商务服务，先后于2011年和2013年获评首批“商务部电子商务示范企业”和“国家级信息化和工业化深度融合示范企业”。东方钢铁始终致力于搭建行业共享的电子商务平台，为钢铁及制造企业提供共享、便捷、高效的电子商务应用。

依托为钢铁行业及相关制造业核心企业服务的B2B电子商务经验，东方钢铁提出“云商务”的B2B电子商务一站式综合商区理念，并陆续推出多个面向制造业的垂直型B2B公共电子商务平台，提供钢铁电子交易、钢铁金融服务、企业采购服务、循环物资处置、钢铁物流服务等电子商务服务，为制造业行业构建诚信、高效、绿色、共赢的高端B2B在线交易商区。

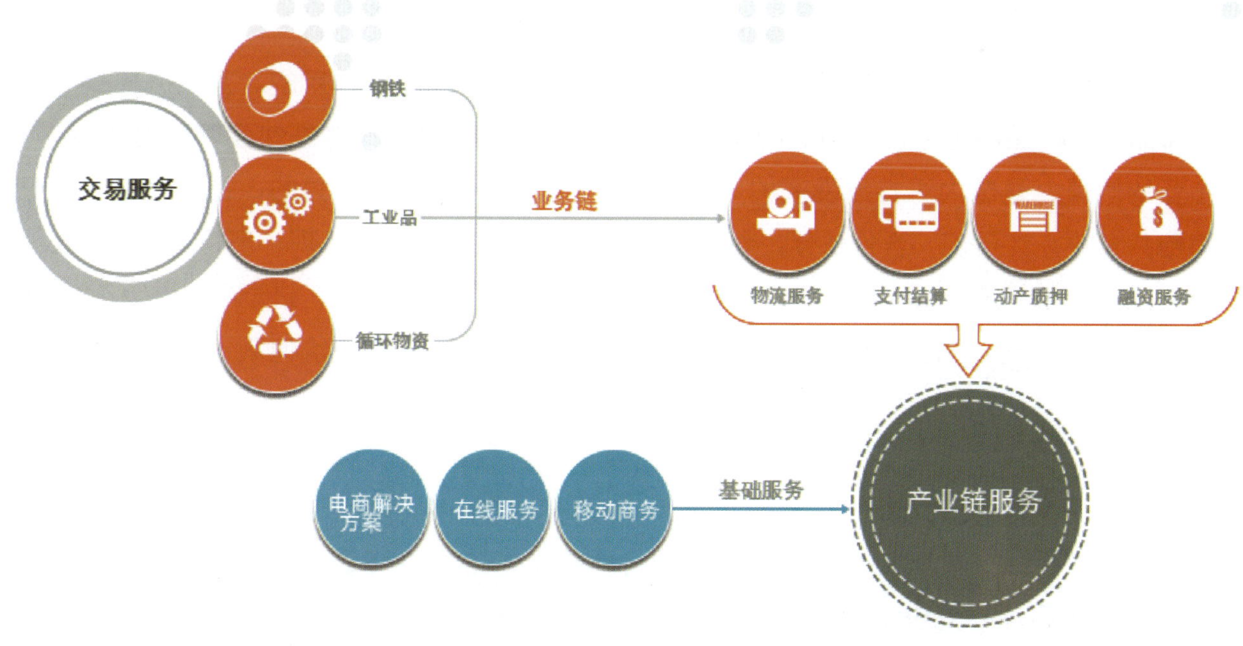

JALA 伽蓝(集团)股份有限公司
JALA GROUP CO.

伽蓝（集团）股份有限公司是一家专为东方女性提供世界一流品质化妆品的中国企业，集研发、生产、销售、服务于一体。伽蓝集团（JALA）自2001年在中国上海成立以来，先后创立了美素、自然堂、雅格丽白、医婷等四大品牌，业务规模迅速发展壮大。至今，伽蓝在全国31个省、市（自治区、直辖市）建立各类零售网络23800多个，覆盖全国所有城市、县城及一万多个城镇，在百货商场、KA卖场、超市、化妆品店、药房中均设有品牌专柜，包括上海奉贤生产基地、物流中心及北京、上海分公司在内共拥有员工6000余人，网络总从业人员60000余人，成为国内市场份额与品牌业绩同步稳定增长的行业领跑者。

使命、愿景及价值观

将东方生活艺术和价值观的精髓传遍世界，为消费者提供爱不释手的、富有艺术感染力的、世界一流品质的产品和服务，帮助消费者实现更加美好快乐的生活！这是伽蓝肩负的使命。

伽蓝的愿景，是成为可持续发展的、具有稳定的成长性和盈利能力的、富有社会责任感的世界级消费品企业，让员工、合作伙伴、各利益相关者的事业不是昙花一现，而是基业长青。

为达成这一使命和愿景，伽蓝及其伙伴在秉持诚实、正直、信任、进取心、主人翁精神这五个基本价值观的同时，共同坚守“合作共赢、快乐共享”的企业核心价值观，以此作为公司发展的内在动力。

自主研发、科技创新

伽蓝从创建伊始，便坚持自主研发与全球合作相结合的发展路线，在全球范围寻找安全有效的天然成分，运用世界先进科技，确保其生产配方及工艺既适合东方人肤质，又时刻同步于国际一流水平。伽蓝集团的每款产品从原料选择开始，都经过至少60种科学验证，满足消费者对质量、功能、环境的要求；同时融合了中国文化特色的传承与创新，集合自然之美、人文之美及科技之美。2013年，“3D皮肤细胞模型、60种科学验证、航天科技”已构建起伽蓝在研发领域的三大尖端科技。

港汇恒隆广场--国际化购物中心

港汇恒隆广场（Grand Gateway 66），坐落于上海最繁华的商业中心——徐家汇商圈，是集合了国际化购物中心，甲级写字楼及高档涉外酒店式公寓的大型综合性商业地产项目。自1999年开幕至今，不断致力于打造更奢华的购物殿堂，已引入了GUCCI、LOEWE、CHAUMET、Tiffany & Co.、BOTTEGA VENETA 、Jimmy Choo、Laduree等国际一线品牌，历经了十多年的发展与升级，成为了上海最具盛名的时尚地标之一。

经典的建筑设计及人性化的服务设施,也令港汇恒隆广场当之无愧地成为上海滩Shopping Mall中的典范。中庭挑高35米的玻璃穹顶，加之两翼跨越整个商场的玻璃采光顶，使得整个商场空间均可利用天然光源，顾客可于通透明亮的环境下尽享购物休闲意趣。商场服务台、近百部升降梯和手扶梯、提供母婴哺乳室的盥洗室，及逾千个泊位的大型地下停车场等服务设施，令顾客尽享贴心舒适的至尊购物体验。

港汇房地产开发有限公司（简称“港汇公司“）是由香港恒隆集团主要投资及管理的外资公司。港汇公司致力于开发并管理综合性用途的物业专案，追求物业高质素和服务国际化的统一。

港汇恒隆广场在社会上亦树立了卓越的形象，曾获评入“上海市十大经典商业地产“之列，获得“纳税诚信企业“称号，获得“上海维权20年315银质奖杯“等。同时，港汇恒隆广场多次参与社会慈善活动，捐助弱势人群，受到了社会的良好赞誉。

MCEC 上海市机械设备成套（集团）有限公司

上海市机械设备成套（集团）有限公司前身为成立于 1959 年的上海市机械设备成套局，经中共上海市委、上海市人民政府批准于1999 年改制成立。

成套集团目前拥有工程总承包、国际国内招标、进出口代理和外经权、甲级国际设备成套、甲级工程咨询等 20 余种资质，近三年，集团经营规模年均达 250 亿元。

50 多年来，成套集团为国家和上海市重点工程、重大技改项目，实施过上万个项目，提供千亿元成套设备，积累了丰富的设备集成经验，集聚了宝贵的专业人才。多年来，连续评为上海市合同信用最高等级 AAA 级企业，多次荣获上海市重点实事立功竞赛优秀公司。

经过多年发展，成套集团的业务范围已从设备成套扩展到工程总承包与设备集成、招标代理、进出口贸易、国内贸易、设备租赁、工程监理、汽车销售与维修、工程咨询、项目管理等领域。

面对新的市场成套集团充分发挥整体优势，增强核心竞争能力，坚持创新发展，以实现“上海成套 — 设备集成服务一流企业”的愿景，秉承“诚信服务、合作共赢”的经营理念，发扬“团结、务实、敬业、创新“的企业精神，进一步促进成套集团可持续发展，创造美好的未来。

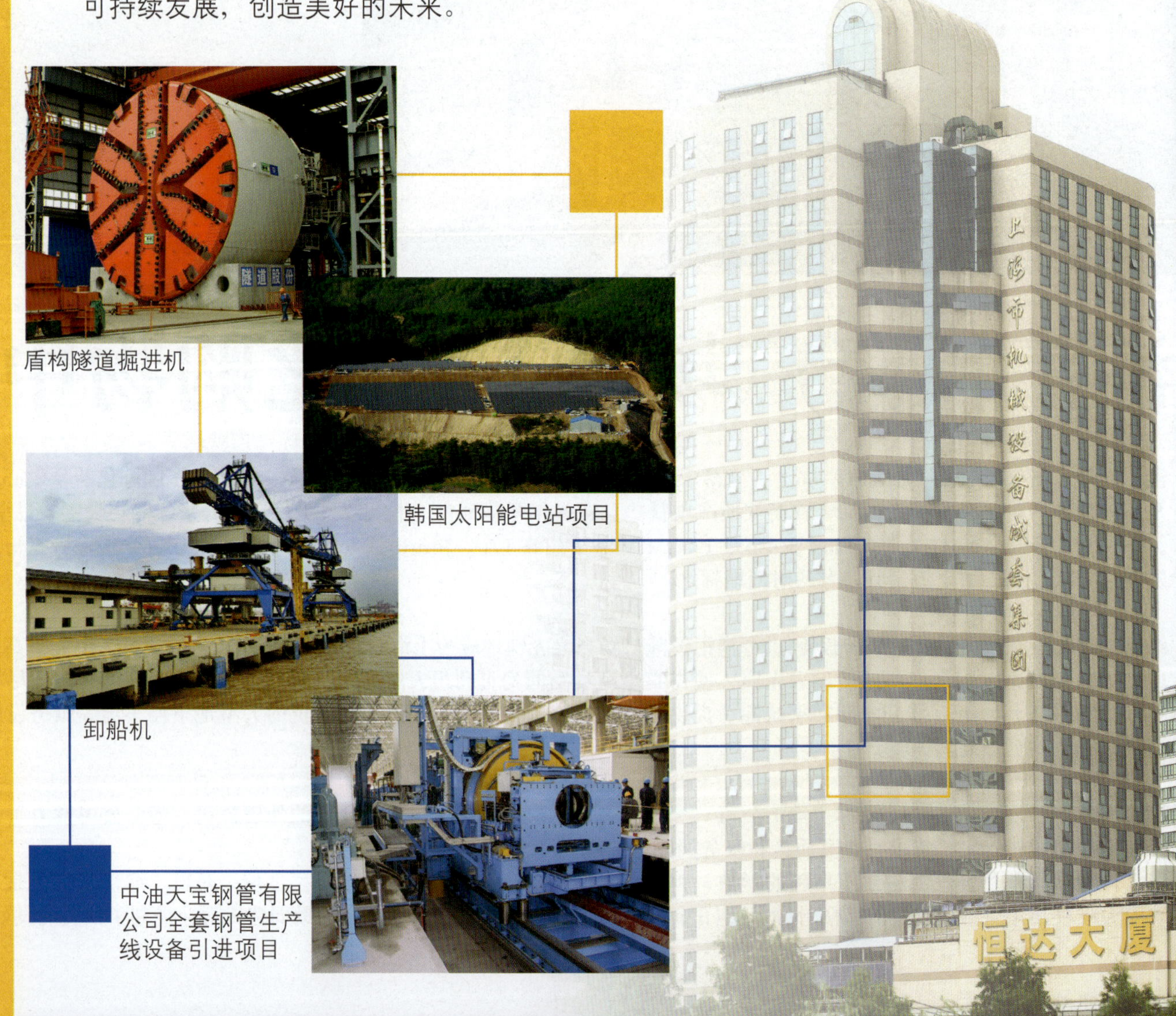

盾构隧道掘进机

韩国太阳能电站项目

卸船机

中油天宝钢管有限公司全套钢管生产线设备引进项目

海利生物

上海海利生物技术股份有限公司（以下简称“海利生物”）位于上海奉贤经济开发区金海公路 6720 号，其前身为上海松江生物药品厂，是农业部在上海批准生产兽用生物制品的定点企业及农业部在上海设立的动物重大疫情防治生产基地。作为一家专业的动物保健品公司，海利生物能够为预防动物疾病、改善动物福利和提高养殖业主的生产效益提供综合解决方案。海利生物的产品和服务涵盖了家畜、家禽以及宠物等多个领域。

海利生物是上海市高新技术企业、上海市企业技术中心、上海市农业产业化重点龙头企业、上海兽用生物制品工程技术研究中心、上海市科技小巨人（培育）企业；海利生物商标被认定为上海市著名商标，公司的疫苗产品荣获“上海名牌”称号；海利生物为上海农林职业技术学院（生物技术专业）的实习培训基地。

海利生物拥有 11 条 GMP 生产线，自主生产家畜、家禽两大系列共 40 多个产品。多年来，海利生物坚持科技创新之路，以市场为导向、以产品为依托，销售网络遍布全国，销售业绩成倍增长。海利生物现有员工近 450 名，其中专业技术人员占 50% 以上。海利生物坚持以人为本的人才战略，已建立起经营高效的管理团队、技术精湛的研发团队以及技能娴熟的员工团队。

在企业快速发展中，海利生物高度重视产、学、研相结合的产品战略，以市场为导向，几年来先后与国内行业领先的中国科学院、中国农科院哈尔滨兽医研究所、南京农业大学、河南农业大学等科研机构合作，共同开发具有国内外先进水平的兽用生物疫苗。特别是拥有了猪繁殖与呼吸综合征活疫苗（即蓝耳病活疫苗）、猪圆环病毒 2 型灭活疫苗（LG 株）、猪传染性胃肠炎和流行性腹泻二联灭活疫苗、猪链球菌二联灭活疫苗、鸡新城疫 / 传染性支气管炎 / 减蛋综合征 / 禽流感（H9N2）四联灭活疫苗等国家一、二类新药的知识产权，其中多个新产品的研发及产业化项目获得了上海市科委、上海市经委的科技创新项目立项支持。海利生物的猪繁殖与呼吸综合征活疫苗（即蓝耳病活疫苗）、猪传染性胃肠炎和流行性腹泻二联灭活疫苗、猪圆环病毒 2 型灭活疫苗、猪链球菌灭活疫苗、高致病性猪繁殖与呼吸综合征活疫苗已先后被认定为上海市科委高新技术成果转化项目，猪链球菌二联灭活疫苗荣获上海市科技进步二等奖。尤其从 2007 年开始，在全国范围内爆发的猪蓝耳病疫情防治工作中，海利生物承担了农业部定点生产高致病性猪蓝耳病疫苗的重要任务，为广大养殖户提供优质、可靠的疫苗，及时有效地防控了疫情的蔓延。

海利生物致力于为预防畜禽疾病、改善畜禽健康和提高养殖业主的生产效益服务，并能够提供综合解决方案和权威的兽医专家服务系统。为满足市场需求，海利生物一如既往地坚持自主创新及高新技术产业化发展的战略重点，力争跻身国内兽用生物疫苗行业前列。

上海百联集团股份有限公司

Shanghai Bailian Group CO.,Ltd.

上海百联集团股份有限公司（简称“百联股份”）是百联集团有限公司辖下的核心企业。2011 年 7 月，原上海友谊集团股份有限公司通过资本运作，吸收合并百联股份，重组后的友谊股份于 2014 年 8 月更名为百联股份。

百联股份是国内规模最大的大型综合性商业股份制上市公司，拥有总商业建筑面积超过 500 万平方米，销售规模超过 1000 亿元，经营网点遍布全国 20 多个省市超过 5000 家，以百货商店、连锁超市、购物中心、奥特莱斯、专业商店为核心业务，相对控股香港上市的联华超市股份有限公司、绝对控股好美家装潢建材有限公司，形成零售主业清晰的多业态发展格局，致力于成为提升大众生活品质的卓越零售集团。

百联股份（综合百货）是上海百联集团股份有限公司(600827) 的核心业务板块之一，主营百联股份旗下百货商店、购物中心、奥特莱斯三大零售业态，发展以“百联”为统一商号的购物中心连锁店、以“百联”为统一商号的奥特莱斯广场连锁店、以“东方商厦”为统一商号的百货连锁店。

百联股份（综合百货）以连锁化经营为发展模式，实行集约化、专业化、职能化的总部集约管理，形成了招商采购集约平台、财务管理集约平台、信息支持集约平台、人力资源集约平台，具有大规模、快速度拓展扩张的优势。

地下流行港湾

年轻时尚潮人基地

上海迪美广场有限公司是上海市民防办所属的直属企业，是民防办在上海市中心地段的一处大型平战结合的设施。上海迪美广场有限公司现为上海城建地空开发总公司下属企业，注册资金一亿一千两百万元，建筑面积为 2.5 万平方米。

上海的购物去处不胜枚举，买高档服装可以去淮海路，添置电脑设备则在徐家汇，购买金银首饰得去老城隍庙……。

而适合青年男女追求独特购买习惯的一站式购物中心却屈指可数。而以青年男女为消费目标，以新奇特为购物理念的主题综合型购物中心使这个问题迎刃而解。这个坐落在市中心的大型购物中心，集购物、饮食和娱乐为一体。特色商铺、餐饮和娱乐设施尽在眼前，迪美购物中心荟萃了各具风情的服装店、小商品、中西美食，这里又极具特色的大型游戏电玩，其 DIY 饰品与黄金珠宝可媲美香港的弥敦道，而时尚摄影、运动吧、超市和各种娱乐设施更是令人驻足。购物、餐饮和休闲尽在一念之间，专业的管理，完美的建筑和各具风格的品牌，这些都将主题综合型消费环境造就成极具特色的购物和娱乐中心。

2006 年上海迪美广场有限公司获得英国认证机构 BSI 颁发的 ISO9001：:2000 国际质量标准认证；2008 年上海市工商总局在迪美广场设立了"消费者维权示范联络点"成为维权的示范窗口；2011 年在连续获得 2 次黄浦区文明单位基础上获得上海市文明单位荣誉。

上海迪美广场有限公司

Shanghai D.maill plaza co.,ltd

地址：上海市武胜路218号

电话：63580000

上电漕泾电厂作为国内首个以“上大压小”核准建成的百万千瓦超超临界燃煤电厂，是中国电力投资集团公司和上海电力股份有限公司首座建成投产的百万等级燃煤电厂，由上海电力股份有限公司和申能股份有限公司按照总股本的65%与35%比例合资成立，是上海世博会配套工程之一，被列为上海市“十一五”重大工程建设项目。工程于2007年12月18日正式开工，现有1号、2号机组分别于2010年1月、4月投产。

漕泾电厂以“争创国家优质工程金奖，创建中电投集团百万等级燃煤机组示范工程”为总体质量目标，采取专业化委托建设管理模式，建设过程注重节能、环保、低碳经济。采用主汽压26.25MPa、主汽温600℃的超超临界发电技术。锅炉是变压运行燃煤直流塔式炉，一次再热、露天布置、全悬吊钢结构锅炉。汽轮机是单轴、四缸四排、凝汽式汽轮机。发电机是水氢氢冷却方式，无刷励磁。采用500kV GIS配电装置。锅炉、汽机、发电机三大主设备和绝大部分辅机均采用国产设备，国产化率达到95%以上。

厂区环境优美，布局科学，堪称一座现代花园式工业建筑，具有良好的生态效应。打破传统圆形设计方式，建成国内首座椭圆形变截面烟囱，其设计与施工均获得国家专利，成为漕泾电厂的标志性建筑。首次在国内软土地基上成功建设120米直径且挡墙最高的圆形煤场，有效节约土地资源，同时大幅降低了粉尘和黑水污染。作为替代闵行电厂和杨树浦电厂共13台老机组的易地新建项目，脱硫系统、脱硝系统等环保设施同时设计、同时施工，同时投产。在发电容量增加70%的情况下，燃煤总量反而减少5.3%，硫化物、氮氧化物、烟尘等主要污染物排放量减少78%以上。

投产以来，漕泾电厂积极推进管理创新、技术创新、文化创新，不断推动企业科学发展。结合管理提升活动，实施了QHSE体系建设、业务流程优化、全员绩效考核等，形成管理体系，深化和固化管控一体化成果。大力开展技术创新，加快生态文明建设，实施了烟气余热综合利用、吸风机变频改造、供热改造、烟囱出口集液器加装、吹灰系统优化等举措，煤耗、厂用电率等指标逐年降低。脱硫投运率每年保持在99%以上，脱硫效率保持在95%以上，除尘效率保持在99.75%以上。围绕集团公司、上海电力统一的企业文化框架，积极推进“交给我，请放心”的子文化体系建设，坚持开展形式多样的文体活动和实事工程，打造和谐团队、和谐企业。

截至2012年底，漕泾电厂安全生产保持平稳态势，累计完成发电量333.39亿千瓦时，上缴利税10.2719亿元，为上海市社会经济发展作出了积极贡献。相继荣获“世博保电先进单位”、“水土保持示范工程”、“国家优质工程金质奖”、“国优三十年经典工程”、“‘十一五’全国减排先进集体”、“电力安全生产标准化一级企业”、“中国美丽电厂”等称号。

展望未来，我们将努力保障安全、稳定、和谐发展，奉献绿色能源，服务社会公众。

1913年 美津浓商店定址大阪

1992年新的总部大楼"美津浓之翼"在大阪建立

1994年中国生产基地的建成

2012年美津浓跑步概念店开业

日本美津浓株式会社秉承"通过提供优质的体育用品和振兴体育来贡献社会"的理念，于20世纪80年代进入中国，并于2005年5月成立了中国境内的第二家全资子公司——美津浓（中国）体育用品有限公司，公司注册资金为3,480万美元，投资总额为4,480万美元。

公司经日本美津浓株式会社授权，专注负责MIZUNO品牌在中国市场的批发和销售业务。公司主要产品有乒乓球、足球、羽毛球、游泳、棒垒球等的体育服装及休闲系列产品、高尔夫系列产品及跑步鞋产品。

公司总部设在上海，为了便于业务开展，先后在全国大中型城市设立了10余个分公司及联络处。公司曾荣获"朱家角镇2010年度十强工业企业"、"2010年度青浦区纳税五十强"、"2011年度纳税100强"、"2012年度纳税100强"等诸多荣誉。在零售销售方面，公司积极发展自营业务，在全国大中型城市的大型百货商场设立自营专柜，同时还积极发展品牌经销商，销售范围遍及全国。为了配合宣传专业跑步的概念，公司于2012年11月在上海浦东花木路设立了第一家跑步概念店，集中展示MIZUNO的跑步系列产品。

在秉承"通过提供优质的体育用品和振兴体育来贡献社会"的理念下，用实际行动振兴中国体育，提供MIZUNO优良品质的运动产品贡献社会，公司先后赞助了以下各项赛事和体育机构：

中国乒乓球队唯一指定乒乓球鞋赞助商
中国乒乓球协会官方合作伙伴
中国柔道队赞助商
中国橄榄球队官方合作伙伴
中国橄榄球队唯一指定运动装备供应商
中国国家青少年高尔夫球队唯一指定球具及运动装备供应商
亚洲冬季运动会合作伙伴
中国排球队赞助商
东亚足球俱乐部赞助商
东丽杯上海国际马拉松比赛合作伙伴
中国职业棒球联赛合作伙伴
安利纽崔来健康跑合作伙伴

百年的美津浓，在新的百年将继续为专业运动员提供高性能的产品，同时帮助更多热爱体育的中国人民实现他们的运动梦想。

“传播休闲文化 创造快乐无限”
是来伊份坚持传播的企业使命，
来伊份倡导轻松、分享、快乐的生活。
来伊份不仅代表着优质健康的休闲食品，
也代表着轻松快乐的生活方式。

上海来伊份股份有限公司自成立以来，一直秉承“感恩、诚信、务实、创新”的企业精神，结合“三好一公道”即品质好，味道好，服务好，价格公道的经营理念。是一家专注打造“来伊份”品牌，以连锁零售方式，经营休闲食品的稳步发展型的企业。

历数“来伊份”慢慢走来的15年，从1999年第一家门店开业起陆续推出炒货、肉制品、蜜饯、坚果类等9大系列700多种食品。“来伊份”始终坚持以为消费者提供更多优质、健康、美味、时令的休闲产品为己任，这也是我们企业一直以来的品牌使命。

来伊份作为中国休闲食品连锁零售业的领导品牌，目前在上海、江苏、浙江等9个省、直辖市拥有近2400家专卖店，每年为近6000万人次提供优质食品。2013年销售额超过30亿元，全国员工人数近1万名。在2014年5月中国连锁经营食品发布的《中国快消品连锁100强》中，来伊份脱颖而出并作为唯一的休闲食品企业入榜，位列休闲食品连锁第一。

随着社会信息化推进，企业的发展离不开标准化、信息化、人性化管理模式，来伊份推陈出新，提倡以“先进的物流配送体系、高效的电子商务平台、便利的门店终端服务”构建了三位一体打造强大的物联网体系。整个供应链实现了新物流中心建设过程中集中规划参观通道，在各品类供应商中挑选软硬到位厂家，积极开发旅游资源，同时切实做深“透明工厂”工程，打造了完善的食品供应链，始终坚持打造“民心工程、道德产业“，在企业日益快速发展的同时也帮助了很多供应商发展成为了当地的经济龙头企业，还简洁创造了近3万个生产加工岗位，促进了中国“三农经济“的持续发展，近三年来伊份上缴国家税金近8亿元。

来伊份在自身发展的同时，不忘主动积极的回馈社会。2006年来伊份与上海慈善基金会合作成立“来伊份助学基金”，2008年捐助汶川灾区，2009年援建四川中江县通济镇“来伊份希望小学”，2013年第一时间往雅安灾区援送救灾食品。2009年与海洋大学等院校合作建立“青年就业创业见习基地”，2012和2013年参与“爱飞翔•乡村教师培训”活动。还捐助上海民建公益基金会、上海国际少年儿童文化艺术节等公益项目。来伊份是中国下一代教育基金会健康成长基金会的爱心机构，上海市社会帮教志愿者协会的会员单位。

荣誉和认证

被国家工商总局认定为“中国驰名商标”；

被上海工商局认定为“上海市著名商标”；

被上海名牌推荐委员会认定为“上海名牌”；

上海世博会特许产品零售商；

通过ISO9001国际标准化质量管理体系认证；

2008年被创业家杂志评为“2008年中国高成长连锁企业50强”；

先后荣获中国经营报、第一财经传媒主办的“中国企业社会责任优秀实践奖”；

2013年作为唯一的一家休闲食品零售企业荣获中国食品行业的最高奖项之一的“中国食品健康七星奖”；

2011和2012连续两年荣获“中国食品健康七星奖”中由消费者选出的“最受消费者信赖的食品行业品牌”；

连续多年获得上海市商业联合会和连锁经营协会等授予的十大畅销金品大奖；

2012、2014年分别被上海连锁经营协会授予“最具影响力特许品牌”；

2013年荣获全国工商联和总工会评选的“全国热爱企业优秀员工”的称号；

2013年总裁郁瑞芬女士荣获“未来中国工商领袖”称号，是休闲食品行业及全国工商联委员中唯一的上海代表；

2014年荣获“中国年度最佳雇主”上海30强，是唯一获奖的食品企业，该评选由智联招聘联合北京大学企业社会责任与雇主品牌传播研究中心发起；

2014年中华两岸连锁经营协会授予“两岸连锁业20年贡献奖”称号，这是两岸连锁业的最高殊荣之一；

2014年荣获由上海连锁经营协会颁发的“金牌连锁经营企业”；

2014年荣获“中国连锁业优秀O2O案例”，该奖项为中国连锁经营协会在全国数百家参选企业中评选而出15个领先案例；

2014年5月，来伊份入榜《2013年中国快速消费品连锁百强》榜单，位列休闲食品连锁零售行业第一；

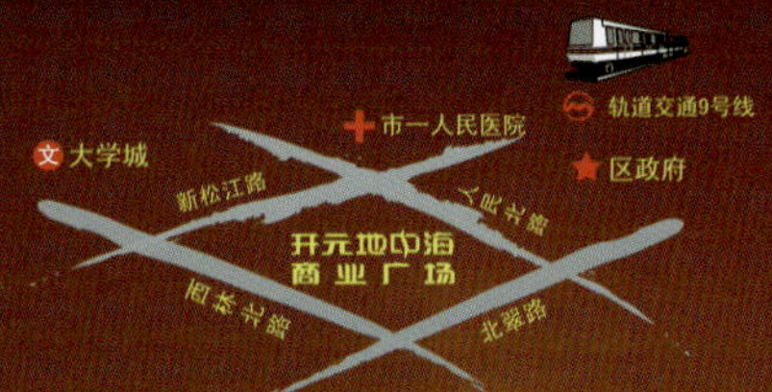

微信扫描二维码

开元地中海商业广场

——成就你生活的精彩

上海松江开元地中海商业广场是开元旅业集团首个“商业+酒店+住宅”复合产品。广场集购物、休闲、餐饮、娱乐、观光等多功能于一体，并秉持“家庭、休闲、娱乐”的运营思路，为广大消费者提供全方位的生活服务体验。

开元地中海商业广场坐落于上海松江新城核心商务区，紧邻松江大学城。作为上海市首座地中海主题购物广场，开元地中海商业广场在整个室内设计中引入了地中海主题概念，以创造性的手法把购物、休闲与娱乐结为一体，把地中海商业广场变成一个以家庭、休闲、娱乐为主题的区域性购物中心，向顾客及游人提供全方位的生活服务体验。

目前广场进驻的品牌主要有优衣库、Nautica、星巴克、DQ、味千拉面、ONLY、SELECTED、一茶一坐、Lacoste、热风、新百伦、避风塘、望湘园、釜山料理、棒约翰等知名国际连锁企业；还包含社区便利的TESCO乐购、苏宁电器、中国联通、屈臣氏、新华书店、地中海影院等。

开元地中海商业广场于2010年、2011年连续荣获“上海市社区商业示范社区”及“全国社区商业示范社区”，并曾先后荣获“2005年度上海市十大最具影响力商业地产”“2008年上海城市商圈新地标”“2008年中国（上海）地产最佳商业地产、最具投资潜力奖”等殊荣。2014年，还获得了上海市松江区区长质量奖提名奖。经过多年来的运营，广场已经成为当地居民以及过往游客的休闲、娱乐、消费首选之地。

项目地址：上海市松江区新松江路925弄　　投资方：开元旅业集团

服务热线：021-37668668　　管理方：上海开元企业经营管理有限公司

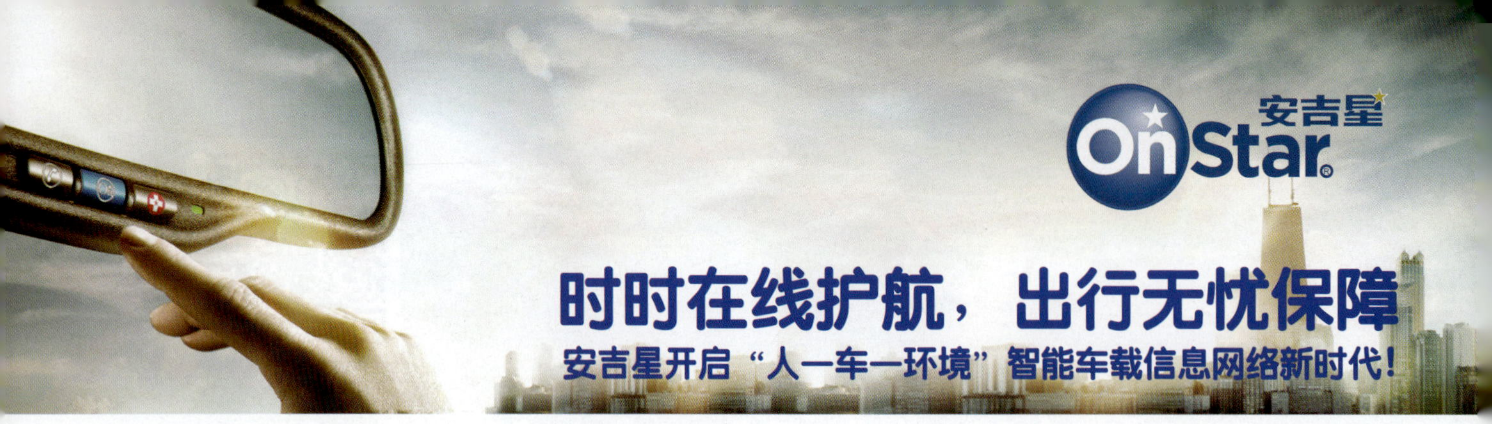

上海安吉星信息服务有限公司成立于2009年10月28日，由通用汽车、上汽集团和上海通用共同出资组建。上海安吉星信息服务有限公司是为上海通用汽车在华制造、生产和销售的系列车型提供行车安全保障和车载信息服务的行业领先供应商。

通过尖端的信息集成技术，安吉星为中国用户提供了“碰撞自动求助”、“紧急救援”、“安全保障”、“导航系统”、“车况检测”、“全音控免提电话”和“手机应用”等16项随车服务。车主可通过一键式沟通界面迅速连接专业的安吉星客户服务顾问，享受一年365天、每天24小时的全天候安全保障、通讯导航和安心便利服务。安全护航、实时在线、即时互动、精简易用的专属尊崇服务将为上海通用汽车车主提供更多贴心可靠的高科技体验，开启真正的人车对话服务。

目前，安吉星已经全面搭载于上海通用汽车旗下的主力车型，包括：凯迪拉克新赛威SLS、CTS、SRX、凯雷德。别克品牌旗下的昂科雷、昂科拉、新君越、新君威、英朗、陆尊。雪佛兰的科鲁兹、爱唯欧、迈瑞宝和沃蓝达等车型。上海通用汽车车主可以在第一年免费使用安吉星服务，通过第一年的免费服务使用，安吉星具有足够的信心令其用户信赖安吉星的全方面人性化服务，使其今后成为安吉星的忠实用户。

安吉星凭借其尖端的科技和优质的服务，为消费者带来安全、安心的驾乘体验。自2009年12月20日第一位安吉星中国用户诞生至今，安吉星在中国市场不断创造辉煌，截至2012年10月安吉星中国实际用户超过50万，从而使安吉星成为中国车载信息服务领域的领导者。

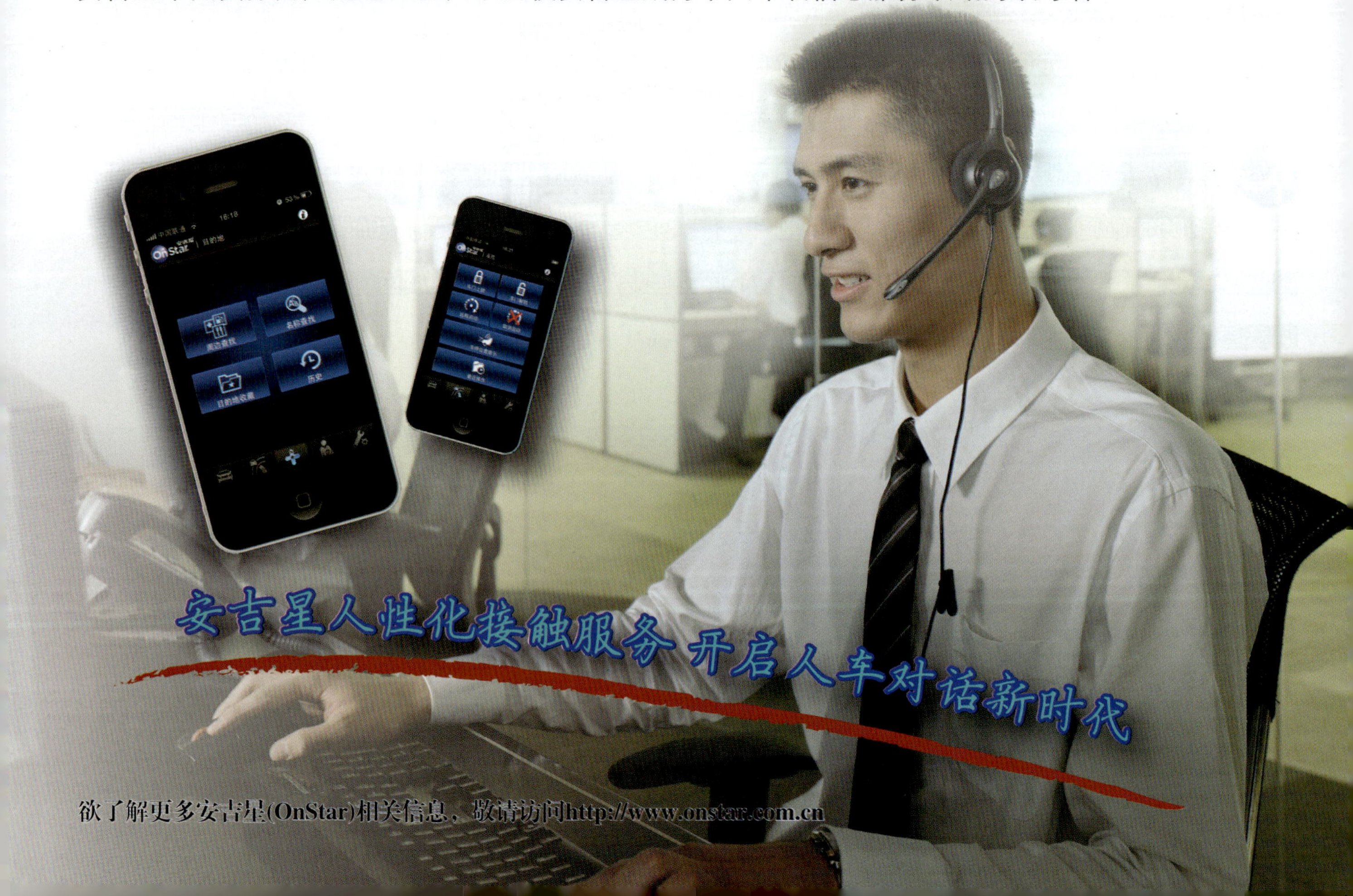

上海新世界（集团）有限公司

SHANGHAI NEW WORLD HOLDING CO., LTD.

上海新世界（集团）有限公司是由国有资产管理部门授权的国有独资公司，按现代企业制度对其所属23家全资及控股、参股子公司进行经营管理。集团注册资本3.5亿元，总资产168.35亿元，186个独立核算单位，7700多名在编员工。经营业务涉及百货业、食品餐饮业、中医药业、服装业、宾馆酒店业、旅游产品业、生产资料业、文化产业等，是一家集商、旅、文为一体的现代企业集团。集团以商业主业突出、品牌优势集聚、资产实力雄厚而称雄沪上。集团拥有一大批上海市名特企业、“中华老字号”商店和国内著名商标；拥有一支较高专业水平的经营团队和一批技术精湛的劳动模范、服务明星；拥有70多万平方米网点，其中50多万平方米网点分布在上海市黄浦商业中心的外滩金融集聚带、南京路步行街、环人民广场地区和大世界地区，占有独特的商旅文综合优势。集团是上海商界著名上市公司“上海新世界股份有限公司”的委托管理方，属下和控股的“杏花楼”、“得强”、“宝大祥”、“培罗蒙”等子公司都是上海商业的著名企业，具有较强的经济实力和发展潜力。

近年来，集团坚持创新调整、转型发展，经济建设取得了骄人的业绩。目前南京路上面积最大、功能最全、环境最佳、销售最高的新世界综合消费圈，被誉为上海现代商业标志性企业；丽笙大酒店、南新雅大酒店作为区属企业两家五星级酒店的雄伟英姿，展示了集团雄厚的经济实力；鸿祥大厦成功开业、新世界申花工业园隆重开园、在建的“163”项目将打造成中国一流的顶级百货和上海商业发展的新标志，为集团经济创新发展注入了新的活力；旅游品商厦、新世界休闲港湾、世纪广场火热的商旅文活动，展现了国际化大都市的新形象；大光明电影院作为“远东第一影院”的风貌得到重塑，和平影都提升为“五星级电影院”，黄浦剧场爱国主义教育基地和上海“笑天地”的建成开放，形成了商旅文联动发展的良好态势；一批自主品牌得到较快拓展，连锁网点辐射上海周边及长三角地区，并向全国各地推进；美国Forever21、西班牙Bershka、韩国Samsung旗舰体验店等国际知名品牌落户集团各大商厦，经营能级得到有效提升，综合竞争力进一步增强，经营业绩稳步提高。2013年销售额达119.88亿元，利税总额达14.13亿元，在全市大型商业企业集团中名列前茅。

在实施企业战略发展进程中，集团将坚持以提高经济发展质量和效益为中心，秉承创新调整、转型发展的理念，进一步集聚品牌优势、区域优势和资源优势，开拓创新推动结构调整，持之以恒促进品牌发展，全力打造国内外品牌更集聚、商旅文优势更明显、综合竞争力更强大的现代企业集团。开放的新世界活力无限，发展的新世界前景灿烂。集团将继续向国内外著名企业敞开合作大门，愿与各方友人精诚合作，携手并进，共同开创科学发展的崭新篇章。

地址:上海市九江路619号22楼　邮编:200001　电话:(021)63606090　传真:(021)63606050
E-mail newworld@newworld.sh.cn　no1@newworld.sh.cn

浙江民泰商业银行上海分行

浙江民泰商业银行上海分行是浙江民泰商业银行在省外设立的第二家分行，于 2010 月 12 月 30 日正式挂牌开业。开业以来，浙江民泰商业银行上海分行始终坚持小微企业金融服务的市场定位，充分利用上海国际金融中心建设的有利时机，发展步伐不断加快，管理水平有效提升，各项工作稳步推进。截至 2013 年 12 月 31 日，各项存款余额 35.68 亿元，存款日均 28.25 亿元；各项贷款余额 21.67 亿元，其中，单户授信 500 万元以下小微企业贷款余额 18.96 亿元，占全部贷款余额的 87.49%，单户授信 500 万元以下小微企业贷款户数 2859 户，占全部贷款户数的 98.42%。全年共有嘉定支行、杨浦支行、浦东支行相继开业，小微金融服务覆盖半径不断扩大。

【小微特色】

将“做小”的理念贯穿于各项工作始终，严格按照“深化小微企业金融服务”的要求，开展了“服务好一个乡镇、服务好一个社区(园区)、服务好一个村居、服务好一个市场、服务好一个商会(协会)”的“五个一工程”活动，分阶段开展了金融大走访、进村入企及特色产品宣传活动，深入市场、社区、园区等了解和掌握市场需求和客户需要，专门制作了宣传手册、业务费率表、客户版业务指引和 PPT 等材料，针对小微客户提供专业咨询服务和产品培训，上门为客户讲解业务基本知识和概念，解释办理流程，宣传授信要求。同时，及时掌握和解决小微企业的意见和建议，落实“一企一策”信贷支持措施，在信贷投放和行业投向上做到了专注“小微”，安排了独立的小微企业信贷资金计划，设置了小微贷款考核指标。

【风险管理】

健全风险管理体系，实施全面风险管理。将风险管理着眼于全面风险管理，从多个方面、多个角度开展风险控制工作。严格落实信用风险评级及时了解和分析客户的信用状况，密切关注市场信用风险的整体态势；规范各项业务的操作环节，优化环节设置，对操作风险的重点环节进行管理。对信贷业务加强指导，并及时进行跟踪检查，对不符合规章的业务及时督促整改。开展涵盖夯实案件防控工作基础、开展案件防控专项活动、加强操作风险防控、强化风险检查整改工作等 4 大类活动、15 项具体案防工作；进行了各项案防认知摸底调查、规范经营自查，会计检辅以及业务风险排查。

【产品创新】

为加快战略转型，推动金融创新，浙江民泰商业银行上海分行启动了小企业批量化营销试点的探索工作，针对小微企业客户群面广量大的特点，紧抓成本控制和风险管理两条主线，从降低人力和财务成本的角度出发，确立通过建立适合小微客户的标准化营销机制和信贷流程，将传统的“点对点”服务扩展为“点对面”服务，按照大数法则开拓小微金融发展新思路。通过同业交流、信息搜集、头脑风暴等方式研究了小微金融服务的现状和发展方向，并在行业选择、市场调研方式方法、信贷流程优化及营销话术等方面取得了一些阶段性的成果。

www.shfft.com

上海付费通信息服务有限公司成立于2003年5月，是上海市“付费通”项目的承建及运营单位。它通过现代化信息技术，实现市民家庭生活中的各类传统纸质账单的电子化整合、信息交换、呈递与支付，向上海市居民家庭提供安全、便捷的一站式电子账单查询及支付服务。2011年5月18日，付费通公司获得了由央行颁发的《支付业务许可证》，成为全国首批获得第三方支付牌照的27家单位之一。业务范围包括：互联网支付、移动电话支付、固定电话支付、银行卡收单。

地址：上海市闸北区广中西路777弄12号楼（近万荣路）
电话：021-51750788
传真：021-51750799
客服热线：962233

上海付费通企业服务有限公司成立于2007年4月，是上海市付费通信息服务有限公司的全资子公司。

上海付费通企业服务有限公司的核心业务是预付卡“付费通卡”的发行与受理，同时围绕该核心业务构建起相应的特色支付服务、线下消费业务。近年来，公司利用自身的资源优势，不断强化预付卡的用户体验，拓展预付卡的使用范围，目前“付费通卡”已经成为一张集公用事业及行政规费交纳、线下购物、餐饮、娱乐等多功能的消费卡，发卡规模稳居上海预付卡发行第二名。

线上缴费 线下消费

一卡到位

购卡电话: 63513333

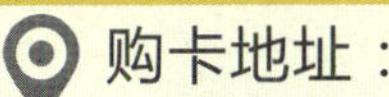

购卡地址：

广中西路777弄12号楼2楼（购卡热线：63513333） 山西南路56号靠汉口路（购卡热线：63518000）

肇嘉浜路1065号1907室飞雕国际大厦（购卡热线：33685565）东方路8号良丰大厦12楼D座（购卡热线：61062160）

上海旺园家禽养殖专业合作社

优质、健康、安全是企业生存发展的根本，以人为本、以德为先是企业的宗旨。

合作社成立于2009年3月，出资成员20名（其中企业一家），出资总额600万元，出资方式全部以货币形式出资，一家企业占总出资额的16.40%。合作社注册在上海市奉贤区，办公场所在奉贤区奉城镇卫季村1154号。合作社出资成员遍布在上海市的4个郊区。合作社现有基地场三个，养殖户53户，基地场年出栏商品肉鸡60万羽，养殖户年出栏商品肉鸡50万羽。合作社现有种鸡场4个，年孵化种蛋1200万枚的特级孵化厂一座（全上海市三家），常年存栏肉种鸡六万套（全上海唯一一家有祖代生产许可证企业），年出售商品鸡苗近1200万羽，家禽屠宰厂一家，有机肥加工厂一家，家禽熟食生产厂一家（联营），2013年实现销售额5000多万元，2014年已实现销售额1600万元，合作社现为农业部认定的上海唯一一家国家级肉鸡养殖示范企业，上海市级示范社，上海市无公害农产品生产基地及国家无公害农产品认证企业，ISO9001:2008质量管理体系认证企业，中国良好农业规范(GAP)认证企业，ISO14001：2004认证企业，HACCP认证，上海市家禽行业诚信企业，中国畜牧业协会理事单位，中国畜牧业协会理事禽业分会常务理事单位，上海家禽行业副会长单位，国家财政部农业综合开发产业化家禽屠宰加工项目支持单位，国家科技部重大项目----商品鸡无抗饲料及屠宰追溯系统研发项目独立承担单位，上海市科技兴农重点攻关项目承担单位，上海市科委产业化项目承担单位。现有注册商标4个，在注册商标3个，专利发明1项。与上海交通大学、上海中医药大学、上海海洋大学、南京农业大学食品学院等科研院所建立合作与研发。

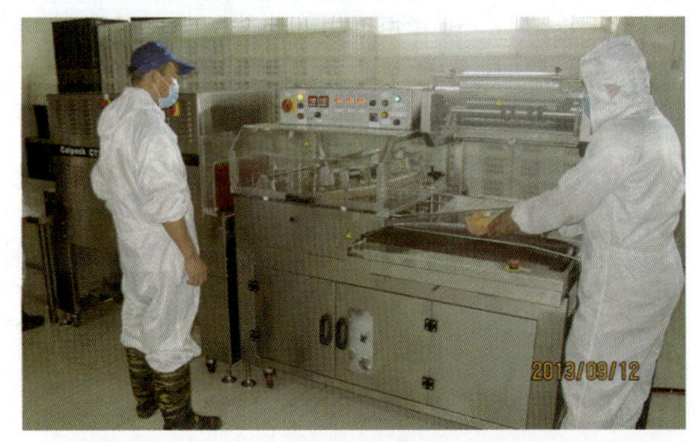

合作社理事长陈印权1989年毕业于上海交通大学农业与生物学院动物医学专业，从事家禽行业工作20余年，合作社下配置生产部、技术部、鸡苗销售部、成鸡产品销售部一部、二部、财务部、培训部，中心实验室、市区经营公司部等部门。合作社现有管理人员中大学以上学历占80%，中高职称的占60%。现有固定资产超过4000万元。

合作社现生产经营模式为：公司+基地场+养户模式+连锁店或专卖店。

生产管理方式：合作社全部集中安排生产计划，配送鸡苗，饲料技术部安排统一免疫、兽药。

销售模式：合作社销售部合同生产部统一制定销售方案，集中收购、销售。

合作社建有日屠宰活鸡30000羽的面积1000 M2全自动屠宰线一条及予冷槽流水线一条，500M20-4℃的冷鲜真空自动包装车间，-40℃速冻库2个，300吨-18℃冷冻库1个，50吨冷冻库二个，物流配送冷藏车多辆，现完全具备冷鲜鸡生产条件，合作社的一部分活鸡（达到屠宰规格标准的）统一收购送屠宰场进行屠宰配送。

我社由于种鸡饲养量较大，除了在上海地区自身投放部分鸡苗进行养殖之外，70%的鸡苗销售至全国各地，特别是云、贵、川、新疆、宁夏、青海及东三省，我社现为上海地区肉鸡行业最大的企业。

随着合作社的不断发展壮大，我社现下属屠宰厂的光鸡及冷鲜鸡进入了上海地区几家大型的连锁餐饮企业（农工商50家、大润发及各大高校的配送中心及全市上百家菜场和生鲜超市。

随着低碳、高效的现代年农业的掀起，我社下属基地区也逐步向这一方向迈进。养殖的规模化、集中化逐步展开，我们对废弃物的利用方式采取循环利用模式，即发酵→液化→沼气→供暖等利用方式并初步达到成效。

在党建方面，由于我社党员数量较多，且学历较高，在管理人员中具有成立党支部的条件。所以在我区组织部门的支持下，合作社的党建工作正在有序开展，为合作社的发展及提升创造了条件，我社也是上海地区合作社党建工作开展较早的合作社之一。

合作社于2013年成立工会及团支部。

FUCHS
低能耗引擎和变速箱
Low-consumption engines and gearboxes
高效的金属加工厂
Efficient metalworking
环保的农林业
Environmentally friendly forestry and agriculture
最节能的汽油机和蒸汽涡轮机
Energy-optimized gas and steam turbines
风力场
Wind farms
沼气厂
Biogas plants
Building for the Future.

张江高新区青浦园

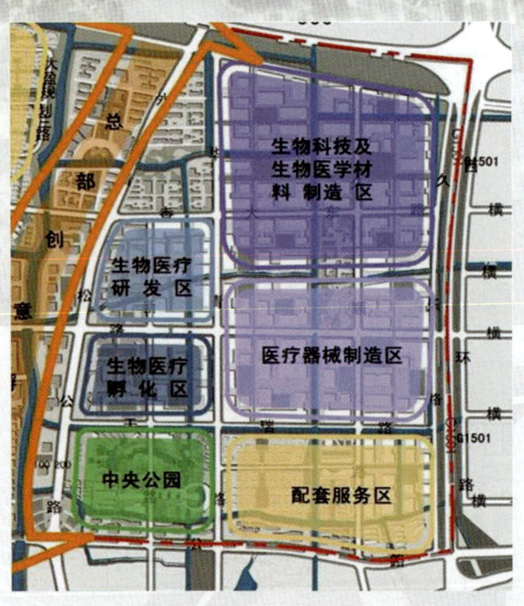

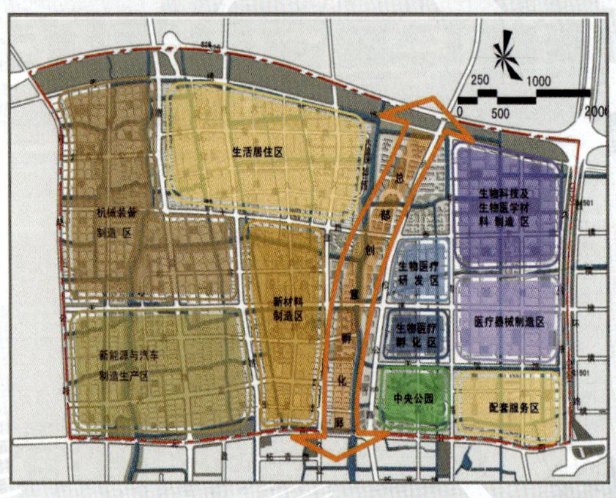

张江高新区青浦园作为上海张江国家自主创新示范区的组成部分，组建于 2010 年 6 月，总规划面积 25 平方公里，公司以“建设生态宜业现代特色产业园”为目标，努力发扬“团结、奉献、创新、卓越”的企业精神，公司大力发展生物医药产业，提升发展新材料、新能源产业，努力拓展重大装备制造业，加快发展生产性服务业。

2013 年，园区坚持以“环境建设年”为主线，通过聚焦产业集聚抓源头招商，聚焦“硬环境”改善抓基础设施建设，聚焦“软环境”提升抓企业服务，聚焦运行效率提高抓规范管理等措施，园区发展后劲继续增强，“软、硬环境”不断改善，运行效率明显提升，开发建设在 2013 年有明显改观。

全年，完成全口径税收 10.3 亿元，同比增长 7.6%；完成规模以上工业企业产值 148.2 亿元，同比增长 7.9%；全年综合能耗消费控制量为 12.98 万吨标准煤，万元产值能耗下降率 2.7%；完成合同外资 1.04 亿美元，同比增长 26.4%。抓闲置资源盘活，提升土地利用效率，2013 年共盘活存量厂房 7621 平方米。

张江高新区青浦园生命科学园区（青浦生物医药基地）总规划面积 5 平方公里，东至同三高速，南至天瑞路，西至外青松公路，北至沪常高速，其中近期开发范围约 1.5 平方公里。

张江高新区青浦园扩区后，对生物医药基地进行重点研究和开发，引进了一批拥有国际一流技术的优质项目，获得了行业管理部门和专家的充分肯定。

张江高新区青浦园生命科学园区产业定位明晰，在对生物医药产业 30 余个子行业分析研究基础上，确定以医疗器械、生物科技、生物医学材料为主要产业方向。生命科学园区发展空间巨大，产业发展后劲足。园区利用国家自主创新示范区平台，集各方力量给予政策聚焦。

目前，园内拥有美国英威达、法国博舍工业、美国奎克化学、中国置信电气、德国霍尼韦尔等一批国内外知名企业。

上海圣华副食品有限公司

SHANGHAI SHENGHUA NON-STAPLE FOOD CO., LTD.

上海圣华副食品有限公司是集种禽饲养、孵化、肉禽养殖、成鸡回收、屠宰加工、产品配送、销售于一体的综合型企业。公司坐落于上海市奉贤区航塘公路 1680 号，公司 2010 年引进了日屠宰加工三黄鸡 30000 羽的现代化生产流水线，设计年产值 2.5 亿，并配有与之配套的速冻库、冷库以及多辆产品配送专用冷藏车。公司目前拥有员工 265 人，各类专业技术人员 20 多人，2013 年销售收入达 11022 万元。

公司以养鸡业为龙头，以禽业为发展方向，现有一个苗鸡孵化基地，六个大型肉鸡养殖基地，存栏量可达 60 余万羽。并大力发展绿色肉禽养殖，鸡种以三黄鸡为主体，同时拥有麻鸡、草鸡、乌骨鸡、绿头鸭等各种禽类产品，产品包装采用美国进口的透氧热缩袋（鲜禽专用包装），可使鲜禽产品保质期达六天之久。

公司先后被市政府相关部门指定为 2008 年奥运会、2010 年‘上海世博会’和 2011 年‘上海世游赛’清真产品（禽类）特供单位。公司是以生产加工鲜禽为主，现生产的各类鲜禽产品配送遍及上海各区县以及上海周边城市的大酒店、大型超市、标准化菜场等。所有活禽在屠宰前后由当地动物防疫卫生部门进行产地和产品检疫，保证了产品的安全和卫生，同时从养殖到销售建立可追溯体系，使市民消费尽可放心。

禽类系列产品被推荐为

2012年度上海市名牌产品

上海百金化工集团有限公司

上海百金化工集团有限公司总部位于上海，以生产二硫化碳为主营业务，不断拓展精细化工产业链、化纤产业链，深入国际贸易、技术出口、科研开发等领域，是目前国内外二硫化碳生产规模领先、工艺齐全、技术全面的专业集团公司，是中国无机盐工业协会副会长单位、二硫化碳分会会长单位。百金集团拥有经验丰富、业务专长的科技研发，技术管理及项目建设团队，具有ISO9001:2008质量管理体系、ISO14001:2004环境管理体系及GB/T、28001-2001职业健康安全管理体系，集团旗下有8家子公司。

百金集团实施贴近原料、贴近市场、贴近客户投资建厂战略，不断做大做强二硫化碳主业，拥有自主专利16项，并申请2项国际专利，先后在重庆、四川、新疆、安徽、山东、江苏成立6家二硫化碳生产企业，现有产能规模32万吨，其中山东金典年产10万吨是全球最大规模的二硫化碳生产装置。并建立了覆盖全国的市场营销网络，产品市场占有率全国行业领先，“百金牌”二硫化碳远销印尼、印度、中国台湾、泰国、日本、韩国、巴西等国家和地区。2008年，百金集团开创了天然气法生产二硫化碳专利技术和成套设备出口国外的先河，在印尼建成3.5万吨二硫化碳生产线。2011年，百金集团又与印度菲尔公司合作成立合资公司，共同开拓印度的二硫化碳市场，将产业拓展深入国际领域。

百金集团充分发挥区域优势，延伸产业链发展空间，实施企业长远战略发展目标。在西部重庆，引进上市公司湖北兴发集团，发展精细化工产业链，建成国内外规模最大且最具竞争优势的年产2万吨二甲基亚砜生产线。在西北新疆，利用阿克苏——“中国棉都”的资源优势，建成一期5万吨棉浆粕生产线。东部上海，充分利用区位优势和资源优势，促进技术研发和技术设备出口，拓展国内外贸易业务，并积极深入资本市场。

百金集团坚持走可持续发展道路，以上海总部为核心，发挥各地资源优势，不断延伸产业发展空间，全力实践百金集团历史使命——打造百年基业、铸就金色品牌。

Group Profile
安莉芳集团 EMBRY GROUP 简介

安莉芳集团1975年创办于香港，2006年在香港主板上市（HKEx股份编号：01388），是从事女性内衣研发设计、生产及销售的国际著名内衣企业。集团总部设于香港，在深圳、常州、山东、上海拥有大型生产基地或办公大楼。集团的零售业务遍及中国内地、包括香港、澳门在内的主要城市，覆盖240多个城市，拥有形象统一的专柜、销售点逾2200个。

安莉芳集团拥有强大的研发力量，自主开发40余项专利技术，建立了高质素多元化的品牌系列，拥有优雅、舒适、高品位的“安莉芳”；年轻、时尚、Sexy & Chic的“芬狄诗”；功能、健康、清雅的“Comfit”；国际顶级内衣奢品 “Liza Cheng”；以及时尚、专业品质、让女性轻松拥有的E-BRA；清新、时尚、健康新性感的“安朵”；特别为高品位男士提供精细考究、低调奢华而不乏时尚活力的“IVU”品牌。产品种类包括胸围、内裤、睡衣、泳衣、塑身衣、保暖衣、袜裤及孕妇哺乳内衣等，深受高品位女性的欢迎。

安莉芳实行严苛的ISO品质保证体系，并在同行业首家获得“中国环境标志产品——生态纺织品”认证；是中国国家及行业标准主要起草制定单位（文胸、泳衣、睡衣、束身裤等产品）。集团旗下安莉芳品牌内衣自1996年至今已连续17年荣获国家统计局公布的“全国市场同类产品销量第一、销售额第一、市场占有率第一”的称号；芬狄诗品牌内衣从2006年至今，已连续多年荣获全国市场同类产品十大畅销品牌。

上海闵优果蔬种植专业合作社

上海闵优果蔬种植专业合作社成立于 2009 年，是一家具有创新和活力的新企业。合作社基地占地 172 亩，位于上海闵行区浦江镇最南端光继、汇南两村境内 100 公顷绿叶菜基地内，湖泊环绕基地，四周无工业污染，生态环境优良。基地实现全程标准化生产管理，设施齐备。生产过程中都按照国家绿色食品的标准进行控制，有力的保证了产品的质量。

合作社经营的品种有“闵优”牌西瓜、水晶梨、葡萄、蓝莓、小樱桃、火龙果，全部在自有基地内生产，产品以其香甜、爽口、表里如一，受到广大消费者的好评和认可。其中，“闵优”牌优质西瓜瓜皮薄脆，红肉黑籽，水分大，沙甜；“闵优”优质水晶梨是从上海市梨研究所引进，果肉嫩白细脆，汁多味甜，清香爽口，营养丰富；“闵优”牌葡萄，有喜乐、香悦、奥古斯特、沪培 1 号、巨玫瑰、里扎马特、美人指、郁金香等 17 个国内外优质葡萄品种。

亿通国际
E&P INTERNATIONAL
上海亿通国际股份有限公司
Shanghai E&P International,INC.
地址：上海市浦东新区博霞路185号
电话：021-20260000
刘亚东董事长
李伟达总经理
上海亿通国际股份有限公司成立于2001年7月。是一家专业从事口岸物流公共信息和国际经贸电子商务统一平台建设运营和服务的控股型企业，是中国大陆口岸物流信息化建设领域的先行者和引领者。
公司成立以来，根据国家口岸管理部门和上海市政府授权，在上海口岸相关政府部门和单位的大力支持下，积极推动上海口岸物流信息资源的整合，逐步形成以统一数据处理平台为核心，相关口岸监管及港口航运单位"一点接入"的大口岸物流基础信息共享支撑体系，网络覆盖上海海港、空港口岸及所有特殊监管区域，并辐射长三角和长江流域，与中国香港、中国台湾等泛亚地区的物流信息网络衔接。服务功能贯穿"外贸监管"、"现代物流"、"供应链管理"、"电子支付"四大业务环节，为上海航运航空枢纽建设提供了重要的技术支撑和保障。
公司发展至今，已拥有1100平米的电信级数据中心和600平方米的异地容灾备份中心，平台网络连接海关、检验检疫、港口局、海事局、边检等主要口岸监管单位，并通过上海政务外网实现与工商、税务、质检、国资、商务委、外管局的网络互联，同时实现10大金融机构的网络接入。客户网络涉及各类出口加工制造企业、第三方物流企业、各类进出口及国际物流业务中的相关单位，覆盖上海的洋山保税港区、外高桥保税区、保税物流园区、5大出口加工区，以及上海所有的海空港口岸，此外还实现与中国香港、中国台湾物流信息网络的衔接，积极探索"两岸三地"的口岸信息共享。
近年来，响应国务院及上海市政府提出的建设上海国际航运中心的号召，公司积极参与上海国际航运中心综合信息共享平台的建设，按照"整合资源、强化主业、优化结构、和谐发展"的指导方针，不断强化公司核心竞争力建设，提高自主创新能力和市场竞争能力，实现跨越式发展。公司提出集团式发展战略、数据中心战略和长江战略等三大核心战略，重点围绕上海国际航运中心信息化服务体系建设，以公共信息服务平台建设和运营为目标的发展思路，努力提高上海口岸物流信息一体化服务能力，同时实现长江流域主要港口信息互联，提高航运信息增值服务能力，大力拓展跨区域、跨国界、全覆盖的物流信息采集、处理和交换，构建具有高度市场竞争力的现代物流信息服务产业集团，并利用5-10年的时间成为全国乃至全球领先的电子数据服务商。

96广场

96广场坐落于东方路796号，总建筑面积6.6万平方米，地上3层，地下2层。

96广场是陆家嘴地区唯一的集零售、餐饮、童玩、健身等休闲娱乐为一体的开放式休闲广场，拥有400多个停车位。整个建筑极具海派特色，红砖灰瓦的外立面、主题化的广场、饶有情趣的空间设计和宜人尺度的低容量建筑，营造亲切、温暖、人性化的商业休闲氛围，更传承着上海滩的时尚与隽永。

目前已开业商户，既有H&M、Only、宝大祥青少年儿童购物中心等国际国内著名的零售品牌，也有汤姆熊娱乐城、上海歌城、金宝贝儿童教育、威尔士健身等极具人气的体验场馆，以及渝信川菜、广州蕉叶、望湘园等风靡沪上的餐饮品牌。96广场的开业，不仅与新上海商业城形成了经营错位和互补，为浦东的居民和上班族提供了更多休闲娱乐选择，也成为陆家嘴金融城配套服务功能的重要组成部分。

除了丰富的商业组合外，96广场还特别设计了下沉式广场，做为大型公众活动以及时尚秀场。开业以来，已举办了多场主题营销活动、系列音乐会、爱心慈善活动等，吸引了广大消费者的欢迎和众多业内外人士的关注。未来96广场还将不断推出各类特色活动，逐步打造成时尚文化与商业完美融合的新天地。

96广场由上海陆家嘴集团投资开发，由上海陆家嘴商宇房地产管理有限公司经营管理，并由一级资质的上海富都物业管理有限公司负责物业管理。

上海海烟物流发展有限公司

上海海烟物流发展有限公司是一家集现代物流、商品流通、产品营销于一体的大型国有企业。公司拥有先进的物流技术，对全市烟草实行统一配送；对卷烟、酒类、食品等商品进行经营。2013年，公司紧紧围绕“创新驱动、转型发展”行动纲领，在柔性物流建设、网建会课题成果落实以及降低企业经营风险等方面取得了一定的成绩，促进公司经营水平稳步提升。

当前，公司全面落实国家对烟草行业的基本方针和战略任务，始终坚持“发展、改革、规范”工作主线、“和搏一流”的企业精神和“做精做强”的战略思想，坚持“服务创造价值”的企业理念，坚持规范管理、转变作风，坚持推动改革，努力实现企业可持续发展新局面。

物流配送方面，海烟物流中心在建立之初就运用了国际先进物流技术，将WMS(仓库管理系统)与ERP(企业资源计划)高度集成，实现了信息处理及时、配送流程优化、存储选拣准确、物流管理智能，让物流流程的各个时间节点达到精确衔接。我们把服务作为核心产品，在卷烟物流配送方面，围绕“稳定运行、提高效率、降低成本、确保质量”要求，以精益物流建设为基础，提升运作质量和服务水平。为了确保全市卷烟市场供应，公司于2013年顺利推进卷烟物流扩能技改项目的实施。在酒类食品配送方面，公司与多家物流企业合作，采用市场化配送方式，对大卖场、超市、便利店、社会零售终端等多种业态进行商品配送。

整合经营方面，公司按照上海烟草集团精品网络建设的要求，为全市近30家连锁型集团客户在上海地区所有零售(加盟）门店提供卷烟供应服务和客户服务。2013年，公司加强终端建设，发挥终端功能，突出品牌培育和服务提升，持续提高卷烟经营的能力。在酒类食品经营上，作为供应链服务商，公司共代理、经销100多个品牌，拥有供应商客户80余家，经营商品主要涉及酒类、食品，商品，销往大卖场、超市、便利店等多种现代连锁业态。作为全国著名的酒类经销商，公司在行业内树立了“诚信经营”的良好口碑。

近年来，公司先后获得上海市文明单位、上海市著名商标、全国和上海市服务质量满意企业、上海优秀服务商标、上海商务诚信建设试点工作先进单位、安全标准化一级企业、中国糖酒业十大企业等荣誉。我们将继续坚持“服务创造价值”的企业理念，致力于供应链的管理和优化，努力成为上下游客户的战略合作伙伴。

上海市著名商标证书

上海海烟物流发展有限公司：

上海市工商行政管理局
二〇一四年一月

荣誉证书

命名 上海海烟物流发展有限公司
为二〇一一～二〇一二年度
上海市文明单位。
特发此证。

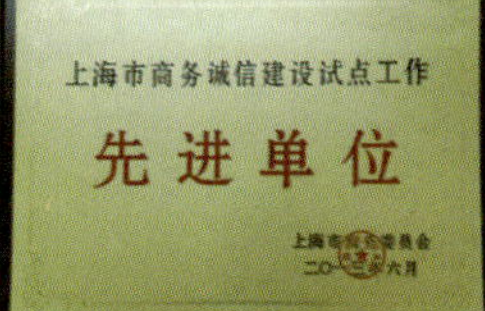
上海市商务诚信建设试点工作
先进单位

益海嘉里

益海嘉里集团是新加坡丰益国际有限公司（WilmarInternational Limited）在祖国投资的以粮油加工 / 贸易、油脂化工、仓储物流、商业地产、城市综合体于一体的多元化侨资企业。总部位于上海浦东新区陆家嘴金融贸易区。丰益国际是世界五大粮商中唯一的华人企业，新加坡上市公司，世界 500 强企业，亚洲领先的农业综合企业集团，是全球最大的棕榈油加工商、贸易商和主要的棕榈种植园拥有者。在全球 20 多个国家或地区建有工厂，业务更是遍布全球50多个国家和地区。2012—2013 年，连续两年在美国《财富》杂志发布的“全球最受赞赏公司排行榜”中，丰益国际位列“食品生产行业”第一名。

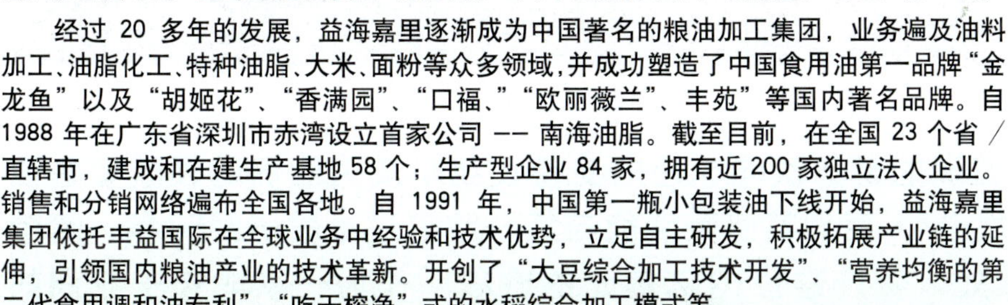

经过 20 多年的发展，益海嘉里逐渐成为中国著名的粮油加工集团，业务遍及油料加工、油脂化工、特种油脂、大米、面粉等众多领域，并成功塑造了中国食用油第一品牌“金龙鱼”以及“胡姬花”、“香满园”、“口福、”“欧丽薇兰”、丰苑”等国内著名品牌。自 1988 年在广东省深圳市赤湾设立首家公司 —— 南海油脂。截至目前，在全国 23 个省 / 直辖市，建成和在建生产基地 58 个；生产型企业 84 家，拥有近 200 家独立法人企业。销售和分销网络遍布全国各地。自 1991 年，中国第一瓶小包装油下线开始，益海嘉里集团依托丰益国际在全球业务中经验和技术优势，立足自主研发，积极拓展产业链的延伸，引领国内粮油产业的技术革新。开创了“大豆综合加工技术开发”、“营养均衡的第二代食用调和油专利”、“吃干榨净”式的水稻综合加工模式等。

多年来，益海嘉里集团在开创技术革新，生产营养健康产品，快速发展壮大用实业报国的同时，在企业和谐共享价值观的引领下，始终将履行企业社会公民责任作为重要使命，不断帮助贫困群体创造有利于平等发展的机会，与社会共同分享企业发展的成果，多年来在赈灾济困、助学工程、复明工程、抚孤助残、教育激励、公益捐助等方面累计捐赠、资助金额约2.81亿元。2013年益海嘉里捐资3000万元发起成立金龙鱼慈善公益基金会，成立当年基金会用于贫困助学、教育激励、赈灾济困、扶孤助残等慈善公益项目捐赠支出达 2200 多万元。益海嘉里集团及金龙鱼基金会作为注册地在上海的单位组织，当然更愿意用实际行动来回报上海当地。积极的与当地的共青团委、慈善基金会等机构开展合作，捐助生活物资、组织慰问福利院、敬老院及周边三岛贫困家庭等等，希望通过我们的积极参与，为促进上海和谐社会建设贡献力量。

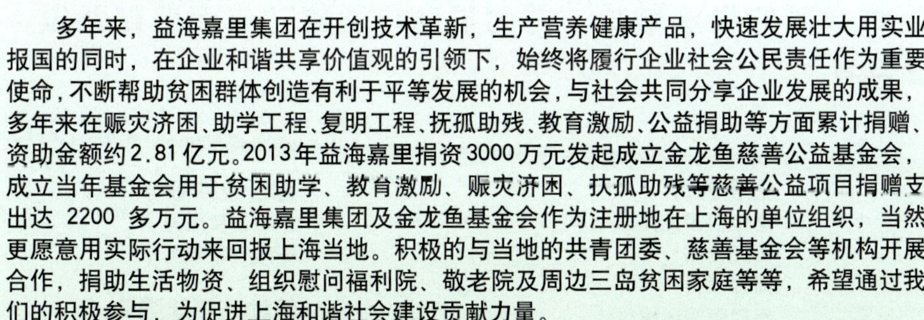

益海嘉里集团在上海市商务委及浦东当地政府的积极支持下，先后在浦东新区高东镇投资 3.74 亿美元，建设建成了上海企业群，集聚了涵盖不同业务的 7 家公司，业务集油脂精炼、食用油小包装、特种油脂生产加工、油脂化工、仓储等业务于一体的大型项目。目前员工总数接近 1450 人。企业群自 2005 年建成投运以来，完成工业产值 737.95 亿元人民币；截至 2012 年底已实际上缴各项税金 36.6 亿元人民币。2009 年，投资 8 亿元人民币的全球研发中心正式落户上海高东工业园区，由中国科学院外籍院士主持，致力于食用油脂的安全、营养、专用油脂技术、焙烤原辅料和添加剂、油脂化工等领域研发工作。通过坚持技术创新，提升祖国粮油产品的品质和价值。

2013 年 9 月，中国（上海）自由贸易试验区正式挂牌成立，是中国大陆的第一个自由贸易试验区。投资贸易便利、货币兑换自由、监管高效便捷、法制环境规范，展示了国家开放的新高度、改革的新标杆。自贸区的成立更是为益海嘉里集团与境外业务的拓展提供了强有力的支持，特别是在金融贸易方面，所以集团早早的在自贸区内注资成立了益海嘉里（上海）国际贸易有限公司。12 月 5 日，中国银行成功为益海嘉里（上海）国际贸易有限公司开展跨境人民币双向现金池业务。这是上海自由贸易试验区首笔跨境人民币双向现金池业务，也是上海自贸区金融改革政策出台后的首单银行业务。本次合作的跨境人民币双向资金池业务在当日成功实现跨境收、付 1 亿元和 1.5 亿元。

展望未来，益海嘉里集团在上海市良好的投资环境及强有力政策的支持下，企业一定会越来越强大。在时刻致力于上海以及祖国经济快速发展的同时，为和谐社会建设做出新的更大贡献。

上海星瀚汽车维修服务有限公司于2008年9月28日成立，是上海首家梅赛德斯—奔驰全球最新科技服务理念—MPSII标准4S服务中心，经梅赛德斯-奔驰(中国)有限公司和北京奔驰-戴姆勒•克莱斯勒汽车有限公司（现更名为北京奔驰汽车有限公司）联合批准成立的梅赛德斯-奔驰品牌汽车的特许经销商。注册资本为1350万美元，股权由中国汽车贸易有限公司（利星行有限公司）持有。

上海星瀚是一家遵照全新的奔驰MPS-II标准理念的奔驰经销商，我们严格秉承着梅赛德斯—奔驰的“星徽理念”，通过对销售服务中心的详细综合规划，融合高雅时尚的建筑设计和最先进的技术，通过对销售、服务、零配件三位一体的功能组合，让用户在购车和保养维修等各个环节都可获得最完美的体验。由内而外的使客户时刻感受到奔驰这一品牌所散发的人性化气息。

公司目前是集梅赛德斯-奔驰品牌轿车新车销售，汽车维修及零配件销售服务于一体的4S经销店，其他具体经营范围还有售后服务，汽车装潢装饰；汽车装饰件、零配件、礼品的批发、佣金代理（除拍卖外）、进出口，并所提供相关配套服务和技术咨询服务。

红柳路4S服务体验中心

地址：上海市普陀区红柳路288号
（近外环真南路出口）
电话：021－61812266

公司在上海市普陀区红柳路坐拥4703平米三层豪华展厅，展示厅内氛围优雅，拥有梅赛德斯–奔驰专业标准的技术服务团队和一流设备的维修工厂，公司率先引进奔驰最新的MPS2系统，无论从外观装修还是硬件装备都达到了一流水平。另外制作精湛的奔驰精品销售，多种的便捷购车方式，特别是一系列售后一条龙专业维修保养服务等贴心设计，都为尊贵的奔驰客户提供了全方位的优质服务，使客户能享受到如同奔驰一样的尊贵礼遇。

金沙江路城市展厅

地址：上海市金沙江路2098号
电话：021—52700666

拥有销售展厅、VIP客户休息区、服务接待、精品展示区等的城市展厅，宽阔高挑。宜人的温度、舒适的座椅、香醇的饮品、精致的灯光及摆放有序的各型号梅赛德斯–奔驰轿车，尽显梅赛德斯－奔驰品牌的尊贵与大气。

上海星瀚汽车维修服务有限公司

3M中国概况

3M公司创建于1902年，全球总部位于美国明苏达州的圣保罗市。作为一家世界领先的多元化科技创新企业，3M的产品和技术早已深深地融入人们的生活。100多年以来，3M开发了近7万种产品，从家庭用品到医疗产品，从运输、建筑到商业、教育和电子、通信等各个领域。在现代社会中，世界50%的人每天直接或间接地接触到3M公司的产品。

3M中国有限公司于1984年11月在中国注册成立，是在深圳经济特区外成立的中国第一家外商独资企业。截至目前，3M公司在中国累积投资超过15亿美元，建立了12家子公司、12个生产基地、27个办事处、4个技术中心和1个研发中心，员工超过8,200人。

作为最早进入中国的外商独资企业之一，3M公司与中国企业共同经历了改革开放30多年来的经济腾飞时期。3M一直秉承“扎根中国，服务中国”的本土化发展策略，利用多元化的技术和解决方案，积极支持中国众多经济领域的建设和发展，将企业的发展策略与改革开放步伐紧密相连，抓住机会开拓这个全球最大的新兴市场。

“扎根中国，服务中国”的策略促进了3M在中国的本土化发展，3M的在中国的业务重点已经从最初的进口阶段发展为自主研发阶段，一直致力于在中国开发适合本地市场和客户需求的创新科技和产品。目前，3M中国已经拥有700多名本土研发人员，3M中国研发中心在 3M全球的研发网络中做出了极为重要的贡献。

3M中国的努力得到了社会的广泛认可，并获得了诸多荣誉，如“大中华区最具领导力企业”、“最受赞赏的在华外商投资企业”、“亚洲最受尊敬公司二十强”， 并入选“世界500强在华贡献排行榜”前列。

CHINA

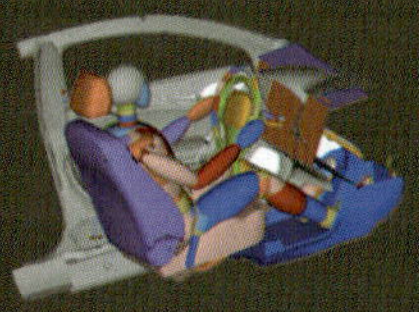

跃兴旺贸易

上海跃兴旺贸易有限公司成立于2010年8月1日，她是由光明食品集团光明米业有限责任公司、上海鑫福昌工贸有限公司和上海涛飞置业发展有限公司三方共同投资组建的。上海跃兴旺贸易有限公司将三方的品牌资源、产品资源和网络平台资源进行了强势组合，通过不断丰富的产品线，不断提升的产品品质，不断扩大的市场份额，做细销售网络，强化品牌形象，使其成为一家为顾客创造价值、为员工创造机会、为社会创造效益的优秀企业。

上海跃兴旺贸易有限公司定位为一家专业的食品生产和营销公司，同时致力于打通上、下游各个环节，形成完整的食品研、产、供、销产业链，即逐步建立上游生产基地，从源头控制好产品品质，严把质量关，降低生产中间成本，为下游提供价廉物美、有市场竞争力的产品；逐步细化对下游营销网络的管理，全力推动上游产品在各级市场的销售，力争在三年内成为食品贸易行业的领导企业。

上海跃兴旺贸易有限公司将目标管理视为最基本的管理手段，并非常具体明确的提出了今后三年、五年的营销目标和市场目标：即三年内实现主营业务收入10亿元人民币，在现有的五大类产品基础上再开发出两个大类100个有竞争力的粮油产品；5年内实现主营业务收入16亿元人民币，在七大类基础上再开发出两个大类100个民生最需要的、有竞争力的产品，如油、糖等，保持5年内正常销售产品在300个以上；在市场方面，除了完善现有的KA客户外，力争实现建设自有品牌专卖店50——100家!

上海跃兴旺贸易有限公司高度重视人才的引进及培养，现已组建了一支高素质、专业化的管理团队，打造了一支高效率、懂经营的营销团队；同时还引进了一些专业的产品研发人才，不断开发出满足顾客需求、创造较高利润的产品来冲击市场。

上海跃兴旺贸易有限公司作为一家具有国企背景的食品企业，始终高度关注食品安全，也高度重视顾客的体验，以为社会和消费者营造安全、放心的食品生产和消费环境为己任，让政府放心、让合作伙伴放心，也让消费者放心!

上海特易信息科技有限公司

特易资讯（TOPEASE）,成立于2004年7月，是一家专注于国际贸易信息服务领域，并进行垂直行业的深入探究，从而为外贸企业提供精准的数据分析及全面的外贸资讯的信息服务提供商。作为国内外贸资讯行业的开拓者，特易资讯（TOPEASE）与中国商务部直属机构（CIECC）、WTO事务研究中心等诸多国内权威机构建立了深度合作关系，并与海外多家专业数据研究机构建立了战略同盟，旨在通过整合全球领先的信息资源，并加以深度的挖掘、处理和标准化应用，为进出口企业提供精准、有效、及时、权威的国际贸易信息咨询服务。

十年行业的运作经验使特易构建了一支专业的技术研发、信息管理与客户服务团队，致力于不断研发基于客户需求的服务产品与体系。目前，公司以上海为运营中心，在全国设立了11家直属分支机构和海外加拿大一个分支机构，目前累计服务各类会员超过20万家。同时，以直销、互联网、传统渠道、项目合作等多种运营方式全面开发国内市场，并承担了多个地方及国家级的国际贸易电子商务产业项目，全力打造“专业、高效、务实”的品牌形象。

十年来特易在外贸资讯领域，深耕细作，逐步发展，赢得各方赞誉。2013年7月跨国采购集团入股加盟，特易的客户服务平台拥有了更多可整合资源。2014年7月特易十周年，特易上海总部正式迁入漕河泾科技产业化大楼新址，至此特易上海总部总体办公面积已超过2000平方。

“化资讯为资本”，与客户共同成长是我们孜孜以求的理想，特易资讯（TOPEASE）将以十年沉淀，创新理念，倾力与您共赢！

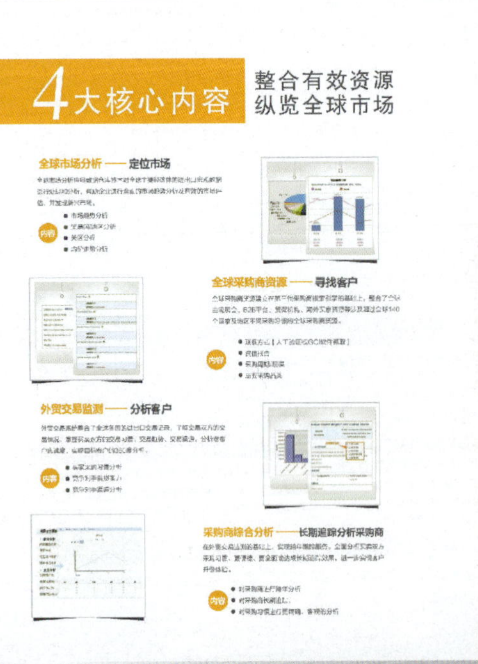

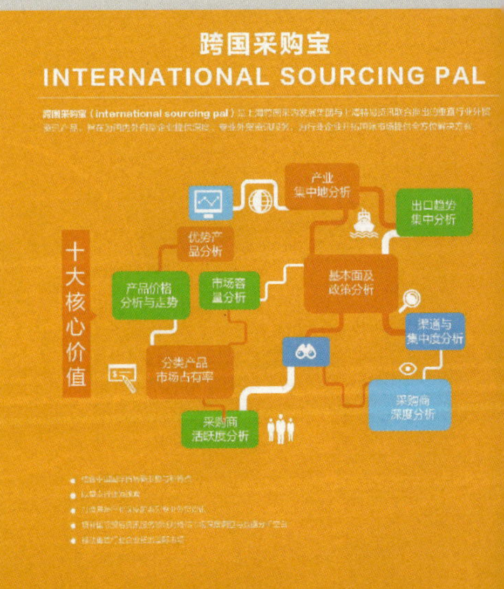

德国邮政敦豪

Deutsche Post DHL

德国邮政敦豪是世界最大的物流公司，
2013年全球营业额达到550亿欧元，
在全球范围内有约43.6万雇员

Deutsche Post	DHL EXPRESS	DHL GLOBAL FORWARDING	DHL SUPPLY CHAIN
邮递	快递	全球货运、空运	供应链
• 在德国为4千万用户交付7200万件邮件 • DHL全球邮政世界范围内邮件配送最大工作网	• 跨越国界的快递服务 • 业务遍布220多个国家和地区 • 4,500个网点 • 350 架飞机 • 36 个枢纽中心	• 航空和海运货物服务市场领军者 • 专注于工业项目和首尾相连的供应链解决方案 • 欧洲主要道路货运转运公司之一 • 强大的客户基础(福布斯 500强中50%以上的公司)	• 合同物流 • 仓库面积 2300万平方米 • 2,500个网点 • 企业信息解决方案全球主要供应商 • 强大的客户基础(福布斯 500强中50%以上的公司)
145亿 欧元	127亿 欧元	148亿 欧元	143亿 欧元

专注

我们专注于让我们成功的领域…

1 以物流为核心

2 对于利益相关者和我们所在的星球所需要的事物，我们给出承诺

3 各个部门一家亲

…来获得
行业领先利润

联结

我们在企业内部彼此联结…

1 全球化的“一支”团队

2 对于我们做的一切事情，都成为认证专家

3 在操作，商务，绿色解决方案和共享资源方面注重协作。

…来获得
质量领导地位和卓越服务

成长

我们在新的领域成长…

1 成为**电子商务**(eCommerce)相关物流的领导品牌

2 加快转战新兴市场的步伐

3 触及新市场内的现有客户的业务拓展机会

…来获得
可持续性的市场成长

GENMES

WAVE SERIES

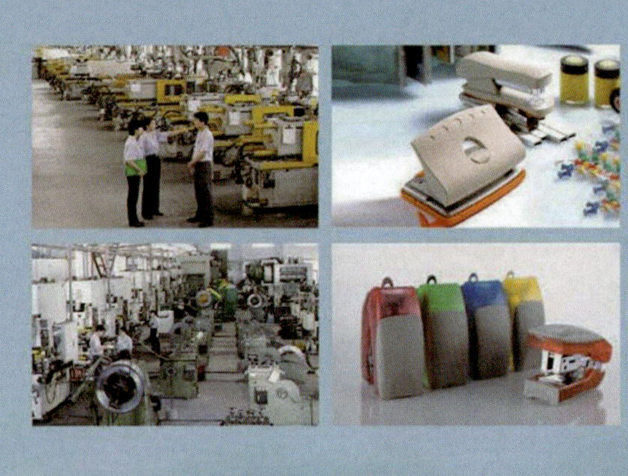

上海坚明办公用品有限公司成立于 1995 年。坐落在青浦区华新镇嵩山村 130 号。属中外合作企业，注册资本 1750 万美元。占地面积 10 公顷，有厂房 70000 多平方米，员工 1000 余人。主要生产五金类文教办公用品，产品有订书机、打孔机、削笔机、胶带台、订书针、除针器、圆规、书架、计数器、名片盒、印台、尺、数学盒等 200 多个规格品种。在短短几年内即跻身中国文具生产工厂的前十大厂商。公司拥有先进的生产设备，具有独立开发模具的能力，产品的设计新颖，兼具实用性及美观的外型，产品多样、规格齐全，提供客户多种选择。公司的经营理念和方向是进步、和谐、创新及人性化关怀，并努力向企业行销国际化、计算机信息化、研发速度化、生产自动化和财务合理化的经营目标奋进，以速度来掌握企业市场竞争力。公司自创品牌达 97%，行销全球 110 多个国家和地区，于 1997 年通过 ISO9002 国际品质认证，产品品质深获全球好评。

上海坚明办公用品有限公司

地址：上海市青浦区华新镇凤溪民兴工业区　邮编：201705　电话021-39873065　传真：021-39873269
电邮：ps@kw-trio.com　网址：http://www.kw-trio.com.cn

Shanghai's Premier Outlet Shopping Destination

坐落在上海G50高速赵巷出口MEGA　MILLS米格天地奥莱是一座集购物娱乐、餐饮休闲、旅游观光于一体的超级折扣主题时尚生活中心。项目以开放式的购物中心为主题设计风格，并汇集各类特色餐饮美食和9屏巨幕影院，同时定期举办城市音乐会和各类活动盛会。

MEGA MILLS米格天地于2013年盛大开幕，有着170多个品牌如Versace、Balmain、Pierre Balmain、Roberto Cavalli、Michael Kors、Ted Baker、Anna Sui、MCM、Furla、Thomas Pink等众多首次在中国乃至亚洲开设奥特莱斯旗舰店的国际一线品牌，并有低至1折的折扣优惠。

MEGA MILLS 米格天地提供世界顶尖的奥特莱斯服务。拥有丰富经验的奥特莱斯运营管理团队引进完整的顾客体验服务于设施，其中包括问询处、贵宾服务中心、管理办公室、儿童游乐场等。

除了多种选择的美食，拥有上海地区第一座中国巨幕的米格国际影城也于2014年初春在米格天地MEGA MILLS崭新登场。

MEGA　MILLS米格天地除了有舒适的购物空间，并有4000多个免费泊车位，使每一位来到米格天地的消费者都能尽情感受远离城市喧嚣的休闲时光，同时享有世界级潮流时尚品牌的超值购物优惠。

上海联华超级市场发展有限公司

上海联华超级市场发展有限公司（简称联华标超）系联华股份旗下专司标超业态的专业公司。是由上海联华超市发展有限公司、华联超市股份有限公司和联华超市加盟管理总部重组而成，公司总部设在上海市隆昌路609号。

“联华”和“华联”都是我国连锁零售领域著名的品牌企业，重组后的联华标超依托联华股份强有力的支撑体系，不断致力于业务技能的提升，培育了一支勇于创新、诚实守信的经营管理队伍；以直营、合资和特许加盟并举的发展方式，积极推行“联华超市”和“华联超市”双品牌发展的营运模式；通过集合各方面的创新要素，以超级生活馆、社区超市、生鲜超市的市场定位，加快业务模式、经营模式和管理模式的转型。同时，经营能力的提高、运营系统的优化，不断推动着联华标超的业务增长，赢得了社会大众的广泛赞誉。

联华标超将秉承“尊重顾客、忠于企业、团队协作、追求卓越”的价值观，恪守全心全意为顾客服务，与社区建立良好和谐关系的服务理念，为社会、为员工创造价值。

远纺工业（上海）有限公司

Far Eastern Industries (Shanghai) CO, LTD.

远纺公司是中国台湾远东新世纪股份有限公司在上海的子公司，创建于1996年，现在总投资为5.26亿美元。公司位于上海浦东陆家嘴金融贸易区，下属工厂坐落在奉贤区星火开发区。工厂占地面积643，600平方米。

公司主要从事制造和加工聚酯瓶级切片、高功能聚酯薄(胶)片、涤纶差别化短纤维、涤纶差别化长丝、弹力丝，并销售公司自产产品；同时从事自产产品上下游产品(如PTA、MEG等)的进出口业务。

2000年被评为上海市外商投资先进技术企业。2001~2004先后通过DNV（挪威船级社）ISO 9001：2000国际质量管理体系认证，ISO-14000环境管理体系认证，ISO-CHSAS-18000职业健康安全管理体系认证。2001-2008年多次被评为上海市外商投资企业50强、100强，上海市企业100强，上海市进出口企业100强。全国外商投资双优企业、对外贸易企业500强、制造业企业500强。

产品、产能

产品名称	产能（吨/年）
聚酯瓶级切片	520000
聚酯薄（胶）片	40000
涤纶短纤维	120000
涤纶长丝	55000

立业精神

诚、勤、朴、慎、创新

公司地址：上海市浦东东方路800号宝安大厦31-33，21楼　电话：021-68751888　传真：021-68764775　邮编：200122
工厂地址：上海市浦东星火开发区白沙路198号　电话：021-57501888　传真：021-57503241　邮编：201419

上海古林国际印务有限公司

上海古林国际印务有限公司创建于1994年7月，是由日本古林纸工株式会社和上海包装造纸<集团>有限公司合资组建的综合性大型包装企业，其中日方占股份60%，中方占股份40%。位列上海市包装印刷企业50强，并以印刷跨国制药公司和化妆品公司的包装纸盒的最先进水平在国内外享有盛誉。本公司充分发挥日本印刷包装界最高先进技术及经营管理方式，在日本古林纸工株式会社80余年来制造纸容器的丰厚经验和独特技术的基础上，将款式设计、生产技术、质量管理、售前售后服务融合一体，形成了可迅速满足客户的产销体制，赢得了众多著名制药公司和化妆品公司的信赖，并成为他们最重要的合作伙伴。

本公司主要产品有药品、化妆品的系列包装用印刷纸容器。采用BACD、折光、荧光、线条等多中综合一体的高科技防伪印刷手段的产品，已达到世界包装行业最先进水平行列，由于本公司纸盒产品科技含量很高，所以市场上的不法商贩很难假冒，大大地减少药品、化妆品包装纸盒假冒伪劣商品。从而广泛地得到国内外著名公司的赞扬。

2013年公司销售14016万元，利润838万元，税收1459万元。

本公司坚持奉行以包装奉献社会的经营理念和“让客户更满意”的方针，1991年和2004年率先在全行业中荣获ISO9001质量管理体系和ISO14001环境管理体系认证，由于公司坚持为客户和消费者提供优质和安全（不能假冒）的产品，取得优异的社会效益，并取得了优秀的企业效益。

本公司在2001年荣获上海市外商投资先进技术型企业，并且于2003年起连续多年荣获上海市、区文明单位。2011年美国 WCA【 企业社会责任评价 】（Work Place Assessment）评价合格。2012年荣获上海包装50强企业。倍他乐克系列产品荣获绿色包装称号。2013年分别通过上海市清洁生产审核验收；安全生产标准化二级认证。

地素时尚
DAZZLE FASHION

地素时尚股份有限公司（以下简称“地素时尚”）于2002年在上海市长宁区注册设立，注册资金3.4亿元。公司是一家多品牌运作的服饰时尚企业，主要经营范围是服装服饰的设计、销售。

为创造并引导个性化的生活方式，地素时尚分别创立三个知名女装品牌——独立率性的专属高街品牌DAZZLE，年轻奢华的半手工定制品牌DIAMOND DAZZLE，以及奇幻复古的混搭潮流品牌d'zzit；多元化的风格设计，不仅满足了不同消费群体的兴趣爱好与着装需求，更无一例外地“帮助人们成为最美好的自己”。

当下，地素时尚品牌定位清晰，研发设计团队走在引领时尚的前沿，现代化供应链、营销服务系统、智能网络管理模块等正360度全方位推动各品牌的迅速成长与发展。截至2013年底，地素时尚旗下品牌的终端销售网络已覆盖全国30多个省级行政区域，各品牌全国门店合计达800余家，与恒隆、和记黄埔、王府井、银泰、万达、来福士、百联、太平洋、大洋、大商集团等连锁商业集团建立并保持着紧密的合作伙伴关系。

未来，地素时尚将在品牌的核心价值打造上，投入更多精力与资源，希望可以通过非凡个性的创意、充满艺术魅力的格调以及深切触动心灵的购物体验，打造一座勇敢、创新、充满梦想的时尚乐园，为辛苦而脆弱的人生带来休憩与欢愉，并在国际化的时尚版图上开拓出不可或缺的一席之地。

地素时尚股份有限公司
上海市普陀区丹巴路28弄旭辉世纪广场8号楼

百联西郊购物中心

百联西郊购物中心位于上海西郊的长宁区新泾地区，2001 年 9 月通过公开招投标取得项目用地，2002 年 12 月破土动工建设，2004 年 9 月工程建设基本完工，2004 年 12 月正式对外营业。从破土动工到对外营业，建设与招商仅用 21 个月便全部完成。

百联西郊购物中心项目总投资 5.6 亿元，占地面积达 3.4 万平方米，建筑面积 11 万平方米。其中，上海友谊集团股份有限公司控股 75%，上海友谊（复兴）控股有限公司控股 24%，上海长宁住宅发展有限公司控股 1%。

购物中心的整体建筑由美国著名购物中心专业设计公司（JEDER 捷得）提供总体设计方案，是国内第一家开放式建筑形态的购物中心。整个建筑设计倡导以人为本的理念，中庭为一个开阔宽敞的园林式绿化广场，四周建筑高低错落，通过步行街、天桥、环廊、自动扶梯、平台等形式连通各个区域，并配以水景、雕塑和随处可见的绿化小景。

作为一家社区型的购物中心，购物中心周边分布着 4 个街道、122 个居委、约 11 万户家庭、共计约 30 万左右的居民人口，回头客消费者比重超过 85%，因此，百联西郊从规划设计开始，在业态布局、品类组合、服务设施、营销策划的各环节都坚持"服务社区、回报社区、融入社区"的理念，充分考虑周边广大社区居民购物、餐饮、娱乐、休闲、文化等多方位的需求，围绕"社区型、多功能、全方位"做足文章。

购物中心分为地下二层和地上五层，业态涵盖主力店、专卖店、餐饮、娱乐、社区服务等各方面。一楼为东方商厦（西郊店）、餐饮、运动用品专业店等；二楼为东方商厦（西郊店）、世纪联华、餐饮及女装专卖店；三楼为东方商厦（西郊店）、世纪联华、运动休闲专卖店等；四楼为娱乐、大餐饮、休闲健身、童品及文化教育；五楼为娱乐休闲和停车场；地下一层为社区服务中心、社区服务和停车场；地下二层为特力和乐家居用品主力店、家电专业卖场和停车场。

在营销策略上，百联西郊以"时尚化、年轻化"为主基调，利用中庭舞台和园林式绿化广场，打造具有西郊特色的品牌营销。一方面是与主流时尚媒体合作，开展炎亚纶、品冠等知名艺人的歌友会、"星厨大战""新智力大冲浪""我心唱响""中国梦之声"等热门节目的线下推广活动等；二是大力培育深化百联西郊的特色品牌活动，如"最牛倒车达人"、"爱心点亮希望慈善义拍"、"12.31 跨年倒计时晚会"等主题活动。

历年来，百联西郊销售规模逐年递增，先后获得"上海商业创新大奖"、上海十大"最具发展前景商业地产"、"最具影响力商业地产"、"最具创新理念商业地产"以及中国购物中心专业认证"中国最佳商业地产创新大奖"、上海市文明单位等多个荣誉称号。百联西郊还顺利通过 ISO9001 质量管理体系认证和国家安全生产标准化达标一级企业评审。在之后的发展中，百联西郊将进一步优化品牌结构、提升品牌能级、创新营销模式、提升服务质量，向打造一流的购物中心的目标迈进。

欧尚

欧尚是世界著名的商业集团之一，创始人和总裁是杰拉尔.米里曳。欧尚集团1961年诞生于法国，是当时首次把自选、廉价和服务放在同一建筑物中进行经营的超市。欧尚集团主力业态为购物中心、大型超级市场、超级市场、便利店，同时涉足加工生产和金融业。欧尚集团2013年集团营业额达602亿欧元，在世界500强排名第152位，为法国排名第二的商业集团，是极富竞争力的集团。欧尚集团近年来及时实施拓展海外市场的战略，除了在中欧、南欧外，在中国、波兰、匈牙利、俄罗斯、摩洛哥、印度等国投资，成为迅速崛起的国际商业集团。

欧尚超市是以零售为主，其商品60%为食品，食品当中50%为生鲜冷冻产品，他们以提供价廉物美的商品和优质的服务，改善消费者的购买能力和生活水平为目标。

欧尚于1996年进入中国市场，1997年设立上海欧尚超市有限公司，1999年第一家超市在上海杨浦区开业。杨浦中原店的建筑面积为15000平方米，经营商品品种达2万多种。经过2003年的扩建，建筑面积已达到25000平方米，超市经营面积达到11000多平方米，使购物环境更加优美。

2002年，成立上海欧尚配送服务有限公司。公司除了为超市进行统一采购和配送商品外，还开展市场调研，对商品实行优胜劣汰，满足市场的需求，提高公司的经济效益；同时，促进和提高供应商的生产工艺和商品质量。公司为每家超市的经营、管理、技术和信息提供咨询服务。2006年，上海欧尚配送服务有限公司更名为欧尚（中国）投资有限公司，该公司负责法国欧尚集团在中国境内全部的投资和经营业务活动。

目前，欧尚已在中国开出59家购物中心和大型超市，除了上海的8家和北京4家店外，其余分布在苏州、无锡、杭州、成都、南京、宁波、常州、嘉兴、台州、芜湖、扬州、湖州、镇江、绍兴、沈阳、青岛、烟台、南昌、广州、东莞等城市。今年继续在武汉、福州、肇庆等城市开设购物中心和大型超市。

上海宝钢物流有限公司

上海宝钢物流有限公司作为宝钢集团有限公司下属宝钢发展有限公司的全资子公司，是一家集代理采购、上门提货、仓储验收、运输配送全流程供应链管理为一体的综合物流服务商。地处上海北翼，长江入海口，水陆交通便捷，配有大型货物堆场和各种设备齐全的仓库，占地94万平方米；拥有各式运输车辆和装卸设备，在用固定资产30亿元，年综合物流营业收入10亿元。

公司通过质量管理、环境管理和职业健康安全管理体系认证，已建成一支高素质、专业化、现代化的物流队伍。可根据客户需求，整合物流架构、创新物流服务、实施多点交叉物流运作和应用先进物流技术，策划“个性化”整体物流方案，提供全过程、全方位和全天候的综合物流服务。

万特集团上海聚益信息技术有限公司

是一家新加坡独资企业。投资总额为3245万美元，注册资本为1460万美元。公司主要产品包括柜员现金循环机(TCR)、ATM机、电子电表/水表系列、音频产品和各类电源产品等产品的板卡。公司拥有独立的研发中心，现拥有30多名研发人员，公司正进一步扩大研发队伍。公司目前已有员工800人。

公司由著名电子收银终端代工企业，在上海浦东张江高科技园区中设立，万特集团上海聚益信息技术有限公司是电子收银系统及工业器材原件设计与制造商，主要客户包括GLORY GLOBAL SOLUTION, DOVER, THERMOFISHER, ECOLAB, ELSTER和NCR等。

公司的主要产品——柜员现金循环机，提供简单、灵活、全面的集成解决方案，能够满足客户 与员工的实际需求。通过提供强大功能的独特组合来改善客户关系并推动分行营运实现盈利，代表了柜员自动化技术的一次重大创新。

公司还为世界各大电子电表企业设计、生产电子电表，如驰名欧洲的ELSTER电表系列。公司的电子电表类产品计量精度高、寿命长。公司的产品99%出口。外销市场中，欧美市场占80%，亚洲及其他市场占20%。

BAONOVA
上海宝宏软件有限公司
SHANGHAI BAONOVA SOFTWARE CO.,LTD.

臺灣銀行上海分行熱烈祝賀
上海自由贸易试验区正式启航
历经一甲子的漫长等待，台湾银行于2012年7月10日重返大上海，立足上海浦西静安区。
我行始终秉持诚信、关怀、效率、稳健的经营宗旨，为两岸广大客户提供对公及对私存提款、贷款（含银团贷款）、贸易结算服务及新台币现钞双向兑换清算等优质服务。
上海自由贸易试验区的成立，标志着上海迈向国际金融中心之建程更进一步，适此难得机遇，我行除持续稳固推展既有业务全面开展外，亦加快区内新增营业据点之筹建工作，藉跨境离岸各项业务之开办，为客户提供更加全面丰富多元之服务！
携手共创两岸金融合作新局
上海分行
地址 中国上海市静安区南京西路1788号30楼(200040)
电话 021-32569900
网址 www.bot.com.tw

上海再生资源科技发展有限公司

上海再生资源科技发展有限公司是上海市供销合作总社（上海昊元（集团）有限公司）控股的、自然人（公司主要经营者）参股的有限责任公司，是通过增资扩股的方式与同为昊元（集团）的全资子公司上海市物资回收利用公司重组而成。出资额为人民币3500万元，其中上海昊元(集团)有限公司出资2625万元，占75%，自然人出资875万元，占25%。

公司目前目前主要经营废旧物资收购和加工利用，包括废钢铁、不锈废钢、废有色金属、废稀贵金属和废塑料、废纸以及冶金炉料铁矿石等。公司有经营部门3个：业务一部、二部和三部；分拣加工基地2个：泰和路和宝安公路分拣加工基地；管理职能部门3个：综合办公室、财务资产部、业务管理部；全资、控股公司3个：上海昊元不锈钢材料有限公司（全资）（原上海光大不锈钢材料总公司北京路商店）、上海上再汽车拆旧有限公司（全资）（原上海市物资回收利用公司汽车拆旧站）和上海莘庄拆车有限公司（控股33%），在册员工200余人。

公司的前身上海市物资回收利用公司，始建于1956年，是上海市供销合作总社的全资企业，是从事废旧物资回收利用的专业性公司，是上海市再生资源回收利用行业协会副会长单位、中国再生资源回收利用协会副会长单位。公司经营范围涵盖废旧物资经销和报废车辆的拆解，主营商品有各类废旧金属和废塑料、废纸的经营。50多年来，公司为推动上海经济发展和环境保护作出了重要贡献，成绩斐然，曾多次荣获商业部、市政府授予先进单位的称号。随着改革开放和社会主义市场经济的深入发展，国家高度重视资源节约型社会的建设和循环经济的发展，为废旧物资回收行业的发展注入了新的活力。近几年来，公司不断挖掘社会资源，拓展购销领域，在传统优势业务基础上形成多元化格局，建立了比较稳定的收购基地和销售渠道，取得了较好的经济效益。

原上海再生资源科技发展有限公司，是由上海市供销合作总社为响应上海市政府环保行动计划而出资创办的专业从事废弃物资源化和再生资源利用技术研发推广的科技型环保企业。业务范围涵盖再生资源的提取、归集、分选和销售；再生资源利用项目的开发和经营；再生资源产业园区的开发经营；再生资源利用技术的研发、引进、投资和推广；环保技术的推广和应用；环保工程及环保产品的销售等。

合并重组后上海再生资源科技发展有限公司，在国家循环经济政策指导下，坚持节约资源和保护环境基本国策，秉承公司“变废为宝、变废为新、变无用为有用”的经营理念，继续抓住再生资源发展的重要机遇，积极参与建设上海市完整的、先进的废旧商品回收体系，充分利用上海国际大都市的区位优势，继续致力于“二次资源”的推进和开发利用，优化环境、服务社会、造福人类。

公司的近期目标是在国家循环经济政策引导下，围绕生态文明建设的主题，在上海市供销合作总社的领导下，通过深化改革，突出优势，抢抓再生资源发展的重要机遇，转变发展理念，创新发展模式，力争建设成为上海再生资源回收行业的龙头企业。在经营规模上，努力创市供销社系统内的行业之首，三年内名列上海市再生资源行业前三名。同时利用三到五年时间，在分拣加工基地建设、回收网点建设以及再生资源综合利用方面开拓、发展，并在经营规模和品种类别上有新的突破和拓展；在资源掌控、企业管理水平、盈利能力、资产保值升值方面有明显的提高和发展；在创新驱动、转型发展中努力探索新的举措，为建设资源节约型的生态文明城市和美丽中国，实现人和自然和谐发展作出新贡献。

鼎中鼎澳门豆捞 | www.wishdoing.com

鼎中鼎澳门豆捞是一家多门店经营的连锁企业。在上海有近30家分店。门店主要提供各种自制丸滑、顶级肥牛羊肉、新鲜蔬菜及海鲜等各种涮煮材料，并配以多种自选口味的调料来满足各个层次顾客的需求。

“豆捞”起源于港澳，又称澳门火锅。关于“豆捞”的来历传说，有多个版本。其一，相传明末清初，澳门有一位年轻人，为人厚道，乐善好施，经常倾其所有帮助周围的穷人，此举感动了上天，年轻人因而得到一个紫铜火锅。这个紫铜火锅非常神奇，放进去的菜肴不仅百煮不烂，而且味道鲜美出奇，于是年轻人开了一家“豆捞”店。人们争相去品尝这种新奇的“豆捞”火锅。其二，澳门有一家酒店的老板爱财如命，于是便将自己经营的火锅取名为“豆捞”，这“豆捞”便是美元“Dollar”的英文谐音，更有“都捞”之意：捞福、捞财、捞运气，亲情、友情、爱情尽在一捞之中，你捞我捞，捞的好运，讨个口彩而已。

现在，鼎中鼎“澳门豆捞”新一代全新亮相上海市场，装修风格、菜式菜品都大大的提升，打造更舒适时尚的环境、更好的服务，给消费者带来更多的满意和快乐。

赵巷商业商务区

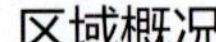

区域概况

赵巷商业商务区规划总面积为3.34平方公里，于2003年11月正式启动，2005年被市政府确定为先期启动、重点推进的现代服务业集聚区之一，2012年1月，被市政府批准为首批10个现代服务业综合改革试点区域之一。经过近几年的开发建设，区域经济效益和社会效应逐步显现，带动赵巷镇域经济快速增长，产业结构不断优化，发展质量稳步提高。

发展现状

（1）经济效益不断增强

赵巷商业商务区经过不断培育和发展，经济实力不断增强。目前，赵巷商业商务区已运营项目有奥特莱斯品牌直销广场、吉盛伟邦国际家具村、珠江创展旗下米格天地及悦公馆。

2013年商业商务区共实现零售总额41.8亿元，同比增长24.1%，占全区社会消费品零售总额的比重为10.1%；实现税收1.6亿元，同比增长15.46%，占全区第三产业的税收比重为1.07%。引进2家千万元税收企业成功入驻园区。

（2）载体建设稳步推进

已运营的奥特莱斯品牌直销广场、吉盛伟邦国际家具村、珠江创展旗下米格天地及悦公馆一期，商业运营总量约70万平米，近千个店铺，从业人员8180人；在建项目有珠江创展凯悦嘉轩酒店和悦公馆二期，共有建筑工人904人；待建项目有熊猫集团豪车汇和元祖梦世界，项目总体量约24万平米。

（3）品牌集聚效应凸显

赵巷商业商务区发展态势良好，知名品牌纷纷进驻，集聚效应不断凸显。

上海奥特莱斯品牌直销广场拥有250余家商铺，已有450多个国内外品牌入驻。而目前正在实施的广场改造提升项目，计划在年内完成改造并对外营业。届时，预计新引进50余个品牌，同时新增加商铺面积近万平方米,营业收入增加约2亿元。

吉盛伟邦国际家具村吸引225个国内外品牌入驻，组成全球家具旗舰店集群，并且顺利召开过多届JSWB上海家具交易会。珠江创展国际商贸中心一期米格天地项目已引进300家左右国内外一、二线品牌零售店和主力店进驻，目前运营情况良好。

发展目标

立足上海建设“四个中心”战略目标，贯彻“创新驱动、转型发展”的战略要求，依托赵巷商业商务区区位交通便利、生态环境优美、产业基础扎实、消费支撑有力等综合优势，更加注重城市化和产业化高度融合，更加聚焦核心地块和重点项目，以整合提升、创新发展为主线，有序引导商业商务集聚发展，进一步扩大规模、优化布局、提升能级，促进赵巷商业商务区功能复合化、产业特色化、布局合理化，构建以贸易服务业为主体，文化创意业与生产性服务业为特色，多层次专业服务业为配套的商务服务业体系，将赵巷商业商务区建设成为上海郊外特色鲜明、功能完善、产城融合、资源集约的现代服务业集聚区之一，努力形成上海乃至长三角重要的大型新兴商业商务区。

上海重信金融信息服务有限公司

上海重信金融信息服务有限公司成立于 2011 年 6 月，总部设在上海，近年来公司得到大力发展，团队快速成长，相继在长寿路、陆家嘴、徐家汇、人民广场等商业区设立分公司，是一家专业从事 P2P 信贷投资以及投融资相结合的创新型微金融理财服务平台。公司秉承“诚信、守信、创新、务实”的经营理念，贯彻“客户为赢、互利共赢”的发展思路，不断引进国内外创新理财模式、运用先进信用管理理念、实施三级风控措施、打造“零坏账”信贷体系，一方面帮助很多个人和企业解决资金难题，另方面让理财客户资产稳健增值升值，始终保持与客户的良好合作关系并得到同行业的一致好评。

重信金融信息服务

胜科工业是顶尖的能源、水务、综合城镇发展与海事工程集团，在新加坡证券交易所上市，是淡马锡控股旗下一员，业务遍布 6 大洲。胜科拥有超过 7,200 兆瓦的供电能力以及超过 800 万立方米 / 天的水务处理能力，为工业和市政客户提供可靠的能源和水务解决方案。胜科投资实力雄厚，在新建及收购项目的鉴定、取得、投资及运营方面，拥有优良的声誉和业绩。

胜科集团在中国已有近 20 年的投资运营经验，其业务覆盖全国 15 个省级地区。胜科为能源密集型产业群如石化工业园区及煤化工客户等提供包括工业用水供应、污水处理及中水回用等多元化公用事业的服务。其中，胜科在张家港保税港区的污水处理与中水回用项目，以及在山西长治市王桥工业园区的煤制油综合水处理厂，均被新加坡与中国政府列为双边水务管理示范项目。

除此之外，胜科在中国的可再生能源资产，包括位于内蒙古和河北的 4 个风电项目。

图书在版编目(CIP)数据

上海商务年鉴. 2014/《上海商务年鉴》编纂委员会编. --上海：上海锦绣文章出版社，2014.9

ISBN 978-7-5452-1499-4

Ⅰ. ①上… Ⅱ. ①上… Ⅲ. ①商务-上海市-2014-年鉴 Ⅳ. ①F727.51-54

中国版本图书馆CIP数据核字(2014)第112137号

责任编辑：叶　导
美术编辑：姚　毅

上海商务年鉴(2014)

出　　版	上海世纪出版集团　上海锦绣文章出版社
地　　址	上海市长乐路672弄33号　(邮编200040)
印　　刷	上海展强印刷有限公司
规　　格	889×1194　1/16
印　　张	32
插　　页	108
字　　数	1000千字
版　　次	2014年9月第1版第1次印刷
书　　号	ISBN 978-7-5452-1499-4/J.914
定　　价	350.00元

如有印装质量问题　请与印装单位联系 021-56477080